U0946033

高等职业院校汽车类专业“十二五”规划教材编审委员会

高等职业院校汽车类专业“十二五”规划教材

CONSTRUCTION AND REPAIR OF AUTOMOBILE ENGINE

汽车发动机构造与维修

主　　编　解　云　郭　微

副主编　陶　磊　贾会星

编写人员（以姓氏笔画为序）

叶　坦　周端楼　贾会星

徐　彬　郭　微　陶　磊

曾凡灵　解　云

中国科学技术大学出版社

内 容 简 介

本书采用工学结合、基于工作过程导向的项目化编写模式，使理论与实践有机地结合在一起，具有极强的针对性和实用性。全书共分为8个项目、25个工作任务，主要内容包括认识发动机、曲柄连杆机构检修、配气机构检修、汽油机燃料供给系统检修、柴油机燃料供给系统检修、润滑系检修、冷却系检修、发动机总装与调试。

本书主要适用于高职高专汽车检测与维修、汽车运用与维修、汽车制造与装配等专业的教学，参考学时120～150学时，也可作为相关专业的教材或者参考书，还可供从事汽车维修的工程技术人员参考。

图书在版编目(CIP)数据

汽车发动机构造与维修/解云，郭微主编.—合肥：中国科学技术大学出版社，2013.8
ISBN 978-7-312-03260-8

Ⅰ.汽… Ⅱ.①解…②郭… Ⅲ.①汽车—发动机—构造②汽车—发动机—车辆修理
Ⅳ.U472.43

中国版本图书馆CIP数据核字(2013)第181206号

出版 中国科学技术大学出版社
安徽省合肥市金寨路96号，230026
http://press.ustc.edu.cn
印刷 合肥市宏基印刷有限公司
发行 中国科学技术大学出版社
经销 全国新华书店
开本 787 mm×1092 mm 1/16
印张 25.5
字数 666千
版次 2013年8月第1版
印次 2013年8月第1次印刷
定价 45.00元

序

安徽省示范性高等职业院校合作委员会(Cooperative Commission of Vocational Colleges Under Model Construction in Anhui Province),简称“A联盟”,由安徽省教育厅牵头组建,以国家示范、省示范高等职业院校为主体,坚持“交流、合作、开放、引领”的理念,连接政府、学校与社会,以实现优势互补、互惠互利、资源共享,构建安徽省示范院校交流与合作的平台,引领和深化安徽省高等职业教育的改革与发展。

“A联盟”汽车类专业建设协作组(皖高示范合[2012]5号)是安徽省示范性高等职业院校合作委员会中的一个专业指导组,在“A联盟”指导下负责安徽省高职汽车类专业教学的研究和指导。组长由安徽职业技术学院姚道如教授担任,副组长分别由安徽水利水电职业技术学院余承辉教授、芜湖职业技术学院安宗权副教授、六安职业技术学院何其宝副教授担任,秘书长由安徽汽车职业技术学院宋晓敏主任担任。关于汽车专业和课程建设,“A联盟”多次召开会议讨论,并根据《高等职业学校专业教学标准(试行)》制定了汽车类专业课程体系,成立了教材编审委员会,编写系列教材。此套教材具有下列特色:

1. 此套教材为安徽省示范性高等职业院校合作委员会规划教材

教材的研究、开发、推广及应用是以“A联盟”为平台的,主编和参编人员均为“A联盟”一线骨干教师。

2. 以标准为准绳

教材以教育部职业教育与成人教育司最新发布的《高等职业学校专业教学标准(试行)》为准绳,以汽车行业标准为依据,并结合安徽省实际情况展开编写。

3. 体现校企合作

参与教材编写的企业人员为奇瑞汽车股份有限公司、江淮汽车股份有限公司及安徽汽车贸易公司等企业的技术骨干。

4. 紧跟产业升级

将新工艺、新结构、新技术、新管理等引入教材,贴近汽车企业生产、工艺、维修、销售等实际情况。

5. 编写理念新,具有“教、学、做”的可操作性

教材根据相应课程特点,采用适合的编写模式编写:专业及核心课程采用项目或任务驱动等模式编写,而公共基础课程采用章节形式编写。在编写过程中充分考虑实际教学中“教、学、做”的可操作性。

6. 体现中高职衔接

教材内容选取、专业能力培养、方法能力培养、社会能力培养以及评价标准体现中高职衔接的发展方向。

该套教材的出版将服务于高职院校汽车类专业教育教学改革，促进汽车类专业高端技能人才的培养。

安徽省示范性高等职业院校合作委员会汽车专业协作组

2013 年 6 月 11 日

前　言

我国作为世界汽车生产和消费大国，汽车产业的快速发展和汽车消费的持续增长，对国民经济的增长产生了巨大拉动作用。近年来，我国汽车专业职业教育事业取得了长足发展，为汽车行业输送了大量的人才。随着汽车产业的迅猛发展，社会对汽车专业人才提出了更高的要求：进一步深化人才培养模式、课程体系和教学内容的改革，不断提高办学质量和教学水平，为社会培养更多服务产业转型升级和企业技术创新需要的发展型、复合型、创新型的技术技能型人才。

本书将传统的"汽车构造"、"汽车发动机维修"、"汽车发动机检测"、"汽车常用工具的使用"等课程进行整合，在结构的编排上突出综合职业能力培养，以"项目模块"为导向，以"任务驱动"为方法，引领学生注重技能的学习过程和能力本位的培养。本书打破了学科体系的界限和传统的按知识体系编写教材的思路，以知识应用为目的，以工作过程为主线，强化学生对信息收集、信息处理、工作计划制订、工作任务实施等方面能力的训练和培养。

本书采用工学结合、基于工作过程导向的项目化编写模式，使理论与实践更有机地结合在一起，激发学生自主学习的积极性，产生好的学习效果。本书的拆装和检修内容都是以当前各类学校配备的大众、丰田车系设备为例进行讲解的。

本书主要适用于高职高专汽车检测与维修、汽车运用与维修、汽车电子技术、汽车制造与装配等专业的教学，参考学时为120～150学时，也可作为其他相关专业的教材或者参考书，还可供从事汽车维修的工程技术人员参考。

本书由合肥职业技术学院解云、安徽水利水电职业技术学院郭微担任主编，安徽工贸职业技术学院陶磊、滁州职业技术学院贾会星任副主编，三联学院曾凡灵、淮北职业技术学院叶坦、合肥职业技术学院徐彬、阜阳通达交通服务有限公司周端楼参编，解云负责全书的统稿、定稿。具体编写分工为：贾会星编写项目一、项目八，曾凡灵编写项目二，解云编写项目三，陶磊编写项目四，郭微编写项目五，叶坦编写项目六、项目七。合肥职业技术学院徐彬参与了本书的大纲拟定和审稿工作；阜阳通达交通服务有限公司总工程师周端楼为编写提供了大量素材和行业资料，并参加了大纲的拟定和初稿的审定。在此，对以上编撰人员表示衷心的感谢。

在本书的编写过程中，参阅了一些国内外出版的同类书籍，在此特向有关作者表示衷心感谢！

由于编者水平有限，书中存在错误、疏漏之处在所难免，敬请使用本书的师生和广大读者批评指正。

编　者

2013年5月

前言

[illegible]

[illegible]

[illegible]

[illegible]

[illegible]

[illegible]

[illegible]

目　录

序 ………………………………………………………… Ⅰ

前言 ………………………………………………………… Ⅲ

项目一　认识发动机 ………………………………………… 1
任务一　汽车发动机总成吊卸 ……………………………… 1
任务二　发动机附件拆检 …………………………………… 20

项目二　曲柄连杆机构检修 ………………………………… 39
任务一　曲柄连杆机构整体认识 …………………………… 39
任务二　机体组结构认识和检修 …………………………… 45
任务三　活塞连杆组结构认识和检修 ……………………… 61
任务四　曲轴飞轮组结构认识和检修 ……………………… 80
任务五　曲柄连杆机构的拆装和常见故障诊断、排除 …… 97

项目三　配气机构检修 ……………………………………… 111
任务一　配气机构结构认识 ………………………………… 111
任务二　气门组件结构认识和检修 ………………………… 122
任务三　气门传动组件结构认识和检修 …………………… 136
任务四　配气机构的拆装、调整和常见故障诊断、排除 …… 150

项目四　汽油机燃料供给系统检修 ………………………… 165
任务一　汽油机燃料供给系统认识 ………………………… 165
任务二　进气系统构造认识和检修 ………………………… 176
任务三　燃油供给系统结构认识和检修 …………………… 203
任务四　排气系统结构认识和检修 ………………………… 218
任务五　电子控制系统结构认识和检修 …………………… 227
任务六　电控汽油喷射系统故障诊断 ……………………… 243

项目五　柴油机燃料供给系统检修 ………………………… 254
任务一　柴油机燃料供给系统认识 ………………………… 254
任务二　柴油机燃料供给系统拆检 ………………………… 289

项目六　润滑系的检修 …………………………………………………… 314
任务一　认识润滑系 …………………………………………………… 314
任务二　润滑系的检修 ………………………………………………… 329

项目七　冷却系的检修 …………………………………………………… 343
任务一　认识冷却系 …………………………………………………… 343
任务二　冷却系的检修 ………………………………………………… 356

项目八　发动机总装与调试 ……………………………………………… 369
任务一　发动机零件清洗及归类摆放 ………………………………… 369
任务二　发动机总成装配 ……………………………………………… 379

参考文献 ………………………………………………………………… 396

认识发动机

项目描述

一辆桑塔纳 2000 汽车在行车过程中存在冒黑烟、加速无力、怠速不稳、油耗增加等现象，进厂检测后，确定需要大修，首先要对发动机总成进行吊卸。

应如何对发动机总成进行吊卸？

项目目标

1. 收集汽车发动机总成吊卸操作规范相关信息，制定汽车发动机吊卸操作流程，掌握吊卸工具的使用。
2. 理解发动机的分类，了解发动机的专业术语。
3. 正确理解发动机的工作原理及结构组成。
4. 能进行发动机总成的吊卸。

任务一　汽车发动机总成吊卸

任务描述

一辆桑塔纳 2000 汽车在行车过程中存在冒黑烟、加速无力、怠速不稳、油耗增加等现象，进厂维修，针对维修接待和车间确认意见，需要将发动机从车上吊卸下来进行大修，首先要将发动机总成从汽车上吊卸下来。

任务目标

1. 能指出发动机的安装位置，理解发动机的作用、类型。
2. 理解和掌握发动机的专业术语和有关技术参数。

3. 会使用发动机总成吊卸工具进行发动机总成吊卸。

一、维修接待

按照表 1-1 完成待修车辆的维修接待，并准确填写接车问诊表。

表 1-1　维修接待与接车问诊表

<table>
<tr><td colspan="2">1. 通过询问客户了解发动机发生故障情况，填写接车问诊表。
2. 车间检测初步确认需将发动机总成吊卸，对发动机拆检。</td></tr>
<tr><td colspan="2">接车问诊表
车牌号：＿＿＿＿＿＿　车架号：＿＿＿＿＿＿　行驶里程：＿＿＿＿＿＿(km)
用户名：＿＿＿＿＿＿　电　话：＿＿＿＿＿＿　来店时间：＿＿＿＿＿＿</td></tr>
<tr><td colspan="2">用户陈述及故障发生时的状况：一辆桑塔纳 2000 汽车，在行车过程中存在冒黑烟、加速无力、怠速不稳、油耗增加等现象。
故障发生状况提示：行驶速度、发动机状态、发生频度、发生时间、部位、天气、路面状况、声音描述。</td></tr>
<tr><td colspan="2">接车员检测确认建议：需对发动机总成吊卸，进行大修。</td></tr>
<tr><td colspan="2">车间检测确认结果及主要故障零部件：需对发动机总成进行吊卸、拆解、大修，更换相应的故障零部件。
车间检查确认者：＿＿＿＿＿＿</td></tr>
<tr><td rowspan="2">外观确认：(请在有缺陷部位做标识)</td><td>功能确认：(工作正常√　不正常×)
□音响系统　□门锁(防盗器)　□全车灯光
□工具　□后视镜　□天窗　□座椅
□点烟器　□玻璃升降器　□玻璃</td></tr>
<tr><td>物品确认：(有√　无×)
F　E
□贵重物品提示
□工具　□备胎　□灭火器
□其他(　　　)
旧件是否交还用户
□是　□否
用户是否需要洗车
□是　□否</td></tr>
<tr><td colspan="2">· 检测费说明：本次检测的故障如用户在本店维修，检测费包含在修理费用内；如用户不在本店维修，请支付检测费。本次检测费：￥＿＿＿＿元。
· 贵重物品：在将车辆交给我店检查修理前，已提示将车内贵重物品自行收起并保存好，如有遗失恕不负责。
接车员：＿＿＿＿＿＿　用户确认：＿＿＿＿＿＿</td></tr>
</table>

二、信息收集与处理

按表 1-2 完成任务一的信息收集与处理。

表 1-2　信息收集与处理

1	发动机的作用：
2	发动机按燃料不同分为：
3	按冷却方式不同，发动机分为：
4	发动机的排量：
5	汽车发动机一般安装位置为：
6	发动机常用的吊卸工具有：
7	发动机有关技术参数有：
8	发动机 CA6102 型号的含义为：
9	列举典型汽车，说明其发动机的类型：

(一)汽车发动机总成安装的位置

发动机总成在汽车上的安装位置主要有发动机前置、发动机中置、发动机后置三种类型。如表 1-3 所示。

表 1-3　发动机安装位置

类　型	说　明	图　示
发动机前置 后轮驱动(FR)	特点：传统的布置形式，大多数货车、部分轿车和客车采用	
发动机前置 前轮驱动(FF)	特点：轿车上逐渐盛行的布置形式，有结构紧凑、减小轿车的质量、降低地板的高度、改善高速时的操纵稳定性等优点	

续表

类　型	说　明	图　示
发动机中置 后轮驱动(MR)	特点:目前大多数运动型轿车和方程式赛车所采用的布置形式	
发动机后置 后轮驱动(RR)	特点:目前大、中型客车盛行的布置形式,具有降低室内噪声、有利于车身内部布置等优点	

(二)汽车发动机分类及编号规则

1. 汽车发动机的分类

汽车发动机(这里专指汽车用往复活塞式内燃机)分类方法很多,按照不同的分类方法可以把发动机分成不同的类型。

1) 按着火方式分类

可分为点燃式发动机(汽油机属于此类)和压燃式发动机(柴油机属于此类)。

2) 按使用燃料分类

发动机按照所使用燃料的不同可分为汽油机、柴油机、气体燃料(氢气、天然气)发动机、多种燃料发动机等。

3) 按冷却方式分类

发动机按照冷却方式的不同可分为水冷式发动机、风冷式发动机。如图 1-1 所示。

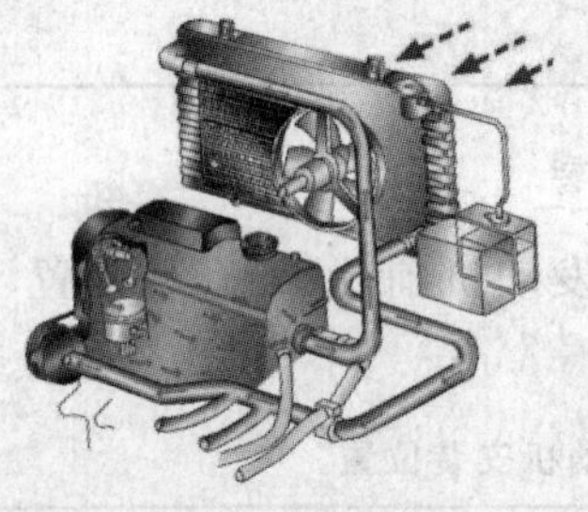

(a) 水冷式发动机

(b) 风冷式发动机

图 1-1　水冷式与风冷式发动机

风冷式发动机利用流动于气缸体和气缸盖外表面散热片之间的空气作为冷却介质进行冷却。

水冷式发动机利用在气缸体和气缸盖冷却水套中循环的冷却液作为冷却介质进行冷却。水冷式发动机冷却均匀、工作可靠、冷却效果好,广泛应用于现代车用发动机中。

4) 按进气状态分类

发动机按照进气状态的不同,可以分为增压式发动机和非增压式(自然吸气式)发动机。

通常柴油机采用进气增压。为了降低油耗,提升发动机功率,目前很多汽油机也采用进气增压。

5）按燃料供给方式分类

发动机按燃料供给方式可分为化油器式发动机、汽油喷射式（缸外喷射、缸内喷射）发动机、直接喷射式柴油机等。

由于排放的要求，化油器式的汽油机在现代汽车上基本已被淘汰。

柴油机均采用缸内燃料直接喷射的燃料供给方式。

汽油机一般采用缸外燃料喷射的燃料供给方式，但随着发动机技术的发展，目前也有很多新型汽油发动机采用缸内燃料直接喷射，如大众公司采用 FSI、TSI 技术的发动机，通用公司采用 SIDI 技术的发动机，福特公司采用 GDI 技术的发动机。

6）按冲程分类

按照发动机完成一个工作循环所需的行程数，可分为四冲程发动机和二冲程发动机。

曲轴旋转两圈（720°），活塞上下往复两次，经过四个行程，完成一个工作循环的发动机，称为四冲程发动机。

曲轴旋转一圈（360°），活塞上下往复一次，经过两个行程，完成一个工作循环的发动机，称为二冲程发动机。

由于排放的限制，汽车发动机广泛采用的是四冲程发动机。二冲程发动机在助力车、摩托车上使用较多。

7）按气缸数及布置分类

发动机按照气缸数的不同可分为单缸发动机、多缸发动机（两缸及以上）。按布置形式的不同，可分为直列发动机、水平对置发动机、V 型发动机等。

(1) 直列发动机，是指气缸是按直线排列的，所有的气缸均按同一角度肩并肩排成一个平面，如图 1-2 所示。现代汽车上主要有 L3、L4、L5、L6 型发动机。

优点：结构简单，制造成本低，运转平衡性好，稳定性较好，低速扭矩特性好，燃料消耗少，尺寸紧凑，应用比较广泛。

缺点：当排气量和气缸数增加时，发动机的长度将大大增加。

直列 4 缸发动机，一般广泛应用在 2.5 升排量以下的发动机中。

(2) V 型发动机，如图 1-3 所示，是将所有气缸分成两组，把相邻气缸以一定的夹角布置在一起，使两组气缸形成一个夹角（一般为 90°），从侧面看气缸呈 V 字形，故称 V 型发动机。常见的 V 型发动机有 V6、V8、V10、V12。

优点：V 型发动机的高度和长度尺寸小，在汽车上布置起来较为方便。

缺点：结构比较复杂，不利于保养和维修，并且造价较高。

(3) 水平对置发动机，也可算是 V 型发动机的一种，只不过 V 型的夹角变成了 180°，一般为 4 缸或 6 缸，如图 1-4 所示。

优点：低重心，产生的横向振动易被支架吸收，可将较重的发动机重心降低，更易达到整体平衡；低振动，活塞运动的平衡良好（180°左右抵消）；相比于直列式，在曲轴方面所需的平衡配重因素减少，有助转速提升；较为经济，油耗低。

缺点：造价高，发动机太宽。

目前世界上只有“保时捷”和“斯巴鲁”两家汽车制造商生产水平对置发动机。

图 1－2　直列发动机

图 1－3　V 型发动机

图 1－4　水平对置发动机

2. 汽车发动机的编号规则

为了便于发动机的生产管理和使用，国家标准（GB 725—82）中对发动机的名称和型号编制方法做了统一规定，该标准的主要内容如下：

（1）发动机产品名称均按所采用的燃料命名，例如柴油机、汽油机、煤气机、沼气机、双（多种）燃料发动机等。

（2）发动机型号由阿拉伯数字和汉语拼音字母组成，具体如图 1－5 所示。

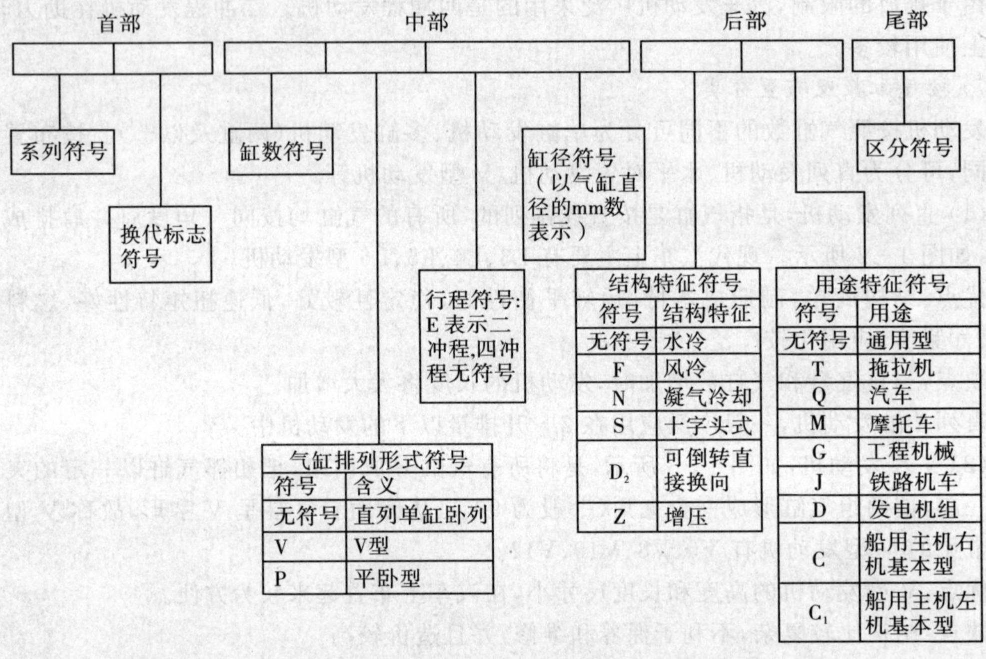

图 1－5　发动机编号的排列顺序及符号的含义

1）发动机型号的组成

发动机型号包括以下四个部分：

（1）首部。为产品系列符号和（或）换代标志符号，由制造厂根据需要自选相应字母表示，但需主管部门或部门主管标准化机构核准。

（2）中部。由缸数符号、气缸排列形式符号、行程符号和缸径符号组成。

（3）后部。结构特征和用途特征符号，以字母表示。

（4）尾部。区分符号。同一系列产品因改进等原因需要区分时，由制造厂选用适当的符号表示。

2）型号编制示例

（1）柴油机

165F：表示单缸，四冲程，缸径 65 mm，风冷。

R175：表示单缸，四冲程，缸径 75 mm，水冷，通用型（这里“R”为“175”的换代标志符号）。

R175ND：表示单缸，四冲程，缸径 75 mm，凝气冷却，发电用（“R”含义同上）。

X4105：表示四缸，四冲程，缸径 105 mm，水冷（这里“X”为系列代号）。

495T：表示四缸，四冲程，缸径 95 mm，水冷，拖拉机用。

12V135ZG：表示 12 缸，V 型，四冲程，缸径 135 mm，水冷，增压，工程机械用。

6E135C：表示六缸，二冲程，缸径 135 mm，水冷，船用。

（2）汽油机

1E65F：表示单缸，二冲程，缸径 65 mm，风冷，通用型。

6100Q：表示六缸，四冲程，缸径 100 mm，水冷，汽车用。

CA6102：表示六缸，四冲程，缸径 102 mm，水冷，通用型，“CA”为系列符号。

（三）发动机的常用术语及技术参数

1. 发动机的常用术语

发动机的常用术语如表 1－4 所示。

表 1－4　发动机的常用术语

专业术语名	注　解	图　例
上止点	活塞距离曲轴旋转中心最远处的位置，即活塞上行到最高位置为上止点。一般用英文缩写 TDC 表示	上止点
下止点	活塞距离曲轴旋转中心最近处的位置，一般活塞下行到最低位置为下止点。一般用英文缩写 BDC 表示	下止点
活塞行程	活塞从一个止点到另一个止点移动的距离，即上、下止点间的距离。一般用 S 表示，对应一个活塞行程，曲轴旋转 180°	上止点 下止点 活塞行程

续表

专业术语名	注　解	图　例
曲柄半径	与连杆下端(即连杆大头)相连的曲柄销中心到曲轴回转中心的距离(单位:mm)。用字母 R 表示,显然,$S=2R$。曲轴每转一周,活塞移动两个行程	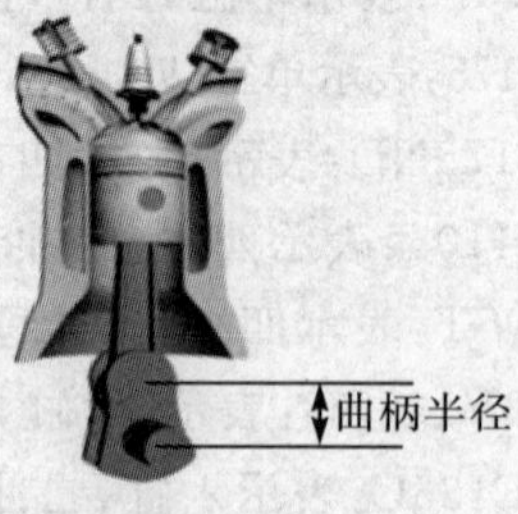 曲柄半径
气缸工作容积	活塞从上止点到下止点所扫过的空间容积(单位:L)。一般用字母 V_h 表示	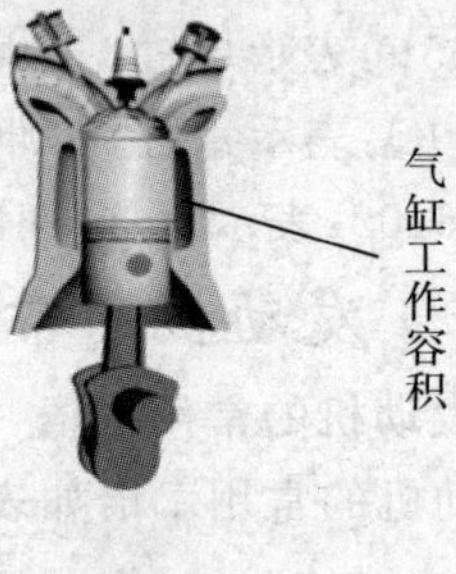 气缸工作容积
发动机排量	对于多缸发动机而言,发动机所有气缸工作容积之和即为发动机排量(单位:L)。一般用字母 V_L 表示	
燃烧室容积	活塞在上止点时,活塞上方的空间叫燃烧室,它的容积叫燃烧室容积。一般用字母 V_c 表示	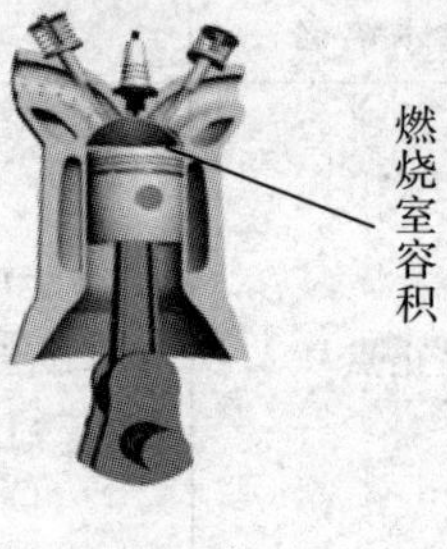 燃烧室容积
气缸总容积	活塞在下止点时,活塞上方的容积称为气缸总容积。一般用字母 V_a 表示,它等于气缸工作容积与燃烧室容积之和,即 $V_a=V_h+V_c$	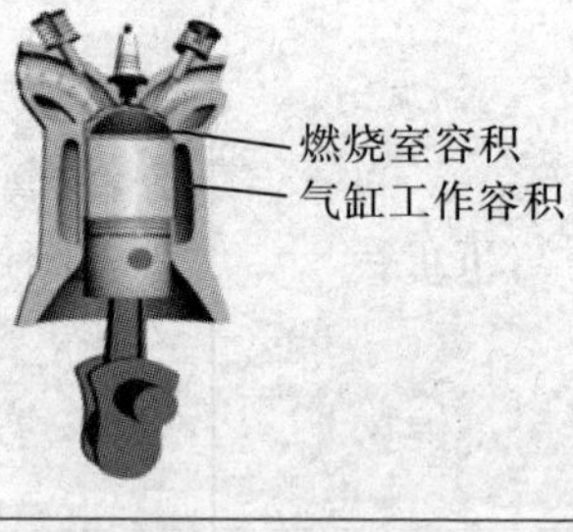 燃烧室容积 气缸工作容积
压缩比	气缸总容积与燃烧室容积的比值称为压缩比。一般用字母 ε 来表示,即 $\varepsilon=V_a/V_c=1+V_h/V_c$,它表示活塞由下止点运动到上止点时,气缸内气体被压缩的程度。压缩比越大,压缩终了时气缸内的气体压力和温度就越高。通常汽油机的压缩比为 7～11,柴油机的压缩比较高,一般为 16～22	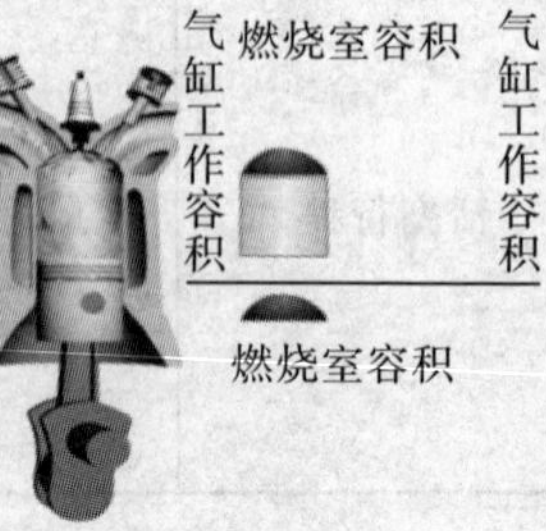 气缸工作容积 燃烧室容积 气缸工作容积 燃烧室容积

续表

专业术语名	注　解
工作循环	每一个工作循环包括进气、压缩、做功和排气行程，即完成进气、压缩、做功和排气四个行程叫一个工作循环
工况	发动机在某一时刻的运行状况简称工况，以该时刻内燃机输出的有效功率和曲轴转速表示，曲轴转速即为发动机转速
负荷	发动机在某一转速下发出的有效功率与相同转速下发出的最大有效功率的比值称为负荷率，简称负荷，通常以百分数表示

2. 发动机的技术参数

发动机的技术参数，即发动机的性能指标，是用来表征发动机性能特点，衡量发动机性能好坏的标准。发动机的主要性能指标有动力性能指标、经济性能指标和排放性能指标。

1) 动力性能指标

动力性能指标是曲轴对外做功能力的指标，包括有效扭矩、有效功率、曲轴转速和平均有效压力。

(1) 有效扭矩

有效扭矩是指发动机通过曲轴或飞轮对外输出的扭矩，通常用 T_e 表示，单位为 N·m。

(2) 有效功率

有效功率指发动机通过曲轴或飞轮对外输出的功率，通常用 P_e 表示，单位为 kW。

(3) 发动机转速

指发动机曲轴每分钟的转动圈数，单位为 r/min。发动机产品铭牌上标明的功率及相应转速称为额定功率和额定转速。按照汽车发动机可靠性试验方法的规定，汽车发动机应能在额定工况下连续运行 300～1000 h。

(4) 平均有效压力

单位气缸工作容积发出的有效功称为平均有效压力，记作 p_{me}，单位为 MPa。显然，平均有效压力越大，发动机的做功能力越强。

2) 经济性能指标

通常用燃油消耗率来评价内燃机的经济性能。燃油消耗率是指单位有效功的燃油消耗量，也就是发动机每发出 1 kW 有效功率在 1 h 内所消耗的燃油质量(以 g 为单位)。燃油消耗率通常用 g_e 表示，其单位为 g/(kW·h)。显然，有效燃油消耗率越小，表示发动机曲轴输出净功率所消耗的燃油越少，其经济性越好。通常发动机铭牌上给出的有效燃油消耗率 g_e 是最小值。

3) 强化指标

强化指标是指发动机承受热负荷和机械负荷能力的评价指标，一般包括升功率和强化系数等。

(1) 升功率

发动机在标定工况下，单位发动机排量输出的有效功率称为升功率。升功率大，表明每升气缸工作容积发出的有效功率大，发动机的热负荷和机械负荷都高。

(2) 强化系数

平均有效压力与活塞平均速度的乘积称为强化系数，记作 $P_{me}V_{m}$。活塞平均速度是指发动机在标定转速下工作时，活塞往复运动速度的平均值。

强化系数表征了发动机的强化程度。随着发动机技术的不断进步，其强化程度越来越高。

4) 紧凑性指标

紧凑性指标是用来表征发动机总体结构紧凑程度的指标，通常用比容积和比质量衡量。

(1) 比容积

发动机外廓体积与其标定功率的比值称为比容积。

(2) 比质量

发动机的干质量与其标定功率的比值称为比质量。干质量是指未加注燃油、机油和冷却液的发动机质量。

比容积和比质量越小，发动机结构越紧凑。

5) 环境指标

环境指标用来评价发动机排气品质和噪声水平。由于它关系到人类的健康及赖以生存的环境，因此各国政府都制定了严格的控制法规，以消减发动机废气中有害气体（CO、HC、NO_x）的排放量和噪声对环境的污染。当前排放性和噪声水平已成为发动机的重要性能指标。

(1) 排放性

排放性方面，汽车排放的污染物主要有一氧化碳（CO）、碳氢化合物（HC）、氮氧化合物（NO_x）、微粒物和烟灰等。这些污染物由汽车的排气管、曲轴箱和燃油系统排出，分别称为排气污染物（又称尾气）、曲轴箱污染物和燃油蒸发污染物。此外还有氯氟烃等多种有害成分。

为了控制汽车排气污染物对生态环境的危害，各国政府相继制定了汽车排气污染物的限值标准。我国汽车综合性能检测站根据中华人民共和国国家标准 GB 18285—2005《点燃式发动机汽车排放污染物排放限值及测量方法（双怠速法及简易工况法）》（如表 1-5、表 1-6所示）、GB 3847—2005《车用压燃式发动机和压燃式发动机汽车排气烟度排放限值及测量方法》（如表 1-7 所示）来检测汽车的排气污染物。

表 1-5　新生产汽车排气污染物排放限值(体积分数)

车　型	类　别			
	怠速		高怠速	
	CO(%)	HC(×10⁻⁶)	CO(%)	HC(×10⁻⁶)
2005 年 7 月 1 日起新生产的第一类轻型汽车	0.5	100	0.3	100
2005 年 7 月 1 日起新生产的第二类轻型汽车	0.8	150	0.5	150
2005 年 7 月 1 日起新生产的重型汽车	1.0	200	0.7	200

表 1-6　在用汽车排气污染物排放限值(体积分数)

车　型	类　别			
	怠速		高怠速	
	CO(%)	HC(×10^{-6})	CO(%)	HC(×10^{-6})
1995 年 7 月 1 日前生产的轻型汽车	4.5	1200	3.0	900
1995 年 7 月 1 日起生产的轻型汽车	4.5	900	3.0	900
2000 年 7 月 1 日起生产的第一类轻型汽车①	0.8	150	0.3	100
2001 年 10 月 1 日起生产的第二类轻型汽车	1.0	200	0.5	150
1995 年 7 月 1 日前生产的重型汽车	5.0	2000	3.5	1200
1995 年 7 月 1 日起生产的重型汽车	4.5	1200	3.0	900
2004 年 9 月 1 日起生产的重型汽车	1.5	250	0.7	200

注①:对于 2001 年 5 月 31 日以前生产的 5 座以下(含 5 座)微型面包车,执行“1995 年 7 月 1 日起生产的轻型汽车”的排放限值。

表 1-7　稳定转速试验的烟度排放限值

名义流量 G(L/s)	光吸收系数 k(m^{-1})	名义流量 G(L/s)	光吸收系数 k(m^{-1})
≤42	2.26	120	1.37
45	2.19	125	1.345
50	2.08	130	1.32
55	1.985	135	1.30
60	1.90	140	1.27
65	1.84	145	1.25
70	1.775	150	1.225
75	1.72	155	1.205
80	1.665	160	1.19
85	1.62	165	1.17
90	1.575	170	1.155
95	1.535	175	1.14
100	1.495	180	1.125
105	1.465	185	1.11
110	1.425	190	1.095
115	1.395	195	1.08
		≥200	1.065

(2) 噪声

噪声危害方面,噪声对人的影响是一个很复杂的问题,不仅与噪声性质有关,而且还与每个人的生理状态以及社会生活等多方面的因素有关。经过长期研究证明,噪声确实危害人的健康，噪声级越高，危害性就越大，即便噪声级较低，如小于 80 dB(A)的噪声，虽然不致直接危害人的健康，但会影响和干扰人们的正常活动。

6）可靠性指标

可靠性指标是表征发动机在规定使用条件下，正常持续工作能力的指标。可靠性有多种评价方法，如首发故障行驶里程、平均故障间隔里程、主要零件的损坏率等。

7）耐久性指标

耐久性指标是指发动机主要零件磨损到不能继续正常工作的极限时间。通常用发动机的大修里程，即发动机从出厂到第一次大修之间汽车行驶的里程数来衡量。

8）工艺性指标

工艺性指标是评价发动机制造工艺和维修工艺好坏的指标。发动机结构工艺性好，则便于制造，便于维修，可以降低生产成本和维修费用。

（四）吊卸发动机专用工具的使用

吊卸发动机总成的专用工具常用的有举升机、液压吊机、液压千斤顶等，下面对这些工具的使用安全操作流程逐一介绍。

1. 举升机

举升机是汽车维修行业必备的汽保设备。举升机在汽车维修养护中发挥着至关重要的作用，无论整车大修，还是小修保养，都离不开它，其产品性质、质量好坏直接影响维修人员的人身安全。在规模各异的维修养护企业中，无论是维修多种车型的综合类修理厂，还是经营范围单一的街边店（如轮胎店），几乎都配备有举升机。

举升机按照结构形式不同有两柱举升机、四柱举升机、剪式举升机，如图 1－6 所示。

(a) 剪式举升机　　(b) 两柱举升机　　(c) 四柱举升机

图 1－6　汽车维修常用的举升机

举升机安全操作流程如下：

(1) 操作人员必须经过使用设备的专门培训，学生操作必须有实训老师在现场指导。

(2) 使用前必须做常规检查，如发现有故障或元件损坏，或任何锁止机构不能正常工作时，应停止操作，及时报修解决。

(3) 车辆驶入或驶出升降台，必须由有驾驶证的人员驾驶，并确认举升臂处在不阻挡车辆进出的待机位置，缓慢地驶入/驶出。

(4) 举升的车辆不得超过设备的额定举升质量。

(5) 举升车辆的过程中，车内严禁有人。

(6) 举升车辆前，先把托臂调整到被托车辆底盘的合适位置，再调整橡胶托盘，使四只托盘距托承位置相同。

(7) 举升车轴至离地 10 cm 时，应检查托盘位置，并晃动一下车辆，检查是否安全，确认安全后，方可继续举升。

(8) 当举升到达所需的作业高度时，应确认锁止机构进入自锁位置，并且要有辅助支承铁凳作保护，方可进入车底作业。

(9) 车辆降落时，先要确认作业人员、支承铁凳和工作台车等完全撤离车底位置，再释放锁止机构，操纵下降控制杆，缓慢下降。

(10) 车辆升降的过程中，一定要有人负责观察车辆的升降状态，防止车辆升降失衡倾斜或者举升失控冲顶。

(11) 作业暂停或下课后，必须把车辆降落地面，回复到低位的安全待机状态，严禁在非作业状态下举升车辆至高位待机。

(12) 当举升机停止使用时，必须把托臂降落地面，回复到安全的待机状态，切断控制电源，并清洁举升机及周围环境。

2. 液压吊机

液压吊机是起吊重物并允许短距离移位的专用设备，如图 1－7 所示。在汽车维修中，经常需要吊卸汽车发动机、变速器等较重的总成部件，汽车维修人员必须掌握液压吊机的安全操作流程。

图 1－7　液压吊机

液压吊机安全操作流程如下：

(1) 使用前，必须把液压吊机底架的活动前轮臂调整到使用的位置，并确认定位钢销安装可靠及保险卡销安插到位。

(2) 起吊重物前，先把吊臂调整到所需的长度并可靠固定，起吊物品的重量必须在吊臂长度允许的负荷范围内，严禁超负荷起吊。

(3) 升降吊臂时，应确保吊臂下无人，才能进行操作。

(4) 起吊重物时，将吊臂的链钩钩住重物的吊绳，慢慢操作升降手柄，将重物平稳缓慢地吊起到所需要的高度。

(5) 需要使用吊机移动重物时，应将重物放到尽量低的位置(一般不超过 1 m)，以降低重心，减少重物摔落的危险，特殊情况(越障碍物)时被吊物体周围严禁有人，否则不准起吊。

(6) 降落重物时，应缓慢松开释放阀，使吊臂缓缓下降，把重物降落到预定的位置，严禁急松释放阀使吊臂及重物快速落下。

(7) 液压吊机不允许长期吊载重物静置停放。

(8) 严禁在倾斜的斜面或陡坡上操作液压吊机起吊重物。

(9) 严禁把手脚伸入已起吊的重物下面。

(10) 液压吊机出现故障时请勿自行拆解，需请专业人员维修或报送专业维修商修理。

(11) 实训作业完毕，必须把吊臂收回，并降回最低的位置，如果确定长时间不使用吊机，要把底架的活动前轮臂收起，并用定位钢销固定，插上保险卡销，按定置管理的要求把液压吊机放回指定的位置。

3. 液压千斤顶

液压千斤顶是一种采用柱塞或液压缸作为刚性顶举件的千斤顶，是一种简单起重设备，一般只备有起升机构，用以起升重物，构造简单，重量轻，便于携带，移动方便，在汽车维修中经常使用，如图 1-8 所示。

图 1-8　液压千斤顶

液压千斤顶安全操作流程如下：

(1) 使用前应检查各部分是否完好、主缸是否漏油、活塞顶部的调整螺杆和回油阀是否灵活可靠。

(2) 千斤顶不允许在超过规定负荷和行程情况下使用，不得加长操作杆。

(3) 千斤顶应设置在平整、坚实处使用，必须与负荷的重面垂直，其顶部与重物的接触面间应加防滑垫层，并用垫木垫平底部支撑位。

(4) 千斤顶顶升作业时，应观察有无漏油和千斤顶位置是否偏斜，必要时应回降调整。

(5) 千斤顶在使用时，顶升操作必须均匀、平稳，回降时应缓慢松开放油阀，并使活塞缓慢平稳地回程到底。

(6) 在顶升的过程中，应随着重物的上升，在重物下加设保险垫层，到达顶升高度后应及时将重物垫实。

(7) 用两台及两台以上千斤顶同时顶升一个物体时，千斤顶的总起重能力应不小于负荷重的两倍，顶升时应由专人统一观察和指挥，确保各千斤顶的顶升速度及受力基准一致。

(8) 使用卧式液压千斤顶顶升车辆进行底盘作业时，必须选择平坦地面并用三角木将着地轮胎塞稳，防止顶升车辆时发生位移。

(9) 作业车辆被顶升至作业高度后，必须使用安全凳把车辆支撑稳固，严禁单独以千斤顶支撑车辆在车底下作业。

(10) 实训作业完毕，把千斤顶清洁干净，按定置管理的要求放回指定的位置。

三、制定吊卸计划

制定发动机总成吊卸计划如表 1－8 所示。

表 1－8　发动机总成吊卸计划

<table>
<tr><td colspan="3">1. 查阅资料，了解汽车发动机类型信息、汽车发动机总成吊卸作业注意事项和发动机常用术语。
2. 查阅维修手册，学习吊卸发动机专用工具的使用，制定发动机总成吊卸计划。</td></tr>
<tr><td rowspan="2">1. 车辆发动机类型信息描述</td><td>车辆描述：</td><td></td></tr>
<tr><td>发动机类型信息描述：</td><td></td></tr>
<tr><td>2. 汽车发动机总成吊卸作业注意事项描述</td><td colspan="2">1. 遵守操作规程，确定合理的拆卸顺序，保持作业场地的清洁和整齐。
2. 在拆装作业前，必须使用叶子板盖、地板垫和座椅套，以防弄脏和擦坏油漆。
3. 汽车解体前应清洗外部，放出冷却水和所有部分的润滑油（油底壳、变速器壳、主减速器壳等）。
4. 汽车拆卸时，人员应合理分工，保证有条不紊地工作。
5. 拆卸时不要造成零件的损伤，并充分考虑到拆卸后的装配工作。
6. 使用千斤顶时，在千斤顶底部放一块厚木板，顶升时人应在汽车的外侧，严禁用砖块等易碎物支垫千斤顶和车辆。
7. 使用千斤顶时，一定要用千斤顶支架，并注意以下几点：用千斤顶抬高和降低车身时需谨慎精确，把千斤顶设置在横梁或车桥下面时，应将座板放在被支撑件的中心位置上，并注意防止座板滑脱；顶升位置因车型不同而异，应参阅有关说明书和修理手册。
8. 拆装离合器时，禁止摇转发动机或使用起动机。
9. 机具设备的电线、插头等应无破裂或损坏现象，以防触电。
10. 当进行与电气系统相关的整车拆装时，应将蓄电池的负极接线柱断开以防短路而烧毁导线。
11. 拆装蓄电池时，应小心轻放、不要倾斜以免电解液漏出。
12. 蓄电池导线断开后，应重新调整时钟上的时间、音响系统和其他电器存储器上的内容和信息。
13. 有些车型的音响系统或其他电器存储器上的信息会在断开蓄电池导线时被擦掉，因此断开负极接线之前一定要将存储器内容记录下来。
14. 不能用含铅汽油清洗零件，严禁明火接近汽油。</td></tr>
</table>

续表

3.发动机分类信息描述	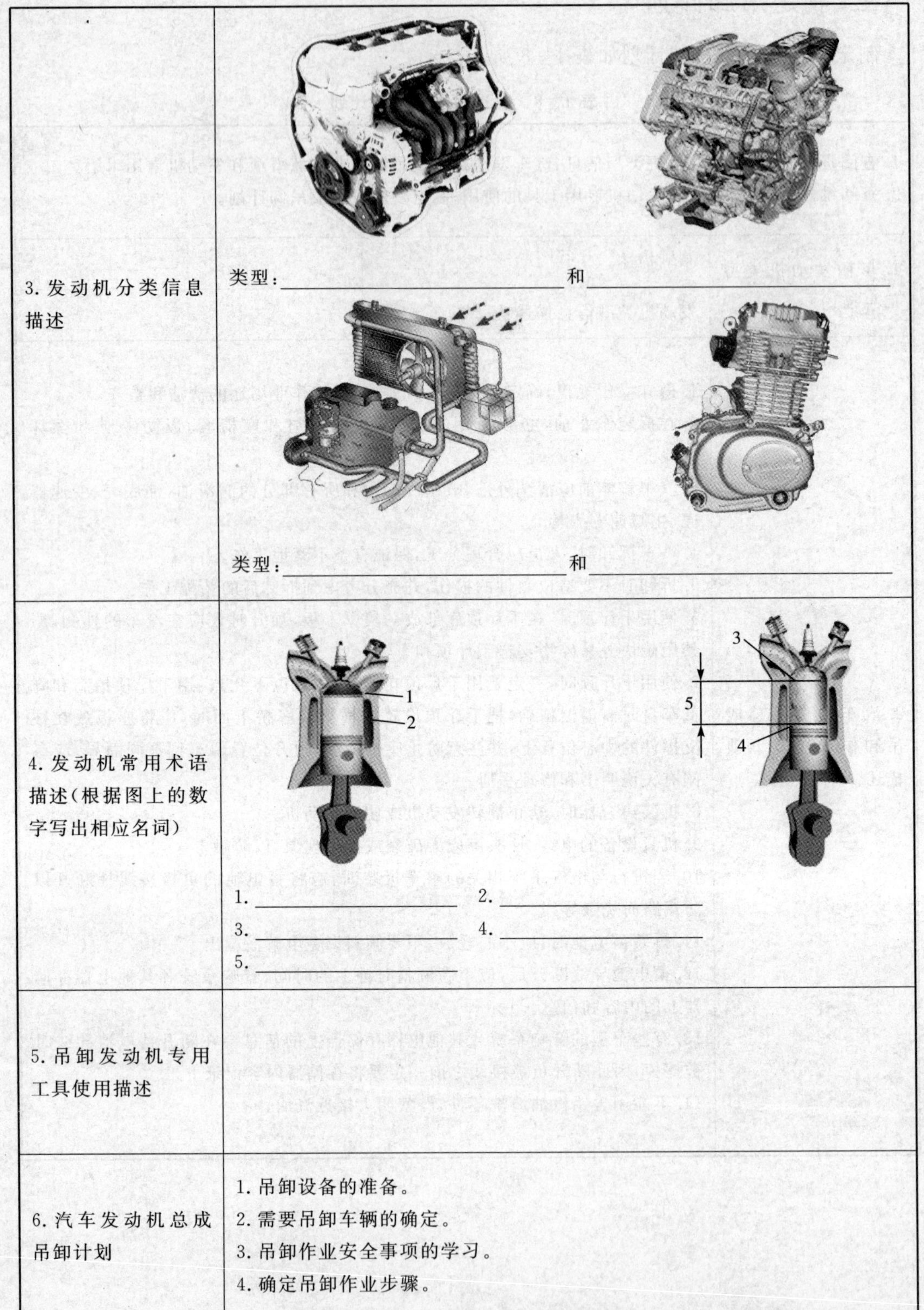 类型：________和________ 类型：________和________
4.发动机常用术语描述（根据图上的数字写出相应名词）	1. ________ 2. ________ 3. ________ 4. ________ 5. ________
5.吊卸发动机专用工具使用描述	
6.汽车发动机总成吊卸计划	1.吊卸设备的准备。 2.需要吊卸车辆的确定。 3.吊卸作业安全事项的学习。 4.确定吊卸作业步骤。

四、实施吊卸作业

汽车发动机总成吊卸作业具体实施如表 1－9 所示。

表 1－9　汽车发动机总成吊卸作业

<table>
<tr><td colspan="4">1. 学习汽车发动机总成吊卸作业安全事项。
2. 会正确对汽车发动机总成进行吊卸作业。</td></tr>
<tr><td rowspan="2">1. 车辆信息描述</td><td colspan="2">车辆描述：</td><td></td></tr>
<tr><td colspan="2">车辆发动机类型描述：</td><td></td></tr>
<tr><td>2. 汽车发动机总成吊卸计划描述</td><td colspan="3"></td></tr>
<tr><td>3. 汽车发动机总成吊卸作业安全事项学习</td><td colspan="3">1. 注意人身和机件的安全，不了解情况的，先了解，后动手，特别是注意在车底下工作时的人身安全。
2. 未经许可，不准扳动机件和乱动电器按钮开关。
3. 注意防火。
4. 认真接受实习前的安全知识教育。</td></tr>
<tr><td colspan="4">4. 汽车发动机总成吊卸作业</td></tr>
<tr><td>作业项目</td><td>作业要领</td><td>技术标准</td><td>检查记录</td></tr>
<tr><td>吊卸设备</td><td>1. 熟练地使用液压吊机。
2. 会操作液压千斤顶。
3. 会操作举升机。</td><td>1. 吊卸重物高度不得超过 1 m。
2. 顶升操作必须均匀、平稳。
3. 四只托盘距托承位置相同，确认锁止机构进入自锁位。</td><td>1. 液压油压：______
2. 是否有泄漏：______
3. 自锁机构：______</td></tr>
<tr><td>吊卸车辆的确定</td><td>1. 熟悉该车辆发动机总成安装位置。
2. 检查该车的外观情况。</td><td>1. 前置前驱。
2. 无划伤和痕迹。</td><td>1. 总里程：______
2. 燃油量：______
3. 外观情况：______</td></tr>
</table>

续表

作业项目	作业要领	技术标准	检查记录
吊卸作业步骤	1. 汽车举升：将车辆停放在举升机上，将举升机的四个举升臂分别与车辆前后支撑点相接触，举升车辆刚离开地面时，检查支撑点牢固后才能继续举升到所需高度。 2. 拆下电器附件及导线插接器。 (1) 关闭点火开关，拆下蓄电池的负极线。 (2) 分别拆卸发电机、起动机、水温传感器、机油压力报警器、爆振传感器、氧传感器、转速传感器、霍尔传感器、活性炭罐电磁阀、发动机ECU、变速器上的车速传感器和倒车灯开关导线的插接器。 3. 放干净发动机冷却液和润滑油。 (1) 拆下油底壳下的导流板，放置好盛油容器，拆下油底壳放油螺塞，放干净油底壳中的润滑油，然后装回放油螺塞。 (2) 在散热器下放置容器，松开散热器下水管抱箍，拆下散热器下水管，放干净水后，松开散热器上水管抱箍，拆下散热器上水管，拆下电动散热风扇的固定螺栓，拆下风扇和散热器。 4. 拆下发动机周围的连接装置。 (1) 拔下炭罐电磁阀的真空管、空气流量计插接器。 (2) 拆下空气滤清器到节气门体之间的进气软管。 (3) 拆下空气滤清器盖，取出空气滤清器滤芯。 (4) 拆下进气歧管罩固定螺栓，取下进气歧管罩。 (5) 拆下曲轴箱强制通风软管。 (6) 拔下节气门拉索上的片簧插片，从节气门控制臂上拆下节气门操纵拉索。 (7) 拆下空调加热器的暖水管。 (8) 从分油管上拆下进油管和回油管，用毛巾堵住管道接口，防止燃油喷出。 5. 拆下发动机上的各附件和固定螺栓，吊出发动机。 (1) 松开空调压缩机与支架的联接螺栓，取下传动带和压缩机。 (2) 使用扳手逆时针方向扳动张紧轮，使传动带松开，并用销钉固定张紧轮。 (3) 从发电机上取下传动带，从张紧轮上取下销钉。 (4) 松开动力转向助力泵带轮的螺栓，取下传动带，再从支架上拆下动力转向助力泵。 (5) 松开车身上的搭铁线。 (6) 拆下排气歧管和排气管的联接螺栓，拆下发动机左右两侧的发动机与车身的固定螺栓。 (7) 从变速器壳体上拆下起动机。 (8) 用变速器托架托住变速器底部，拆下发动机与变速器的联接螺栓，留一只螺栓固定。 (9) 使用小吊车和发动机吊机吊住发动机的吊耳(吊钩的位置应能保证发动机重心平衡)。 (10) 松开变速器上的最后一只螺栓，小心地吊出发动机。		1. 油底壳是否漏油： ____ 2. 水箱是否漏水： ____ 3. 附件外观状况： ____、 ____、 ____、 ____、 ____、 ____等 4. 各传感器插接器是否损坏： ____、 ____、 ____、 ____、 ____、 ____、 ____、 ____、 ____、 ____、 ____、 ____、 ____、 ____、 ____、 ____、 ____、 ____等

汽车发动机构造与维修

续表

5. 汽车发动机总成吊卸作业完成后的收获与感想	

五、检验评估

任务一的检验评估如表 1－10 所示。

表 1－10　检验评估

评价指标	检验说明	检验记录
维护检查项目	1. 吊卸设备 2. 附件外观 3. 其他	
汽车发动机吊卸过程情况		

评价内容	检验指标	权重	自评	互评	总评
检查任务完成情况	1. 完成任务过程情况	4			
	2. 任务完成质量				
	3. 在小组完成任务过程中所起作用				
专业知识和专业技能	1. 能说出发动机总成的安装位置	8			
	2. 能描述汽车发动机的分类及特点				
	3. 能描述汽车发动机的常用术语				
	4. 能描述汽车发动机有关的技术参数				
	5. 会正确选择和使用工具对发动机总成进行吊卸				
职业素养	1. 学习态度：积极主动参与学习	3			
	2. 团队合作：与小组成员一起分工合作，不影响学习进度				
	3. 现场管理：服从工位安排，执行实训室“5S”管理规定				
综合评价与建议					

任务二　发动机附件拆检

任务描述

一辆桑塔纳 2000 汽车在行车过程中存在转向沉重、灯光亮度不够、皮带有异响、有时起动困难等现象，进厂维修，针对维修接待和车间确认意见，需要对发动机附件进行拆检。

任务目标

1. 能描述发动机的基本结构及工作原理。
2. 能说出发动机附件的名称、安装位置及其作用。
3. 会使用常用工具对发动机附件进行检测，并理解其技术要求。

一、维修接待

按照表 1－11 完成待修车辆的维修接待，并准确填写接车问诊表。

表 1－11　维修接待与接车问诊表

1. 通过询问客户了解发动机发生故障情况，填写接车问诊表。 2. 车间检测初步确认需将发动机总成吊卸，对发动机附件进行拆检。
接 车 问 诊 表 车牌号：________　车架号：________　行驶里程：________(km) 用户名：________　电　话：________　来店时间：________
用户陈述及故障发生时的状况：一辆桑塔纳 2000 汽车在行车过程中存在转向沉重、灯光亮度不够、皮带有异响、有时起动困难等现象。 故障发生状况提示：行驶速度、发动机状态、发生频度、发生时间、部位、天气、路面状况、声音描述。
接车员检测确认建议：需对发动机附件进行拆检。
车间检测确认结果及主要故障零部件：需对发动机附件进行拆检，必要时更换故障零部件。 车间检查确认者：________

续表

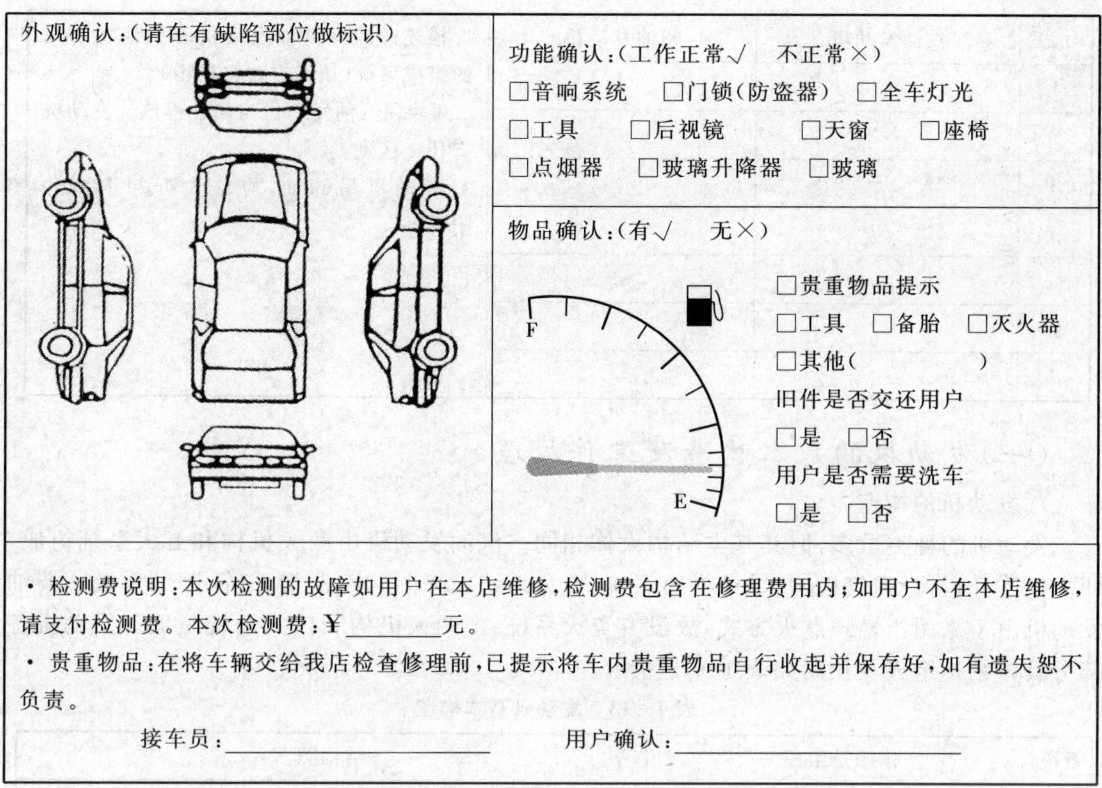

外观确认：(请在有缺陷部位做标识)	功能确认：(工作正常√　不正常×) □音响系统　□门锁(防盗器)　□全车灯光 □工具　□后视镜　□天窗　□座椅 □点烟器　□玻璃升降器　□玻璃
	物品确认：(有√　无×) F　E □贵重物品提示 □工具　□备胎　□灭火器 □其他(　　　　　) 旧件是否交还用户 □是　□否 用户是否需要洗车 □是　□否
· 检测费说明：本次检测的故障如用户在本店维修，检测费包含在修理费用内；如用户不在本店维修，请支付检测费。本次检测费：￥________元。 · 贵重物品：在将车辆交给我店检查修理前，已提示将车内贵重物品自行收起并保存好，如有遗失恕不负责。 接车员：____________　用户确认：____________	

二、信息收集与处理

按表 1－12 完成任务二的信息收集与处理。

表 1－12　信息收集与处理

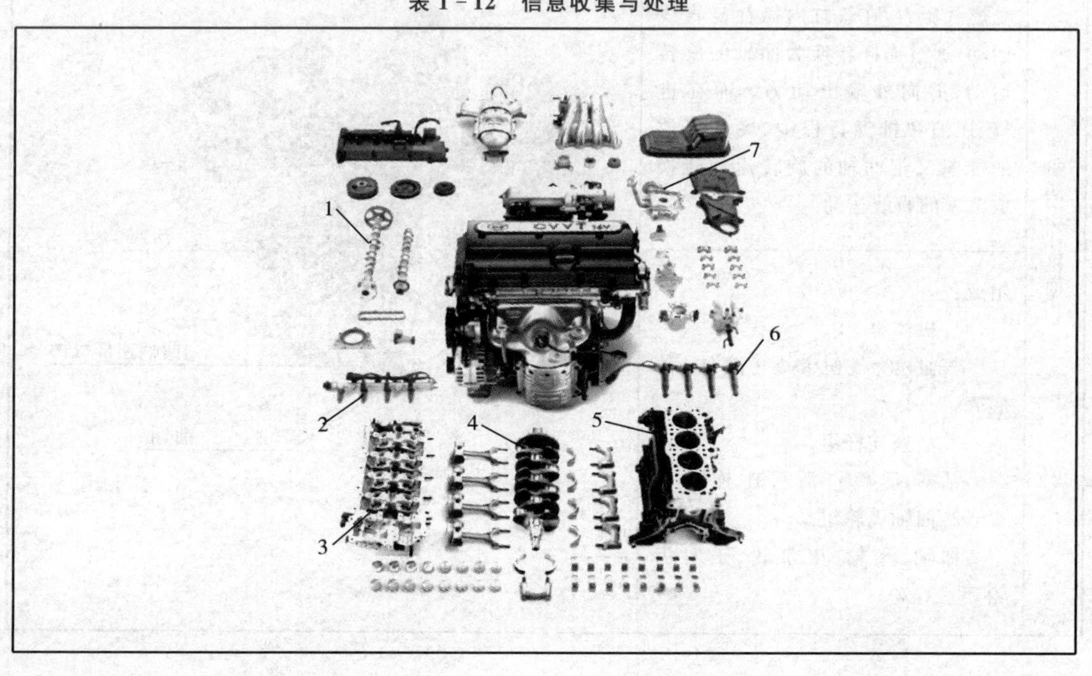

续表

	汽油发动机	柴油发动机	1. 描述四冲程汽油发动机和柴油发动机的组成系统(填在左边空格中)。 2.两冲程汽油发动机与四冲程汽油发动机有什么区别? 3. 发动机吊卸前,应该先拆卸下哪些附件?
1			
2			
3			
4			
5			
6			
7			

(一)发动机的基本构造及工作原理

1. 发动机的构造

发动机的种类虽多,但其基本结构大体相同。汽油发动机由两大机构和五大系统组成,即曲柄连杆机构、配气机构、燃油供给系统、点火系统、冷却系统、润滑系统、起动系统。柴油发动机由于采用压燃式点火方式,故没有点火系统,由两大机构和四大系统组成。发动机各部分具体结构组成及功用如表 1 - 13 所示。

表 1 - 13　发动机基本构造

系统	作用及组成	结构图
曲柄连杆机构	作用: 曲柄连杆机构是发动机实现工作循环、完成能量转换的主要运动零部件。在做功行程中,活塞承受燃气压力,在气缸内做往复直线运动,通过连杆转换为曲轴的旋转运动,并向外输出动力。而在进气、压缩和排气行程中,飞轮释放的能量又把曲轴的旋转运动转换成活塞的直线运动。 组成: 1. 机体组。 气缸盖、气缸垫、气缸体、油底壳。 2. 活塞连杆组。 活塞、活塞环、活塞销、连杆。 3. 曲轴飞轮组。 曲轴、飞轮、皮带轮、正时齿轮等。	活塞 曲柄连杆机构 曲轴

续表

系统	作用及组成	结构图
配气机构	作用： 配气机构的作用是根据发动机的工作顺序和工作过程，定时开启和关闭进气门和排气门，使可燃混合气进入气缸，并使废气从气缸内排出，实现换气过程。 组成： 1. 气门组。 气门（进气门、排气门）、气门弹簧、气门座、气门导管、气门油封。 2. 气门传动组。 凸轮轴、正时带轮（或齿轮、链轮）、正时皮带（或链条）、气门挺柱等。	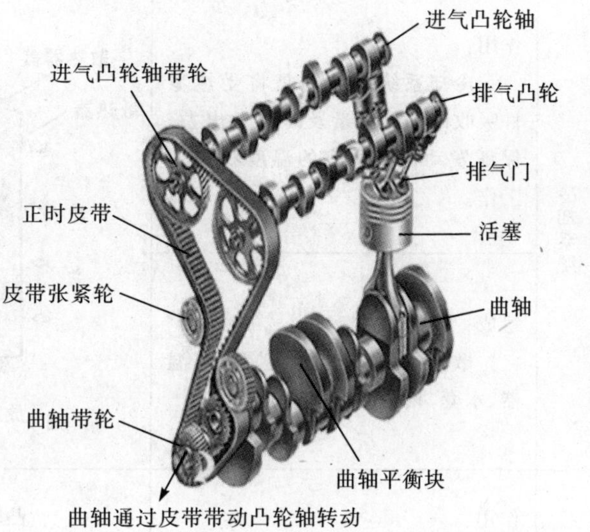
燃油供给系统	作用： 汽油机燃油供给系统的功能是根据发动机的要求，配置出一定数量和浓度的可燃混合气，均匀地分配到各个气缸中，并汇集各个气缸燃烧后的废气，从排气消声器排出。 组成： 燃油泵、油箱、燃油滤清器、油管、喷油器等。	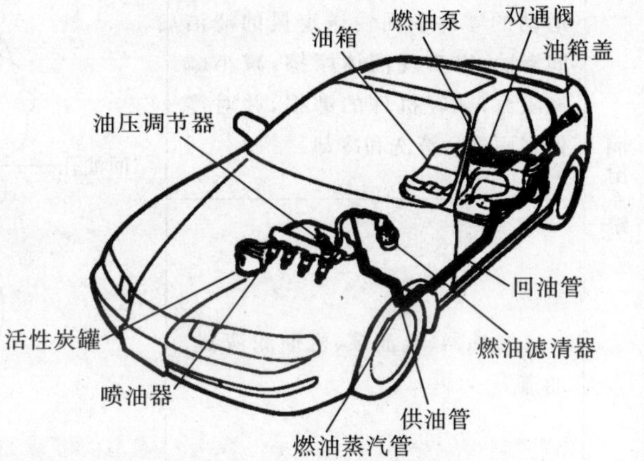
点火系统	作用： 在汽油机中，气缸内的可燃混合气是靠电火花点燃的，为此在汽油机的气缸盖上装有火花塞，火花塞头部伸入燃烧室内。点火系统的功能是定时在火花塞电极间产生电火花，点燃气缸内的可燃混合气。 组成： 蓄电池、点火开关、点火线圈、分电器、火花塞、点火控制器等。	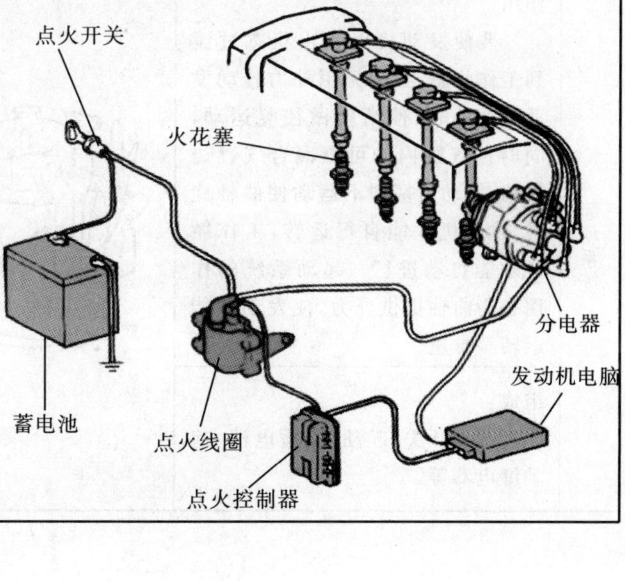

续表

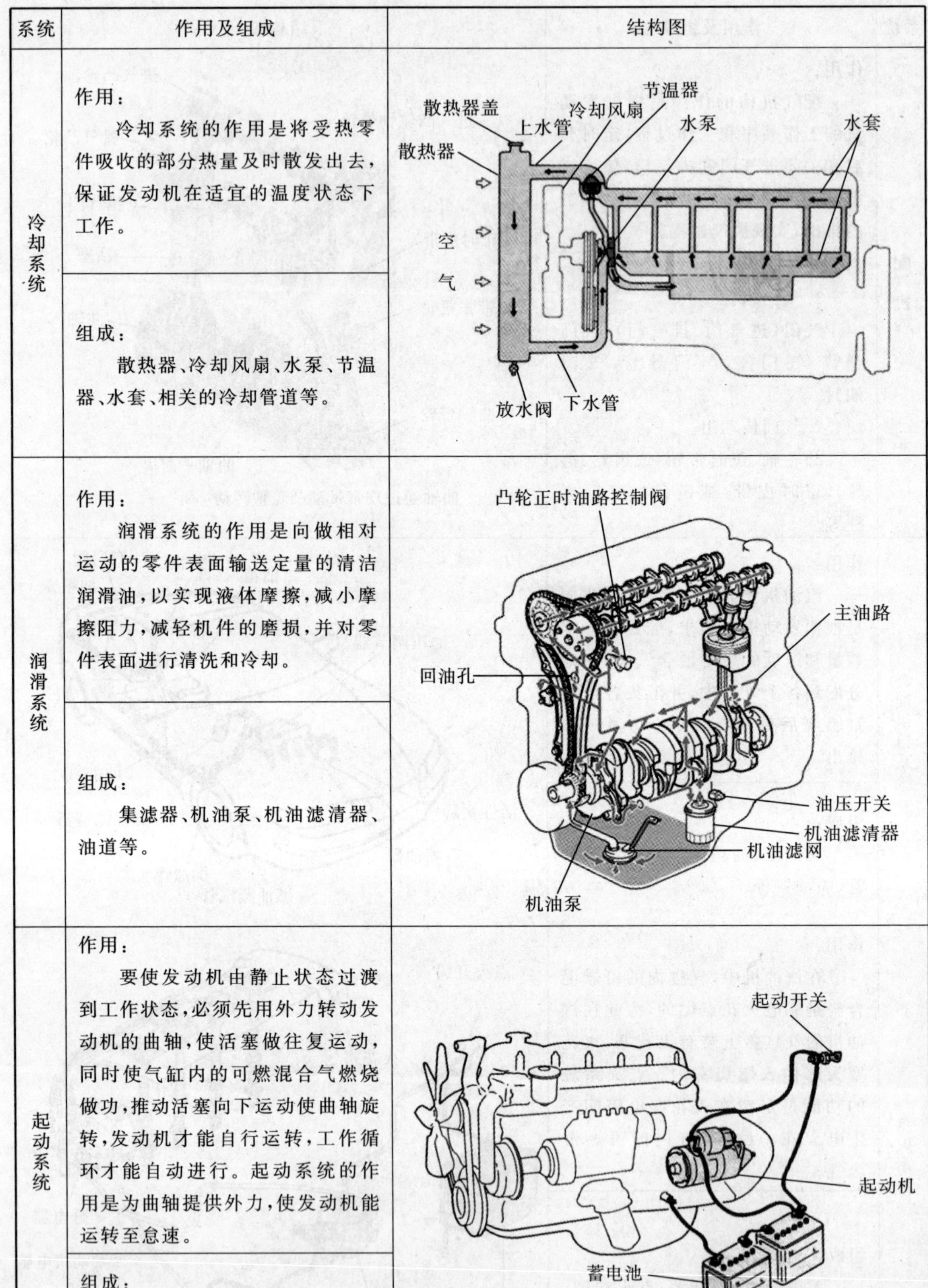

系统	作用及组成	结构图
冷却系统	作用： 冷却系统的作用是将受热零件吸收的部分热量及时散发出去，保证发动机在适宜的温度状态下工作。	
	组成： 散热器、冷却风扇、水泵、节温器、水套、相关的冷却管道等。	
润滑系统	作用： 润滑系统的作用是向做相对运动的零件表面输送定量的清洁润滑油，以实现液体摩擦，减小摩擦阻力，减轻机件的磨损，并对零件表面进行清洗和冷却。	
	组成： 集滤器、机油泵、机油滤清器、油道等。	
起动系统	作用： 要使发动机由静止状态过渡到工作状态，必须先用外力转动发动机的曲轴，使活塞做往复运动，同时使气缸内的可燃混合气燃烧做功，推动活塞向下运动使曲轴旋转，发动机才能自行运转，工作循环才能自动进行。起动系统的作用是为曲轴提供外力，使发动机能运转至怠速。	
	组成： 起动开关、起动机、蓄电池、起动继电器等。	

2. 发动机的工作原理

1) 四冲程汽油发动机工作原理

四冲程发动机工作时，活塞在气缸内上下往复运动。四冲程发动机的工作顺序是进气、压缩、做功和排气。对于四冲程多缸发动机而言，每个气缸都进行这种四冲程循环，但进行的时间不同，各缸做功行程错开，可使发动机输出功率连续平稳。

(1) 进气行程

活塞由曲轴带动从上止点向下止点运动。此时，进气门打开，排气门关闭。由于活塞下移，活塞上腔容积增大，形成一定真空度，在真空吸力的作用下，可燃混合气经进气门被吸入气缸，至活塞运动到下止点时，进气门关闭，停止进气，进气行程结束。如图 1-9 所示。

(2) 压缩行程

进气行程结束时，活塞在曲轴的带动下，从下止点向上止点运动。此时，进、排气门均关闭，随着活塞上移，活塞上腔容积不断减小，混合气被压缩，至活塞到达上止点时，压缩行程结束。如图 1-10 所示。

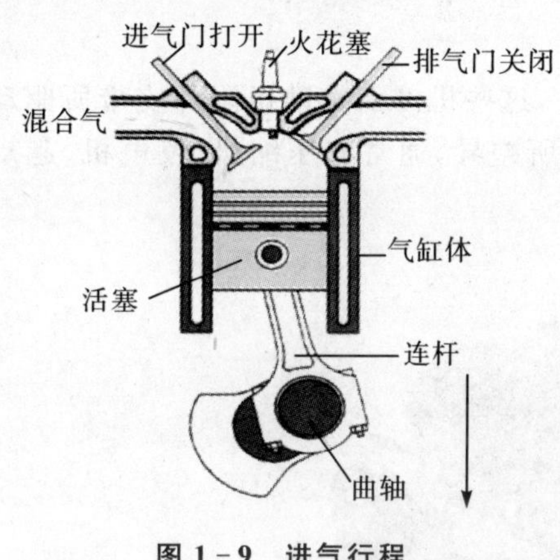

图 1-9　进气行程

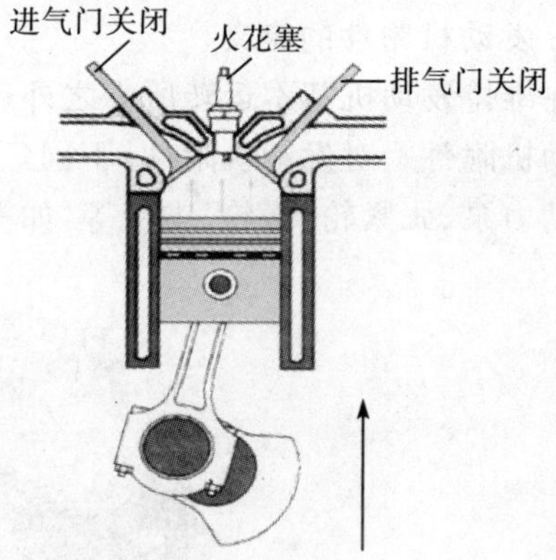

图 1-10　压缩行程

(3) 做功行程

压缩行程末，火花塞产生电火花，点燃气缸内的可燃混合气，并迅速着火燃烧，气体产生高温、高压，在气体压力的作用下，活塞由上止点向下止点运动，再通过连杆驱动曲轴旋转向外输出做功，至活塞运动到下止点时，做功行程结束。如图 1-11 所示。

(4) 排气行程

在做功行程终了时，排气门被打开，活塞在曲轴的带动下由下止点向上止点运动。废气在自身的剩余压力和活塞的驱赶作用下，自排气门排出气缸，至活塞运动到上止点时，排气门关闭，排气行程结束。如图 1-12 所示。排气行程结束后，排气门再次开启，开始下一个工作循环，如此周而复始，发动机就自行运转了。

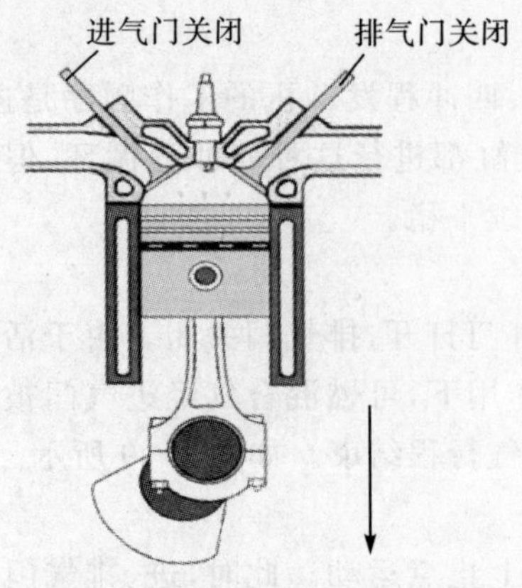

图 1－11　做功行程

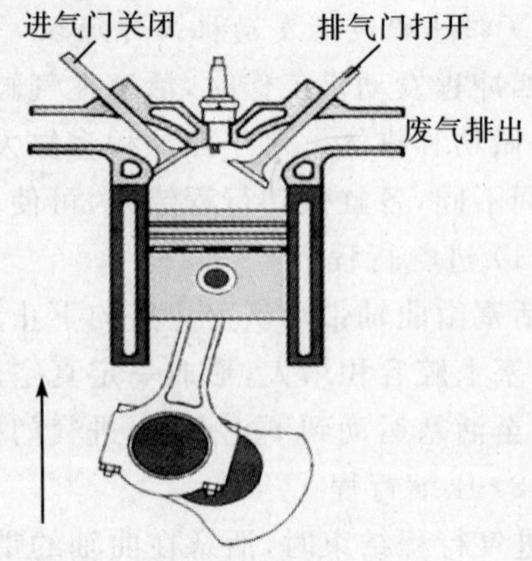

图 1－12　排气行程

(二)发动机附件的名称、安装位置及其作用

1. 发动机附件的定义

在维持发动机基本运转所需之外还有一些机件,这些机件由发动机附件皮带所驱动,称为发动机附件。对发动机附件,不同厂家的定义有所差异,通常有压缩机、发电机、起动机、转向助力泵、张紧轮、惰轮、皮带等,如图 1－13 所示。

图 1－13　发动机附件

2. 发动机附件安装位置及其作用

如表 1－14 所示。

表 1-14 发动机附件安装位置及其作用

名 称	一般安装位置	作 用	图 例
压缩机	压缩机安装在发动机前端，与皮带轮平行	压缩机是制冷回路的“泵”，俗称“空调泵”，由发动机通过皮带和电磁离合器驱动，对制冷剂进行加压使其循环，达到制冷的目的	
起动机	起动机安装在曲轴输出端与离合器的中间位置，也就是飞轮的位置	起动发动机。起动机上的齿轮工作时和与发动机曲轴相连的飞轮啮合，驱动飞轮带动发动机	
发电机	发电机安装在发动机前端	发电机是汽车的主要电源，由汽车发动机驱动。发电机正常工作时，向除起动机外的所有用电设备供电，还向蓄电池充电，以补充蓄电池在使用中所消耗的电能，即将发动机的部分机械能变成电能	
转向助力泵	转向助力泵安装在发动机前端	将发动机输入的机械能转化为液压能向外输出	
张紧轮	张紧轮安装在发动机前端，与皮带轮平行	调整皮带的松紧程度	
惰轮	惰轮安装在发动机前端，与皮带轮平行	起辅助传动作用	
皮带	皮带安装在发动机前端的各带轮槽中	将各个附件连接在一起，传递动力	

(三)发动机附件的检测项目、方法、技术要求

发动机附件的检测项目、方法、技术要求如表 1-15 所示。

表 1-15　发动机附件的检测项目、方法、技术要求

检测项目	作业要领	技术要求
压缩机	1. 电磁离合器的检修。 (1) 电磁线圈的检测:电阻的大小,是否有短路和断路。 (2) 压盘和皮带轮之间的间隙:是否过大或过小。 2. 活塞的检测:磨损情况检测。 3. 密封圈的检测:是否老化或变形。 4. 泵体检测:是否有裂纹。	1. 电磁线圈的电阻一般为 3.5～4.5 Ω。 2. 压盘和皮带轮之间的间隙:0.3～0.6 mm。 3. 泵体外表无漏油。
起动机	1. 转子的检查:电枢绕组间应导通,与搭铁绝缘。 2. 换向器的检查:是否严重烧蚀,圆度误差是否正常。 3. 励磁绕组的检查:两电刷之间应该相通。 4. 单向离合器的检查:承受一定转矩不打滑。 5. 电磁开关的检查:检测吸引线圈和保持线圈的电阻。	1. 换向器的圆度误差:≤0.025 mm。 2. 单向离合器转矩:25.5 N·m。 3. 吸引线圈的电阻:0.3～0.5 Ω。 4. 保持线圈的电阻:1.0～1.2 Ω。
发电机	1. 整流器的检查:二极管的单向导通性。 2. 励磁绕组的检查:换向器电阻大小。 3. 定子绕组的检查:4 条导线间的电阻。	1. 换向器电阻:3～5 Ω。 2. 定子绕组各绕组间的电阻:0.1～0.2 Ω。
转向助力泵	1. 表面是否漏油。 2. 叶片或齿轮的磨损情况。 3. 皮带轮是否松动。	表面不能有油污。
张紧轮	1. 判断轴承是否有卡滞现象,有无异响。 2. 与同步带的接触表面有无磨损和损伤。	轴承有卡滞时应更换。
惰轮	表面的磨损程度。	表面的磨损程度不得超过磨损极限。
皮带	是否有裂纹、磨损、橡胶老化、纤维拉毛起层和掉牙。	用拇指和食指捏住两带轮之间同步带的中间部位,用力翻转刚好能翻转 90°。

(四)常用工具及其使用方法

常用工具及其使用方法如表 1-16 所示。

表 1-16　常用工具及其使用方法

常用工具名称	使　用	图　例
呆扳手	1. 规格： 常见的呆扳手有 5.5～7，8～10，9～11，12～14，13～15，14～17，17～19，21～23，22～24 等规格型号（单位均为 mm）。 2. 使用方法： (1) 根据螺栓、螺母的尺寸，选用合适规格的呆扳手。 (2) 将扳手的开口垂直或水平插入螺栓头部。 (3) 将扳手较厚的一边置于受力大的一侧，扳动扳手。 3. 使用注意事项： (1) 不能用于扭紧力矩较大的螺栓和螺母。 (2) 使用时应将扳手手柄往身边拉，切不可向外推，以免将手碰伤。 (3) 扳转时，不准在呆扳手上任意加套管、锤击，以免损坏扳手或损伤螺栓、螺母的棱角。 (4) 禁止使用开口处磨损过大的呆扳手，以免损坏螺栓、螺母的棱角。 (5) 不能将呆扳手当撬棒使用。	
花扳手	1. 规格： 常见的花扳手有 5.5～7，8～10，9～11，12～14，13～15，14～17，17～19，21～23，22～24 等规格型号（单位均为 mm）。 2. 使用方法： (1) 根据螺栓、螺母的尺寸，选用合适规格的花扳手。 (2) 将花扳手垂直套入螺栓头部。 (3) 轻扳转时，手势与呆扳手相同；用力扳转时四指与拇指应上下握紧扳手手柄往身边扳转。 3. 使用注意事项： (1) 扳转时，不准在花扳手上任意套加力套管或锤击。 (2) 禁止使用内孔磨损过大的花扳手。 (3) 不能将花扳手当撬棒使用。	

续表

常用工具名称	使　用	图　例
套筒扳手	1. 规格： 常见的套筒扳手有 24 件套和 32 件套等几种，套筒规格有 6～24 mm 和 6～32 mm 两种。 2. 使用方法： (1) 使用时根据螺栓、螺母的尺寸选好套筒。 (2) 将套筒套在快速摇柄的方形端头上（视需要可与接杆或短杆配合使用）。 (3) 再将套筒套住螺栓或螺母，转动快速摇柄进行拆装。 3. 使用注意事项： (1) 不准拆装过紧的螺栓、螺母。 (2) 用快速摇柄拆装时，握摇柄的手切勿摇晃，以免套筒滑出或损坏螺栓、螺母的六角。 (3) 禁止用锤子将套筒击入变形的螺栓、螺母的六角进行拆装，以免损坏套筒。 (4) 禁止使用内孔磨损过大的套筒。 (5) 工具用毕，应清洗油污，妥善放置。	
扭力扳手	1. 规格： 常用的扭力扳手有预调式和指针式两种形式。 2. 使用方法： (1) 将套筒插入扭力扳手的方芯。 (2) 用左手把住套筒，右手握紧扭力扳手手柄往身边扳转。 (3) 预调式扭力扳手使用前先将力矩调校至规定值。 3. 使用注意事项： (1) 禁止往外推扭力扳手手柄，以免滑脱而砸伤身体。 (2) 对要求拧紧力矩较大、工件较大、螺栓数较多的螺栓、螺母，应分次按一定顺序拧紧。 (3) 拧紧螺栓、螺母时，不能用力过猛，以免损坏螺纹。 (4) 禁止使用无刻度盘和刻度线不清的扭力扳手。 (5) 拆装时，禁止在扭力扳手的手柄上再加套管或用锤子锤击。	(a) 预调式扭力扳手 0~500 N·m 19 mm (b) 指针式扭力扳手

续表

常用工具名称	使　用	图　例
活扳手	1. 规格： 常用的活扳手尺寸型号有 200 mm×24 mm、300 mm×36 mm 等多种规格。 2. 使用方法： (1) 根据螺栓、螺母的尺寸先调好活扳手的开口大小使之与螺栓、螺母的大小一致(不松旷)。 (2) 将扳手固定部分置于受力大的一侧垂直或水平插入螺栓头部。 3. 使用注意事项： (1) 使用时，应使固定部分朝向承受拉力的方向，以免损坏螺栓的棱角和活扳手。 (2) 使用时，不准在活扳手的手柄上随意加套管或锤击，以免损坏扳手或螺栓。 (3) 禁止将活扳手当锤子使用。	1 2　5 3　4 1—扳手体；2—活动扳口；3—蜗轮；4—蜗杆；5—蜗杆轴
螺钉旋具	1. 规格： 常用的有一字形、十字形和梅花头三种类型，各种类型都有不同的规格。 2. 使用方法： (1) 应根据螺钉类型和大小选用合适的螺钉旋具。 (2) 使用时手心应顶住柄端，并用手指旋转旋具手柄。使用较长的螺钉旋具，左手应把住旋具的前端。 3. 使用注意事项： (1) 使用螺钉旋具不可偏斜，扭转的同时施加一定压力，以免旋具滑脱。 (2) 螺钉旋具或工件上有油污时应擦拭干净。 (3) 禁止将螺钉旋具当撬棒或錾子使用。	(a) 十字螺钉旋具 (b) 一字螺钉旋具
钳子	1. 规格： 汽车拆装中常用的钳子有鲤鱼钳和尖嘴钳两种。 2. 使用方法： (1) 根据需要选用尖嘴钳或鲤鱼钳，用前擦干净油污。 (2) 用手握住钳柄后端，使钳口闭合夹紧工件。 3. 使用注意事项： (1) 禁止将钳子当扳手、撬棒或锤子使用。 (2) 不准用锤子击打钳子。 (3) 禁止用钳子夹持高温机件。	(a) 鲤鱼钳 (b) 尖嘴钳

常用工具名称	使 用	图 例
锤子	1. 规格： 按锤子形状分为圆头、扁头及尖头三种，按锤子材料分为铁锤、木锤和橡胶锤。 2. 使用方法： (1) 使用时，右手握紧后端 10 cm 处，眼睛注视工件。 (2) 击锤方法有腕挥、肘挥和臂挥三种，根据用力程度选择。 3. 使用注意事项： (1) 手柄应安装牢固，防止锤头飞出伤人。 (2) 锤子落在工件上时不得歪斜，以防损坏工件。 (3) 禁止用锤子直接锤击重要表面和易损部位以防损坏工件表面。	(a) 铁锤 (b) 木锤 (c) 橡胶锤
铜棒	1. 使用方法： 一般和锤子配合使用，左手握住铜棒使其一端置于工件表面，右手用锤击打铜棒另一端。 2. 使用注意事项： (1) 不准将铜棒当撬棒使用，以免弯曲。 (2) 不准将铜棒当锤子使用。	
火花塞套筒	1. 使用方法： (1) 根据火花塞的装配位置和火花塞六角的尺寸选用不同高度、径向尺寸的火花塞套筒。 (2) 对正火花塞孔，并与火花塞六角套接可靠，用力转动套筒，使火花塞旋入或旋出。 2. 使用注意事项： (1) 拆装火花塞时，火花塞套筒不得歪斜，以免套筒滑脱。 (2) 扳转火花塞套筒时不准随意加长手柄，以免损坏套筒。	
顶拔器	1. 使用方法： 根据轴端与被拉工件的距离转动顶拔器的丝杆，至丝杆顶住轴端，拉爪钩住工件(轴承或齿轮)的边缘，然后慢慢转动丝杆将工件拉出。 2. 使用注意事项： (1) 拉工件时，不能在手柄上随意加装套管，更不能用锤子敲击手柄，以免损坏顶拔器。 (2) 顶拔器工作时，其中心线应与被拉件轴线保持同轴，以免损坏顶拔器；如被拉件过紧，可边转动丝杆，边用木锤轴向轻轻敲击丝杆尾端，将其拉出。	

<table>
<tr><th>常用工具名称</th><th>使　用</th><th>图　例</th></tr>
<tr><td>活塞环拆装钳</td><td>1. 使用方法：
将拆装钳卡入活塞环的端口，并使其与活塞环贴紧，然后握住手把慢慢捏紧，使活塞环张开，将活塞环从活塞环槽内取出或装入槽内。
2. 使用注意事项：
(1) 操作时应垂直上下移动活塞环，不得扳转，以免滑脱或损坏活塞环。
(2) 操作时用力要适度，以免折断活塞环。</td><td> 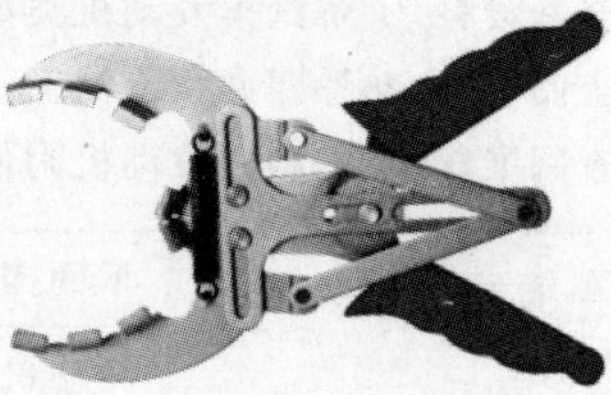</td></tr>
<tr><td>滤清器扳手</td><td>1. 使用方法：
(1) 选择尺寸合适的滤清器扳手，可调式滤清器扳手使用前应根据滤清器的直径调节好尺寸。
(2) 将扳手套入滤清器，转动滤清器将滤清器旋紧或旋松。
2. 使用注意事项：
(1) 使用时尽量将扳手套在滤清器根部底座位置，以免损坏滤清器。
(2) 安装前应在滤清器螺纹口处涂上润滑油。
(3) 安装时不可用力过大，以免损坏滤清器。</td><td>  </td></tr>
<tr><td>气门弹簧钳</td><td>1. 规格：
有弓形气门弹簧钳和杠杆式气门弹簧钳等多种类型。
2. 使用方法：
(1) 使用弓形气门弹簧钳时，先旋出螺杆至凸台顶住气门头，并使压头贴住气门弹簧座，再转动螺杆，带动压头压缩弹簧，使销片落在压头凹槽内。
(2) 使用杠杆式气门弹簧钳时，将前端孔套到缸盖螺柱上，旋上螺母定位，并使槽孔对准气门弹簧座，然后压下弹簧钳手柄，将气门弹簧压缩，用尖嘴钳取出气门销片。
3. 使用注意事项：
(1) 气门弹簧钳与弹簧座接触要可靠，以防滑出。
(2) 气门弹簧钳的活动部分应保持良好的润滑。</td><td> 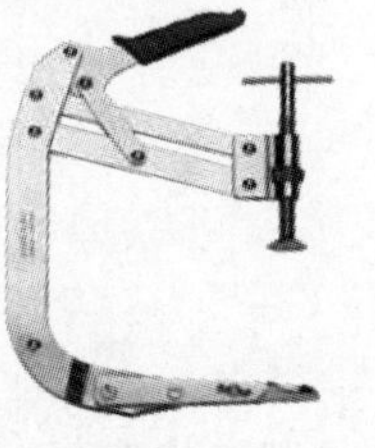(a)弓形气门弹簧钳 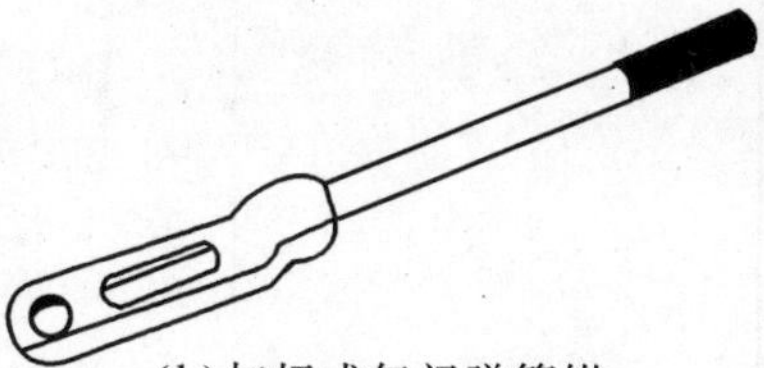
(b)杠杆式气门弹簧钳</td></tr>
</table>

三、制定拆检计划

制定发动机附件拆检计划如表 1－17 所示。

表 1－17　发动机附件拆检计划

<table>
<tr><td colspan="3">1. 查阅资料，了解汽车发动机类型信息和汽车发动机附件拆卸作业注意事项。
2. 查阅资料，熟悉四冲程汽油发动机的工作原理、常用工具的使用方法。
3. 查阅维修手册，制定发动机附件拆检计划。</td></tr>
<tr><td rowspan="2">1. 车辆发动机类型信息描述</td><td>车辆描述：</td><td></td></tr>
<tr><td>发动机类型信息描述：</td><td></td></tr>
<tr><td>2. 汽车发动机附件拆卸作业注意事项描述</td><td colspan="2">1. 遵守操作规程，确定合理的拆卸顺序，保持作业场地的清洁和整齐。
2. 拆卸附件时，人员应合理分工，保证有条不紊地工作。
3. 拆卸附件时不能造成零件的损伤，并充分考虑到拆卸后的装配工作。
4. 空调压缩机、发电机、起动机、转向助力泵的电线、插头等应无破裂或损坏现象，以防触电。
5. 在拆空调压缩机、发电机、起动机、转向助力泵前，应将蓄电池的负极接线柱断开，以防短路而烧毁导线。
6. 拆装蓄电池时，应小心轻放，不得倾斜，以免电解液漏出。
7. 蓄电池导线断开后，应重新调整时钟上的时间、音响系统和其他电器存储器上的内容和信息。
8. 有些车型的音响系统或其他电器存储器上的信息会在断开蓄电池导线时被擦掉，因此断开负极接线之前一定要将存储器内容记录下来。
9. 不能用含铅汽油清洗零件，严禁明火接近汽油。</td></tr>
<tr><td>3. 发动机基本构造信息描述（根据右图中的序号写出相应系统的名称）</td><td colspan="2">

1. ________　2. ________　3. ________
4. ________　5. ________　6. ________</td></tr>
</table>

汽车发动机构造与维修

续表

4. 四冲程发动机工作原理描述（根据右图中的序号写出相应行程的名称）	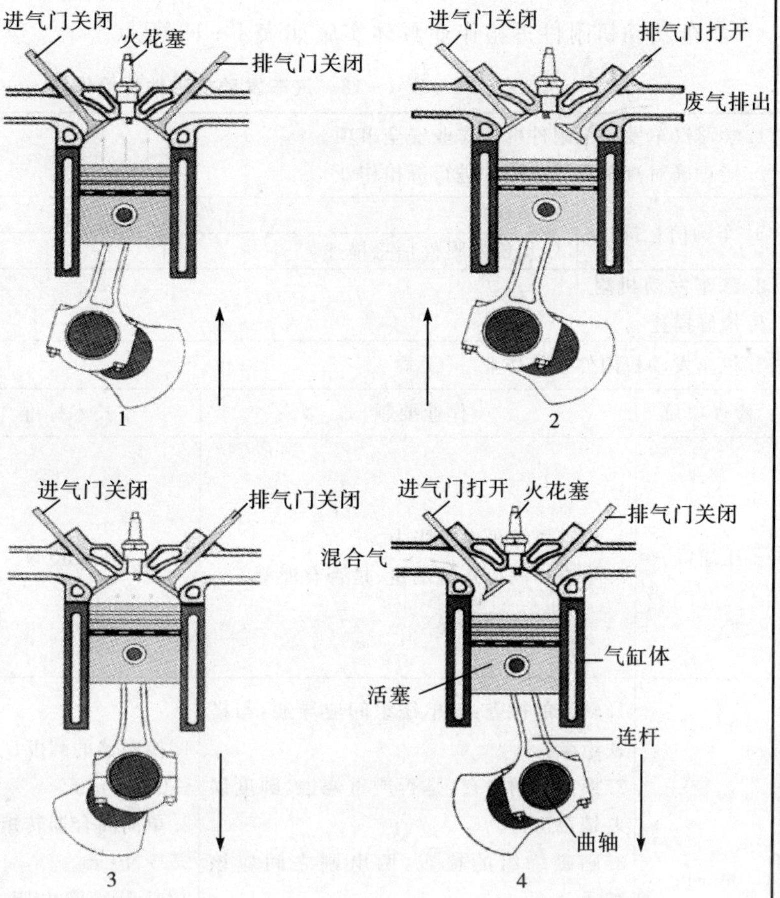 进气门关闭 火花塞 排气门关闭 1 进气门关闭 排气门打开 废气排出 2 进气门关闭 排气门关闭 3 进气门打开 火花塞 排气门关闭 混合气 气缸体 活塞 连杆 曲轴 4 1. ____________ 2. ____________ 3. ____________ 4. ____________
5. 常用工具使用描述	
6. 汽车发动机附件检修计划	1. 压缩机的检修。 2. 发电机的检修。 3. 起动机的检修。 4. 转向助力泵的检修。 5. 皮带的检修。 6. 张紧轮的检修。 7. 惰轮的检修。

四、实施拆检作业

汽车发动机附件拆检作业具体实施如表 1－18 所示。

表 1－18　汽车发动机附件拆检作业

<table>
<tr><td colspan="4">1. 学习汽车发动机附件拆检作业安全事项。
2. 能正确对汽车发动机附件进行拆检作业。</td></tr>
<tr><td rowspan="2">1. 车辆信息描述</td><td colspan="2">车辆描述：</td><td></td></tr>
<tr><td colspan="2">发动机各附件信息描述：</td><td></td></tr>
<tr><td>2. 汽车发动机附件检修描述</td><td colspan="3"></td></tr>
<tr><td colspan="4">3. 汽车发动机附件检修作业</td></tr>
<tr><td>检查项目</td><td>作业要领</td><td>技术标准</td><td>检查记录</td></tr>
<tr><td>压缩机</td><td>1. 检查压缩机皮带张力。
2. 检查加注冷冻机油量、是否有泄漏。</td><td>张力：376±50 N。</td><td>1. 皮带张力：
____
2. 冷冻机油量：
____
3. 是否有泄露：
________</td></tr>
<tr><td>起动机</td><td>1. 转子的检查：电枢绕组间应导通，与搭铁绝缘。
2. 换向器的检查：是否严重烧蚀，圆度误差是否正常。
3. 励磁绕组的检查：两电刷之间应该相通。
4. 单向离合器的检查：承受一定转矩不打滑。
5. 电磁开关的检查：检测吸引线圈和保持线圈的电阻。</td><td>1. 换向器的圆度误差：≤0.025 mm。
2. 单向离合器转矩：25.5 N·m。
3. 吸引线圈电阻：0.3～0.5 Ω。
4. 保持线圈电阻：1.0～1.2 Ω。</td><td>1. 换向器的圆度误差：
____
2. 单向离合器转矩：
____
3. 吸引线圈电阻：
____
4. 保持线圈电阻：
________</td></tr>
<tr><td>发电机</td><td>1. 整流器的检查：二极管的单向导通性。
2. 励磁绕组的检查：换向器电阻大小。
3. 定子绕组的检查：4 条导线间的电阻。</td><td>1. 换向器电阻：3～5 Ω。
2. 定子绕组各绕组间的电阻：0.1～0.2 Ω。</td><td>1. 换向器电阻：
____
2. 定子绕组各绕组间的电阻：
________</td></tr>
<tr><td>转向助力泵</td><td>1. 表面是否漏油。
2. 叶片或齿轮的磨损情况。
3. 皮带轮是否松动。</td><td>表面不能有油污。</td><td>表面是否有油污：
________</td></tr>
<tr><td>张紧轮</td><td>1. 判断轴承是否有卡滞现象，有无异响。
2. 与同步带的接触表面有无磨损和损伤。</td><td>轴承有卡滞时应更换。</td><td>轴承有无卡滞：
________</td></tr>
</table>

续表

检查项目	作业要领	技术标准	检查记录
惰轮	表面的磨损程度。	表面的磨损程度不得超过磨损极限。	表面的磨损程度：______
皮带	是否有裂纹、磨损、橡胶老化、纤维拉毛起层和掉牙。	用拇指和食指捏住两带轮之间同步带的中间部位，用力翻转刚好能翻转 90°。	用拇指和食指捏住两带轮之间同步带的中间部位，用力翻转是否能刚好翻转 90°：______
4. 拆检作业完成后的收获与感想			

五、检验评估

任务二的检验评估如表 1－19 所示。

表 1－19　检验评估

<table>
<tr><td>评价指标</td><td colspan="5">检验说明</td><td colspan="4">检验记录</td></tr>
<tr><td>维护检查项目</td><td colspan="5">1. 吊卸设备
2. 附件外观
3. 其他</td><td colspan="4"></td></tr>
<tr><td>汽车发动机附件拆卸检修过程情况</td><td colspan="9"></td></tr>
<tr><td>评价内容</td><td colspan="5">检验指标</td><td>权重</td><td>自评</td><td>互评</td><td>总评</td></tr>
<tr><td rowspan="3">检查任务完成情况</td><td colspan="5">1. 完成任务过程情况</td><td rowspan="3">4</td><td rowspan="3"></td><td rowspan="3"></td><td rowspan="11"></td></tr>
<tr><td colspan="5">2. 任务完成质量</td></tr>
<tr><td colspan="5">3. 在小组完成任务过程中所起作用</td></tr>
<tr><td rowspan="5">专业知识和专业技能</td><td colspan="5">1. 能描述发动机的基本结构</td><td rowspan="5">8</td><td rowspan="5"></td><td rowspan="5"></td></tr>
<tr><td colspan="5">2. 能描述汽车发动机的工作原理</td></tr>
<tr><td colspan="5">3. 能描述汽车发动机附件的名称、安装位置及作用</td></tr>
<tr><td colspan="5">4. 会使用常用工具对发动机附件进行拆检</td></tr>
<tr><td colspan="5">5. 能正确地选择和使用发动机吊卸工具吊卸发动机</td></tr>
<tr><td rowspan="3">职业素养</td><td colspan="5">1. 学习态度：积极主动参与学习</td><td rowspan="3">3</td><td rowspan="3"></td><td rowspan="3"></td></tr>
<tr><td colspan="5">2. 团队合作：与小组成员一起分工合作，不影响学习进度</td></tr>
<tr><td colspan="5">3. 现场管理：服从工位安排，执行实训室“5S”管理规定</td></tr>
<tr><td>综合评价与建议</td><td colspan="9"></td></tr>
</table>

项目思考

1. 按冷却方式分，发动机分为哪两类？
2. 什么是直列发动机？它有什么优缺点？
3. 解释发动机编号“CA6102”的含义。
4. 什么是活塞行程？
5. 什么是发动机排量？
6. 什么是工况？
7. 发动机动力性能指标包括哪些参数？
8. 汽油发动机由哪两大机构和五大系统组成？
9. 简述冷却系统的作用。
10. 简述曲柄连杆机构的功用。
11. 发动机附件主要包括哪些？
12. 起动机检测作业需检测哪些主要项目？
13. 活塞环拆装钳如何使用？有哪些注意事项？

项目二 曲柄连杆机构检修

项目描述

一辆桑塔纳2000轿车运行8万公里后，发动机异响，有金属敲击声，发动机的动力性下降，加速性能下降，严重丧失工作能力，进4S店经检测后确认发动机需大修。

发动机大修中应如何对发动机曲柄连杆机构进行检修？

项目目标

1. 能说出曲柄连杆机构的功能及构成。
2. 能正确地选择和使用维修工量具拆检气缸体。
3. 能正确地选择和使用维修工量具拆检活塞连杆组件。
4. 能正确地选择和使用维修工量具拆检气缸套。
5. 能正确地选择和使用维修工量具拆检曲轴飞轮组。
6. 能进行曲柄连杆机构的总体拆装、故障诊断与排除。

任务一 曲柄连杆机构整体认识

任务描述

一辆桑塔纳2000轿车运行8万公里后，发动机异响，有金属敲击声，发动机的动力性下降，加速性能下降，严重丧失工作能力，进4S店经检测后确认发动机需大修。针对维修接待和车间确认意见，首先要熟悉曲柄连杆机构。

任务目标

1. 能说出曲柄连杆机构的功用、组成。

2. 能正确地描绘出曲柄连杆机构的工作环境及受力情况。

一、维修接待

按照表 2-1 完成待修车辆的维修接待，并准确填写接车问诊表。

表 2-1 维修接待与接车问诊表

<table>
<tr><td colspan="2">1. 通过询问客户了解发动机发生故障情况，填写接车问诊表。
2. 车间检测初步确认需对曲柄连杆机构进行检修及更换其主要故障零部件。</td></tr>
<tr><td colspan="2">接 车 问 诊 表
车牌号：________ 车架号：________ 行驶里程：________(km)
用户名：________ 电　话：________ 来店时间：________</td></tr>
<tr><td colspan="2">用户陈述及故障发生时的状况：一辆桑塔纳 2000 轿车运行 8 万公里后，发动机异响，有金属敲击声，发动机的动力性下降，加速性能下降，严重丧失工作能力。
故障发生状况提示：行驶速度、发动机状态、发生频度、发生时间、部位、天气、路面状况、声音描述。</td></tr>
<tr><td colspan="2">接车员检测确认建议：需对发动机曲柄连杆机构进行综合修理。</td></tr>
<tr><td colspan="2">车间检测确认结果及主要故障零部件：需对发动机曲柄连杆机构进行综合修理，必要时更换故障零部件。
车间检查确认者：________</td></tr>
<tr><td rowspan="2">外观确认：(请在有缺陷部位做标识)</td><td>功能确认：(工作正常√ 不正常×)
□音响系统 □门锁(防盗器) □全车灯光
□工具 □后视镜 □天窗 □座椅
□点烟器 □玻璃升降器 □玻璃</td></tr>
<tr><td>物品确认：(有√ 无×)
F E
□贵重物品提示
□工具 □备胎 □灭火器
□其他(　　　　)
旧件是否交还用户
□是 □否
用户是否需要洗车
□是 □否</td></tr>
<tr><td colspan="2">· 检测费说明：本次检测的故障如用户在本店维修，检测费包含在修理费用内；如用户不在本店维修，请支付检测费。本次检测费：¥________元。
· 贵重物品：在将车辆交给我店检查修理前，已提示将车内贵重物品自行收起并保存好，如有遗失恕不负责。
接车员：________ 用户确认：________</td></tr>
</table>

二、信息收集与处理

按表 2-2 完成任务一的信息收集与处理。

表 2-2　信息收集与处理

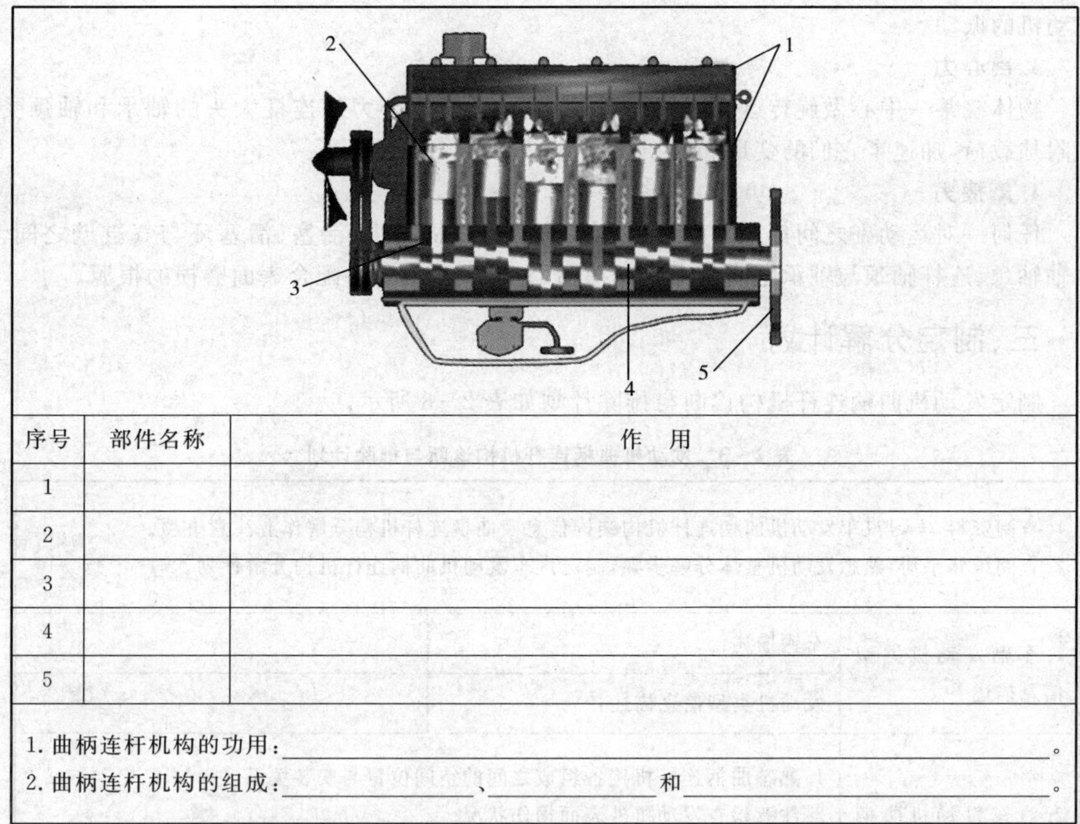

序号	部件名称	作　用
1		
2		
3		
4		
5		

1. 曲柄连杆机构的功用：________________。
2. 曲柄连杆机构的组成：________、________和________。

(一)曲柄连杆机构的功用

曲柄连杆机构的功用是将燃料燃烧时产生的热能转变为活塞往复运动的机械能，再通过连杆将活塞的往复运动变为曲轴的旋转运动而对外输出动力。

(二)曲柄连杆机构的组成

曲柄连杆机构由机体组、活塞连杆组、曲轴飞轮组三大部分组成。

机体组：包括气缸体、曲轴箱、油底壳、气缸套、气缸盖、气缸垫等不动件。

活塞连杆组：包括活塞、活塞环、活塞销、连杆等运动件。

曲轴飞轮组：包括曲轴、飞轮和扭转减振器、平衡轴等机构。

(三)曲柄连杆机构受力情况分析

曲柄连杆机构的工作条件十分恶劣。气缸最高温度可达 2500 K 以上，最高压力可达 9 MPa，最高转速可达 6000 r/min。因此，曲柄连杆机构要承受高温、高压、高速和化学腐蚀作用。同时，曲柄连杆机构在工作时做变速运动，受力情况相当复杂，承受气体作用力、运动质量惯性力、旋转运动的离心力以及相对运动件接触面的摩擦力等。

1. 气体作用力

在发动机工作循环的每个行程中，气体作用力始终存在且不断变化。做功行程最高，压缩行程次之，进气和排气行程最小，对机件影响不大。

2. 往复惯性力

往复运动的物体在运动速度变化时，会产生惯性力。惯性力使得曲柄连杆机构的各零部件和所有轴颈承受周期性的附加载荷，会加快轴承磨损；惯性力传到气缸体上，还会引发发动机的振动。

3. 离心力

物体绕某一中心做旋转运动时，就会产生离心力。离心力使连杆大头的轴承和轴颈受到附加载荷，加速了它们的变形和磨损。

4. 摩擦力

任何一对运动副之间都存在摩擦力。在曲柄连杆机构中，活塞、活塞环与气缸壁之间，曲轴轴颈、连杆轴颈与轴承之间都存在摩擦力，它们是造成零件配合表面磨损的根源。

三、制定分解计划

制定发动机曲柄连杆机构诊断与排除计划如表 2－3 所示。

表 2－3　发动机曲柄连杆机构诊断与排除计划

<table>
<tr><td colspan="3">1. 查阅资料，学习汽车发动机曲柄连杆机构结构信息及曲柄连杆机构分解作业注意事项。
2. 查阅维修手册，熟悉发动机整体分解步骤，制定汽车发动机曲柄连杆机构分解计划。</td></tr>
<tr><td rowspan="2">1. 车辆发动机类型信息描述</td><td>车辆描述：</td><td></td></tr>
<tr><td>发动机类型信息描述：</td><td></td></tr>
<tr><td>2. 汽车发动机曲柄连杆机构分解作业注意事项描述</td><td colspan="2">1. 熟悉曲柄连杆机构各组成之间的空间位置与安装关系。
2. 注意检查发动机外表面损伤状况。
3. 掌握拆装要点以及主要配合面的检查和测量方法。
4. 拆卸气缸盖螺栓时，应遵守从中间到两边交替松开螺栓，而且分 2～3 次拆卸的原则。</td></tr>
<tr><td>3. 发动机曲柄连杆机构信息描述</td><td colspan="2">1.＿＿＿＿　2.＿＿＿＿　3.＿＿＿＿
4.＿＿＿＿　5.＿＿＿＿　6.＿＿＿＿
7.＿＿＿＿　8.＿＿＿＿</td></tr>
</table>

4. 发动机曲柄连杆机构分解描述	
5. 发动机曲柄连杆机构分解计划	1. 分解工具的准备。 2. 分解步骤的确定。 3. 分解作业安全事项的学习。

四、实施分解作业

汽车发动机曲柄连杆机构故障诊断与排除作业具体实施如表2-4所示。

表2-4 发动机曲柄连杆机构故障诊断与排除

<table>
<tr><td colspan="3">1. 学习汽车发动机曲柄连杆机构分解作业安全事项。
2. 能正确对汽车发动机曲柄连杆机构进行分解作业。</td></tr>
<tr><td rowspan="2">1. 车辆信息描述</td><td>车辆描述：</td><td></td></tr>
<tr><td>车辆发动机类型描述：</td><td></td></tr>
<tr><td>2. 汽车发动机曲柄连杆机构分解计划描述</td><td colspan="2"></td></tr>
<tr><td>3. 汽车发动机曲柄连杆机构分解作业安全事项学习</td><td colspan="2">1. 学习实验室工作规则，树立安全第一的理念，避免产生人身和设备事故。
2. 按要求穿戴合身的工作服和工作鞋，避免穿光滑底的运动鞋。
3. 注意机、工、量具的正确使用。实训前检查工具车物品是否齐全，机具、量具是否完好，发现问题(包括实训前、实训中、实训后)及时汇报。实训结束后填写设备使用单。
4. 保持工作场地的清洁，避免将润滑油溅洒在地面上，拆装工具和零部件放在专用盆器里。下班前要全面清理清洁场地和工具，关闭油、水、电开关。
5. 搬运发动机等重物应戴手套，使用专用设备进行。发动机拆装时应放置平稳，以防倾倒伤人。
6. 正确选用拆装工具，注意各种螺栓的拆装转矩，避免用力过大伤及周围人员或将螺栓拧断。
7. 在拆装机件时，应弄清是否为可拆部位，不能强行拆卸，拆下的零件应按一定顺序放置。
8. 注意拧紧螺母、螺栓的顺序(一般情况用手将全部螺栓拧入后，再用扳手逐个预紧，最后依次拧紧；拆卸时顺序与之相反，要求相同)，有规定力矩要求的，必须用扭力扳手拧紧。
9. 认真接受实习前的安全知识教育，做好实习后的实习总结。</td></tr>
</table>

续表

4. 汽车发动机曲柄连杆机构分解作业			
作业项目	作业要领	技术标准	检查记录
分解工具设备的选用	1. 扭力扳手。 2. 开口扳手。 3. 活动扳手。 4. 套筒扳手。	1. 扭力扳手常用 294 N·m、490 N·m 两种规格。 2. 开口扳手开口的中心平面和本体中心平面成 15° 角，这样既能适应人手的操作方向，又可降低对操作空间的要求。 3. 活动扳手常用 150 mm、300 mm 两种规格。 4. 常用套筒扳手的规格是 10～32 mm。	1. 选用的扭力扳手为：______ 2. 选用的开口扳手为：______ 3. 选用的活动扳手为：______ 4. 选用的套筒扳手为：______
分解步骤	1. 将前面已拆卸下附件的发动机，固定在实验台架上，先检查气缸盖、气缸体、油底壳外表面是否完好。 2. 按照由上及下原则，拆下气缸盖罩、气缸盖，注意气缸盖与气缸体间的密封衬垫（气缸垫）是否完好。放置气缸垫时，注意工作面向上放。 3. 将发动机用起吊机吊起，将发动机旋转 90° 放置，拆下油底壳及集滤器。 4. 根据已经拆卸的零部件，观察学习曲柄连杆机构的三大组成部分。		1. 气缸盖是否无损：______ 2. 气缸体是否无损：______ 3. 气缸垫是否完好：______ 4. 油底壳是否变形：______
5. 分解作业完成后的收获与感想			

五、检验评估

任务一的检验评估如表 2－5 所示。

表 2-5　检验评估

评价指标	检验说明	检验记录
维护检查项目	1. 拆解工具设备是否损坏 2. 检查气缸垫、油底壳衬垫是否完好 3. 检查油底壳是否变形 4. 气缸盖、气缸体是否变形	
汽车发动机曲柄连杆机构分解过程情况		

评价内容	检验指标	权重	自评	互评	总评
检查任务完成情况	1. 完成任务过程情况	4			
	2. 任务完成质量				
	3. 在小组完成任务过程中所起作用				
专业知识和专业技能	1. 能说出发动机曲柄连杆机构的作用	8			
	2. 能描述汽车发动机曲柄连杆机构的组成				
	3. 能描述汽车发动机曲柄连杆机构的工作条件				
	4. 能正确地选择和使用工具分解发动机曲柄连杆机构				
职业素养	1. 学习态度：积极主动参与学习	3			
	2. 团队合作：与小组成员一起分工合作，不影响学习进度				
	3. 现场管理：服从工位安排，执行实训室“5S”管理规定				
综合评价与建议					

任务二　机体组结构认识和检修

任务描述

一辆桑塔纳 2000 轿车运行 8 万公里后，发动机异响，有金属敲击声，发动机的动力性下降，加速性能下降，严重丧失工作能力。针对维修接待和车间确认意见，需要对机体组进行检修。

任务目标

1. 能正确指出机体组各零部件之间的连接关系。

2. 能说出气缸体的功用、类型及常见燃烧室类型。

3. 能正确地选择和使用维修工量具对气缸体进行检修。

一、维修接待

按照表 2－6 完成待修车辆的维修接待，并准确填写接车问诊表。

表 2－6　维修接待与接车问诊表

1. 通过询问客户了解发动机发生故障情况，填写接车问诊表。
2. 车间检测初步确认需对发动机机体组进行检修及更换其主要故障零部件。

接车问诊表

车牌号：________　车架号：________　行驶里程：________(km)

用户名：________　电　话：________　来店时间：________

用户陈述及故障发生时的状况：一辆桑塔纳 2000 轿车运行 8 万公里后，发动机异响，有金属敲击声，发动机的动力性下降，加速性能下降，严重丧失工作能力。

故障发生状况提示：行驶速度、发动机状态、发生频度、发生时间、部位、天气、路面状况、声音描述。

接车员检测确认建议：需对发动机机体组进行修理。

车间检测确认结果及主要故障零部件：需对发动机机体组进行修理，必要时更换故障零部件。

车间检查确认者：________

外观确认：(请在有缺陷部位做标识)

功能确认：(工作正常√　不正常×)

□音响系统　□门锁(防盗器)　□全车灯光

□工具　□后视镜　□天窗　□座椅

□点烟器　□玻璃升降器　□玻璃

物品确认：(有√　无×)

F

E

□贵重物品提示

□工具　□备胎　□灭火器

□其他(　　　　)

旧件是否交还用户

□是　□否

用户是否需要洗车

□是　□否

· 检测费说明：本次检测的故障如用户在本店维修，检测费包含在修理费用内；如用户不在本店维修，请支付检测费。本次检测费：¥______元。

· 贵重物品：在将车辆交给我店检查修理前，已提示将车内贵重物品自行收起并保存好，如有遗失恕不负责。

接车员：________　用户确认：________

二、信息收集与处理

按表 2－7 完成任务二的信息收集与处理。

表 2－7　信息收集与处理

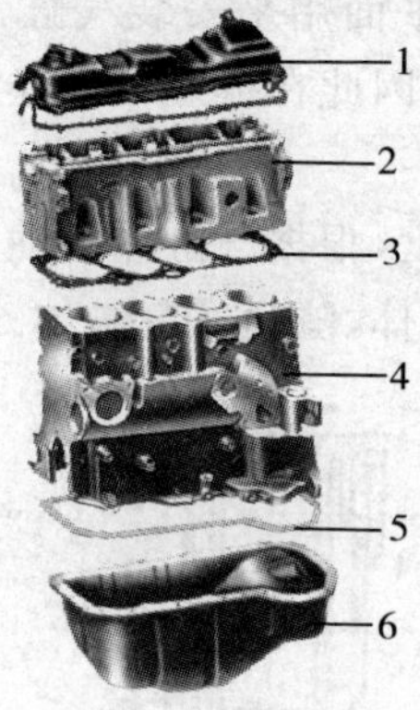

序号	部件名称	作　用
1		
2		
3		
4		
5		
6		

1. 机体组的主要构成：＿＿＿＿＿＿＿＿＿＿＿＿＿＿＿＿＿＿＿＿＿＿＿＿＿。
2. 机体组各零部件的功用：＿＿＿＿＿＿＿＿＿＿＿＿＿＿＿＿＿＿＿＿＿＿＿。

(一)机体组的功用、组成及工作原理

机体组是发动机的基体和“骨架”，发动机的许多零部件和辅助系统的元件都安装在机体上。它是发动机的固定件，也是发动机形状尺寸的主要决定因素。

机体组主要由气缸盖、气缸体、曲轴箱、气缸垫、油底壳、气缸套等不动件组成。

1. 气缸体

气缸体是发动机各个机构和系统的装配基体，并由它来保持发动机各运动部件相互之间的准确位置关系。水冷式发动机的气缸体和上曲轴箱常铸为一体，称为气缸体—曲轴箱，简称气缸体。如图 2－1 所示。

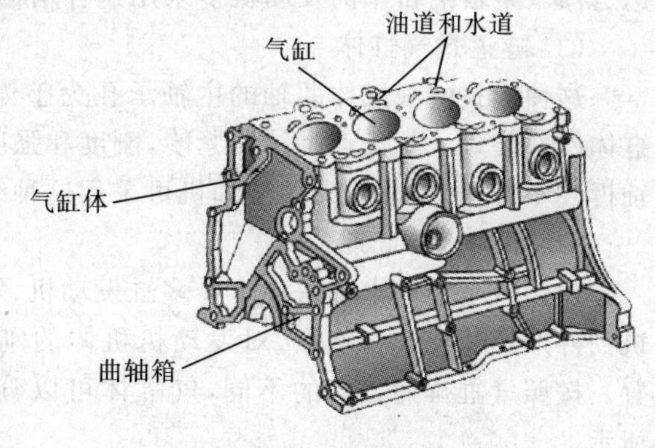

图 2－1　气缸体

气缸体上半部有一个或若干个为活塞在其中运动导向的圆柱形空腔，称为气缸。为了使气缸散热，在气缸的外面制有水套。气缸体下半部为支撑曲轴的曲轴箱，其内腔是曲轴运动的空间。曲轴箱有前后壁和中间隔板，其上制有曲轴主轴承座孔，有的发动机在气缸体上还制有凸轮轴承座孔。为了润滑这些轴承，在气缸体侧壁上钻有主油道，前后壁和中间隔板上钻有分油道。

气缸体有上、下两个水平面，上平面用来安装气缸盖，下平面用来安装油底壳。这两个平面也往往是气缸修理的加工基准，因此在拆装时应注意保护。

1）气缸体的结构形式

气缸体应具有足够的强度和刚度，根据气缸体与油底壳安装平面位置的不同，通常把气缸体分为一般式气缸体、龙门式气缸体、隧道式气缸体三种形式，如图 2-2 所示。

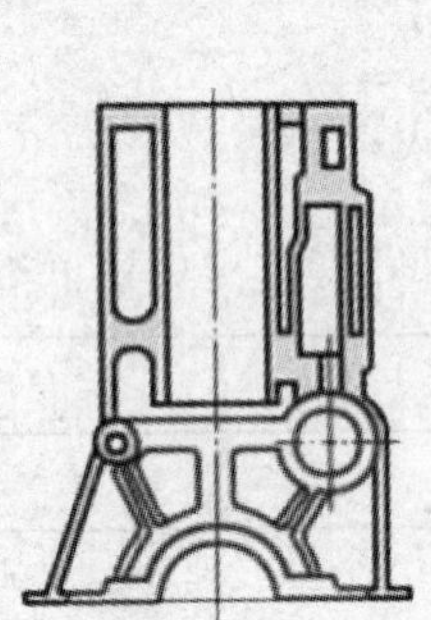

(a) 一般式气缸体

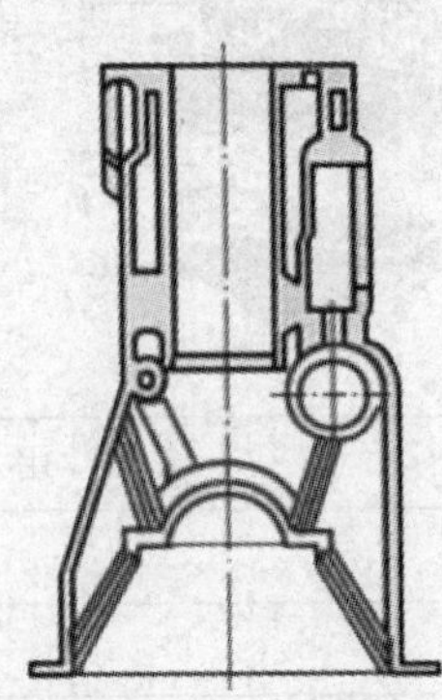

(b) 龙门式气缸体

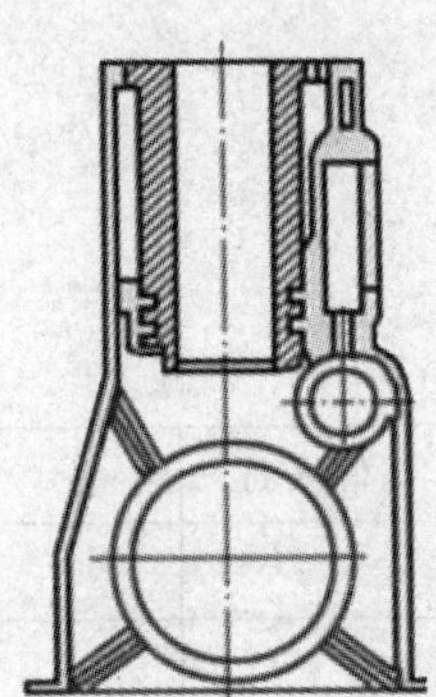

(c) 隧道式气缸体

图 2-2　气缸体的结构形式

(1) 一般式气缸体

其特点是油底壳安装平面和曲轴旋转中心在同一高度。这种气缸体的优点是机体高度小，重量轻，结构紧凑，便于加工，曲轴拆装方便；缺点是刚度和强度较差，多用于中小型发动机。富康 ZX 轿车 TU3.2K 发动机、夏利 376Q 型发动机的气缸体属于这种结构。

(2) 龙门式气缸体

其特点是油底壳安装平面低于曲轴的旋转中心。它的优点是强度和刚度都较好，能承受较大的机械负荷；缺点是工艺性较差，结构笨重，加工较困难，多用于大中型发动机。捷达、富康、桑塔纳轿车的发动机多采用这种结构。

(3) 隧道式气缸体

这种形式的气缸体曲轴的主轴承孔为整体式，采用滚动轴承，主轴承孔较大，曲轴从气缸体后部装入。其优点是结构紧凑，刚度和强度好；缺点是加工精度要求高，工艺性较差，曲轴拆装不方便，负荷较大的柴油机可采用这种结构。

2）气缸的排列方式

现代汽车上基本都采用水冷多缸发动机，对于多缸发动机，气缸的排列方式决定了发动机的外形尺寸和结构特点，对发动机机体的刚度和强度也有影响，并关系到汽车的总体布置。按照气缸排列方式的不同，气缸体可以分成直列式、V 型式和对置式三种，如图 2-3 所示。

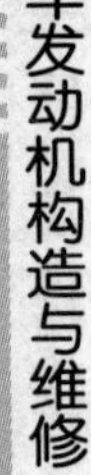

(1) 直列式

发动机的各个气缸排成一列，一般是垂直布置的。直列式气缸体结构简单，加工容易，但发动机长度和高度较大。一般六缸以下发动机多采用直列式。例如捷达轿车、富康轿车、红旗轿车所使用的发动机均采用这种直列式气缸体。

(2) V型式

气缸排成两列，左右两列气缸中心线的夹角 $\gamma<180°$，称为V型发动机。V型发动机与直列发动机相比，缩短了机体长度和高度，增加了气缸体的刚度，减轻了发动机的重量，但加大了发动机的宽度，且形状较复杂，加工困难，一般用于8缸以上的发动机，6缸发动机也有采用这种形式气缸体的。

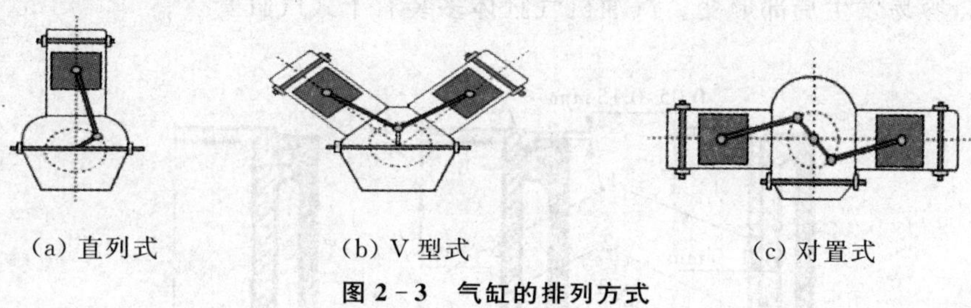

(a) 直列式　　(b) V型式　　(c) 对置式

图 2-3　气缸的排列方式

(3) 对置式

气缸排成两列，左右两列气缸在同一水平面上，即左右两列气缸中心线的夹角 $\gamma=180°$，称为对置式。它的特点是高度小，总体布置方便，有利于风冷。这种气缸应用较少。

3) 气缸体的冷却方式

为散发掉发动机在工作时的多余热量，保证发动机能在高温下正常工作，应对气缸体和气缸盖随时进行强制冷却。按冷却介质不同，冷却方式可分为水冷和风冷两种。汽车发动机多采用水冷的方式，利用水套中的冷却水流经高温零件的周围带走多余的热量，如图2-4(a)所示。风冷式发动机一般将气缸体与曲轴箱分开铸造，在气缸体与气缸盖的外表面铸有散热片，用来增强散热效果，如图2-4(b)所示。

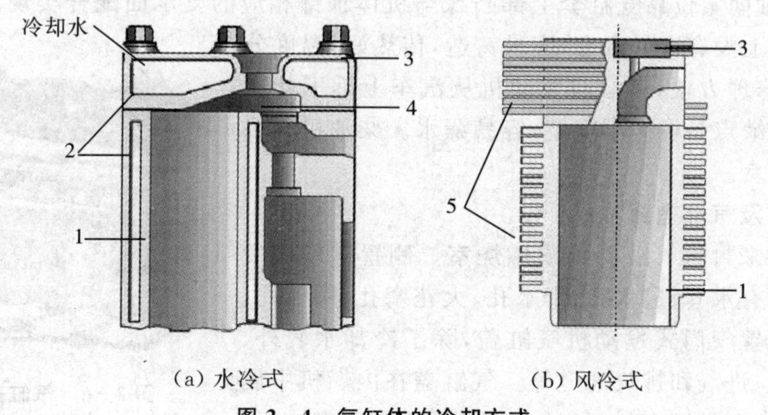

(a) 水冷式　　(b) 风冷式

图 2-4　气缸体的冷却方式

1—气缸体；2—水套；3—气缸盖；4—燃烧室；5—散热片

4) 气缸与气缸套

气缸内表面由于受高温高压燃气的作用并与高速运动的活塞接触而极易磨损。为提高气缸的耐磨性和延长气缸的使用寿命，有不同的气缸结构形式和表面处理方法。气缸结构形式有三种：无气缸套式、干气缸套式、湿气缸套式。

(1) 无气缸套式

在机体上直接加工出气缸，即不镶嵌任何气缸套的机体，优点是可以缩短气缸中心距，使机体尺寸和质量减小，但成本较高。

(2) 干气缸套式

如图 2-5(a)所示，其特点是缸套的外表面不与冷却水直接接触，壁厚为 1～3 mm，外表面和气缸套座孔内表面均需精加工，以保证必要的形位精度和便于拆装。优点是机体刚度大，气缸中心距小，质量轻，加工工艺简单，不存在冷却水密封问题。缺点是传热较差，温度分布不均匀，容易发生局部形变。汽油机气缸体多装有干式气缸套。

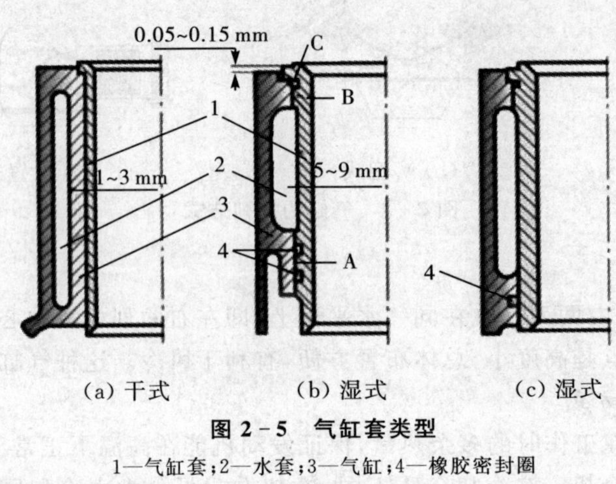

图 2-5 气缸套类型

1—气缸套；2—水套；3—气缸；4—橡胶密封圈

A—下支承密封带；B—上支承密封带；C—缸套凸缘平面

(3) 湿气缸套式

如图 2-5(b)、(c)所示，外壁与冷却液直接接触，壁厚为 5～9 mm，利用上、下定位环实现径向定位，轴向定位靠气缸套上部凸缘与机体顶部相应的支承面配合实现。湿式气缸套的优点是机体上没有密封水套，容易铸造，传热好，温度分布比较均匀，修理方便，不必将发动机从汽车上拆下就可更换气缸套。缺点是机体刚度差，容易漏水。柴油机大多采用湿式气缸套。

2. 气缸盖及气缸盖罩

气缸盖用来封闭气缸并构成燃烧室。侧置气门式发动机气缸盖铸有水套、进水孔、出水孔、火花塞孔、螺栓孔、燃烧室等。顶置气门式发动机气缸盖，除了冷却水套外，还有气门装置、进气和排气通道等。气缸盖在内燃机中属于配气机构，主要是用来封闭气缸上部，构成燃烧室，并作为凸轮轴和摇臂轴还有进排气歧管的支撑，结构如图2-6所示。

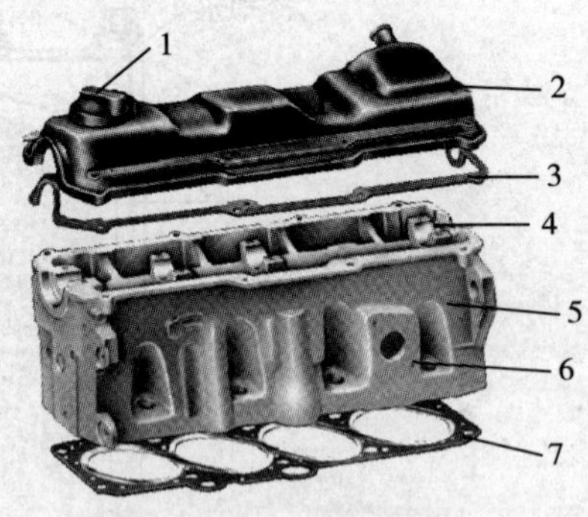

图 2-6 气缸盖的结构

1—机油加注口；2—气缸盖罩；3—衬垫；4—凸轮轴或摇臂轴支撑；5—气缸盖；6—火花塞孔；7—气缸垫

气缸盖由于形状复杂，一般采用灰铸铁或合金铸铁铸成，但由于铝合金的导热性好，有利于提高压缩比，所以近年来铝合金气缸盖被采用得越来越多。如天津夏利、神龙富康、上海桑塔纳及大众波罗等轿车发动机均采用铝合金气缸盖。铝合金气缸盖的缺点是刚度低，使用中容易变形。

1）气缸盖的结构形式

气缸盖的结构形式有两种：整体式和分开式。

整体式气缸盖是指多缸发动机的多个气缸共用一个缸盖。整体式缸盖结构紧凑，零件数少，可缩短气缸中心距和发动机总长度，制造成本低。当气缸数不超过 6 个，气缸直径小于 105 mm 时，均采用整体式气缸盖。

分开式气缸盖是指一缸一盖、二缸一盖或三缸一盖。这种结构刚度较高，变形小，易于实现对高温高压燃气的密封，同时易于实现发动机产品的系列化。但气缸盖零件数增多会使气缸中心距增大。一般用在缸径较大的发动机上。

2）燃烧室

汽油机燃烧室由活塞顶部及缸盖上相应的凹部空间组成。对燃烧室有如下要求：一是结构尽可能紧凑，冷却面积要小，以减少热量损失和缩短火焰行程；二是使混合气在压缩终了时具有一定的涡流运动，以提高混合气混合质量和燃烧速度，保证混合气得到及时、充分的燃烧；三是表面要光滑，这样不易积碳。

汽油机常见燃烧室形状有三种：半球形、楔形、盆形，如图 2-7 所示。各类燃烧室特点及应用如表 2-8 所示。

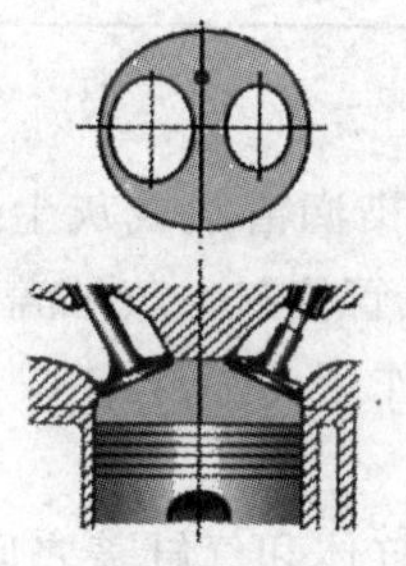

(a) 半球形燃烧室

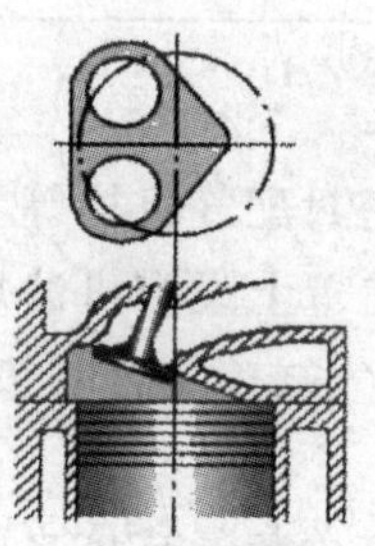

(b) 楔形燃烧室

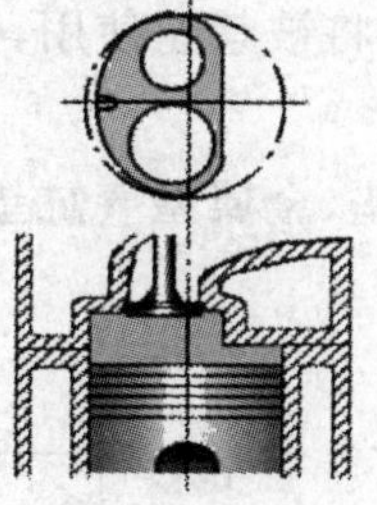

(c) 盆形燃烧室

图 2-7　汽油机燃烧室形状类型

表 2-8　各类燃烧室特点及应用

名　称	特　点	示意图	应　用
半球形燃烧室	结构紧凑，火焰行程短，燃烧速率高，热损失小，热效率高		桑塔纳 夏利 富康
楔形燃烧室	结构简单、紧凑，散热面积小，热损失少；火花塞置于燃烧室最高处，火焰传播距离长		切诺基
盆形燃烧室	工艺性好，成本低，进排气效果不如半球形燃烧室		捷达 奥迪

3）气缸盖罩

气缸盖罩用于密封配气机构等零部件，防止灰尘污染润滑油或灰尘进入加快气门传动机构的磨损。有的盖罩上设有机油加注口和曲轴箱通风管接口。气缸盖罩用铝合金铸造或薄钢板冲压制成，与气缸盖结合时垫上橡胶衬垫起密封作用。

3. 气缸垫

气缸垫位于气缸盖与气缸体之间，其功用是填补气缸体和气缸盖之间的微缝隙，保证结合面处有良好的密封性，进而保证燃烧室的密封，防止气缸漏气和水套漏水。

气缸垫按材料分为石棉材料、无石棉材料、金属材料三类。由于石棉对人体有害，而人类的环保意识越来越强，故石棉产品终将被禁止使用，石棉材料气缸垫也将逐步退出市场而被金属材料、无石棉材料取代。

目前应用较广泛的有复合型气缸垫、金属型气缸垫两大类，如图 2-8 所示。

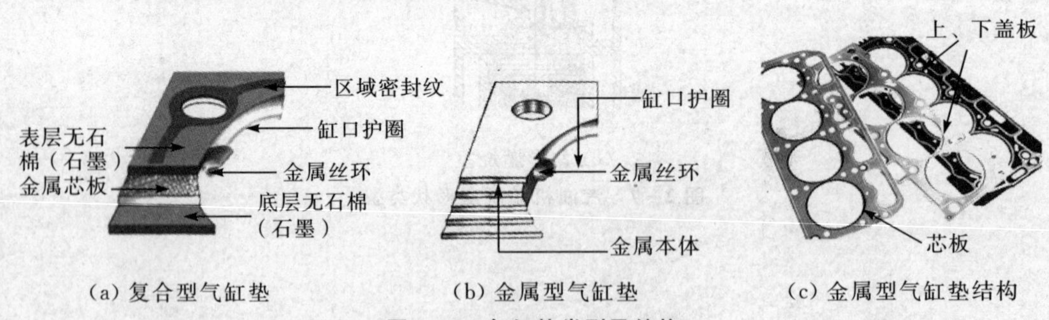

(a) 复合型气缸垫　　(b) 金属型气缸垫　　(c) 金属型气缸垫结构

图 2-8　气缸垫类型及结构

1）复合型气缸垫

复合型气缸垫结构如图 2－8(a)所示，由两面带有冲刺镀锌钢带作芯板，表面辊压上软材料制成，密封垫表面通常有一层防粘涂层。

无石棉复合板是一种专门用于发动机的密封材料，特别是作为气缸垫材料而发展的无石棉材料，它是由乳胶、芳伦、岩粉等化工原料经混合辊压而成的软材料，与带冲刺的芯板辊压制成无石棉板材，后经化学处理及表面处理，制成耐高温高压、防油、防水、防气、防粘并具有良好密封性能的符合环保要求的密封件材料。

复合型气缸垫适用于各种类型的汽油和柴油发动机。

2）金属型气缸垫

金属型气缸垫由上盖板、芯板、下盖板组成，结构如图 2－8(c)所示，其特点是依靠上、下盖板，芯板上的凸起环进行线密封。

金属型气缸垫适用于各种车辆发动机要求耐高温高压、气密、水密、油密的接合部位，其综合技术性能指标超过了石棉气缸垫、无石棉气缸垫，是未来密封件产品的发展方向。

4. 油底壳

1）作用

贮存、冷却机油并封闭曲轴箱，又称为下曲轴箱。

2）材料

油底壳受力很小，其形状取决于发动机的总体布置和存储机油的容量。一般用薄钢板冲压而成，如奥迪 A6 轿车 ANQ 发动机的油底壳。有的发动机油底壳采用铝合金铸造(设有散热片)。

3）结构特点

为了避免发动机颠簸时造成的油面震荡激溅，在油底壳内部装有稳油挡板。在油底壳底部最低处还装有放油螺塞，以便放出润滑油。通常放油螺塞上装有永久磁铁，以吸附润滑油中的金属屑，减少发动机的磨损。油底壳的构造如图 2－9 所示。

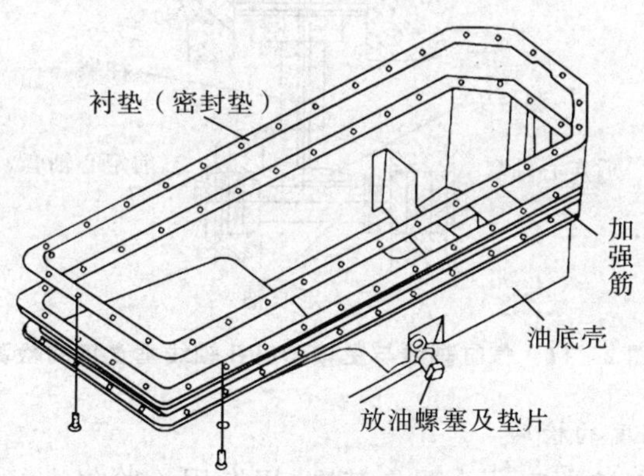

图 2－9　油底壳结构

(二)机体组检修

1. 气缸体和气缸盖变形的检修

1) 气缸体和气缸盖翘曲变形的检修

气缸体、气缸盖的翘曲变形可用平板作接触检验,或用直尺和塞尺检测。用直尺和塞尺检测缸盖平面翘曲方法是在长、宽和对角线方向上进行测量,求得其平面度误差,如图 2-10 所示。

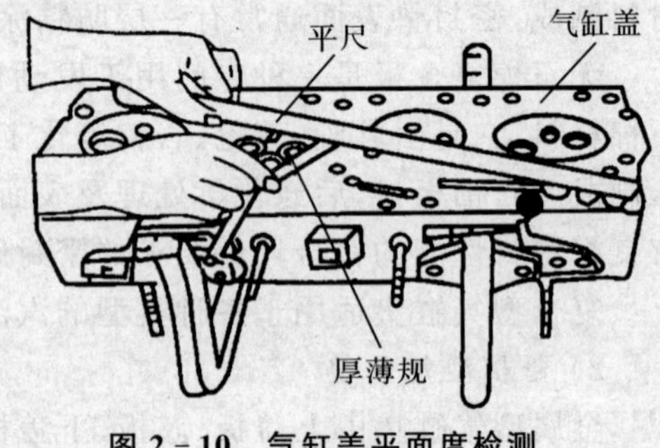

图 2-10 气缸盖平面度检测

气缸盖长度 $L \leqslant 300$ mm,平面度公差为 0.05 mm;$L > 300$ mm,平面度公差为 0.1 mm。气缸盖翘曲变形,指的是气缸盖下平面的平面度误差逾限。气缸盖平面变形后,会使气缸密封不严,可用铲削或磨削的方法修理,或更换新缸盖。

2) 气缸轴线与主轴承座孔轴线垂直度的检测

用垂直度检验仪对气缸与主轴承座孔轴线的垂直度进行检验的方法如图 2-11 所示。检验仪用定心器支承在气缸中,并用调整螺钉轴向支承定位于气缸体的上平面。测量时,用手转动手柄,测量头便水平转动与定心轴前、后两点接触,表针在两点的示值差,即为气缸轴线与主轴承座孔轴线的垂直度误差,一般应不大于 0.05 mm。

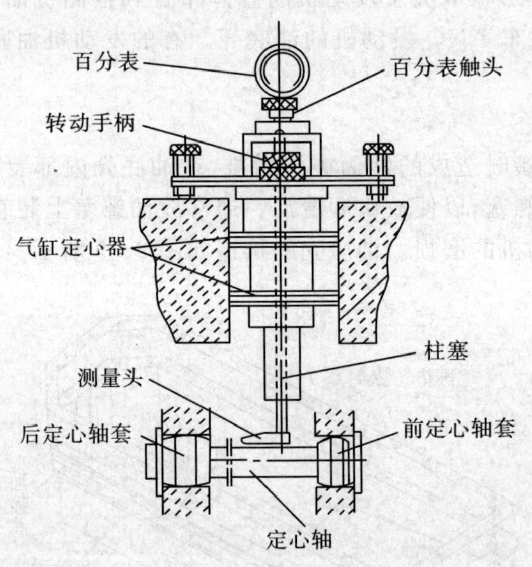

图 2-11 气缸轴线与主轴承座孔轴线垂直度的检测

3) 主轴承座孔同轴度的检验

以气缸体前、后两主轴承座孔为测量基准,用专用检验仪进行检测,如图 2-12 所示。在轴承座孔中装入定心轴套,定心轴支承在轴套内,可轴向滑动。在定心轴上装有本体、等臂杠杆及百分表。测量时,使等臂杠杆的球形触头触及被测孔的表面,当转动定心轴时,如果孔不同轴,等臂杠杆的球形触头便产生径向移动,移动量经杠杆传给百分表,便能指示出孔的同轴度误差。其要求是:所有主轴承座孔的同轴度误差不大于 0.15 mm,相邻两个主轴承座孔的同轴度误差不大于 0.10 mm。

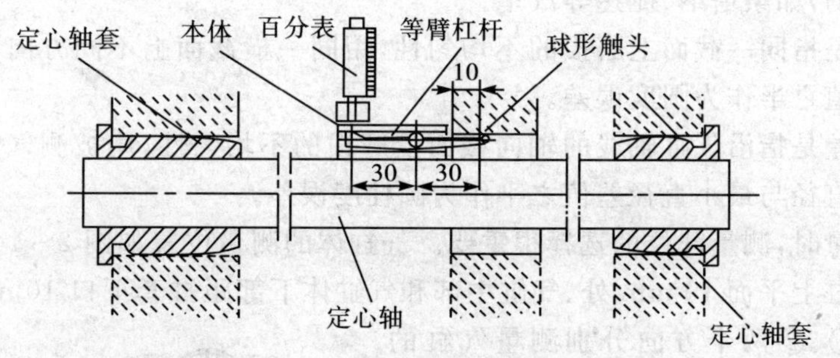

图 2-12　主轴承座孔同轴度的检验

2. 气缸体和气缸盖裂纹的检修

气缸体与气缸盖产生裂纹的部位与结构、工作条件、使用操作有关。如曲轴箱共振裂纹；水套的冰冻裂纹；气缸套修理尺寸级数过多和镶装气缸套过盈量过大、压装工艺不当等造成的裂纹。

裂纹会引起发动机漏气、漏水、漏油，影响发动机正常工作，必须及时检修。

气缸体和气缸盖的裂纹通常采用水压试验法进行检测，如图 2-13 所示。将气缸盖和气缸衬垫装在气缸体上，将水压机出水管接头与气缸前端水泵入水口连接好，并封闭所有水道口，然后将水压入水套，要求在 0.3～0.4 MPa 的压力下，保持约 5 min，应没有任何渗漏现象。

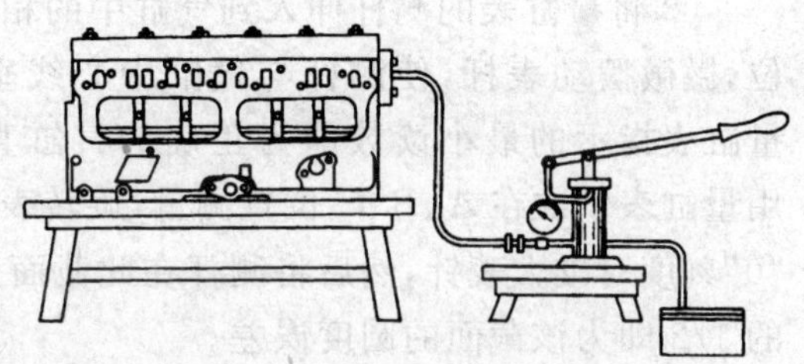

图 2-13　气缸体和气缸盖裂纹的检测

镶配气门座圈、气门导管、气缸套，过盈量大时可能造成新的裂纹，应在这些工序后再进行一次水压试验。

裂纹的修理方法有粘接法、焊接法等几种，在修理中应根据裂纹的大小、部位、损伤程度等情况进行选择。若漏水、漏气、漏油，一般应更换气缸体。

3. 气缸磨损的检修

活塞在气缸中做变速运动，长时间工作后气缸会产生磨损，当磨损达到一定程度后，将引起发动机动力性、经济性明显下降。

1）气缸磨损规律

气缸正常磨损的特征是不均匀磨损。气缸孔沿高度方向磨损成上大下小的倒锥形，最大磨损部位是活塞处于上止点时第一道活塞环对应的气缸壁位置，而该位置以上几乎无磨损，形成明显的“缸肩”。气缸沿圆周方向的磨损形成不规则的椭圆形，其最大磨损部位一般是前后或左右方向。

造成上述不均匀磨损的原因是：活塞在上止点附近时各道环的背压最大，其中又以第一道环为最大，以下逐道减小；加之气缸上部温度高，润滑条件差，进气中的灰尘附着量多，废气中的酸性物质引起腐蚀等，造成了气缸上部磨损较大。而圆周方向的最大磨损部位主要是侧向力、曲轴的轴向窜动等造成的。

2）气缸磨损的检测

气缸的磨损程度一般用圆度和圆柱度表示，也有以标准尺寸和气缸磨损后的最大尺寸之差值来衡量的，如桑塔纳、捷达等汽车。

圆度误差是指同一截面上磨损的不均匀性，用同一横截面上不同方向测得的最大直径与最小直径差值之半作为圆度误差。

圆柱度误差是指沿气缸轴线的轴向截面上磨损的不均匀性，用被测气缸表面任意方向所测得的最大直径与最小直径差值之半作为圆柱度误差。

在进行测量时，测量部位的选择很重要。气缸体的测量位置如图 2 - 14 所示，一般取气缸体上部距气缸上平面 10 mm 处、气缸中部和气缸体下部距缸套下口 10 mm 处的 A、B、C 三个截面，按①、②两个方向分别测量气缸的直径。

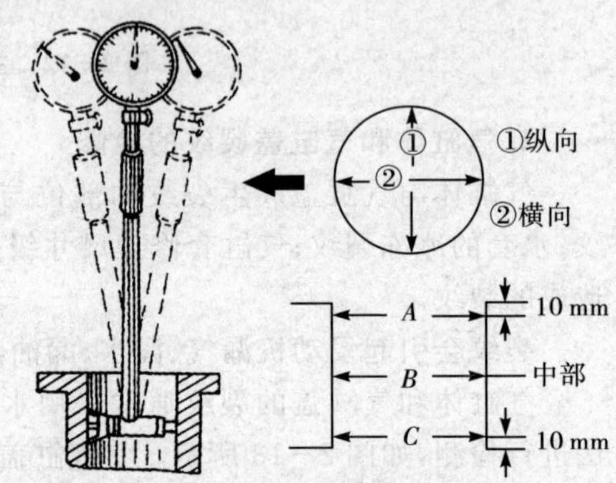

图 2 - 14　气缸体圆柱度测量

测量时，通常使用量缸表，其使用方法如下：

(1) 气缸圆度的测量

① 根据气缸直径尺寸，选择合适的接杆，装入量缸表的下端，并使伸缩杆有 1～2 mm 的压缩量。

② 将量缸表的测杆伸入到气缸中的相应部位，微微摆动表杆，使测杆与气缸中心线垂直，量缸表指示的最小读数即为正确的气缸直径。用量缸表依次在 A、B、C 位置测量，旋转表盘使“0”刻度对准大表针，然后将测杆在此截面上旋转 90°，此时表针所指刻度与“0”位刻度之差的 1/2 即为该截面的圆度误差。

(2) 气缸圆柱度的测量

用量缸表在上部 A 处测量并找出正确的直径位置，旋转表盘使“0”刻度对准大表针。然后依次测出其他 5 个数值，取 6 个数值中最大差值的 1/2 作为该气缸的圆柱度误差。测量值填入表 2 - 9。

表 2 - 9　圆度、圆柱度测量值

指定气缸	位置号	直径①纵向	直径②横向	圆度
	位置 A			
	位置 B			
	位置 C			
	圆柱度			

(3) 气缸磨损尺寸的测量

一般发动机最大磨损尺寸在前后两缸的上部。测量时，用量缸表在上部 A 处测量并找出正确的直径位置，旋转表盘使“0”刻度对准大表针，并记住小表针所指位置。取出量缸表，将测杆放置于外径千分尺的两测头之间，旋转外径千分尺的活动测头，使量缸表的大指针指向“0”，小指针指向原来的位置，此时外径千分尺的尺寸即为气缸的磨损尺寸。

3) 气缸的修理

当发动机中磨损量最大的气缸，其圆度和圆柱度超过规定标准，如汽油机圆度超过0.05

mm，或圆柱度超过 0.175 mm，柴油机圆度超过 0.063 mm 或圆柱度超过 0.25 mm；桑塔纳、捷达汽车，其标准尺寸和最大磨损尺寸超过 0.08 mm 时，则应进行修理。

气缸的修理通常采用机械加工的方法，即修理尺寸法和镶套修复法。

修理尺寸法是指在零件结构、强度和强化层允许的条件下，将配合副中主要件的磨损部位经机械加工至规定尺寸，恢复其正确的几何形状和精度，然后更换相应的配合件，使尺寸改变而配合性质不变的修理方法。

镶套修复法是对经多次修理，直径超过最大修理尺寸，或气缸壁上有特殊损伤时，对气缸做圆整加工，用过盈配合的方式镶上新的气缸套，使气缸恢复到原来尺寸的修理方法。

(1) 气缸的镗磨加工

① 确定气缸的修理尺寸：

$$气缸的修理尺寸=气缸最大直径+镗磨余量$$

镗磨余量一般取 0.10～0.20 mm。

计算出的修理尺寸应与修理级别对照。气缸修理尺寸一般分为六级（桑塔纳气缸分三级），如表 2-10 所示。如与修理级别不相符，应圆整到下一个修理级别。同一台发动机的各气缸应采用同一级修理尺寸。

表 2-10　气缸修理尺寸

发动机型号 / 尺寸等级	气缸直径加大(mm)	气缸直径(mm)				
		CA6102	EQ6100 EQ6100-1	BJ492Q	桑塔纳	
					1.8 L	1.6 L
标准尺寸	0.00	$101.60^{+0.02}_{0}$	$100.00^{+0.06}_{0}$	$92.00^{+0.036}_{0}$	81.01	79.51
一级修理尺寸	+0.25	$101.85^{+0.02}_{0}$	$100.25^{+0.06}_{0}$	$92.25^{+0.036}_{0}$	81.26	79.76
二级修理尺寸	+0.50	$102.10^{+0.02}_{0}$	$100.50^{+0.06}_{0}$	$92.50^{+0.036}_{0}$	81.51	80.01
三级修理尺寸	+0.75	$102.35^{+0.02}_{0}$	$100.75^{+0.06}_{0}$	$92.75^{+0.036}_{0}$	82.01	80.51
四级修理尺寸	+1.00	$102.60^{+0.02}_{0}$	$101.00^{+0.06}_{0}$	$93.00^{+0.036}_{0}$		
五级修理尺寸	+1.25			$93.25^{+0.036}_{0}$		
六级修理尺寸	+1.50			$93.50^{+0.036}_{0}$		

② 确定镗削量：

$$镗削量=活塞裙部最大直径-气缸最小直径+配合间隙-磨缸余量$$

磨缸余量一般取 0.01～0.05 mm。

③ 镗缸。

④ 气缸的研磨。

(2) 镶装气缸套

干式气缸套镶配工艺：

① 选择气缸套。第一次镶套选用标准尺寸的气缸套；若气缸体上已镶有缸套，拆除旧套后，应选用大一级修理尺寸的气缸套。

② 检修气缸套承孔。根据气缸套的外径尺寸，将气缸套承孔镗至所需尺寸，按要求留过盈量。

③ 镶配。将气缸套外壁涂以机油，放正气缸套，用压床以 20～50 kN 的压力缓慢压入。为防止缸体变形，应采用隔缸压入法。压入后的缸套应与气缸体上平面平齐。压入缸套前后应对气缸体进行水压试验。

湿式气缸套镶配工艺：

① 拆除旧气缸套，并清除气缸体承孔接合面上的沉积物。

② 将镗磨好的气缸套，在装水封圈的部位涂以密封胶，装妥水封圈并压紧在气缸体承孔内。装后应进行水压试验。

三、制定检修计划

制定发动机机体组诊断与排除计划如表 2-11 所示。

表 2-11　发动机机体组诊断与排除计划

<table>
<tr><td colspan="3">1. 查阅资料，学习汽车发动机机体组结构信息和检修作业注意事项。
2. 查阅维修手册，熟悉机体组整体检修步骤，制定机体组检修计划。</td></tr>
<tr><td rowspan="2">1. 车辆发动机类型信息描述</td><td>车辆描述：</td><td></td></tr>
<tr><td>发动机类型信息描述：</td><td></td></tr>
<tr><td>2. 汽车发动机机体组检修作业注意事项描述</td><td colspan="2">1. 要严格按照规则使用工量具。
2. 修理后的标准数据一定要符合原厂标准。
3. 检修时要注意保护好零部件。
4. 各装配零件要做好相应的记号和标记，以免安装时装错。</td></tr>
<tr><td>3. 发动机机体组信息描述</td><td colspan="2">1
2
3
4
1. ________　2. ________
3. ________　4. ________</td></tr>
<tr><td>4. 发动机机体组检修描述</td><td colspan="2"></td></tr>
<tr><td>5. 发动机机体组检修计划</td><td colspan="2">1. 检修工具的准备。
2. 检修步骤的确定。
3. 检修作业安全事项的学习。</td></tr>
</table>

四、实施检修作业

汽车发动机机体组故障诊断与排除作业具体实施如表 2－12 所示。

表 2－12　发动机机体组故障诊断与排除

<table>
<tr><td colspan="4">1. 学习汽车发动机机体组检修作业安全事项。
2. 能正确对汽车发动机机体组进行检修作业。</td></tr>
<tr><td rowspan="2">1. 车辆信息描述</td><td colspan="2">车辆描述：</td><td></td></tr>
<tr><td colspan="2">车辆发动机类型描述：</td><td></td></tr>
<tr><td>2. 汽车发动机机体组检修计划描述</td><td colspan="3"></td></tr>
<tr><td>3. 汽车发动机机体组检修作业安全事项学习</td><td colspan="3">1. 学习实验室工作规则，树立安全第一的理念，避免产生人身和设备事故。
2. 注意机、工、量具的正确使用。
3. 搬运发动机等重物应戴手套，采用专用设备进行。
4. 严格按技术规范、操作工艺要求进行拆装。首先考虑使用专用工具，再考虑使用通用工具进行拆装。对于配合表面，严禁敲打。
5. 需调整、修理的部位，应按出厂技术参数或技术规程规定的数据进行调整。</td></tr>
<tr><td colspan="4">4. 汽车发动机机体组检修作业</td></tr>
<tr><td>检查项目</td><td>作业要领</td><td>技术标准</td><td>检查记录</td></tr>
<tr><td>检修工量具的选用</td><td>1. 钢尺。
2. 塞尺。
3. 千分尺。
4. 水压机。
5. 量缸表。</td><td>1. 钢尺长度大于气缸盖对角线长度。
2. 13 片塞尺量程：0.05 mm、0.075 mm、0.1 mm、0.125 mm、0.2 mm、0.3 mm、0.4 mm、0.5 mm、0.6 mm、0.7 mm、0.8 mm、0.9 mm、1.0 mm。
3. 千分尺最小单位为 0.01 mm，量程有 0～25 mm、25～50 mm、50～75 mm、75～100 mm 和 100～125 mm 等。
4. 用水压机将水压入水套，要求在 0.3～0.4 MPa 的压力下保持约 5 min。
5. 量缸表精度为 0.01 mm，量程有 6～10 mm、10～18 mm、18～35 mm、35～50 mm、50～100 mm、100～160 mm、160～250 mm、250～450 mm。</td><td>1. 选用的钢尺为：________
2. 选用的塞尺为：________
3. 选用的千分尺为：________
4. 选用的水压机为：________
5. 选用的量缸表为：________。</td></tr>
</table>

续表

检查项目	作业要领	技术标准	检查记录
检修步骤	1. 检查气缸盖平面度。 2. 检查气缸轴线与主轴承座孔轴线垂直度。 3. 主轴承座孔同轴度的检验。 4. 检查气缸体和气缸盖是否漏水、漏气。 5. 检查气缸套的磨损。	1. 气缸盖长度 $L\leqslant300$ mm，平面度公差$\leqslant0.05$ mm；$L>300$ mm，平面度公差$\leqslant0.1$ mm。 2. 垂直度误差一般不大于 0.05 mm。 3. 主轴承座孔的同轴度误差不大于 0.15 mm，相邻两个主轴承座孔的同轴度误差不大于 0.10 mm。 4. 无漏水、漏气。 5. 汽油机圆度$\leqslant0.05$ mm，柴油机圆度$\leqslant0.063$ mm；汽油机圆柱度$\leqslant0.175$ mm，柴油机圆柱度$\leqslant0.25$ mm。	1. 气缸盖水平面是否翘曲： 2. 气缸轴线与主轴承座孔轴线是否垂直： 3. 主轴承座孔是否同轴： 4. 气缸体和气缸盖是否漏水： 5. 气缸套磨损是否过量：
5. 检修作业完成后的收获与感想			

五、检验评估

任务二的检验评估如表 2－13 所示。

表 2－13　检验评估

评价指标	检验说明	检验记录
维护检查项目	1. 检查气缸盖平面度 2. 气缸体和气缸盖是否漏水、漏气 3. 检查气缸套磨损程度	
汽车发动机机体组检修过程情况		

续表

评价内容	检验指标	权重	自评	互评	总评
检查任务完成情况	1. 完成任务过程情况	4			
	2. 任务完成质量				
	3. 在小组完成任务过程中所起作用				
专业知识和专业技能	1. 能说出发动机机体组的结构组成	8			
	2. 能正确地选择和使用维修工量具对机体组进行检修				
职业素养	1. 学习态度：积极主动参与学习	3			
	2. 团队合作：与小组成员一起分工合作，不影响学习进度				
	3. 现场管理：服从工位安排，执行实训室“5S”管理规定				
综合评价与建议					

任务三　活塞连杆组结构认识和检修

任务描述

一辆桑塔纳 2000 轿车运行 8 万公里后，发动机异响，有金属敲击声，发动机的动力性下降，加速性能下降，严重丧失工作能力。进店进行维修，针对维修接待和车间确认意见，需要对活塞连杆组进行检修。

任务目标

1. 能正确指出活塞连杆组各零部件之间的连接关系。
2. 能说出活塞、活塞环的功用、类型，连杆的功用与构造。
3. 能正确地选择和使用维修工量具对各零部件进行拆卸与检修。

一、维修接待

按照表 2 - 14 完成待修车辆的维修接待，并准确填写接车问诊表。

表 2－14　维修接待与接车问诊表

<table>
<tr><td colspan="2">1. 通过询问客户了解发动机发生故障情况，填写接车问诊表。
2. 车间检测初步确认需对曲柄连杆机构进行检修及更换其主要故障零部件。</td></tr>
<tr><td colspan="2">接 车 问 诊 表
车牌号：________　车架号：________　行驶里程：________(km)
用户名：________　电　话：________　来店时间：________</td></tr>
<tr><td colspan="2">用户陈述及故障发生时的状况：一辆桑塔纳 2000 轿车运行 8 万公里后，发动机异响，有金属敲击声，发动机的动力性下降，加速性能下降，严重丧失工作能力。
故障发生状况提示：行驶速度、发动机状态、发生频度、发生时间、部位、天气、路面状况、声音描述。</td></tr>
<tr><td colspan="2">接车员检测确认建议：需对发动机曲柄连杆机构进行综合修理。</td></tr>
<tr><td colspan="2">车间检测确认结果及主要故障零部件：需对发动机曲柄连杆机构进行综合修理，必要时更换故障零部件。
车间检查确认者：________</td></tr>
<tr><td rowspan="2">外观确认：(请在有缺陷部位做标识)</td><td>功能确认：(工作正常√　不正常×)
□音响系统　□门锁(防盗器)　□全车灯光
□工具　□后视镜　□天窗　□座椅
□点烟器　□玻璃升降器　□玻璃</td></tr>
<tr><td>物品确认：(有√　无×)
F　E
□贵重物品提示
□工具　□备胎　□灭火器
□其他(　　)
旧件是否交还用户
□是　□否
用户是否需要洗车
□是　□否</td></tr>
<tr><td colspan="2">· 检测费说明：本次检测的故障如用户在本店维修，检测费包含在修理费用内；如用户不在本店维修，请支付检测费。本次检测费：¥________元。
· 贵重物品：在将车辆交给我店检查修理前，已提示将车内贵重物品自行收起并保存好，如有遗失恕不负责。
接车员：________　用户确认：________</td></tr>
</table>

二、信息收集与处理

按表 2－15 完成任务三的信息收集与处理。

表 2－15　信息收集与处理

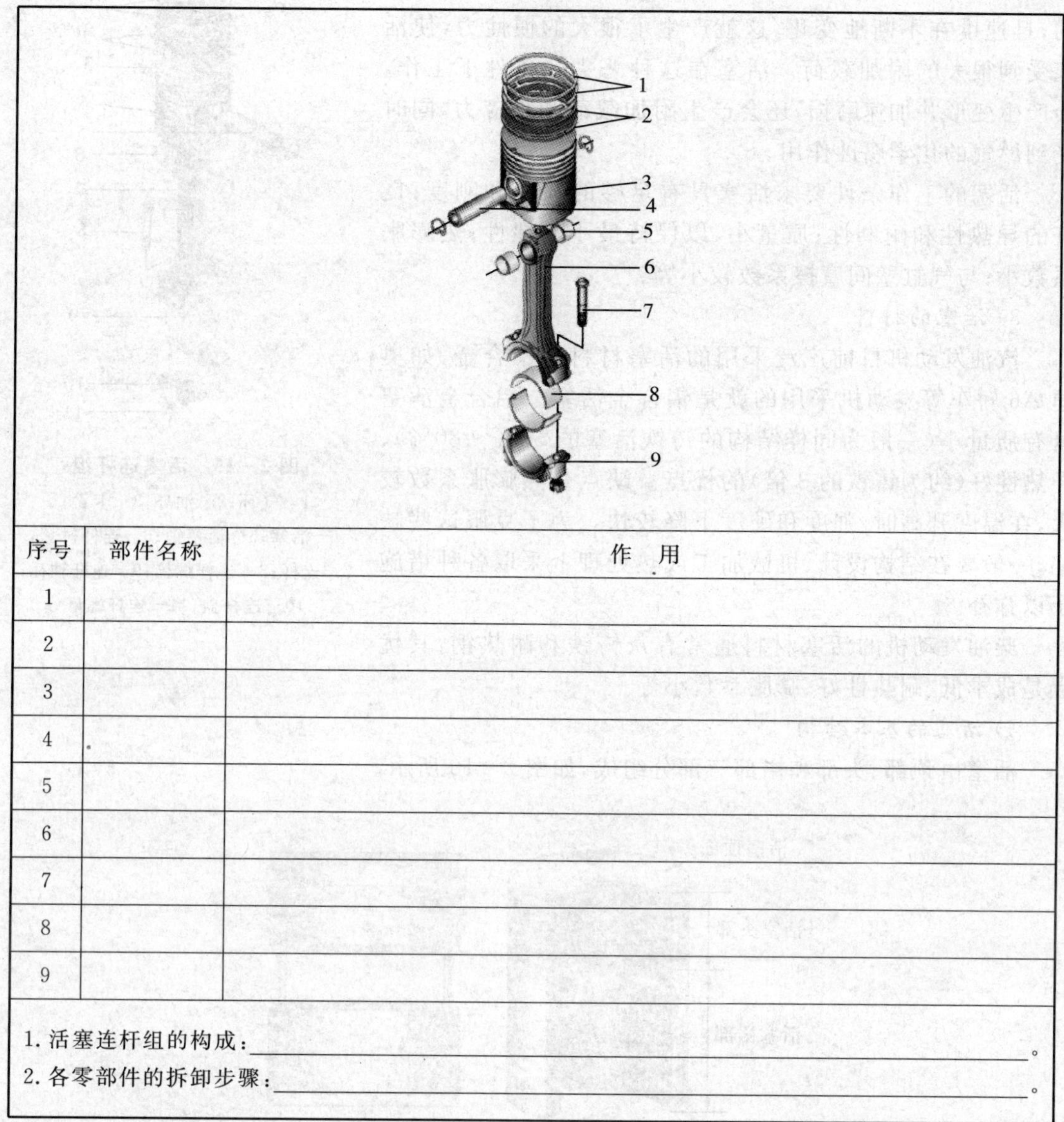

序号	部件名称	作　用
1		
2		
3		
4		
5		
6		
7		
8		
9		

1. 活塞连杆组的构成：＿＿＿＿＿＿＿＿＿＿＿＿＿＿＿＿＿＿＿＿。
2. 各零部件的拆卸步骤：＿＿＿＿＿＿＿＿＿＿＿＿＿＿＿＿＿＿＿＿。

(一)活塞连杆组的构成及工作原理

活塞连杆组由活塞、活塞环、活塞销、连杆等机件组成，如图 2－15 所示。

1. 活塞

1）活塞的功用

活塞的主要功用是承受气缸中可燃混合气燃烧产生的压力，并通过活塞销和连杆驱使曲轴旋转；此外，活塞与气缸盖、气缸壁共同组成燃烧室。

2）活塞的工作环境

活塞是在高温、高压、高速、润滑不良的条件下工作的。活塞直接与高温气体接触，瞬时温度可达 2500 K 以上，因此受热严重，而散热条件又很差，所以活塞工作时温度很高，顶部高达 600～700 K，且温度分布很不均匀；活塞顶部承受的气体压力很大，特别是做功行程压力最大，汽油机高达 3～5 MPa，柴油机高达 6～9 MPa，这就使得活塞产生冲击，并承受侧压力的作用；活塞在气缸内以很高的速度(8～12 m/s)往复运动，且速度在不断地变化，这就产生了很大的惯性力，使活塞受到很大的附加载荷。活塞在这种恶劣的条件下工作，会产生变形并加速磨损，还会产生附加载荷和热应力，同时受到燃气的化学腐蚀作用。

活塞的工作条件要求活塞具有足够的强度和刚度；良好的导热性和耐磨性；质量小，以保持最小的惯性；热膨胀系数小；与气缸壁间摩擦系数较小等。

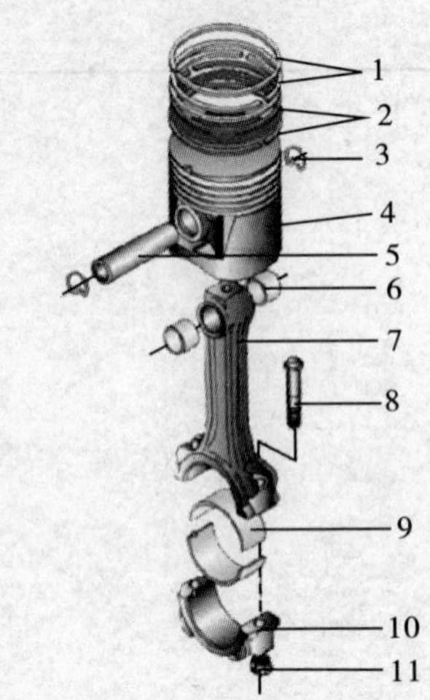

图 2-15 活塞连杆组

1—气环；2—油环；3—卡簧；4—活塞；5—活塞销；6—连杆衬套；7—连杆；8—连杆螺栓；9—连杆轴瓦；10—连杆盖；11—连杆螺母

3) 活塞的材料

汽油发动机目前广泛采用的活塞材料是铝合金，如奥迪 A6 轿车等发动机采用的就是铝合金活塞。铝合金活塞具有质量小(一般为同样结构的铸铁活塞的 50%～80%)、导热性好(约为铸铁的 3 倍)的优点。缺点是热膨胀系数较大，在温度升高时，强度和硬度下降较快。为了克服这些缺陷，一般要在结构设计、机械加工或热处理上采取各种措施予以弥补。

柴油发动机的活塞材料通常有灰铸铁和耐热钢，其优点是成本低、耐热性好、膨胀系数小等。

4) 活塞的基本结构

活塞由顶部、头部和裙部三部分组成，如图 2-16 所示。

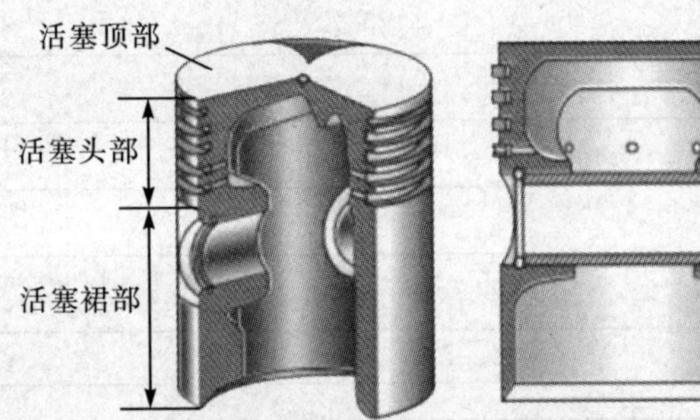

图 2-16 活塞的基本结构

活塞顶部的作用是承受气体压力，并通过活塞销传给连杆；活塞顶部也是燃烧室的组成部分，因而常做成不同的形状，其形状与选用的燃烧室形状有关。汽油机活塞顶部较多采用平顶活塞(图 2-17(a))，其优点是结构简单、制造容易、受热面积小、应力分布较均匀。有些汽油机为了改善混合气形成和燃烧而采用凹顶活塞(图 2-17(c))，凹坑的形状、位置须有利于可燃混合气的燃烧；凹坑的大小还可以用来调节发动机的压缩比。二冲程汽油机通常采用凸顶活塞(图 2-17(b))。柴油机的活塞顶部为适应混合气的形成或燃烧要求，常设计成各种凹坑形状。

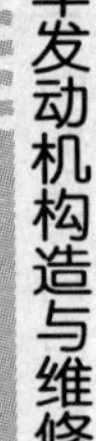

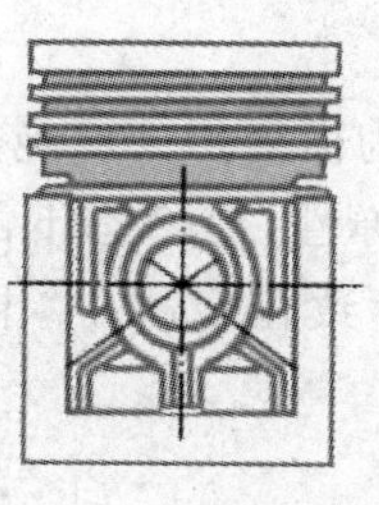
(a) 平顶活塞

(b) 凸顶活塞

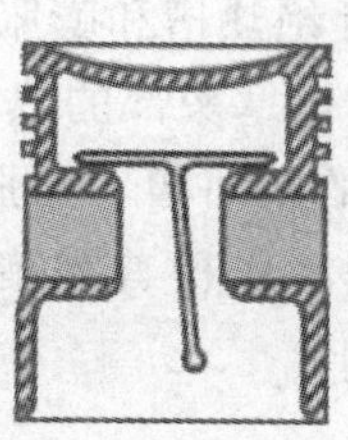
(c) 凹顶活塞

图 2-17　活塞顶部形状

活塞头部是由活塞顶部至最下面活塞环槽之间的部分。其作用是与活塞环一起实现气缸的密封，防止漏气；将活塞顶部所吸收的热量通过活塞环传到气缸壁上。头部切有若干道用以安装活塞环的环槽。汽油机一般有 2～3 道环槽，上面 1～2 道环槽用以安装气环，下面一道用以安装油环。在油环槽底面上钻有许多径向小孔，使被油环从气缸壁上刮下的多余机油得以经由小孔流回油底壳。

活塞裙部是指活塞环槽以下的所有部分，包括销座孔。其作用是引导活塞在气缸中做往复运动和承受气缸壁传给活塞的侧压力，并将头部传下来的气体压力通过活塞销座、活塞销传给连杆。

为使活塞在各种工况下均能与气缸壁间保持合理的密封和运动间隙，制造活塞时通常采取下列结构措施：

① 预先做成阶梯形、锥形。

活塞沿高度方向的温度很不均匀，活塞的温度是上部高、下部低，膨胀量也相应是上部大、下部小。为了使工作时活塞上下直径趋于相等，即为圆柱形，就必须预先把活塞制成上小下大的阶梯形或锥形(见图 2-18)。例如国产 135 系列柴油机活塞裙部的锥度为 0.12°。

② 先做成椭圆形。

将活塞裙部截面制成椭圆形，椭圆的长轴方向与销座垂直，短轴方向沿销座方向，如图 2-19所示。将活塞的销座外端面在铸造时凹陷 0.5～1.0 mm，或截去一小部分。这样活塞

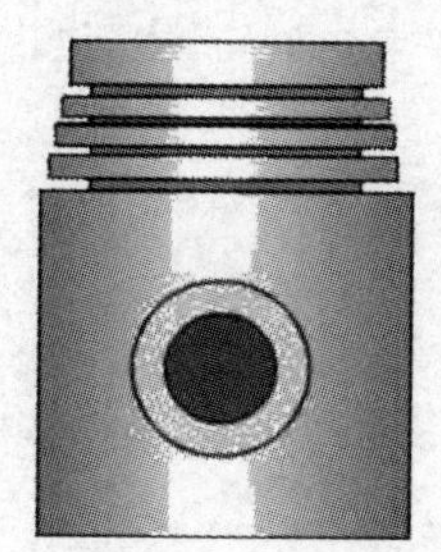
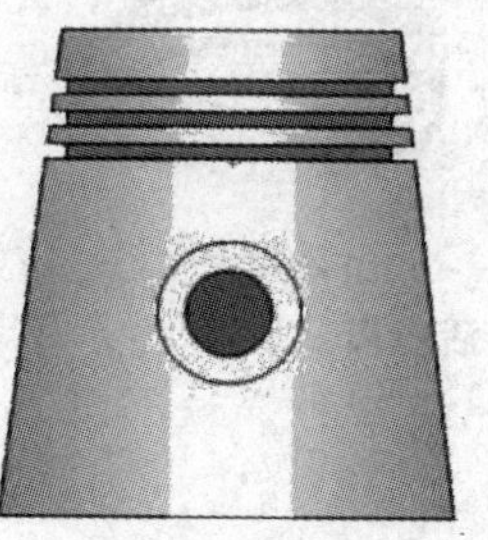
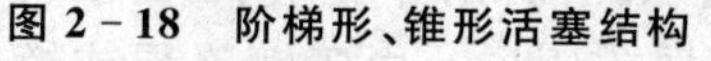
(a) 阶梯形活塞　　(b) 锥形活塞

图 2-18　阶梯形、锥形活塞结构

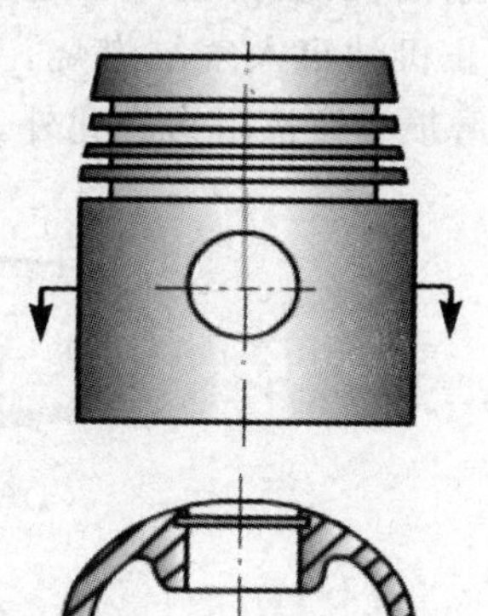
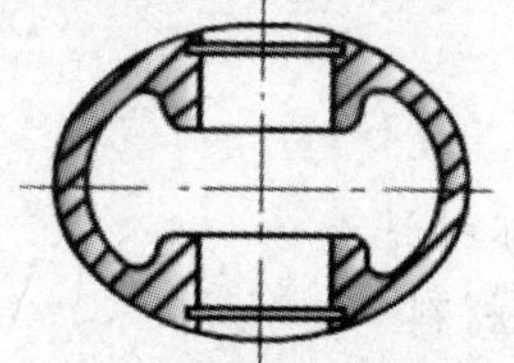
图 2-19　椭圆形活塞结构

工作时由于受力及温度影响，裙部趋近正圆。

③ 活塞裙部开绝热槽和膨胀槽。

绝热槽可减少活塞头部的热量向裙部扩散。绝热槽为横向切开。绝热槽开在油环槽中时，还可兼作机油的回油槽。膨胀槽可使裙部具有一定弹性，使冷态下的装配间隙尽量减小，而在热态时，因膨胀槽首先变窄的补偿作用使活塞不致在气缸中“卡死”。如图 2－20 所示。

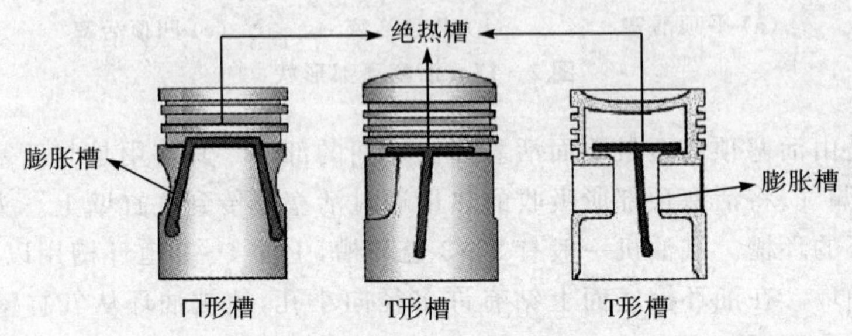

图 2－20　活塞裙部开绝热槽和膨胀槽结构

④ 采用双金属活塞。

为了减小铝合金活塞裙部的热膨胀量，有些汽油机活塞在活塞裙部或销座内嵌入钢片。恒范钢片式活塞的结构特点就是这样的，如图 2－21 所示。

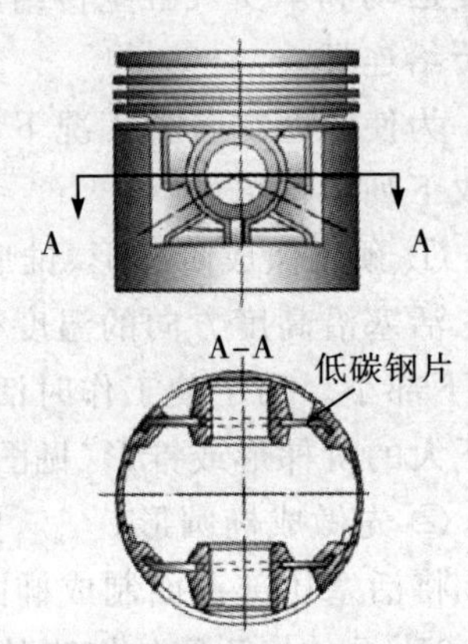

图 2－21　恒范钢片式活塞结构

2. 活塞环

1）活塞环的作用

活塞环按作用不同分为气环和油环两种(见图 2－22)，两者配合使用。气环的作用是保证活塞与气缸壁间的密封性，防止气缸中的气体漏入曲轴箱，同时把活塞顶部吸收的大部分热量传给气缸壁，再由冷却水或空气将其带走。另外，气环还起到刮油、布油的辅助作用。油环的作用是刮除气缸壁上多余的机油，并在气缸壁上涂覆一层均匀的油膜，这样既可防止机油窜入气缸燃烧，又可减小活塞、活塞环与气缸壁间的磨损和摩擦阻力。此外，油环也起到密封气体的辅助作用。

(a)气环　　(b)油环

图 2－22　活塞环

2）活塞环材料

(1) 气环材料

气环一般由耐热性很好的铸铁制成。因为该材料很脆，所以容易断裂，拆装时要特别注意。为了提高抗断性，某些高质量的气环外侧镀有铬层或钼层。由于镀铬层或镀钼层能够降低活塞环与缸壁的磨损，从而大大延长了气环的寿命。某些发动机使用韧性铁作为气环的材料，这种材料强度大，抗断裂性好，但成本高。

(2) 油环材料

普通油环一般用耐磨合金铸铁制造。奥迪 A6 轿车 ANQ 发动机采用组合式油环，其合金钢片采用表面镀铬工艺，以减小磨损，提高使用寿命。

3) 活塞环的结构

由于气环和油环的作用不同，因此结构也不相同。

(1) 气环

气环为一带有切口的弹簧片状圆环。在自由状态下气环外径大于气缸直径。当气环装入气缸后，产生弹力使气环紧压在气缸壁上，其切口处具有一定的端隙。气环开口形状如表 2-16 所示。气环密封效果一般与气环数量有关，汽油机气环一般为 2 道，柴油机气环一般为 3 道。随着发动机转速的不断提高，活塞环的数量在不断减少。

表 2-16 气环开口形状

类型	直开口气环	斜开口气环	阶梯形开口气环
形状			
特点	直开口气环工艺性好，但密封性差	斜开口气环密封性和工艺性介于直开口气环和阶梯形开口气环之间，斜角一般为 30°或 45°	阶梯形开口气环密封性好，工艺性差

气环常按断面形状来命名，常见的有矩形环、锥面环、内切口扭曲环、梯形环和桶面环等，气环的断面形状见图 2-23。

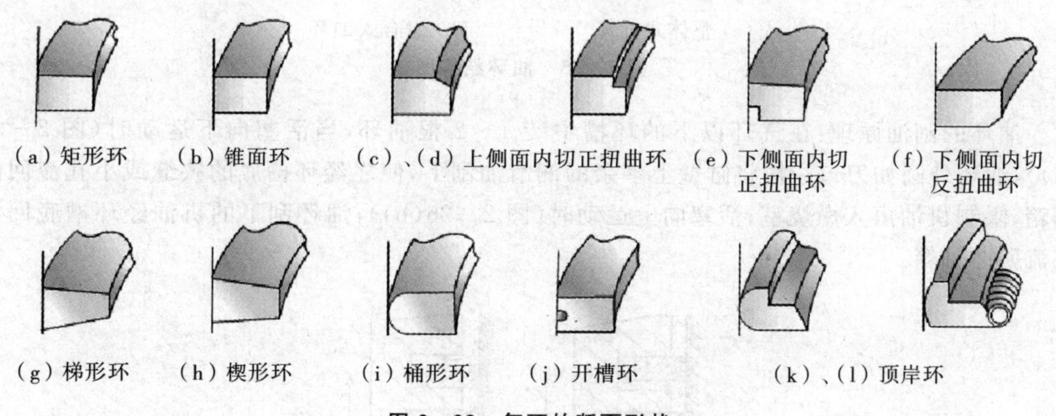

(a) 矩形环 (b) 锥面环 (c)、(d) 上侧面内切正扭曲环 (e) 下侧面内切正扭曲环 (f) 下侧面内切反扭曲环

(g) 梯形环 (h) 楔形环 (i) 桶形环 (j) 开槽环 (k)、(l) 顶岸环

图 2-23 气环的断面形状

矩形环断面为矩形，形状简单，加工方便，与气缸壁接触面积大，有利于活塞散热。但由于活塞环侧隙和背隙的存在，在与活塞一起做往复运动时，在环槽内上下窜动，把气缸壁上的机油不断地挤入燃烧室中，产生"泵油作用"，使机油消耗量增加，活塞顶及燃烧室壁面积碳。气环泵油原理如图 2-24 所示。因此，其应用越来越少。

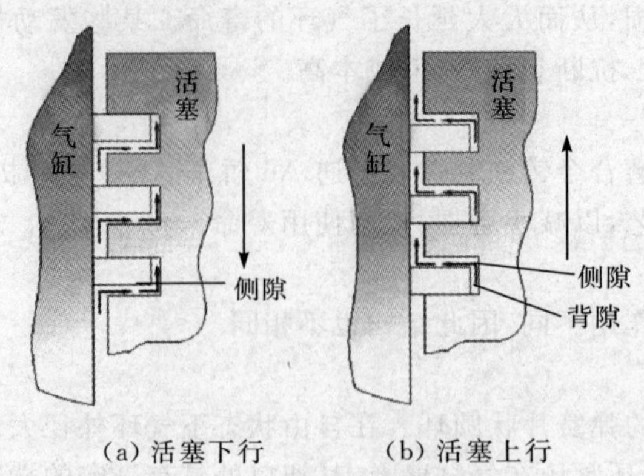

(a) 活塞下行　　(b) 活塞上行

图 2-24　矩形气环的泵油原理

气环的泵油作用对润滑困难的气缸上部有利,但应进行控制。如果机油窜入气缸燃烧,一方面使机油损耗增加,另一方面使火花塞积碳,不能跳火,造成活塞环积碳卡死在环槽内失去弹性,破坏密封,甚至折断或划伤缸壁等。消除或减小泵油作用的措施:在气环下部安装油环;广泛采用非矩形断面气环,如扭曲环。

(2) 油环

油环按结构分整体式和组合式两种,如图 2-25 所示。整体式油环其外圆柱面中部切有一道凹槽,凹槽底部开有若干回油用的小孔或窄槽,有的在其背面加装弹性衬垫,既可保证对气缸壁的弹力,又可有较好的柔性,延长使用寿命。组合式油环由上、下刮片和衬簧组成,其接触压力大,刮油能力强,泄油通路大,惯性质量小,刮油效果好,但制造成本高。

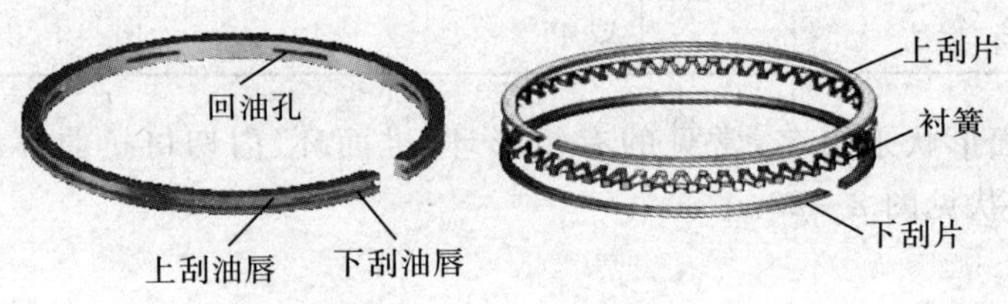

(a) 整体式油环　　(b) 组合式油环

图 2-25　油环结构图

油环的刮油原理:在气环以下的环槽中装 1～2 根油环,当活塞向下运动时(图 2-26(a)),油环外圆如刀口一样将缸壁上多余的润滑油刮下,使之经环槽底的狭缝或小孔流回曲轴箱,限制机油窜入燃烧室;活塞向上运动时(图 2-26(b)),油环刮下的机油经环槽底回油孔流回曲轴箱。

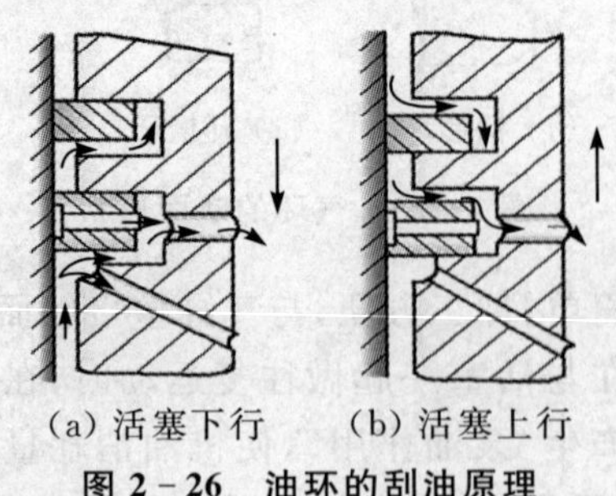
(a) 活塞下行　　(b) 活塞上行

图 2-26　油环的刮油原理

(3) 活塞环的间隙

活塞环在安装时，应留有端隙、侧隙和背隙，结构如图 2－27 所示。

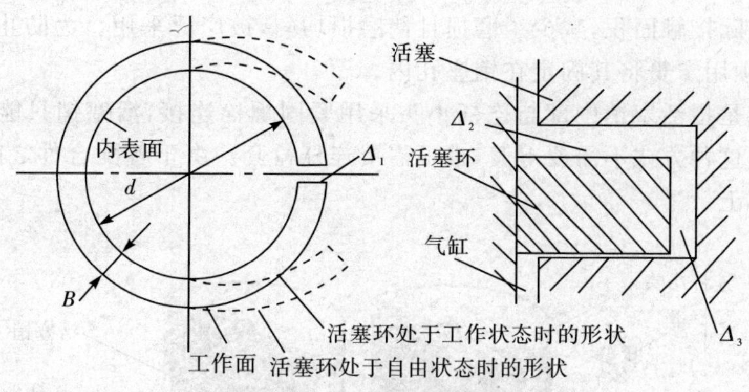

图 2－27　活塞环的间隙

d－活塞环内径；B－活塞环宽度；Δ_1－开口间隙；Δ_2－侧隙；Δ_3－背隙

端隙 Δ_1 又称为开口间隙，是活塞环装入气缸后，该环在上止点时环的两端头的间隙或活塞环在标准环规内两端头的间隙。一般为 0.25～0.50 mm。

侧隙 Δ_2 又称边隙，是指活塞环装入活塞后，其侧面与活塞环槽之间的间隙。第一环因工作温度高，一般为 0.04～0.10 mm。油环的侧隙较小，一般为 0.025～0.07 mm。

背隙 Δ_3 是活塞及活塞环装入气缸后，活塞环内圆柱面与活塞环槽底部间的间隙。一般为 0.5～1 mm。油环的背隙较气环大，目的是增大存油间隙，以利于减压泄油。

3. 活塞销

1) 活塞销的作用

活塞销的作用是连接活塞和连杆小头，并把活塞承受的气体压力传递给连杆。活塞销工作时承受很大的周期性冲击载荷，且温度和润滑条件差，因而要求活塞销要有足够的刚度和强度、表面耐磨、质量轻等。

活塞销一般采用低碳钢或低碳合金钢，经表面渗碳淬火后再精磨加工制成。

2) 活塞销的构造

活塞销外表面为圆柱形，内孔形状有圆柱形、两段截锥形以及两段截锥与一段圆柱的组合形，见图 2－28。

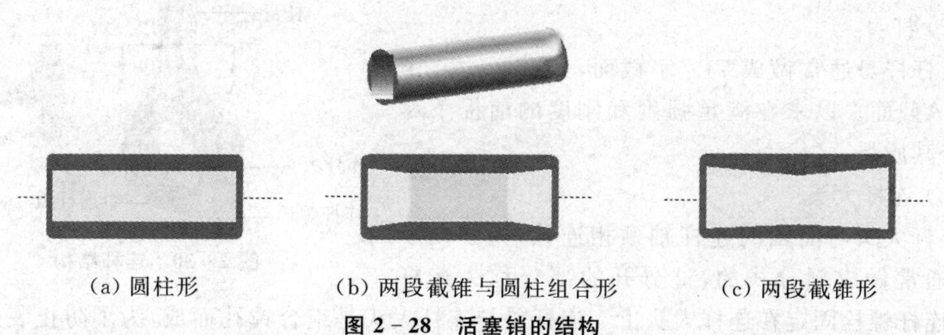

(a) 圆柱形　　(b) 两段截锥与圆柱组合形　　(c) 两段截锥形

图 2－28　活塞销的结构

3）活塞销的连接

活塞销的连接形式有两种：全浮式和半浮式，如图 2－29 所示。

全浮式连接是指发动机工作时，活塞销能在连杆衬套和活塞销座中自由摆动。这种连接方式增大了实际接触面积，减少了磨损且使磨损均匀，被广泛采用。为防止工作时活塞销从销孔滑出，必须用卡簧将其固定在销座孔内。

半浮式连接是指活塞销中部与连杆小头采用紧固螺栓连接，活塞销只能在两端销座孔内做自由摆动。这种方式不需要卡簧，也不需要连杆衬套。由于各配合件之间磨损不均匀，故多用于小轿车上。

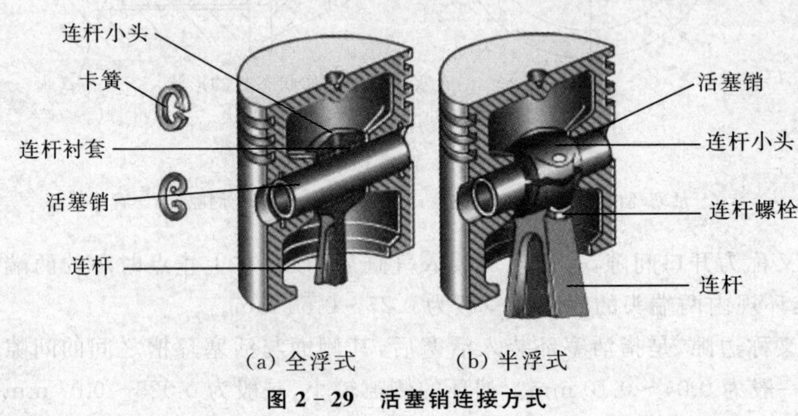

图 2－29　活塞销连接方式

4. 连杆

1）连杆的作用

连杆的作用是连接活塞与曲轴，并把活塞承受的气体压力传给曲轴，使活塞的往复运动变成曲轴的旋转运动。

2）连杆的结构

连杆的基本结构可分为连杆小头、杆身和连杆大头三部分，如图 2－30 所示。连杆一般用优质中碳钢或合金钢经模锻或辊锻，然后经机械加工和热处理而成。

（1）连杆小头

连杆小头孔内装有减磨的连杆衬套，一般为青铜衬套或铁基粉末冶金衬套。连杆衬套和活塞销之间存在运动，必须润滑。

（2）杆身

连杆杆身通常做成“工”字截面，如图 2－30 中的A－A截面。以求在满足强度和刚度的前提下尽量减轻其质量。

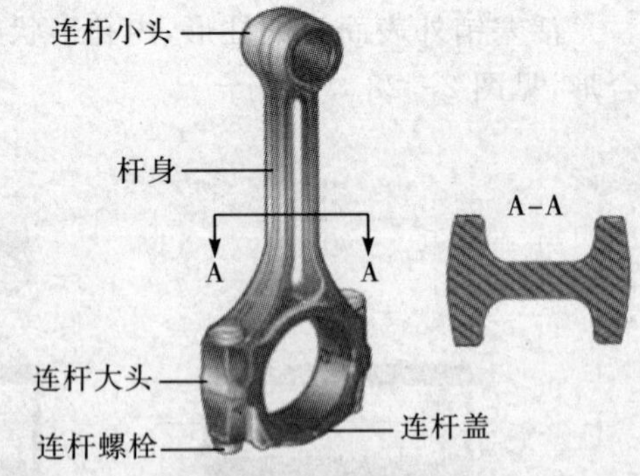

图 2－30　连杆结构

（3）连杆大头

连杆大头与曲轴的连杆轴颈相连接，为了便于安装，通常做成剖分式的，被分开的部分称为连杆盖，借连杆螺栓固定在连杆大头上。连杆盖与连杆大头是组合镗孔而成，为了防止装配时配对错误，在同一侧刻有配对记号。

连杆大头剖分面形式有平切口和斜切口两种形式，如图 2－31 所示。

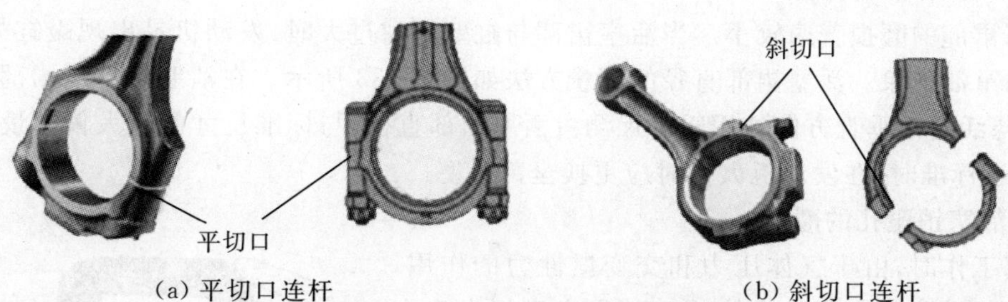

(a) 平切口连杆　　(b) 斜切口连杆

图 2-31　连杆大头切口形式

连杆盖与连杆大头通过连杆螺栓连接，按照规定的拧紧力矩按一定顺序分 2～3 次均匀拧紧，同时还要有锁紧装置。

(4) 连杆轴瓦

连杆大头与曲轴主轴颈连接，大头内孔装有剖成两半的滑动轴承，以降低运动摩擦，称连杆轴瓦。半个轴瓦自由状态下的曲率半径略大于孔座半径，且轴瓦的背面应具有较高的表面粗糙度，以保证轴瓦装入座孔后靠自身产生的张紧力紧贴座孔。为了防止工作中轴瓦在座孔内发生转动或轴向移动，分别在轴瓦的剖分面和座孔的结合端制有定位凸榫和定位槽，如图 2-32 所示。

连杆轴瓦内表面浇铸有耐磨合金层，其具有质软、容易保持油膜、磨合性好、摩擦阻力小、不易磨损等特点。耐磨合金常采用巴氏合金、铜铝合金、高锡铝合金。

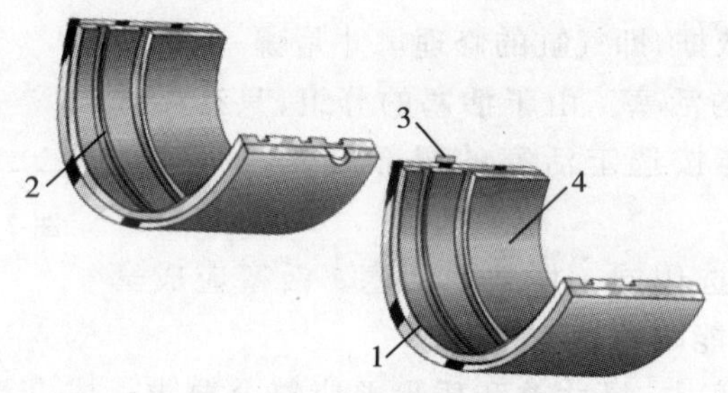

图 2-32　连杆轴瓦结构

1—钢背；2—油槽；3—定位凸榫；4—减磨合金

(二)活塞连杆组的检修

1. 活塞的检修

1) 活塞常见的损伤检修

活塞的损伤主要是磨损，包括活塞环槽的磨损、活塞裙部的磨损、活塞销座孔的磨损。其次活塞刮伤、顶部烧蚀和脱顶属于非正常的损伤形式。

(1) 活塞环槽的磨损

活塞环槽是活塞的最大磨损部分，其中第一道环槽处磨损最为严重。活塞在高速往复运动中，由于受气体压力的作用，使活塞环对环槽的冲击力很大，再加上高温的影响，使得环槽下面磨损大、上面磨损小，呈现内小外大的梯形状。正确的检查方法是装入活塞环后用塞尺检查活塞环与活塞环槽之间的间隙。

(2) 活塞裙部的磨损

活塞裙部的磨损普遍较小。当活塞裙部与缸壁间隙过大时，发动机易出现敲缸故障，并有严重的窜油现象。活塞裙部直径的测量方法如图 2－33 所示。在活塞下部离裙部底边约 15 mm，与活塞销垂直方向处用千分尺测量活塞裙部直径，与标准尺寸的最大偏差量为 0.04 mm。超过标准时，在发动机大修时应更换全部活塞。

(3) 活塞销座孔的磨损

活塞工作时，由于气体压力和交变惯性力的作用，使活塞销与销孔座之间发生磨损。其最大磨损发生在座孔的上下方向，导致销与座孔配合松旷，出现活塞销异响。

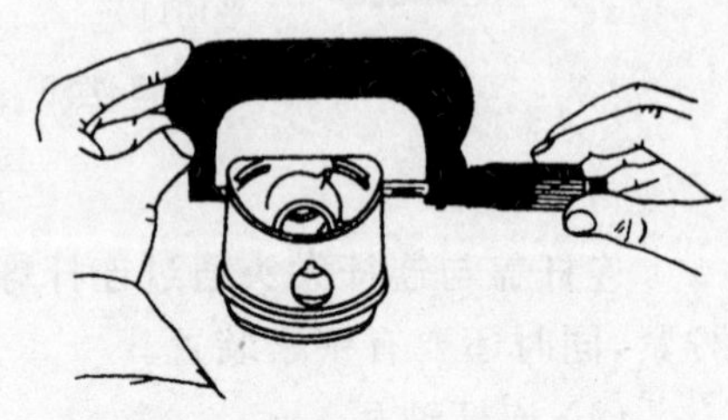

图 2－33　活塞裙部直径的检测

(4) 配缸间隙的检测

活塞与气缸壁之间的间隙称为配缸间隙，此间隙应符合标准。检测时可用量缸表测量气缸的直径，用外径千分尺测量活塞的直径，两者之差即为配缸间隙。也可如图 2－34 所示，将活塞(不装活塞环)放入气缸中，用塞尺测量其间隙值。桑塔纳 2000 的配缸间隙为 0.03～0.05 mm。

2) 活塞的选配

当气缸的磨损超过规定值及活塞发生异常损坏时，必须对气缸进行修复，并且要根据气缸的修理尺寸选配活塞。选配活塞时要注意以下几点：

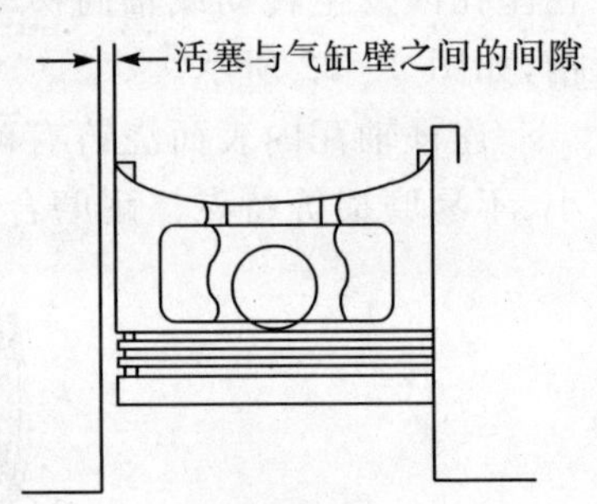

图 2－34　配缸间隙测量方法

① 选用同一修理尺寸和同一分组尺寸的活塞。活塞裙部的尺寸是镗磨气缸的依据，即气缸的修理尺寸是哪一级，就要选用哪一级修理尺寸的活塞。由于活塞的分组，只有在选用同一分组活塞后，才能按选定活塞的裙部尺寸进行气缸镗磨。

② 同一发动机必须选用同一厂牌的活塞。活塞应成套选配，以保证其材料和性能的一致性。

③ 在选配的成套活塞中，尺寸差和质量差应符合要求。成套活塞中，其尺寸差一般为 0.02～0.025 mm，质量差一般为 4～8 g，销座孔的涂色标记应相同。

2. 活塞环的检修

1) 活塞环的损伤形式

活塞环的损伤主要是磨损，随着磨损的加剧，活塞环的弹力逐渐减弱，端隙、侧隙、背隙增大。此外，活塞环还可能折断。

2) 活塞环的选配

除标准尺寸的活塞环以外，还有与各级修理尺寸的气缸、活塞相配的加大尺寸的活塞环。发动机修理时，应按照气缸的标准尺寸或修理尺寸，选用与气缸、活塞同级别的活塞环。在大修时，优先使用活塞、活塞销及活塞环成套供应配件。

3) 活塞环的检修

对活塞环的要求除了要与气缸、活塞的修理尺寸一致外，还应具有规定的弹力，环的漏光度、端隙、侧隙、背隙符合原厂规定。

(1) 活塞环端隙的检验

将活塞环平正地放入气缸内，用活塞顶部把它推平，然后用塞尺测量开口处的间隙，如图 2-35 所示。桑塔纳 2000 的活塞环端隙规定范围值见表 2-17。端隙大于规定时，应另选活塞环；小于规定时，可对环口的一端加以挫修。挫修时，应注意环口平整，挫修后环外口应去掉毛刺，以防锋利的环口刮伤气缸。

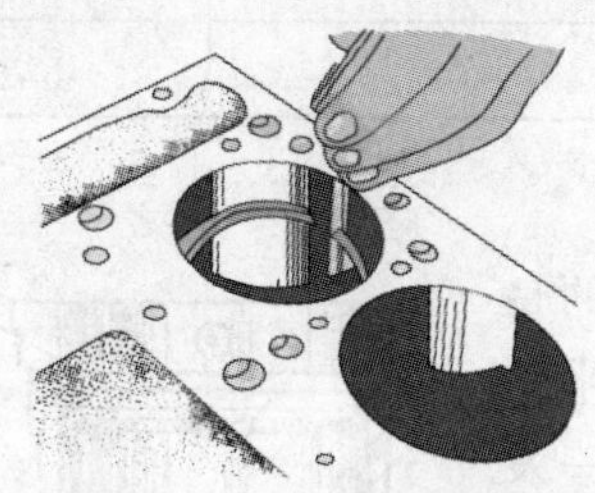

图 2-35　活塞环端隙的检验

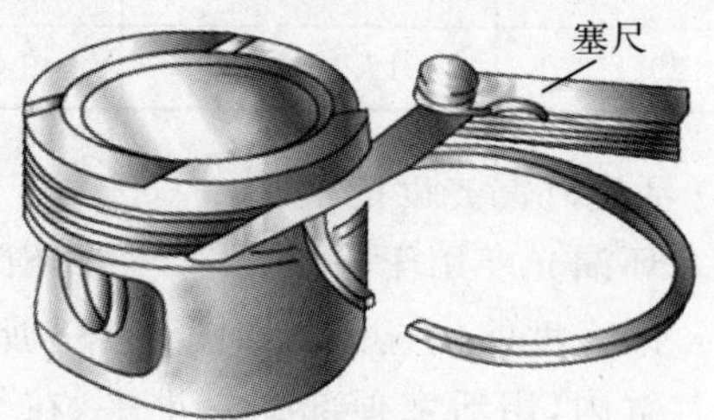

图 2-36　活塞环侧隙的检验

表 2-17　桑塔纳 2000 活塞环端隙规定范围

端隙	第一气环	第二气环	油环
标准值(mm)	0.30～0.46	0.25～0.51	0.25～0.51
极限值(mm)	1.0	1.0	1.0

(2) 活塞环侧隙的检验

将活塞环放入环槽内，围绕环槽滚动一周，应能自由滚动，既不松动，又无阻滞现象。用厚薄规按图 2-36 所示的方法测量，其值应符合要求。如侧隙过小，可将活塞环放在有平板的砂布上研磨，不允许加工活塞；如侧隙过大，则应另选活塞环。桑塔纳 2000 侧隙标准值第一、二道气环范围：0.020～0.051 mm；油环侧隙范围：0.020～0.051 mm；侧隙最大值为0.15 mm。

(3) 活塞环背隙的检验

在实际测量中，活塞环背隙通常以槽深和环厚之差来表示。检验活塞环背隙的经验方法是：将活塞环置入环槽内，如活塞环低于环槽岸，能转动自如，且无松旷感觉，则间隙合适。气环背隙范围：0.20～0.67 mm；油环背隙范围：0.5～1.0 mm。

(4) 活塞环弹力的检验

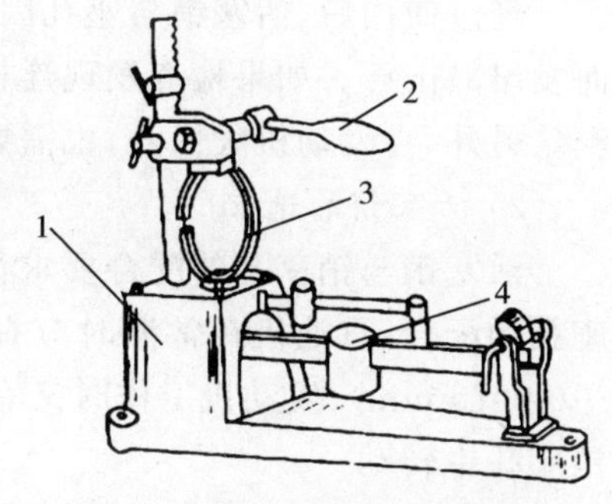

图 2-37　活塞环弹力的检验

1—弹力检验仪；2—施压手柄；3—活塞环；4—量块

活塞环的弹力是指活塞环端隙达到规定值时作用在活塞环上的径向力。活塞环的弹力是保证气缸密封的必要条件。弹力过弱，气缸密封性变差，燃润料消耗增加，燃烧室积碳严重，发动机动力性、经济性降低。弹力过大则使环的磨损加剧。活塞环的弹力可用活塞环弹力检验仪检验，如图 2-37 所示，其值应符合规定的要求。几款国产车发动机活塞环弹力与端隙要求如表 2-18 所示。

表 2-18　几款国产车发动机活塞环弹力与端隙要求

车　型	气　环		油　环	
	施加的压力(N)	端隙(mm)	施加的压力(N)	端隙(mm)
CA6102	49～78	0.5～0.7	11.8～31.4	0.3～0.5
EQ6100—1	41.1～56.8	0.35～0.55	34.3～49.0	0.5～1.0
429Q	17.2～24.5	0.2～0.4	15.7～21.6	0.2～0.4

(5) 活塞环漏光度的检验

活塞环漏光度用于检查活塞环的外圆与缸壁贴合的良好程度。漏光度的检查方法如图 2-38 所示，将活塞环平正地放入气缸内，用活塞顶部把它推平，在气缸下部放置一发亮的灯泡，在活塞环上放一直径略小于气缸内径、能盖住活塞环内圆的盖板，然后从气缸上部观察漏光处及其对应的圆心角。

一般要求活塞环局部漏光每处不大于 25°；最大漏光缝隙不大于 0.03 mm；每环漏光处不超过 2 处，每环总漏光度不大于 45°；在活塞环开口处 30°范围内不允许有漏光现象。

图 2-38　活塞环漏光度的检验

3. 活塞销的检修与选配

发动机大修时，一般应更换活塞销。

活塞销的选配原则是：同一台发动机应选用同一厂牌、同一修理尺寸的成组活塞销；活塞销表面应无任何锈蚀和斑点。

选配活塞销的质量要求是：表面粗糙度 R_a 不大于 0.20 μm，圆度、圆柱度不超过 0.0025 mm，质量差不大于 10 g。

1) 活塞销的磨损

经过使用后，活塞销与座孔因磨损使配合间隙增大，当增大到一定值时，使配合件松动而发出敲击声。如果检查发现连杆小头衬套及活塞销磨损超差，应进行活塞销的修理或选配。另外，在发动机大修时，也需要选配活塞销，一般应选用标准尺寸的活塞销。

2) 活塞销的选配

活塞销与销座孔的配合要求很高，对全浮式活塞销与销座孔的配合，汽油机在常温时应有微量过盈(一般为 0.0025～0.0075 mm)，发动机工作时又有微量间隙，使活塞销能在销座孔中转动。

4. 连杆组的维修

连杆组的检修项目主要有连杆变形的检验与校正、连杆小端衬套的铰削。连杆变形后，使活塞在气缸中歪斜，引起活塞与气缸、连杆轴承与连杆轴颈的偏磨、敲缸、拉缸等。

1) 连杆的检修

连杆的损伤有杆身的弯曲、扭转变形；小头孔和大头侧面的磨损。其中变形最为常见。

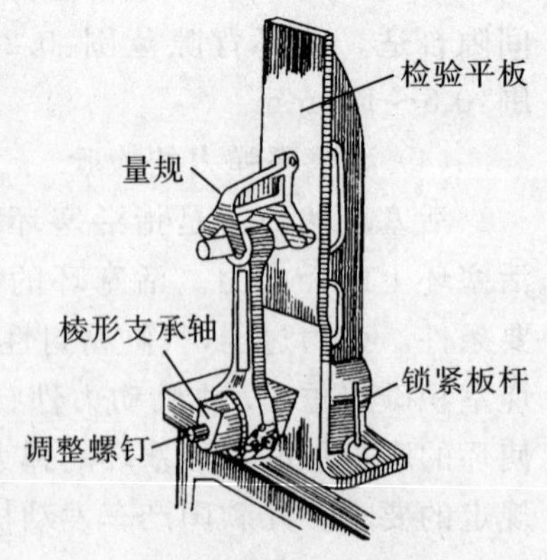

图 2-39　连杆变形的检验

(1) 连杆变形的检验

连杆变形的检验在连杆检验仪上进行，如图 2－39 所示。检验仪上的棱形支承轴能保证连杆大端承孔轴向与检验平板垂直。测量工具是一个带 V 形槽的“三点规”，三点规上的三点构成的平面与 V 形槽的对称平面垂直，两下测点的距离为 100 mm，上测点与两下测点连线的距离也是 100 mm。

检验判断方法如下：

① 将连杆大头的轴承盖装好(不装轴承)，按规定力矩把螺栓拧紧，检查连杆大头孔的圆度和圆柱度是否符合要求，装上已修配好的活塞销。

② 把连杆大头装在检验仪的支承轴上，拧紧调整螺钉使定心块向外扩张，把连杆固定在检验仪上。

③ 将 V 形检验块两端的 V 形定位面靠在活塞销上，观察 V 形三点规的三个接触点与检验平板的接触情况，即可检查出连杆的变形方向和变形量。三点规的三个测点都与平板接触，说明下测点与平板不接触，且间隙为上测点与平板间隙的两倍，这时下测点与平板的间隙即为连杆在 100 mm 长度上的扭曲度，如图 2－40(b)所示。

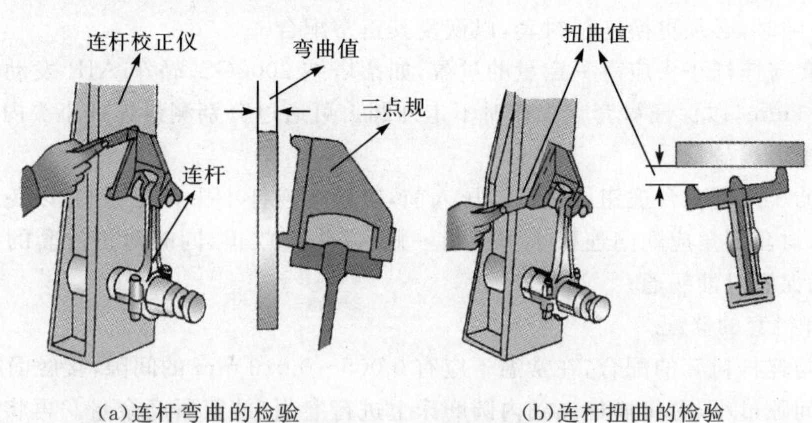

(a)连杆弯曲的检验　　(b)连杆扭曲的检验

图 2－40　连杆变形的检验

④ 如果一个下测点与平板接触，但另一个下测点与平板的间隙不等于上测点间隙的两倍，这时连杆弯扭并存。下测点与平板的间隙为连杆的扭曲度，上测点间隙与下测点间隙一半的差值为连杆的弯曲度。

⑤ 测出连杆小头端面与平板的距离，然后将连杆翻转 180°后再测此距离，若数值不相等，即说明连杆有双重弯曲，两次测量数值之差为连杆双重弯曲度。

(2) 连杆变形的校正

经检验，如果弯、扭超过规定值，应记住弯、扭方向和数值，进行校正。连杆弯曲的校正可在压床或弯曲校正器上进行，用弯曲校正器校正连杆弯曲的方法如图 2－41(a)所示。

连杆扭曲的校正可将连杆夹在虎钳上，用扭曲校正器、长柄扳钳或管子钳进行校正，用扭曲校正器校正连杆扭曲的方法如图 2－41(b)所示。

校正时注意：先校扭，再校弯；避免反复校正。校正后要进行时效处理，消除弹性后效作用。

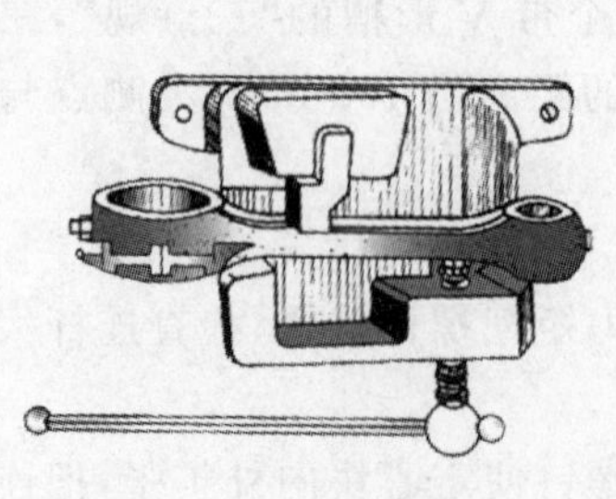

(a) 校弯

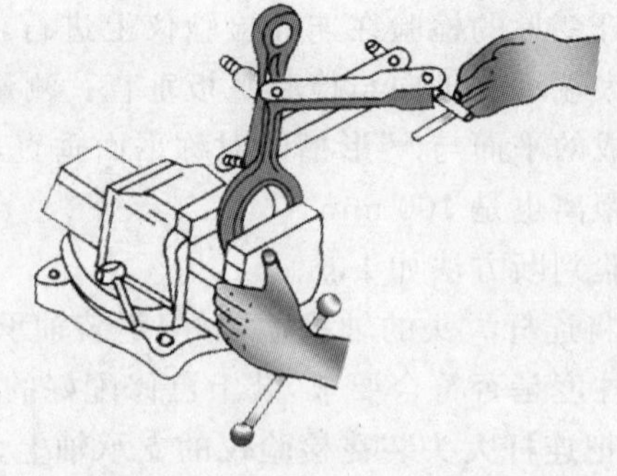

(b) 校扭

图 2-41　连杆变形的校正

2) 连杆衬套的检修

(1) 连杆衬套的选配

对于全浮式安装的活塞销，连杆小头内压装有连杆衬套。发动机在大修时，在更换活塞、活塞销的同时，必须更换连杆衬套，以恢复其正常配合。

连杆衬套与连杆小头应有一定量的过盈，如桑塔纳 2000GSi 轿车 AJR 发动机的过盈量为 0.06～0.10 mm，以保证衬套在工作时不走外圆。可通过分别测量连杆小头内径和新衬套外径的方法求得过盈量。

新衬套的压入可在台虎钳上进行。压入前，应检查连杆小头有无毛刺，以免擦伤衬套外圆。压入时，衬套倒角应朝向连杆小头倒角一侧，并将其放正，同时对正衬套的油孔和连杆小头油孔，确保润滑油畅通。

(2) 连杆衬套的修配

活塞销与连杆衬套的配合，在常温下应有 0.005～0.010 mm 的间隙，接触面积应在 75%以上。配合间隙过小，可将连杆夹到内圆磨床上进行磨削，并留研磨余量。再将活塞销插入连杆衬套内配对研磨，研磨时可加少量机油，将活塞销夹在台虎钳上，沿活塞销轴线方向扳动连杆，应有无间隙感觉，如图 2-42(a)所示。加入机油扳动时无“气泡”产生，把连杆置于与水平面成 75°角时应能停住，轻拍连杆徐徐下降，此时配合间隙为合适。

经过加工的衬套，应能用大拇指把活塞销推入连杆衬套内，并有无间隙感觉，如图 2-42(b)所示。

(a) 活塞销与连杆衬套的研磨

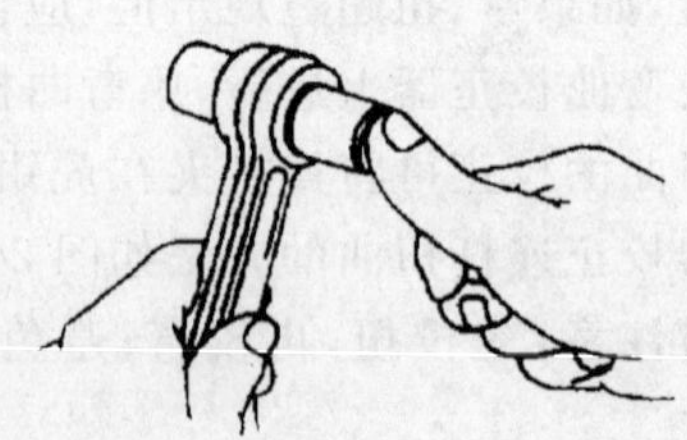

(b) 活塞销与连杆衬套的配合检验

图 2-42　连杆衬套与连杆小头过盈检测

在衬套压装前，先将其与活塞销试配，如能勉强套入活塞销即为合适。如活塞销不能装入衬套，或装入后松旷，则表明加工余量过小或过大，均应重新选用衬套。衬套压入后，便可根据选配好的活塞销的实际尺寸铰削（或镗削）衬套，使其与活塞销的配合符合规定。其步骤为：① 选择铰刀；② 调整铰刀；③ 铰削（如图 2－43 所示）；④ 试配；⑤ 修刮。

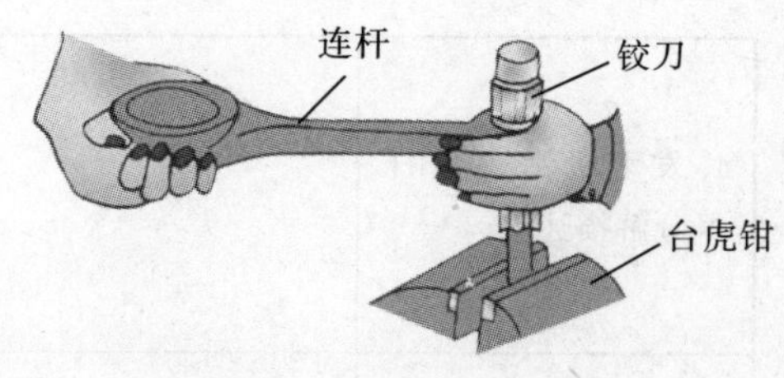

图 2－43　连杆衬套的铰削

三、制定检修计划

制定发动机活塞连杆组检修计划如表 2－19 所示。

表 2－19　发动机活塞连杆组检修计划

<table>
<tr><td colspan="3">1. 查阅资料，学习汽车发动机活塞连杆组检修作业注意事项描述。
2. 查阅维修手册，熟悉发动机活塞连杆组检修信息，制定汽车发动机活塞连杆组检修计划。</td></tr>
<tr><td rowspan="2">1. 车辆发动机类型信息描述</td><td>车辆描述：</td><td></td></tr>
<tr><td>发动机类型信息描述：</td><td></td></tr>
<tr><td>2. 汽车发动机活塞连杆组分解作业注意事项描述</td><td colspan="2">1. 要严格按照规则使用工量具。
2. 修理后的标准数据一定要符合原厂标准。
3. 检修时要注意保护好零部件。
4. 活塞及活塞环安装时，使用专用工具安装活塞及活塞环进入气缸套，严禁刮坏气缸壁。</td></tr>
<tr><td>3. 发动机活塞连杆组信息描述</td><td colspan="2">1. ________ 2. ________ 3. ________
4. ________ 5. ________ 6. ________
7. ________ 8. ________</td></tr>
</table>

续表

4. 发动机活塞连杆组分解描述	
5. 发动机活塞连杆组分解计划	1. 分解工具的准备。 2. 分解步骤的确定。 3. 分解作业安全事项的学习。

四、实施检修作业

汽车发动机活塞连杆组故障检修作业具体实施如表2-20所示。

表2-20 发动机活塞连杆组检修作业

<table>
<tr><td colspan="3">1. 学习汽车发动机活塞连杆组检修作业安全事项。
2. 会正确对汽车发动机活塞连杆组进行检修作业。</td></tr>
<tr><td rowspan="2">1. 车辆信息描述</td><td>车辆描述：</td><td></td></tr>
<tr><td>车辆发动机类型描述：</td><td></td></tr>
<tr><td>2. 汽车发动机活塞连杆组检修计划描述</td><td colspan="2"></td></tr>
<tr><td>3. 汽车发动机活塞连杆组检修作业安全事项学习</td><td colspan="2">1. 学习实验室工作规则，树立安全第一的理念，避免产生人身和设备事故。
2. 注意机、工、量具的正确使用。实训前检查工具车物品是否齐全，机具、量具是否完好，发现问题（包括实训前、实训中、实训后）及时汇报。实训结束后填写设备使用单。
3. 严格按技术规范、操作工艺要求进行拆装。首先考虑使用专用工具，再考虑使用通用工具进行拆装。对于配合表面，严禁敲打。
4. 需调整的部位，应按出厂技术参数或技术规程规定的数据进行调整。
5. 注意拧紧螺钉、螺母、螺栓的顺序（一般情况用手将全部螺栓拧入后，再用扳手逐个预紧，最后依次拧紧，拆卸时顺序与之相反，要求相同），有规定力矩要求的，必须用扭力扳手拧紧。
6. 注意防火、防水。</td></tr>
</table>

4. 汽车发动机活塞连杆组检修作业			
作业项目	作业要领	技术标准	检查记录
检修工量具设备的选用	1. 塞尺。 2. 千分尺。 3. 活塞环弹力检验仪。 4. 连杆检验仪。	1. 塞尺长度常用有 100 mm、150 mm、200 mm、300 mm 四种。 2. 千分尺最小单位为 0.01 mm，量程有 0～25 mm、25～50 mm、50～75 mm、75～100 mm 和 100～125 mm 等。 3. 检测活塞环的弹力，用端隙量衡量。 4. 检验连杆的扭曲变形和弯曲变形量。	1. 选用的塞尺为：______ 2. 选用的千分尺为：______ 3. 选用的活塞环弹力检验仪为：______ 4. 选用的连杆检验仪为：______
检修步骤	1. 活塞裙部的磨损。 2. 配缸间隙检测。 3. 活塞环端隙的检验。 4. 活塞环侧隙的检验。 5. 活塞环背隙的检验。 6. 活塞销与连杆衬套间隙的检验。 7. 连杆扭曲变形及弯曲变形。	1. 在活塞下部离裙部底边约 15 mm、与活塞销垂直方向处用千分尺测量活塞裙部直径，与标准尺寸的最大偏差量为 0.04 mm。 2. 桑塔纳 2000 的配缸间隙规定范围：0.03～0.05 mm。 3. 活塞环端隙规定范围值：第一道气环 0.30～0.46 mm；第二道气环 0.25～0.51 mm；油环 0.25～0.51 mm；极限值为 1.0 mm。 4. 活塞环侧隙规定范围值：第一、二道气环 0.025～0.051 mm；油环 0.020～0.051 mm；侧隙最大值 0.15 mm。 5. 活塞销与连杆衬套间隙：在常温下应有 0.005～0.010 mm 的间隙范围。 6. 连杆根据规定若发生扭曲变形和弯曲变形，需要进行校正。	1. 活塞裙部的磨损为：______ 2. 配缸间隙为：______ 3. 活塞环侧隙为：______ 4. 活塞环背隙为：______ 5. 活塞销与连杆衬套间隙为：______ 6. 连杆是否产生变形：______
5. 检修作业完成后的收获与感想			

五、检验评估

任务三的检验评估如表 2－21 所示。

表 2－21　检验评估

评价指标	检验说明	检验记录
维护检查项目	1. 拆解工具设备是否损坏 2. 活塞裙部的磨损情况 3. 配缸间隙是否过大 4. 活塞环端隙是否过大 5. 活塞环侧隙是否过大 6. 活塞环背隙是否过大 7. 活塞销与连杆衬套磨损情况 8. 连杆是否变形	
汽车发动机活塞连杆组检修过程情况		

评价内容	检验指标	权重	自评	互评	总评
检查任务完成情况	1. 完成任务过程情况	4			
	2. 任务完成质量				
	3. 在小组完成任务过程中所起作用				
专业知识和专业技能	1. 能说出发动机活塞连杆组的作用	8			
	2. 能描述汽车发动机活塞连杆组的组成				
	3. 能描述汽车发动机活塞连杆组的工作条件				
	4. 能正确地选择和使用工具，分解发动机活塞连杆组				
职业素养	1. 学习态度：积极主动参与学习	3			
	2. 团队合作：与小组成员一起分工合作，不影响学习进度				
	3. 现场管理：服从工位安排，执行实训室“5S”管理规定				
综合评价与建议					

任务四　曲轴飞轮组结构认识和检修

任务描述

一辆桑塔纳 2000 轿车运行 8 万公里后，发动机异响，有金属敲击声，发动机的动力性下降，加速性能下降，严重丧失工作能力。针对维修接待和车间确认意见，需对曲轴飞轮组进行拆装和故障诊断。

任务目标

1. 能说出曲轴飞轮组的构成、功用及工作原理。
2. 能正确选用工量具和使用维修工具，对曲轴飞轮组进行检修。

一、维修接待

按照表 2-22 完成待修车辆的维修接待，并准确填写接车问诊表。

表 2-22 维修接待与接车问诊表

<table>
<tr><td colspan="2">1. 通过询问客户了解发动机发生故障情况，填写接车问诊表。
2. 车间检测确认需对曲轴飞轮组进行检修及更换其主要故障零部件。</td></tr>
<tr><td colspan="2">接车问诊表
车牌号：________ 车架号：________ 行驶里程：________(km)
用户名：________ 电　话：________ 来店时间：________</td></tr>
<tr><td colspan="2">用户陈述及故障发生时的状况：一辆桑塔纳 2000 轿车运行 8 万公里后，发动机异响，有金属敲击声，发动机的动力性下降，加速性能下降，严重丧失工作能力。
故障发生状况提示：行驶速度、发动机状态、发生频度、发生时间、部位、天气、路面状况、声音描述。</td></tr>
<tr><td colspan="2">接车员检测确认建议：需对发动机曲轴飞轮组进行综合修理。</td></tr>
<tr><td colspan="2">车间检测确认结果及主要故障零部件：需对发动机曲轴飞轮组进行综合修理，必要时更换故障零部件。
车间检查确认者：________</td></tr>
<tr><td rowspan="2">外观确认：(请在有缺陷部位做标识)</td><td>功能确认：(工作正常√　不正常×)
□音响系统　□门锁(防盗器)　□全车灯光
□工具　□后视镜　□天窗　□座椅
□点烟器　□玻璃升降器　□玻璃</td></tr>
<tr><td>物品确认：(有√　无×)
F　E
□贵重物品提示
□工具　□备胎　□灭火器
□其他(　　　　)
旧件是否交还用户
□是　□否
用户是否需要洗车
□是　□否</td></tr>
<tr><td colspan="2">· 检测费说明：本次检测的故障如用户在本店维修，检测费包含在修理费用内；如用户不在本店维修，请支付检测费。本次检测费：¥________元。
· 贵重物品：在将车辆交给我店检查修理前，已提示将车内贵重物品自行收起并保存好，如有遗失恕不负责。
接车员：________　　用户确认：________</td></tr>
</table>

二、信息收集与处理

按表 2－23 完成任务四的信息收集与处理。

表 2－23　信息收集与处理

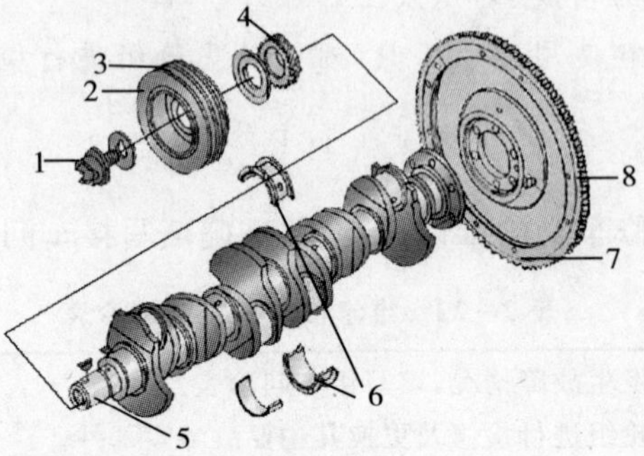

序号	部件名称	作　用
1		
2		
3		
4		
5		
6		
7		
8		
曲轴飞轮组的构成：＿＿＿＿＿＿＿＿＿＿＿＿＿＿＿＿＿＿＿＿。		

(一)曲轴飞轮组的构成及工作原理

曲轴飞轮组主要由曲轴、飞轮、扭转减振器、皮带轮、正时齿轮、曲轴主轴承等组成，具体结构如图 2－44 所示。

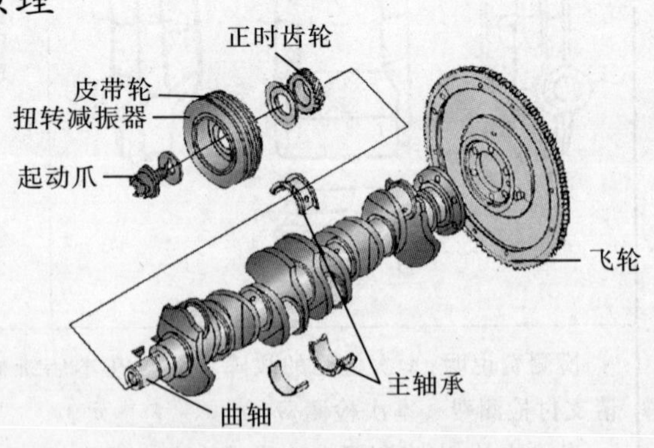

图 2－44　曲轴飞轮组构成

1. 曲轴

1）功用

曲轴飞轮组的功用是把活塞连杆组传来的气体压力转变为扭矩对外输出，还用来驱动发动机的配气机构及其他各种辅助装置（如发电机、水泵、转向油泵、机油泵等）。

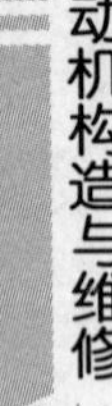

2）工作条件

曲轴在周期性变化的气体压力、惯性力及其力矩的共同作用下工作，还承受弯曲和扭转交变载荷。因此，曲轴应有足够的抗弯曲、抗扭转的疲劳强度和刚度；轴颈应有足够大的承压表面和耐磨性；曲轴的质量应尽量小；对各轴颈的润滑应足够充分。

3）曲轴材料

曲轴一般由 45、40Cr、35Mn2 等中碳钢或中碳合金钢模锻而成，轴颈表面经高频淬火或氮化处理，最后进行精加工。

现代汽车发动机广泛采用球墨铸铁曲轴。球墨铸铁价格便宜，耐磨性能好，轴颈不需硬化处理，同时金属消耗量少，机械加工量也少。为提高曲轴的疲劳强度，消除应力集中，轴颈表面应进行喷丸处理，圆角处要经滚压处理。

4）曲轴构造

曲轴根据结构不同分整体式和组合式。多缸发动机曲轴一般做成整体式。某些小型汽油机或以滚动轴承作为曲轴主轴承的发动机采用组合式曲轴，即将曲轴分段加工后组合成整个曲轴。

曲轴的基本结构包括前端轴、主轴颈、连杆轴颈、平衡重、曲柄、曲拐、后端轴、后端凸缘等，如图 2－45 所示。一个连杆轴颈和它两端的曲柄及主轴颈构成一个曲拐。曲拐的数目取决于发动机的气缸数目及其排列方式，直列发动机曲拐的数目等于气缸数，而 V 型和对置式发动机的曲拐数目等于气缸数的一半。

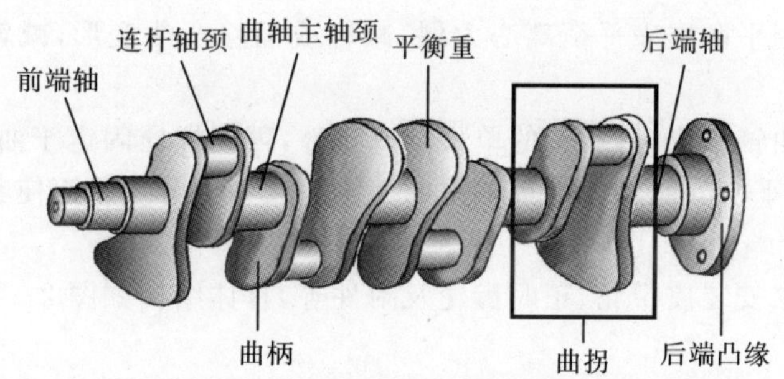

图 2－45　整体式曲轴基本结构

（1）主轴颈

主轴颈是曲轴的支承部分。整个曲轴通过主轴颈安装在气缸体主轴承座孔内的滑动轴承（主轴承）上，用主轴承盖定位，主轴承盖通过螺栓固定在气缸体上。根据曲轴主轴颈的数目，可以将曲轴分为全支承曲轴和非全支承曲轴 2 种，如图 2－46 所示。

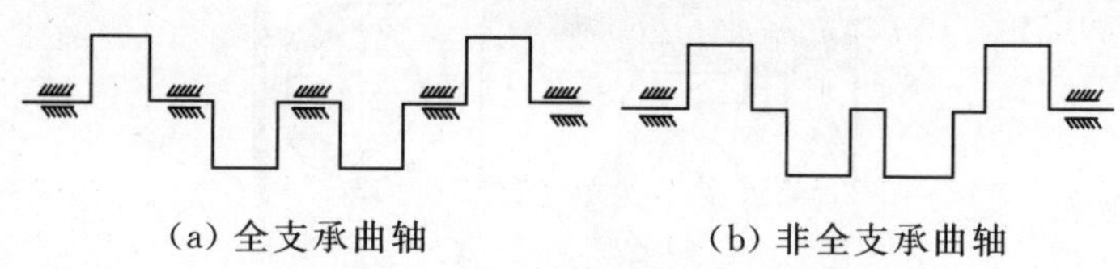

（a）全支承曲轴　　（b）非全支承曲轴

图 2－46　曲轴的支承形式

全支承曲轴指每个连杆轴颈两边都有一个主轴颈的曲轴。应用于柴油机和大部分汽油机上。直列发动机曲轴的主轴颈数比气缸数目多一个，其强度、刚度好，减小了磨损；V 型发动机全支承曲轴的主轴颈数是气缸数的一半多一个。

非全支承曲轴的主轴颈数少于或等于气缸数，结构简单且长度较短，其承受载荷较大，常用于小负荷的汽油机上。

(2) 连杆轴颈

连杆轴颈也叫曲柄销，是曲轴和连杆的连接部分，与连杆大头装配在一起。在直列式发动机上，连杆轴颈数与气缸数相同。在V型发动机上，一个连杆轴颈上安装两个连杆，故连杆轴颈数为气缸数的一半。连杆轴颈一般制成实心。有时为减轻质量，也采用空心轴方式，如图2-47所示。曲轴上钻有贯穿主轴颈、曲柄和连杆轴颈的油道，以使气缸体上的主油道内的润滑油能够润滑到主轴颈和连杆轴颈。在维修中，对曲轴上的油道要彻底疏通并清洁干净，以免造成事故。

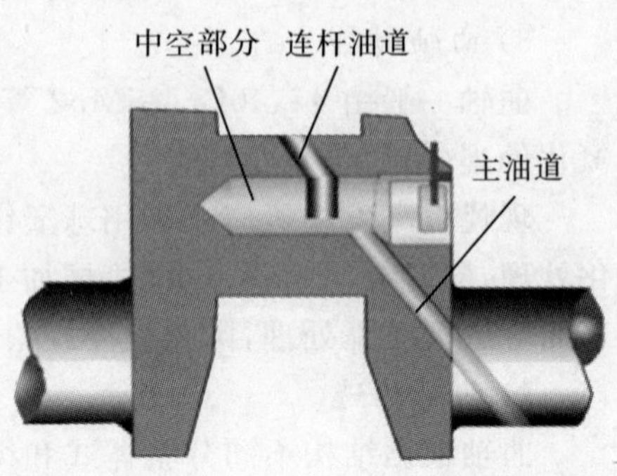

图2-47　中空连杆轴颈及油道

(3) 曲柄及平衡重

曲柄用于连接主轴颈和连杆轴颈，其长度取决于活塞行程。曲柄截面形状大多为椭圆形，因为这种结构金属利用率最高，抗弯、抗扭强度高。曲柄是曲轴最薄弱的部分，曲轴断裂是其常见的损坏形式。

曲柄连杆机构中随曲轴转角变化的往复惯性力、离心惯性力及其力矩是发动机不平衡的重要原因。通常用平衡重来平衡离心力偶，减轻或消除弯曲变形，减轻主轴承负荷、发动机振动和噪音。

平衡重有的与曲轴制成一体，有的单独制成零件，再用螺栓固定于曲柄上。曲轴必须经过动平衡校验，对不平衡的曲轴常在其偏重的一侧钻去一部分质量而使其达到平衡。

(4) 前端轴和后端轴

曲轴前端轴用来安装皮带轮、正时齿轮及附件等，具体结构如图2-48所示。

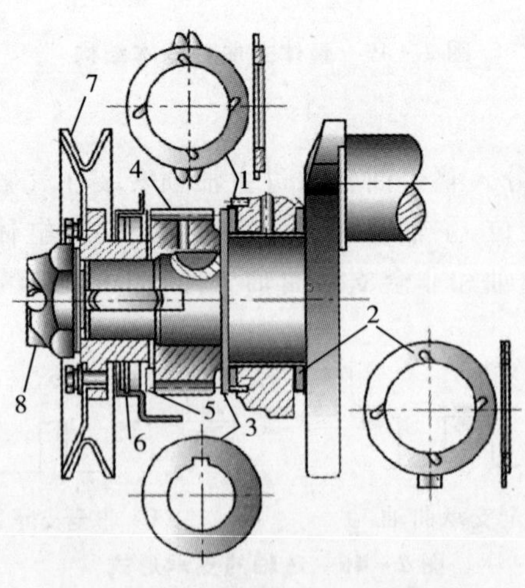

图2-48　曲轴前端安装零部件

1、2—止推轴承；3—止推片；4—正时齿轮；5—甩油盘；6—油封；7—带轮；8—起动爪

曲轴后端轴是最后一道主轴颈之后的部分，制有安装飞轮用的凸缘。

为防止机油从前后端泄漏，前后端都安装有油封装置。

5）曲拐的布置

曲轴的形状和曲拐的相对位置，取决于发动机的气缸数、气缸的排列形式和发动机的各缸工作顺序。当气缸数和气缸的排列形式确定之后，曲拐布置就只取决于发动机的点火顺序。合理的曲拐布置能保证发动机良好的平衡性和输出转矩均匀。曲拐布置的一般规律为：

① 各缸的做功间隔要尽量均衡，以使发动机运转平稳。

② 连续做功的两缸相隔尽量远些，最好是在发动机的前半部和后半部交替进行。

③ V 型发动机左右气缸尽量交替做功。

④ 曲拐布置尽可能对称、均匀以使发动机工作平衡性好。

比如，六缸机的曲拐布置可为 1—5—3—6—2—4 或 1—4—2—6—3—5。

常见多缸发动机曲拐布置形式如下：

（1）直列四缸四行程发动机

对缸数为 i 的四行程发动机而言，其点火间隔角为 $720°/i$。当 $i=4$ 时，点火间隔角为 180°。采用全支承曲轴时（如图 2-49），其四个曲拐在一个平面内，具有良好的平衡性。点火顺序有两种方式：1—3—4—2 或 1—2—4—3。若以第一种为例，则其工作循环表如表 2-24所示。

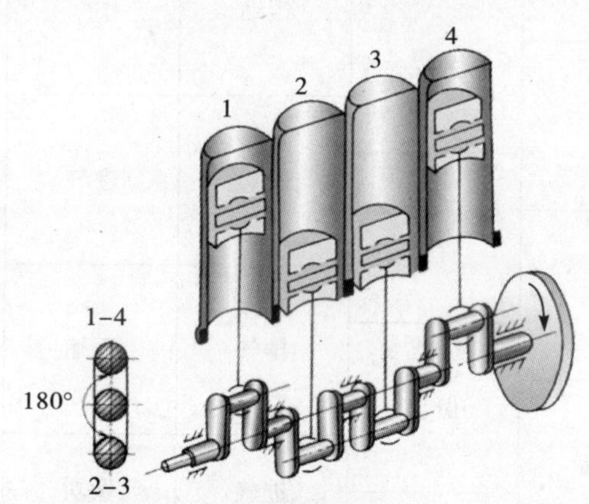

图 2-49　直列四缸发动机的曲拐布置

表 2-24　直列四缸机工作循环表（点火做功顺序：1—3—4—2）

曲轴转角	第一缸	第二缸	第三缸	第四缸
0°～180°	做功	排气	压缩	进气
180°～360°	排气	进气	做功	压缩
360°～540°	进气	压缩	排气	做功
540°～720°	压缩	做功	进气	排气

（2）直列六缸四行程发动机

四行程直列六缸发动机点火间隔角为 $720°/6=120°$，六个曲拐分别布置在三个平面内。国产汽车的六缸机常用点火顺序是 1—5—3—6—2—4，其曲拐布置见图 2-50，工作循环表如表 2-25；日本系列汽车常采用点火顺序为 1—4—2—6—3—5，其性能与前一种没有差别。

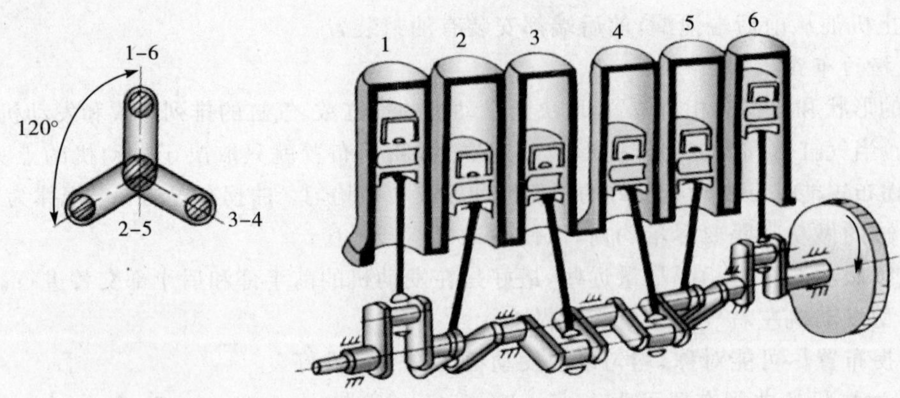

图 2-50 直列六缸发动机的曲拐布置

表 2-25 直列六缸机工作循环表(点火做功顺序:1—5—3—6—2—4)

<table>
<tr><th colspan="2">曲轴转角</th><th>第一缸</th><th>第二缸</th><th>第三缸</th><th>第四缸</th><th>第五缸</th><th>第六缸</th></tr>
<tr><td rowspan="3">0°～180°</td><td>60°</td><td rowspan="3">做功</td><td rowspan="2">排气</td><td>进气</td><td>做功</td><td rowspan="2">压缩</td><td rowspan="3">排气</td></tr>
<tr><td>120°</td><td rowspan="3">压缩</td><td rowspan="3">排气</td></tr>
<tr><td>180°</td><td rowspan="3">进气</td><td rowspan="3">做功</td></tr>
<tr><td rowspan="3">180°～360°</td><td>240°</td><td rowspan="3">排气</td><td rowspan="3">压缩</td></tr>
<tr><td>300°</td><td rowspan="3">做功</td><td rowspan="3">进气</td></tr>
<tr><td>360°</td><td rowspan="3">压缩</td><td rowspan="3">排气</td></tr>
<tr><td rowspan="3">360°～540°</td><td>420°</td><td rowspan="3">进气</td><td rowspan="3">做功</td></tr>
<tr><td>480°</td><td rowspan="3">排气</td><td rowspan="3">压缩</td></tr>
<tr><td>540°</td><td rowspan="3">做功</td><td rowspan="3">进气</td></tr>
<tr><td rowspan="3">540°～720°</td><td>600°</td><td rowspan="3">压缩</td><td rowspan="3">排气</td></tr>
<tr><td>660°</td><td rowspan="2">进气</td><td rowspan="2">做功</td></tr>
<tr><td>720°</td><td>排气</td><td>压缩</td></tr>
</table>

(3) V8 四行程发动机

四行程 V 型八缸发动机的点火间隔角为 720°/8=90°。V 型发动机左右两列活塞对应的一对连杆共用一个曲拐,所以 V 型八缸发动机只有四个曲拐。曲拐布置可以与四缸发动机相同,四个曲拐布置在同一平面内,也可以布置在两个互相错开 90°的平面内,见图 2-51。点火顺序为 1—8—4—3—6—5—7—2,其工作循环表如表 2-26所示。

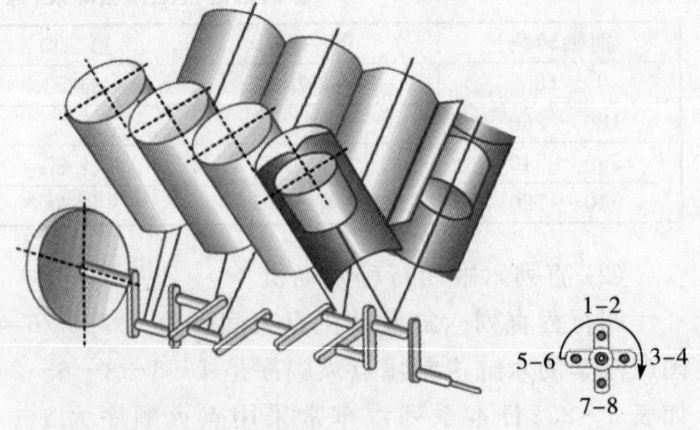

图 2-51 V8 缸发动机的曲拐布置

表 2-26　V8 缸发动机工作循环表(点火做功顺序:1—8—4—3—6—5—7—2)

<table>
<tr><th colspan="2">曲轴转角</th><th>第一缸</th><th>第二缸</th><th>第三缸</th><th>第四缸</th><th>第五缸</th><th>第六缸</th><th>第七缸</th><th>第八缸</th></tr>
<tr><td rowspan="2">0°～180°</td><td>90°</td><td rowspan="2">做功</td><td>做功</td><td>进气</td><td rowspan="2">压缩</td><td>排气</td><td rowspan="2">进气</td><td rowspan="2">排气</td><td>压缩</td></tr>
<tr><td>180°</td><td rowspan="2">排气</td><td rowspan="2">压缩</td><td rowspan="2">进气</td><td rowspan="2">做功</td></tr>
<tr><td rowspan="2">180°～360°</td><td>270°</td><td rowspan="2">排气</td><td rowspan="2">做功</td><td rowspan="2">压缩</td><td rowspan="2">进气</td></tr>
<tr><td>360°</td><td rowspan="2">进气</td><td rowspan="2">做功</td><td rowspan="2">压缩</td><td rowspan="2">排气</td></tr>
<tr><td rowspan="2">360°～540°</td><td>450°</td><td rowspan="2">进气</td><td rowspan="2">排气</td><td rowspan="2">做功</td><td rowspan="2">压缩</td></tr>
<tr><td>540°</td><td rowspan="2">压缩</td><td rowspan="2">排气</td><td rowspan="2">做功</td><td rowspan="2">进气</td></tr>
<tr><td rowspan="2">540°～720°</td><td>630°</td><td rowspan="2">压缩</td><td rowspan="2">进气</td><td rowspan="2">排气</td><td rowspan="2">做功</td></tr>
<tr><td>720°</td><td>做功</td><td>进气</td><td>排气</td><td>压缩</td></tr>
</table>

2. 曲轴主轴承

曲轴主轴承(俗称大瓦)装于主轴承座孔中,将曲轴支承在发动机的机体上。主轴承的结构与连杆轴承相同,如图 2-52 所示。为了向连杆轴承输送润滑油,在主轴承上都开有周向油槽和通油孔。有些负荷不大的发动机,为了通用化,上、下两半轴瓦上都制有油槽,有些发动机只在上轴瓦开油槽和通油孔,而负荷较重的下轴瓦不开油槽。在相应的主轴颈上开径向通孔,这样,主轴承便能不间断地向连杆轴承供给润滑油。

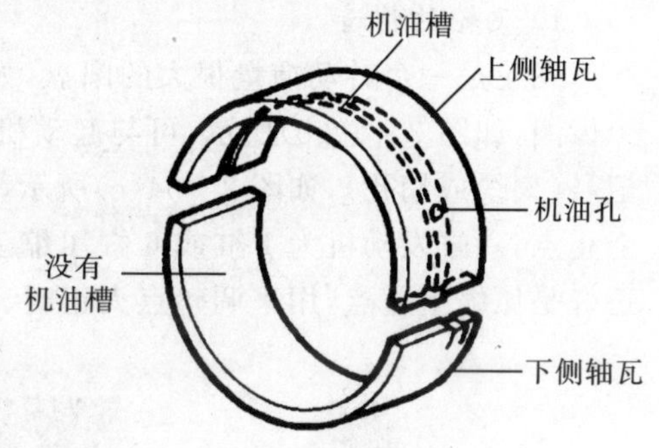

图 2-52　主轴承结构

注意:后一种主轴瓦上、下片不能互换,否则主轴承的来油通道将被堵塞。

3. 曲轴扭转减振器

发动机运转时,由于飞轮的惯性很大,可以看作是等速转动。而各缸气体压力和往复运动件的惯性力是周期性地作用在曲轴连杆轴颈上,给曲轴一个周期性变化的扭转外力,使曲轴发生忽快忽慢的转动,从而形成曲轴对于飞轮的扭转摆动,即曲轴的扭转振动。当激力频率与曲轴的自振频率成整数倍关系时,曲轴扭转振动便因共振而加剧,从而引起功率损失、正时齿轮或链条磨损增加,严重时甚至会将曲轴扭断。为了消减曲轴的扭转振动,有的发动机在曲轴前端装有扭转减振器。

常用的扭转减振器有橡胶式、摩擦式和黏液(硅油)式等数种。橡胶式扭转减振器如图 2-53所示。它将减振器圆盘用螺栓与曲轴带轮及轮毂紧固在一起,橡胶层与圆盘及惯性盘硫化在一起。当曲轴发生扭转振动时,力图保持等速转动的惯性盘便使橡胶层发生内摩擦,从而消除了扭转振动的能量,避免扭振。

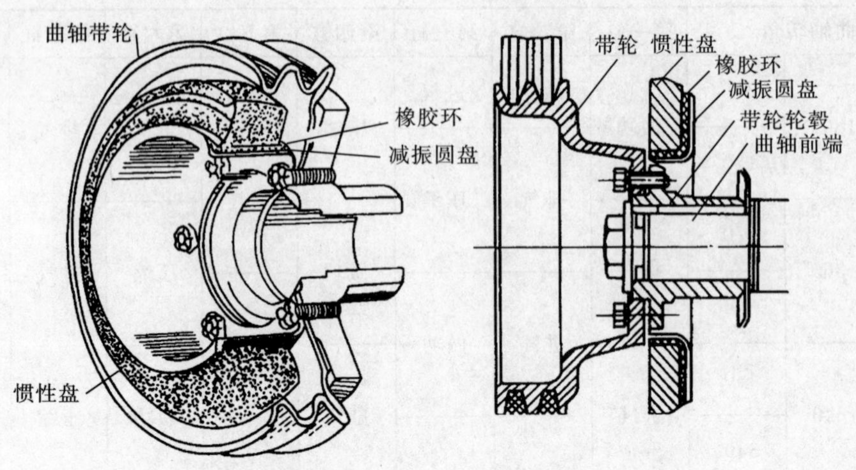

图 2-53 橡胶式扭转减振器

4. 飞轮

飞轮的主要作用是贮存做功行程时所获得的能量，以克服进气、压缩和排气三个辅助行程的阻力，使曲轴运转平稳；在起动机带动下起动发动机；安装离合器，以输出发动机的动力。

1）飞轮的构造

飞轮是一个转动惯量很大的圆盘，如图 2-54(a)所示，多用灰铸铁制造，外缘上压有一个齿圈，如图 2-54(b)所示，可与起动机的齿轮啮合，供起动发动机用。在飞轮轮缘上做有记号(刻线或销孔)，如图 2-54(c)所示，供找压缩上止点用(四缸发动机为 1 缸或 4 缸压缩上止点，六缸发动机为 1 缸或 6 缸压缩上止点)。当飞轮上的记号与外壳上的记号对正时，正好是压缩上止点，用来调整点火正时、喷油正时或配气正时。

(a) 整体结构

(b) 起动齿圈

(c) 上止点标记

图 2-54 飞轮的构造

2）安装要求

(1) 飞轮是高速旋转件，因此要进行精确的平衡校准。平衡性能要好，达到静平衡和动平衡。

(2) 飞轮与曲轴在制造时一起进行过动平衡试验，在拆装时，为了不破坏它们之间的平衡关系，飞轮与曲轴之间应有严格不变的相对位置，通过定位销或不对称布置的螺栓予以保证。

(二)曲轴飞轮的检修

1. 曲轴的维修

1)曲轴磨损的检修

曲轴的损伤形式主要有磨损、变形、裂纹甚至断裂。

磨损主要发生在曲轴主轴颈和连杆轴颈的部位,且磨损是不均匀的,有一定规律性。主轴颈和连杆轴颈径向最大磨损部位相互对应,即各主轴颈的最大磨损靠近连杆轴颈一侧;而连杆轴颈的最大磨损部位在主轴颈一侧。另外,曲轴轴颈沿轴向还有锥形磨损,与连杆轴颈油道的油流相背的一侧磨损严重。各轴颈不同方向的磨损,导致主轴颈同轴度破坏,容易造成曲轴断裂。

变形的方式主要是弯曲和扭曲,是由于使用和修理不当造成的。如发动机在爆震和超负荷等条件下工作,个别气缸不工作或工作不均衡,各道主轴承松紧度不一致等,都会造成曲轴承载后的弯曲变形。扭曲变形主要是烧瓦和个别活塞卡缸造成的。

裂纹多发生在曲柄与轴颈之间的过渡圆角处以及油孔处,多由应力集中引起。前者是横向裂纹,危害极大,严重时造成曲轴断裂;后者为轴向裂纹,沿斜置油孔的锐边轴向发展,必要时也应更换曲轴。

(1) 轴颈磨损的检验

曲轴轴颈磨损情况的检验,主要是用外径千分尺测量轴颈的直径、圆度误差和圆柱度误差。一般根据圆柱度误差确定轴颈是否需要修磨,同时也可确定修理尺寸。

测量通常是按磨损规律进行,先在轴颈磨损最大的部位测量,找出最小直径,然后在轴颈磨损最小的部位测量,找到最大直径。主轴颈和连杆轴颈磨损后,其圆度、圆柱度误差超出标准要求时(如桑塔纳 2000 型发动机曲轴主轴颈和连杆轴颈的圆度、圆柱度误差的磨损极限为 0.02mm),应进行曲轴的光磨修理。

(2) 轴颈的修磨

发动机大修时,对轴颈磨损已超过规定的曲轴,可用修理尺寸法对曲轴主轴颈、连杆轴颈进行光磨修理,同名轴颈必须为同级修理尺寸,以便选择统一的轴承,其修理尺寸查阅相关车型的维修手册。

2)曲轴弯曲变形的检修

(1) 弯曲变形的检验

检验曲轴弯曲变形应以两端主轴颈的公共轴线为基准,检查中间主轴颈的径向圆跳动误差,如图 2-55 所示。检验时,将曲轴两端主轴颈分别放置在检验平板的 V 形块上,将百分表触头垂直地抵在中间主轴颈上,慢慢转动曲轴一圈,百分表指针所指示的最大读数与最小读数之差,即为中间主轴颈的径向圆跳动误差值。

(2) 弯曲变形的校正

曲轴的径向圆跳动误差不得大于 0.15 mm,否则应进行校正。

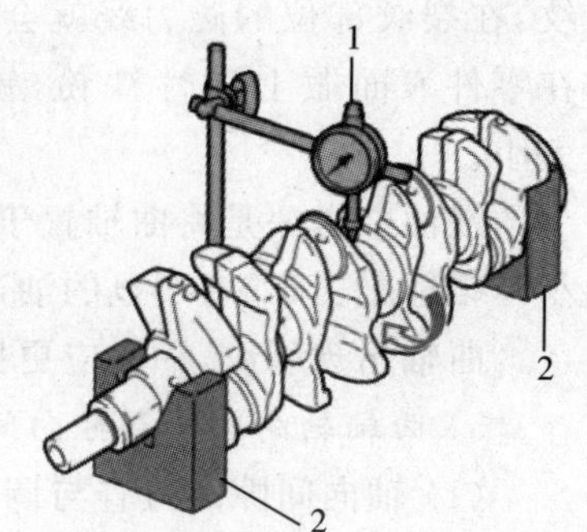

图 2-55　曲轴弯曲变形检测

1—外径千分尺;2—V 形块

曲轴弯曲变形的校正,一般采用冷压校正法或敲击校正法。当变形量不大时,可采用敲击校正法,见图 2-56(b)。即用锤子敲击曲柄边缘的非工作表面，使被敲击表面产生塑性残余变形，达到校正弯曲的目的。冷压校正法是将曲轴用V形铁架住两端主轴颈，用油压机沿曲轴弯曲相反方向加压，如图2-56(a)所示。由于钢质曲轴的弹性作用，压弯量应为曲轴弯曲量的10～15倍，并保持2～4 min，为减小弹性后效作用，最好采用人工时效法消除。

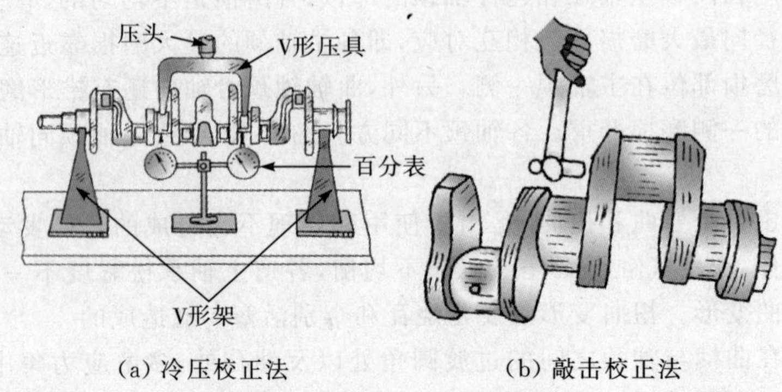

(a) 冷压校正法　　(b) 敲击校正法

图2-56　曲轴弯曲变形的校正

3) 曲轴扭曲变形的检修

(1) 扭曲变形的检验

曲轴扭曲变形检验的支撑方法和弯曲检验一样，将曲轴两端主轴颈分别放置在检验平板的V形块上，保持曲轴水平，使两端同一曲柄平面内的两个连杆轴颈位于水平位置，用百分表测量两轴颈最高点至平板的高度差ΔA，据此求得曲轴主轴线的扭曲角θ：

$$\theta=\frac{360\Delta A}{2\pi R}=\frac{57\Delta A}{R}$$

式中，R为曲柄半径，单位取mm。

(2) 扭曲变形的校正

曲轴扭曲变形量一般很小，可直接在曲轴磨床上结合对连杆轴颈磨削时予以修正。

4) 曲轴裂纹的检修

裂纹的检验方法有磁力探伤法和浸油敲击法。

磁力探伤的原理是：当磁力线通过被检验的零件时，零件被磁化。如果零件表面有裂纹，在裂纹部位的磁力线就会因裂纹不导磁而被中断，使磁力线偏散而形成磁极。此时，在零件表面撒上磁性铁粉，铁粉便被磁化而吸附在裂纹处，从而显现出裂纹的部位和大小。

浸油敲击法是将曲轴置于煤油中浸一会，取出后擦净表面煤油并撒上白粉，然后分段用小锤轻轻敲击，如有明显的油迹出现，则表明该处有裂纹。

曲轴出现裂纹，一般应更换曲轴。

5) 曲轴轴向间隙和径向间隙的检查与调整

(1) 轴向间隙的检查与调整

为了适应发动机机件正常工作的需要，曲轴必须留有合适的轴向间隙。轴向间隙过小，会使机件因受热膨胀而卡死；轴向间隙过大，曲轴工作时将产生轴向窜动，加速气缸的磨损，活塞连杆组也会不正常磨损，还会影响配气相位和离合器的正常工作。因此，曲轴装到气缸体上之后，应检查其轴向间隙。

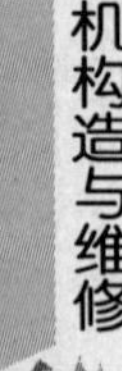

曲轴轴向间隙的检查可采用百分表或塞尺进行。检查时，将曲轴装入缸体轴承座，将百分表触头顶在曲轴平衡重上，用撬棒前后撬动曲轴，观察表针摆动数值，指针的最大摆差即为曲轴轴向间隙，如图 2－57(a)所示。或者用撬棒将曲轴撬向一端，再用塞尺检查止推轴承和曲轴止推面之间的间隙，即为曲轴轴向间隙，如图 2－57(b)所示。

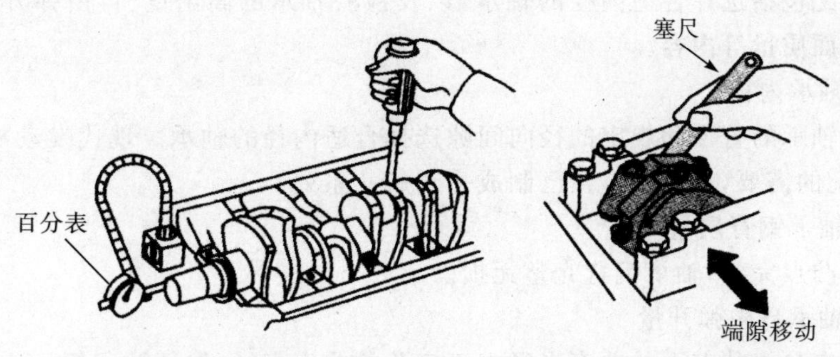

(a) 百分表检测曲轴轴向间隙　　(b) 塞尺检测曲轴轴向间隙

图 2－57　曲轴轴向间隙检测

轴向间隙应符合规定，桑塔纳 2000GSi 轿车 AJR 发动机曲轴的轴向间隙为 0.07～0.17 mm。轴向间隙过小或过大时，应更换不同厚度的止推垫片进行调整。常见车型轴向间隙值标准见表 2－27。

表 2－27　常见车型曲轴轴向间隙值

项目 \ 标准 \ 发动机型号		桑塔纳	CA6120	EQ6120 EQ6100－1	BJ492Q
轴向间隙 (mm)	原厂规定	0.07～0.17	0.15～0.342	0.06～0.27	0.06～0.25
	大修标准			0.06～0.20	0.06～0.25
	使用限度	0.25		0.35	

(2) 径向间隙的检查与调整

曲轴的径向也必须留有适当间隙，因为轴承的适当润滑和冷却取决于曲轴径向间隙的大小。曲轴径向间隙过小会使阻力增大，加重磨损，使轴瓦划伤；曲轴径向间隙太大，曲轴会上下敲击，并使润滑油压力降低，曲轴表面过热并与轴瓦烧熔到一起。曲轴的径向间隙可用塑料间隙塞尺检查，如图 2－58 所示。

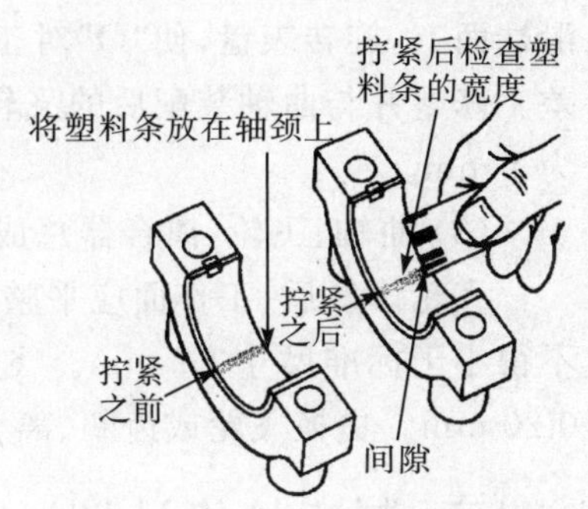

图 2－58　曲轴径向间隙检测

首先清洁曲轴主轴颈、连杆轴颈、轴瓦和轴承盖，将塑料间隙塞尺(或软金属丝)放置在曲轴轴颈上(不要将油孔盖住)，盖上轴承盖并按规定扭力拧紧螺栓。注意：不要转动曲轴。然后取下轴承盖和塑料间隙塞尺，用被压扁的塑料间隙塞尺和间隙条宽度相对照，查得间隙规定宽度。

2. 曲轴轴承的检修与选配

曲轴轴承在工作中会发生磨损、合金层疲劳剥落和粘着咬死等；轴承的径向间隙的使用限度超限后，因轴承对机油流动阻尼能力减弱，可使主油道压力降低而破坏轴承的正常润滑。发生上述情况应更换轴承。发动机总成修理时，也应更换全部轴承。

轴承的选配包括选择合适内径的轴承，以及检验轴承的高出量、自由弹开量、定位凸点和轴承钢背表面质量等内容。

(1) 选择轴承内径

根据曲轴轴承的直径和规定的径向间隙选择合适内径的轴承。现代发动机曲轴轴承制造时，根据选配的需要，其内径直径已制成一个尺寸系列。

(2) 检验轴承钢背质量

要求定位凸点完整，轴承钢背光整无损。

(3) 检验轴承自由弹开量

要求轴承在自由状态下的曲率半径大于座孔的曲率半径，保证轴承压入座孔后，可借轴承自身的弹力作用与轴承座贴合紧密。

(4) 检验轴承的高出量

轴承装入座孔内，上、下两片的每端均应高出轴承座平面 0.03～0.05 mm，称为高出量。轴承高出座孔，可以保证轴承与座孔紧密贴合，提高散热效果。

3. 飞轮的检修

飞轮常见的损伤形式主要是齿圈磨损、打坏、松动、端面打毛；飞轮与离合器摩擦片接触的工作面磨损、起槽、刮痕等。

(1) 更换齿圈

飞轮齿圈有断齿或齿端冲击耗损，与起动机齿轮啮合状况发生变化时，应更换齿圈或飞轮组件。齿圈与飞轮配合过盈为 0.30～0.60 mm，更换时，应先将齿圈加热至 623～673 K，再进行热压配合。

(2) 修整飞轮工作平面

飞轮工作平面有严重烧灼或磨损沟槽深度超过 0.50 mm 或飞轮端面圆跳动误差超过 0.50 mm 时，应进行光磨修整。

飞轮端面圆跳动误差的检查方法是：将百分表架装在飞轮壳上，表的量头靠在飞轮的光滑端面上，旋转表盘，使“O”对正指针，转动飞轮一圈，百分表的读数差，即为端面圆跳动误差。修整并与曲轴装配后的飞轮端面圆跳动误差不得大于 0.15 mm，飞轮厚度极限减薄量为 1 mm。

(3) 曲轴、飞轮、离合器总成组装后进行动平衡试验

飞轮修复后，工作面应平整、无裂痕，其平面度误差应小于 0.10 mm。飞轮的厚度一般不得小于标准尺寸 1.2 mm。飞轮与曲轴组装后，飞轮平面对曲轴轴线的端面全跳动应小于 0.20 mm。更换飞轮或齿圈、离合器压盘或总成之后，都应重新进行组件的动平衡试验。

三、制定检修计划

制定发动机曲轴飞轮组检修计划如表 2-28 所示。

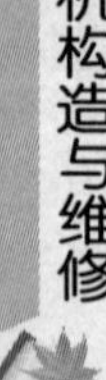

表 2-28 发动机曲轴飞轮组检修计划

<table>
<tr><td colspan="3">1. 查阅资料，学习汽车发动机曲轴飞轮组结构信息和检修作业注意事项。
2. 查阅维修手册，熟悉发动机曲轴飞轮组整体检修步骤，制定汽车发动机曲轴飞轮组检修计划。</td></tr>
<tr><td rowspan="2">1. 车辆发动机类型信息描述</td><td>车辆描述：</td><td></td></tr>
<tr><td>发动机类型信息描述：</td><td></td></tr>
<tr><td>2. 汽车发动机曲轴飞轮组检修作业注意事项描述</td><td colspan="2">1. 要严格按照规则使用工量具。
2. 修理后的标准数据一定要符合原厂标准。
3. 检修时要注意保护好零部件。
4. 拆卸曲轴主轴承盖时，注意拆卸顺序；安装曲轴主轴承盖时，应先旋紧第 2、4、6 轴承盖螺栓，再旋紧第 1、3、5 轴承盖螺栓。
5. 安装飞轮时，齿圈上的标记与 1 或 4 缸连杆轴颈在同一个方向上。</td></tr>
<tr><td>3. 发动机曲轴飞轮组信息描述</td><td colspan="2">2
1
1. ________ 2. ________</td></tr>
<tr><td>4. 发动机曲轴飞轮组检修描述</td><td colspan="2"></td></tr>
<tr><td>5. 发动机曲轴飞轮组检修计划</td><td colspan="2">1. 分解工具的准备。
2. 分解步骤的确定。
3. 分解作业安全事项的学习。</td></tr>
</table>

四、实施检修作业

汽车发动机曲轴飞轮组检修作业具体实施如表 2-29 所示。

表 2-29　发动机曲轴飞轮组检修作业

<table>
<tr><td colspan="4">1. 学习汽车发动机曲轴飞轮组检修作业安全事项。
2. 会正确对汽车发动机曲轴飞轮组进行检修作业。</td></tr>
<tr><td rowspan="2">1. 车辆信息描述</td><td colspan="2">车辆描述：</td><td></td></tr>
<tr><td colspan="2">车辆发动机类型描述：</td><td></td></tr>
<tr><td>2. 汽车曲轴飞轮组检修计划描述</td><td colspan="3"></td></tr>
<tr><td>3. 汽车发动机曲轴飞轮组检修作业安全事项学习</td><td colspan="3">1. 学习实验室工作规则，树立安全第一的理念，避免产生人身和设备事故。
2. 注意机、工、量具的正确使用。实训前检查工具车物品是否齐全，机具、量具是否完好，实训结束后填写设备使用单。
3. 需调整的部位，应按出厂技术参数或技术规程规定的数据进行调整。
4. 注意拧紧螺母、螺栓的顺序（一般情况用手将全部螺栓拧入后，再用扳手逐个预紧，最后依次拧紧，拆卸时顺序与之相反，要求相同），有规定力矩要求的，必须用扭力扳手拧紧。
5. 飞轮质量较大，拆装时，两位同学稳住飞轮，拆卸后，抬到相应的零件架上。
6. 注意防火、防水。</td></tr>
<tr><td colspan="4">4. 汽车发动机曲轴飞轮组检修作业</td></tr>
<tr><td>项目</td><td>工具类型</td><td>量　程</td><td>工具选择</td></tr>
<tr><td>检修工量具设备的选用</td><td>1. 塞尺。
2. 百分表。
3. 外径千分尺。
4. 木锤。
5. 起子。</td><td>1. 塞尺长度常用有 100 mm、150 mm、200 mm、300 mm 四种规格。
2. 磁性座百分表的最小单位为 1 mm。
3. 千分尺最小单位为 0.01 mm，量程有 0～25 mm、25～50 mm、50～75 mm、75～100 mm 和 100～125 mm 等。</td><td>1. 选用的塞尺为：________
2. 选用的磁性座百分表为：________
3. 选用的千分尺为：________</td></tr>
</table>

续表

	作业项目	技术标准	检查记录
检修步骤	1. 曲轴的检修。 (1) 轴颈磨损的检验； (2) 弯曲变形的检验； (3) 扭曲变形的检验； (4) 曲轴裂纹的检验； (5) 轴向间隙的检测。 2. 曲轴轴承的检修。 (1) 轴承内径选择； (2) 轴承钢背质量检验； (3) 轴承自由弹开量检验； (4) 轴承高出量检验。 3. 飞轮的检修。 (1) 齿圈检验； (2) 飞轮工作平面检验； (3) 曲轴、飞轮、离合器总成动平衡试验。	1. 曲轴的检修。 (1) 轴颈磨损操作标准： 主轴颈和连杆轴颈磨损后，其圆度、圆柱度误差超出标准要求时(如桑塔纳 2000 型发动机曲轴主轴颈和连杆轴颈的圆度、圆柱度误差的磨损极限为 0.02 mm)，应进行曲轴的光磨修理。 (2) 曲轴弯曲变形操作标准： 检验曲轴弯曲变形应以两端主轴颈的公共轴线为基准，检查中间主轴颈的径向圆跳动误差，曲轴的径向圆跳动误差不得大于 0.15 mm，否则应进行校正。 (3) 曲轴扭曲变形操作标准： 曲轴扭曲变形量一般很小，可直接在曲轴磨床上结合对连杆轴颈磨削时予以修正。 (4) 曲轴裂纹的操作标准： 裂纹的检验方法有磁力探伤法和浸油敲击法。曲轴一旦出现裂纹，应进行更换。 (5) 曲轴轴向间隙调整操作标准： 轴向间隙应符合规定，桑塔纳 2000GSi 轿车 AJR 发动机曲轴的轴向间隙为 0.07～0.17 mm，轴向间隙过小或过大时，应更换不同厚度的止推垫片进行调整。 2. 曲轴轴承的检修。 (1) 选择轴承内径技术标准： 根据曲轴轴承的直径和规定的径向间隙选择合适内径的轴承，并从内径直径尺寸系列中选择。 (2) 检验轴承钢背质量技术标准： 要求定位凸点完整，轴承钢背光整无损。 (3) 检验轴承自由弹开量技术标准： 要求轴承在自由状态下的曲率半径大于座孔的曲率半径，保证轴承压入座孔后，可借轴承自身的弹力作用与轴承座贴合紧密。	1. 曲轴的检修。 (1)轴颈磨损量： ________ (2) 弯曲变形径向圆跳动误差： ________ (3) 曲轴扭曲变形量： ________ (4) 曲轴是否出现裂纹： ________ (5) 曲轴轴向间隙量： ________ 2. 曲轴轴承的检修。 (1) 轴承内径等级标准： ________ (2) 轴承钢背是否完好： ________ (3) 轴承自由弹开量是否良好： ________ (4) 轴承的高出量： ________ 3. 飞轮的检修。 (1) 是否更换齿圈： ________ (2) 飞轮端面圆跳动误差： ________ (3) 曲轴、飞轮、离合器总成是否满足动平衡： ________

续表

	作业项目	技术标准	检查记录
检修步骤		(4) 检验轴承高出量技术标准： 轴承装入座孔内，上、下两片的每端均应高出轴承座平面 0.03～0.05 mm。 3. 飞轮的检修。 (1) 更换齿圈技术标准： 飞轮齿圈有断齿或齿端冲击耗损，与起动机齿轮啮合状况发生变化时，应更换齿圈或飞轮组件。齿圈与飞轮配合过盈为 0.30～0.60 mm，更换时，应先将齿圈加热至 623～673 K，再进行热压配合。 (2) 修整飞轮工作平面技术标准： 飞轮工作平面有严重烧灼或磨损沟槽深度超过 0.50 mm 或飞轮端面圆跳动误差超过 0.50 mm 时，应进行光磨修整。飞轮修复后，工作面应平整、无裂痕，其平面度误差应小于 0.10 mm。飞轮的厚度一般不得小于标准尺寸 1.2 mm。 (3) 飞轮与曲轴组装后，飞轮平面对曲轴轴线的端面全跳动应小于 0.20 mm。更换飞轮或齿圈、离合器压盘或总成之后，都应重新进行组件的动平衡试验。	
5. 检修作业完成后的收获与感想			

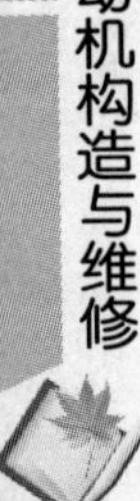

五、检验评估

任务四的检验评估如表 2-30 所示。

表 2-30　检验评估

<table>
<tr><td colspan="2">评价指标</td><td>检验说明</td><td colspan="4">检验记录</td></tr>
<tr><td colspan="2">维护检查项目</td><td>1. 拆解工具设备是否损坏
2. 飞轮是否损坏
3. 曲轴是否变形，轴瓦是否刮损
4. 主轴颈、连杆轴颈是否变形或磨损</td><td colspan="4"></td></tr>
<tr><td colspan="2">汽车发动机曲轴飞轮组检修过程情况</td><td colspan="5"></td></tr>
<tr><td>评价内容</td><td colspan="2">检验指标</td><td>权重</td><td>自评</td><td>互评</td><td>总评</td></tr>
<tr><td rowspan="3">检查任务完成情况</td><td colspan="2">1. 完成任务过程情况</td><td rowspan="3">4</td><td rowspan="3"></td><td rowspan="3"></td><td rowspan="3"></td></tr>
<tr><td colspan="2">2. 任务完成质量</td></tr>
<tr><td colspan="2">3. 在小组完成任务过程中所起作用</td></tr>
<tr><td rowspan="3">专业知识和专业技能</td><td colspan="2">1. 能说出发动机曲轴飞轮组的作用</td><td rowspan="3">8</td><td rowspan="3"></td><td rowspan="3"></td><td rowspan="3"></td></tr>
<tr><td colspan="2">2. 能描述汽车发动机曲轴飞轮组的组成</td></tr>
<tr><td colspan="2">3. 能正确地选择和使用工具，分解发动机曲轴飞轮组</td></tr>
<tr><td rowspan="3">职业素养</td><td colspan="2">1. 学习态度：积极主动参与学习</td><td rowspan="3">3</td><td rowspan="3"></td><td rowspan="3"></td><td rowspan="3"></td></tr>
<tr><td colspan="2">2. 团队合作：与小组成员一起分工合作，不影响学习进度</td></tr>
<tr><td colspan="2">3. 现场管理：服从工位安排，执行实训室“5S”管理规定</td></tr>
<tr><td>综合评价与建议</td><td colspan="6"></td></tr>
</table>

任务五　曲柄连杆机构的拆装和常见故障诊断、排除

任务描述

一辆桑塔纳 2000 轿车运行 8 万公里后，发动机异响，有金属敲击声，发动机的动力性下降，加速性能下降，严重丧失工作能力。针对维修接待和车间确认意见，需对曲柄连杆机构进行拆装和故障诊断。

任务目标

1. 能正确地选择和使用维修工具，拆卸和装配曲柄连杆机构。
2. 学会曲柄连杆机构常见故障的诊断与排除。

一、维修接待

按照表 2-31 完成待修车辆的维修接待，并准确填写接车问诊表。

表 2-31　维修接待与接车问诊表

1. 通过询问客户了解发动机发生故障情况，填写接车问诊表。
2. 车间检测初步确认需对曲柄连杆机构进行检修及更换主要故障零部件。

接 车 问 诊 表

车牌号：＿＿＿＿＿＿＿　车架号：＿＿＿＿＿＿＿＿＿　行驶里程：＿＿＿＿＿＿＿(km)

用户名：＿＿＿＿＿＿＿　电　话：＿＿＿＿＿＿＿＿＿　来店时间：＿＿＿＿＿＿＿

用户陈述及故障发生时的状况：一辆桑塔纳 2000 轿车运行 8 万公里后，发动机异响，有金属敲击声，发动机的动力性下降，加速性能下降，严重丧失工作能力。

故障发生状况提示：行驶速度、发动机状态、发生频度、发生时间、部位、天气、路面状况、声音描述。

接车员检测确认建议：需对发动机曲柄连杆机构进行综合修理。

车间检测确认结果及主要故障零部件：需对发动机曲柄连杆机构进行综合修理，必要时更换故障零部件。

车间检查确认者：＿＿＿＿＿＿

外观确认：(请在有缺陷部位做标识)

功能确认：(工作正常√　不正常×)

□音响系统　□门锁(防盗器)　□全车灯光

□工具　□后视镜　□天窗　□座椅

□点烟器　□玻璃升降器　□玻璃

物品确认：(有√　无×)

F　E

□贵重物品提示

□工具　□备胎　□灭火器

□其他(　　　　)

旧件是否交还用户

□是　□否

用户是否需要洗车

□是　□否

· 检测费说明：本次检测的故障如用户在本店维修，检测费包含在修理费用内；如用户不在本店维修，请支付检测费。本次检测费：¥＿＿＿＿元。

· 贵重物品：在将车辆交给我店检查修理前，已提示将车内贵重物品自行收起并保存好，如有遗失恕不负责。

接车员：＿＿＿＿＿＿＿＿　用户确认：＿＿＿＿＿＿＿＿

二、信息收集与处理

按表 2-32 完成任务五的信息收集与处理。

表 2-32　信息收集与处理

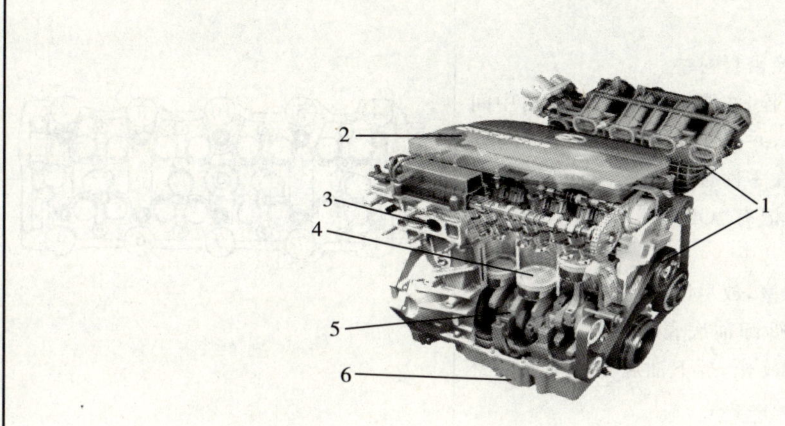

序号	部件名称	作　用
1		
2		
3		
4		
5		
6		

1. 曲柄连杆机构的主要拆卸步骤：________________。
2. 曲柄连杆机构常见故障：________________。

(一)曲柄连杆机构拆卸和装配步骤

机体组的拆卸和装配步骤如表 2-33 所示。

表 2-33　机体组的拆卸和装配步骤

项目	拆卸步骤	图　示
机体组的拆卸步骤	1. 将实训一拆除附件的发动机，固定在试验台架上。 2. 拆卸气缸盖罩，更换密封衬垫。 3. 拆下气缸盖固定螺栓，注意螺栓应从两端向中间交叉旋松（见右图例），并分 3 次卸下螺栓。 4. 抬下气缸盖，轻放在零件台架上。 5. 取下气缸衬垫，标记有“OPEN”、“TOP”的一面朝上。 6. 旋松油底壳放油螺塞，放尽油底壳内的机油。 7. 翻转发动机倒置，拆卸油底壳固定螺栓，注意螺栓也应从两端向中间旋松，拆下油底壳和油底壳密封垫。 8. 旋松机油滤清器固定螺栓，拆卸机油滤清器、机油泵链轮和机油泵。	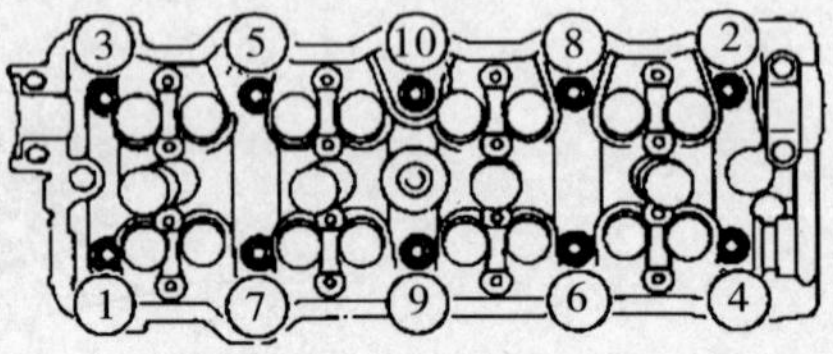
清洗	清除发动机零部件上的所有油泥和污垢，刮除气缸、气缸盖及活塞积碳。	
	装配步骤	技术标准及要求
机体组的安装步骤	1. 将经过清洗和擦拭干净的零件依次摆放整齐，准备装配。 2. 安装机油滤清器、机油泵。 3. 安装油底壳衬垫，安装油底壳。 4. 安装气缸盖，其螺栓应从中间向两端分次、交叉拧紧。 5. 安装气缸盖罩及装复发动机的外部附件。	1. 曲轴带轮紧固螺栓拧紧力矩为 20 N·m。 2. 在拧紧气缸盖螺栓时，应从中间向两端分次、交叉拧紧；不同发动机要求不同，可根据维修手册规定操作。 3. 气缸衬垫安装时，标有“OPEN”或“TOP”标记向上放置。

活塞连杆组的拆卸和装配步骤如表 2-34 所示。

表 2-34 活塞连杆组拆卸和装配步骤

<table>
<tr><td>项目</td><td>拆卸步骤</td><td>图 示</td></tr>
<tr><td>活塞连杆组的拆卸步骤</td><td>1. 先根据机体组的拆卸步骤，拆开机体组。
2. 将活塞连杆组件从机体组中拆下。
(1) 转动曲轴，使发动机 1、4 缸活塞处于下止点。
(2) 分别拆卸 1、4 缸连杆的紧固螺母，取下连杆轴承盖，注意连杆配对记号，并按顺序放好。
(3) 用橡胶锤或锤子木柄分别推出 1、4 缸的活塞连杆组件，用手在气缸出口接住并取出活塞连杆组件，注意活塞安装方向。
(4) 将连杆轴承盖，连杆螺栓、螺母按原位置装回，不同缸的连杆不能互相调换。
(5) 用同样方法拆卸 2、3 缸的活塞连杆组。
3. 活塞连杆组的分解。
(1) 用活塞环装卸钳拆下活塞环，具体操作见图例，观察活塞环上的标记，“TOP”朝向活塞顶。
(2) 将活塞连杆组浸入 60 ℃热水中，并在受热状态下拆下活塞销卡簧、活塞销和活塞。</td><td></td></tr>
<tr><td>清洗</td><td colspan="2">在专用油池中清洗发动机零部件，尤其是活塞连杆组件的活塞、活塞销、活塞环、轴瓦等，并用压缩空气吹干。</td></tr>
<tr><td></td><td>装配顺序</td><td>技术标准及要求</td></tr>
<tr><td>活塞连杆组的安装步骤</td><td>1. 活塞连杆组的装配。
(1) 安装活塞、活塞销与销座时有点紧，可以把活塞在水中加热到 60 ℃(即略比手烫，但长时间接触也不觉烫手)，此时用大拇指应可压入，否则即为部件配合不符合要求。
(2) 装上活塞销卡簧。
(3) 安装活塞环。第 1、2 道环是气环，第 3 道是油环，要用活塞环装卸钳依次装好，“TOP”朝向活塞顶部。
2. 将活塞连杆组件装入气缸。
(1) 将第 1 缸曲柄转到下止点位置，取第 1 缸的活塞连杆总成，在连杆轴瓦片、活塞环处加注少许机油，转动各环使润滑油进入环槽，并检验各环开口是否处于规定方位。
(2) 用夹具收紧各环，按活塞顶箭头方向将活塞连杆总成从气缸顶部放入气缸内，用手引导连杆使其对准曲轴轴颈，用木棰柄将活塞推入。
(3) 取第 1 缸的连杆轴承盖(带有轴瓦)，使标记朝前装在连杆上，并按规定力矩交替拧紧连杆螺母。
(4) 依同样方法，将其余各缸活塞连杆组件装入相应气缸。
(5) 活塞连杆组装配完后，应检查活塞在气缸中是否有偏缸现象。如果有偏缸，说明活塞连杆组在修配中各零件公差不符合规定，应查明原因，妥善处理。
3. 根据机体组的装配步骤，复原机体组。</td><td>1. 拆卸、安装活塞时一定要注意各缸记号，若无记号必须做标记。
2. 安装活塞销时要用专用工具或加热到 60 ℃进行。
3. 活塞销挡圈开口要与活塞销孔上的缺口错开。
4. 3 道环的开口要错开。
5. 连杆螺栓为预应力螺栓，拧紧力矩为 M9x1：45 N·m；M8x1：30 N·m。当力矩达不到规定时应更换螺栓。</td></tr>
</table>

曲轴飞轮组拆卸和装配步骤如表 2－35 所示。

表 2－35　曲轴飞轮组拆卸和装配步骤

项目	拆卸步骤	图　示
曲轴飞轮组的拆卸步骤	1. 先根据机体组的拆卸步骤，拆开机体组。再按活塞连杆组拆卸步骤拆下活塞连杆组。 2. 拆卸中间轴，拆卸皮带盘端曲轴油封，拆卸前油封凸缘及衬垫。 3. 旋松飞轮紧固螺栓，拆卸飞轮。飞轮比较重，拆卸时注意安全。 4. 拆卸曲轴前端和后端密封凸缘及油封。 5. 按要求从两端到中间依次旋松曲轴主轴承盖紧固螺栓，并注意主轴承盖的装配记号与朝向，不同缸的主轴承盖及轴瓦不能互相调换。 6. 抬下曲轴，再将主轴承盖及垫片按原位装回，并将固定螺钉拧入少许。注意曲轴推力轴承的定位及开口的安装方向。	
清洗	在专用油池中清洗发动机零部件，曲轴飞轮组的曲轴、轴瓦、轴承、止推轴承等部件。	
	装配顺序	技术标准及要求
曲轴飞轮组的安装步骤	按照发动机拆卸的相反顺序安装所有零部件。 1. 将经过清洗和擦拭干净的曲轴、飞轮，选配及修配好的轴承、轴承盖等零件依次摆放整齐，准备装配。 2. 将曲轴安装在缸体上。在第 3 道主轴颈两侧安装半圆止推垫片，其开口必须朝向曲轴。定位半圆止推垫片装于轴承盖上(注意：轴承盖按 J—5 序号安装，不得装错和装反。1、2、4、5 道曲轴瓦，只有装在缸体上的轴瓦有油槽，装在瓦盖上的无油槽；但第 3 道轴瓦两片均有油槽)；从中间轴承盖向左右对称紧固螺栓。 3. 安装曲轴前后油封和油封座，安装飞轮和滚针轴承，新换飞轮时，还应在飞轮“O”标记(1、4 缸上止点记号)附近打印上点火正时记号。变速器输入端外端的滚针轴承安装时标记朝外(朝后)，外端距曲轴后端面 1.5 mm。 4. 检验曲轴的轴向间隙。检验时，先用撬棍将曲轴撬挤向一端，再用厚薄规在止推轴承处测量曲柄与止推垫片之间的间隙。新装配时间隙值为 0.07～0.17 mm，磨损极限为 0.25 mm。如曲轴轴向间隙过大，应更换止推轴承。 5. 根据活塞连杆组、机体组安装步骤安装活塞连杆组、复原机体组。	1. 曲轴主轴承盖螺栓拧紧力矩为 65 N·m。 2. 曲轴后端滚针轴承有标记的一面应朝外；滚针轴承应低于曲轴后端面 1.5 mm。 3. 安装飞轮时，齿圈上的标记与 1 缸连杆轴颈在同一个方向上。飞轮紧固螺栓按对角线，分 2～3 次旋紧，拧紧力矩为 75 N·m。 4. 注意曲轴与飞轮的相对位置。

(二) 曲柄连杆机构常见故障诊断与排除

1. 曲轴主轴承响

1) 现象

(1) 发动机稳定运转时声响不明显，发动机突然加速时会发出沉重而有力的“镗、镗”或

“刚、刚、刚”的金属敲击声，严重时机体发生很大振动。

(2) 响声随发动机转速的提高而增大，随负荷的增加而增强，产生响声的部位是在缸体下部的曲轴箱内。

(3) 机油压力明显下降。

2) 原因

(1) 主轴承盖固定螺栓松动。

(2) 主轴承减磨合金烧毁或脱落。

(3) 主轴承和轴颈磨损过甚、轴向止推装置磨损过甚，造成径向和轴向间隙过大。

(4) 曲轴弯曲。

(5) 机油压力太低或机油变质。

3) 故障诊断与排除

曲轴主轴承响诊断流程如图 2-59 所示。

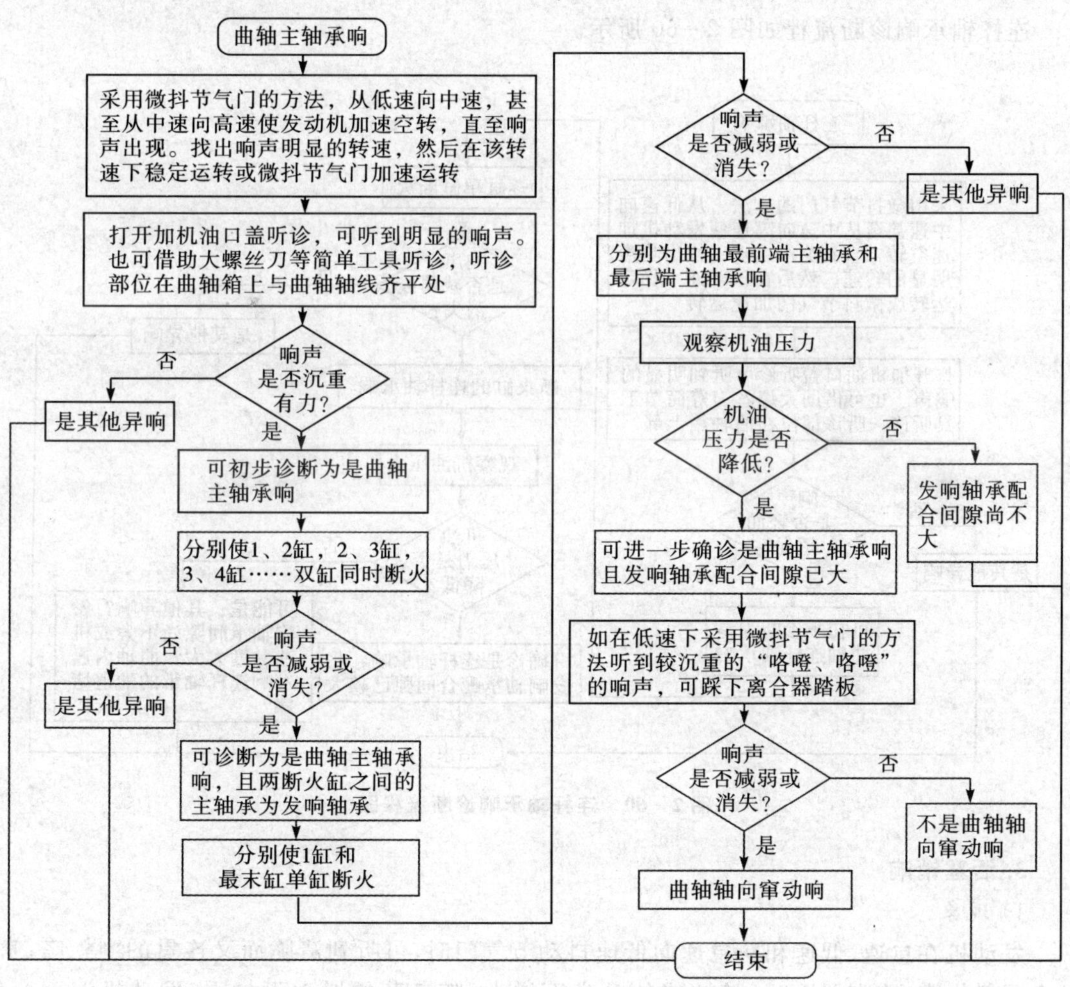

图 2-59 曲轴主轴承响诊断流程图

2. 连杆轴承响

1）现象

当发动机突然加速时，有“铛、铛、铛”连续明显、轻而短促的金属敲击声，是连杆轴承响的主要特征；轴承严重松旷时，怠速运转也能听到明显的响声，使机油压力降低；发动机温度变化时，响声不变化；发动机负荷变化时，响声随负荷增加而加剧；单缸断火，响声明显减弱或消失，但复火时又能立即出现，即具有所谓响声“上缸”现象。

2）原因

(1) 连杆轴承或轴颈磨损，使配合间隙过大或配合不良。

(2) 油压过低或机油变质，或连杆轴承油道堵塞，致使润滑不良。

(3) 连杆轴承盖螺栓松动或折断。

(4) 连杆轴承尺寸不符，引起转动或断裂。

(5) 连杆轴承减摩合金脱落或烧毁。

3）故障诊断与排除

连杆轴承响诊断流程如图 2-60 所示。

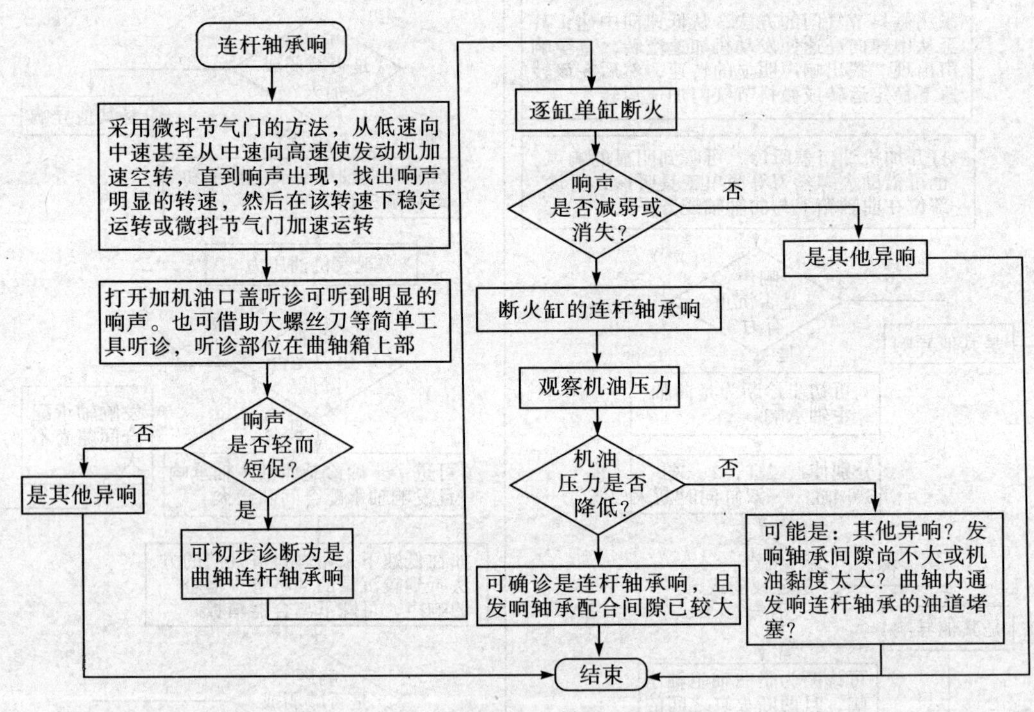

图 2-60　连杆轴承响诊断流程图

3. 活塞销响

1）现象

发动机在怠速、低速和从怠速向低速抖动节气门时，可听到清脆而又连贯的“嗒、嗒、嗒”的金属敲击声；响声严重时，随转速的升高而增大，随负荷的增大而加重；发动机温度变化时，对响声稍有影响或影响不大；机油压力不降低；单缸断火时响声明显减弱或消失，复火瞬间响声又出现或连续出现两个响声。

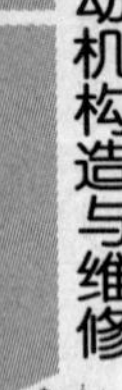

2）原因

(1) 活塞销与连杆小头衬套配合松旷。

(2) 衬套与连杆小头承孔配合松旷。

(3) 活塞销与活塞上的销座孔配合松旷。

(4) 卡环松旷、脱落。

(5) 润滑不良等。

(6) 活塞销断裂。

3）故障诊断与排除

活塞销响诊断流程如图 2-61 所示。

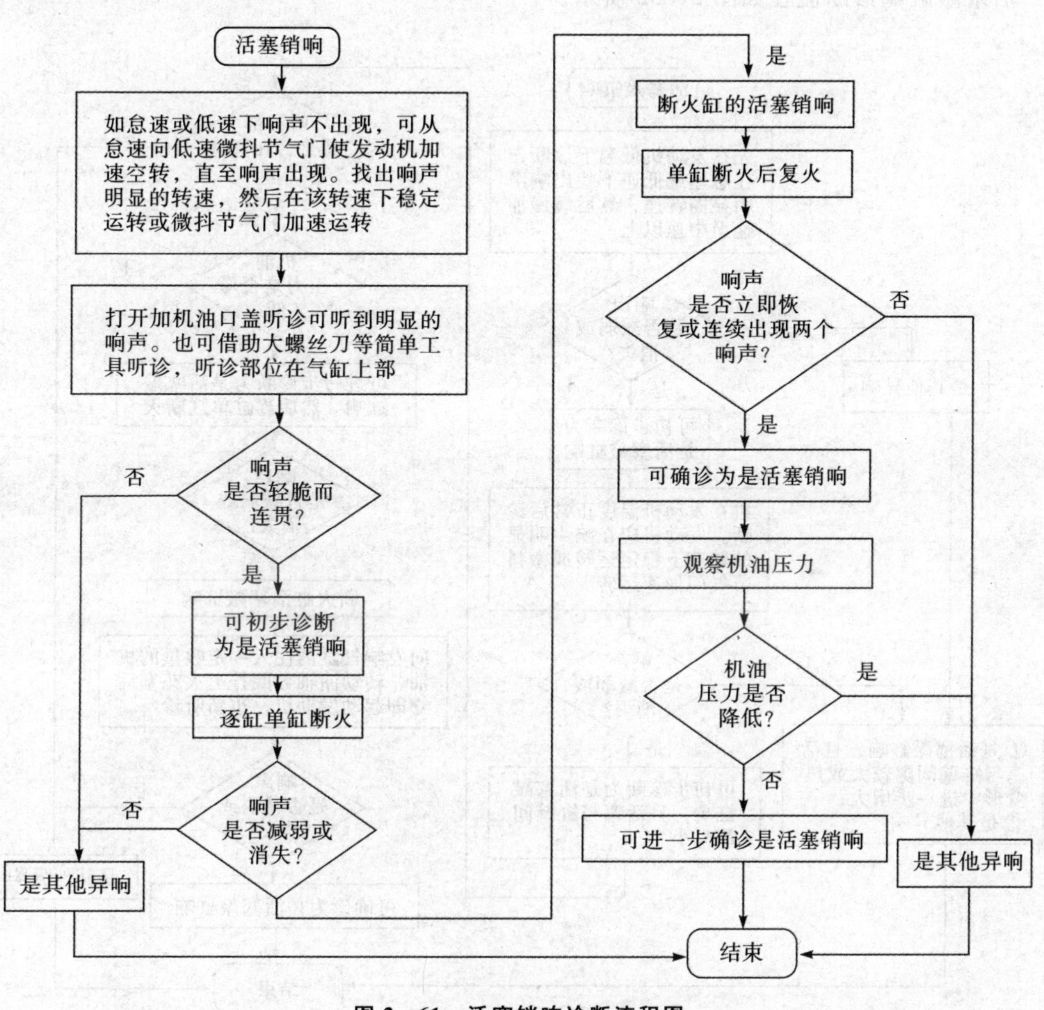

图 2-61 活塞销响诊断流程图

4. 活塞敲缸响

1）现象

发动机在怠速或低速运转时，在气缸的上部发出清晰而明显的“嗒、嗒、嗒”的金属敲击声，而中速以上运转时响声减弱或消失；发动机温度变化时响声亦变化，多数情况下响声冷车时明显，热车时减弱或消失，但个别原因造成的活塞敲缸响反而在温度升高后加重；响声严重时，负荷愈大响声也愈大，但机油压力不降低。

2）原因

(1) 活塞与气缸壁配合间隙太大。

(2) 活塞与气缸壁间润滑状况变坏。

(3) 活塞销与活塞上销座孔装配过紧。

(4) 活塞销与连杆小头衬套装配过紧。

(5) 连杆轴承装配过紧。

(6) 连杆弯曲。

3）故障诊断与排除

活塞敲缸响诊断流程如图 2-62 所示。

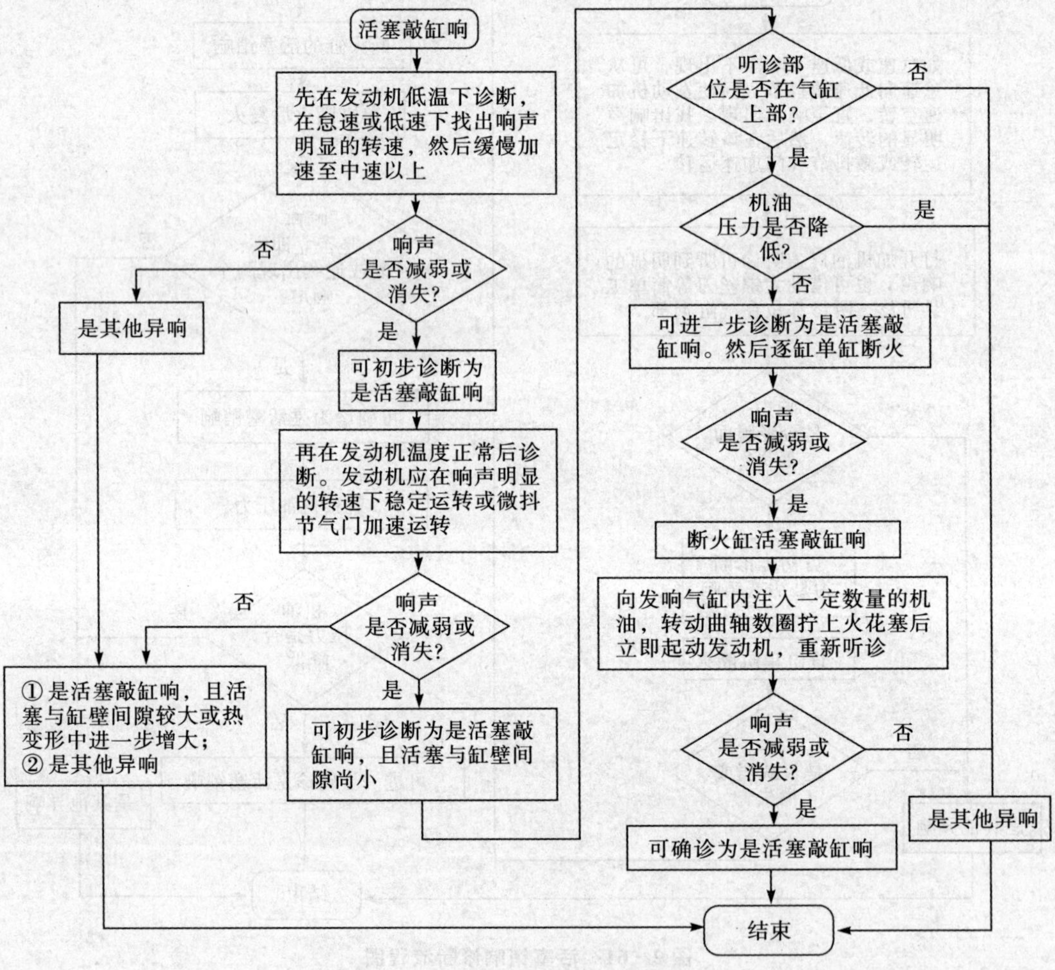

活塞敲缸响
先在发动机低温下诊断，在怠速或低速下找出响声明显的转速，然后缓慢加速至中速以上
响声是否减弱或消失？
否：是其他异响
是：可初步诊断为是活塞敲缸响
再在发动机温度正常后诊断。发动机应在响声明显的转速下稳定运转或微抖节气门加速运转
响声是否减弱或消失？
否：①是活塞敲缸响，且活塞与缸壁间隙较大或热变形中进一步增大；②是其他异响
是：可初步诊断为是活塞敲缸响，且活塞与缸壁间隙尚小
听诊部位是否在气缸上部？
否：是其他异响
是：机油压力是否降低？
是：是其他异响
否：可进一步诊断为是活塞敲缸响。然后逐缸单缸断火
响声是否减弱或消失？
是：断火缸活塞敲缸响
向发响气缸内注入一定数量的机油，转动曲轴数圈拧上火花塞后立即起动发动机，重新听诊
响声是否减弱或消失？
否：是其他异响
是：可确诊为是活塞敲缸响
结束

图 2-62 活塞敲缸响诊断流程图

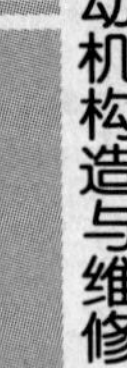

三、制定拆装和诊断计划

制定发动机曲柄连杆机构拆装和诊断计划如表 2-36 所示。

表 2-36　曲柄连杆机构拆装和诊断计划

<table>
<tr><td colspan="3">1. 查阅资料，学习发动机曲柄连杆机构拆卸常用工具及使用方法。
2. 查阅维修手册，熟悉汽车发动机曲柄连杆机构拆装注意事项和拆装步骤，制定拆检计划。</td></tr>
<tr><td rowspan="2">1. 车辆发动机类型信息描述</td><td>车辆描述：</td><td></td></tr>
<tr><td>车辆发动机类型描述：</td><td></td></tr>
<tr><td>2. 汽车发动机曲柄连杆机构拆装作业注意事项描述</td><td colspan="2">1. 曲轴带轮紧固螺栓拧紧力矩为 20 N·m。
2. 拆下气缸盖，其螺栓应从两端向中间分次、交叉拧松。
3. 气缸盖在拧紧气缸盖螺栓时，应从中间向两端分次、交叉拧紧。拧紧分四次来进行：第一次 40 N·m，第二次 60 N·m，第三次 75 N·m，第四次旋紧 90 N·m。
4. 观察气缸衬垫的安装方向，“OPEN”或“TOP”标记向上安装。
5. 拆卸、安装活塞时一定要注意各缸记号，若无记号必须做标记。
6. 安装活塞销时要用专用工具或加热到 60 ℃进行。
7. 活塞销挡圈开口要与活塞销孔上的缺口错开。
8. 3 道环的开口要错开。
9. 连杆螺栓为预应力螺栓，拧紧力矩为 M9x1：45 N·m；M8x1：30 N·m。
10. 曲轴主轴承盖螺栓拧紧力矩为 65 N·m。
11. 曲轴后端滚针轴承有标记的一面应朝外；滚针轴承应低于曲轴后端面 1.5 mm。
12. 安装飞轮时，齿圈上的标记与 1 缸连杆轴颈在同一个方向上。飞轮紧固螺栓按对角线分 2～3 次旋紧，拧紧力矩为 75 N·m。
13. 注意曲轴与飞轮的相对安装位置。</td></tr>
<tr><td>3. 发动机曲柄连杆机构拆装步骤描述</td><td colspan="2"></td></tr>
<tr><td>4. 汽车发动机曲柄连杆机构拆检计划</td><td colspan="2">1. 拆装工具的准备。
2. 拆装步骤的确定。
3. 拆装作业安全事项的学习。</td></tr>
</table>

四、实施拆装和诊断作业

汽车发动机曲柄连杆机构拆装和诊断作业具体实施如表 2-37 所示。

表 2-37　曲柄连杆机构拆装和诊断作业

<table>
<tr><td colspan="3">1. 学习汽车发动机曲柄连杆机构拆装作业安全事项。
2. 能正确对汽车发动机曲柄连杆机构进行拆装。</td></tr>
<tr><td rowspan="2">1. 车辆信息描述</td><td colspan="2">车辆描述：</td></tr>
<tr><td colspan="2">车辆发动机类型描述：</td></tr>
<tr><td>2. 汽车发动机曲柄连杆机构拆装计划描述</td><td colspan="2"></td></tr>
<tr><td>3. 汽车发动机曲柄连杆机构拆装作业安全事项学习</td><td colspan="2">1. 学习实验室工作规则，树立安全第一的理念，避免产生人身和设备事故。
2. 注意机、工、量具的正确使用。实训前检查工具车物品是否齐全，机具、量具是否完好，发现问题(包括实训前、实训中、实训后)及时汇报。实训结束后填写设备使用单。
3. 严格按技术规范、操作工艺要求进行拆装。首先考虑使用专用工具，再考虑使用通用工具进行拆装。对于零部件，严禁敲打和散落在地。
4. 需调整的部位，应按出厂技术参数或技术规程规定的数据进行调整。
5. 注意拧紧螺钉、螺母、螺栓的顺序(一般情况用手将全部螺钉拧入后，再用扳手逐个预紧，最后依次拧紧，拆卸时顺序与之相反，要求相同)，有规定力矩要求的，必须用扭力扳手拧紧。
6. 拆装过程中注意发动机的稳定性，注意人身安全。
7. 注意防火、防水。</td></tr>
<tr><td colspan="3">4. 汽车发动机曲柄连杆机构拆装作业</td></tr>
<tr><td>选用工具</td><td>拆检工具</td><td>工具型号</td></tr>
<tr><td>拆装工具的选用</td><td>1. 扭力扳手。
2. 开口扳手。
3. 活动扳手。
4. 套筒扳手。
5. 梅花扳手。</td><td>1. 选用的扭力扳手为：
____
2. 选用的开口扳手为：
____
3. 选用的活动扳手为：
____
4. 选用的套筒扳手为：
____
5. 选用的梅花扳手为：
________</td></tr>
</table>

续表

检查项目	作业要领	检查记录
拆装顺序	1. 机体组拆除顺序。 (1) 根据本节内容,先拆除发动机附件。 (2) 拆除气缸盖罩。 (3) 拆除配气机构的凸轮轴及传动部件的固定螺栓,拆下气缸盖。 (4) 拆下油底壳。 2. 曲柄连杆机构拆除顺序。 (1) 从发动机油底壳端,旋松各缸连杆螺栓,拆除轴承盖。 (2) 从气缸盖端取出活塞连杆。 (3) 依次分解活塞与连杆。 3. 曲轴飞轮组拆除顺序。 (1) 旋松各轴颈螺栓,拆除主轴瓦。 (2) 从飞轮端取出曲轴飞轮组件。 (3) 旋松飞轮固定螺栓,分解下飞轮。 4. 安装顺序与拆除顺序相反,遵循"先拆的后装,后拆的先装"原则。	
故障检测与分析	1. 曲轴主轴承响。 2. 连杆轴承响。 3. 活塞销响。 4. 活塞敲缸响。	1. 曲轴主轴承是否异响: ________ 2. 连杆轴承是否异响: ________ 3. 活塞销是否异响: ________ 4. 活塞敲缸是否异响: ________
5. 拆装和故障检测与诊断作业完成后的收获与感想		

五、检验评估

任务五的检验评估如表 2-38 所示。

表 2－38　检验评估

<table>
<tr><th>评价指标</th><th>检验说明</th><th colspan="4">检验记录</th></tr>
<tr><td>维护检查项目</td><td>1. 拆装工具设备
2. 拆装过程，是否有零部件遗漏安装
3. 检查曲柄连杆机构异响</td><td colspan="4"></td></tr>
<tr><td>汽车发动机曲柄连杆机构的拆装过程情况</td><td colspan="5"></td></tr>
<tr><td>评价内容</td><td>检验指标</td><td>权重</td><td>自评</td><td>互评</td><td>总评</td></tr>
<tr><td rowspan="3">检查任务完成情况</td><td>1. 完成任务过程情况</td><td rowspan="3">4</td><td rowspan="3"></td><td rowspan="3"></td><td rowspan="8"></td></tr>
<tr><td>2. 任务完成质量</td></tr>
<tr><td>3. 在小组完成任务过程中所起作用</td></tr>
<tr><td rowspan="2">专业知识和专业技能</td><td>1. 能正确选择和使用维修工具，拆装曲柄连杆机构</td><td rowspan="2">8</td><td rowspan="2"></td><td rowspan="2"></td></tr>
<tr><td>2. 懂得曲柄连杆机构故障诊断与排除</td></tr>
<tr><td rowspan="3">职业素养</td><td>1. 学习态度：积极主动参与学习</td><td rowspan="3">3</td><td rowspan="3"></td><td rowspan="3"></td></tr>
<tr><td>2. 团队合作：与小组成员一起分工合作</td></tr>
<tr><td>3. 现场管理：服从工位安排，执行实训室“5S”管理规定</td></tr>
<tr><td>综合评价与建议</td><td colspan="5"></td></tr>
</table>

项目思考

1. 简述曲柄连杆机构的组成和功用。
2. 飞轮的功用是什么？
3. 简述气缸盖螺栓的拆装顺序。
4. 简述气、油环的功用。
5. 什么是活塞环三隙？如何测量？
6. 简述活塞的结构及各部分的功用。
7. 简述曲轴做动平衡的目的。
8. 干式缸套与湿式缸套有何区别？
9. 叙述气缸磨损的特点，气缸磨损测量的两个主要参数以及测量工具。
10. 叙述曲柄连杆机构故障诊断思路。
11. 分析活塞敲缸异响的现象、原因及诊断与排除。
12. 分析连杆轴承异响的现象、原因及诊断与排除。
13. 叙述活塞连杆组的组装步骤。

项目三

配气机构检修

项目描述

一辆桑塔纳 2000 汽车在行车过程中出现冒黑烟、回火、加速无力和气门异响等现象，进厂经检测后确认发动机需大修。

发动机大修中应如何对发动机配气机构进行检修？

项目目标

1. 能说出配气机构的结构。
2. 能正确地选择和使用维修工量具拆检气门组件。
3. 能正确地选择和使用维修工量具拆检气门传动组件。
4. 能进行配气机构的总体拆装、调整和故障诊断与排除。

任务一　配气机构结构认识

任务描述

一辆桑塔纳 2000 汽车在行车过程中出现冒黑烟、回火、加速无力和气门异响等现象，进厂进行维修。针对维修接待和车间确认意见，首先要熟悉配气机构的结构。

任务目标

1. 能理解和说出配气机构的作用、类型及组成。
2. 能正确地描述配气相位。

一、维修接待

按照表 3-1 完成待修车辆的维修接待，并准确填写接车问诊表。

表 3-1　维修接待与接车问诊表

<table>
<tr><td colspan="2">1. 通过询问客户了解发动机发生故障情况，填写接车问诊表。
2. 车间检测初步确认需对配气机构进行检修及更换其主要故障零部件。</td></tr>
<tr><td colspan="2">接 车 问 诊 表
车牌号：________ 车架号：________ 行驶里程：________(km)
用户名：________ 电　话：________ 来店时间：________</td></tr>
<tr><td colspan="2">用户陈述及故障发生时的状况：一辆桑塔纳 2000 汽车在行车过程中出现冒黑烟、回火、加速无力和气门异响等现象，进厂进行维修。针对维修接待和车间确认意见，需对气门组件进行检修。
故障发生状况提示：行驶速度、发动机状态、发生频率、发生时间、部位、天气、路面状况、声音描述。</td></tr>
<tr><td colspan="2">接车员检测确认建议：需对发动机配气机构进行综合修理。</td></tr>
<tr><td colspan="2">车间检测确认结果及主要故障零部件：需对发动机配气机构进行综合修理，必要时更换故障零部件。
车间检查确认者：________</td></tr>
<tr><td rowspan="2">外观确认：(请在有缺陷部位做标识)</td><td>功能确认：(工作正常√　不正常×)
□音响系统　□门锁(防盗器)　□全车灯光
□工具　□后视镜　□天窗　□座椅
□点烟器　□玻璃升降器　□玻璃</td></tr>
<tr><td>物品确认：(有√　无×)
F　E
□贵重物品提示
□工具　□备胎　□灭火器
□其他(　　　)
旧件是否交还用户
□是　□否
用户是否需要洗车
□是　□否</td></tr>
<tr><td colspan="2">· 检测费说明：本次检测的故障如用户在本店维修，检测费包含在修理费用内；如用户不在本店维修，请支付检测费。本次检测费：￥________元。
· 贵重物品：在将车辆交给我店检查修理前，已提示将车内贵重物品自行收起并保存好，如有遗失恕不负责。
接车员：________　用户确认：________</td></tr>
</table>

二、信息收集与处理

按表 3-2 完成任务一的信息收集与处理。

表 3-2 信息收集与处理

序号	部件名称	作　用
1		
2		
3		
4		
5		
6		
7		
8		
9		

1. 配气机构的作用：＿＿＿＿＿＿＿＿＿＿＿＿＿＿＿＿＿＿＿＿＿＿＿＿＿＿＿＿＿＿。

2. 配气机构的组成：＿＿＿＿＿＿＿＿＿＿＿和＿＿＿＿＿＿＿＿＿＿＿＿＿＿＿＿。

(一)配气机构的作用

配气机构是进、排气管道的控制机构，它按照气缸的工作顺序和各缸工作循环的要求，定时开启和关闭进、排气门，向气缸供给可燃混合气（汽油机）或新鲜空气（柴油机），并及时排出废气。另外，当进、排气门关闭时，保证气缸密封。四行程发动机都采用气门式配气机构。

(二)配气机构的分类与组成

1. 配气机构的分类

配气机构的分类如表 3-3 所示。

表 3-3　配气机构的分类

分　类	类　型	说　明	图　示
气门驱动形式	摇臂驱动式	凸轮轴推动液力挺柱，液力挺柱推动摇臂，摇臂再驱动气门；或凸轮轴直接驱动摇臂，摇臂驱动气门	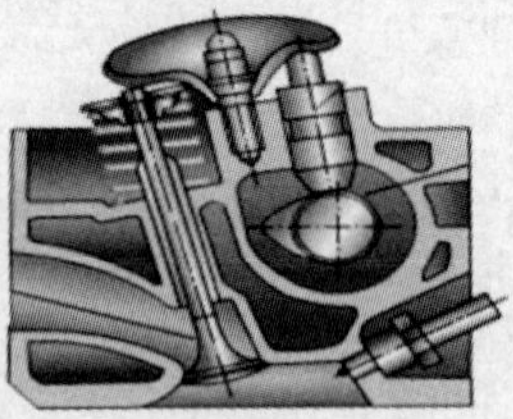
	摆臂驱动式	由于摆臂驱动气门的配气机构比摇臂驱动式刚度更好，更有利于高速发动机，因此在轿车发动机上的应用比较广泛。如 CA488、SH680Q、克莱斯勒 A452 等发动机采用单上置凸轮轴(SOHC)摆臂驱动式配气机构；而本田 B20A、尼桑 VH45DE 等发动机采用双上置凸轮轴(DOHC)摆臂驱动式配气机构	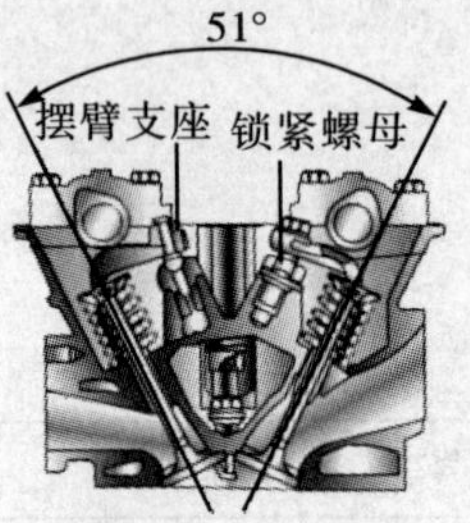 51° 摆臂支座 锁紧螺母
	直接驱动式	凸轮通过吊杯形机械挺柱驱动气门；或通过吊杯形液力挺柱驱动气门。与上述各种形式的配气机构相比，直接驱动式配气机构的刚度最大，驱动气门的能量损失最小，因此在轿车发动机上得到广泛的应用。如奥迪、捷达、桑塔纳、马自达 6、欧宝 V6 等均采用直接驱动式配气机构	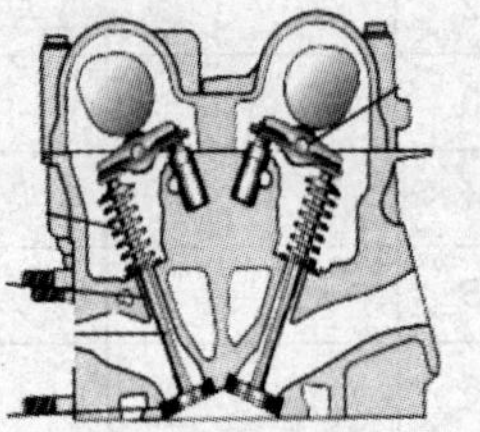
气门安装位置	气门顶置式	气门位于气缸盖上，称为气门顶置式配气机构。国产车发动机大都采用气门顶置式配气机构	
	气门侧置式	气门位于气缸体侧面，称为气门侧置式配气机构。已被淘汰	

续表

分类	类型	说明	图示
凸轮轴布置位置	凸轮轴下置式	凸轮轴位于气缸体的下部，主要缺点是气门和凸轮轴相距较远，因而气门传动零件较多，结构较复杂，发动机高度也有所增加	
	凸轮轴中置式	凸轮轴位于气缸体的中部，由凸轮轴经过挺柱直接驱动摇臂	
	凸轮轴上置式	凸轮轴布置在气缸盖上。凸轮轴上置式有两种结构，一种是凸轮轴直接通过摇臂来驱动气门；另一种是凸轮轴直接驱动气门或驱动液力挺柱带动气门	
凸轮轴与曲轴的传动方式	齿轮传动式	凸轮轴下置、中置的配气机构大多采用圆柱形正时齿轮传动	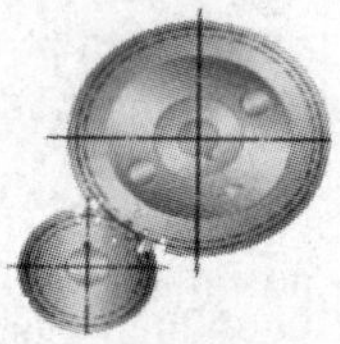
	链条传动式	链条与链轮的传动适用于凸轮轴上置的配气机构	
	齿带传动式	轿车发动机上广泛采用齿形皮带传动方式	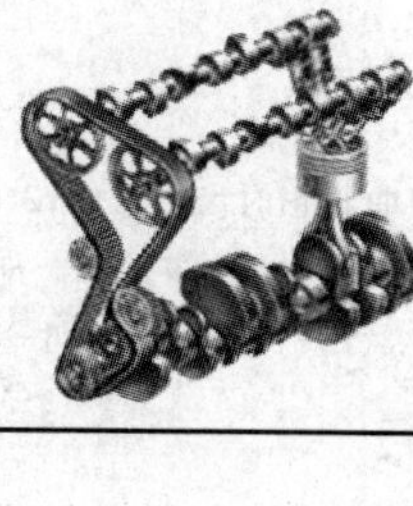

续表

分类	类型	说明	图示
每缸气门数	二气门式	一般发动机都采用每缸两个气门，即一个进气门和一个排气门的结构	二气门
	多气门式	很多新型汽车发动机上采用每缸四个气门结构，即两个进气门和两个排气门。也有采用三个或五个气门甚至更多气门的形式	四气门

2. 配气机构的组成

配气机构通常由气门组和气门传动组两部分组成。不同的配气机构气门组的组成相似，气门传动组的差异较大。如图 3－1 所示是凸轮轴上置式配气机构(桑塔纳 JV 型发动机)的组成。

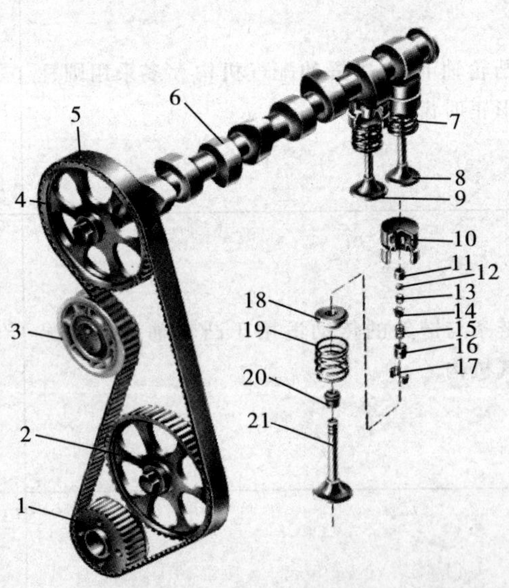

图 3－1　桑塔纳 JV 型发动机配气机构组成

1—曲轴正时齿形带轮；2—中间轴齿形带轮；3—张紧轮；4—凸轮轴正时齿形带轮；5—正时齿形带；6—凸轮轴；7—液力挺柱组件；8—排气门；9—进气门；10—挺柱体；11—柱塞；12—单向阀钢球；13—小弹簧；14—托架；15—回位弹簧；16—油缸；17—气门锁片；18—气门弹簧座；19—气门弹簧；20—气门油封；21—气门

(三)配气相位

以曲轴转角表示的进、排气门开闭时刻及其开启的持续时间称为配气相位。通常用环形图表示配气相位图(如图 3-2(c)所示)。

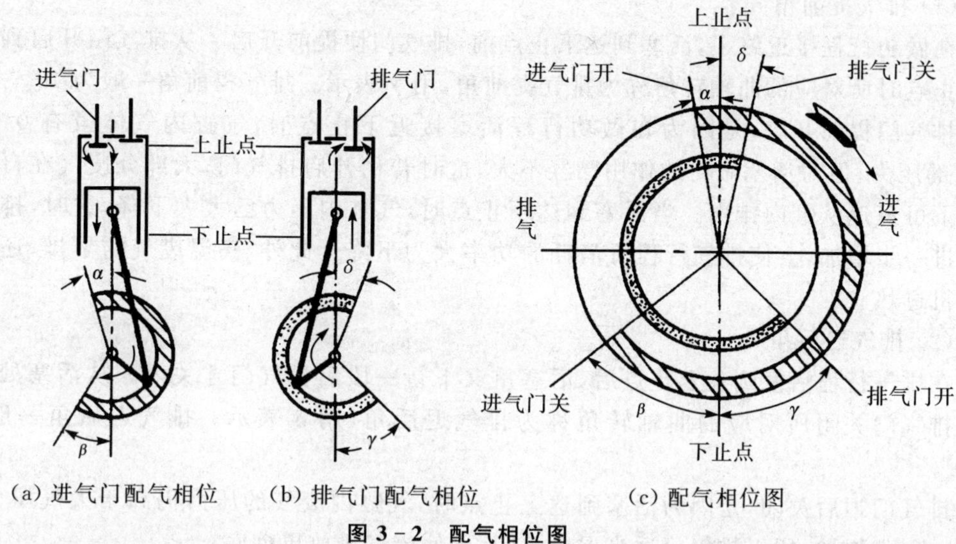

(a) 进气门配气相位　(b) 排气门配气相位　(c) 配气相位图

图 3-2　配气相位图

1. 理论上的配气相位分析

在前面讲述四行程发动机的工作原理时,为了便于理论分析,认为进气门在活塞处于上止点时开启,活塞运动到下止点时关闭;排气门在活塞处于下止点时开启,活塞运动到上止点时关闭。进、排气过程分别在活塞的一个行程内完成,即进气时间和排气时间各占 180°曲轴转角。但由于发动机的实际转速很高,活塞每一行程所用时间极短(如桑塔纳 AJR 发动机,转速在 5600 r/min 时,一个行程历时仅为 0.0054 s),这样短时间的进气或排气过程,导致发动机进气不充分,排气不彻底,使发动机的功率下降。

2. 实际的配气相位分析

现代汽车发动机为了使进气充分,排气彻底,除了从结构上进行改进外(如增大进、排气管道),气门的实际开启和关闭时刻并不恰好是活塞处在上、下止点的时刻,而是适当提前开启、延迟关闭,使气门持续开启过程对应的曲轴转角大于 180°,以延长进、排气的时间,改善进、排气状况,提高发动机的动力性。

1) 进气门配气相位

(1) 进气提前角

在排气行程接近终了,活塞到达上止点之前,进气门便开始开启。从进气门开启到活塞处于上止点所对应的曲轴转角称为进气提前角,用 α 表示。进气提前角一般为 10°~30°。

进气门提前开启,是为了保证进气行程开始时进气门能有较大的开度,以获得较大的进气通道截面,减小进气阻力,使进气顺畅。

(2) 进气迟后角

在进气行程活塞到达下止点后,活塞重又上行一段后进气门才关闭。从下止点到进气门关闭所对应的曲轴转角称为进气迟后角,用 β 表示。进气迟后角一般为 40°~60°。

进气门迟后关闭,是因为活塞到达下止点时,由于进气阻力的影响,气缸内的压力仍低于大气压力，在压缩行程开始阶段，活塞上移速度较慢的情况下，利用气流的惯性和压力差在进气迟后角内继续进气，有利于充气。

如图 3-2(a)所示，进气过程中，进气门开启的持续时间对应的曲轴转角为 $\alpha+180°+\beta$。

2) 排气门配气相位

(1) 排气提前角

在做功行程接近终了，活塞到达下止点前，排气门便提前开启。从排气门开启到活塞处于下止点时所对应的曲轴转角称为排气提前角，用 γ 表示。排气提前角一般为 40°～80°。

排气门提前开启，是因为在做功行程活塞接近下止点时，气缸内气体虽有 0.3～0.5 MPa 的压力，但对活塞做功的作用已经不大，这时若稍开启排气门，大部分废气在自身压力作用下可迅速从缸内排出。当活塞到达下止点时，气缸内压力已大大下降，这时，排气门的开度进一步增加，会使排气行程所消耗的功率大为下降。此外，高温废气的早排，还可防止发动机过热。

(2) 排气迟后角

在排气行程活塞到达上止点后，活塞重又下行一段后排气门才关闭。从活塞处于上止点到排气门关闭所对应的曲轴转角称为排气迟后角，用 δ 表示。排气迟后角一般为 10°～30°。

排气门迟后关闭，是因为活塞到达上止点时，气缸内废气的压力仍高于大气压力，且废气有一定的惯性，所以排气门适当迟后关闭，可使废气排放更彻底。

如图 3-2(b)所示，排气过程中，排气门开启的持续时间对应的曲轴转角为 $\gamma+180°+\delta$。

3) 气门叠开

进气门在活塞到达上止点前就开启，排气门在活塞到达上止点后才关闭，这就出现了活塞在上止点附近的一段时间内，同一气缸的进、排气门同时开启的现象，称为气门叠开。气门叠开时对应的曲轴转角称为气门叠开角，如图 3-2(c)所示，其值为 $\alpha+\delta$。

气门叠开的时间极短，在叠开期间进、排气门的开度均比较小，由于新鲜气流和废气流的流动惯性较大，在短时间内不会改变流向，因此，只要气门叠开角选择适当，废气就不会倒流入进气管，新鲜气体也不会随同废气排出。相反，进入气缸内的新鲜气体产生的排挤作用，有利于废气的排出。且气门叠开延长了进、排气门实际开启的时间，使进气更充分，排气更彻底。如果气门叠开角过大，当汽油机小负荷运转，进气管内压力很低时，就可能出现废气倒流，使进气量减少。

不同的发动机，由于结构形式和转速的不同，其配气相位不同。同一台发动机，其配气相位也随发动机转速的变化而变化。合理的配气相位是由制造厂家根据发动机的性能要求，通过反复试验来确定的。表 3-4 所列为常见汽车发动机的配气相位参数。

表 3-4　常见汽车发动机配气相位参数

汽车发动机型号		进气门		排气门		气门叠开角
车型	发动机型号	进气提前角 α	进气迟后角 β	排气提前角 γ	排气迟后角 δ	$(\alpha+\delta)$
解放 CA1091	CA6102	12°	48°	42°	18°	30°
东风 EQ1092	EQ6100－1	20°	56°	38.5°	20.5°	40.5°
夏利 TJ7100	TJ376Q	19°	51°	51°	19°	38°
上海桑塔纳	JV	1°	37°	42°	2°	3°
奥迪 100	JW	3°	41°	33°	5°	8°
红旗 CA7220	CA488－3	0°	56°	44°	8°	8°

三、制定分解计划

制定发动机配气机构分解计划如表 3-5 所示。

表 3-5　发动机配气机构分解计划

<table>
<tr><td colspan="2">1. 查阅资料，学习汽车发动机配气机构结构信息和汽车发动机配气机构分解作业注意事项。
2. 查阅维修手册，熟悉发动机配气机构整体分解步骤，制定汽车发动机配气机构分解计划。</td></tr>
<tr><td rowspan="2">1. 车辆发动机类型信息描述</td><td>车辆描述：</td></tr>
<tr><td>发动机类型信息描述：</td></tr>
<tr><td>2. 汽车发动机配气机构分解作业注意事项描述</td><td>1. 熟悉配气机构和机体零件的组成与结构特点及相互关系。
2. 拆装要点以及主要配合面的检查部位和测量方法。
3. 用专用工具拆卸气门弹簧，严禁在受弹簧力情况下取下锁片（因有可能崩飞弹簧座，发生危险）。
4. 拆卸凸轮轴轴承盖时，应遵守拆卸原则，从两端到中间，而且分 2～3 次拆卸。
5. 做好相应的记号和标记。</td></tr>
<tr><td>3. 发动机配气机构信息描述</td><td>1. ________　2. ________　3. ________
4. ________　5. ________　6. ________
7. ________</td></tr>
</table>

续表

4. 发动机配气机构分解描述	
5. 汽车发动机配气机构分解计划	1. 分解工具的准备。 2. 分解步骤的确定。 3. 分解作业安全事项的学习。

四、实施分解作业

汽车发动机配气机构分解作业具体实施如表 3-6 所示。

表 3-6　发动机配气机构分解作业

1. 学习汽车发动机配气机构分解作业安全事项。 2. 会正确对汽车发动机配气机构进行分解作业。		
1. 车辆信息描述	车辆描述：	
	车辆发动机类型描述：	
2. 汽车发动机配气机构分解计划描述		
3. 汽车发动机配气机构分解作业安全事项学习	1. 注意人身和机件的安全，不了解的先了解后再动手，特别是注意在车底下工作时的人身安全。 2. 注意工量具的正确使用。实训前检查工具车物品是否齐全，机具、量具是否完好，发现问题(包括实训前、实训中、实训后)及时汇报。 3. 严格按技术规范、操作工艺要求进行拆装。首先考虑使用专用工具，再考虑使用通用工具进行拆装。对于配合表面严禁敲打。 4. 在拆装机件时，应弄清是否为可拆部位，不能强行拆卸，拆下的零件应按一定顺序放置。 5. 需调整的部位，应按出厂技术参数或技术规程规定的数据进行调整。 6. 注意拧紧螺母、螺栓的顺序，有规定力矩要求的，必须用扭力扳手拧紧。 7. 认真接受实习前的安全知识教育，注意防火。	

续表

4.汽车发动机配气机构分解作业			
作业项目	作业要领	技术标准	检查记录
分解工具设备的选用	1. 扭力扳手。 2. 开口扳手。 3. 活动扳手。 4. 套筒扳手。	1. 扭力扳手常用有 294 N·m、490 N·m 两种。 2. 开口扳手开口的中心平面和本体中心平面成 15°角。 3. 活动扳手常用有 150 mm、300 mm 两种。 4. 常用套筒扳手的规格是 10～32 mm。	1. 选用的扭力扳手为： ________ 2. 选用的开口扳手为： ________ 3. 选用的活动扳手为： ________ 4. 选用的套筒扳手为： ________
分解步骤	1. 将前面任务中拆卸下来的发动机气缸盖进一步分解，分解前重新回顾一下已拆下的凸轮轴与相关传动部件的相互关系。 2. 取下吊杯式机械挺柱。 3. 用专用工具压下气门弹簧座，使其上部锁片不受弹簧力，将之取下。注意：严禁在受弹簧力情况下取下锁片，因有可能崩飞弹簧座，发生危险。 4. 卸去弹簧座所受的弹簧力。 5. 依次取下弹簧、油封、下弹簧座等部件。 6. 分析气门运动方式及其结构原理。 7. 观察之前拆下的凸轮轴各凸轮小端方向，分析点火顺序。 8. 观察各凸轮形状，掌握凸轮机构位移变化原理。 9. 观察正时齿轮正时标记，分析其作用。		1. 气门弹簧是否变形： ________ 2. 凸轮轴是否变形： ________ 3. 各个螺丝的状况： ________、 ________、 ________、 ________、 ________等
5. 分解作业完成后的收获与感想			

五、检验评估

任务一的检验评估如表 3-7 所示。

表 3-7　检验评估

评价指标	检验说明	检验记录
维护检查项目	1. 拆解工具设备 2. 检查气门弹簧是否变形 3. 检查凸轮轴是否变形	
汽车发动机配气机构分解过程情况		

评价内容	检验指标	权重	自评	互评	总评
检查任务完成情况	1. 完成任务过程情况	4			
	2. 任务完成质量				
	3. 在小组完成任务过程中所起作用				
专业知识和专业技能	1. 能说出发动机配气机构的作用	8			
	2. 能描述汽车发动机配气机构的分类和组成				
	3. 能描述汽车发动机的配气相位				
	4. 能正确地选择和使用工具，分解汽车发动机配气机构				
职业素养	1. 学习态度：积极主动参与学习	3			
	2. 团队合作：与小组成员一起分工合作，不影响学习进度				
	3. 现场管理：服从工位安排，执行实训室“5S”管理规定				
综合评价与建议					

任务二　气门组件结构认识和检修

任务描述

一辆桑塔纳 2000 汽车在行车过程中出现冒黑烟、回火、加速无力和气门异响等现象，进厂进行维修。针对维修接待和车间确认意见，需对气门组件进行检修。

任务目标

1. 能说出气门组件的结构、类型和作用。

2. 能正确地使用研磨工具对气门进行研磨。

3. 能正确地选择和使用维修工量具对气门组件进行检修。

一、维修接待

按照表 3-8 完成待修车辆的维修接待，并准确填写接车问诊表。

表 3-8　维修接待与接车问诊表

<table>
<tr><td colspan="2">1. 通过询问客户了解发动机发生故障情况，填写接车问诊表。
2. 车间检测初步确认需对发动机配气机构进行综合修理及更换其主要故障零部件。</td></tr>
<tr><td colspan="2">接 车 问 诊 表
车牌号：__________ 车架号：__________ 行驶里程：__________(km)
用户名：__________ 电　话：__________ 来店时间：__________</td></tr>
<tr><td colspan="2">用户陈述及故障发生时的状况：一辆桑塔纳 2000 汽车在行车过程中出现冒黑烟、回火、加速无力和气门异响等现象。
故障发生状况提示：行驶速度、发动机状态、发生频率、发生时间、部位、天气、路面状况、声音描述。</td></tr>
<tr><td colspan="2">接车员检测确认建议：需对发动机配气机构进行综合修理。</td></tr>
<tr><td colspan="2">车间检测确认结果及主要故障零部件：需对发动机配气机构进行综合修理，必要时更换故障零部件。
车间检查确认者：__________</td></tr>
<tr><td rowspan="2">外观确认：(请在有缺陷部位做标识)</td><td>功能确认：(工作正常√　不正常×)
□音响系统　□门锁(防盗器)　□全车灯光
□工具　□后视镜　□天窗　□座椅
□点烟器　□玻璃升降器　□玻璃</td></tr>
<tr><td>物品确认：(有√　无×)
F　E
□贵重物品提示
□工具　□备胎　□灭火器
□其他(　　　　)
旧件是否交还用户
□是　□否
用户是否需要洗车
□是　□否</td></tr>
<tr><td colspan="2">· 检测费说明：本次检测的故障如用户在本店维修，检测费包含在修理费用内；如用户不在本店维修，请支付检测费。本次检测费：￥________元。
· 贵重物品：在将车辆交给我店检查修理前，已提示将车内贵重物品自行收起并保存好，如有遗失恕不负责。
接车员：__________　　用户确认：__________</td></tr>
</table>

二、信息收集与处理

按表 3－9 完成任务二的信息收集与处理。

表 3－9　信息收集与处理

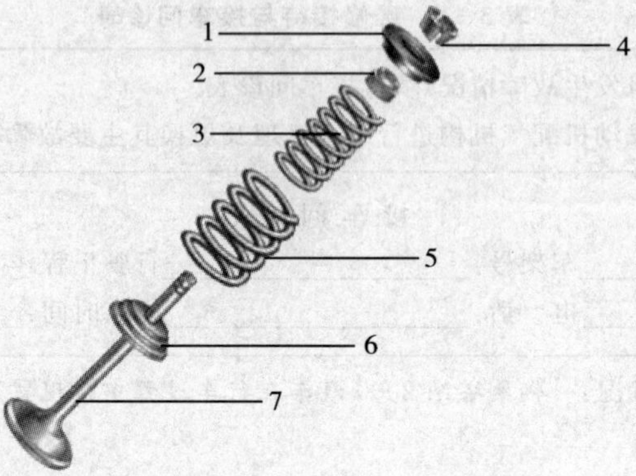

序号	部件名称	作　用
1		
2		
3		
4		
5		
6		
7		
气门组的构造：＿＿＿＿＿＿＿＿＿＿＿＿＿＿＿＿＿＿＿＿＿＿＿＿＿＿＿＿＿＿＿＿＿＿。		

（一）气门组的组成、类型和作用

气门组由气门、气门座圈、气门导管、气门弹簧、锁片、弹簧座等零件组成（如图 3－3 所示）。有的进气门还设有气门旋转机构。

气门组应保证气门能实现气缸的密封，因此有以下要求：气门头部与气门座圈贴合严密；气门上下运动灵活；气门弹簧应保证气门头在气门座上的正确位置，不偏不斜；气门弹簧应有足够的弹力。

1. 气门

1）气门的作用

气门分进气门和排气门两种。二者结构相似，都由头部和杆部两部分组成，头部用来封闭气缸的进、排气道；杆部用于给气门工作时导向和散热。

2）气门的工作条件与材料

气门的工作条件非常恶劣。首先，气门直接与高温燃气接触，受热严重，而散热困难，因此气门温度很高(一般进气门在400～500℃,排气门在800～900℃)。其次,气门承受气体力和气门弹簧力的作用,以及由于配气机构运动件的惯性力使气门落座时受到冲击。第三,气门在润滑条件很差的情况下以极高的速度启闭并在气门导管内做高速往复运动。此外,气门由于与高温燃气中有腐蚀性的气体接触而受到腐蚀。

进气门一般用中碳合金钢制造,如铬钢、铬钼钢和镍铬钢等。排气门则采用耐热合金钢制造,如硅铬钢、硅铬钼钢、硅铬锰钢等。

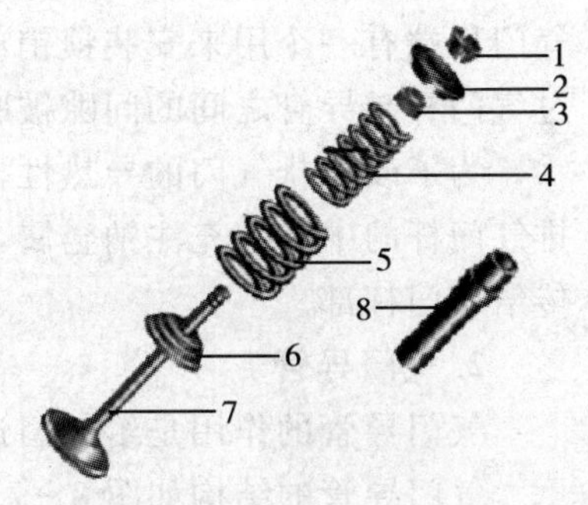

图3-3　气门组的构造

1—气门锁片;2—气门弹簧座(上);3—气门油封;4—气门弹簧(内);5—气门弹簧(外);6—气门弹簧座(下);7—气门;8—气门导管

3) 气门的构造

气门由头部、杆身和尾部组成(如图3-4所示)。头部用来封闭气缸的进、排气通道,杆身和尾部主要是为气门运动导向。

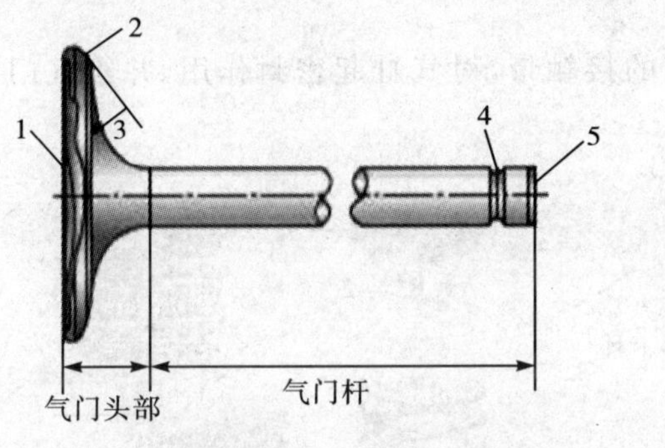

图3-4　气门结构

1—气门顶面;2—气门锥面;3—气门锥角;4—气门夹槽;5—气门尾端面

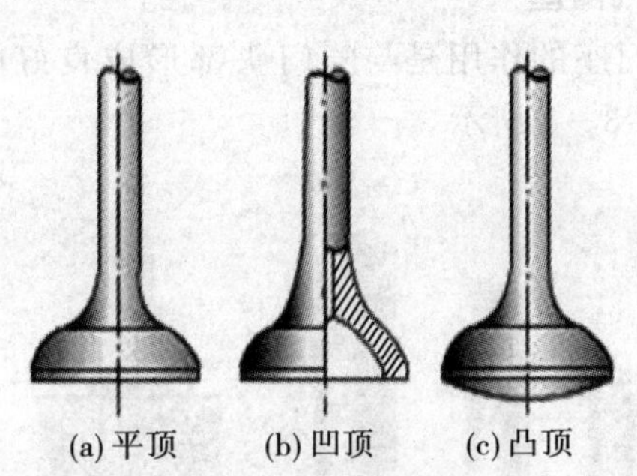

图3-5　气门头部形状

气门头部形状有平顶、凹顶和凸顶(如图3-5所示),采用最多的是平顶。为了减少进气阻力,提高气缸的充气效率,多数发动机进气门头部直径比排气门大。当两气门一样大时,气门一般有标记。

气门头部与气门座接触的工作面,是与杆部同心的锥角。通常将这一锥面与气门顶平面的夹角称为气门锥角。气门锥角一般为45°,也有30°的(如图3-6所示)。气门头边缘厚度一般为13 mm。为保证良好的密合,装配前应将气门头与气门座密封锥面互相配对研磨。

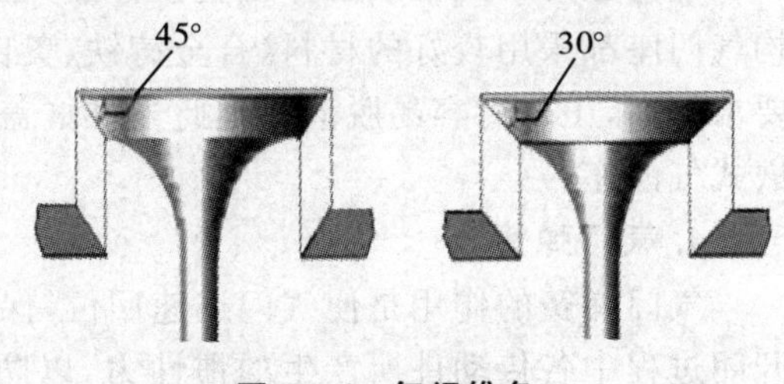

图3-6　气门锥角

气门头部的热量通过气门座和气门杆,经气门导管传给气缸盖。气门头部向气门杆过渡部分的几何形状应尽量做到圆滑,以防应力集中,还可减少气流阻力。

气门杆呈圆柱形,在气门导管中做往复直线运动,其表面应具有较高的加工精度,并经热处理以保证同气门导管的配合精度和耐磨性,并起到良好的导向、散热作用。气门杆端的形状决定于气门弹簧的固定方式。常用的结构是用剖分成两半的锥形锁片来固定弹簧座。

这时，气门杆的端部可切出环槽来安装锁片。有的发动机的气门弹簧座用锁销来固定，故其气门杆端有一个用来安装锁销的径向孔。在气门杆上安装有气门油封，防止发动机机油通过气门杆与导管之间的间隙被吸入气缸，以减少机油的消耗和燃烧室积碳的产生。

为了改善排气门的导热性，有些发动机采用了充钠排气门(如捷达 EA113 发动机)，在排气门杆的中空处充注钠金属，发动机正常工况下，通过液态钠的上下振荡将气门头部热量传给气门杆部。

2. 气门导管

气门导管的作用是给气门运动导向并给气门散热。

气门导管的结构如图 3－7 所示。为了保证导向，气门导管应有一定的长度。气门导管的工作温度也较高，约 230 ℃。气门导管和气门是靠配气机构飞溅出来的机油进行润滑的，因此易磨损。为了改善润滑性能，气门导管常用灰铸铁、球墨铸铁或铁基粉末冶金制造。导管内、外圆面加工后压入气缸盖的气门导管孔内，然后再精铰内孔。为了防止气门导管在使用过程中松脱，有的发动机对气门导管用卡环定位。

3. 气门座

气门座的作用是与气门头部形成良好的接触带，对气缸起密封作用，并给气门头部导热，如图 3－8 所示。

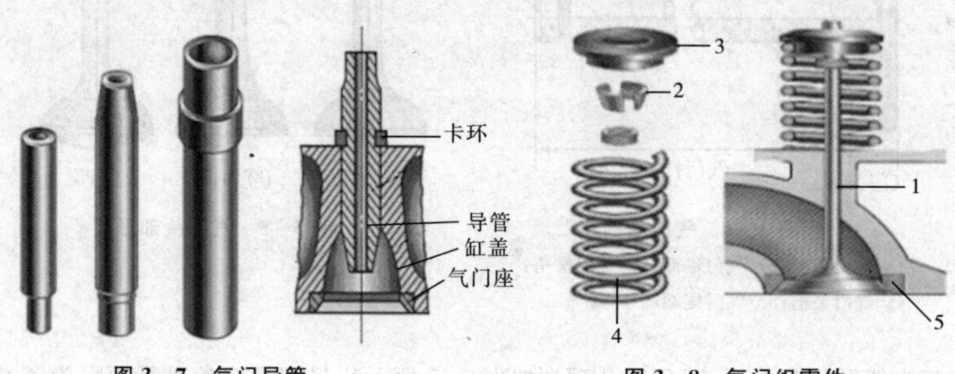

图 3－7　气门导管

图 3－8　气门组零件

1—气门；2—气门锁片；3—弹簧座；4—气门弹簧；5—气门座

气门座可在缸盖或缸体上直接镗出，也可以采用镶嵌式结构，称为气门座圈。镶嵌式结构气门座都采用较好的材料(合金铸铁、奥氏体钢等)。镶嵌式气门座导热性好，但加工精度要求较高，工作时容易脱落。因此当在缸盖上直接加工的气门座能满足要求时，最好不用镶嵌式气门座。

4. 气门弹簧

气门弹簧的作用是使气门迅速回位，保证气门与气门座的密封。另外，用于吸收气门在开闭过程中各传动件所产生的惯性力，以防止各传动件彼此分离而破坏配气机构的正常工作，如图 3－8 所示。气门弹簧多为圆柱形螺旋弹簧，一端支承在气缸盖上，另一端压靠在气门杆尾端的弹簧座上，弹簧座用锁片固定在气门杆的尾端。为防止气门工作时发生共振，通常采用如下措施：

① 提高气门弹簧的自然振动频率，提高弹簧自身刚度。

② 可采用不等螺距的圆柱弹簧。

③ 采用双气门弹簧——直径不同、旋向相反的内外弹簧。

5. 气门旋转机构

为了使气门头部温度均匀,防止局部过热引起的变形和清除气门座积碳,可设法使气门在工作中相对气门座缓慢旋转。气门缓慢旋转时在密封锥面上产生轻微的摩擦力,有阻止沉积物形成的自洁作用。

在图 3-9(a)所示的自由旋转机构中,气门锁片并不直接与气门弹簧座接触,而是装在一个锥形套筒中,后者的下端支承在弹簧座平面上,套筒端部与弹簧座接触面上的摩擦力不大,而且在发动机的运转振动力作用下,在某一短时间内可能为零,这就使气门有可能自由地做不规则的转动。

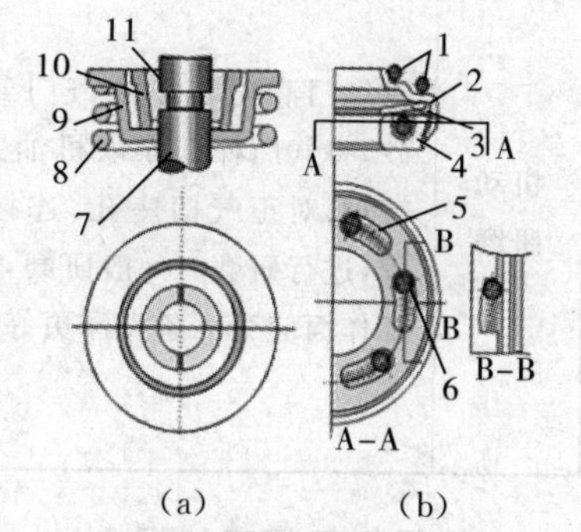

图 3-9 气门旋转机构

1—气门弹簧;2—支承板;3—碟形弹簧;4—壳体;5—回位弹簧;6—钢球;7—气门;8—气门弹簧;9—气门弹簧座;10—锥形套筒;11—锁片

有的发动机采用如图 3-9(b)所示的强制旋转机构,使气门每开一次便转过一定角度。在壳体 4 中,有六个变深度的槽,槽中装有带回位弹簧 5 的钢球 6,当气门关闭时,气门弹簧的力通过支承板 2 与碟形弹簧 3 直接传到壳体 4 上。当气门升起时,不断增大的气门弹簧力将碟形弹簧压平而迫使钢球沿着凹槽的斜面滚动,带着碟形弹簧、支承板、气门弹簧和气门一起转过一个角度。在气门关闭过程中,碟形弹簧的载荷减小而恢复原来的碟形,钢球即在回位弹簧 5 的作用下回到原来位置。6135 系列柴油机的进气门即采用了这种气门旋转机构。

6. 锁片、卡簧

锁片、卡簧的功用是在气门弹簧力的作用下把弹簧座和气门杆锁住,使弹簧力作用到气门杆上,如图 3-8 所示。

(二)气门组件的检修

1. 研磨工具的使用

研磨工具的使用方法如表 3-10 所示。

表 3-10 研磨工具的使用方法

研磨工具	使用方法	图示
手工研磨	1. 研磨前先用汽油清洗气门、气门座和气门导管,将气门按顺序排列或在气门头部打上记号,以免错乱。然后在气门工作锥面上涂薄薄一层粗研磨砂,同时在气门杆上涂以机油,插入气门导管内,然后利用旋具或橡皮捻子使气门做往复和旋转运动,与气门座进行研磨。 2. 当气门工作面与气门座工作面磨出一条较完整且无斑痕的接触环带时,可以将粗研磨砂洗去,换用细研磨砂,继续研磨。 3. 当工作面出现一条整齐的灰色的环带时,再洗去细研磨砂,涂上润滑油,继续研磨几分钟即可。	1—旋具;2—气门座;3—气门

续表

研磨工具	使用方法	图示
机动研磨	将气门清洗干净，在气门工作锥面上涂薄薄一层研磨砂，将气门杆部涂以机油并装入气门导管内，调整各转轴，对正气门座孔，连接好研磨装置，调整气门升程，进行研磨。一般研磨 10～15 min 即可。研磨后的工作面应为一条光泽更好的圆环。	

2. 气门与气门座的配合

气门与气门座配合良好与否是决定配气机构能否正常工作的重要环节，它直接影响到气缸的密封性，与发动机的动力性和经济性关系极大，如图 3－10 所示。气门与气门座的配合要求如下：

(1) 气门与气门座工作锥面角度应一致。

(2) 气门与气门座的密封带位置在中部靠里。过于靠外使气门的强度降低；过于靠里，会造成与气门座接触不良。

(3) 气门与气门座的密封带宽度应符合原设计规定，一般为 1.2～2.5 mm。排气门大于进气门的宽度；柴油机大于汽油机的宽度。密封带宽度过小，将使气门磨损加剧，形成凹陷；密封带宽度过大，影响密封性，并易引起气门烧蚀。

(4) 气门工作锥面与杆部的同轴度和气门座与导管的同轴度应不大于 0.05 mm。

(5) 气门杆与导管的配合间隙应符合原厂规定。

3. 气门的磨损与检验

气门的常见磨损有气门杆部及尾端的磨损、气门工作锥面的磨损与烧蚀、气门杆的弯曲变形等。

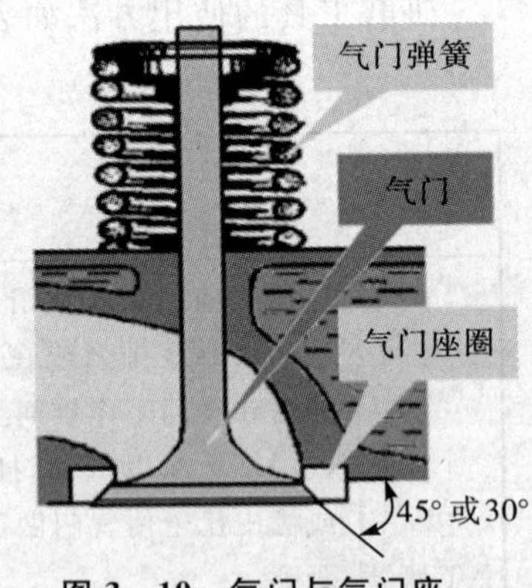

图 3－10　气门与气门座

气门应予换新的情况：

(1) 轿车气门杆的磨损大于 0.05 mm，载货汽车气门杆的磨损大于 0.10 mm，或出现明显台阶形磨损。

(2) 气门头圆柱面的厚度小于 1.0 mm。气门头圆柱部分厚度过小会增加燃烧室容积，影响发动机工作的平稳性，同时使气门头的强度降低。此外，在气门落入气门座的瞬间，尤其是重型柴油机的气门，在高冲击波的作用下可能会出现回弹振抖，容易引起密封带的烧蚀。

(3) 气门尾端的磨损大于 0.5 mm。

(4) 当气门杆的直线度误差大于 0.05 mm 时，应予更换或校直，校直后的直线度误差不得大于 0.02 mm。气门的直线度按图 3－11 检查。

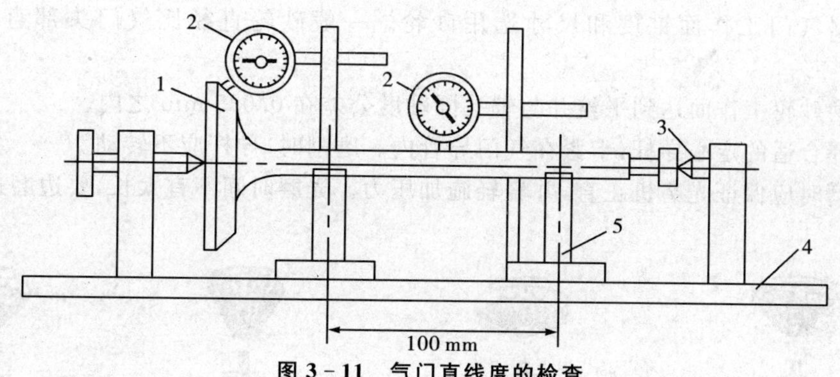

图 3-11　气门直线度的检查

1—气门；2—百分表；3—顶尖；4—平板；5—V形块

4. 气门座的修理

气门座的磨损主要是磨料磨损和由于冲击载荷造成的硬化层脱落，以及受高温燃气的腐蚀和烧蚀。气门座的磨损，使得密封带变宽，气门与气门座关闭不严，气缸密封性降低。

1) 气门座的铰削

铰削气门座时，应根据气门头部直径及斜面角度选用不同规格的铰刀。常用气门座铰刀有15°、30°、45°、75°四种规格(如图3-12所示)。每种规格有直径不同的铰刀数只，以适应不同直径尺寸的气门头部需要。且有粗、精铰刀之分，粗铰刀在刃口上有锯齿状缺口。

如果接触面偏上，用15°铰刀铰削；如果接触面偏下，用75°铰刀铰削。如图3-13所示。

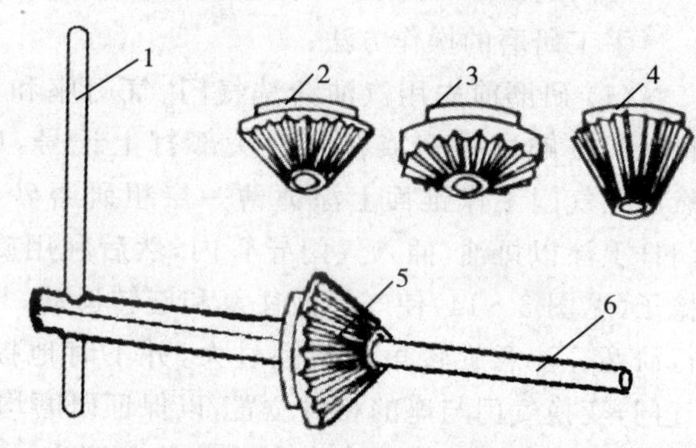

图 3-12　常用气门座铰刀

1—扳杆；2—30°铰刀；3—15°铰刀；4—75°铰刀；5—45°铰刀；6—定位杆

气门座的铰削通常是用手工进行。铰削的作业方法如下：

(1) 根据气门导管内径选择铰刀，导杆以能轻易插入气门导管内无旷动量为宜。

(2) 把砂布垫在铰刀下，磨除座口硬化层，以防止铰刀打滑和延长铰刀使用寿命。

(3) 用与气门锥角相同的粗铰刀铰削工作锥面，直到凹陷、斑点全部去除并形成2.5 mm以上的完整锥面为止。铰削时两手用力要均衡，并保持顺时针方向转动。

(4) 气门座和气门的选配，一般是新气门座用旧气门，旧气门座配新气门。用相配的气门进行涂色试配，察看印迹。接触环带应在气门和斜面的中部靠里位置，若过上或过下，可用15°或75°锥角的铰刀铰削。接触面宽度一般进气门为1.0～2.0 mm，排气门为1.5～2.5 mm。

(5) 最后用与工作面角度相同的细刃铰刀进行精铰，并在铰刀下垫细砂布磨修，以降低气门座口表面粗糙度。

2) 气门座的磨削

有些气门座材质十分坚硬，不易铰削，可用气门座光磨机进行磨削。磨削工艺要点如下：

(1) 根据气门工作面锥度和尺寸选用砂轮。一般砂轮直径比气门头部直径大 3～5 mm。

(2) 修磨砂轮工作面达到平整并与轴孔同轴度公差在 0.025 mm 之内。

(3) 选择合适的定心导杆，卡紧在气门导管内。磨削时，导杆应不转动。

(4) 光磨时应保证光磨机正直，并轻轻施加压力。光磨时间不宜太长，要边磨边检查。

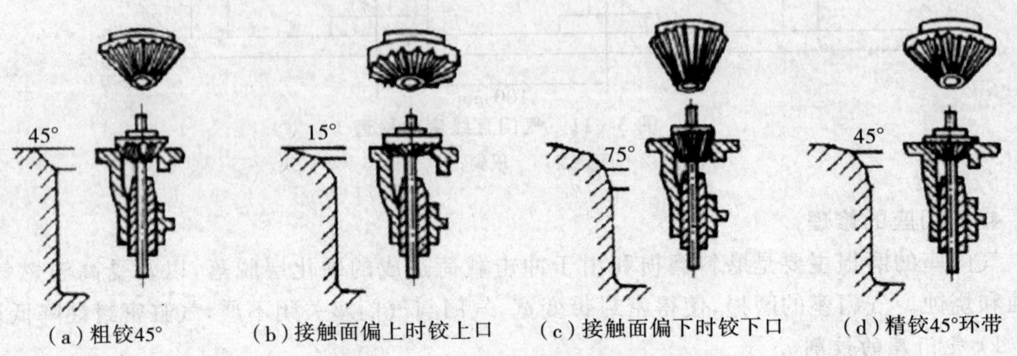

图 3-13　气门座的铰削顺序

3) 气门的研磨

气门的研磨，可用手工操作或气门研磨机进行。

手工研磨的操作方法：

(1) 研磨前先用汽油清洗气门、气门座和气门导管，将气门按顺序排列或在气门头部打上记号，以免错乱。然后在气门工作锥面上涂薄薄一层粗研磨砂，同时在气门杆上涂以机油，插入气门导管内，然后利用旋具或橡皮捻子(见图 3-14)使气门做往复和旋转运动，与气门座进行研磨。注意旋转角度不宜过大，并不时地提起和转动气门，变换气门与座的相对位置，以保证研磨均匀。

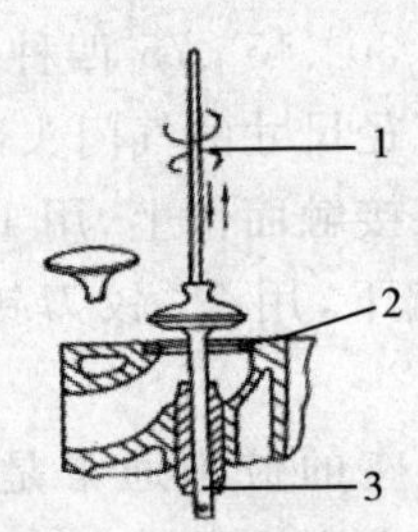

图 3-14　气门研磨

1—旋具；2—气门座；3—气门

(2) 当气门工作面与气门座工作面磨出一条较完整且无斑痕的接触环带时，可以将粗研磨砂洗去，换用细研磨砂，继续研磨。

(3) 当工作面出现一条整齐的灰色的环带时，再洗去细研磨砂，涂上润滑油，继续研磨几分钟即可。

4) 气门的密封性检验

气门和气门座经过修理后，通常要进行气门的密封性检验。气门的密封性检验方法如表 3-11 所示。

表 3-11　气门密封性检验

检验方法	检验过程
划线法	检验前将气门及气门座清洗干净，在气门锥面上用软铅笔沿径向均匀地划上若干条线，每线相隔 4 mm(如图 3-15 所示)。然后与相配气门座接触，略压紧并转动气门 45°～90°。取出气门，察看铅笔线条，如铅笔线条均被切断，则表示密封良好。否则，应重新研磨
涂红丹法	在气门工作面上涂抹一层轴承蓝或红丹，然后用橡皮捻子吸住气门在气门座上旋转 1/4圈，再将气门提起，若轴承蓝或红丹布满气门座工作面一周而无间断，又十分整齐，即表示密封良好
渗油法	可将煤油或汽油倒在装好气门的燃烧室里，5 min 内检视气门与气门座接触处是否有渗漏现象，如无渗漏即为合格(如图 3-16 所示)
气压试验法	气门与气门座密封性试验器由气压表、空气容筒及橡皮球等组成。试验时，先将空气容筒紧密贴在气门头部周围，再压缩橡皮球，使空气容筒内具有一定压力(68.6 kPa 左右)，如果在半分钟内，气压表的读数不下降，则表示气门与气门座的密封性良好(如图 3-17 所示)

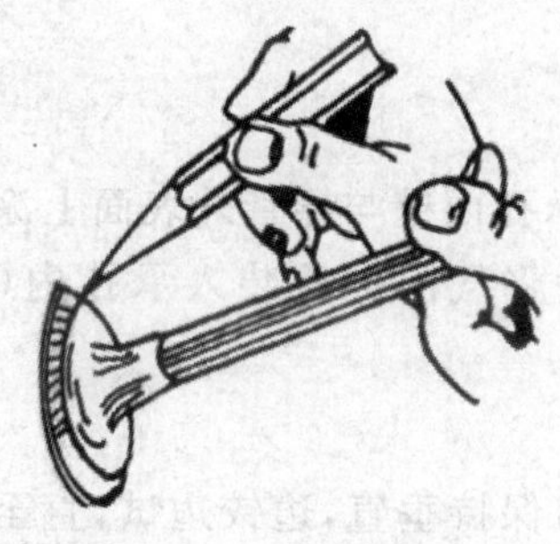

图 3-15　划线法

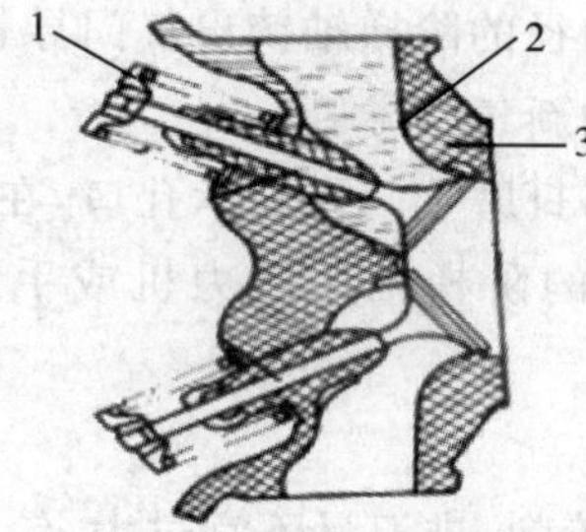

图 3-16　渗油法

1—弹簧座；2—气道；3—气缸盖

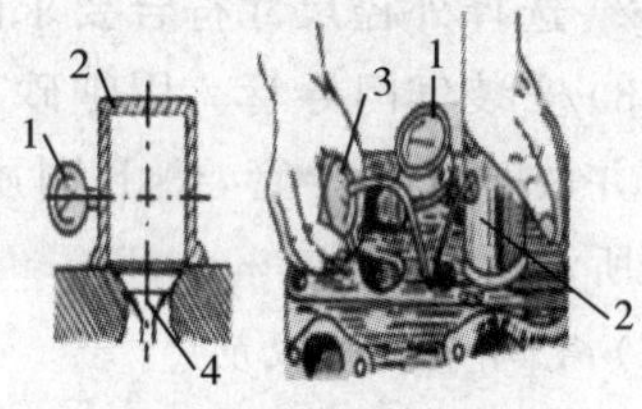

图 3-17　气压试验法

1—压力表；2—空气容筒；3—橡皮球；4—气门

5) 气门座的镶换

当气门座有裂纹、松动、烧蚀或磨损严重；或经多次加工修理，新气门装入后，气门头部顶平面仍低于气缸盖燃烧室平面 2 mm 以上，应镶换新的气门座。其工艺要点如下：

(1) 拉出旧气门座。拆卸旧气门座，根据具体情况可采用多种方法进行，但应注意不得损伤气门座承孔。

(2) 选择新气门座。用外径千分尺测量气门座外径，用内径百分表测量气门座承孔内径，根据气门座和气缸盖承孔的材质选择合适的过盈量(一般在 0.07～0.17 mm)。

(3) 气门座的镶换。将新气门座用干冰或液氮冷却，时间不少于 10 min，同时将气缸盖的气门座承孔加热至 100～150 ℃，在冷却的气门座圈外涂上一层密封胶，再将气门座压入气门座承孔内。

5. 气门导管的修配

当气门导管与气缸盖承孔过盈量过小，或气门导管磨损严重时，会使气门杆与气门导管的配合间隙超过限度，应予以更换。

气门与气门导管间隙检查如图 3－18 所示，将气门插入导管中，用磁性座百分表测量配合间隙。

经验检查法：将气门杆和导管擦净，在气门杆上涂一层机油，将气门放入气门导管上下拉动数次，气门在自重下能徐徐下落，表示气门杆与气门导管的配合间隙适当。

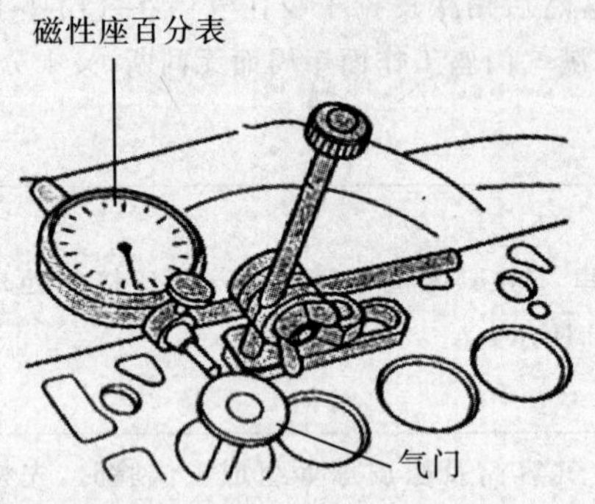

图 3－18 气门与气门导管间隙的测量

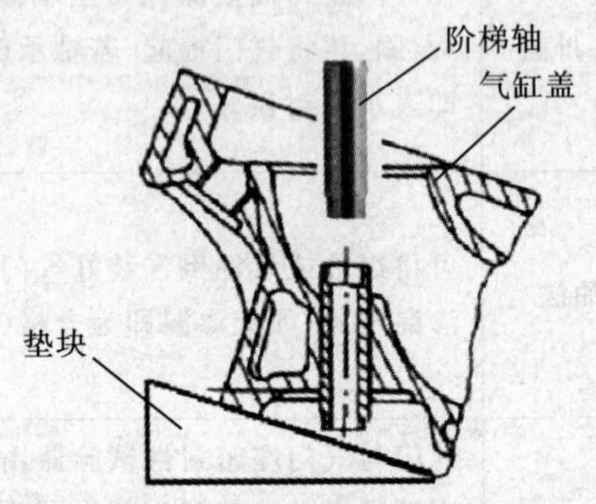

图 3－19 气门导管的更换

1）气门导管的更换

更换气门导管的步骤如下：

(1) 用外径略小于气门导管内径的阶梯轴铳出气门导管。

(2) 选择外径尺寸符合要求的新气门导管。

(3) 安装气门导管。用细砂布打磨气门导管承孔口，在承孔内壁与导管外表面上涂少许机油，并放正气门导管，垫上铜质的阶梯轴用压力机或手锤将气门导管装入承孔内（如图 3－19所示）。

2）气门导管的铰削

采用成型专用气门导管铰刀铰削，进刀量不宜过大，铰刀保持垂直，边铰边试，直至间隙合适。常见车型发动机进排气门杆与气门导管配合间隙如表 3－12 所示。

表 3－12 常见车型发动机进排气门杆与气门导管配合间隙

车型	气门	配合间隙(mm)	使用极限间隙(mm)
桑塔纳	进气门	＋0.035～＋0.070	＋1.00
	排气门	＋0.035～＋0.070	＋1.30
别克	进气门	＋0.026～＋0.068	—
	排气门	＋0.026～＋0.068	—
解放 6102	进气门	＋0.050～＋0.093	0.20
	排气门	＋0.050～＋0.093	0.20

6. 气门弹簧的检修

气门弹簧经长期使用后会出现断裂、歪斜、弹力减弱等情况。气门弹簧的歪斜将影响气

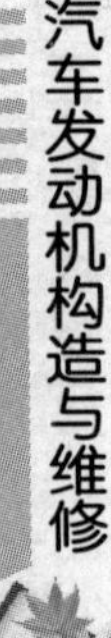

门关闭时的对中性，使气门关闭不严，容易烧蚀密封带，并破坏气门旋转机构的正常工作。气门弹簧的外圆柱面在全长上对底面的垂直度公差为 1.5 mm。气门弹簧的弹力在弹簧检验仪上进行检验，检验结果应符合标准弹簧弹力。当弹簧弹力的减小值大于原厂规定的 10%时，应予以更换。气门弹簧弹力降低，将使气门关闭时回弹振抖，不但影响气缸的密封性，也容易烧蚀气门。在无弹簧的原厂数据时，一般可采用新旧弹簧对比或测量弹簧的自由长度减少值来判断，当其自由长度减小值超过 2 mm 时，应予更换。

对于气门旋转机构的检验，如片弹簧和线圈弹簧出现变形、断裂、弹力减弱等现象，应予更换。

三、制定检修计划

制定发动机气门组检修计划如表 3－13 所示。

表 3－13　发动机气门组检修计划

<table>
<tr><td colspan="3">1. 查阅资料，学习汽车发动机气门组检修作业注意事项。
2. 查阅维修手册，熟悉发动机气门组检修信息，制定汽车发动机气门组检修计划。</td></tr>
<tr><td rowspan="2">1. 车辆发动机类型信息描述</td><td>车辆描述：</td><td></td></tr>
<tr><td>发动机类型信息描述：</td><td></td></tr>
<tr><td>2. 汽车发动机配气机构气门组检修作业注意事项描述</td><td colspan="2">1. 要严格按照规则使用工量具。
2. 修理后的标准数据一定要符合原厂标准。
3. 检修时要注意保护好零部件。</td></tr>
<tr><td>3. 发动机配气机构气门组检修信息描述</td><td colspan="2"> 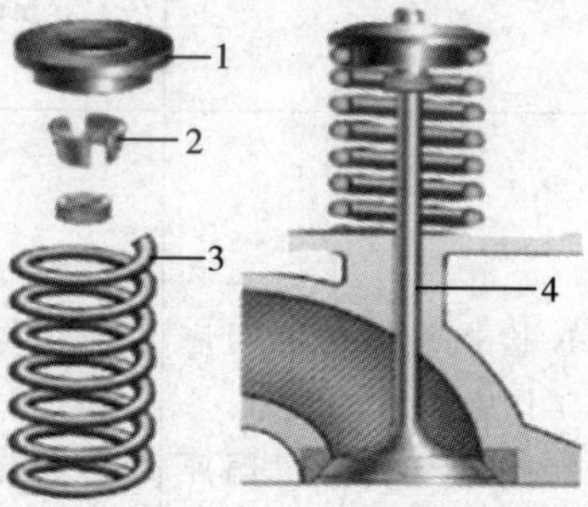1. ________　2. ________
3. ________　4. ________</td></tr>
<tr><td>4. 发动机配气机构气门组检修描述</td><td colspan="2"></td></tr>
<tr><td>5. 发动机配气机构气门组检修计划</td><td colspan="2">1. 检修工量具的准备。
2. 检修项目的确定。
3. 检修作业安全事项的学习。</td></tr>
</table>

四、实施检修作业

汽车发动机气门组检修作业具体实施如表 3－14 所示。

表 3-14　气门组检修作业

<table>
<tr><td colspan="4">1. 学习汽车发动机配气机构气门组检修作业安全事项。
2. 会正确对汽车发动机配气机构气门组进行检修作业。</td></tr>
<tr><td>1. 汽车发动机配气机构气门组检修计划描述</td><td colspan="3"></td></tr>
<tr><td>2. 汽车发动机配气机构气门组检修作业安全事项学习</td><td colspan="3">1. 注意人身和机件的安全，不了解的先了解再动手，特别是注意在车底下工作时的人身安全，操作时工具和地板必须保持清洁。
2. 未经许可，不准扳动机件和乱动电器按钮开关。
3. 注意防火。
4. 认真接受实习前的安全知识教育。</td></tr>
<tr><td colspan="4">3. 汽车发动机气门组检修作业</td></tr>
<tr><td>检查项目</td><td>作业要领</td><td>技术标准</td><td>检查记录</td></tr>
<tr><td>检修工量具设备的选用</td><td>1. 塞尺。
2. 手工研磨。
3. 机动研磨。
4. 磁性座百分表。
5. 千分尺。</td><td>1. 塞尺长度常用有 100 mm、150 mm、200 mm、300 mm四种规格。
2. 磁性座百分表的最小单位为 1 mm。
3. 千分尺最小单位为 0.01 mm，量程有 0～25 mm、25～50 mm、50～75 mm、75～100 mm 和 100～125 mm 等规格。</td><td>1. 选用的塞尺为：______
2. 选用的磁性座百分表为：______
3. 选用的千分尺为：______
4. 选用的研磨工具为：______</td></tr>
<tr><td>检测气门与气门座的配合</td><td>1. 检查气门与气门座工作锥面角度。
2. 检查气门与气门座的密封带位置。
3. 检查气门与气门座的密封带宽度。
4. 检查气门工作锥面与杆部的同轴度和气门座与导管的同轴度。
5. 检查气门杆与导管的配合间隙。</td><td>1. 气门与气门座工作锥面角度应一致。
2. 气门与气门座的密封带位置应在中部靠里。
3. 气门与气门座的密封带宽度一般为 1.2～2.5 mm。
4. 气门工作锥面与杆部的同轴度和气门座与导管的同轴度应不大于 0.05 mm。
5. 气门杆与导管的配合间隙应符合原厂规定。</td><td>1. 气门与气门座工作锥面角度为：______
2. 气门与气门座的密封带位置：______
3. 气门与气门座的密封带宽度为：______
4. 气门工作锥面与杆部的同轴度和气门座与导管的同轴度为：______
5. 气门杆与导管的配合间隙为：______</td></tr>
</table>

续表

检查项目	作业要领	技术标准	检查记录
检查气门的磨损	1. 检查气门杆的磨损。 2. 检查气门头圆柱面的厚度。 3. 检查气门尾端的磨损。 4. 检查气门杆的直线度误差。	1. 轿车气门杆的磨损应≤0.05 mm，载货汽车气门杆磨损量应≤0.10 mm。 2. 气门头圆柱面的厚度应≥1.0 mm。 3. 气门尾端磨损≤0.5 mm。 4. 当气门杆的直线度误差大于0.05 mm时，应予更换或校直。	1. 气门杆的磨损： ________ 2. 气门头圆柱面的厚度： ________ 3. 气门尾端的磨损： ________ 4. 气门杆的直线度误差： ________
检查气门座的磨损	气门座密封性检查。	应不漏气。	气门是否漏气： ________
检查气门导管	1. 检查气门导管与气缸盖承孔的配合间隙。 2. 检查气门杆与气门导管的配合间隙。	应符合原厂规定。	1. 气门导管与气缸盖承孔配合间隙为： ________ 2. 气门杆与气门导管配合间隙为： ________
气门弹簧的检验	1. 检查弹簧的垂直度公差。 2. 检查弹簧弹力。	1. 弹簧的垂直度公差应为1.5 mm。 2. 弹簧弹力减小值小于原厂规定10%。	1. 弹簧的垂直度公差为： ________ 2. 弹簧弹力减小值为： ________
4. 检修作业完成后的收获与感想			

五、检验评估

任务二的检验评估如表 3-15 所示。

表 3-15 检验评估

<table>
<tr><th colspan="2">评价指标</th><th>检验说明</th><th colspan="4">检验记录</th></tr>
<tr><td colspan="2">维护检查项目</td><td>1. 检修量具设备
2. 检查零部件的损坏情况</td><td colspan="4"></td></tr>
<tr><td colspan="2">汽车发动机配气机构气门组检修过程情况</td><td colspan="5"></td></tr>
<tr><td>评价内容</td><td colspan="2">检验指标</td><td>权重</td><td>自评</td><td>互评</td><td>总评</td></tr>
<tr><td rowspan="3">检查任务完成情况</td><td colspan="2">1. 完成任务过程情况</td><td rowspan="3">4</td><td rowspan="3"></td><td rowspan="3"></td><td rowspan="9"></td></tr>
<tr><td colspan="2">2. 任务完成质量</td></tr>
<tr><td colspan="2">3. 在小组完成任务过程中所起作用</td></tr>
<tr><td rowspan="3">专业知识和专业技能</td><td colspan="2">1. 能说出发动机气门组的组成、类型和作用</td><td rowspan="3">8</td><td rowspan="3"></td><td rowspan="3"></td></tr>
<tr><td colspan="2">2. 会使用研磨工具对气缸气门组进行研磨</td></tr>
<tr><td colspan="2">3. 能正确地选择和使用维修工量具对气门组件进行检修</td></tr>
<tr><td rowspan="3">职业素养</td><td colspan="2">1. 学习态度:积极主动参与学习</td><td rowspan="3">3</td><td rowspan="3"></td><td rowspan="3"></td></tr>
<tr><td colspan="2">2. 团队合作:与小组成员一起分工合作,不影响学习进度</td></tr>
<tr><td colspan="2">3. 现场管理:服从工位安排,执行实训室“5S”管理规定</td></tr>
<tr><td>综合评价与建议</td><td colspan="6"></td></tr>
</table>

任务三 气门传动组件结构认识和检修

任务描述

一辆桑塔纳 2000 汽车在行车过程中出现加速无力和皮带异响等现象,进厂进行维修。针对维修接待和车间确认意见,需对气门传动组件进行检修。

任务目标

1. 能描述气门传动组件的结构及工作原理。
2. 能正确地选择和使用维修工量具对气门传动组件进行检修。

一、维修接待

按照表 3－16 完成待修车辆的维修接待，并准确填写接车问诊表。

表 3－16　维修接待与接车问诊表

<table>
<tr><td colspan="2">1. 通过询问客户了解发动机发生故障情况，填写接车问诊表。
2. 车间检测初步确认需对气门传动组件进行检修及更换其主要故障零部件。</td></tr>
<tr><td colspan="2">接 车 问 诊 表
车牌号：________ 车架号：________ 行驶里程：________(km)
用户名：________ 电　话：________ 来店时间：________</td></tr>
<tr><td colspan="2">用户陈述及故障发生时的状况：一辆桑塔纳 2000 汽车在行车过程中出现加速无力和皮带异响等现象。
故障发生状况提示：行驶速度、发动机状态、发生时间、部位、天气、路面状况、声音描述。</td></tr>
<tr><td colspan="2">接车员检测确认建议：需对发动机配气机构进行综合修理。</td></tr>
<tr><td colspan="2">车间检测确认结果及主要故障零部件：需对发动机配气机构进行综合修理，必要时更换故障零部件。
车间检查确认者：________</td></tr>
<tr><td rowspan="2">外观确认：(请在有缺陷部位做标识)</td><td>功能确认：(工作正常√　不正常×)
□音响系统　□门锁(防盗器)　□全车灯光
□工具　□后视镜　□天窗　□座椅
□点烟器　□玻璃升降器　□玻璃</td></tr>
<tr><td>物品确认：(有√　无×)
F　E
□贵重物品提示
□工具　□备胎　□灭火器
□其他(　　　　)
旧件是否交还用户
□是　□否
用户是否需要洗车
□是　□否</td></tr>
<tr><td colspan="2">· 检测费说明：本次检测的故障如用户在本店维修，检测费包含在修理费用内；如用户不在本店维修，请支付检测费。本次检测费：¥________元。
· 贵重物品：将车辆交给我店检查修理前，已提示将车内贵重物品自行收起并保存好，如有遗失恕不负责。
接车员：________　用户确认：________</td></tr>
</table>

二、信息收集与处理

按表 3－17 完成任务三的信息收集与处理。

表 3－17　信息收集与处理

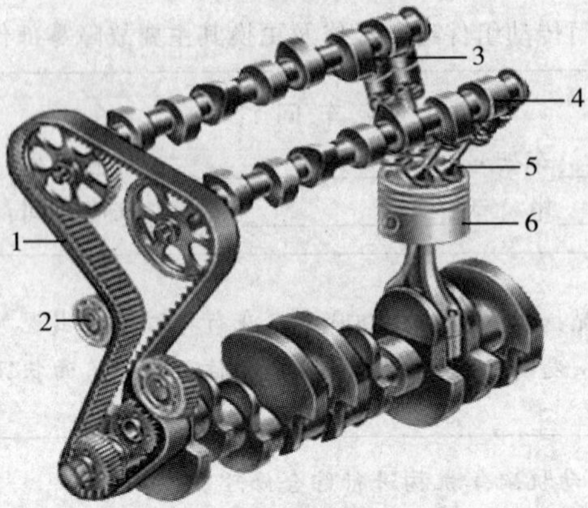

序号	部件名称	作　用
1		
2		
3		
4		
5		
6		

气门传动组件的构造：________；________；________；________；________；________和________等。

(一)气门传动组件的组成及工作原理

气门传动组件包括凸轮轴及正时齿轮(正时齿带或正时链条)、挺柱、推杆、摇臂、摇臂轴、气门间隙调整螺钉等。不同类型的气门传动组组成不同，如图 3－20 所示为凸轮轴上置式气门传动组的组成。

气门传动组件的功用是使进、排气门能按配气相位规定的时刻开闭，且保证有足够的开度。

1. 凸轮轴

1）功用

控制气门的开启和关闭。每一个进、排气门分别有相应的进气凸轮和排气凸轮，使进、排气门能按配气相位规定的时刻开闭，并保证有足够的开度。

2）工作条件

凸轮轴承受周期性的冲击载荷，凸轮与挺柱之间的接触力很大，相对滑动速度也很高，

因此，凸轮工作表面的磨损比较严重。

3）结构

凸轮轴的结构如图 3－21 所示。凸轮的形状影响气门的开闭时刻及高度，凸轮的排列影响气门的开闭时刻和工作顺序。

凸轮轴通常由曲轴通过一对正时齿轮驱动，其与曲轴正时齿轮的传动比为 1∶2。在装配时，必须将正时记号对正，以保证正确的配气正时和点火时刻。凸轮轴的驱动如图 3－22 所示。

凸轮轴上主要配置有各缸进、排气凸轮，用以使气门按一定的工作次序和配气相位及时开闭，并保证气门有足够的升程。

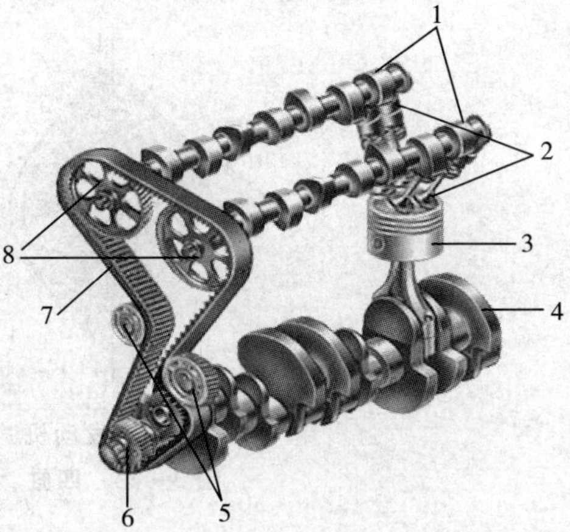

为减小系统质量，有些发动机（如捷达 EA113 型五气门发动机）采用了空心凸轮轴。

图 3－20　气门传动组

1—凸轮轴；2—气门组 3—活塞；4—曲轴；5—张紧轮；6—曲轴皮带轮；7—正时齿带；8—凸轮轴正时齿轮

发动机各个气缸的进气（或排气）凸轮的相对角位置应符合发动机各气缸的点火次序和点火间隔的要求。因此，根据凸轮轴的旋转方向以及各进气（或排气）凸轮的工作次序，就可判定发动机的点火次序。

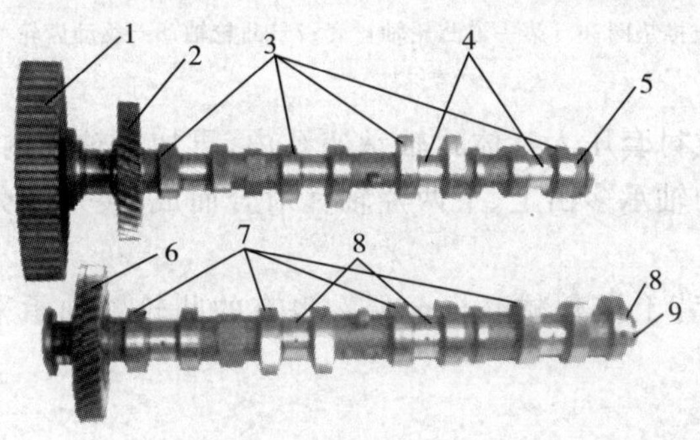

图 3－21　TOYOTA 5A 发动机凸轮轴及正时齿轮

1—正时带轮；2、6—进排气凸轮轴正时齿轮；3、7—凸轮；4、8—凸轮轴颈；5—进气凸轮轴；9—排气凸轮轴

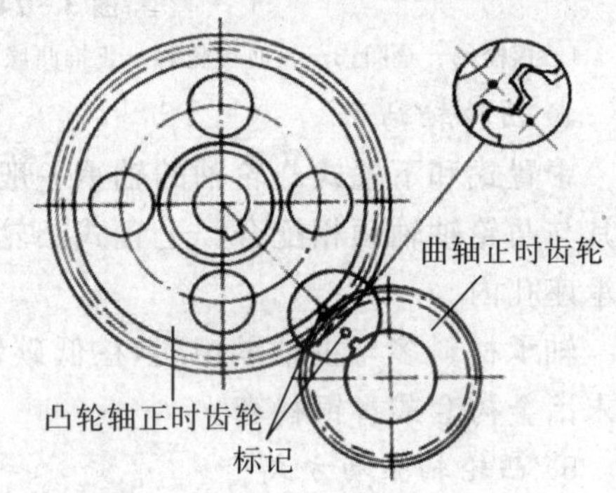

图 3－22　凸轮轴的驱动

例如，四缸四冲程发动机每完成一个工作循环，曲轴旋转两周而凸轮轴只旋转一周，每个气缸都要进行一次进排气，且各缸进排气的时间间隔相等，即各缸进（或排）气凸轮彼此间的夹角均为 90°，如图 3－23(a)所示。该发动机的点火次序为 1—3—4—2。

如图 3－23(b)所示是点火顺序为 1－5－3－6－2－4 的六缸四冲程发动机的进（或排）气凸轮夹角示意图。

有的汽油机凸轮轴布置在气缸的侧面下方时，凸轮轴上还具有用以驱动机油泵及分电器的齿轮以及用以驱动汽油泵的偏心轮。

为防止凸轮轴轴向窜动，凸轮轴应有轴向定位装置。采用的方法之一就是如图 3－24 中所示，在凸轮轴正时齿轮和凸轮轴第一轴颈端面之间加止推凸缘 4 与止推垫圈 5。止推凸缘用螺栓固定在缸体或缸盖上，以防止凸轮轴产生轴向移动。止推凸缘磨损后可以更换。

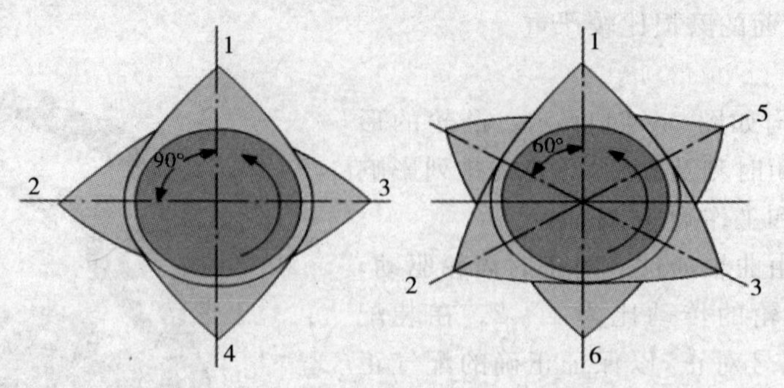

(a) 四缸发动机　　　　(b) 六缸发动机

图 3－23　四缸、六缸发动机进、排气凸轮夹角

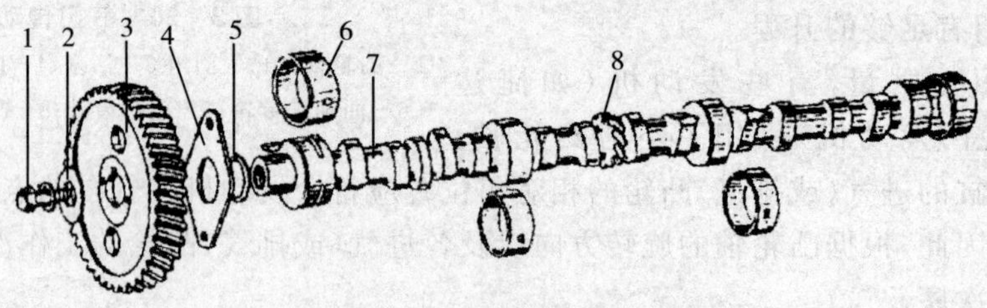

图 3－24　凸轮轴轴向定位装置

1—螺栓；2—垫圈；3—正时齿轮；4—止推凸缘；5—止推垫圈；6—第一道凸轮轴衬套；7—凸轮轴；8—驱动齿轮

4）凸轮轴轴承

中置式和下置式凸轮轴的轴承一般制成衬套压入整体式轴承座孔内，再加工轴承内孔，使其与凸轮轴轴颈相配合。上置式凸轮轴的轴承多由上、下两片轴瓦对合而成，装入剖分式轴承座孔内。

轴承材料多与主轴承相同，在低碳钢钢背上浇敷减摩合金层。也有的凸轮轴轴承采用粉末冶金衬套或青铜衬套。

5）凸轮轴驱动方式

凸轮轴由曲轴驱动，其驱动方式有齿轮式、链条式及齿形带式。齿轮传动机构（如图 3－25所示）用于下置式和中置式凸轮轴的传动。汽油机一般只用一对正时齿轮，即曲轴正时齿轮和凸轮轴正时齿轮。柴油机需要同时驱动喷油泵，所以增加一个中间齿轮。为了保证正确的配气正时和喷油正时，在传动齿轮上刻有正时记号，装配时必须对正记号。

链传动机构（如图 3－26 所示）用于中置式和上置式凸轮轴的传动，尤其是上置式凸轮轴的高速汽油机采用链传动机构的很多。链条一般为滚子链，工作时应保持一定的张紧度，不使其产生振动和噪声。为此在链传动机构中装有导链板并在链条的松边装置张紧器。

齿形带传动机构（如图 3－27 所示）用于上置式凸轮轴的传动。与齿轮和链传动机构相比具有噪声小、质量轻、成本低、工作可靠和不需要润滑等优点。因此，被越来越多的汽车发动机特别是轿车发动机所采用。为了确保传动可靠，齿形带需保持一定的张紧力，为此在齿形带传动机构中也设置有由张紧轮与张紧弹簧组成的张紧器。

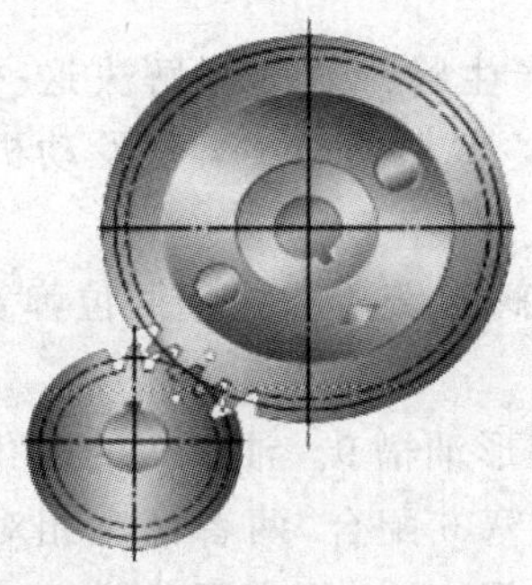
图 3 - 25　齿轮传动机构

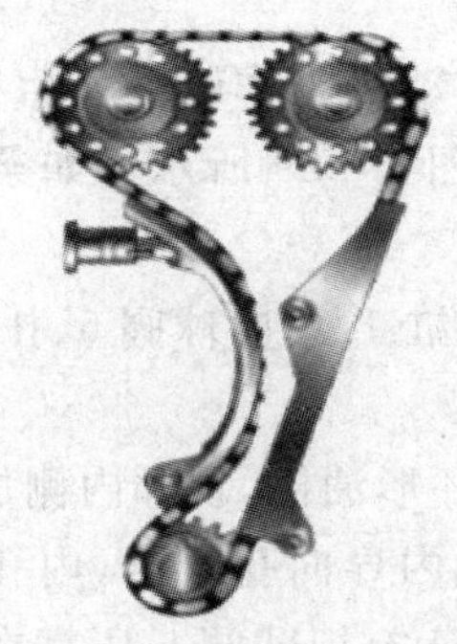
图 3 - 26　链传动机构

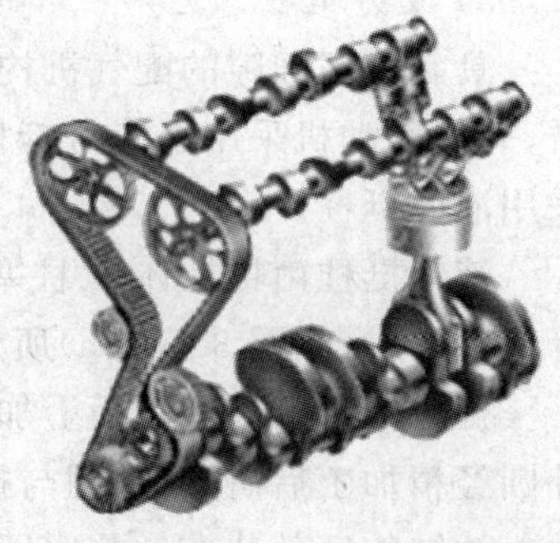
图 3 - 27　齿形带传动机构

2. 挺柱

1）功用

其功用是将来自凸轮的运动和作用力传给推杆或气门，同时还承受凸轮所施加的侧向力，并将其传给机体或气缸盖。

2）材料

制造挺柱的材料有碳钢、合金钢、镍铬合金铸铁和冷激合金铸铁等。

3）分类

挺柱可分为机械挺柱和液力挺柱两大类，每一类中又有平面挺柱和滚轮挺柱等多种结构形式。

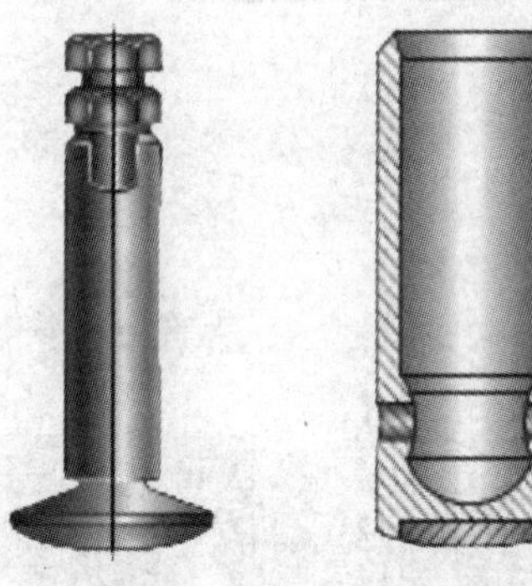
图 3 - 28　机械挺柱

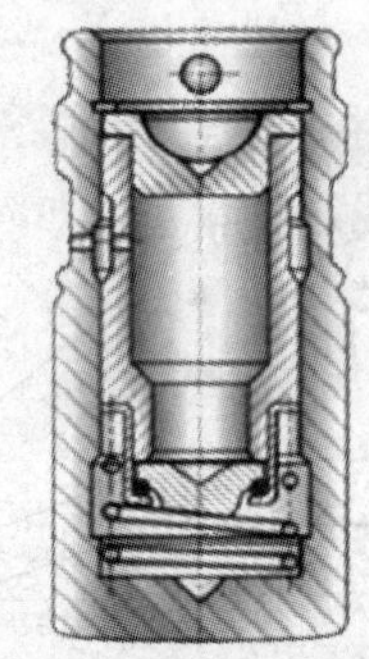
图 3 - 29　液力挺柱

4）机械挺柱

机械挺柱也称普通挺柱，如图 3 - 28 所示。功用是将凸轮的推力传给推杆（或气门杆），并承受凸轮轴旋转时所施加的侧向力。气门顶置式配气机构的挺柱一般采用筒式，以减轻质量。滚轮式挺柱一般用于大缸径柴油机上，这种挺柱结构复杂，质量较大，优点是降低了摩擦力。有的发动机的挺柱直接装在气缸体上相应处镗出的导向孔中，也有的发动机的挺柱装在可拆式的挺柱导向体中。

在挺柱工作时，由于受凸轮侧向推力的作用，会稍有倾斜，并且由于侧向推力方向是一定的，这样就会引起挺柱与导管之间的单面磨损，同时挺柱与凸轮固定不变地在一处接触，也会造成磨损不均匀。为了避免这种现象的产生，有些汽车发动机挺柱底部工作面制成球面，而且把凸轮面制成带锥度形状。

5）液力挺柱

具有气门间隙的配气机构，在发动机工作时会发生撞击而产生噪声。为了解决这一矛盾，有些发动机采用了液力挺柱，如图 3 - 29 所示。如桑塔纳 JV 型和奥迪 JW 型发动机均采用液力挺柱。

液力挺柱由挺柱体 7、柱塞 6、油缸 1、单向球阀 5、托架 3、球阀弹簧 4 和柱塞回位弹簧 2 等部件组成，如图 3 - 30(a)所示。

挺柱体 7 的外圆柱面上加工有环形油槽，顶部内侧加工有键形油槽 9。油缸 1 的内孔和外圆经精加工后研磨，外圆与挺柱体内导向孔配合，内孔则与柱塞 6 配合，两者都有相对运动。油缸的底部装有一柱塞回位弹簧 2，把球阀 5 压靠在柱塞的阀座上，柱塞回位弹簧还可以使挺柱的顶面和凸轮保持紧密接触，以消除气门间隙。柱塞、油缸、单向球阀和球阀弹簧装配到一起，便构成了气门间隙的补偿机构。球阀将油缸下部和柱塞上部分隔为两个油腔。当球阀关闭时，上部为低压油腔 11，下部为高压油腔 12；当球阀开启时，则成为一个通腔。

液力挺柱装在气缸盖的挺柱孔内，挺柱顶面与凸轮接触，油缸底面则与气门杆端面接触。挺柱在往复运动过程中，当挺柱体外圆的环形油槽与缸盖上的斜油孔对齐时，发动机的润滑油经缸盖上的油道、挺柱上的环形油槽流入低压油腔，然后经过键形槽进入柱塞上方的低压油腔，这时缸盖主油道与液力挺柱的低压油腔相通。

当气门开启时，凸轮推动挺柱体和柱塞向下移动，高压油腔内有润滑油被压缩，油压升高，加之球阀弹簧的作用，使球阀紧压在柱塞下端的阀座上，这时高压油腔与低压油腔被分开，由于液体的不可压缩性，油缸和柱塞成为一刚体，下移并推开气门，如图 3 - 30(b)所示。此时挺柱外圆的环形油槽已离开了气缸盖上的进油位置而停止进油。

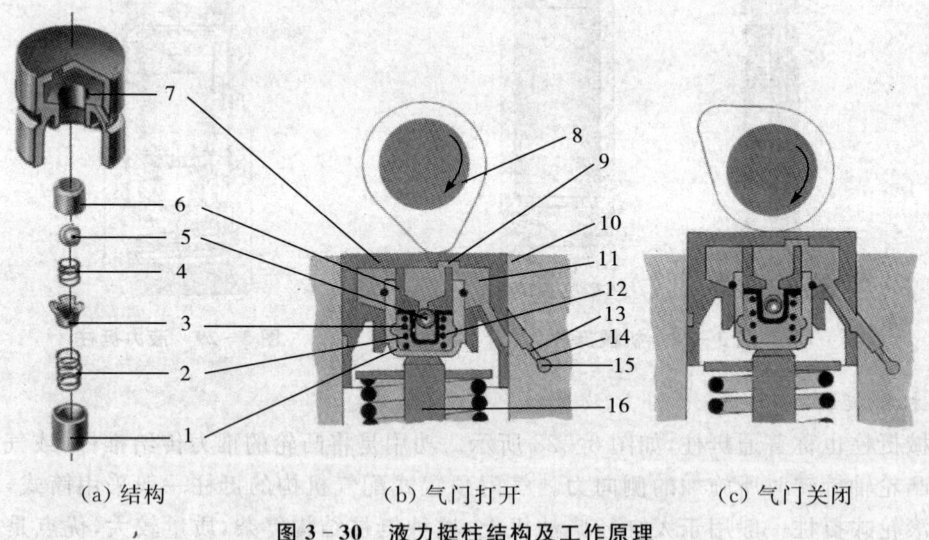

图 3 - 30 液力挺柱结构及工作原理

1—油缸；2—柱塞回位弹簧；3—托架；4—球阀弹簧；5—单向球阀；6—柱塞；7—挺柱体；8—凸轮轴；9—键形槽；10—气缸盖；11—低压油腔；12—高压油腔；13—斜油孔；14—量油孔；15—气缸盖油道；16—气门杆

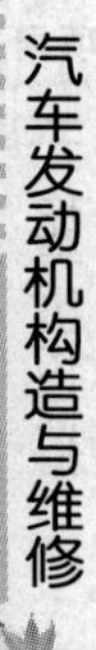

当气门关闭时，挺柱体不再受凸轮的推压作用，高压油腔内的压力油和柱塞回位弹簧一起推动柱塞向上运动，使高压油腔内的压力下降，球阀离开，阀座打开，从低压油腔来的压力油进入高压油腔，使两腔相通并充满油液，保证液力挺柱的顶面仍然和凸轮的基圆接触，从而达到补偿气门间隙的作用，如图 3 - 30(c)所示。

采用液力挺柱，消除了配气机构中各部件间的间隙，减小了相互间的冲击载荷和噪声；不用调整气门间隙，简化了配气机构的装配、使用和维修过程；不用预留气门间隙，可有效地延长气门的实际开启时间，改善了换气过程。

3. 推杆

推杆（如图 3－31 所示）的作用是将从凸轮轴传来的推力传给摇臂。推杆是配气机构中最容易弯曲的零件，要求有很高的刚度。推杆的两端焊接压配有不同形状的端头，下端头通常是圆球形，以使与挺柱的凹球形支座相适应；上端头一般制成凹球形，以便与摇臂上的气门间隙调整螺钉的球形头部相适应。推杆可以是实心或空心的。

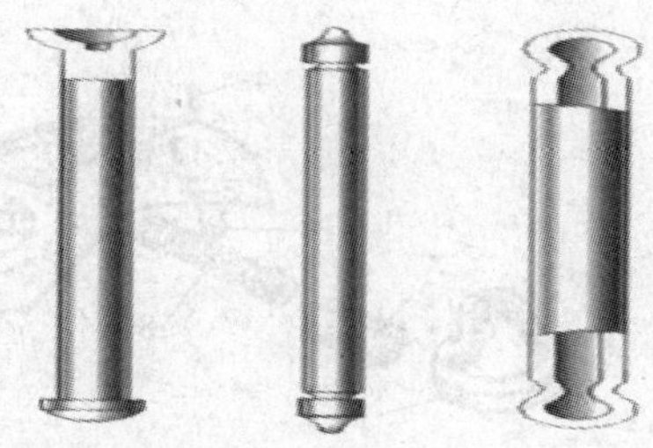

图 3－31　推杆

4. 摇臂

摇臂是将推杆传来的力改变方向，作用到气门杆端推开气门。摇臂实际上是一个双臂杠杆，摇臂的两臂长度比值（称为摇臂比）约为 1.2～1.8，其中长臂一端是推动气门的。端头的工作表面一般制成圆柱形，当摇臂摆动时可沿气门杆端面滚滑，这样使两者之间的力可以沿气门轴线作用。在摇臂的短臂一端装有用以调节气门间隙的调节螺钉及锁紧螺母。为了防止摇臂的窜动，在摇臂轴上每两摇臂之间都装有定位弹簧（如图 3－32 所示）。一些顶置凸轮轴发动机则完全取消了摇臂，由凸轮轴凸轮直接驱动气门。

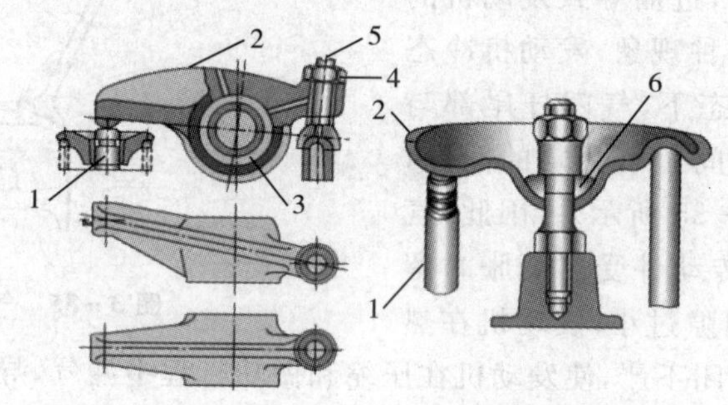

图 3－32　摇臂

1—气门；2—摇臂；3—摇臂衬套；4—锁紧螺母；5—气门间隙调整螺钉；6—摇臂支点球座

无噪声摇臂，其组成零件如图 3－33 所示。其中凸环 1 的作用是消除气门和摇臂之间的间隙，从而消除由此产生的冲击噪声。无噪声摇臂的工作过程如图 3－34 所示。凸环 6 以摇臂 4 的一端为支点，并靠在气门 7 杆部的端面上，当气门处于关闭位置时，在弹簧 8 的作用下，柱塞 5 推动凸环向外摆动，消除了气门间隙。气门开启时，推杆 3 便向上运动推动摇臂，由于摇臂已经通过凸环和气门杆部处在接触状态，因而不会产生冲击噪声。

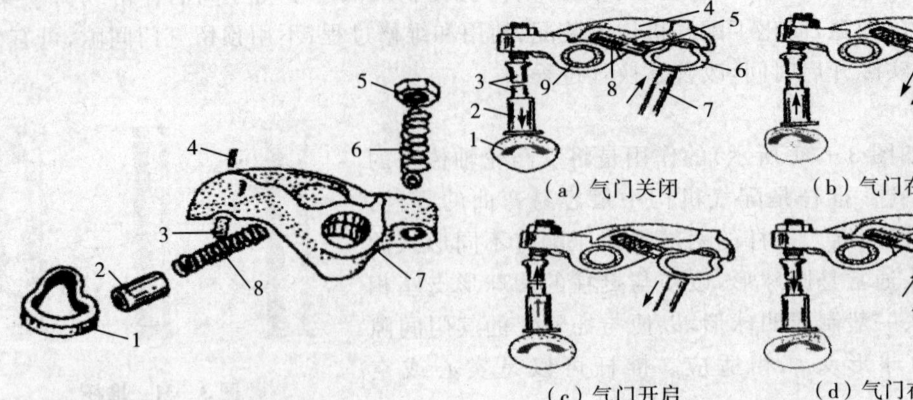

图 3－33　无噪声摇臂

1—凸环；2—柱塞；3—凸环支承弹簧；4—销；5—锁止螺母；6—调整螺钉；7—摇臂；8—弹簧

图 3－34　无噪声摇臂工作过程

1—凸轮轴；2—挺柱；3—推杆；4—摇臂；5—柱塞；6—凸环；7—气门；8—弹簧；9—摇臂轴

5. 气门间隙

发动机工作时，配气机构的各零部件因受热膨胀而伸长，如果气门及其传动件之间在冷态下不留间隙，则在热态时会使气门与气门座之间密封性变差，进而导致发动机的功率下降。为了消除这种现象，发动机冷态装配时，在气门关闭状态下，气门杆尾部与摇臂（或挺柱、凸轮）之间留有一定的间隙，称为气门间隙（如图 3－35 所示）。因此，气门间隙是给气门及其传动件受热膨胀时留出的空间。如果气门间隙过小，发动机在热态下可能会出现气门关闭不严，使发动机在压缩和做功行程中漏气，导致发动机功率下降甚至烧坏气门；如果气门间隙过大，气门各传动件以及气门与气门座之间将产生撞击，并加速磨损，同时由于气门开度减小，开启时间缩短，使发动机工作时进气不充分、排气不彻底，影响发动机的正常工作。

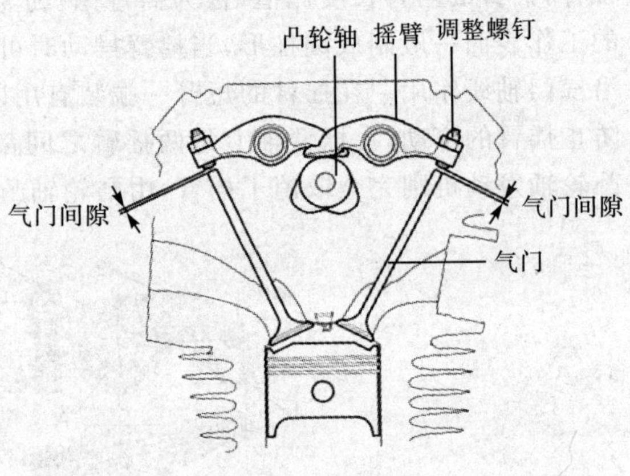

图 3－35　气门间隙

气门间隙的大小由发动机制造厂家根据试验确定，分热态间隙和冷态间隙两种。前者是发动机到达正常工作温度后停车检查调整的数据；后者是发动机在常温条件下检查调整的数据。一般在冷态下，进气门的气门间隙值为 0.25～0.30 mm；由于排气门的工作温度高，膨胀量大于进气门，排气门的气门间隙值为 0.30～0.35 mm。气门间隙值可以通过摇臂上的调整螺钉来调整。

采用液力挺柱的配气机构，由于液力挺柱的长度能自动调整，随时补偿气门及其传动件的热膨胀量，故不需留有气门间隙。

(二)气门传动组件的检修

1. 凸轮轴及轴承的维修

1) 凸轮轴的磨损与检修

(1) 凸轮磨损的检修。当凸轮最大升程减小值大于 0.40 mm,或累积磨损量超过 0.80 mm 时,更换凸轮轴。

(2) 正时齿轮轴颈键槽的检修。该键槽磨损后,建议更换凸轮轴。

(3) 凸轮轴轴颈的磨削。凸轮轴轴颈的圆度误差大于 0.015 mm,各轴颈的同轴度误差超过 0.05 mm 时,应按修理尺寸法进行校正并修磨。修磨后轴颈的圆柱度公差为 0.005 mm。

(4) 汽油泵驱动偏心轮的直径极限磨损量为 1 mm。

2) 凸轮轴轴承的修理

(1) 轴承与承孔的过盈量,剖分式轴承为 0.07～0.19 mm,整体式轴承为 0.05～0.13 mm,铝合金气缸体为 0.03～0.07 mm。

(2) 轴承内径与其承孔的位置顺序相适应。轴承内孔的修理有拉削、铰削和镗削等方法。轴颈与轴承的配合间隙一般为 0.05～0.10 mm(如桑塔纳发动机为 0.06～0.08 mm;EQ6100 型发动机为 0.06～0.12 mm;CA6102 型发动机为 0.03～0.079 mm)。凸轮轴轴向间隙的调整通过增减固定在气缸体前端面上,位于凸轮轴第一道轴颈端面与正时齿轮(或链轮)之间的推力凸缘的厚度来进行。

2. 挺柱的检修

(1) 挺柱底部出现疲劳剥落时,应更换新挺柱。

(2) 底部出现环形光环,说明磨损不均匀,应尽早更换新件。

(3) 底部出现擦伤划痕时,应更换。

(4) 挺柱圆柱部分与导孔的配合间隙一般为 0.03～0.10 mm。

如图 3-36 所示。

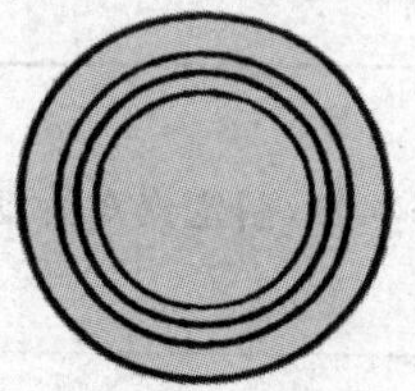
(a) 接触良好

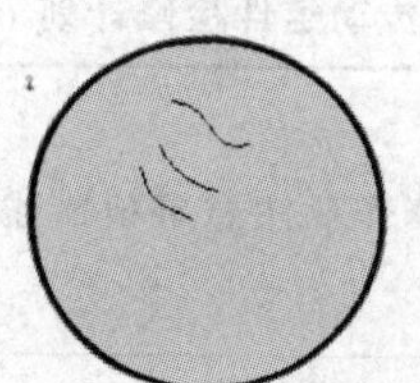
(b) 底部裂纹

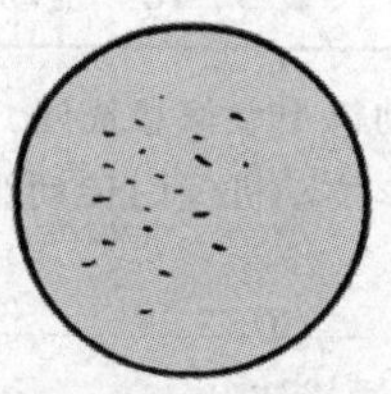
(c) 底部疲劳剥落

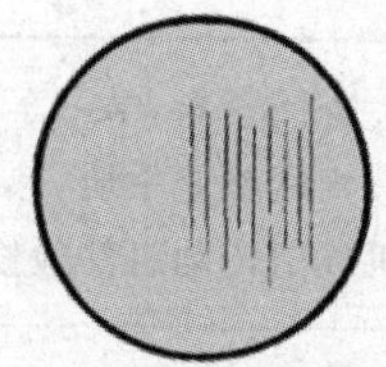
(d) 底部有划痕

图 3-36 挺柱底部配合表面

3. 液力挺柱的检修

(1) 检查液力挺柱与承孔的配合间隙,一般为 0.01～0.04 mm,使用限度为 0.10 mm。

(2) 检查各部件有无损坏,应特别注意检查挺柱体外侧面及底部有无过度磨损。

(3) 检查液力挺柱是否有泄漏,回降时间是否在规定的范围内。

4. 气门推杆的修理

直线度误差应不大于 0.30 mm，杆身不得有锈蚀和裂纹。磨损应控制在 0.03 mm 以内。气门推杆弯曲应进行校直。

5. 摇臂轴和摇臂的修理

摇臂头部应光洁无损。摇臂轴轴颈的磨损量大于 0.02 mm 或摇臂轴与摇臂承孔的配合间隙超过规定时，应修复或更换。摇臂轴弯曲应冷压校直，使其直线度误差在 100 mm 长度上不大于 0.03 mm。

6. 正时链轮和链条的检查

(1) 正时链条的检查：测量全链长（如图 3－37(a)所示）。

(2) 正时链轮的检查：测量最小的链轮直径（如图 3－37(b)所示）。

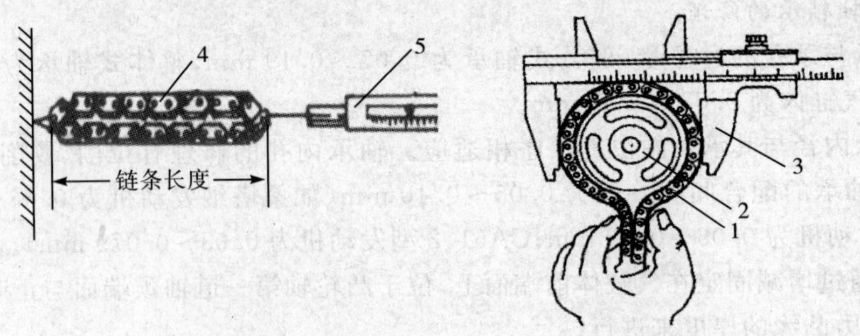

(a) 链条的检查　　(b) 链轮的检查

图 3－37　正时链轮和链条的检查

1—链条；2—链轮；3—游标卡尺；4—链条；5—弹簧秤

三、制定检修计划

制定发动机气门传动组件检修计划如表 3－18 所示。

表 3－18　发动机气门传动组件检修计划

<table>
<tr><td colspan="3">1. 查阅资料，学习车辆发动机类型信息描述。
2. 查阅维修手册，熟悉汽车发动机气门传动组件检修作业注意事项描述及检修项目，制定汽车发动机气门传动组件检修计划。</td></tr>
<tr><td rowspan="2">1. 车辆发动机类型信息描述</td><td>车辆描述：</td><td></td></tr>
<tr><td>发动机类型信息描述：</td><td></td></tr>
<tr><td>2. 发动机气门传动组件检修作业注意事项描述</td><td colspan="2">1. 要严格按照规则使用工量具。
2. 修理后的标准数据一定要符合原厂标准。
3. 检修时要注意保护好零部件。</td></tr>
</table>

<table>
<tr><td>3. 发动机气门传动组件信息描述</td><td>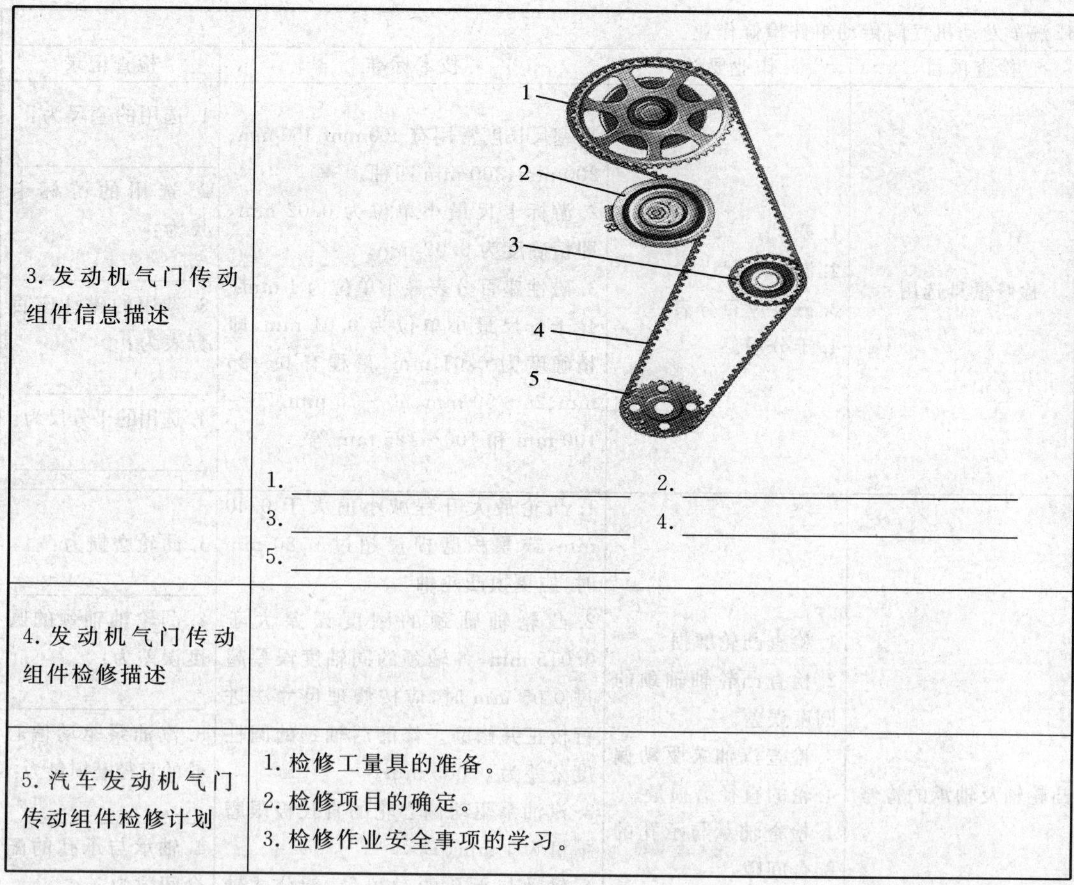

1. ________ 2. ________
3. ________ 4. ________
5. ________</td></tr>
<tr><td>4. 发动机气门传动组件检修描述</td><td></td></tr>
<tr><td>5. 汽车发动机气门传动组件检修计划</td><td>1. 检修工量具的准备。
2. 检修项目的确定。
3. 检修作业安全事项的学习。</td></tr>
</table>

四、实施检修作业

汽车发动机气门传动组件检修作业具体实施如表 3-19 所示。

表 3-19 气门传动组件检修作业

<table>
<tr><td colspan="3">1. 学习汽车发动机气门传动组件检修作业安全事项。
2. 会正确对汽车发动机气门传动组件进行拆卸和检测作业。</td></tr>
<tr><td rowspan="2">1. 车辆信息描述</td><td>车辆描述：</td><td></td></tr>
<tr><td>车辆发动机类型描述：</td><td></td></tr>
<tr><td>2. 汽车发动机气门传动组件检修计划描述</td><td colspan="2"></td></tr>
<tr><td>3. 汽车发动机气门传动组件检修作业安全事项学习</td><td colspan="2">1. 注意人身和机件的安全，不了解的先了解后再动手，特别是注意在车底下工作时的人身安全。
2. 注意防火。
3. 认真接受实习前的安全知识教育。</td></tr>
</table>

续表

4. 汽车发动机气门传动组件检修作业			
检查项目	作业要领	技术标准	检查记录
检修量具选用	1. 塞尺。 2. 游标卡尺。 3. 磁性座百分表。 4. 千分尺。	1. 塞尺长度常用有 100 mm、150 mm、200 mm、300 mm 四种。 2. 游标卡尺最小单位为 0.02 mm，即精确度为 0.02 mm。 3. 磁性座百分表最小单位为 1 mm。 4. 千分尺最小单位为 0.01 mm，即精确度为 0.01 mm，量程有 0～25 mm、25～50 mm、50～75 mm、75～100 mm 和 100～125 mm 等。	1. 选用的塞尺为：______ 2. 选用的游标卡尺为：______ 3. 选用的磁性座百分表为：______ 4. 选用的千分尺为：______
凸轮轴及轴承的检修	1. 检查凸轮磨损。 2. 检查凸轮轴轴颈的圆度误差。 3. 检查汽油泵驱动偏心轮的直径磨损量。 4. 检查轴承与承孔的配合间隙。 5. 检查轴颈与轴承的配合间隙。	1. 凸轮最大升程减小值大于 0.40 mm，或累积磨损量超过 0.80 mm 时，应更换凸轮轴。 2. 凸轮轴轴颈的圆度误差大于 0.015 mm，各轴颈的同轴度误差超过 0.05 mm 时，应按修理尺寸法进行校正并修磨。修磨后轴颈的圆柱度公差为 0.005 mm。 3. 汽油泵驱动偏心轮的直径极限磨损量为 1 mm。 4. 轴承与承孔的过盈量，剖分式轴承为 0.07～0.19 mm，整体式轴承为 0.05～0.13 mm。 5. 轴颈与轴承的配合间隙为 0.05～0.10 mm（如桑塔纳发动机为 0.06～0.08 mm）。	1. 凸轮磨损为：______ 2. 凸轮轴轴颈的圆度误差为：______ 3. 汽油泵驱动偏心轮的直径磨损量为：______ 4. 轴承与承孔的配合间隙为：______ 5. 轴颈与轴承的配合间隙为：______
气门挺柱的检修	1. 检查挺柱底部是否出现疲劳剥落。 2. 检查底部是否出现环形光环。 3. 检查底部是否有擦伤划痕。 4. 检查挺柱圆柱部分与导孔的配合间隙。	1. 挺柱底部出现疲劳剥落时，应更换新挺柱。 2. 底部出现环形光环，说明磨损不均匀，应尽早更换新件。 3. 底部出现擦伤划痕时，应予更换。 4. 挺柱圆柱部分与导孔的配合间隙一般为 0.03～0.10 mm。	1. 挺柱底部是否出现疲劳剥落：______ 2. 底部是否出现环形光环：______ 3. 底部是否出现擦伤划痕：______ 4. 挺柱圆柱部分与导孔的配合间隙为：______

续表

检查项目	作业要领	技术标准	检查记录
液力挺柱的检修	1. 检查液力挺柱与承孔的配合间隙。 2. 检查挺柱体外侧面及底部有无过度磨损。 3. 检查液力挺柱是否有泄漏。	1. 液力挺柱与承孔的配合间隙一般为 0.01～0.04 mm，使用限度为 0.10 mm。 2. 挺柱体外侧面及底部有无过度磨损。 3. 液力挺柱应无泄漏，回降时间应在规定的范围内。	1. 液力挺柱与承孔的配合间隙：______ 2. 挺柱体外侧面及底部有无过度磨损：______ 3. 液力挺柱是否有泄漏：______
气门推杆的修理	检查气门推杆直线度误差	气门推杆直线度误差应不大于0.30 mm。	气门推杆直线度误差为：______
摇臂轴和摇臂的修理	1. 检查摇臂轴轴颈的磨损量。 2. 检查摇臂轴与摇臂承孔的配合间隙。 3. 检查摇臂轴直线度误差。	1. 摇臂轴轴颈的磨损量大于 0.02 mm，应予修复或更换。 2. 摇臂轴与摇臂承孔的配合间隙超过规定时，应修复或更换。 3. 摇臂轴弯曲应冷压校直，使其直线度误差在 100 mm 长度上不大于 0.03 mm。	1. 摇臂轴轴颈的磨损量：______ 2. 摇臂轴与摇臂承孔的配合间隙：______ 3. 摇臂轴直线度误差：______
5. 检修作业完成后的收获与感想			

五、检验评估

任务三的检验评估如表 3－20 所示。

表 3-20 检验评估

评价指标	检验说明	检验记录
维护检查项目	1. 拆解工具设备 2. 检查液力挺柱是否漏油 3. 检查零部件的损坏情况	
汽车发动机气门传动组件检修过程情况		

评价内容	检验指标	权重	自评	互评	总评
检查任务完成情况	1. 完成任务过程情况	4			
	2. 任务完成质量				
	3. 在小组完成任务过程中所起作用				
专业知识和专业技能	1. 能说出发动机气门传动组件的结构组成	8			
	2. 能描述发动机气门传动组件的工作原理				
	3. 能正确地选择和使用维修工量具对气门传动组件进行检修				
职业素养	1. 学习态度：积极主动参与学习	3			
	2. 团队合作：与小组成员一起分工合作，不影响学习进度				
	3. 现场管理：服从工位安排，执行实训室“5S”管理规定				
综合评价与建议					

任务四 配气机构的拆装、调整和常见故障诊断、排除

任务描述

一辆桑塔纳 2000 汽车在行车过程中出现冒黑烟、回火、加速无力和气门异响等现象，进厂进行维修。针对维修接待和车间确认意见，需对配气机构进行拆装和故障诊断与排除。

任务目标

1. 能正确地选择和使用维修工具，拆卸和装配配气机构。
2. 会气门间隙检查与调整。
3. 掌握配气机构常见故障诊断与排除。

一、维修接待

按照表 3－21 完成待修车辆的维修接待，并准确填写接车问诊表。

表 3－21　维修接待与接车问诊表

<table>
<tr><td colspan="2">1. 通过询问客户了解发动机发生故障情况，填写接车问诊表。
2. 车间检测初步确认需对配气机构进行检修及更换其主要故障零部件。</td></tr>
<tr><td colspan="2">接 车 问 诊 表
车牌号：＿＿＿＿＿＿ 车架号：＿＿＿＿＿＿ 行驶里程：＿＿＿＿＿＿(km)
用户名：＿＿＿＿＿＿ 电　话：＿＿＿＿＿＿ 来店时间：＿＿＿＿＿＿</td></tr>
<tr><td colspan="2">用户陈述及故障发生时的状况：一辆桑塔纳 2000 汽车在行车过程中出现冒黑烟、回火、加速无力和气门异响等现象。
故障发生状况提示：行驶速度、发动机状态、发生频度、发生时间、部位、天气、路面状况。</td></tr>
<tr><td colspan="2">接车员检测确认建议：需对发动机配气机构进行综合故障分析。</td></tr>
<tr><td colspan="2">车间检测确认结果及主要故障零部件：需对发动机配气机构进行综合故障分析，必要时更换故障零部件。
车间检查确认者：＿＿＿＿＿＿</td></tr>
<tr><td rowspan="2">外观确认：(请在有缺陷部位做标识)</td><td>功能确认：(工作正常√　不正常×)
□音响系统　□门锁(防盗器)　□全车灯光
□工具　□后视镜　□天窗　□座椅
□点烟器　□玻璃升降器　□玻璃</td></tr>
<tr><td>物品确认：(有√　无×)
F　E
□贵重物品提示
□工具　□备胎　□灭火器
□其他(　　　　)
旧件是否交还用户
□是　□否
用户是否需要洗车
□是　□否</td></tr>
<tr><td colspan="2">· 检测费说明：本次检测的故障如用户在本店维修，检测费包含在修理费用内；如用户不在本店维修，请支付检测费。本次检测费：￥＿＿＿＿元。
· 贵重物品：在将车辆交给我店检查修理前，已提示将车内贵重物品自行收起并保存好，如有遗失恕不负责。
接车员：＿＿＿＿＿＿　　用户确认：＿＿＿＿＿＿</td></tr>
</table>

二、信息收集与处理

按表 3－22 完成任务四的信息收集与处理。

表 3－22　信息收集与处理

序号	部件名称	作　用
1		
2		
3		
4		
5		
6		

配气机构常见故障有：__________；__________；__________；__________；__________和__________。

(一)配气机构的拆卸和装配

1. 气门组的拆装

气门组拆卸和装配步骤如表 3－23 所示。

注意：气门组拆装时，应防止气门弹簧弹出伤人，气门组装好后应确认锁片工作可靠。

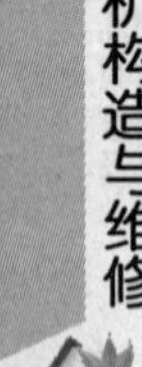

表 3-23　气门组的拆装

工具		拆装步骤	图示
气门拆装夹具拆装	拆卸	1. 固定端顶住气门头，活动端顶住气门弹簧座，移动螺杆手柄，压缩气门弹簧至露出气门锁片，用尖嘴钳夹出气门锁片。 2. 转动螺杆手柄，放松气门弹簧后，移出气门拆装夹具即可拿出气门弹簧、弹簧座、气门及气门油封。 3. 逐一拆卸气门后，注意按顺序将拆下的配件放好。	气门弹簧 气缸盖 专用工具
	安装	1. 清洗气门导管、燃烧室，并用压缩空气吹干。 2. 分别在气门杆、气门导管上涂上一层机油。 3. 将气门按顺序插进气门导管内，安装气门弹簧座与新的气门油封。 4. 安装弹簧及气门弹簧座，用气门拆装夹具压缩气门弹簧至气门杆露出气门锁片槽。 5. 用尖嘴钳放入气门锁片（粘些黄油），可使锁片粘在气门杆上。 6. 放松气门拆装夹具，使气门锁片进入气门弹簧座的锥形内圈里。 7. 用方木垫起气缸盖，使气门头部有移动空间，用塑料锤或木锤轻轻敲击气门杆端部，检查气门锁片是否装好，如敲几次后锁片没有松出，即为装好。	
撞击式拆装工具拆装	拆卸	1. 用方木垫起气缸盖平面，使气门头部固定。 2. 使用撞击式拆卸工具，内孔对准气门杆，用手锤敲击拆卸工具，即可将气门锁片拆下。 3. 逐一拆卸气门后，注意按照顺序将拆下的配件放好。	
	安装	1. 按气门拆装夹具拆装气门安装步骤 1、2、3 操作。 2. 安装弹簧及气门弹簧座后，将气门锁片放在弹簧座中心的锥形孔内。 3. 用撞击式安装工具对准气门弹簧中心位置，用手锤敲击安装工具，即可装入弹簧座。 4. 用塑料锤或木锤轻轻敲击气门杆端部，如敲几次后锁片没有松出，即为装妥。	

2. 气门传动组的拆装

气门传动组拆卸和装配步骤如表 3－24 所示。

表 3－24　气门传动组的拆装

	步　骤	图　示
气门传动组的拆卸	1. 拆下油底壳、机油泵及其传动机件。 2. 拆卸挺柱室盖及密封垫，取出挺柱并依次按顺序放置，以便对号安装。CA6102 型发动机挺柱装在挺柱导向体中，导向体可拆卸，拆装时须注意装配标记。 3. 用拉器拆卸皮带轮。 4. 拆下正时齿轮室盖及衬垫。 5. 检查正时齿轮安装记号，如无记号或记号不清，应做出相应的装配记号（1 缸活塞位于压缩行程上止点时）。 6. 拆下凸轮轴止推凸缘固定螺钉，平稳地将凸轮轴抽出（正时齿轮可不拆卸）。	
清洗	将各个零部件用清洗液清洗干净，然后用压缩空气吹干。	
气门传动组的安装	1. 安装前各零部件应保持清洁并按顺序放好。 2. 安装凸轮轴：先装上正时齿轮室盖板，润滑凸轮轴轴颈和轴承，转动曲轴，在第 1 缸压缩上止点处，对准凸轮轴正时齿轮和曲轴正时齿轮上的啮合记号，平稳地将凸轮轴装入轴承孔内。紧固推力凸缘螺钉，再转动曲轴，复查正时齿轮啮合情况并检查凸轮轴轴向间隙。 3. 安装气门挺柱。 4. 装复正时齿轮室盖、曲轴带轮及起动爪。 5. 装复机油泵及其附件，装复油底壳。 6. 气门组的装配。 7. 安装气缸盖。 8. 摇臂机构的装配。	

3. 正时齿形带的拆装与检查

正时齿形带（如图 3－38 所示）为帘布层或玻璃纤维层结构，具有较长的使用寿命，正常情况下，一般在汽车行驶 10 万 km 时才需要更换。正时齿形带经过一段时间的使用后，会发生老化和损伤，因此使用中应该经常检查和维护，避免发生折断、滑齿，造成活塞与进、排气门相撞，从而使活塞与气门损坏，严重时还会造成气门摇臂、摇臂轴、凸轮轴、气缸盖的损坏。

1）正时齿形带张紧度的检查

拆去正时同步带护罩，用拇指和食指捏住两带轮之间齿形带的中间部位，用力翻转，若刚好能翻转 90°，即为张紧度合适。否则应松开张紧轮紧固螺母，将张紧轮压紧齿形带，保持适当张紧力后紧固张紧轮固定螺母，然后复查，直至合适。如图 3－39 所示。

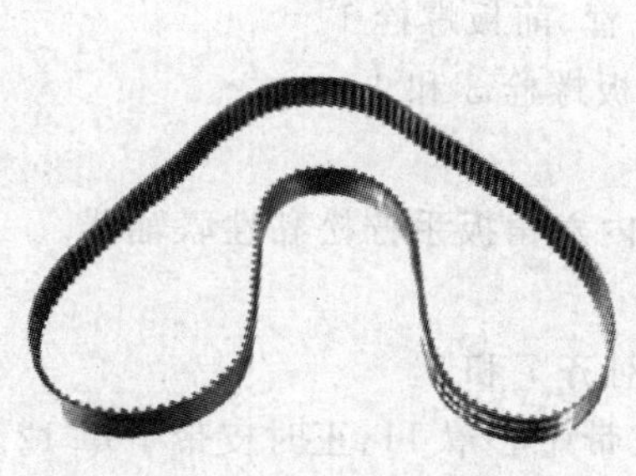

图 3－38　正时齿形带

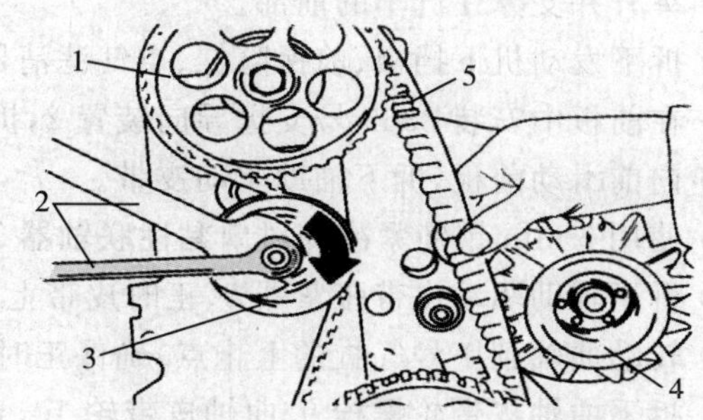

图 3－39　正时齿形带的检查

1—凸轮轴正时齿轮；2—扳手；3—张紧轮；4—发电机；5—正时齿形带

2）正时齿形带的更换

如果正时齿形带有裂纹、磨损、橡胶老化、纤维拉毛起层、掉牙等损坏现象，则应予以更换。

奥迪(AUDI)正时齿形带的拆装(如图 3－40 所示)，以 AUDI A4 1.6(年款：1996～2001，发动机代号：AHL)为例，其拆装步骤如下。

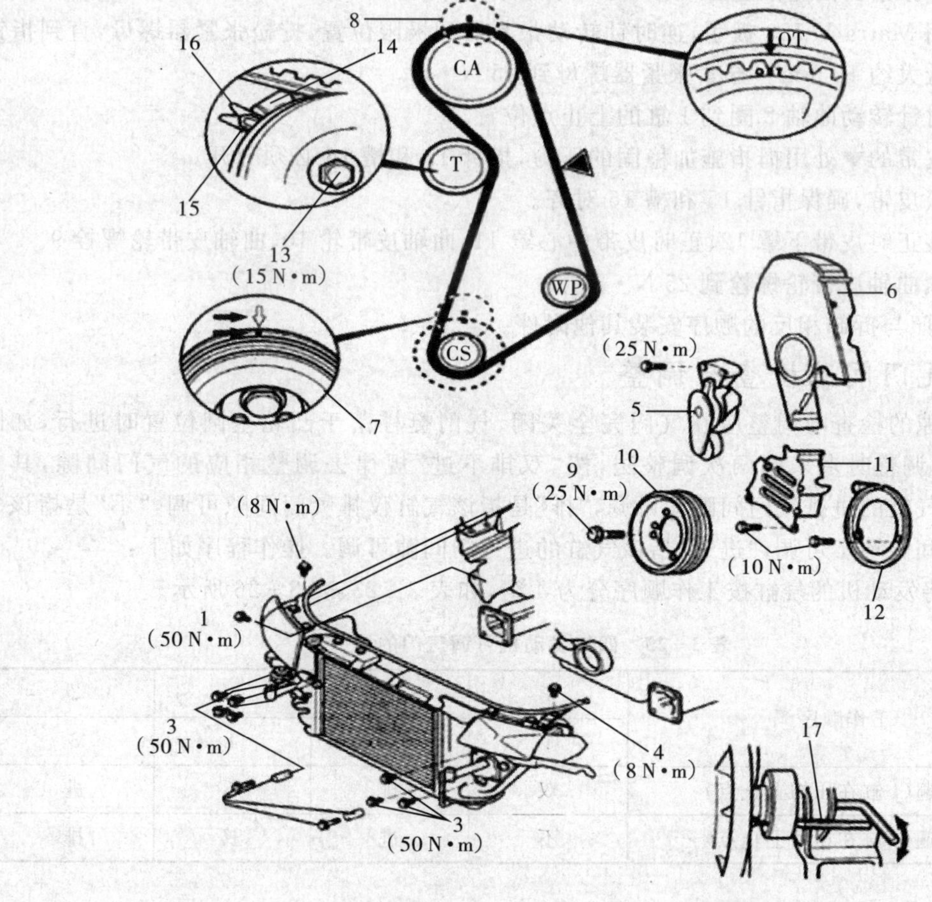

图 3－40　AUDI A4 1.6 发动机正时齿形带的安装

项目三　配气机构检修

拆卸步骤：

(1) 举升并支撑住汽车的前部。

(2) 拆下发动机下挡板、前保险杠、空气滤清器进气管、前板螺栓1。

(3) 在前板中安装3369号支撑导向装置2，拆下前板螺栓3和4。

(4) 向前滑动前板，拆下辅助驱动皮带。

(5) 使用5 mm销锁紧冷却风扇黏性联轴器17，用内六角扳手拧松黏性联轴器。

(6) 拆下辅助驱动皮带张紧器5、正时皮带上罩6。

(7) 转动曲轴到1号气缸的上止点，确保正时标记对齐7和8。

(8) 拆下曲轴皮带轮螺栓9、曲轴皮带轮10、正时皮带中心罩11、正时皮带下罩12。

(9) 拧松张紧器螺母13，顺时针转动张紧器使它远离皮带，轻轻地拧紧螺母。

(10) 拆下正时齿形带。

注意：如果要重新使用皮带，用粉笔在皮带上标记好皮带的转动方向。

安装步骤：

(1) 确保正时标记对齐7和8。

(2) 按照下面的顺序安装正时齿形带：曲轴链轮、水泵链轮、张紧器、凸轮轴链轮。

注意：如果要重新使用旧的皮带，注意皮带转动的方向。

(3) 确保张紧器固定凸起正确接合14，拧松张紧器螺母13。

(4) 使用Matra V 159扳手，逆时针转动张紧器到极限位置，拧松张紧器螺母，直到指针15比槽16低大约10 mm。拧紧张紧器螺母到15 N·m。

(5) 顺时针转动曲轴2圈到1缸的上止点位置。

(6) 在皮带的▼处用拇指施加稳固的压力，指针15和槽16必须分开。

(7) 放松皮带，确保指针15和槽16对齐。

(8) 安装正时皮带下罩12、正时皮带中心罩11、曲轴皮带轮10、曲轴皮带轮螺栓9。

(9) 拧紧曲轴皮带轮螺栓到25 N·m。

(10) 按照与拆卸相反的顺序安装其他附件。

(二)气门间隙检查与调整

气门间隙的检查与调整应在气门完全关闭、气门挺柱落于凸轮基圆位置时进行，如图3-41所示。调整时多采用两次调整法，按“双排不进”规律去调整相应的气门间隙，其中“双”是指该气缸的进排气门间隙均可调，“排”是指该气缸仅排气门间隙可调，“不”是指该气缸进排气门间隙均不可调，“进”是指该气缸的进气门间隙可调。操作程序如下：

(1) 先将发动机的气缸按工作顺序分为4组，如表3-25、表3-26所示。

表3-25　四缸发动机可调气门的排列

工作顺序	1	3	4	2
	1	2	4	3
第一遍(1缸在压缩上止点)	双	排	不	进
第二遍(4缸在压缩上止点)	不	进	双	排

表 3-26　六缸发动机可调气门的排列

工作顺序	1	5	3	6	2	4
	1	4	2	6	3	5
第一遍(1 缸在压缩上止点)	双	排		不	进	
第二遍(6 缸在压缩上止点)	不	进		双	排	

(2) 第一次:将 1 缸活塞转到压缩终了上止点,按双、排、不、进调整其一半气门的间隙。

(3) 第二次:曲轴转动一周,将末缸达到压缩行程上止点,仍按不、进、双、排调整余下的气门的间隙。

部分常见车型的气门间隙如表 3-27 所示。

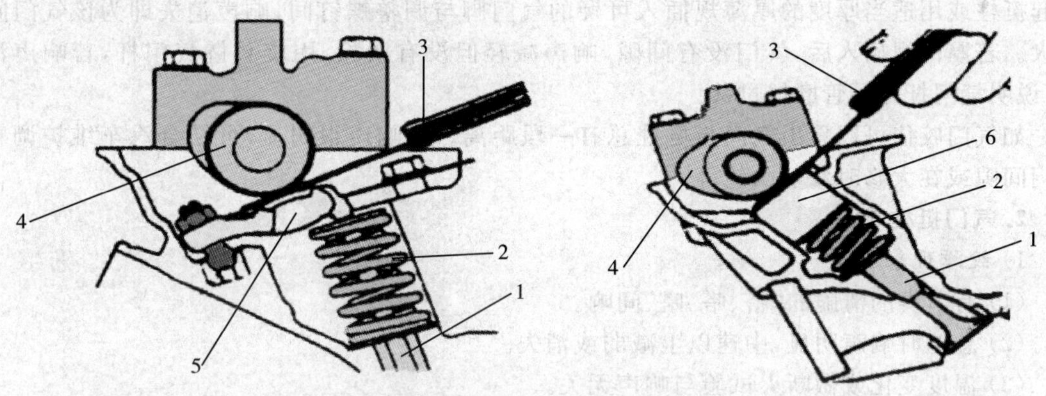

图 3-41　气门间隙检查

1—气门;2—气门弹簧;3—塞尺;4—凸轮;5—摇臂;6—补偿盘

表 3-27　常见汽车发动机的气门间隙(单位:mm)

发动机型号	进气门		排气门	
	热车	冷车	热车	冷车
上海桑塔纳	0.25±0.05	0.20±0.05	0.45±0.05	0.40±0.05
一汽捷达	0.20~0.30	0.15~0.25	0.40~0.50	0.35~0.45
富康		0.20		0.40
丰田 M 系列	0.28	0.25	0.35	0.30
解放 CA6102		0.20~0.30		0.20~0.30
东风 EQ6100—1		0.20~0.25		0.20~0.25
玉柴 YQ6105QC		0.40		0.45

也可采用逐缸调整法,在该缸活塞位于压缩行程终了上止点时,检查调整该缸进、排气门间隙,再转动曲轴至下一缸处在压缩上止点,调整该缸进、排气门间隙,如此重复,直到调整完所有的气门间隙。

(三)配气机构常见故障诊断与排除

1. 气门间隙响(俗称“气门脚响”)

1)故障现象

(1) 发动机怠速时发出有节奏的“嗒、嗒、嗒”声。

(2) 转速增高,响声也随之增高。

(3) 发动机温度变化或做断火试验,响声不变。

2)故障原因

机件磨损或调整不当,使气门间隙过大,导致气门杆端与调整螺钉头部碰击。

3)故障诊断与排除

在气门室一侧察听较清晰,为查明是哪只气门脚响,可将气门室盖拆下,在怠速时用手提起挺柱或用适当厚度的厚薄规插入可疑的气门脚与调整螺钉间,响声消失即为该气门间隙大。若厚薄规插入后,气门没有间隙,响声减轻但没有消除,用旋具撬气门杆,若响声消除,说明气门杆与导管磨损过甚。

如气门咬住可以看出气门与挺柱总有一段距离。若响声很明显,可结合汽车维护调整气门间隙或在大修时修复凸轮等。

2. 气门挺柱响

1)故障现象

(1) 有节奏的清脆的“嗒、嗒、嗒”间响。

(2) 怠速时响声明显,中速以上减弱或消失。

(3) 温度变化或做断火试验与响声无关。

2)故障原因

(1) 挺柱与导孔配合松旷,当凸轮顶动挺柱时,横向力使挺柱摆动,撞击导孔而产生响声。

(2) 挺柱端头磨损有沟槽。

(3) 挺柱不能自由转动。

(4) 凸轮有线性磨损,顶动挺柱有跳动现象。

3)故障诊断和排除

判断某一挺柱响,用铁丝径向钩住有异响的挺柱,若响声减弱或消失,即为该挺柱故障而发生这种响声。

3. 气门座响

1)故障现象

(1) 与气门脚响相似,但比其响声大,且有忽大忽小的“嚓、嚓、嚓”声。

(2) 中速时响声清晰,高速杂乱。

(3) 单缸断火,响声不变,有时更明显。

(4) 发动机低温初发动时响声易出现。

2)故障原因

这种响声比较复杂,有的有节奏,有的无节奏,有的间歇响,有的连续响。

(1) 怠速或转速变化时,在正时齿轮盖处发出杂乱而轻微的噪声,转速提高噪声消失,急减速时此噪声尾随出现。

(2) 此响声不受温度和单缸断火试验的影响。

3）故障诊断和排除

将气门室盖拆下来检视，找出某缸后，用旋具轻撬气门弹簧，观察气门弹簧有无折断；若过软，响声就会消失。并更换相应附件。

4. 正时齿轮响

1）故障现象

(1) 发动机在怠速时，发出有节奏的轻微的“嘎拉、嘎拉”的响声，中速时显得突出，高速时声音变得杂乱，严重时正时齿轮盖有振动，此种情况为齿轮啮合间隙过大。

(2) 新车大修或更换正时齿轮后，如果发动机发出一种连续不断的“嗷、嗷”声，发动机转速越高响声越大，此种情况为齿轮啮合间隙过小。

(3) 齿轮啮合不良引起的响声类似呼啸声，响声的大小随发动机转速变化而变化。

(4) 发动机怠速运转时，发出有节奏的“哽、哽”声，发动机转速提高，响声加大，此种响声为齿轮啮合不均。

(5) 随发动机运转而产生有节奏的清晰的撞击声，为正时齿轮轮齿损坏。

2）故障原因

(1) 正时齿轮啮合间隙过大或过小。

(2) 曲轴和凸轮轴中心线不平行，造成齿轮啮合失常。

(3) 更换曲轴和凸轮轴轴承后，改变了齿轮啮合位置。

(4) 凸轮轴正时齿轮固定螺母松动。

(5) 凸轮轴正时齿轮轮齿折损。

3）故障诊断与排除

(1) 发动机在怠速时有轻微异响，中速时异响明显，高速时声音杂乱，正时齿轮盖有振动，这种异响是由于齿轮啮合间隙过大造成的。

(2) 随发动机运转而产生有节奏的撞击声，为正时齿轮个别轮齿损坏。

5. 凸轮轴异响

1）故障现象

(1) 在缸体侧可听到有节奏而较钝的“嗒、嗒”声。

(2) 中速明显，高速消失。

(3) 单缸断火，声响依旧。

2）故障原因

(1) 凸轮轴及轴承间配合松旷。

(2) 凸轮轴弯曲变形。

(3) 凸轮轴轴向间隙过大。

3）故障诊断与排除

一旦发现此类故障，确定后，应拆检，并相应更换故障件。

6. 液力挺柱响

1）故障现象

(1) 发动机运转时，出现有节奏的“嗒、嗒”声。

(2) 怠速时明显，中速以上减弱或消失。

2）故障原因

(1) 发动机柳舢油面过高或过低，致使有气泡的机油进到液力挺柱中，形成弹性体而产生噪声。

(2) 机油压力低。

(3) 由于机油泵、收集器损坏或破裂,使空气吸到机油中去。

(4) 液力挺柱失效。

3) 故障诊断与排除

(1) 检查机油油面,视情况添加或排放,使油量正常。

(2) 检查机油压力是否正常。

(3) 检查液力挺柱是否失效,方法如下:

① 起动发动机,并使之运转直到散热器风扇运转。

② 将发动机转速提高到约 2500 r/min,并运转 2 min,若液力挺柱还有噪声,则拆检。

③ 拆下气缸罩盖。

④ 旋转曲轴,直到待查的挺柱凸轮向上。

⑤ 用楔形木棒或塑料棒向下压下挺柱,气门打开前,如果自由行程超过 0.1 mm,则应更换挺柱,换上新挺柱后,30 min 内不得起动。

三、制定拆装和诊断计划

制定发动机配气机构拆装和诊断计划如表 3-28 所示。

表 3-28　配气机构拆装和诊断计划

<table>
<tr><td colspan="3">1. 查阅资料,学习发动机配气机构类型信息和发动机气门间隙检查与调整信息。
2. 查阅维修手册,熟悉汽车发动机配气机构拆装作业注意事项和发动机配气机构拆装步骤描述,制定汽车发动机配气机构拆装与诊断计划。</td></tr>
<tr><td rowspan="2">1. 车辆发动机类型信息描述</td><td>车辆描述:</td><td></td></tr>
<tr><td>发动机配气机构类型信息描述:</td><td></td></tr>
<tr><td>2. 汽车发动机配气机构拆装作业注意事项描述</td><td colspan="2">1. 气门组拆装时,应防止气门弹簧弹出伤人,气门组装好后应确认锁片工作可靠。
2. 在安装凸轮轴时,注意不要将手指挤压在凸轮轴承和缸体座孔中间。
3. 在对凸轮轴和气门驱动机构进行作业时,一定要确保所有工具都是干净的,没有灰尘和油脂。拆卸下的凸轮轴所有螺栓在重新装配时都必须用正确的拧紧力矩拧紧。
4. 在对齐发动机的凸轮轴和曲轴正时标记时,注意不要让齿轮划破手指。注意不要让手指被挤压到传动带和齿轮之间。
5. 在维修车间作业时,所有电动工具都必须正确接地,在潮湿的地方绝对不能使用电动工具。
6. 安装正时齿形带时要用手操作,忌用旋具撬正时齿形带来对记号,同时注意齿形带不得粘有机油、黄油或其他化学药品,不得使齿形带产生死弯,或以很小的半径急剧弯曲齿形带。</td></tr>
</table>

续表

3. 发动机气门间隙检查与调整信息描述	气门间隙调整方法有________和________。
4. 发动机配气机构拆装步骤描述	
5. 汽车发动机曲轴飞轮组拆检计划	1. 拆装工具的准备。 2. 拆装步骤的确定。 3. 气门间隙调整方法的确定。 4. 拆装作业安全事项的学习。

四、实施拆装和诊断作业

汽车发动机配气机构拆装和诊断作业具体实施如表 3 - 29 所示。

表 3 - 29　配气机构拆装和诊断作业

<table>
<tr><td colspan="3">1. 学习汽车发动机配气机构拆装作业安全事项。
2. 会正确对汽车发动机配气机构进行拆装作业。</td></tr>
<tr><td rowspan="2">1. 车辆信息描述</td><td>车辆描述：</td><td></td></tr>
<tr><td>车辆发动机类型描述：</td><td></td></tr>
<tr><td>2. 汽车发动机配气机构拆装计划描述</td><td colspan="2"></td></tr>
<tr><td>3. 汽车发动机配气机构拆装作业安全事项学习</td><td colspan="2">1. 注意人身和机件的安全，不了解的先了解后再动手，特别要注意在车底下工作时的人身安全。
2. 注意防火。
3. 认真接受实习前的安全知识教育。</td></tr>
</table>

续表

4. 汽车发动机配气机构拆装作业			
检查项目	作业要领	技术标准	检查记录
拆装工具的选用	1. 扭力扳手。 2. 开口扳手。 3. 活动扳手。 4. 套筒扳手。 5. 气门拆卸专用钳。	1. 扭力扳手常用有 294 N·m、490 N·m 两种。 2. 开口扳手开口的中心平面和本体中心平面成 15°角，这样既能适应人手的操作方向，又可降低对操作空间的要求。 3. 活动扳手常用有 150 mm、300 mm 两种。 4. 常用套筒扳手的规格是 10～32 mm。	1. 选用的扭力扳手为： ______ 2. 选用的开口扳手为： ______ 3. 选用的活动扳手为： ______ 4. 选用的套筒扳手为： ______
拆装步骤	1. 气门组分解步骤： (1) 固定端顶住气门头，活动端顶住气门弹簧座，移动螺杆手柄，压缩气门弹簧至露出气门锁片，用尖嘴钳夹出气门锁片。 (2) 转动螺杆手柄，放松气门弹簧后，移出气门拆装夹具即可拿出气门弹簧、弹簧座、气门及气门油封。 (3) 逐一拆卸气门后，注意按顺序将拆下的配件放好。 2. 气门传动组分解步骤： (1) 拆除外围附件，如空气滤清器等。 (2) 将发动机固定到专用拆装架 VW540 上。 (3) 拆下曲轴带轮。 (4) 拆下齿形带上、下护罩。 (5) 松开齿形带张紧轮，取下齿形带，拆下张紧轮。 (6) 拧下曲轴正时齿轮带上的紧固螺栓，拆下曲轴带轮。 (7) 拧下中间轴齿轮紧固螺栓，拆下中间轴齿轮。 (8) 拧下气门室罩盖的紧固螺母，取下加强压条、气门罩盖、挡油板及密封衬垫。 (9) 按规定的顺序拧松气缸盖紧固螺栓，取下气缸盖。 (10) 从气缸盖上拆下凸轮轴各道轴承盖的紧固螺母(先松 1、4 道，再松 2、3 道)，取下轴承盖及凸轮轴，在轴承盖上打上装配标记或按顺序摆放，不得错乱。 3. 配气机构的装配按拆卸时的相反顺序操作，并应注意下列事项： (1) 装配前必须对零部件进行清洗和检验。 (2) 各紧固件必须依据规定顺序和拧紧力矩拧紧。 (3) 安装齿形带时，要保证凸轮轴正时齿轮上的标记与气门室罩盖平面对齐。		1. 凸轮轴的磨损情况： ______ 2. 凸轮轴轴承的磨损情况： ______ 3. 齿形带磨损情况： ______ 4. 上、下护罩是否变形： ______ 5. 张紧轮磨损情况： ______ 6. 各个螺栓的状况： ______、 ______、 ______、 ______、 ______等

续表

检查项目	作业要领	技术标准	检查记录
气门间隙	气门间隙的检查与调整。	1. 进气门间隙一般为 0.25～0.30 mm。 2. 排气门间隙一般为 0.30～0.35 mm。	1. 进气门间隙为：______ 2. 排气门间隙为：______
故障分析	1. 气门间隙响。 2. 气门挺柱响。 3. 气门座响。 4. 正时齿轮响。 5. 凸轮轴异响。 6. 液力挺柱异响。		1. 气门间隙是否响：______ 2. 气门挺柱是否响：______ 3. 气门座是否响：______ 4. 正时齿轮是否响：______ 5. 凸轮轴是否异响：______ 6. 液力挺柱是否异响：______
5. 拆装和诊断作业完成后的收获与感想			

五、检验评估

任务四的检验评估如表 3 - 30 所示。

表 3 - 30　检验评估

评价指标	检验说明	检验记录
维护检查项目	1. 拆装工具设备 2. 检查气门间隙 3. 检查配气机构异响	
汽车发动机配气机构拆装过程情况		

续表

评价内容	检验指标	权重	自评	互评	总评
检查任务完成情况	1. 完成任务过程情况	4			
	2. 任务完成质量				
	3. 在小组完成任务过程中所起作用				
专业知识和专业技能	1. 能正确选择和使用维修工具拆装发动机配气机构	8			
	2. 会检查与调整气门间隙				
	3. 懂得配气机构故障诊断与排除				
职业素养	1. 学习态度：积极主动参与学习	3			
	2. 团队合作：与小组成员一起分工合作				
	3. 现场管理：服从工位安排，执行实训室管理规定				
综合评价与建议					

项目思考

1. 配气机构凸轮轴的驱动形式有哪几种？
2. 什么叫配气相位？
3. 影响充气效率的因素有哪些？提高充气效率的主要措施有哪些？
4. 凸轮轴的结构是怎样的？如何进行轴向定位？
5. 为什么有的发动机气门要采用两个气门弹簧？采用双气门弹簧时应如何安装？
6. 液力挺柱是如何保证气门无间隙驱动的？
7. 为什么要有气门间隙？气门间隙过大或过小有何危害？
8. 为什么铰磨气门座圈前，先要检验气门与导管的配合间隙？
9. 气门座圈更换的工艺是怎样的？
10. 什么是气门间隙的两次调整法？以 EQ6100 为例，试简述之。
11. 为什么装有液力挺柱的发动机不需要预留气门间隙？
12. 为什么非增压发动机在进气结束时，缸内气压低于外界大气压？
13. 为什么进、排气门要提前开启和延后关闭？
14. 可变进气系统主要由哪些结构形成？
15. 为什么现代发动机要采用可变进气系统和可变配气相位系统？

汽油机燃料供给系统检修

项目描述

一辆桑塔纳 2000GSi 轿车挂入 5 挡后，有明显发冲、后坐感，并且最高车速达不到 100 km/h。进厂经检测后确认空气流量传感器测量数据不准。

项目目标

1. 能正确说出汽油机燃料供给系统的组成、结构、工作原理及检测方法。
2. 能正确地选择和使用维修工量具检修汽油机燃料供给系统的主要部件。
3. 能进行汽油机燃料供给系统的故障诊断与排除。

任务一　汽油机燃料供给系统认识

任务描述

一辆桑塔纳 2000GSi 轿车挂入 5 挡后，有明显发冲、后坐感，并且最高车速达不到 100 km/h，进厂进行维修。针对维修接待和车间确认意见，要对汽油机燃料供给系统进行检查。

任务目标

1. 能理解和说出汽油机燃料供给系统的作用、类型及组成。
2. 能正确地描述电控喷射式燃油供给系统可燃混合气的形成、可燃混合气浓度对发动机性能的影响。

一、维修接待

按照表 4-1 完成待修车辆的维修接待，并准确填写接车问诊表。

表 4－1　维修接待与接车问诊表

1. 通过询问客户了解发动机发生故障情况，填写接车问诊表。
2. 车间检测初步确认需对汽油机燃料供给系统进行检修及更换主要故障零部件。

接 车 问 诊 表

车牌号：________　车架号：________　行驶里程：________(km)

用户名：________　电　话：________　来店时间：________

用户陈述及故障发生时的状况：一辆桑塔纳 2000GSi 轿车挂入 5 挡后，有明显发冲、后坐感，并且最高车速达不到 100 km/h。

故障发生状况提示：行驶速度、发动机状态、发生频度、发生时间、部位、天气、路面状况、声音描述。

接车员检测确认建议：需对汽油机燃料供给系统进行综合修理。

车间检测确认结果及主要故障零部件：需对汽油机燃料供给系统进行综合修理，必要时更换故障零部件。

车间检查确认者：________

外观确认：(请在有缺陷部位做标识)

功能确认：(工作正常√　不正常×)

□音响系统　□门锁(防盗器)　□全车灯光

□工具　□后视镜　□天窗　□座椅

□点烟器　□玻璃升降器　□玻璃

物品确认：(有√　无×)

F　E

□贵重物品提示

□工具　□备胎　□灭火器

□其他(　　　　)

旧件是否交还用户

□是　□否

用户是否需要洗车

□是　□否

· 检测费说明：本次检测的故障如用户在本店维修，检测费包含在修理费用内；如用户不在本店维修，请支付检测费。本次检测费：￥________元。

· 贵重物品：在将车辆交给我店检查修理前，已提示将车内贵重物品自行收起并保存好，如有遗失恕不负责。

接车员：________　用户确认：________

二、信息收集与处理

按表 4－2 完成任务一的信息收集与处理。

表 4-2　信息收集与处理

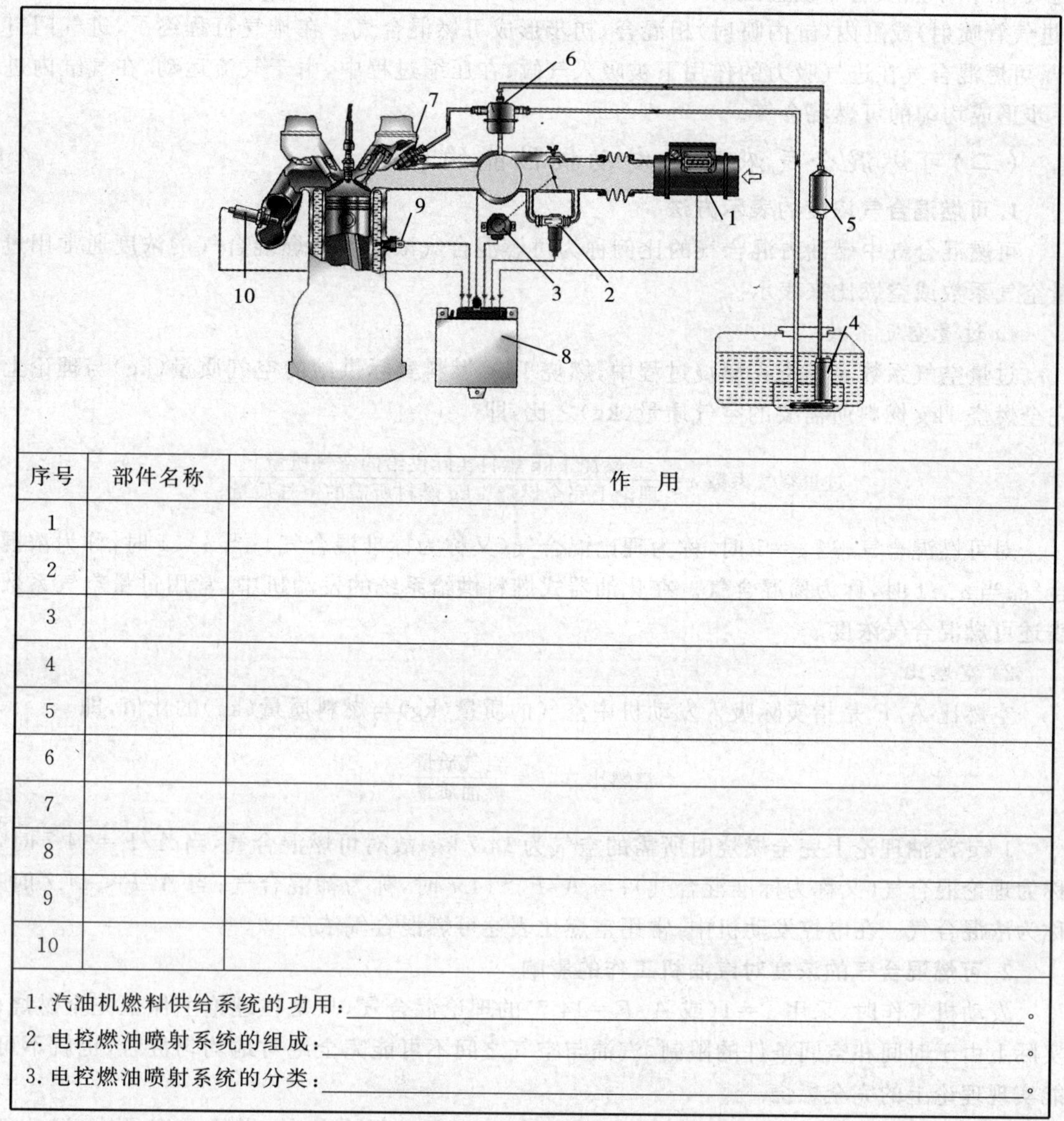

序号	部件名称	作　用
1		
2		
3		
4		
5		
6		
7		
8		
9		
10		

1. 汽油机燃料供给系统的功用：________________________________。
2. 电控燃油喷射系统的组成：________________________________。
3. 电控燃油喷射系统的分类：________________________________。

汽油机燃料供给系统的功用是根据发动机各种工况的不同要求，供给一定数量的清洁空气和汽油，并形成一定浓度的可燃混合气供入气缸，使之在临近压缩终了时点火燃烧而膨胀做功，最后将燃烧产生的废气排入大气。

汽油机燃料供给系统有化油器式燃料供给系统和电控喷射式燃料供给系统两大类。化油器式燃料供给系统的最大缺点是不能精确控制混合气的浓度，造成燃烧不完全，废气中有害成分增加，无法适应现代汽油机性能进一步提高的要求。因此，化油器式燃料供给系统已逐渐被电控燃油喷射系统所取代。本项目以电控燃油喷射系统为例介绍汽油机燃料供给系统。

(一)电控喷射式燃油供给系统可燃混合气的形成

电控喷射式燃油供给系统可燃混合气的形成是在进气管或气缸中进行的。喷油器将来自供油系统、具有一定压力的汽油喷到进气道的进气门前(多点喷射)，或喷到节气门前方的进气管内(单点喷射),或直接喷入气缸(缸内喷射),与来自空气供给系统的新鲜空气在缸外(进气管喷射)或缸内(缸内喷射)相混合,初步形成可燃混合气。在排气行程终了,进气门打开,可燃混合气在进气吸力的作用下被吸入气缸;在压缩过程中,由于气流运动,在气缸内进一步形成均匀的可燃混合气。

(二)可燃混合气浓度对发动机性能的影响

1. 可燃混合气浓度的表示方法

可燃混合气中燃油占混合气的比例称为可燃混合气浓度。可燃混合气的浓度通常用过量空气系数或空燃比来表示。

1) 过量空气系数

过量空气系数 α 是指在燃烧过程中,燃烧 1 kg 燃料实际供给的空气质量(kg)与理论上完全燃烧 1kg 燃料所需要的空气质量(kg)之比,即

$$\text{过量空气系数}\ \alpha=\frac{\text{燃烧 1 kg 燃料实际供给的空气质量}}{\text{理论上完全燃烧 1 kg 燃料所需的空气质量}}$$

对可燃混合气,当 $\alpha=1$ 时,称为理论混合气(又称为标准混合气);当 $\alpha<1$ 时,称为浓混合气;当 $\alpha>1$ 时,称为稀混合气。在化油器式燃料供给系统的发动机中,常用过量空气系数表述可燃混合气浓度。

2) 空燃比

空燃比 A/F 是指实际吸入发动机中空气的质量(kg)与燃料质量(kg)的比值,即

$$\text{空燃比}\ A/F=\frac{\text{空气质量}}{\text{燃油质量}}$$

1 kg 汽油理论上完全燃烧时所需的空气为 14.7 kg,故对可燃混合气,当 $A/F=14.7$ 时,称为理论混合气(又称为标准混合气);当 $A/F>14.7$ 时,称为稀混合气;当 $A/F<14.7$ 时,称为浓混合气。在电控发动机中,常用空燃比表述可燃混合气浓度。

2. 可燃混合气的浓度对汽油机工作的影响

发动机工作时,采用 $\alpha=1$(或 $A/F=14.7$)的理论混合气,只是在理论上保证完全燃烧,实际上由于时间和空间条件的限制,汽油与空气之间不可能完全绝对地均匀混合,也就不可能实现理论上的完全燃烧。

当采用 $\alpha=0.85\sim0.95$(或 $A/F=12.50\sim13.97$)的浓混合气时,燃烧速度最快,发动机发出的功率较大,故称之为功率混合气。

当采用 $\alpha=1.05\sim1.15$(或 $A/F=15.44\sim16.97$)的稀混合气时,可以保证混合气的完全燃烧,经济性最好,故称之为经济混合气。

如果想要发动机发出较大功率,动力性好,应使用较浓的混合气,但要以牺牲经济性为代价;如果想要发动机油耗率低,则应使用较稀的混合气,但这要以牺牲动力性为代价。在 $\alpha=0.88\sim1.11$(或 $A/F=12.94\sim16.32$)的范围内,可使发动机的动力性和经济性有较好的折中。

3. 发动机各种工况对混合气浓度的要求

发动机工况是发动机工作状况的简称,包括发动机转速的高低和负荷的大小。汽车在运行过程中,发动机的工况较为复杂,根据其运行特点,可分为冷启动、怠速、小负荷、中等负荷、大负荷和全负荷、加速和暖机 7 种工况,发动机各种不同工况对混合气浓度的要求如下:

1）冷启动工况

启动是指发动机由静止到正常运转的过程，当熄火时间较长、发动机温度已下降至环境温度时的启动称为冷启动。启动时发动机转速低，气流速度很慢，不利于燃油的雾化，尤其冷启动时，发动机温度也低，燃油蒸发困难，只有供给极浓的混合气，才能保证进入气缸内的混合气中有足够的燃油蒸气，以利于发动机启动。

2）怠速工况

发动机不对外输出动力，做功行程产生的动力只用来克服发动机的内部阻力，维持发动机最低稳定转速运转的工况称为怠速工况。发动机怠速转速一般为700～900 r/min。在怠速工况下，油门开度最小，进入气缸内的混合气量很少，气缸内残余废气对混合气稀释严重；而且转速低，空气流速小，燃油雾化和蒸发不良，混合气形成不均匀，因此，要求供给少量$\alpha=0.6\sim0.8$(或$A/F=8.82\sim11.76$)的浓混合气。

3）小负荷工况

发动机的负荷在25%以下时称为小负荷工况。由于小负荷工况时，节气门略开，混合气的数量和品质比怠速工况时有所提高，废气对混合气的稀释作用也相对减弱，所以混合气浓度可以略为减小，一般$\alpha=0.7\sim0.9$(或$A/F=10.29\sim13.23$)。

4）中等负荷工况

发动机的负荷在25%～85%之间时称为中等负荷工况。此时由于油门开度较大，气缸内的混合气数量增多，燃烧条件较好。此外，发动机大部分的时间处在中等负荷工况下工作，为提高其经济性，应供给较稀的经济混合气，一般$\alpha=1.05\sim1.15$(或$A/F=15.44\sim16.91$)。

5）大负荷工况和全负荷工况

发动机的负荷在85%以上而小于100%时称为大负荷工况，负荷为100%时称为全负荷工况。此时，为了克服较大的外部阻力，要求发动机发出尽可能大的功率。因此，应供给质浓量多的功率混合气，一般$\alpha=0.85\sim0.95$(或$A/F=12.50\sim13.97$)。

6）加速工况

加速是指发动机负荷增加的过程。急加速时，油门迅速开大，要求发动机的动力迅速提高；但在急加速瞬间，由于液体的惯性比空气惯性大，燃油流量的增加比空气流量的增加要慢，此时由于混合气暂时过稀，容易引起发动机的动力下降甚至熄火。因此，在急加速时，必须加浓混合气，以满足发动机急加速的要求。

7）暖机工况

暖机一般是指发动机冷启动后，发动机的温度逐渐升高到正常工作温度的过程。在暖机过程中，混合气的浓度应随温度升高而减小，从启动时的极浓减小到稳定怠速运转所要求的浓度为止。

通过以上分析，车用汽油机在小负荷和中等负荷工况运转时，要求燃料供给系统能随着负荷的增加，供给由浓逐渐变稀的混合气；当进入大负荷直到全负荷工况运转时，又要求混合气由稀变浓，最后加浓到保证发动机发出最大功率。

（三）燃油喷射系统的组成

汽车发动机电控燃油喷射系统由进气系统、燃油供给系统、排气系统、电子控制系统组成，如图4-1所示，电控燃油喷射系统组成框图如图4-2所示。

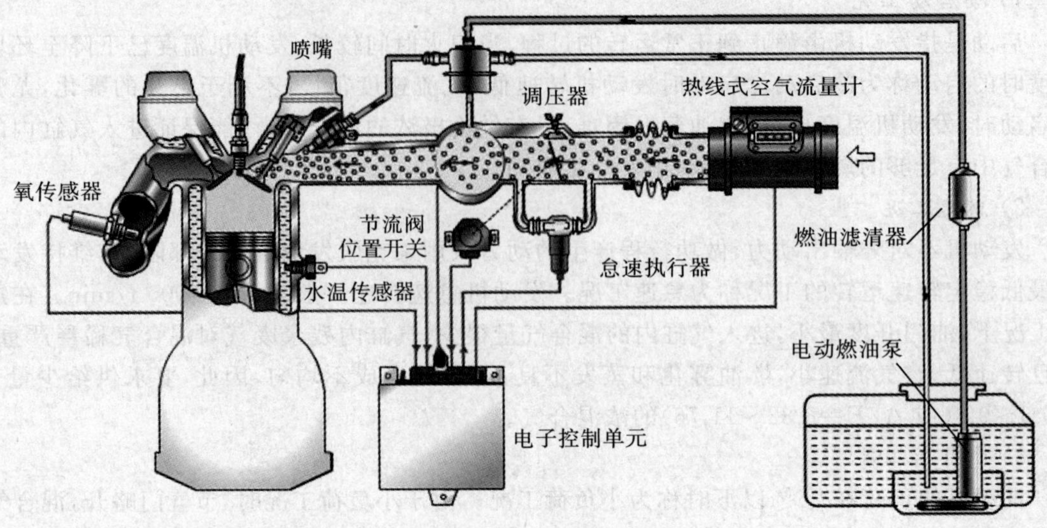

图 4-1　发动机电控燃油喷射系统

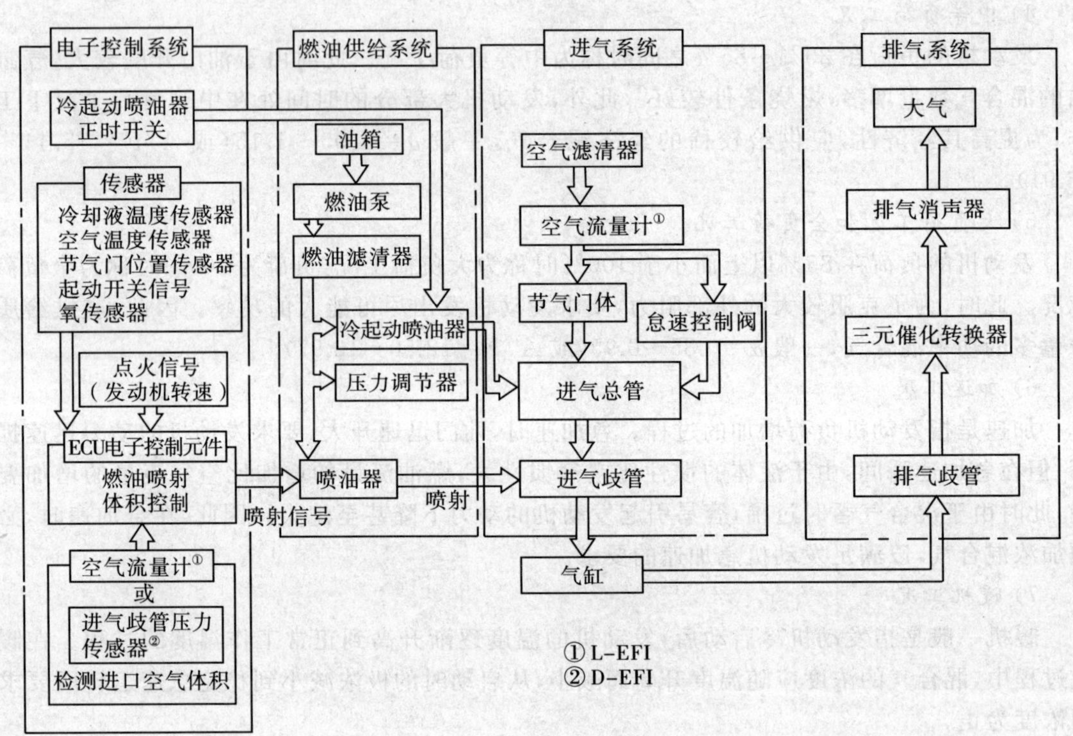

图 4-2　电控燃油喷射系统组成框图

1. 进气系统

功用：向发动机提供与负荷相适应的清洁的空气，同时测量和控制进入发动机气缸的空气量，使它们在系统中与喷油器喷出的汽油形成空燃比符合要求的可燃混合气；同时于有限的气缸容积中尽可能多且均匀地供气。如图 4-3、图 4-4 所示。

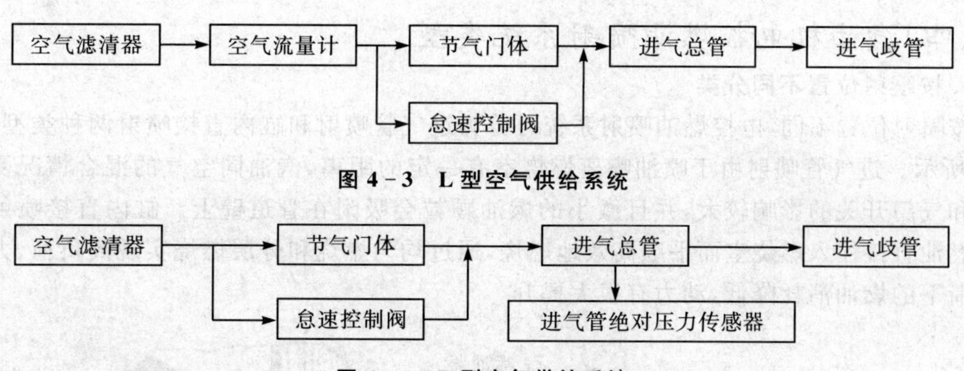

图 4－3　L 型空气供给系统

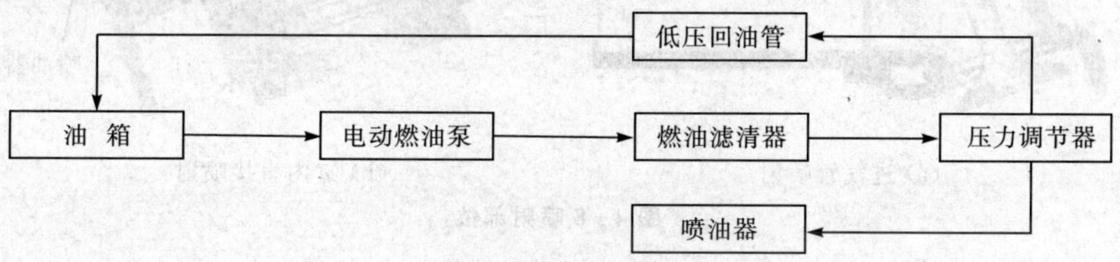

图 4－4　D 型空气供给系统

2. 燃油供给系统

功用：储存并滤清汽油，根据发动机各工况的要求向发动机供给清洁的、具有适当压力并经精确计量的汽油。如图 4－5 所示。

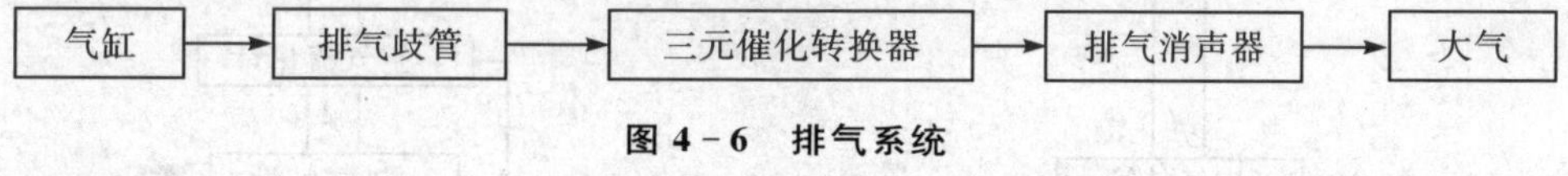

图 4－5　燃油供给系统

3. 排气系统

功用：汇集各气缸的废气，减小排气噪声和消除废气中的火焰和火星，使废气安全地排入大气，并对废气中的有害物质进行排放控制。如图 4－6 所示。

图 4－6　排气系统

4. 控制系统

功用：根据发动机和汽车不同的运行工况，确定并执行发动机最佳的控制方案，保证发动机的动力性、经济性和排放性能在各种工况下都处于最佳工作状态。同时还具有故障自诊断功能。如图 4－7 所示。

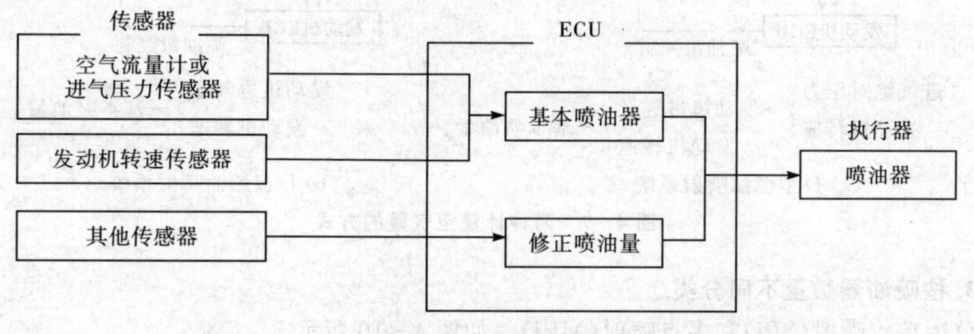

图 4－7　控制系统

(四)汽油机电控燃油喷射系统类型

1. 按喷射位置不同分类

按喷射位置不同，电控燃油喷射系统可分为进气管喷射和缸内直接喷射两种类型，如图4-8所示。进气管喷射由于喷油嘴离燃烧室有一定的距离，汽油同空气的混合情况受进气气流和气门开关的影响较大，并且微小的燃油颗粒会吸附在管道壁上。缸内直接喷射是将高压燃油直接注入燃烧室而平顺高效地燃烧，通过均匀燃烧和分层燃烧实现高负荷、尤其是低负荷下的燃油消耗降低，动力有很大提升。

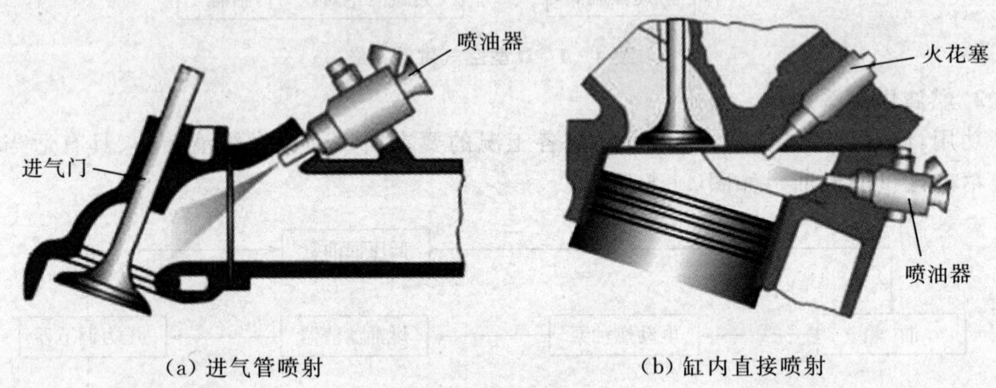

图 4-8 喷射部位

2. 按进气量的计量方式分类

电控燃油喷射系统按对空气量的计量方式不同可分为进气歧管压力计量式(D型)和空气流量计量式(L型)。如图4-9所示。

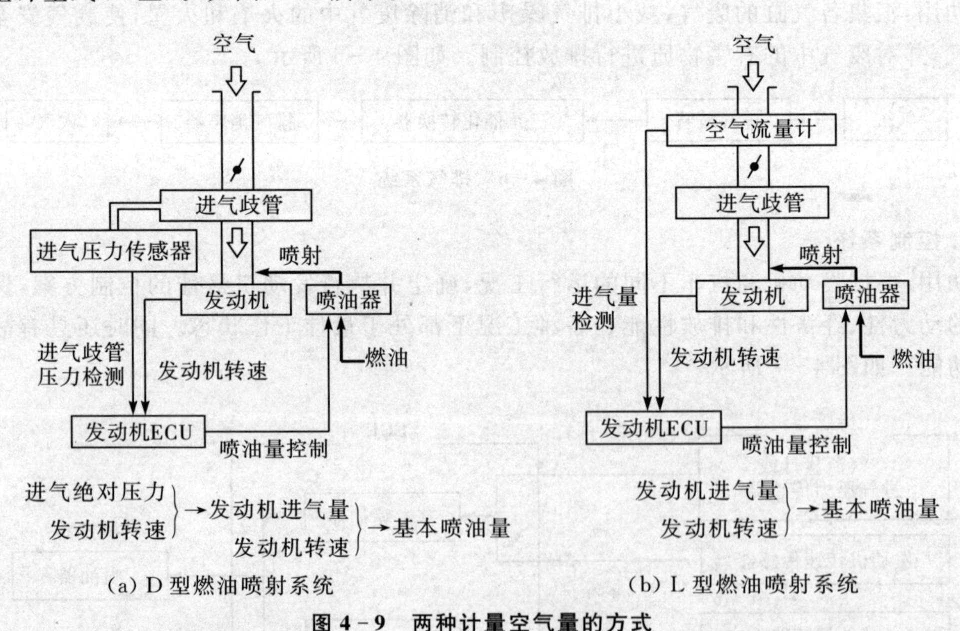

图 4-9　两种计量空气量的方式

3. 按喷油器数量不同分类

分为单点喷射(SPI)和多点喷射(MPI)。如图4-10所示。

单点喷射是指在进气总管中的节流阀体内设置一只(或两只)喷油器，对各缸实行集中

喷射。

多点喷射是在每缸进气门前分别设置一喷油器,实行各缸分别供油。多点喷射因其控制精度高而被广泛使用。

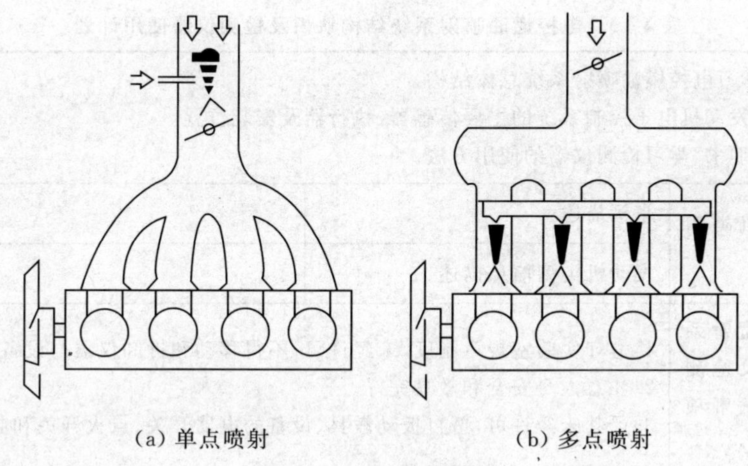

(a) 单点喷射　　(b) 多点喷射

图 4-10　喷油器数量

4. 按喷射方式不同分类

按各缸喷油器的喷射顺序又可分为同时喷射、分组喷射和顺序喷射。如图 4-11 所示。

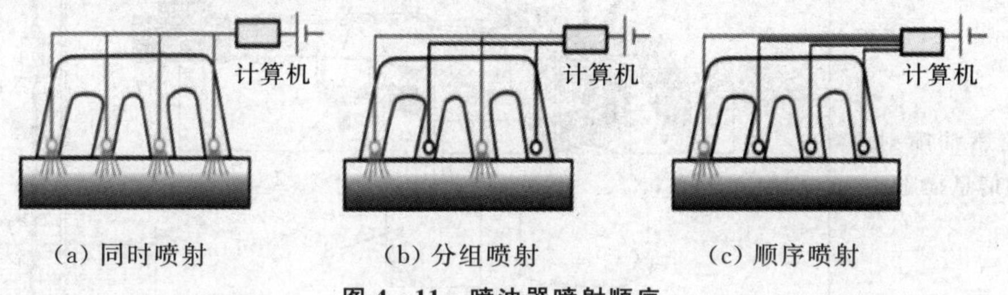

(a) 同时喷射　　(b) 分组喷射　　(c) 顺序喷射

图 4-11　喷油器喷射顺序

5. 按有无反馈信号分类

电控燃油喷射系统按有无反馈信号可分为开环控制系统和闭环控制系统。如图 4-12、图 4-13 所示。目前普遍采用开环和闭环相结合的控制方案。

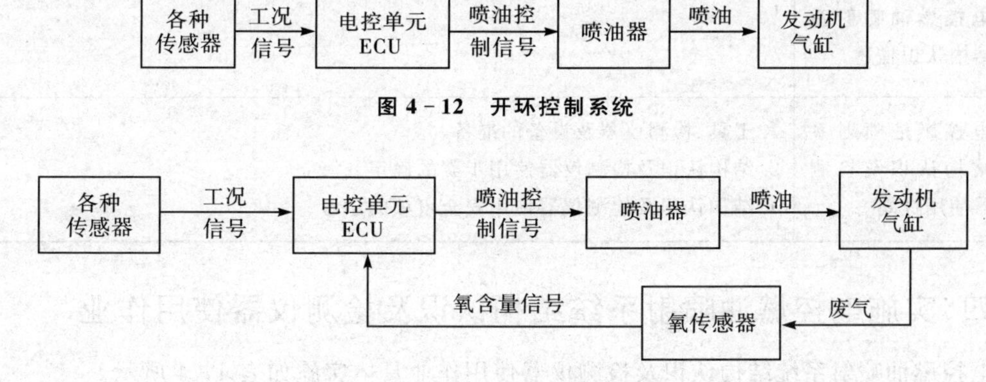

图 4-12　开环控制系统

图 4-13　闭环控制系统

三、制定电控燃油喷射系统结构认识及检测仪器使用计划

制定电控燃油喷射系统结构认识及检测仪器使用计划如表 4－3 所示。

表 4－3　电控燃油喷射系统结构认识及检测仪器使用计划

1. 查阅资料，学习电控燃油喷射系统总体结构。 2. 区分与识别发动机电子控制系统的主要传感器、执行器及安装位置。 3. 查阅使用说明书，学习检测仪器的使用方法。		
1. 车辆发动机类型信息描述	车辆描述：	
	发动机类型信息描述：	
2. 电控燃油喷射系统结构认识及检测仪器使用注意事项描述	1. 遵守实验室规章制度，未经许可，不得移动和拆卸仪器与设备。 2. 注意人身安全和教具完好。 3. 严禁未经许可，擅自扳动教具、设备的电器开关、点火开关和起动开关。	
3. 电控燃油喷射系统结构信息描述	1. ________ 2. ________ 3. ________ 4. ________ 5. ________ 6. ________ 7. ________ 8. ________ 9. ________ 10. ________	
4. 电控燃油喷射系统结构认识描述		
5. 电控燃油喷射系统结构认识及检测仪器使用计划	1. 工具、检测仪器及设备的准备。 2. 结构认识及检测仪器使用步骤的确定。 3. 结构认识及检测仪器使用安全事项的学习。	

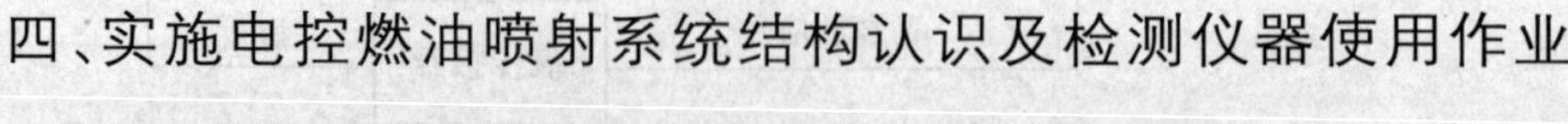

四、实施电控燃油喷射系统结构认识及检测仪器使用作业

电控燃油喷射系统结构认识及检测仪器使用作业具体实施如表 4－4 所示。

表 4-4　电控燃油喷射系统结构认识及检测仪器使用作业

<table>
<tr><td colspan="4">1. 学习电控燃油喷射系统结构认识注意事项。
2. 会正确区分与识别发动机电子控制系统的主要传感器、执行器及安装位置。
3. 会正确使用检测仪器。</td></tr>
<tr><td rowspan="2">1. 车辆信息描述</td><td colspan="2">车辆描述：</td><td></td></tr>
<tr><td colspan="2">车辆发动机类型描述：</td><td></td></tr>
<tr><td>2. 电控燃油喷射系统结构认识及检测仪器使用作业描述</td><td colspan="3"></td></tr>
<tr><td>3. 电控燃油喷射系统结构认识及检测仪器使用作业安全事项学习</td><td colspan="3">1. 注意人身和机件的安全，不了解的先了解后再动手，特别是注意在车底下工作时的人身安全。
2. 注意机、工、量具的正确使用。实训前检查工具车物品是否齐全，机具、量具是否完好，发现问题(包括实训前、实训中、实训后)及时汇报。
3. 遵守实验室规章制度，未经许可，不得移动和拆卸仪器与设备。
4. 注意人身安全和教具完好。
5. 严禁未经许可，擅自扳动教具、设备的电器开关、点火开关和起动开关。
6. 注意防火。
7. 认真接受实习前的安全知识教育。</td></tr>
<tr><td colspan="4">4. 电控燃油喷射系统结构认识及检测仪器使用作业</td></tr>
<tr><td>作业项目</td><td colspan="2">作业要领</td><td>检查记录</td></tr>
<tr><td>检测设备的选用</td><td colspan="2">1. 故障诊断仪。
2. 万用表。</td><td>1. 故障诊断仪的使用方法：
____
2. 万用表的使用方法：
________</td></tr>
<tr><td rowspan="4">结构认识步骤</td><td>进气系统</td><td>空气滤清器、空气流量计或进气歧管绝对压力传感器、节气门位置传感器、怠速控制阀等。</td><td rowspan="4">1. 分别找出进气系统各部件安装位置：
____
2. 分别找出燃油供给系统各部件安装位置：
____
3. 分别找出排气系统各部件安装位置：
____
4. 分别找出控制系统各部件安装位置：
________</td></tr>
<tr><td>燃油供给系统</td><td>汽油箱、电动汽油泵、汽油滤清器、燃油压力调节器、燃油分配管、喷油器等。</td></tr>
<tr><td>排气系统</td><td>排气歧管、三元催化转换器、氧传感器、排气消声器等。</td></tr>
<tr><td>控制系统</td><td>电控单元(ECU)等。</td></tr>
<tr><td>5. 电控燃油喷射系统结构认识及检测仪器使用作业完成后的收获与感想</td><td colspan="3"></td></tr>
</table>

五、检验评估

任务一的检验评估如表 4－5 所示。

表 4－5　检验评估

评价指标	检验说明	检验记录
维护检查项目	1. 检查工具、检测仪器及设备是否正常 2. 检查蓄电池是否缺电	
电控燃油喷射系统结构认识及检测仪器使用过程情况		

评价内容	检验指标	权重	自评	互评	总评
检查任务完成情况	1. 完成任务过程情况	4			
	2. 任务完成质量				
	3. 在小组完成任务过程中所起作用				
专业知识和专业技能	1. 能说出汽油机燃料供给系统的功用	8			
	2. 能描述电控燃油喷射系统的组成及各主要部件安装位置				
	3. 能描述电控燃油喷射系统的分类				
	4. 能正确地选择和使用工具及检测仪器				
职业素养	1. 学习态度：积极主动参与学习	3			
	2. 团队合作：与小组成员一起分工合作，不影响学习进度				
	3. 现场管理：服从工位安排，执行实训室“5S”管理规定				
综合评价与建议					

任务二　进气系统构造认识和检修

任务描述

一辆桑塔纳 2000GSi 轿车 AJR 发动机怠速不稳，急加速时出现冒黑烟、回火现象，进厂进行维修。针对维修接待和车间确认意见，需对进气系统进行检修。

任务目标

1. 能说出进气系统的作用和组成。
2. 能说出进气系统的工作过程。
3. 能正确地选择和使用维修工量具对进气系统的主要部件进行检修。

一、维修接待

按照表 4－6 完成待修车辆的维修接待，并准确填写接车问诊表。

表 4－6　维修接待与接车问诊表

<table>
<tr><td colspan="2">1. 通过询问客户了解发动机发生故障情况，填写接车问诊表。
2. 车间检测初步确认需对发动机进气系统进行检修，必要时更换故障零部件。</td></tr>
<tr><td colspan="2">接 车 问 诊 表
车牌号：__________　车架号：__________　行驶里程：__________(km)
用户名：__________　电　话：__________　来店时间：__________</td></tr>
<tr><td colspan="2">用户陈述及故障发生时的状况：一辆桑塔纳 2000GSi 轿车 AJR 发动机怠速不稳，急加速时出现冒黑烟、回火现象。
故障发生状况提示：行驶速度、发动机状态、发生频度、发生时间、部位、天气、路面状况、声音描述。</td></tr>
<tr><td colspan="2">接车员检测确认建议：需对发动机进气系统进行综合检修。</td></tr>
<tr><td colspan="2">车间检测确认结果及主要故障零部件：需对发动机进气系统进行综合检修，必要时更换故障零部件。
车间检查确认者：__________</td></tr>
<tr><td rowspan="2">外观确认：(请在有缺陷部位做标识)</td><td>功能确认：(工作正常√　不正常×)
□音响系统　□门锁(防盗器)　□全车灯光
□工具　□后视镜　□天窗　□座椅
□点烟器　□玻璃升降器　□玻璃</td></tr>
<tr><td>物品确认：(有√　无×)
F　E
□贵重物品提示
□工具　□备胎　□灭火器
□其他(　　　)
旧件是否交还用户
□是　□否
用户是否需要洗车
□是　□否</td></tr>
<tr><td colspan="2">· 检测费说明：本次检测的故障如用户在本店维修，检测费包含在修理费用内；如用户不在本店维修，请支付检测费。本次检测费：¥________元。
· 贵重物品：在将车辆交给我店检查修理前，已提示将车内贵重物品自行收起并保存好，如有遗失恕不负责。
接车员：__________　用户确认：__________</td></tr>
</table>

二、信息收集与处理

按表 4－7 完成任务二的信息收集与处理。

表 4－7　信息收集与处理

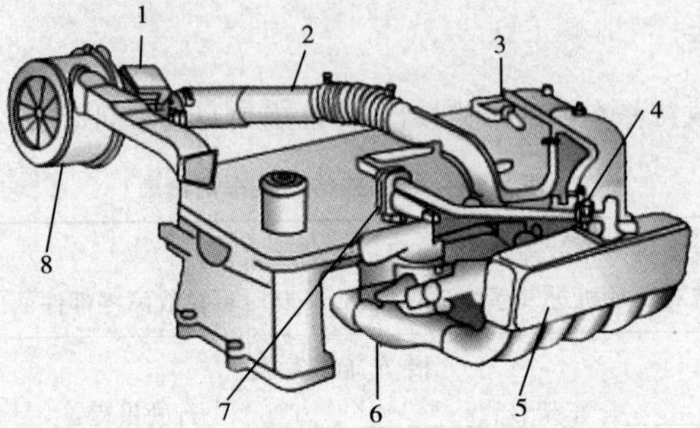

序号	部件名称	作　用
1		
2		
3		
4		
5		
6		
7		
8		

1. 进气系统的作用和组成：________________。
2. 进气系统的工作过程：________________。
3. 进气系统的主要部件：________________。

（一）进气系统的作用和组成

进气系统的作用是向发动机提供与负荷相适应的清洁的空气，同时测量和控制进入发动机气缸的空气量，使它们在系统中与喷油器喷出的汽油形成空燃比符合要求的可燃混合气；同时于有限的气缸容积中尽可能多和均匀地供气。

进气系统由空气滤清器、空气流量计或进气管绝对压力传感器、节气门体、怠速控制阀、进气总管、进气歧管等组成，如图 4－14 所示。

（二）进气系统工作过程

1. L 型电喷系统的进气系统工作过程

在 L 型电喷系统的进气系统中，空气经空气滤清器过滤后，流经空气流量计、节气门体

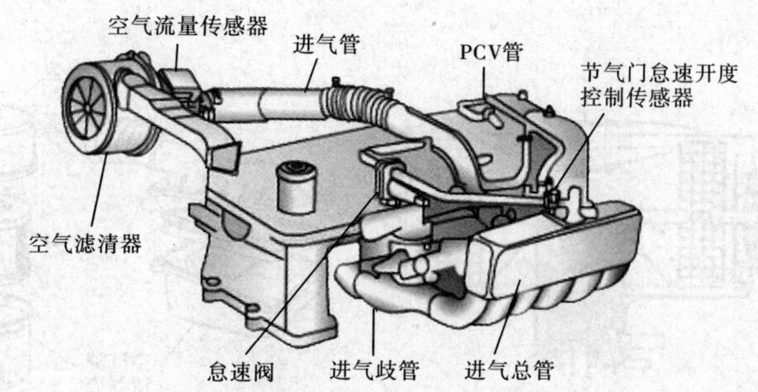

图 4－14　空气供给系统

（或怠速控制阀）、进气总管、进气歧管，与喷油器喷出的汽油混合，形成可燃混合气吸入气缸燃烧。进入发动机的空气量由空气流量计直接测量。如图 4－15 所示。

2. D 型电喷系统的进气系统工作过程

在 D 型电喷系统的进气系统中，空气经空气滤清器过滤后，流经节气门体（或怠速控制阀）、进气总管、进气歧管，与喷油器喷出的汽油混合，形成可燃混合气吸入气缸燃烧。进入发动机的空气量由进气管绝对压力传感器间接测量。如图 4－15 所示。

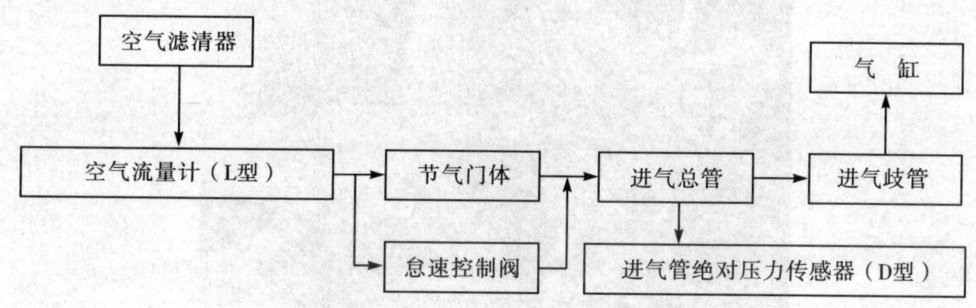

图 4－15　进气系统工作过程

（三）进气系统的主要部件

发动机的进气系统不仅要对空气进行过滤、计量，为了增大进气量而提高发动机的功率，还必须对进气实施各种电子控制。因此，进气系统中除了安装有空气滤清器、节气门体、进气管外，还设置了许多传感器和执行器。

1. 空气滤清器

空气滤清器的作用是滤去空气中的尘土和砂粒，以减少气缸、活塞和活塞环的磨损，延长发动机的使用寿命。另外，空气滤清器也有降低进气噪声的作用。如图 4－16 所示。

1）空气滤清器的构造

纸质干式空气滤清器有许多形式和形状，如图 4－17 所示。其滤芯是用树脂处理的微孔滤纸制成的，滤芯呈波折状，具有较大的过滤面积。滤芯的上、下两端有塑料密封圈，以保证滤芯两端的密封。

2）空气滤清器的维护

空气滤清器长期使用会产生堵塞，对进气产生额外阻力，使发动机充气量和动力性降低，因此必须定期进行维护。

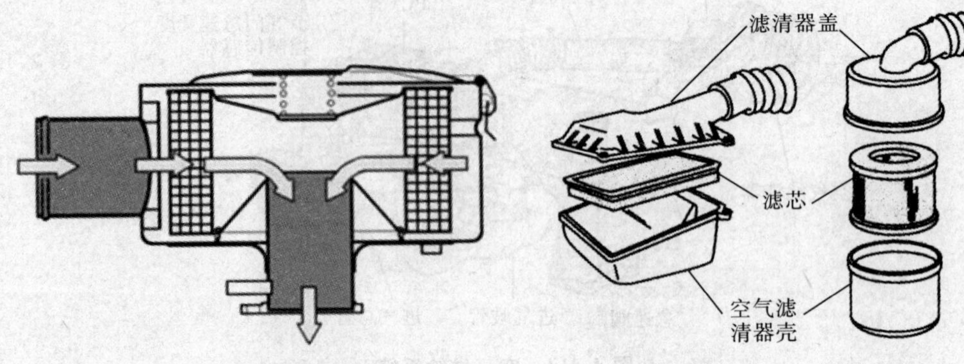

图 4-16　空气滤清器的作用　　图 4-17　空气滤清器的结构

2. 空气流量计

空气流量计的作用是对进入气缸的空气量进行直接计量，并把空气流量的信息输送到 ECU。它用在 L 型的发动机进气系统中，安装在空气滤清器与节气门体之间，如图 4-18 所示，作为电控燃油喷射系统的主控信号。

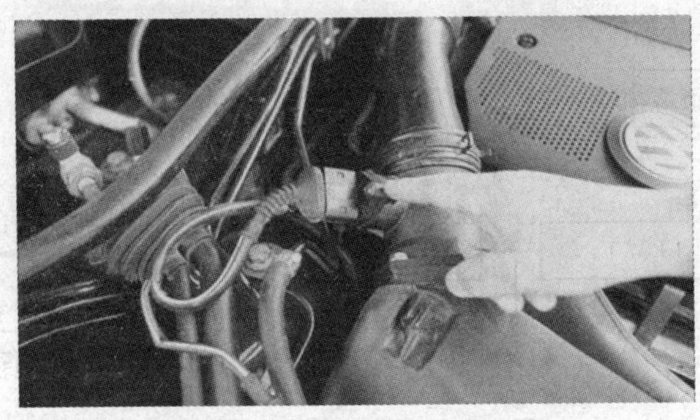

图 4-18　空气流量计安装位置

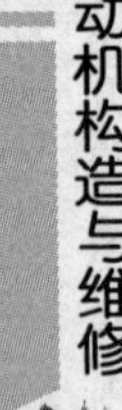

在 L 型电控汽油喷射发动机的发展历程中使用过翼片式、卡门旋涡式、热线式和热膜式等多种形式的空气流量计。翼片式、卡门旋涡式空气流量计检测空气的体积流量，需要对进气温度和大气压力做修正，已逐渐淘汰。目前应用较多的是热线式、热膜式空气流量计，它们直接检测空气的质量流量，测量精度高。桑塔纳 2000GSi 轿车 AJR 发动机采用了热膜式空气流量计。

1) 热线式空气流量计

根据热线的安装位置不同，热线式空气流量计有两种：第一种是将热线电阻安装在主进气道中，称为主流测量方式的热线式空气流量计，如图 4-19 所示；第二种是将热线电阻安装在旁通气道中，称为旁通测量方式的热线式空气流量计，如图 4-20 所示。

(1) 热线式空气流量计的构造

主流测量式热线式空气流量计应用较广，其结构如图 4-19 所示。其基本结构由感知空气流量的铂金热线电阻 R_H（热丝）、根据进气温度进行修正的温度补偿电阻 R_K（冷丝）、控制热线电流并产生输出信号的控制电路板以及空气流量计壳体等组成。

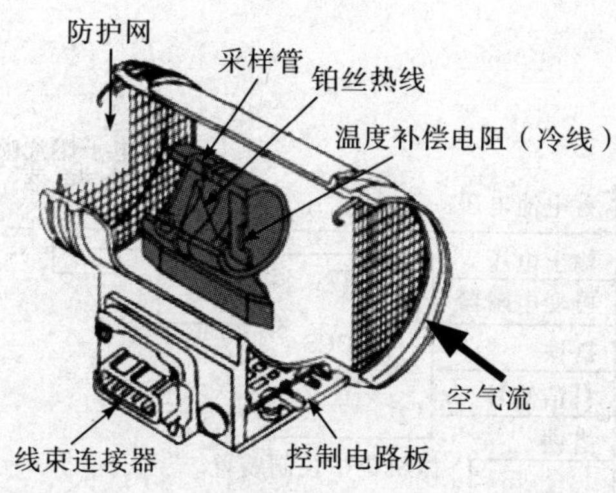

图 4－19　主流测量方式的热线式空气流量计

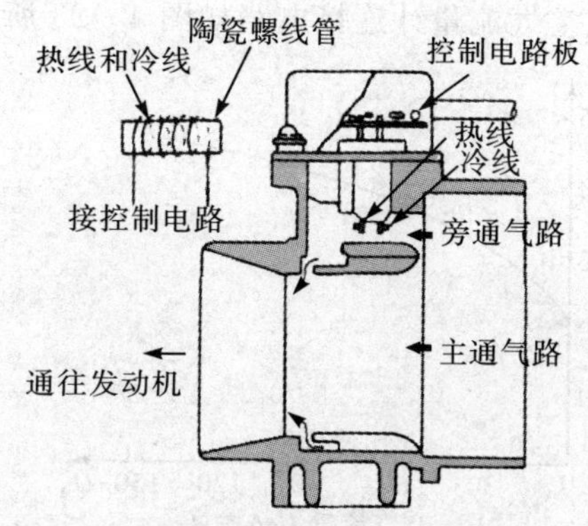

图 4－20　旁通测量方式的热线式空气流量计

(2) 热线式空气流量计的工作原理

热线式空气流量计是利用空气流过热线时的冷却效应制成的，其工作原理如图 4－21 所示。

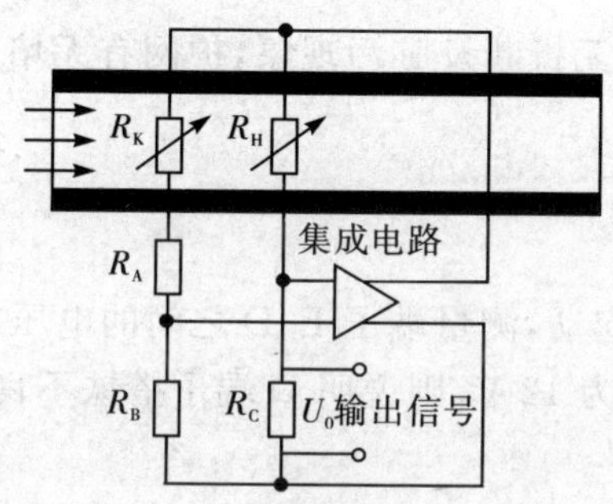

R_K—冷线电阻；R_H—热线电阻；R_A、R_B、R_C—精密电阻

图 4－21　热线式空气流量计工作原理

铂金属热丝和其他几个电阻组成惠斯通电桥电路。在传感器工作时，控制电路提供的电流使热丝温度始终比冷丝温度高 100 ℃，此时惠斯通电桥处于平衡状态。进气时气流带走了热丝上的热量使热丝变冷，热丝的电阻值随即也降低，桥形电路平衡被破坏；控制电路加大通过热丝的电流使热丝升温以恢复其原有的电阻值，使电桥重新平衡。进气量越大，热丝被带走的热量也就越多，控制电路的补偿电流也就越大，这样就把空气流量的变化转换为电流的变化。电流的变化又使固定电阻 R_A 两端的电压发生变化，此变化的电压就是热线式空气流量计的输出信号。控制电路把这一根据空气质量流量变化的电压信号输入给 ECU。

热丝长时间暴露在进气中，会因空气中灰尘附着在热丝上而影响测量精度，需增加自洁净功能：关闭点火开关时 ECU 向空气流量计发出一个信号，控制电路立即给热丝提供较大电流，使热丝瞬时升温至 1000 ℃左右，把附着在热丝上的杂质烧掉。自洁净功能持续时间约 1～2 s。

(3) 热线式空气流量计的输出特性

由热线式空气流量计的工作原理可知，该空气流量计的输出特性为：随着发动机进气量的增大，其输出的信号电压升高，如图 4－22 所示。

(4) 热线式空气流量计的检测

以日产 MAXIMA 车型 VG30E 发动机热线式空气流量计为例介绍其检测方法。该车热线式空气流量计连接电路如图 4－23 所示。

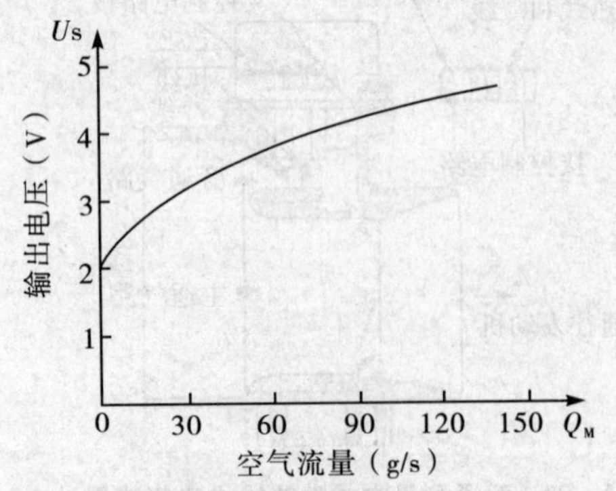

图 4－22　热线式空气流量计的输出特性

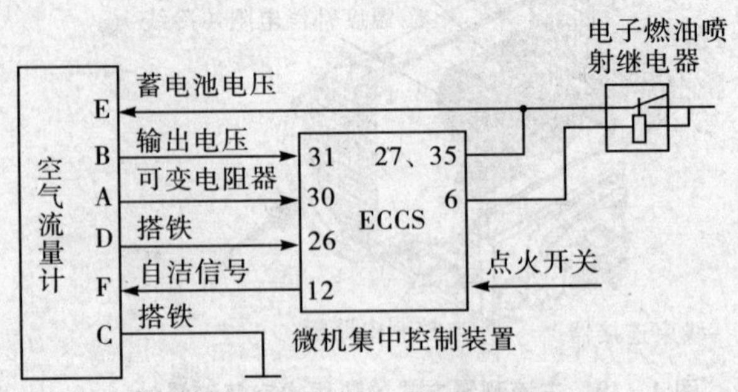

图 4－23　热线式空气流量计连接电路

① 检查电路连接情况：

检查空气流量计与微电脑的连接导线是否正常，以及插接器插接是否可靠。

② 检查外观：

检查空气流量计的热丝有无折断及脏污现象，护网有无堵塞及破损现象。若有，则应更换空气流量计。

③ 检查输出信号。

a）就车检测（动态检测）：

打开点火开关，发动机不起动，测量端子 E、D 之间的电压应为 12 V。若无电压，再测量端子 E、C 之间的电压，其值若为 12 V，则说明 D 端子搭铁不良，应检查 D 与 ECU 之间的线路或 ECU 的搭铁电路。

测量端子 B、D 之间的信号电压值，在发动机不起动时应小于 0.5 V；发动机起动，怠速时为 1.0～1.3 V，转速达 3000 r/min 时应为 1.8～2.0 V。若不符合要求，应拆下空气流量计做进一步检查。

b）车下检测：

拆下空气流量计，将蓄电池电压接至空气流量计插座内的 D、E 端子，然后用万用表直流电压挡测量端子 B 和 D 之间的电压，其值应为 1.6±0.5 V，如图 4－24(a)所示。用电吹风向空气流量计吹风，同时测量 B、D 端子之间的电压，电压应上升至 2～4 V，如图 4－24(b)所示。若不符合要求，则应更换空气流量计。

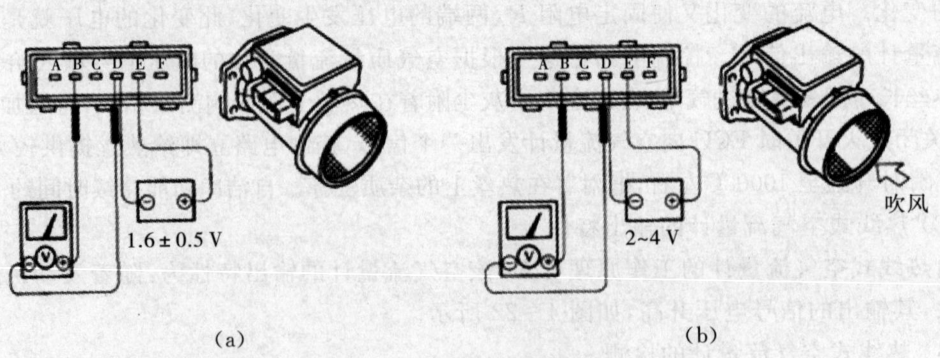

图 4－24　空气流量计车下检测

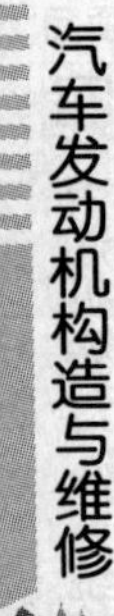

④ 检查自清信号。

a) 起动发动机，加速至 2500 r/min 以上。

b) 在发动机怠速运转条件下，拆下空气管道和空气滤清器。

c) 在点火开关断开 5 s 后，检查热线是否能加热到发出红光约 1 s。

d) 如果看不到红光，应检查插接器的 12 号接线端子与空气流量计线束插接器的接线端子 F 之间是否导通；正常情况下应导通，若不通，说明自清电路发生断路故障，应检查线束；如果线束正常，则应更换空气流量计。

2) 热膜式空气流量计

热膜式空气流量计是热线式空气流量计的改进产品，其结构及工作原理与热线式空气流量计基本相同，只是将感知元件由热线改为平面形铂金属膜电阻器(简称热膜)。

(1) 热膜式空气流量计构造

上海桑塔纳 2000GSi 轿车 AJR 发动机中采用了热膜式空气流量计，结构如图 4－25 所示。

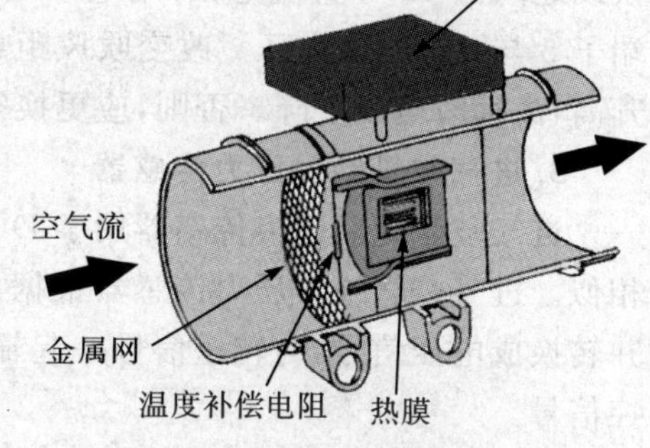

图 4－25 热膜式空气流量计构造

热膜式空气流量计的控制原理与热线式空气流量计相同，与热线式流量传感器相比，热膜电阻的阻值较大，所以消耗电流较小，使用寿命较长。由于其发热元件表面制作有一层绝缘保护薄膜，因此不会因沾有粉尘而影响测量精度，但存在辐射热传导作用，因此响应特性稍差。

(2) 热膜式空气流量计的输出特性

与热线式一样，热膜式空气流量计的输出特性为：随着发动机的进气量增大，其输出的信号电压升高。如图 4－22 所示。

(3) 热膜式空气流量计的检测

桑塔纳 2000GSi 轿车 AJR 发动机热膜式空气流量计插头端子与连接电路如图 4－26 所示。

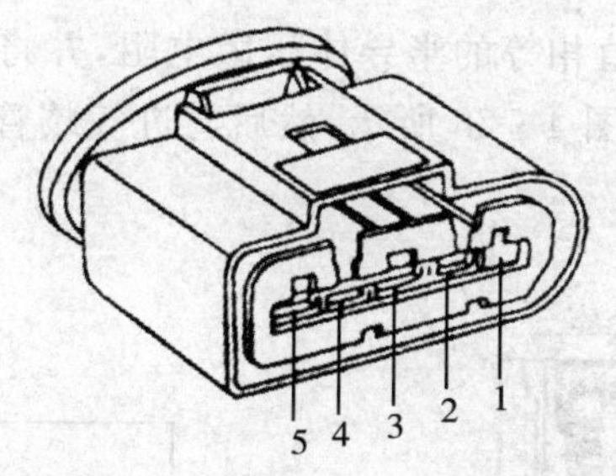

(a) 热膜式空气流量计插头端子

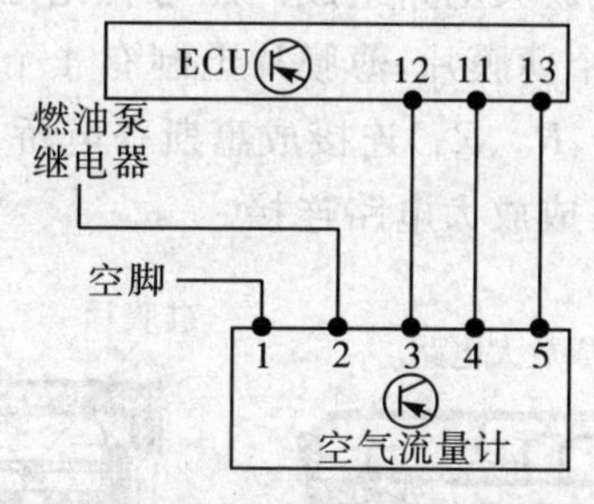

(b) 热膜式空气流量计连接电路

图 4－26 热膜式空气流量计插头端子与连接电路图

① 检查电路连接情况：

检查空气流量计与微电脑的连接导线是否正常，以及插接器插接是否可靠。相关端子间的线路，其电阻值应小于 1 Ω。

② 检查外观：

检查空气流量计的防护网、热膜有无异常。若有，则应更换空气流量计。

③ 就车检测：

a) 拔下空气流量计上的导线连接器，起动发动机，用万用表直流电压挡测量空气流量计导线连接器端子 2 与搭铁线间的电压，应大于 11.5 V；或者用发光二极管试灯连接空气流量计导线连接器端子 2 和发动机搭铁点，试灯应亮。否则，应检查熔断丝、油泵继电器及其连接线路。

b) 打开点火开关，用万用表测量空气流量计导线连接器端子 4 与搭铁点间的电压，其值应约为 5 V，否则应检查连接线路；如连接线路正常，则更换 ECU。

④ 车下检测：

拆下空气流量计，在空气流量计插座端子 4 与搭铁线之间加 5 V 直流电压，端子 2 与搭铁线之间加 12 V 直流电压，用电吹风向空气流量计内吹风，同时用万用表直流电压挡测量端子 5 与 3 之间的电压。改变吹风距离，电压表读数应能平稳缓慢地变化，距离接近时电压升高，离远时电压下降。否则，应更换空气流量计。

3. 进气歧管绝对压力传感器

进气歧管绝对压力传感器用于 D 型的发动机进气系统中，它所起的作用和空气流量计相似。进气歧管绝对压力传感器根据发动机的负荷状态测出进气歧管内绝对压力的变化，并转换成电压信号，与转速信号一起输送到电控单元 ECU，作为燃油喷射和点火控制的主控信号。

进气歧管绝对压力传感器的安装位置较灵活，位于节气门体的后方，有的车型将其通过真空软管与进气总管连接，有的车型则将进气歧管绝对压力传感器直接安装在进气总管上。

在 D 型电控燃油喷射系统中，应用最多的是压敏电阻式进气歧管绝对压力传感器和电容式进气歧管绝对压力传感器两种。

1) 进气歧管绝对压力传感器的类型

(1) 压敏电阻式进气歧管绝对压力传感器的结构与工作原理

压敏电阻式进气歧管绝对压力传感器的结构如图 4-27 所示，主要由真空室、压力转化元件和 IC 集成放大电路组成。压力转化元件由单晶硅组成，也称为硅膜片。在硅膜片的中央部位制有一个薄膜片，薄膜片上制有 4 个阻值相等的半导体压敏电阻，并将 4 个半导体压敏电阻（R_1、R_2、R_3、R_4）连接成惠斯登电桥，如图 4-28 所示，然后与进气歧管绝对压力传感器内部的 IC 集成放大电路连接。

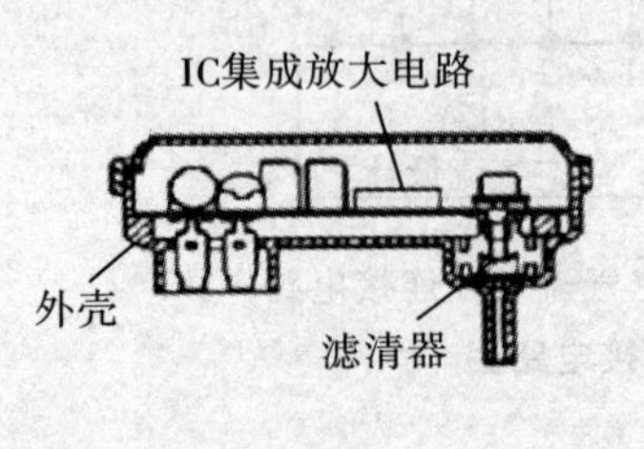

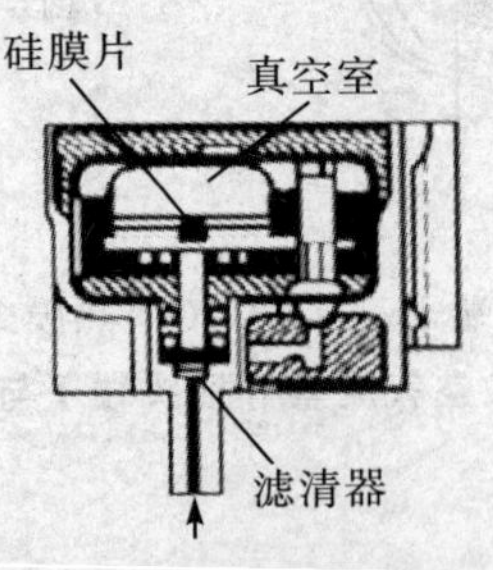

图 4-27 压敏电阻式进气歧管绝对压力传感器的结构

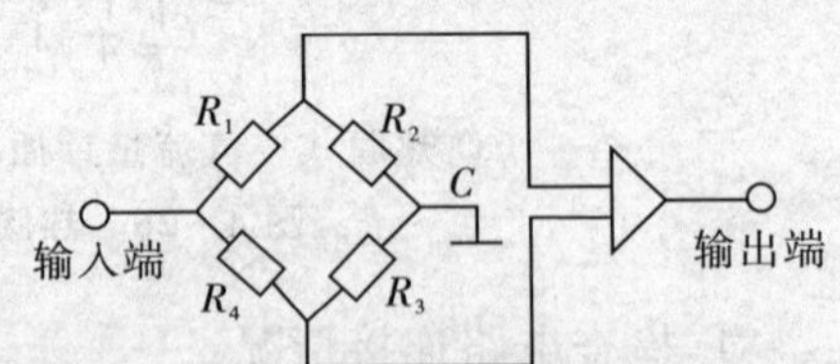

图 4-28 压敏电阻连接成惠斯登电桥

进气歧管绝对压力传感器是利用压敏效应原理制成的。在进气歧管绝对压力传感器中，硅膜片的一侧是真空室（绝对压力为 0），而另一侧承受进气管内的压力，在此压力作用下使硅膜片产生变形。由于真空室的压力是固定的，进气管绝对压力变化时，硅片的变形量随之改变，半导体压敏电阻阻值随硅膜片变形量而变化，导致硅膜片所处的电桥电路输出电压发生变化，电桥电路输出的电压经 IC 集成放大电路放大后输送给 ECU。

(2) 电容式进气歧管绝对压力传感器的结构与工作原理

电容式进气歧管绝对压力传感器是根据电容效应原理制成的。电容效应原理如图 4 - 29 所示。当压力 P_1 和 P_2 发生变化时，膜片和电镀金属表面形成的电容的电容量会发生变化，并且与 P_1、P_2 压力差成正比。因此，我们可以根据电容量的变化来检测压力的大小。

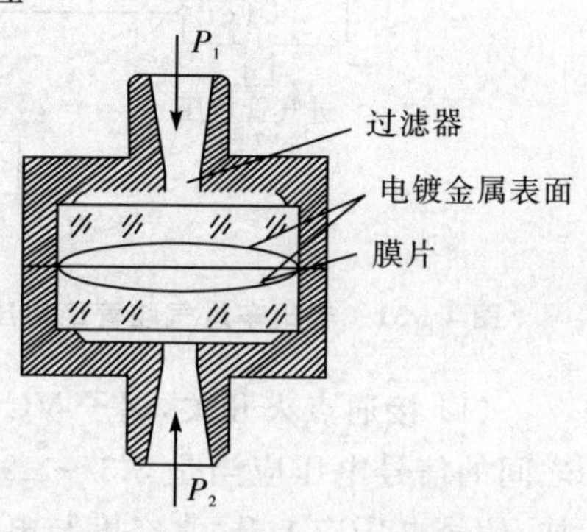

图 4 - 29　电容效应原理

电容式进气歧管绝对压力传感器结构示意图如图 4 - 30所示。位于电容式进气歧管绝对压力传感器壳体内腔的弹性膜片用金属制成，弹性膜片上、下两凹玻璃的表面均有电镀金属层(氧化铝)，这样在弹性膜片与两电镀金属层之间形成两个串联的电容。发动机工作时，进气管内的空气压力作用于弹性膜片上，使弹性膜片产生位移，弹性膜片与两个电镀金属层之间的距离发生变化，一个距离减小，而另一个距离增大，在弹性膜片与两金属涂层之间形成的两个电容的电容量也就一个增加、另一个减小。

电容量的变化量与弹性膜片的位移成正比，而弹性膜片的位移取决于上、下两空腔的气体压力，只要弹性膜片上部的空腔为绝对真空，下部空腔通进气管，就可通过检测电容量的变化来检测进气管的绝对压力。电容量的变化量通过测量电路(电容电桥电路或谐振电路)转换成电压信号输送给 ECU。

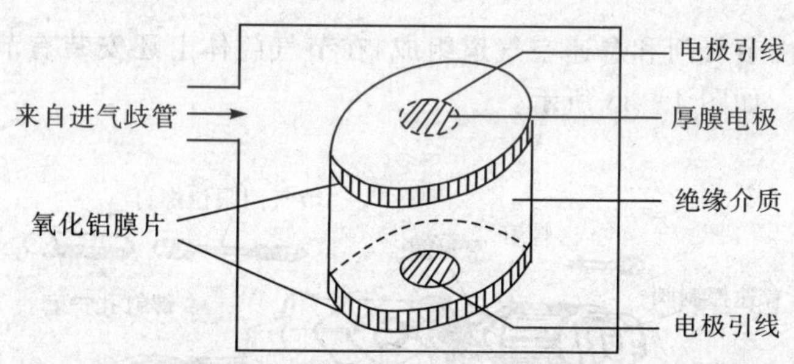

图 4 - 30　电容式进气歧管绝对压力传感器结构示意图

2) 进气歧管绝对压力传感器的检测

进气歧管绝对压力传感器都是 3 线的，一根电源线，一根信号线，一根接搭铁线。拔下进气歧管绝对压力传感器的插头，接通点火开关，电源线的开路电压约为+5 V。用万用表检测时因信号类型不同，应选用不同的挡位，电压信号选用直流电压挡，频率信号选用频率挡。

丰田车进气歧管绝对压力传感器电路图如图 4 - 31 所示，它输出的是电压信号，用万用表检测的方法如下：

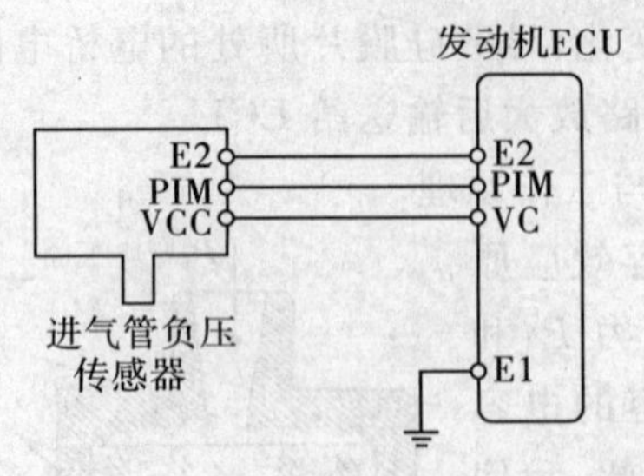

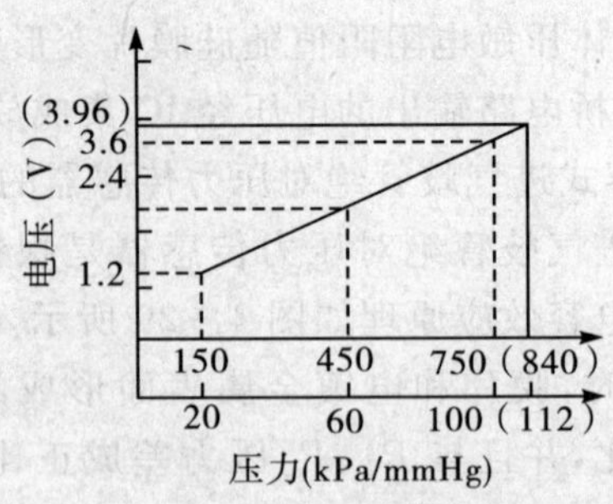

图 4-31　丰田车进气歧管绝对压力传感器电路图　　**图 4-32　丰田车真空度与电压信号关系**

(1) 接通点火开关，端子 VC 和 E2 间的电压应当为 4.5～5.5 V，ECU 端子 PIM 与 E2 之间的信号电压应当是 3.3～3.9 V，发动机怠速时信号电压约 1.5 V，随着节气门开度的增加，信号电压应上升，真空度与电压信号关系应符合图 4-32 所示的关系。

(2) 拆下进气歧管处的真空软管，并接在真空枪上，接通点火开关，用真空枪对传感器施以 13.3～66.7 kPa 的负压，端子 PIM 与 E2 间的信号电压应符合表 4-8 的标准值。

表 4-8　不同真空度下的标准进气压力传感器信号

真空度(kPa)	13.3	26.7	40.0	53.5	66.7
信号电压(V)	0.3～0.5	0.7～0.9	1.1～1.3	1.5～1.7	1.9～2.2

4. 节气门体

节气门体安装在空气流量计之后的进气管上，用以控制发动机正常运行工况下的进气量。

节气门体主要由节气门和怠速空气道组成，在节气门体上还安装有节气门位置传感器、怠速控制阀等装置。如图 4-33 所示。

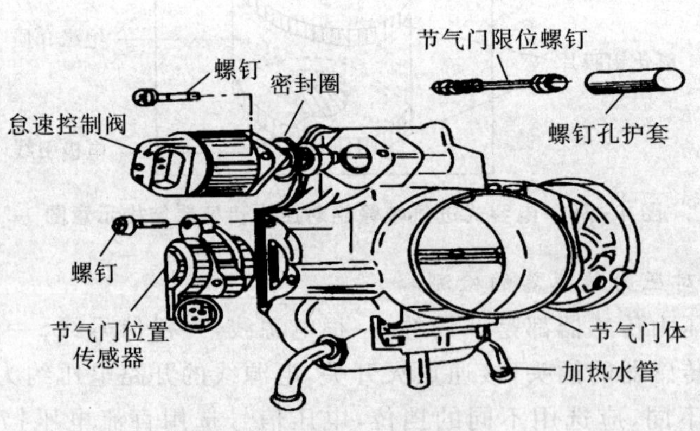

图 4-33　节气门体的构造

节气门俗称“油门”，驾驶员通过改变节气门的开度控制发动机的进气量从而控制发动机的转速。

5. 节气门位置传感器

节气门位置传感器的作用是把汽油机运转过程中节气门的位置及开启角度的变化转换

成电信号输入发动机ECU，用于控制燃油喷射及其他辅助控制。

节气门位置传感器安装在节气门体上节气门轴的一端，通过节气门轴带动其内部的电刷、触点转动，从而把节气门开度转化为电信号输出。常见的节气门位置传感器有触点开关式、线性电位计式和综合式三种类型。

1）节气门位置传感器的类型

（1）触点开关式节气门位置传感器

① 触点开关式节气门位置传感器的构造：

触点开关式节气门位置传感器如图4－34所示，由一个与节气门轴联动的凸轮、一个活动触点、两个固定触点——怠速触点IDL和全负荷触点PSW等组成。凸轮控制触点的开启和闭合。

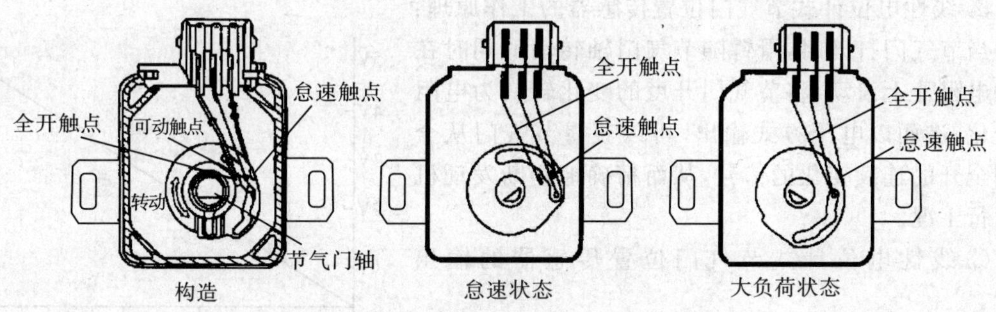

图4－34 触点开关式节气门位置传感器

② 触点开关式节气门位置传感器的工作原理：

节气门转动时，活动触点随节气门一起转动。当节气门处于全关闭位置时，活动触点与怠速触点接通，即怠速触点闭合，ECU判定发动机处于怠速工况，从而按怠速工况的要求控制喷油和点火；当节气门接近全开（节气门开度大于50%）时，活动触点与全负荷触点接通，即全负荷触点闭合，ECU进行全负荷加浓控制；当节气门在中间位置时，活动触点与两固定触点均断开，ECU判定发动机处于部分负荷工况。

③ 触点开关式节气门位置传感器的输出特性：

触点开关式节气门位置传感器输出特性如图4－35所示，ECU根据触点的闭合情况确定发动机工况。当节气门关闭时，怠速触点IDL闭合，大负荷触点PSW断开，怠速触点IDL输出端子输出的信号为低电平“0”，功率触点PSW输出端子输出的信号为高电平“1”。ECU接收到节气门位置传感器输入的这两个信号时，如果车速传感器输入ECU的信号表示车速为零，那么ECU判定发动机处于怠速状态，并控制喷油器增加喷油量，保证发动机怠速转速稳定而不致熄火；如果此时车速传感器输入ECU的信号表示车速不为零，那么ECU判定发动机处于减速状态，并控制喷油器停止喷油，以降低排放和提高经济性。

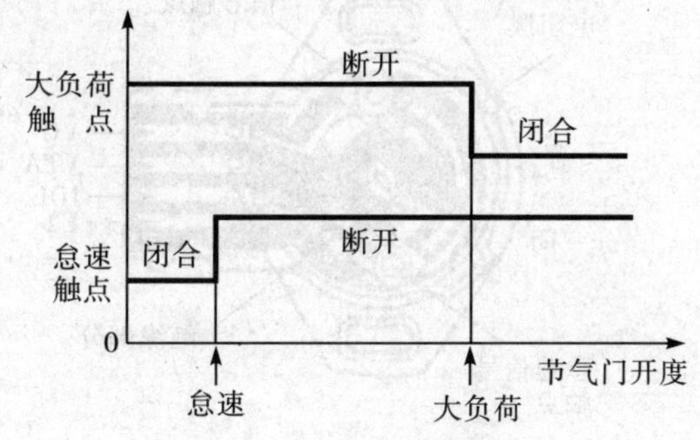

图4－35 触点开关式节气门位置传感器输出特性

（2）线性电位计式节气门位置传感器

① 线性电位计式节气门位置传感器的构造：

线性电位计式节气门位置传感器的结构如图 4-36 所示。传感器内部装有滑动电阻，滑动电阻的滑臂与节气门轴一同转动。

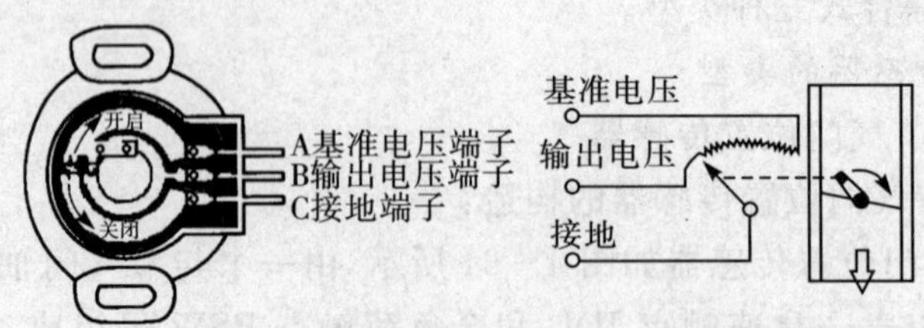

图 4-36　线性电位计式节气门位置传感器

② 线性电位计式节气门位置传感器的工作原理：

当节气门打开时，滑臂随节气门轴转动的同时在滑动电阻片上滑动，将节气门开度的变化转变为电阻的变化，进而以电压方式输出，可以获得节气门从全闭到全开的连续变化的信号，从而精确地判断发动机的运行工况。

③ 线性电位计式节气门位置传感器的输出特性：

由线性电位计式节气门位置传感器的工作原理可知，随节气门开度增大，输出电压升高，其输出特性如图 4-37 所示。

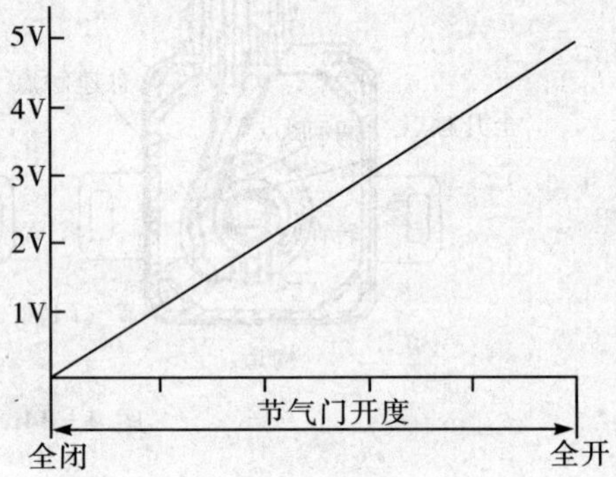

图 4-37　线性电位计式节气门位置传感器的输出特性

(3) 综合式节气门位置传感器

① 综合式节气门位置传感器的构造：

综合式节气门位置传感器是在线性电位计式节气门位置传感器的基础上加装了一个怠速信号触点，如图 4-38 所示。

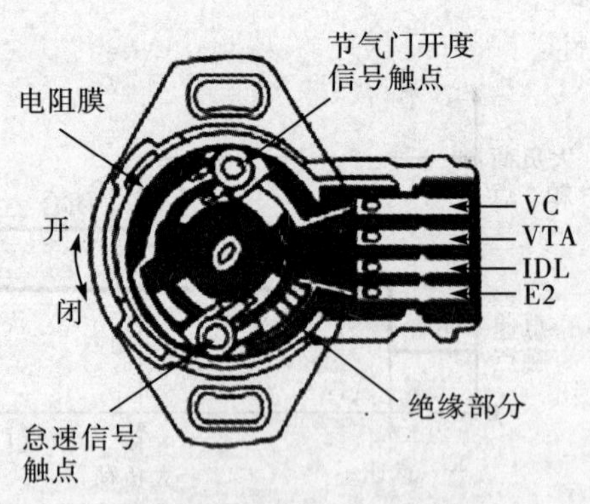

图 4-38　综合式节气门位置传感器

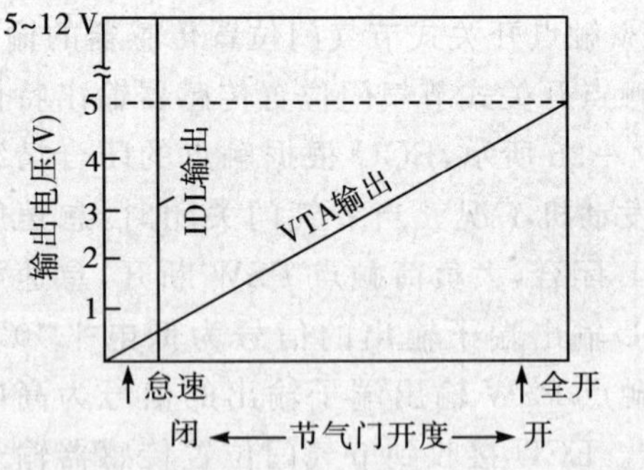

图 4-39　综合式节气门位置传感器的输出特性

② 综合式节气门位置传感器的工作原理：

怠速时，怠速触点闭合，输出怠速工况信号，其他工况随节气门开度的变化，电位计的电阻也变化，从而将节气门开度转变为电压信号输送给 ECU。

③ 综合式节气门位置传感器的输出特性：

综合式节气门位置传感器输出特性如图 4－39 所示。当节气门关闭或开度小于 1.2°时，怠速触点闭合，其输出端"IDL"输出低电压(0 V)；当节气门开度大于 1.2°时，怠速触点断开，输出端"IDL"输出高电压(5 V 或 12 V)。

当节气门开度变化时，可变电阻的滑臂随节气门轴转动，滑臂上的触点在滑动电阻片上滑动，传感器输出端子"VTA"与"E2"之间的信号电压随之发生变化，节气门开度越大，输出的信号电压越高。

2) 节气门位置传感器的检测

以综合式节气门位置传感器为例，综合式节气门位置传感器与发动机 ECU 的连接电路如图 4－40 所示。

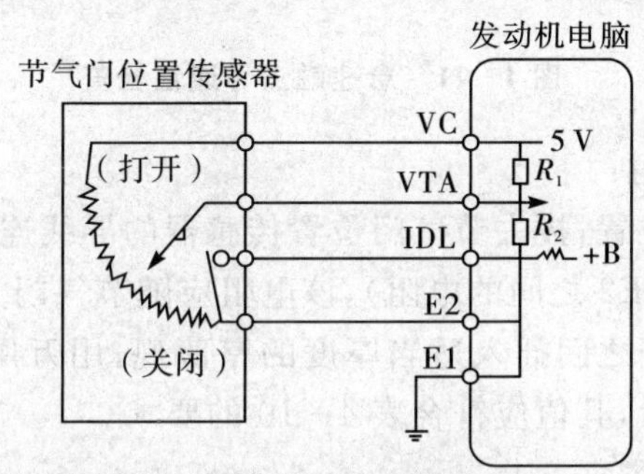

图 4－40　综合式节气门位置传感器与发动机 ECU 的连接电路

其检测步骤如下：

(1) 检查搭铁电路

断开点火开关，拆下传感器导线连接器。用万用表欧姆挡检查节气门位置传感器线束插接器 E2 端子与 ECU 的 E2 端子之间的导线、ECU 的 E1 端子与车身搭铁部位之间的导线连接情况，应导通。

(2) 检查电压

插好节气门位置传感器的导线连接器，点火开关置于"ON"位置但不起动发动机，转动节气门，用万用表直流电压挡分别检测线束插接器上 IDL－E2、VC－E2、VTA－E2 之间的电压，其值应符合表 4－9 要求。

表 4－9　节气门位置传感器各端子电压

端子	条件	标准电压(V)
IDL－E2	节气门开	9～14
VC－E2	——	4.0～5.5
VTA－E2	节气门全闭	0.3～0.8
	节气门全闭	3.2～4.9

(3) 检查传感器

① 怠速触点导通性检查：

点火开关置于"OFF"位置，拔下节气门位置传感器的导线连接器，用万用表欧姆挡在节气门位置传感器连接器上测量怠速触点 IDL 的导通情况，如图 4－41 所示。当节气门全闭时，IDL－E2 端子间应导通（电阻为 0）；当节气门打开时，IDL－E2 端子间应不导通（电阻为∞）。否则应更换节气门位置传感器。

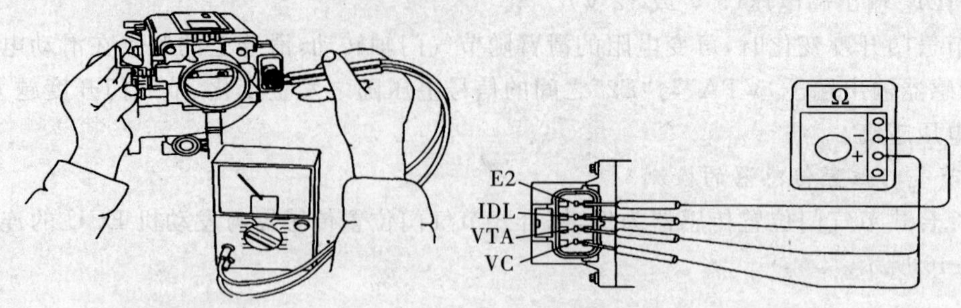

图 4－41　怠速触点导通性检查

② 检查线性电位计电阻：

点火开关置于“OFF”位置，拔去节气门位置传感器的导线连接器，用万用表欧姆挡测量线性电位计的电阻（VTA－E2 之间的电阻），该电阻应随节气门开度的增大而呈线性增大。

在节气门限位螺钉和杆之间插入适当厚度的厚薄规，用万用表欧姆挡测量此传感器导线连接器上各端子间的电阻，其值应符合表 4－10 的要求。

表 4－10　节气门位置传感器各端子电阻

限位杆与限位螺钉间的间隙	测量端子	电阻值
0 mm	VTA－E2	0.34～6.3 kΩ
0.45 mm	IDL－E2	0.5 kΩ 或更小
0.55 mm	IDL－E2	无穷大
节气门全开	VTA－E2	2.4～11.2 kΩ
——	VC－E2	3.1～7.2 kΩ

6. 怠速控制阀

怠速控制阀是通过控制进入气缸的空气量来调整发动机怠速的。按照其控制方式可将怠速控制阀分为直接控制节气门最小开度的节气门直动式和控制节气门旁通气道截面积的旁通气道式两种类型，如图 4－42 所示。

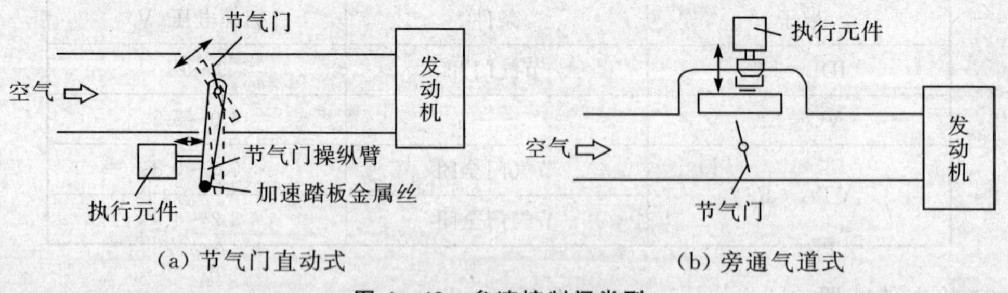

图 4－42　怠速控制阀类型

1) 节气门直动式怠速控制机构

节气门直动式怠速控制机构是通过控制节气门的开度调节空气流通面积来控制进气

量，从而实现怠速控制的。

（1）节气门控制组件的构造

节气门控制组件的结构如图 4－43 所示，主要由怠速开关、节气门定位电位计（怠速节气门位置传感器）、节气门电位计（节气门位置传感器）、节气门定位器（怠速控制电动机）组成。

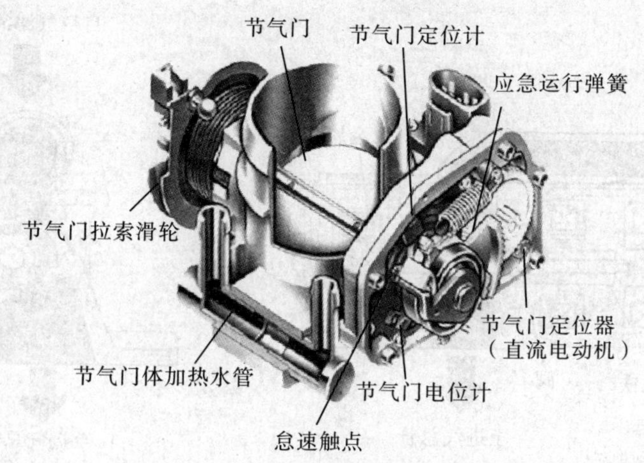

图 4－43　节气门控制组件的结构

（2）节气门控制组件的怠速控制过程

当发动机怠速工作时，节气门定位电位计将其阻值变化转化为电信号输入 ECU，ECU 根据此信号确定节气门的位置，控制节气门定位器，通过电机微量调节节气门的开度来调节发动机的怠速转速。

2）旁通气道式怠速控制机构

旁通气道式怠速控制机构是通过怠速控制阀来改变旁通气道的面积，实现怠速转速的控制。常见的怠速控制阀有步进电机式怠速控制阀、旋转滑阀式怠速控制阀、电磁式怠速控制阀三种。

（1）步进电机式怠速控制阀

步进电机式怠速控制阀由步进电机、螺旋机构（螺杆和螺母）、阀芯、阀座等组成，如图 4－44所示。

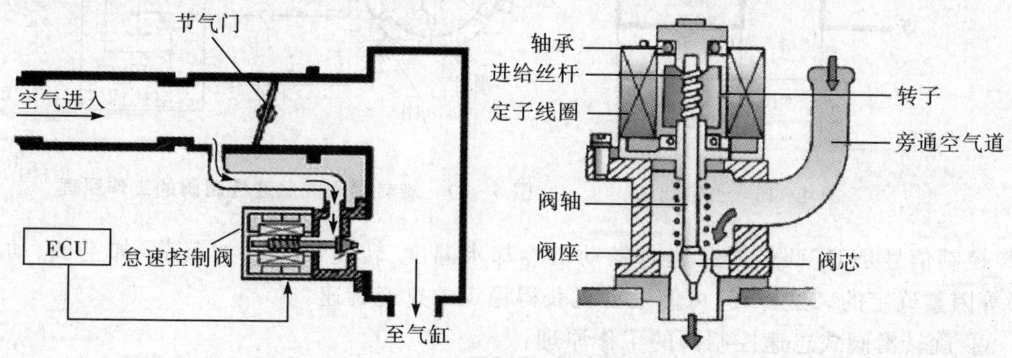

图 4－44　步进电机式怠速控制阀

步进电机的结构与其他电动机一样，由永磁转子、定子绕组等组成，其作用是产生驱动力矩。螺旋机构的作用是将步进电机的旋转运动变为往复运动，由螺杆和螺母组成。

(2) 旋转滑阀式怠速控制阀

① 旋转滑阀式怠速控制阀的构造：

旋转滑阀式怠速控制阀主要由永久磁铁、电枢以及旋转滑阀等组成，如图 4-45 所示。

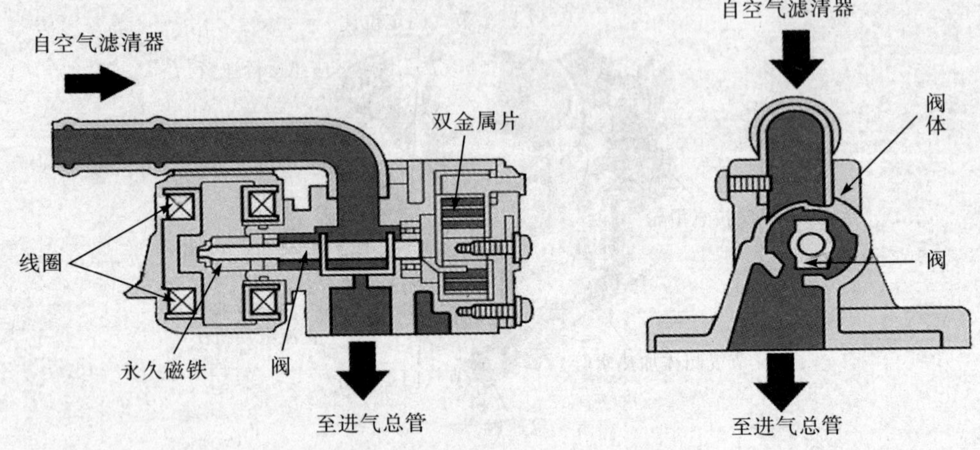

图 4-45 旋转滑阀式怠速控制阀

旋转滑阀固定在电枢轴上，随电枢轴一起转动，用来调节旁通气道的流通截面积。永久磁铁固定在外壳上，用以形成磁场。当通过电刷给电枢通电时，电枢便在磁场的作用下转动，由于旋转滑阀式怠速控制阀的转角范围限定在 90°以内，所以电枢的旋转角度必须很小才能满足旁通进气量控制精度的要求，因此采用了控制占空比的方法来控制电枢的顺转或逆转。

占空比是指 ECU 输出的控制信号在一个周期内的通电时间与通电周期的比值，如图 4-46所示。

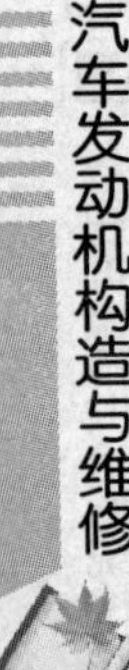

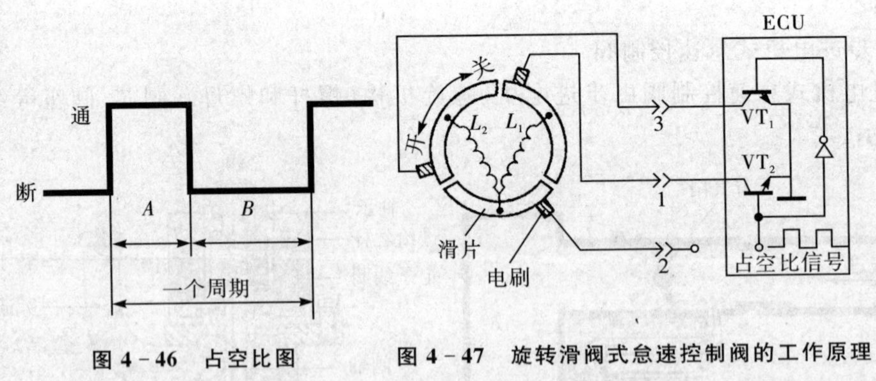

图 4-46 占空比图　　图 4-47 旋转滑阀式怠速控制阀的工作原理

控制信号是 ECU 根据怠速时发动机冷却水温度、转速以及外加负荷(如空调、动力转向)等因素确定的。这样，就可使发动机获得稳定的怠速转速。

② 旋转滑阀式怠速控制阀的工作原理：

电枢上绕有两组绕向相反的线圈，其原理电路如图 4-47 所示。这两组线圈分别产生电枢的正、反向旋转力矩，两个线圈的搭铁分别受三极管 VT_1、VT_2 控制。通向三极管 VT_1

基极的控制信号经过反相器后，使三极管 VT_1、VT_2 集电极的输出相位相反，即 VT_1、VT_2 交替导通，导通时间取决于脉冲信号的占空比。当占空比为 50%时，两个三极管的导通时间相等，正、反向旋转力矩抵消，滑阀不转动；当占空比小于 50%时，线圈 L_1 的通电时间大于线圈 L_2 的通电时间，滑阀顺时针旋转，旁通气道被关小；当占空比大于 50%时，线圈 L_1 的通电时间小于线圈 L_2 的通电时间，滑阀逆时针旋转，旁通气道被打开。

(3) 电磁式怠速控制阀

电磁式怠速控制阀是利用通电线圈产生的电磁吸力来控制阀门的开度的。根据其控制信号的不同，可将电磁式怠速控制阀分为占空比型电磁式怠速控制阀和开关型电磁式怠速控制阀两类。

占空比型电磁式怠速控制阀主要由电磁线圈、阀门等组成，如图 4-48 所示。ECU 向占空比型电磁式怠速控制阀输出的控制信号为占空比型。

开关型电磁式怠速控制阀如图 4-49 所示，其结构和占空比型电磁式怠速控制阀类似，只是 ECU 控制信号为开关信号。

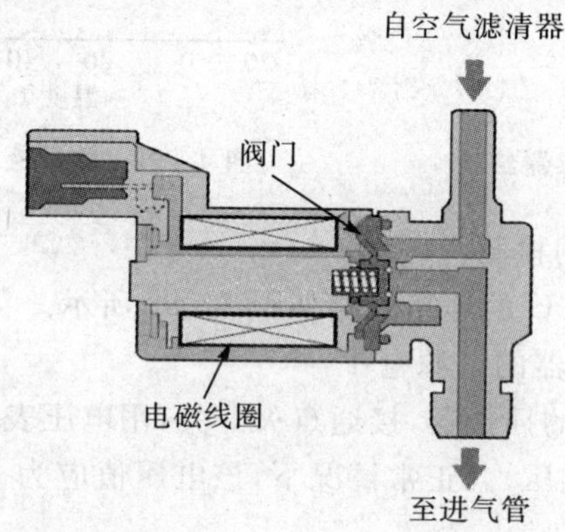

图 4-48 占空比型电磁式怠速控制阀

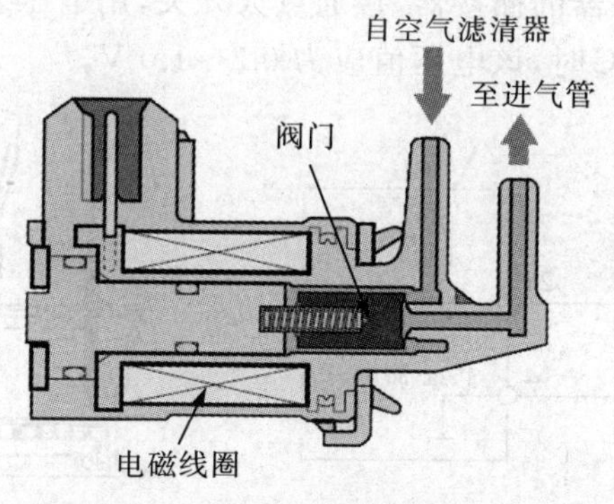

图 4-49 开关型电磁式怠速控制阀

7. 温度传感器

电控汽油喷射系统中有两个温度传感器，即冷却液温度传感器和进气温度传感器，它们均采用负温度系数的热敏电阻作为传导元件。

1) 冷却液温度传感器

冷却液温度传感器安装在发动机缸体或缸盖的水套上，与冷却液接触，用来检测发动机的冷却液温度。

(1) 冷却液温度传感器的结构和特性

冷却液温度传感器的内部是一个半导体热敏电阻,如图 4-50 所示。它具有负的温度电阻系数,水温越低,电阻越大;反之,水温越高,电阻越小。其特性曲线如图 4-51 所示。ECU 根据冷却液温度传感器信号和其他传感器信号,确定喷油脉宽、点火时刻等。

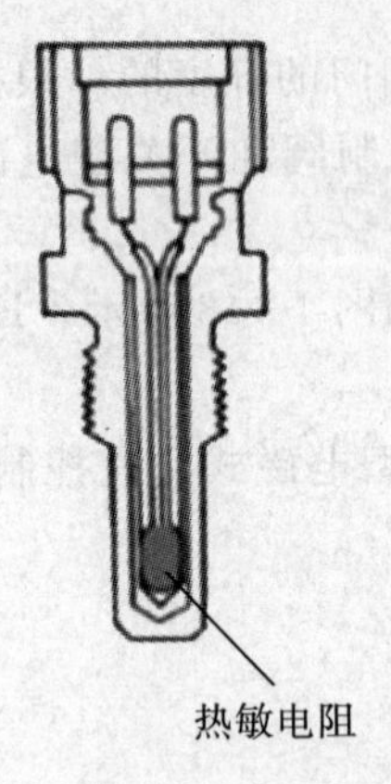

图 4-50 冷却液温度传感器结构

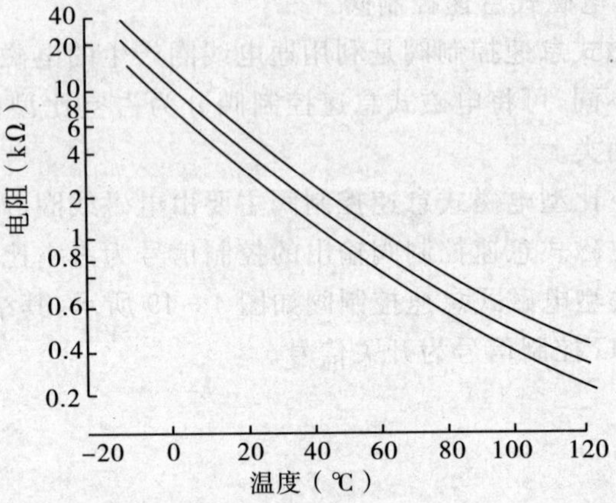

图 4-51 冷却液温度传感器电阻特性曲线

(2) 冷却液温度传感器的检测

冷却液温度传感器与 ECU 的连接电路如图 4-52 所示。

① 检查冷却液温度传感器的电源电压:

拆开冷却液温度传感器的插接器,接通点火开关,用电压表测量线束插接器上两端子之间的电压(即传感器的电源电压)。正常情况下,该电压值应为 5 V。若电压值不正常,则应检查相关的线路。

② 检查冷却液温度传感器的信号电压:

连接好冷却液温度传感器的插接器,接通点火开关,用电压表测量线束插接器上两端子之间的电压。当水温为 80 ℃时,该电压值应为 0.2~1.0 V。

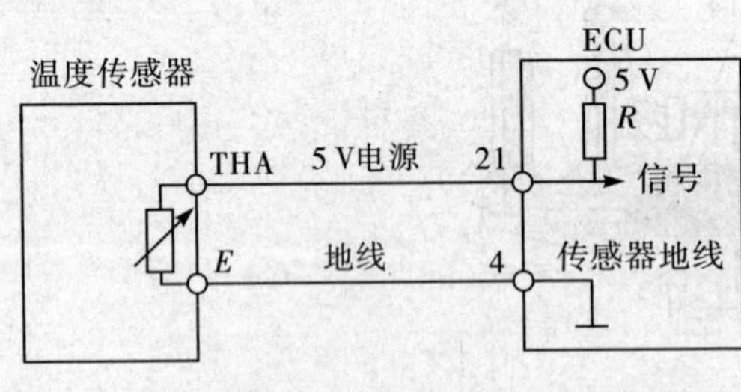

图 4-52 冷却液温度传感器与 ECU 的连接电路

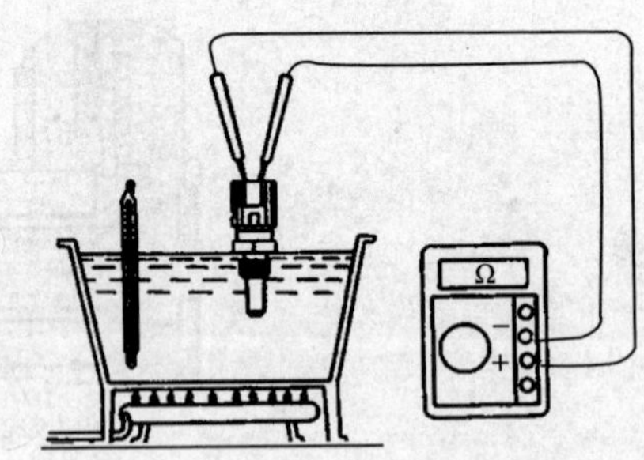

图 4-53 冷却液温度传感器的工作特性检查

③ 检查冷却液温度传感器的工作特性:

首先拆下冷却液温度传感器,然后按图 4-53 所示方法对水加热,用万用表欧姆挡测量不同水温下冷却液温度传感器的电阻值,并将其与标准值对比,即可判定冷却液温度传感器是否正常。对桑塔纳 2000GSi 型轿车 AJR 发动机冷却液温度传感器来说,其阻值应符合表 4-11 中所列数值。否则,应更换冷却液温度传感器。

表 4-11　AJR 发动机冷却液温度传感器标准阻值

温度(℃)	电阻(kΩ)
0	5.50～6.50
20	2.25～3.0
40	0.95～1.40
60	0.54～0.675
80	0.275～0.375

2) 进气温度传感器

进气温度传感器的作用是把进气温度转换为电信号并输入 ECU,ECU 根据此信号确定进气密度,并结合进气量传感器信号精确计算进气质量,从而控制喷油量。进气温度传感器通常安装在空气滤清器之后的进气软管上或空气流量计上。

(1) 进气温度传感器的结构和特性

进气温度传感器内部也是一个具有负温度电阻系数的热敏电阻,其结构如图 4-54 所示。其特性曲线与冷却液温度传感器相同,如图 4-51 所示。

(2) 进气温度传感器的检测

进气温度传感器和 ECU 的连接方式与冷却液温度传感器相同,如图 4-52 所示。如果进气温度传感器本身或其线路故障,将导致发动机起动困难、怠速不稳、废气污染物排放量增加,其检测方法与冷却液温度传感器基本相同。

8. 进气管

进气管的作用是较均匀地分配可燃混合气(汽油机)或空气(柴油机)到各气缸中。对汽油机来说,进气管的另一作用是使可燃混合气和油膜继续得到汽化。

进气管有进气总管和进气歧管。进气总管是指空气滤清器至进气歧管之间的管道。在电控燃油喷射式发动机的进气总管上,装有空气流量传感器(或进气压力传感器),以便对进入气缸的空气进行计量。

进气歧管是指进气总管后向各气缸分配空气的支管,如图 4-55 所示,轿车发动机进气歧管多用铝合金制造。进气歧管用螺栓固定在气缸体或气缸盖上,其接合面处装有衬垫,以防止漏气。

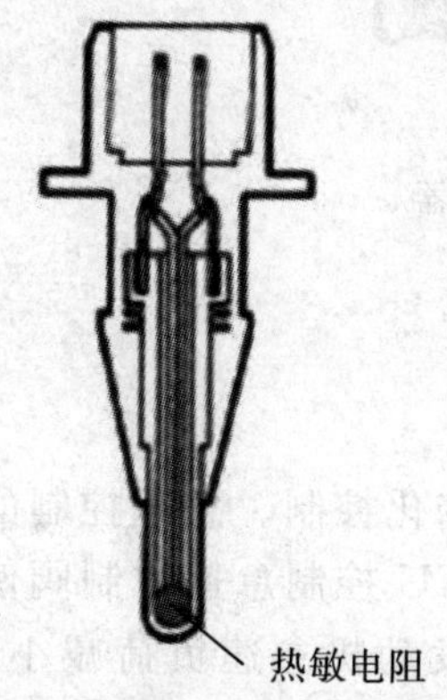

图 4-54　进气温度传感器结构

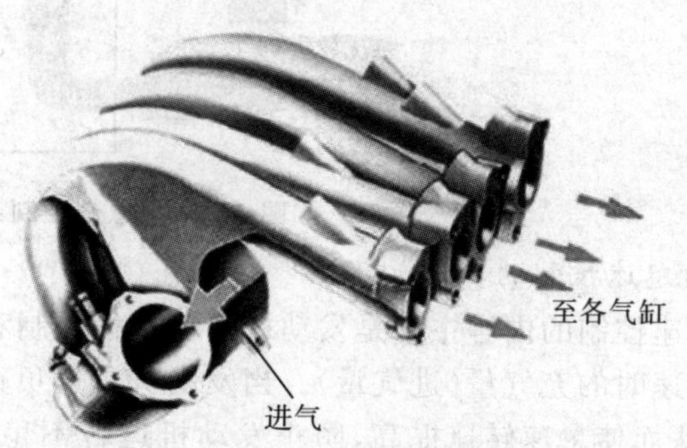

图 4-55　进气歧管

（四）进气系统检修注意事项

电控发动机燃油喷射系统不论是流量型还是压力型，只要进气系统不密封就会影响喷油量，其影响程度要比化油器式发动机更大，所以对进气系统进行检修应注意：

(1) 发动机量油尺、机油加油口盖必须安装好。否则会影响发动机运行。

(2) 进气软管不能有破裂，箍固要安装紧固。因为漏气会影响空气流量计或进气压力传感器的信号，从而影响喷油量，使发动机怠速不稳，易熄火，动力性和加速性能差。

(3) 真空管不能破裂、扭结，也不能插错。真空管插错会使发动机怠速不稳，甚至使各缸无规律地交替工作不良。

(4) 喷油器应安装到位，密封圈完好。如果安装不到位或密封圈损坏，上部安装密封不良会漏油造成严重事故，下部密封不良会造成漏气使发动机真空度下降，运行不良，还会使进气压力传感器信号增加，喷油量增加使混合气偏浓。

（五）进气控制

为了使发动机在怠速工况时具有良好的经济性和排放性，必须对发动机怠速转速进行有效控制，因而设置了怠速控制系统；为了使发动机在工作时增大进气量而改善动力性能，发动机进气系统中还设置了各种增压控制系统。

1. 怠速控制系统

1) 怠速控制系统的组成

怠速控制系统由各种传感器与信号控制开关、电子控制器（ECU）、怠速控制阀和旁通空气道等组成。也有采用节气门直接控制怠速的方式，无需设置旁通空气道，如图4－56所示。

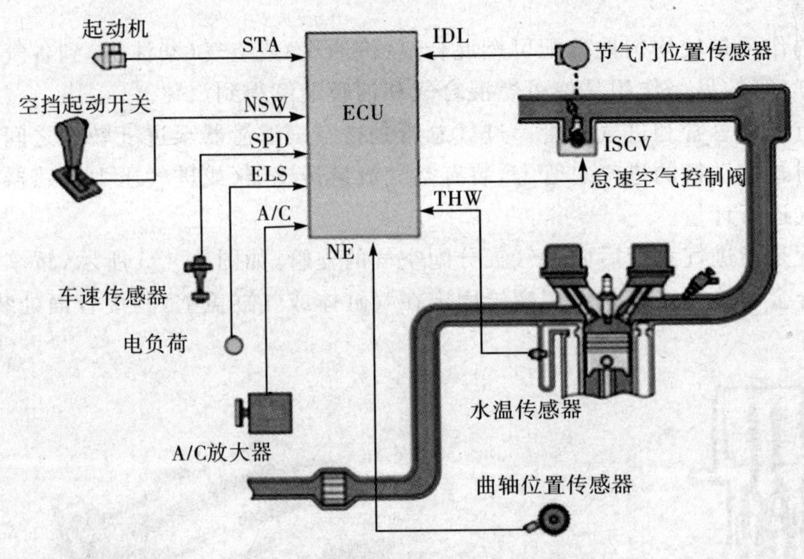

图 4－56　怠速控制系统的组成

2) 怠速控制的实质

怠速控制的内容主要是发动机负荷变化控制和电器负荷变化控制。怠速控制的实质是控制怠速时的充气量（进气量）。当发动机怠速负荷增大时，ECU 控制怠速控制阀使进气量增大，从而使怠速转速提高，防止发动机运转不稳或熄火；当发动机怠速负荷减小时，ECU 控制怠速控制阀使进气量减少，从而使怠速转速降低，以免怠速转速过高。怠速时的喷油量则由 ECU 根据预先设定的怠速空燃比和实际充气量计算确定。

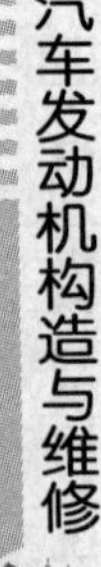

3）怠速控制过程

怠速转速控制过程如图 4－57 所示。

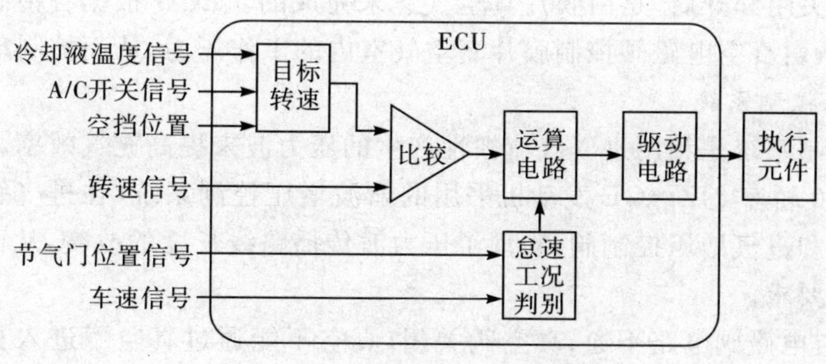

图 4－57　怠速转速控制过程

ECU 首先根据怠速触点 IDL 信号和车速信号，判断发动机是否处于怠速状态。当判定为怠速工况时，再根据发动机冷却液温度传感器、空调开关、动力转向开关等信号，从存储器存储的怠速转速数据中查询相应的目标转速，然后将目标转速与曲轴位置传感器检测的发动机实际转速进行比较。当发动机负荷增大，目标转速高于实际转速时，ECU 将控制怠速控制阀增大旁通进气量来提高怠速转速；反之，当发动机负荷减小，目标转速低于实际转速时，ECU 将控制怠速控制阀减小旁通进气量来调节怠速转速。

2. 增压控制

采用增压的方式是为了提高发动机的充气量，从而达到提高发动机动力性的目的。增压的方式很多，各种发动机上采用的方法有所不同，现介绍几种。

1）动力阀控制系统

动力阀控制系统的作用是控制发动机进气道的空气流通截面大小，以适应发动机不同转速和负荷时进气量的需求，从而改善发动机的动力性。

(1) 动力阀控制系统的结构和原理

动力阀控制系统的结构原理如图 4－58 所示，它采用了双进气管结构，其中有一个进气管道中装有动力阀。当发动机在中低速、小负荷工作时，动力阀关闭，只使用一条进气管道，此时进气流速提高，进气惯性增大，以提高发动机转矩；当发动机高速、大负荷工作时，动力阀开启，进气管道为两条，进气管道面积大大增加，进气阻力减小，充气量增大，使发动机在

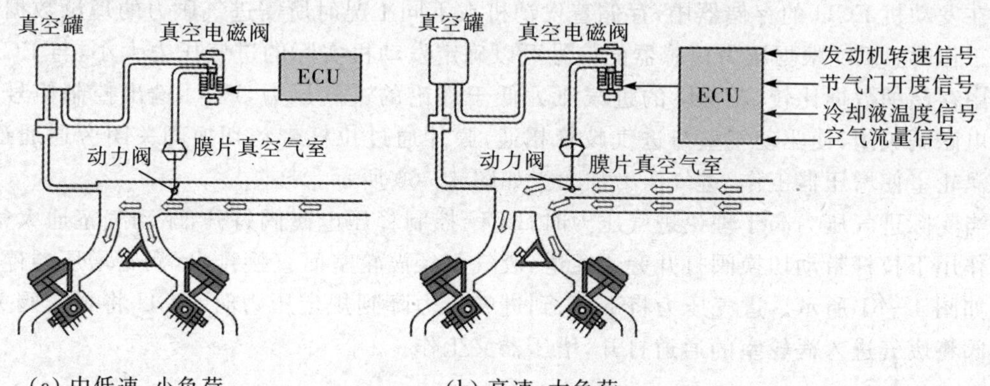

图 4－58　动力阀控制系统的结构原理

高速、大负荷下的动力性得到很大提高。

动力阀控制系统由ECU、真空罐、真空电磁阀、膜片真空气室、动力阀等组成。进气道中的动力阀门的关闭和开启,是由膜片真空气室来完成的。ECU根据各传感器信号控制真空电磁阀的工作,由真空电磁阀控制膜片真空气室内的工作压力,从而控制动力阀的开闭。

2)谐波增压控制系统

谐波增压控制系统是利用进气气流惯性产生的压力波来提高充气效率。

丰田皇冠3.0轿车2JZ-GE发动机采用的谐波增压控制系统,在进气管中加设了一个大容量的空气室和进气增压控制阀,实现了压力波传播路线长度的改变,从而兼顾了低速和高速的进气增压要求。

低速时,真空电磁阀电路不通,真空阀关闭,真空不能通过真空罐进入真空控制阀控制的真空气室。受真空控制阀控制的进气增压控制阀处于关闭状态,此时进气管长度长,如图4-59(a)所示。

高速时,真空电磁阀电路接通,真空阀打开,真空进入真空控制阀控制的真空气室,吸动其膜片,将进气增压控制阀打开,此时由于大容量空气室的加入,缩短了压力波的传播距离,如图4-59(b)所示。

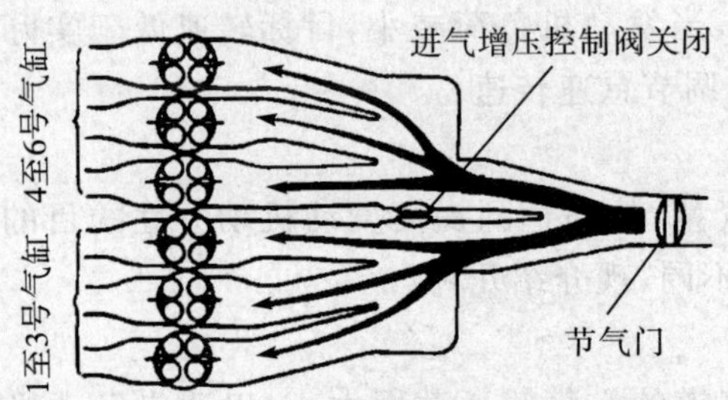

(a) 打开真空电磁阀,进气增压控制阀关闭

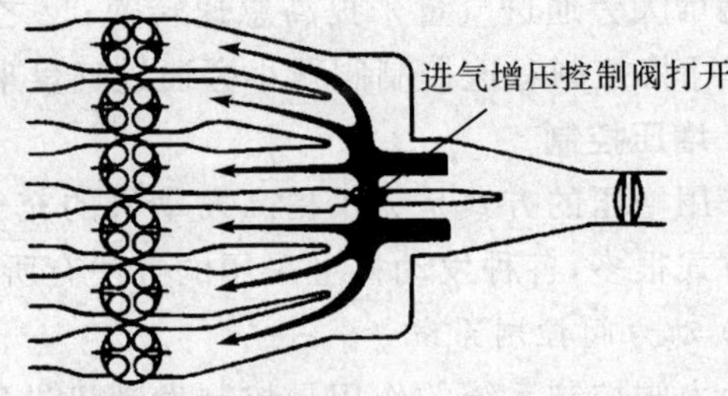

(b) 关闭真空电磁阀,进气增压控制阀打开

图4-59 谐波增压控制系统的控制过程

3)废气涡轮增压系统

涡轮增压的作用是利用增压器将空气压缩,提高压力,增大空气密度,以提高发动机的充气量,达到提高发动机动力性的目的。涡轮增压装置在柴油发动机上常见,现在一些汽油发动机也采用。

在发动机ECU的存储器中,存储着发动机在不同工况时所需进气压力的理论数据。发动机工作时,ECU根据压力传感器的信号可以确定发动机实际的进气压力大小,与ECU存储器中存储的数据比较,若实际的进气压力低于理论的进气压力,ECU输出控制信号控制释压电磁阀关闭,使驱动气室与进气歧管相通,膜片通过拉杆带动切换阀关闭旁通通道,废气经涡轮室使增压器工作,进气压力加大。如图4-60所示。

当实际进气压力高于理论进气压力时,ECU控制释压电磁阀打开,驱动气室通大气,在弹力作用下拉杆带动切换阀打开旁通通道,废气不经涡轮室而直接排出,涡轮增压器停止工作。如图4-61所示。进气压力将下降,到进气压力降到规定压力时,ECU将释压阀关闭,切换阀将废气进入涡轮室的通道打开,增压器又工作。

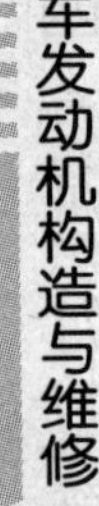

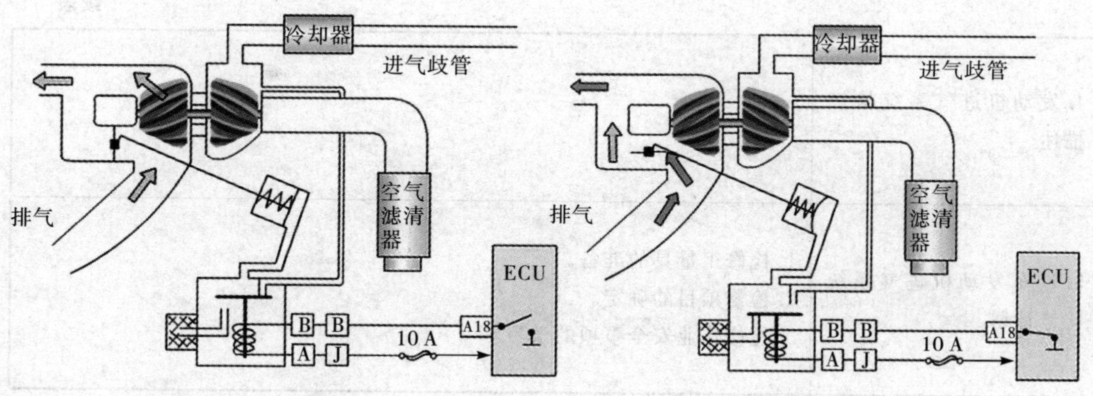

图 4－60　旁通通道关闭　　　　图 4－61　旁通通道打开

三、制定检修计划

制定进气系统检修计划如表 4－12 所示。

表 4－12　进气系统检修计划

1. 查阅资料，学习汽车发动机进气系统检修作业注意事项描述。 2. 查阅维修手册，熟悉发动机进气系统检修信息，制定汽车发动机进气系统检修计划。		
1. 车辆发动机类型信息描述	车辆描述：	
	发动机类型信息描述：	
2. 汽车发动机进气系统检修作业注意事项描述	1. 要严格按照规则使用工量具。 2. 修理后的标准数据一定要符合原厂标准。 3. 检修时要注意保护好零部件。	
3. 发动机进气系统检修信息描述	发动机ECU 1.＿＿＿＿＿＿　2.＿＿＿＿＿＿ 3.＿＿＿＿＿＿　4.＿＿＿＿＿＿	

续表

4.发动机进气系统检修描述	
5.汽车发动机进气系统检修计划	1.检修工量具的准备。 2.检修项目的确定。 3.检修作业安全事项的学习。

四、实施检修作业

汽车发动机进气系统检修作业具体实施如表4-13所示。

表4-13 汽车发动机进气系统检修作业

<table>
<tr><td colspan="4">1.学习汽车发动机进气系统检修作业安全事项。
2.会正确对汽车发动机进气系统进行检修作业。</td></tr>
<tr><td>1.汽车发动机进气系统检修计划描述</td><td colspan="3"></td></tr>
<tr><td>2.汽车发动机进气系统检修作业安全事项学习</td><td colspan="3">1.注意人身和机件的安全,不了解的先了解后再动手。
2.未经许可,不准扳动机件和乱动电器按钮开关。
3.注意防火。
4.认真接受实习前的安全知识教育。</td></tr>
<tr><td colspan="4">3.汽车发动机进气系统检修作业</td></tr>
<tr><td>检查项目</td><td>作业要领</td><td>技术标准</td><td>检查记录</td></tr>
<tr><td>检修工具设备的选用</td><td>1.故障诊断仪。
2.万用表。
3.常用拆装工具。</td><td></td><td>1.选用的故障诊断仪品牌及型号为:______
2.选用的拆装工具为:______</td></tr>
</table>

续表

检查项目		作业要领	技术标准	检查记录
空气流量计	热线式空气流量计	1. 检查电路连接情况。 2. 检查外观。 3. 就车检测。 4. 车下检测。	1. 连接导线应正常，插接器插接应可靠。 2. 热丝应无折断及脏污现象，护网应无堵塞及破损现象。 3. 端子 E、D 间的电压为 12 V；端子 B、D 间的信号电压，在发动机不起动时小于 0.5 V，怠速时为 1.0～1.3 V，转速 3000 r/min 时为 1.8～2.0 V。 4. 端子 B 和 D 之间的电压，其值应为 1.6±0.5 V，用电吹风向空气流量计内吹风，B、D 端子之间的电压应上升至 2～4 V。	1. 检查电路连接情况为：____ 2. 检查外观情况为：____ 3. 端子 E、D 之间的电压为：____ 相应转速下端子 B、D 之间的信号电压为：____ 4. 端子 B 和 D 之间的电压为：____ 用电吹风向空气流量计内吹风，测量 B、D 端子之间的电压为：____
	热膜式空气流量计	1. 检查电路连接情况。 2. 检查外观。 3. 就车检测。 4. 车下检测。	1. 连接导线应正常，插接器插接应可靠。相关端子间电阻值应小于 1 Ω。 2. 防护网、热膜应正常。 3. 端子 2 与搭铁线间电压应大于 11.5 V；端子 4 与搭铁点间电压约为 5 V。 4. 改变吹风距离，端子 5 与 3 之间的电压接近时升高，离远时下降。	1. 检查电路连接情况：____ 相关端子间电阻值为：____ 2. 检查外观情况为：____ 3. 端子 2 与搭铁线间的电压为：____ 端子 4 与搭铁点间的电压为：____ 4. 距离接近时电压变化为：____ 离远时电压变化为：____

续表

检查项目	作业要领	技术标准	检查记录
进气歧管绝对压力传感器	检测电压信号。	1. 端子VC和E2间的电压为4.5～5.5 V。端子PIM与E2之间的信号电压为3.3～3.9 V,怠速时信号电压为1.5 V左右,随着节气门开度的增加,信号电压应上升。 2. 端子PIM与E2间的信号电压应符合标准值。	1. 端子VC和E2间的电压为:______,端子PIM与E2之间的信号电压为:______,怠速时信号电压为:______,随着节气门开度的增加,信号电压变化为:______ 2. 端子PIM与E2间的信号电压为:______
节气门位置传感器	1. 检查搭铁电路。 2. 检查电压。 3. 检查传感器。	1. 插接器E2端子与ECU的E2端子间的导线、ECU的E1端子与车身搭铁部位间的导线,应导通。 2. IDL－E2、VC－E2、VTA－E2之间的电压,其值应符合要求。 3. 当节气门全闭时,IDL－E2端子间应导通;当节气门打开时,IDL－E2端子间应不导通(电阻为∞)。VTA－E2之间的电阻应随节气门开度的增大而呈线性增大。各端子间的电阻,其值应符合表4－10的要求。	1. E2端子与ECU的E2端子间的导线、ECU的E1端子与车身搭铁部位间的导线是否导通:______ 2. IDL－E2、VC－E2、VTA－E2之间的电压为:______ 3. IDL－E2端子间是否导通:______;当节气门打开时,IDL－E2端子间是否导通:______。VTA－E2之间的电阻为:______该电阻随节气门开度变化的情况为:______
冷却液温度传感器	1. 检查冷却液温度传感器的电源电压。 2. 检查冷却液温度传感器的信号电压。 3. 检查冷却液温度传感器的工作特性。	1. 线束插接器上两端子之间的电压为5 V。 2. 当水温为80 ℃时,电压值应为0.2～1.0 V。 3. 不同水温下冷却液温度传感器的电阻值应该符合要求。	1. 线束插接器上两端子之间的电压为:______ 2. 当水温为80 ℃时,电压值为:______ 3. 不同水温下的电阻值为:______
4. 检修作业完成后的收获与感想			

五、检验评估

任务二的检验评估如表 4－14 所示。

表 4－14　检验评估

<table>
<tr><td>评价指标</td><td colspan="3">检验说明</td><td colspan="4">检验记录</td></tr>
<tr><td>维护检查项目</td><td colspan="3">1. 检查工具、检测仪器及设备是否正常
2. 检查零部件的损坏情况</td><td colspan="4"></td></tr>
<tr><td>汽车发动机进气系统检修过程情况</td><td colspan="7"></td></tr>
<tr><td>评价内容</td><td colspan="3">检验指标</td><td>权重</td><td>自评</td><td>互评</td><td>总评</td></tr>
<tr><td rowspan="3">检查任务完成情况</td><td colspan="3">1. 完成任务过程情况</td><td rowspan="3">4</td><td rowspan="3"></td><td rowspan="3"></td><td rowspan="9"></td></tr>
<tr><td colspan="3">2. 任务完成质量</td></tr>
<tr><td colspan="3">3. 在小组完成任务过程中所起作用</td></tr>
<tr><td rowspan="3">专业知识和专业技能</td><td colspan="3">1. 能说出发动机进气系统的组成、类型和作用</td><td rowspan="3">8</td><td rowspan="3"></td><td rowspan="3"></td></tr>
<tr><td colspan="3">2. 能说出发动机进气系统各主要部件的工作原理</td></tr>
<tr><td colspan="3">3. 能正确地选择和使用维修工量具对各主要部件进行检修</td></tr>
<tr><td rowspan="3">职业素养</td><td colspan="3">1. 学习态度：积极主动参与学习</td><td rowspan="3">3</td><td rowspan="3"></td><td rowspan="3"></td></tr>
<tr><td colspan="3">2. 团队合作：与小组成员一起分工合作，不影响学习进度</td></tr>
<tr><td colspan="3">3. 现场管理：服从工位安排，执行实训室“5S”管理规定</td></tr>
<tr><td>综合评价与建议</td><td colspan="7"></td></tr>
</table>

任务三　燃油供给系统结构认识和检修

一辆桑塔纳 2000GSi 轿车每次起动都需要两次以上才能着车，进厂进行维修。针对维修接待和车间确认意见，需对燃油供给系统进行检修。

1. 能描述燃油供给系统的作用、组成及工作原理。

2. 能正确地选择和使用维修工量具对燃油供给系统的主要部件进行检修。

一、维修接待

按照表 4－15 完成待修车辆的维修接待，并准确填写接车问诊表。

表 4－15　维修接待与接车问诊表

1. 通过询问客户了解发动机发生故障情况，填写接车问诊表。 2. 车间检测初步确认需对发动机燃油供给系统进行检修，必要时更换故障零部件。	
接车问诊表 车牌号：________　车架号：________　行驶里程：________(km) 用户名：________　电　话：________　来店时间：________	
用户陈述及故障发生时的状况：一辆桑塔纳 2000GSi 轿车每次起动都需要两次以上才能着车。 故障发生状况提示：行驶速度、发动机状态、发生时间、部位、天气、路面状况、声音描述。	
接车员检测确认建议：需对发动机燃油供给系统进行综合修理。	
车间检测确认结果及主要故障零部件：需对发动机燃油供给系统进行综合修理，必要时更换故障零部件。 车间检查确认者：________	
外观确认：(请在有缺陷部位做标识)	功能确认：(工作正常√　不正常×) □音响系统　□门锁(防盗器)　□全车灯光 □工具　□后视镜　□天窗　□座椅 □点烟器　□玻璃升降器　□玻璃
	物品确认：(有√　无×) F　E □贵重物品提示 □工具　□备胎　□灭火器 □其他(　　　　) 旧件是否交还用户 □是　□否 用户是否需要洗车 □是　□否
· 检测费说明：本次检测的故障如用户在本店维修，检测费包含在修理费用内；如用户不在本店维修，请支付检测费。本次检测费：￥______元。 · 贵重物品：在将车辆交给我店检查修理前，已提示将车内贵重物品自行收起并保存好，如有遗失恕不负责。 接车员：________　用户确认：________	

二、信息收集与处理

按表 4－16 完成任务三的信息收集与处理。

表 4-16　信息收集与处理

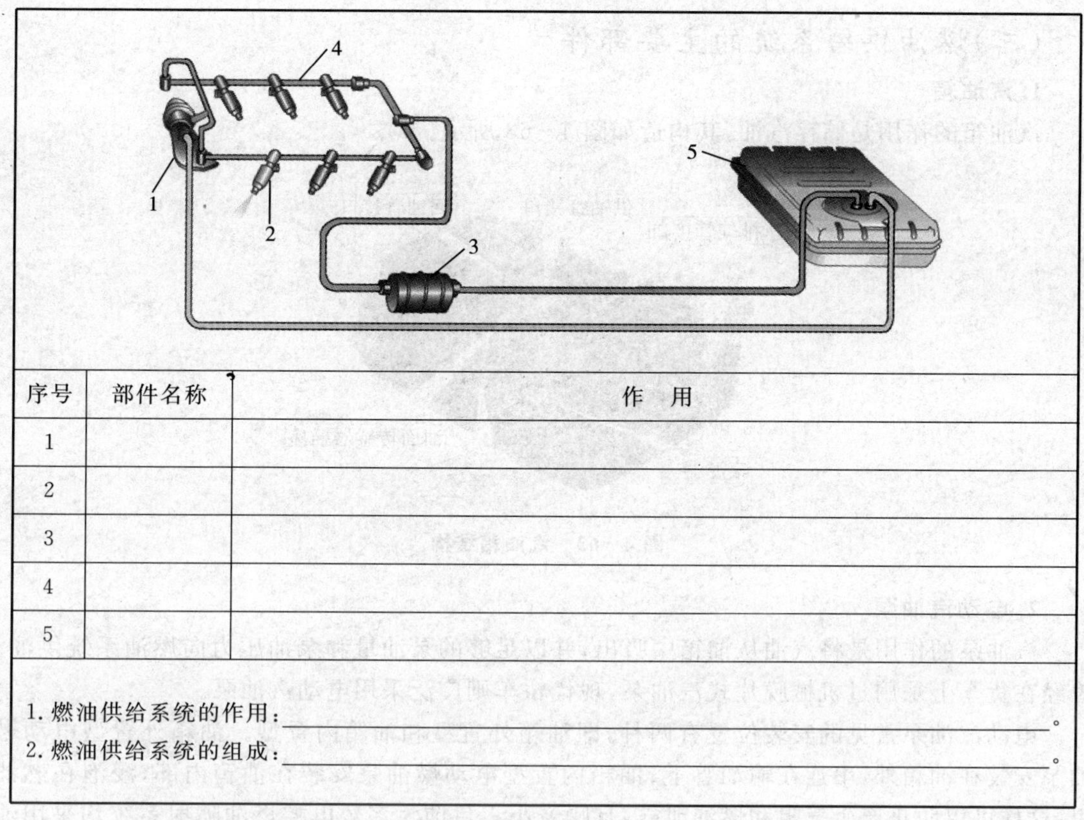

序号	部件名称	作　用
1		
2		
3		
4		
5		

1. 燃油供给系统的作用：________________。
2. 燃油供给系统的组成：________________。

(一)燃油供给系统的作用和组成

汽油发动机燃油供给系统的作用是储存并滤清汽油，根据发动机各工况的要求向发动机供给清洁的、具有适当压力并经精确计量的汽油。

汽油发动机燃油供给系统由汽油箱、电动汽油泵、汽油滤清器、燃油压力调节器、燃油分配管、喷油器等组成，如图 4-62 所示。

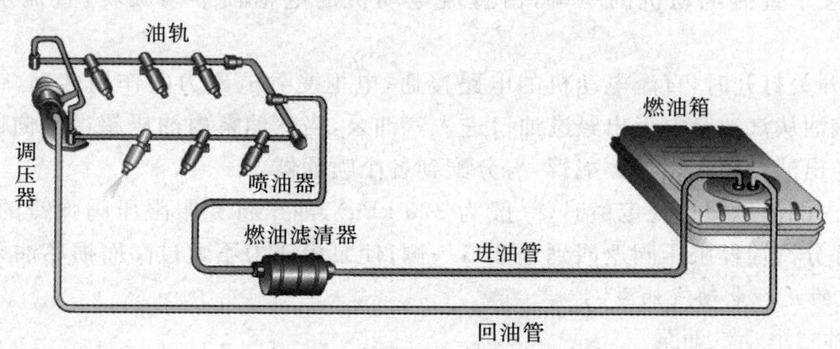

图 4-62　燃油供给系统

电动汽油泵将汽油从汽油箱中吸出并加压后，经汽油滤清器、燃油分配管输送到各喷油器，在 ECU 的控制下向各进气管中喷射，多余的汽油经燃油压力调节器流回油箱。

有些发动机的燃油供给系统采用了无回油管系统来减少燃油的蒸发排放，将汽油滤清器、燃油压力调节器与汽油泵一体装入油箱，形成了单管路燃油系统。例如丰田威驰发动机。

(二)燃油供给系统的主要部件

1. 汽油箱

汽油箱的作用是储存汽油,其构造如图 4-63 所示。

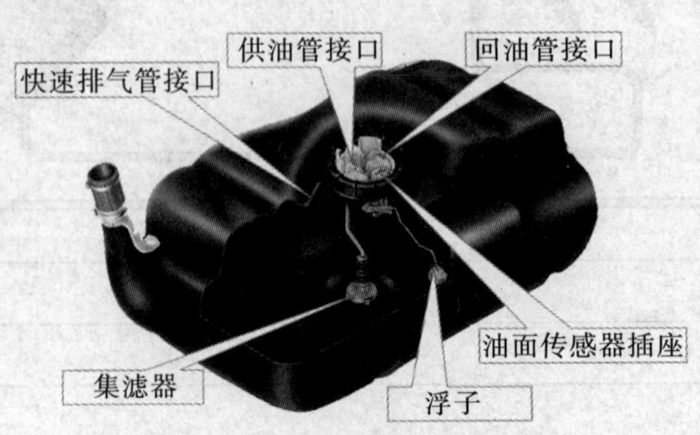

图 4-63 汽油箱结构

2. 电动汽油泵

汽油泵的作用是将汽油从油箱中吸出,并以足够的泵油量和泵油压力向燃油系统供油。曾经在货车上采用过机械膜片式汽油泵,现代轿车则广泛采用电动汽油泵。

电动汽油泵常见的安装位置有两种,即油箱外置型和油箱内置型。油箱外置型电动燃油泵安装在油箱外,串连在输油管上;油箱内置型电动燃油泵安装在油箱内部,浸泡在燃油里,这样可以防止产生气阻和燃油泄露,且噪音小。目前大多数电控燃油喷射系统均采用油箱内置型电动燃油泵。

电动汽油泵目前应用较多的是滚柱式和涡轮式两种。

1) 电动汽油泵的基本结构和工作原理

无论是哪种形式的电动燃油泵,其结构基本上是相同的,都是由直流电动机、油泵、限压阀、单向阀和外壳等组成,所不同的只是所采用的油泵的形式各异。

油泵安装于直流电动机的一端,由直流电动机的电枢轴带动旋转,直流电动机则由 ECU 控制。

当点火开关打开时,直流电动机的电路接通,电枢受到电磁力的作用转动,带动油泵一起转动,将汽油从汽油箱中吸出经进油口进入汽油泵,当汽油泵内油压超过单向阀的弹簧压力时,汽油经出油口泵入燃油分配管,再分配到各个喷油器。

当油泵内的油压超过规定值时(一般为 320 kPa),油压将克服限压阀弹簧的弹力,使限压阀打开,部分汽油经限压阀返回到进油口一侧,使泵内压力不致过高而损坏油泵。

2) 常见的几种电动汽油泵

(1) 滚柱式电动汽油泵

滚柱式电动汽油泵的构造如图 4-64 所示,由直流电动机、滚柱式油泵、单向阀、限压阀等组成。其中滚柱泵结构如图 4-65 所示,由滚柱、转子、泵体等组成。

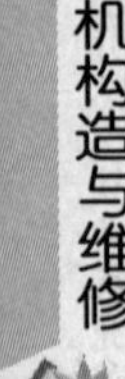

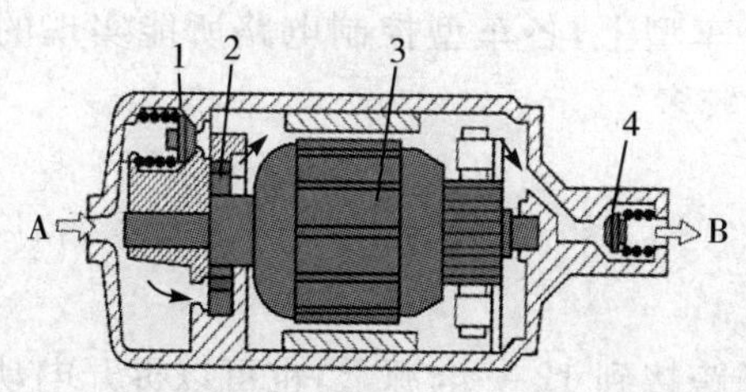

图 4－64　滚柱式电动汽油泵的构造

1—限压阀；2—滚柱泵；3—电机；4—单向阀；

A—进油口；B—出油口

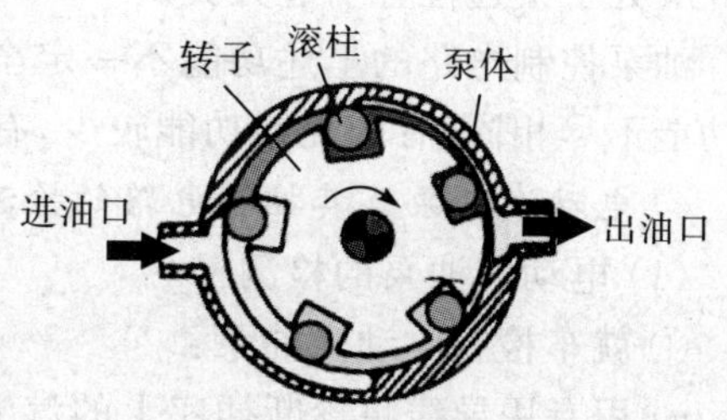

图 4－65　滚柱泵结构

装有滚柱的泵转子偏心安装在电动机的电枢轴上，随电动机一起旋转。滚柱安装在泵转子的凹槽内，可以自由移动，泵壳体侧面制有进油口和出油口。

转子旋转时，位于转子凹槽内的滚柱在离心力的作用下，压靠在泵壳体的内表面上，两个相邻的滚柱之间形成一个封闭的空腔。由于转子被偏心安装，腔室的容积在转动过程中不断变化，在腔室容积增大的一侧设有进油口，而在腔室容积变小的一侧设有出油口。当腔室容积变大时，其内部形成低压，将燃油吸入；当腔室容积变小时，其内部压力增大，将燃油压出，这样就可以将燃油从油箱吸出并加压后供到供油管路中。

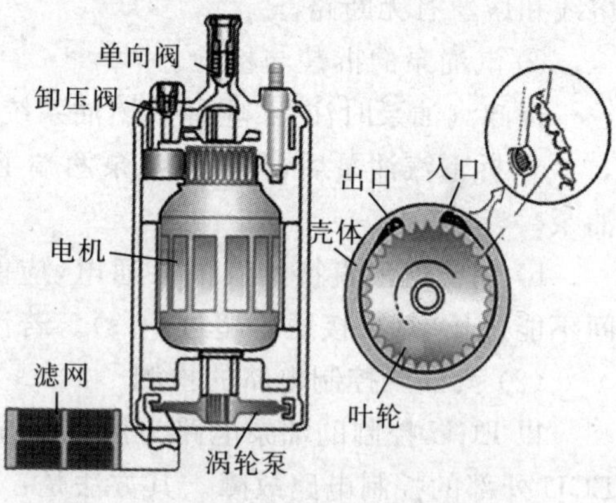

图 4－66　涡轮式电动汽油泵的结构

(2) 涡轮式电动汽油泵

涡轮式电动汽油泵的结构如图 4－66 所示，由直流电动机、涡轮泵、单向阀、卸压阀等组成，其中涡轮泵由叶轮、叶片和泵体组成。

涡轮泵的叶轮安装在电动机的电枢轴上，叶轮的圆周上制有小槽，叶片安装在小槽内部。电动机旋转时带动叶轮一起转动，由于离心力的作用，使叶轮周围小槽内的叶片紧贴泵壳，并将燃油从进油腔带往出油腔。

由于进油腔的燃油被不断带走，故产生一定的真空度，油箱内的燃油经进油口吸入，而出油腔燃油不断增多，燃油压力升高。当油压上升到一定值时，顶开出油口的单向阀输出。

3) 电动汽油泵的控制功能

(1) 预运转功能。即当点火开关打开而不起动发动机时，油泵能预先运转 3～5 s，向油管中预先充入一定压力的燃油，保证顺利起动。

(2) 起动运转功能。即在发动机起动过程中，油泵能同时运转，保证起动供油。

(3) 恒速运转功能。即在发动机正常运转过程中，油泵能始终恒速运转，保证正常的泵油压力和泵油量。

(4) 变速运转功能。即根据发动机工况的变化控制油泵高、低速运转变换。发动机高速、大负荷工况下耗油较多时，燃油泵以高速运转；发动机在低速、中小负荷工况工作时，燃油泵以低速运转，以减少不必要的燃油泵磨损和电能消耗。

(5) 自动停转保护功能。发动机熄火后，即使点火开关仍处于接通状态，油泵也能自动停转。这一功能可防止汽车因碰撞等事故造成油管破裂时的燃油大量外溢，进而避免因点火开关处于接通位置引起火灾。

油泵控制电路的上述功能不一定全反映在某一车型上，各车型控制电路所能实现的控制功能不尽相同，有的控制功能较少，有的控制功能较多。

4）电动汽油泵及其控制电路的检测

(1) 电动汽油泵的检测

① 就车检查电动汽油泵：

a) 用专用导线将诊断插座上的汽油泵测试端子跨接到12 V电源上，也可以拆开电动汽油泵的线束连接器，直接用蓄电池给汽油泵通电。

b) 将点火开关转至"ON"位置，但不要起动发动机。

c) 旋开油箱盖应能听到汽油泵工作的声音，或用手捏进油软管应感觉有压力。若听不到汽油泵工作声音或进油管无压力，应检修或更换汽油泵。

d) 若有汽油泵不工作故障，但按上述方法检查正常，应检查汽油泵电路导线、继电器、易熔线和熔丝有无断路。

② 汽油泵的拆装与检验。

拆卸汽油泵时注意：应释放燃油系统压力，并关闭用电设备。

a) 拆下汽油泵后，测量汽油泵两端子之间电阻，应为2～3 Ω。如电阻值不符，应更换汽油泵。

b) 用蓄电池直接给汽油泵通电，应能听到汽油泵电机高速旋转的声音。注意：通电时间不能过长（每次接通不超过10 s）。若汽油泵不转动，则应更换汽油泵。

(2) 汽油泵控制电路的检测

以ECU控制的油泵电路为例。检查这种控制系统，首先应判别是ECU内部故障还是ECU外部的控制电路故障。其方法是：

① 打开油箱盖，将点火开关置于"ON"位置，但不起动发动机，在油箱口处倾听有无电动汽油泵运转的声音。如打开点火开关后，能听到油泵运转3～5 s后又停止，说明控制系统各部分工作正常。

② 如打开点火开关后油泵不运转，可用一根导线将故障检测插座内两个检测电动汽油泵的插孔（如丰田汽车故障检测插座内的FP和+B两插孔）短接。此时打开点火开关如能听到油泵运转的声音，说明ECU外部的电动燃油泵控制电路工作正常，故障在ECU内部，应更换ECU。若仍听不到电动汽油泵运转的声音，则为ECU外部的控制电路故障，应检查熔丝、继电器有无损坏，各电路有无断路或接触不良。

3. 汽油滤清器

汽油滤清器的作用是滤除汽油中的水分和杂质，防止燃油系统堵塞，减小机械磨损，确保发动机稳定运行，提高可靠性。

汽油滤清器一般安装在电动汽油泵出油管与燃油分配管之间的供油管路上，也有些车型（如丰田威驰、花冠、锐志）采用无回油管系统，将燃油压力调节器、汽油滤清器与汽油泵一体装入汽油箱。

1）汽油滤清器的构造

在电控汽油喷射式发动机的汽油供给系统中，一般采用纸质滤芯、一次性的汽油滤清器。汽油滤清器由外壳和滤芯组成，如图4-67所示。安装时注意汽油滤清器壳体上的箭头标记。

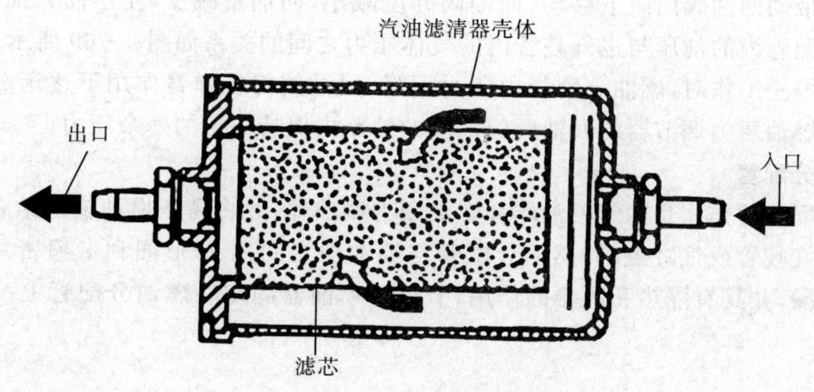

图 4-67　汽油滤清器的构造

2）汽油滤清器的维护

汽油滤清器阻塞会导致供油压力和供油量不足，影响发动机的动力性，因此要定期维护。

4. 燃油压力调节器

燃油压力调节器的作用是根据进气歧管压力的变化来调节系统油压（即燃油分配管内油压），使两者的压力差保持恒定，一般为 250～300 kPa。

喷油器的喷油量取决于喷油器的喷孔截面、喷油时间和喷油压差（即燃油分配管内的油压与进气歧管内的气体压力之差）。在 EFI 系统中，ECU 通过控制喷油器的喷油时间来实现对喷油量的控制。要保证燃油喷射量的精确控制，在喷油器的结构尺寸一定时，必须保持恒定的喷油压差，才能使喷油器喷出的燃油量唯一地取决于喷油器的开启时间。

由于进气歧管内的气体压力是随发动机转速和负荷的变化而变化的，要保持恒定的喷油压差，必须根据进气歧管内压力的变化来调节燃油压力。即进气歧管内的压力增高时，燃油压力也应相应增高，反之则降低。

1）燃油压力调节器的构造

燃油压力调节器位于燃油分配管的一端或与汽油泵一体安装于油箱内，主要由膜片、弹簧和回油阀门等组成，其结构如图 4-68 所示。

膜片将调节器壳体内部分成两个室，即弹簧室和燃油室。膜片上方的弹簧室通过软管与进气歧管相通，膜片与回油阀门相连，回油阀门控制回油量。这样，膜片上方承受的压力为弹簧的弹力和进气歧管内气体的压力之和，膜片下方承受油压。

2）燃油压力调节器的工作原理

发动机工作时，由于电动汽油泵泵送的油量远大于喷射所需的油量，故在油压作用下膜片移向弹簧室一侧，回油阀门打开，部分燃油流回油箱，燃油分配管内保持一定的油压，此时膜片上、下压力处于平衡状态。

当进气歧管内气体压力下降（真空度增大）时，膜片向上移动，使回油阀门开度增大，回油量增加，从而使燃油分配管内油压下降，保持与变化了的歧管压力差值恒定；反之，当进气歧管内的压力升高（真空度降

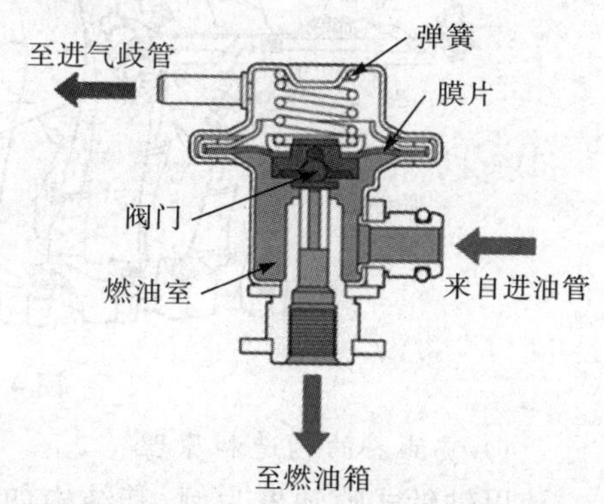

图 4-68　燃油压力调节器的构造

低)时,膜片带动回油阀门向下移动,回油阀开度减小,回油量减少,使燃油分配管内油压升高。燃油分配管内的油压与进气歧管内的气体压力之间的关系如图 4－69 所示。

发动机停止工作时,燃油分配管内压力下降,回油阀门在弹簧作用下逐渐关闭,使汽油泵单向阀与燃油压力调节器的回油阀门之间的油路内保持一定的残余压力。

5. 燃油分配管

燃油分配管的作用是固定喷油器和燃油压力调节器,并将高压燃油输送给各个喷油器。它安装在进气歧管或气缸盖上,燃油分配管与喷油器之间用 O 形圈和卡箍密封,O 形圈可防止燃油渗漏,并具有隔热和隔振的作用,卡箍将喷油器固定在燃油分配管上。如图 4－70 所示。

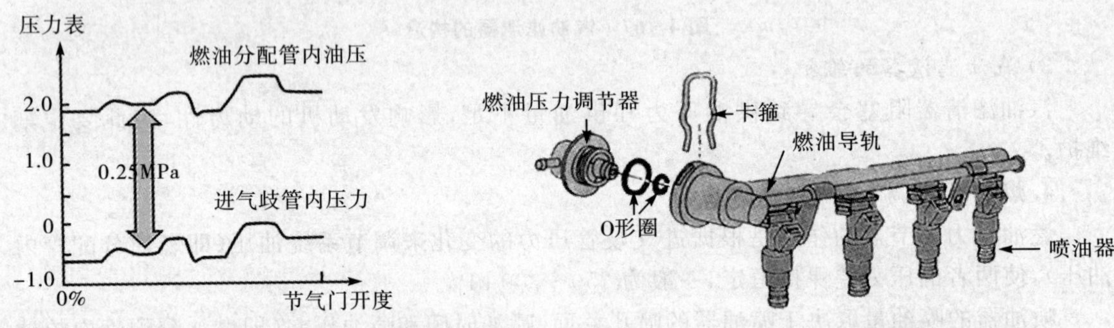

图 4－69　燃油分配管内油压与进气歧管压力的关系　　图 4－70　燃油分配管

6. 电磁喷油器

喷油器是电控燃油喷射系统中一个重要的执行元件,其作用是在 ECU 的控制下,将汽油呈雾状定时定量喷入进气歧管内。

电控燃油喷射系统采用电磁式喷油器,按总体结构不同可分为轴针式、球阀式和片阀式,目前常用的是轴针式喷油器。按照喷油器电磁线圈的电阻值不同分为高阻(13～18 Ω)喷油器和低阻(2～3 Ω)喷油器。按喷油器的控制方式不同分为电压驱动式和电流驱动式。

电控燃油喷射系统的喷油器安装在各进气歧管或进气道附近的缸盖上,并用燃油分配管固定,如图 4－71 所示。

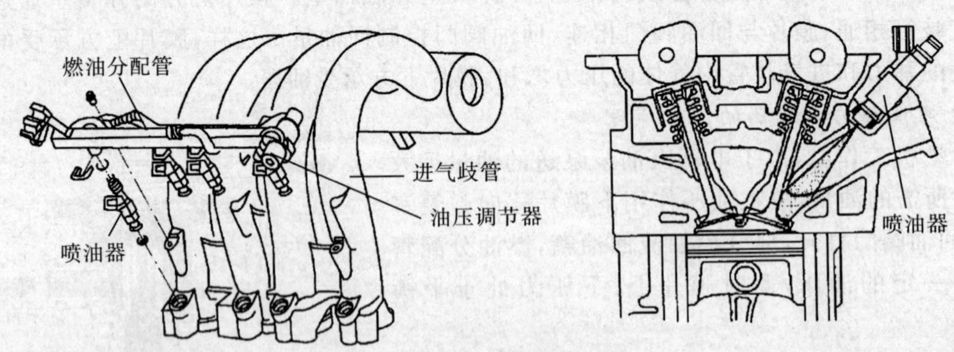

图 4－71　喷油器的安装位置

1) 喷油器的构造和原理

以轴针式喷油器为例,其结构如图 4－72 所示。由喷油器外壳、滤网、电接头、电磁线圈、衔铁、针阀、喷油轴针等组成。喷油器内部的电磁线圈经线束与电脑连接,喷油器头部的针阀与衔铁连接为一体。它的一端为进油口,与燃油分配管连接;另一端为喷油口,插入进气歧管中,两端分别用O形密封圈密封。

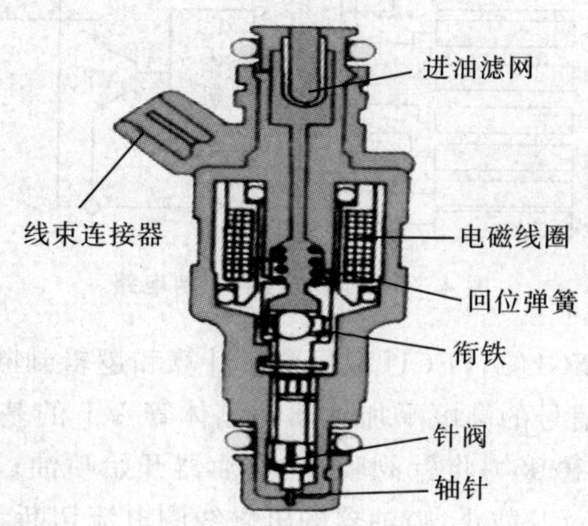

图4-72　轴针式喷油器

当ECU发出指令使电磁线圈通电时,便产生吸力,将衔铁和针阀吸起,打开喷孔,燃油经针阀头部的轴针与喷孔之间的环形间隙高速喷出,并被粉碎成雾状。电磁线圈不通电时,磁力消失,弹簧将衔铁和针阀下压,关闭喷孔,停止喷油。

球阀式和片阀式喷油器,其结构和工作过程与轴针式喷油器基本一致,主要区别在于阀体结构不同。

2) 喷油器的驱动

喷油器按电磁线圈的控制方式不同,可分为电压驱动式和电流驱动式两种,如图4-73所示。

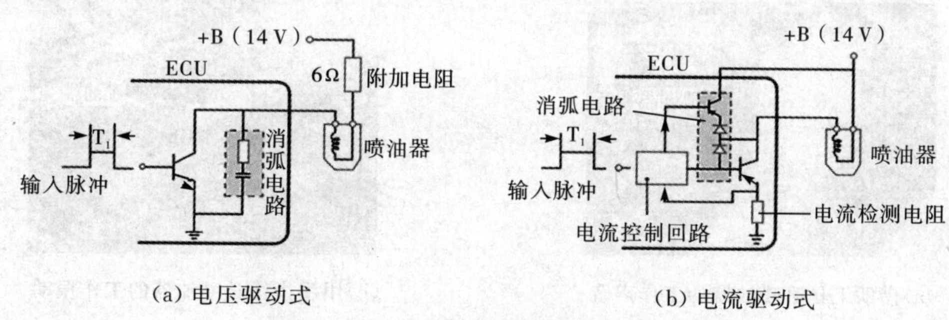

图4-73　喷油器电磁线圈的控制方式

电压驱动是指ECU驱动喷油器喷油电脉冲的电压是恒定的,如图4-73(a)所示。电流驱动是指通过控制喷油器的工作电流来控制喷油器的工作,即喷油器的驱动脉冲信号开始时用一个较大的电流,使电磁线圈产生较大的电磁吸力,以迅速打开喷口,随后用较小的电流保持喷口的开启状态,从而防止电磁线圈过热,因此驱动效果好,如图4-73(b)所示。

3) 喷油器的控制电路

各型汽车喷油器的控制电路大同小异,其基本控制电路如图4-74所示。

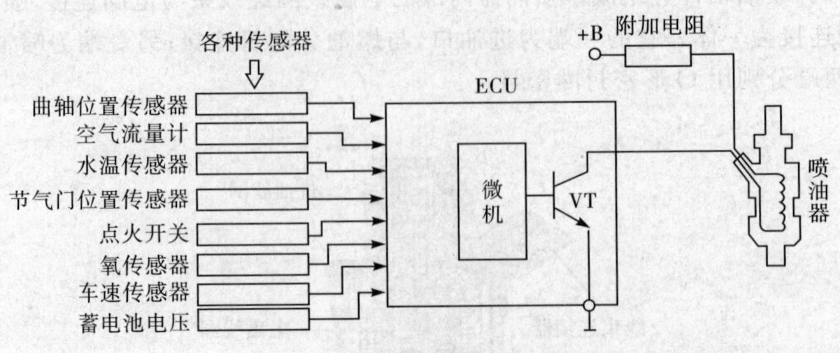

图 4－74　喷油器的控制电路

各种传感器信号输入 ECU 后，ECU 根据数学计算和逻辑判断结果，发出脉冲信号指令控制喷油器喷油。当脉冲信号的高电平加到驱动晶体管 VT 的基极时，VT 导通，喷油器的电磁线圈电流接通，产生电磁吸力将针阀吸开，喷油器开始喷油；当脉冲信号的低电平加到驱动晶体管 VT 的基极时，VT 截止，喷油器的电磁线圈电流切断，在复位弹簧弹力作用下针阀关闭，喷油器停止喷油。

由此可见，ECU 是通过控制喷油器的搭铁回路来实现对喷油器的控制的。

4) 喷油器的检修

(1) 喷油器的就车检查

① 检查喷油器的工作情况。如图 4－75 所示，在发动机运转过程中，用听诊器(触杆式)或手指接触喷油器时，可听到或感觉到与发动机转速成正比的喷油频率。若各缸喷油器工作声音清脆均匀，则说明各喷油器工作正常；若某缸喷油器工作声音很小，则可能是针阀卡滞，应做进一步的检查；若听不见某缸喷油器的工作声音，则说明该缸喷油器不工作，应检查喷油器及其控制线路。

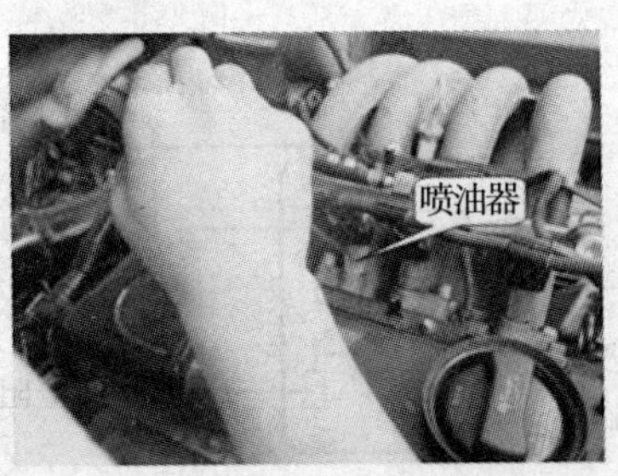

(a)借助工具听喷油器的工作声音

(b)用手指感觉喷油器的工作振动

图 4－75　喷油器工作状况的检查

② 检查喷油器的电阻。拆下喷油器的导线插接器，用万用表欧姆挡测量喷油器电阻值。若不符合要求，则应更换喷油器。

③ 检查喷油器的供电电压。当点火开关置于“ON”位置时，用万用表的直流电压挡测量线束连接器的＋B 端子与搭铁之间的电压，应为 12 V，若不正常，则检查控制线路及 ECU。

(2) 喷油器的车下检查

将喷油器从车上拆下，在喷油器清洗试验台上对喷油器进行清洗和检查。喷油器清洗

试验台可对喷油器进行清洗并对喷油器的喷油量、雾化质量和针阀密封性进行检查。

(三)燃油供给系统检修的注意事项

(1) 燃油供给系统中存有高压汽油,因此任何涉及燃油管路拆卸的工作都应首先卸压并准备好消防设备,作业区应通风良好、断绝火源,作业时要格外仔细小心,避免泄漏的汽油引发火灾。

(2) 在拆卸油管时,油管内还会有少量燃油泄出,所以在断开油管前,应用抹布将拆卸处罩住,以吸附泄漏的燃油,将吸附燃油的抹布收集到准许的容器中。

(3) 燃油管多用钢、橡胶或尼龙制造,不得有渗漏、裂纹、扭结、变形、刮伤、软化或老化,否则应立即予以更换。

(4) 所有密封元件、油管卡箍均为一次性零件,维修时应予以更换。

(5) 油管接头不得松动,否则应立即予以紧固;钢制油管端部的喇叭口应密封良好无渗漏,否则应重新制作。有些轿车采用特制的油管快速接头,拆装时应使用专用工具。

(6) 连接螺母或接头螺栓与高压油管接头连接时必须使用新垫片并涂上一薄层润滑油,先用手拧上接头螺栓,再用工具拧紧到规定力矩。喇叭口的连接也一样。

(7) 安装喷油器时可先用汽油润滑其密封元件,以利于顺利安装,不可使用机油、齿轮油或制动油。喷油器安装后应可在其位置上转动,否则说明密封圈扭曲,应重新装配。

(8) 不能通过燃油箱加油管放出油箱中的燃油,会损坏燃油箱加油管定位部件。正确的方法是首先释放系统油压,卸下油箱,然后用手动泵油装置从燃油箱上的维修孔抽出燃油。不得将燃油放入开口容器中,否则会导致失火或爆炸。

(9) 燃油系统维修后不能立即起动发动机运行,应仔细检查有无漏油处。有些车型接通点火开关,不起动发动机,油泵工作 3～5 s 即停止工作,可接通点火开关 3 s,再关闭点火开关 10 s,这样反复几次看有无漏油,还可夹住回油管,使系统油压上升,在这种状态下检查和观察燃油系统是否有部位漏油;有的车起动时油泵才工作,可先起动一下,检查起动时有无部位漏油。不管用哪一种方法都要确认无漏油部位后才能正式起动发动机运行,发动机起动后使发动机怠速运转,再仔细检查有无部位漏油,此后才能关上发动机罩正常运行。

(四)燃油喷射控制

1. 喷油正时控制

喷油正时就是指喷油器正确的喷油时间。在多点燃油喷射系统中,燃油喷射可分为同时喷射、分组喷射和顺序喷射三种喷射方式。

1) 同时喷射

同时喷射指各缸喷油器同时喷油,其控制电路如图 4－76 所示,各缸喷油器并联在一起,由一只晶体管 VT 驱动。这种控制方式,控制电路和控制程序简单,通用性较好,但各缸喷油时刻不可能最佳。

2) 分组喷射

分组喷射是将喷油器喷油分组进行控制,一般将四缸发动机分成两组,六缸发动机分成三组,八缸发动机分成四组。分组喷射的控制电路如图 4－77 所示。

发动机工作时,由 ECU 控制各组喷油器轮流喷油。发动机每转一圈,只有一组喷油器喷油。分组喷射方式虽然不是最佳的喷油方式,但与同时喷射相比,燃油雾化质量有所改善。

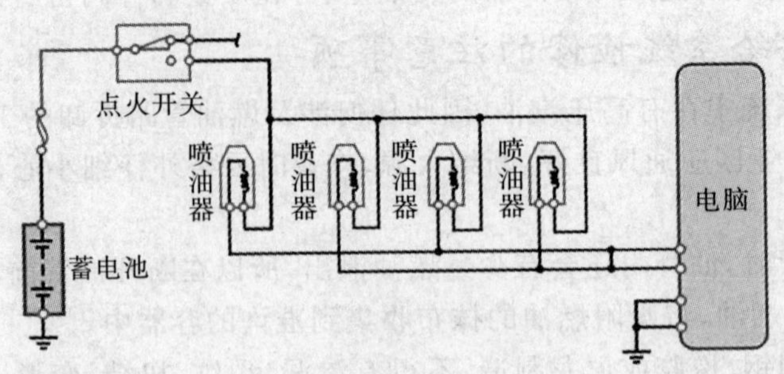

图 4 - 76　同时喷射的控制电路

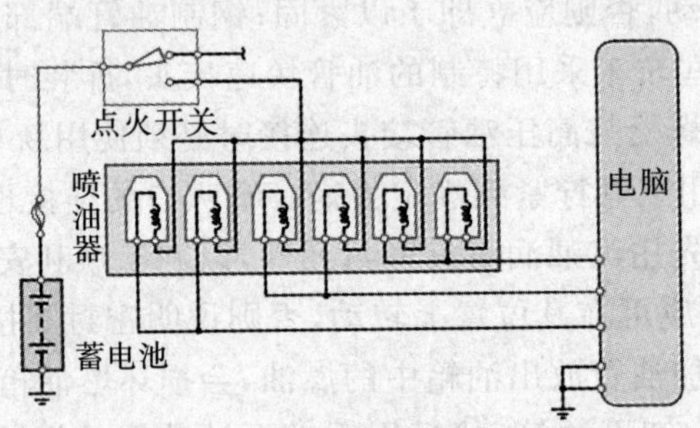

图 4 - 77　分组喷射控制电路

3）顺序喷射

顺序喷射就是各缸喷油器按照一定的顺序（发动机做功顺序）喷油。顺序喷射的控制电路如图 4 - 78 所示。

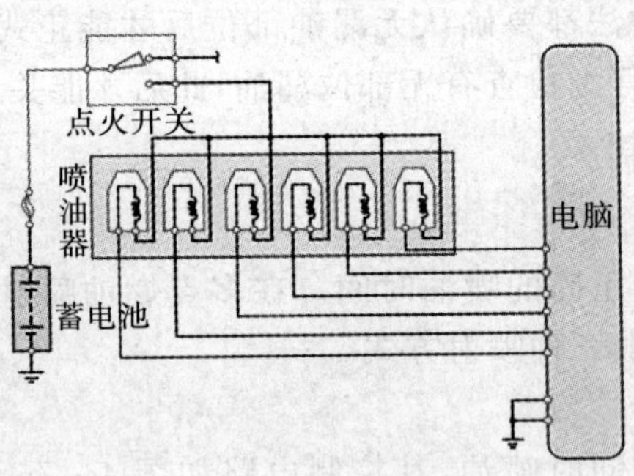

图 4 - 78　顺序喷射控制电路

在顺序喷射系统中，发动机工作一个循环，各缸喷油器轮流喷油一次，按特定的顺序依次进行喷射。顺序喷射能保证各缸喷油均在最佳时刻，已普遍采用。

2. 喷油量控制

1）起动时的喷油量控制

发动机起动时转速很低，且转速波动较大，在这种情况下，无论是空气流量计还是进气歧管绝对压力传感器，其检测精度都偏低，输出的信号误差较大，不能精确计量进气量。因此，在起动时，ECU 按特定程序对喷油量进行控制，如图 4 - 79 所示。

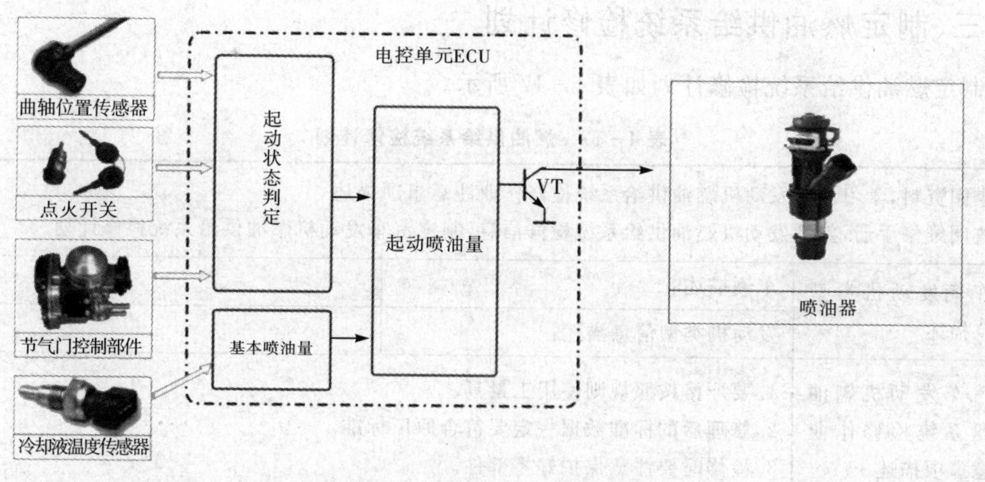

图 4－79　起动时的喷油量控制

2）起动后的喷油量控制

在发动机起动后进入正常运转工况时，喷油器的总喷油量由基本喷油量、喷油修正量和喷油增量三部分组成，如图 4－80 所示。

基本喷油量由进气量传感器（空气流量计或进气歧管绝对压力传感器）和发动机转速传感器（曲轴位置传感器）的信号计算确定；喷油修正量由与进气量有关的进气温度、氧传感器信号和蓄电池电压信号计算确定；喷油增量由反映发动机工况的点火开关信号、冷却液温度和节气门位置等传感器信号计算确定。

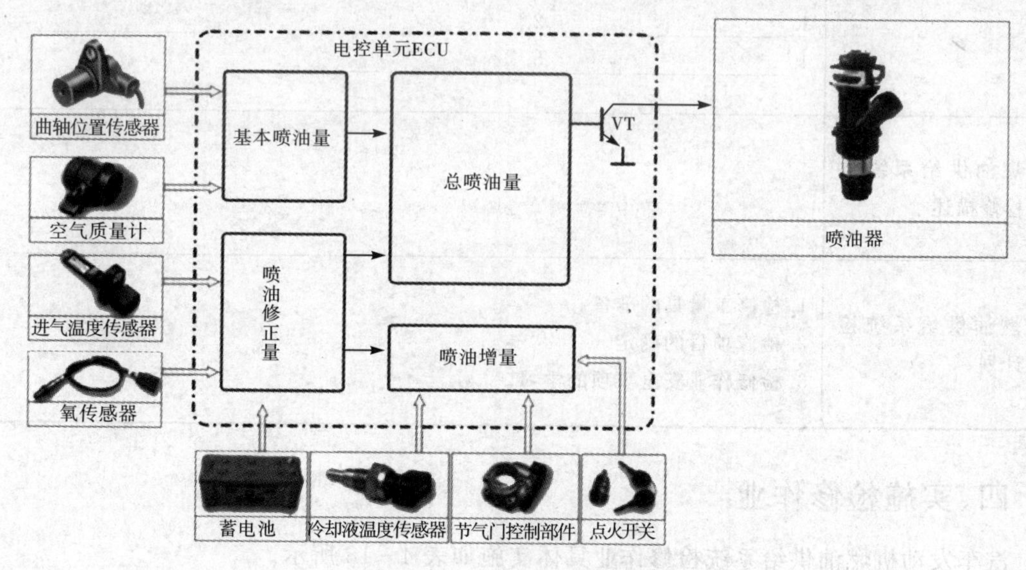

图 4－80　起动后的喷油量控制

3. 断油控制

断油控制是电控单元在某些特殊情况下，暂时中断燃油喷射以满足发动机运行的特殊要求。断油控制包括发动机超速断油控制、减速断油控制和清除溢流控制等。

三、制定燃油供给系统检修计划

制定燃油供给系统检修计划如表 4－17 所示。

表 4－17　燃油供给系统检修计划

1. 查阅资料，学习汽车发动机燃油供给系统检修作业注意事项描述。 2. 查阅维修手册，熟悉发动机燃油供给系统检修信息，制定汽车发动机燃油供给系统检修计划。		
1. 车辆发动机类型信息描述	车辆描述：	
	发动机类型信息描述：	
2. 汽车发动机燃油供给系统检修作业注意事项描述	1. 要严格按照规则使用工量具。 2. 修理后的标准数据一定要符合原厂标准。 3. 检修时要注意保护好零部件。	
3. 燃油供给系统结构信息描述	1. ________ 2. ________ 3. ________ 4. ________ 5. ________	
4. 燃油供给系统结构检修描述		
5. 燃油供给系统检修计划	1. 检修工量具的准备。 2. 检修项目的确定。 3. 检修作业安全事项的学习。	

四、实施检修作业

汽车发动机燃油供给系统检修作业具体实施如表 4－18 所示。

表 4-18　燃油供给系统检修作业

1. 学习汽车发动机燃油供给系统检修作业安全事项。 2. 会正确对汽车发动机燃油供给系统进行检修作业。			
1. 汽车发动机燃油供给系统检修计划描述			
2. 汽车发动机燃油供给系统检修作业安全事项学习	1. 注意人身和机件的安全，不了解的先了解后再动手。 2. 未经许可，不准扳动机件和乱动电器按钮开关。 3. 注意防火。 4. 认真接受实习前的安全知识教育。		
3. 汽车发动机燃油供给系统检修作业			
检查项目	作业要领	技术标准	检查记录
检修工具设备的选用	1. 故障诊断仪。 2. 万用表。 3. 常用拆装工具。		1. 选用的故障诊断仪品牌及型号为： ________ 2. 选用的拆装工具为： ________
电动汽油泵	1. 就车检测。 2. 汽油泵检验。 3. 汽油泵控制电路检测。 4. 汽油泵继电器检测（以四脚型为例）。	1. 能听到汽油泵工作的声音，或用手感觉有压力。 2. 两端子间电阻应为 2～3 Ω。给汽油泵通电，应能听到汽油泵电机高速旋转的声音。 3. 点火开关置于“ON”位置在油箱口处倾听有无电动汽油泵运转的声音。 4. 继电器电磁线圈两脚之间应导通，常开触点两脚之间应不通。	1. 能否听到声音：________；能否感觉到压力：________ 2. 两端子间电阻为：________；能否听到电机高速旋转的声音：________ 3. 有无电动汽油泵运转的声音：________ 4. 电磁线圈两脚之间是否导通：________；常开触点两脚之间是否导通：________
喷油器	1. 就车检测。 2. 车下检测。	1. 各缸喷油器工作声音清脆均匀，喷油器电阻值应符合要求。 2. 喷油器在正常工作压力下 15 s 常开喷油量一般为 45～75 ml，各缸喷油量误差不得超过平均喷油量的 5%；喷油器关闭后在正常工作压力下 1 min 内不得滴漏 2 滴以上油滴。	1. 喷油器工作声音是否正常：________；喷油器电阻值为：________ 2. 喷油器的检查结果为： ________

续表

4.检修作业完成后的收获与感想	

五、检验评估

任务三的检验评估如表 4－19 所示。

表 4－19　检验评估

评价指标	检验说明	检验记录
维护检查项目	1.检查工具、检测仪器及设备是否正常 2.检查零部件的损坏情况	
汽车发动机燃油供给系统检修过程情况		

评价内容	检验指标	权重	自评	互评	总评
检查任务完成情况	1.完成任务过程情况	4			
	2.任务完成质量				
	3.在小组完成任务过程中所起作用				
专业知识和专业技能	1.能说出发动机燃油供给系统的组成、类型和作用	8			
	2.能说出发动机燃油供给系统各主要部件的工作原理				
	3.能正确地选择和使用维修工量具对各主要部件进行检修				
职业素养	1.学习态度:积极主动参与学习	3			
	2.团队合作:与小组成员一起分工合作,不影响学习进度				
	3.现场管理:服从工位安排,执行实训室“5S”管理规定				
综合评价与建议					

任务四　排气系统结构认识和检修

任务描述

一辆桑塔纳 2000 时代超人轿车,在运行中出现怠速不良,加速冒黑烟,动力明显不足,加速“闯”车现象,进厂进行维修。针对维修接待和车间确认意见,需对排气系统进行检修。

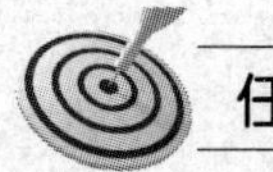

任务目标

1. 能描述排气系统的组成及工作原理。

2. 能正确地选择和使用维修工量具对排气系统的主要部件进行检修。

一、维修接待

按照表 4－20 完成待修车辆的维修接待，并准确填写接车问诊表。

表 4－20 维修接待与接车问诊表

1. 通过询问客户了解发动机发生故障情况，填写接车问诊表。
2. 车间检测初步确认需对发动机排气系统进行检修，必要时更换故障零部件。

接车问诊表

车牌号：__________ 车架号：__________ 行驶里程：__________(km)

用户名：__________ 电　话：__________ 来店时间：__________

用户陈述及故障发生时的状况：一辆桑塔纳 2000 时代超人轿车，在运行中出现怠速不良，加速冒黑烟，动力明显不足，加速"闯"现象。

故障发生状况提示：行驶速度、发动机状态、发生时间、部位、天气、路面状况、声音描述。

接车员检测确认建议：需对发动机排气系统进行综合修理。

车间检测确认结果及主要故障零部件：需对发动机排气系统进行综合修理，必要时更换故障零部件。

车间检查确认者：__________

外观确认：(请在有缺陷部位做标识)

功能确认：(工作正常√　不正常×)

□音响系统　□门锁(防盗器)　□全车灯光

□工具　□后视镜　□天窗　□座椅

□点烟器　□玻璃升降器　□玻璃

物品确认：(有√　无×)

F　E

□贵重物品提示

□工具　□备胎　□灭火器

□其他(　　　　)

旧件是否交还用户

□是　□否

用户是否需要洗车

□是　□否

· 检测费说明：本次检测的故障如用户在本店维修，检测费包含在修理费用内；如用户不在本店维修，请支付检测费。本次检测费：¥______元。

· 贵重物品：在将车辆交给我店检查修理前，已提示将车内贵重物品自行收起并保存好，如有遗失恕不负责。

接车员：__________　　用户确认：__________

二、信息收集与处理

按表 4－21 完成任务四的信息收集与处理。

表 4－21　信息收集与处理

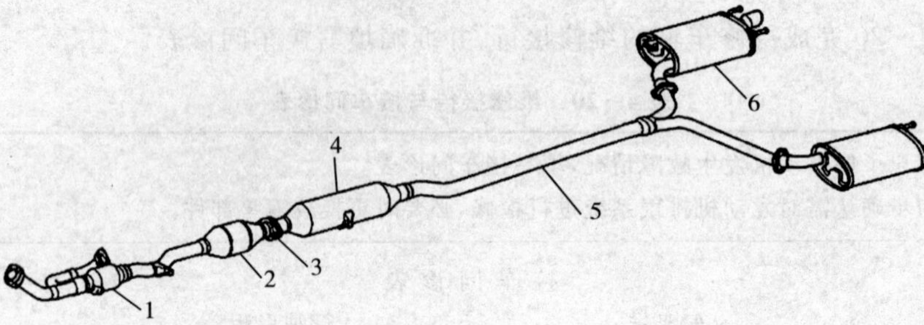

<table>
<tr><td colspan="3">1 2 3 4 5 6</td></tr>
<tr><td>序号</td><td>部件名称</td><td>作　用</td></tr>
<tr><td>1</td><td></td><td></td></tr>
<tr><td>2</td><td></td><td></td></tr>
<tr><td>3</td><td></td><td></td></tr>
<tr><td>4</td><td></td><td></td></tr>
<tr><td>5</td><td></td><td></td></tr>
<tr><td>6</td><td></td><td></td></tr>
<tr><td colspan="3">1. 排气系统的作用：________________。
2. 排气系统的组成：________________。</td></tr>
</table>

(一)排气系统的作用和组成

排气系统的作用是汇集各气缸的废气，减小排气噪声和消除废气中的火焰、火星，使废气安全地排入大气，并对废气中的有害物质进行排放控制。

整个排气系统包括排气歧管、氧传感器、三元催化转换器、排气消声器、隔热装置等，如图 4－81 所示。尽管各厂商设计的排气系统结构不尽相同，但基本部件是一致的。

(二)排气系统的主要部件

1. 排气歧管

排气歧管一般由铸铁铸造，其形状十分重要。为了不使各缸排气互相干扰及出现排气倒流的现象，并尽可能地利用惯性排气，应该将排气歧管做得尽可能长，且各缸支管相互独立、长度相等。如图 4－82 所示。

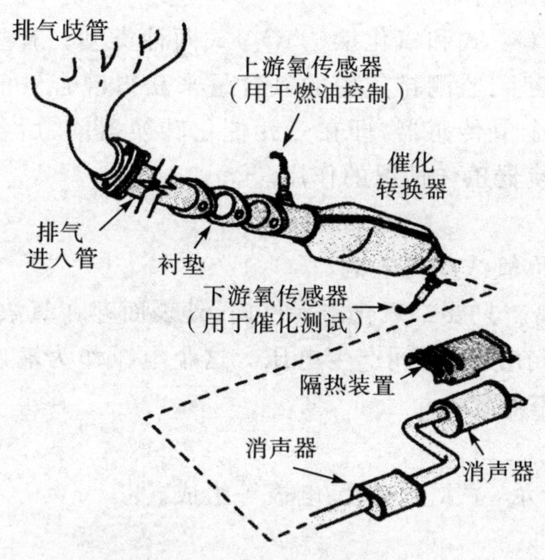

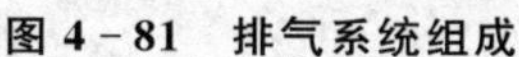

图 4-81　排气系统组成

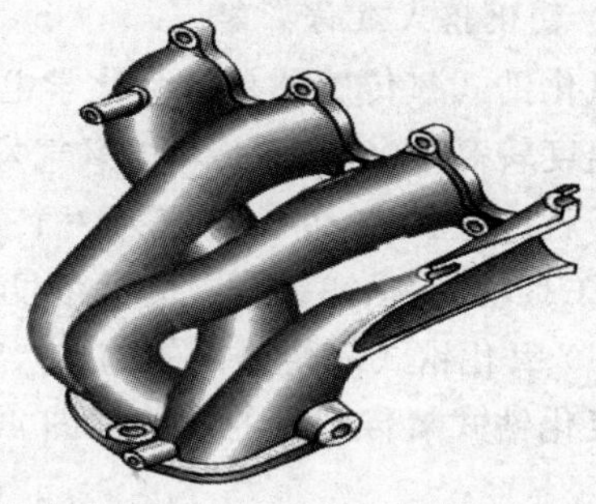

图 4-82　排气歧管的结构

2. 三元催化转换器

三元催化转换器的作用是利用转换器中的三元催化剂，将发动机排出废气中的有害气体转变为无害气体。三元催化转换器一般安装在排气消声器的前面。

1）三元催化转换器的构造

三元催化转换器由催化剂载体、催化剂和外壳等组成，其结构如图 4-83 所示。

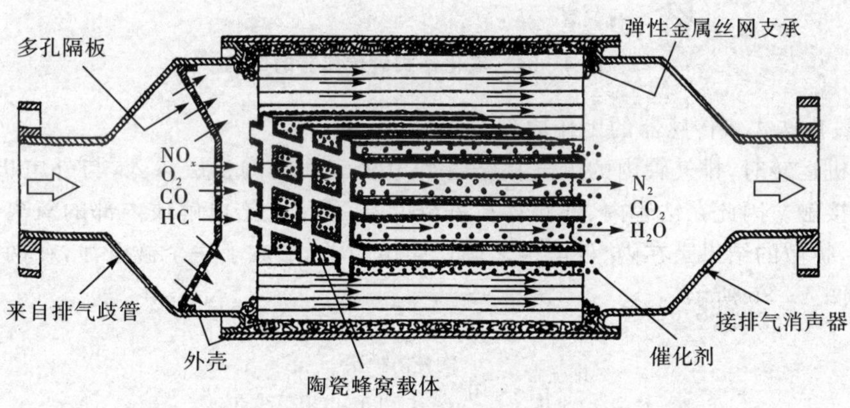

图 4-83　三元催化转换器的构造

2）三元催化转换器的工作原理

在正常情况下，废气中的 HC、CO、NO_x 及 O_2 在一起加热到 500 ℃也不会产生化学反应，但让这些气体经过三元催化转换器，就会转化为无害的 CO_2、H_2O 和 N_2。

在电控汽油喷射式发动机中，为了使三元催化转换器发挥最高的转化效率，采用了氧传感器进行空燃比的反馈控制。

3. 氧传感器

氧传感器的作用是通过监测排气中的氧含量来获得混合气的实际空燃比信号，并将该信号转变为电信号输入 ECU。ECU 根据氧传感器信号，对喷油时间进行修正，实现空燃比反馈控制，将 A/F 控制在 14.7，降低排放，节约燃油。

氧传感器安装在排气管上，有氧化锆（ZrO_2）式和氧化钛（TiO_2）式两种类型。有些发动机只在三元催化转换器前面安装氧传感器，起到监测排气中的氧含量来获得混合气的实际空燃比信号的作用；而有些发动机采用了两个氧传感器，即在三元催化转换器前、后各安装一个，后氧传感器主要起到监控三元催化转换器工作情况的作用。

1）氧化锆式氧传感器

氧化锆式氧传感器是一个化学电池，又称氧浓度差电池。

温度较高（400 ℃以上）时，氧气发生电离。只要二氧化锆元件内、外表面存在氧浓度差，氧离子就产生扩散，使锆管成为一个微电池，在两铂极间产生电压。这个电压作为输出信号送给 ECU，就能感知废气中的氧浓度，获知空燃比。

（1）氧化锆式氧传感器的构造

氧化锆式氧传感器的结构如图 4－84 所示，主要由锆管、电极等组成。

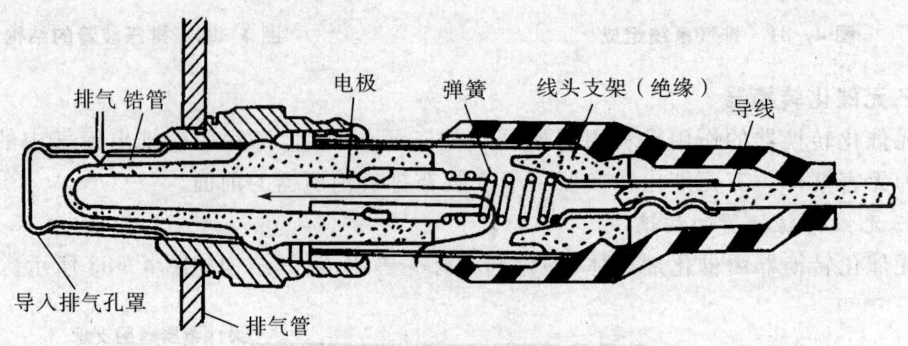

图 4－84　氧化锆式氧传感器的结构

（2）氧化锆式氧传感器的工作原理

发动机运转时，排气管内的废气从锆管外电极表面的陶瓷层渗入，与外电极接触，内电极与大气接触。因此在锆管内、外侧存在氧浓度差，使氧化锆电解质内部的氧离子开始向外电极扩散，扩散的结果是在内、外电极之间产生电位差，形成了一个微电池，在两铂极间产生电压。如图 4－85 所示。

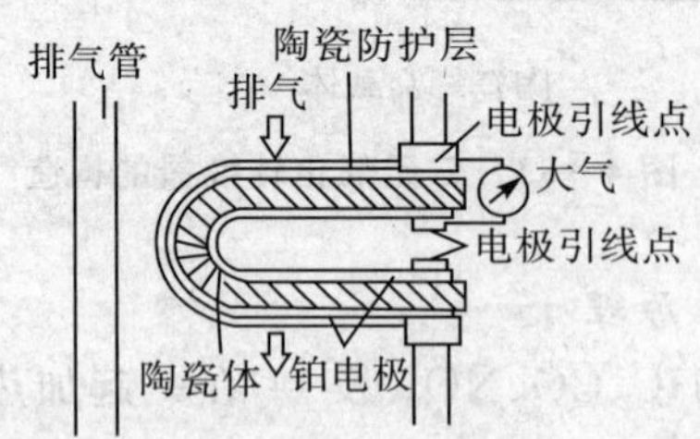

图 4－85　氧化锆式氧传感器工作原理

（3）氧化锆式氧传感器的检测

桑塔纳 2000GSi 轿车 AJR 发动机的氧传感器为加热型氧化锆式氧传感器，其工作电路如图 4－86 所示，检测方法如下：

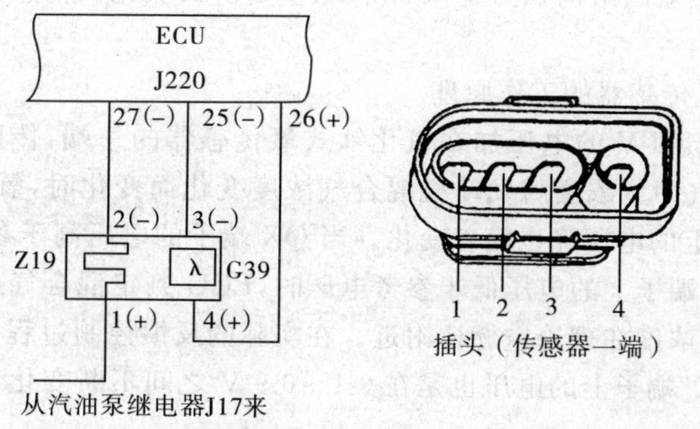

图 4-86 桑塔纳 2000GSi 轿车 AJR 发动机氧传感器工作电路及插头

① 加热元件电阻检查：

检测时，拔下传感器线束连接器插头，检查 1 与 2 端子间电阻，应为 1～5 Ω（电阻随温度升高迅速上升）。如果常温下电阻值为无穷大，说明加热元件断路，应更换氧传感器。

② 电源电压检查：

氧传感器的加热元件需用电源进行加热，当打开点火开关后，燃油泵继电器触点接通时，加热元件的电源即被接通。在检测加热元件电压时，应拔下传感器连接器插头，打开点火开关，检查氧传感器连接器插头上 1 与 2 端子间的电压，应约为 12 V。如果没有电压，说明熔断器或断路继电器触点接触不良，应进行检修。

③ 信号电压检查：

检查氧传感器信号电压时，应连接好传感器连接器插头与插座，用数字式万用表测量传感器 3 与 4 端子。接通点火开关时，电压信号应为 0.45～0.55 V；当踩下加速踏板，供给浓混合气时，电压信号应为 0.7～1.0 V；当拔下空气流量传感器到发动机之间的真空软管，供给稀混合气时，电压信号应为 0.1～0.3 V；当氧传感器工作正常时，电压应在 0.1～0.3 V 和 0.7～1.0 V 之间波动。如果不波动或波动缓慢，说明氧传感器失效，应更换。

2）氧化钛式氧传感器

这是一种电阻型气敏传感器，是利用化学反应强、对氧气敏感、易于还原的半导体材料氧化钛与氧气接触时，发生氧化还原反应，使晶格结构发生变化，从而导致电阻值变化的原理工作的。

（1）氧化钛式氧传感器的构造

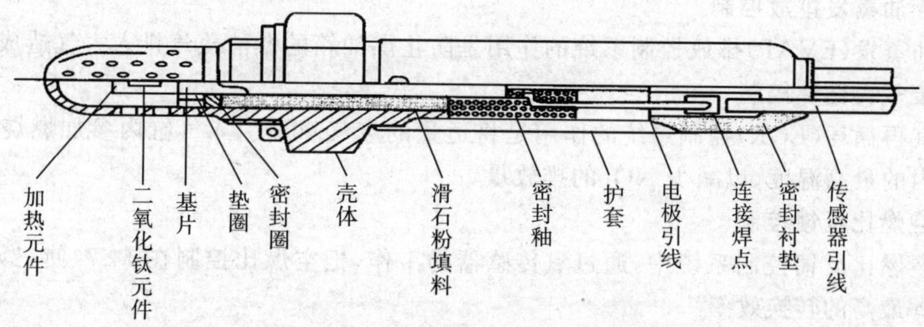

图 4-87 氧化钛式氧传感器的结构

氧化钛式氧传感器的结构如图 4－87 所示，主要由二氧化钛传感元件、壳体、加热元件、电极引线等组成。

(2) 氧化钛式氧传感器的工作原理

ECU 将一个恒定 1 V 的电压加在氧化钛式氧传感器的一端，传感器的另一端与 ECU 相连。当排出的废气中氧浓度随发动机混合气浓度变化而变化时，氧传感器的电阻随之改变，ECU“OX”端子上的电压降也随着变化。当 OX 端子的电压高于参考电压时，ECU 判定混合气过浓；当 OX 端子上的电压低于参考电压时，ECU 判定混合气过稀。通过 ECU 反馈控制，可保持混合气浓度在理论空燃比附近。在实际的反馈控制过程中，氧化钛式氧传感器与 ECU 连接的“OX”端子上的电压也是在 0.1～0.9 V 之间不断变化，这一点与氧化锆式氧传感器是相同的。

4. 排气消声器

排气消声器的作用是抑制发动机的排气噪声，消除废气中的火焰和火星。

目前在汽车上实际使用的消声器多数是综合利用不同的消声原理组合而成的。轿车上流行的排气消声器由前消声器、中消声器和后消声器以及连接管等组成，并焊接成一个整体，如图 4－88 所示。

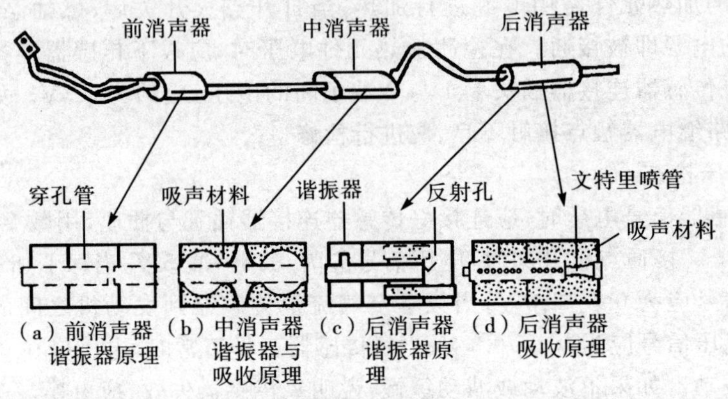

图 4－88　排气消声器的组成

(三) 排放控制

1. 曲轴箱强制通风控制

曲轴箱强制通风系统的作用是防止从燃烧室窜入曲轴箱的窜缸混合气排入大气造成污染，同时达到节能和改善发动机机油工作条件的目的。

2. 燃油蒸发排放控制

燃油蒸发(EVAP)排放控制系统的作用是防止燃油箱的燃油蒸气排入大气造成污染。

3. 废气再循环控制

废气再循环(EGR)控制系统的作用是将适量的废气重新引入气缸内参加燃烧，从而降低气缸内的最高温度，以减少 NO_x 的排放量。

4. 空燃比反馈控制

在空燃比反馈控制系统中，通过氧传感器的工作，把空燃比控制在 14.7，使三元催化转换器发挥最高的转换效率。

三、制定排气系统检修计划

制定排气系统检修计划如表 4-22 所示。

表 4-22　排气系统检修计划

1. 查阅资料，学习汽车发动机排气系统检修作业注意事项描述。 2. 查阅维修手册，熟悉发动机排气系统检修信息，制定汽车发动机排气系统检修计划。		
1. 车辆发动机类型信息描述	车辆描述：	
	发动机类型信息描述：	
2. 汽车发动机排气系统检修作业注意事项描述	1. 要严格按照规则使用工量具。 2. 修理后的标准数据一定要符合原厂标准。 3. 检修时要注意保护好零部件。	
3. 排气系统结构信息描述	1 2 3 4 5 6 1. ________ 2. ________ 3. ________ 4. ________ 5. ________ 6. ________	
4. 排气系统检修作业描述		
5. 排气系统检修计划	1. 检修工量具的准备。 2. 检修项目的确定。 3. 检修作业安全事项的学习。	

四、实施检修作业

汽车发动机排气系统检修作业具体实施如表 4-23 所示。

表 4－23　排气系统检修作业

1. 学习汽车发动机排气系统检修作业安全事项。 2. 会正确对汽车发动机排气系统进行检修作业。			
1. 汽车发动机排气系统检修计划描述			
2. 汽车发动机排气系统检修作业安全事项学习	1. 注意人身和机件的安全，不了解的先了解后再动手。 2. 未经许可，不准扳动机件和乱动电器按钮开关。 3. 注意防火。 4. 认真接受实习前的安全知识教育。		
3. 汽车发动机排气系统检修作业			
检查项目	作业要领	技术标准	检查记录
检修工具设备的选用	1. 故障诊断仪。 2. 万用表。 3. 常用拆装工具。		1. 选用的故障诊断仪品牌及型号为：________ 2. 选用的拆装工具为： ________
氧传感器	1. 加热元件电阻检查。 2. 电源电压检查。 3. 信号电压检查。	1. 检查 1 与 2 端子间电阻，应为 1～5 Ω。 2. 1 与 2 端子间电压应约为 12 V。 3. 检测 3 与 4 端子。接通点火开关时，电压信号应为 0.45～0.55 V；当踩下加速踏板，供给浓混合气时，电压信号应为 0.7～1.0 V；当拔下空气流量传感器到发动机之间的真空软管，供给稀混合气时，电压信号应为 0.1～0.3 V；当氧传感器工作正常时，电压应在 0.1～0.3 V 和 0.7～1.0 V 之间波动。	1. 1 与 2 端子间电阻为： ________ 2. 1 与 2 端子间电压为： ________ 3. 接通点火开关时，电压信号为：________；当踩下加速踏板，供给浓混合气时，电压信号为：________；当拔下空气流量传感器到发动机之间的真空软管，供给稀混合气时，电压信号为：________；当氧传感器工作正常时，电压是否在0.1～0.3 V 和 0.7～1.0 V 之间波动：________
4. 检修作业完成后的收获与感想			

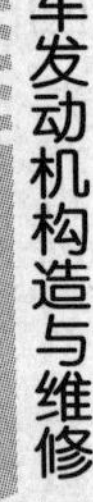

五、检验评估

任务四的检验评估如表 4－24 所示。

表 4-24 检验评估

评价指标	检验说明	检验记录
维护检查项目	1. 检查工具、检测仪器及设备是否正常 2. 检查零部件的损坏情况	
汽车发动机排气系统检修过程情况		

评价内容	检验指标	权重	自评	互评	总评
检查任务完成情况	1. 完成任务过程情况	4			
	2. 任务完成质量				
	3. 在小组完成任务过程中所起作用				
专业知识和专业技能	1. 能说出发动机排气系统的组成、类型和作用	8			
	2. 能说出发动机排气系统各主要部件的工作原理				
	3. 能正确地选择和使用维修工量具对各主要部件进行检修				
职业素养	1. 学习态度：积极主动参与学习	3			
	2. 团队合作：与小组成员一起分工合作，不影响学习进度				
	3. 现场管理：服从工位安排，执行实训室"5S"管理规定				
综合评价与建议					

任务五　电子控制系统结构认识和检修

任务描述

一辆桑塔纳 2000 汽车在行车过程中发动机突然熄火，不能再起动，进厂进行维修。针对维修接待和车间确认意见，需对电子控制系统进行检修。

任务目标

1. 能描述电子控制系统的组成及工作原理。
2. 能正确地选择和使用维修工量具对电子控制系统进行检修。

一、维修接待

按照表 4-25 完成待修车辆的维修接待，并准确填写接车问诊表。

表 4-25　维修接待与接车问诊表

1. 通过询问客户了解发动机发生故障情况，填写接车问诊表。
2. 车间检测初步确认需对电子控制系统进行检修，必要时更换故障零部件。

接 车 问 诊 表

车牌号：__________　车架号：__________　行驶里程：__________(km)

用户名：__________　电　话：__________　来店时间：__________

用户陈述及故障发生时的状况：一辆桑塔纳 2000 汽车在行车过程中发动机突然熄火，不能再起动。

故障发生状况提示：行驶速度、发动机状态、发生时间、部位、天气、路面状况、声音描述。

接车员检测确认建议：需对电子控制系统进行综合修理。

车间检测确认结果及主要故障零部件：需对电子控制系统进行综合修理，必要时更换故障零部件。

车间检查确认者：__________

外观确认：(请在有缺陷部位做标识)

功能确认：(工作正常√　不正常×)

□音响系统　□门锁(防盗器)　□全车灯光

□工具　□后视镜　□天窗　□座椅

□点烟器　□玻璃升降器　□玻璃

物品确认：(有√　无×)

F

E

□贵重物品提示

□工具　□备胎　□灭火器

□其他(　　　　　)

旧件是否交还用户

□是　□否

用户是否需要洗车

□是　□否

· 检测费说明：本次检测的故障如用户在本店维修，检测费包含在修理费用内；如用户不在本店维修，请支付检测费。本次检测费：￥________元。

· 贵重物品：在将车辆交给我店检查修理前，已提示将车内贵重物品自行收起并保存好，如有遗失恕不负责。

接车员：__________　用户确认：__________

二、信息收集与处理

按表 4-26 完成任务五的信息收集与处理。

表 4-26 信息收集与处理

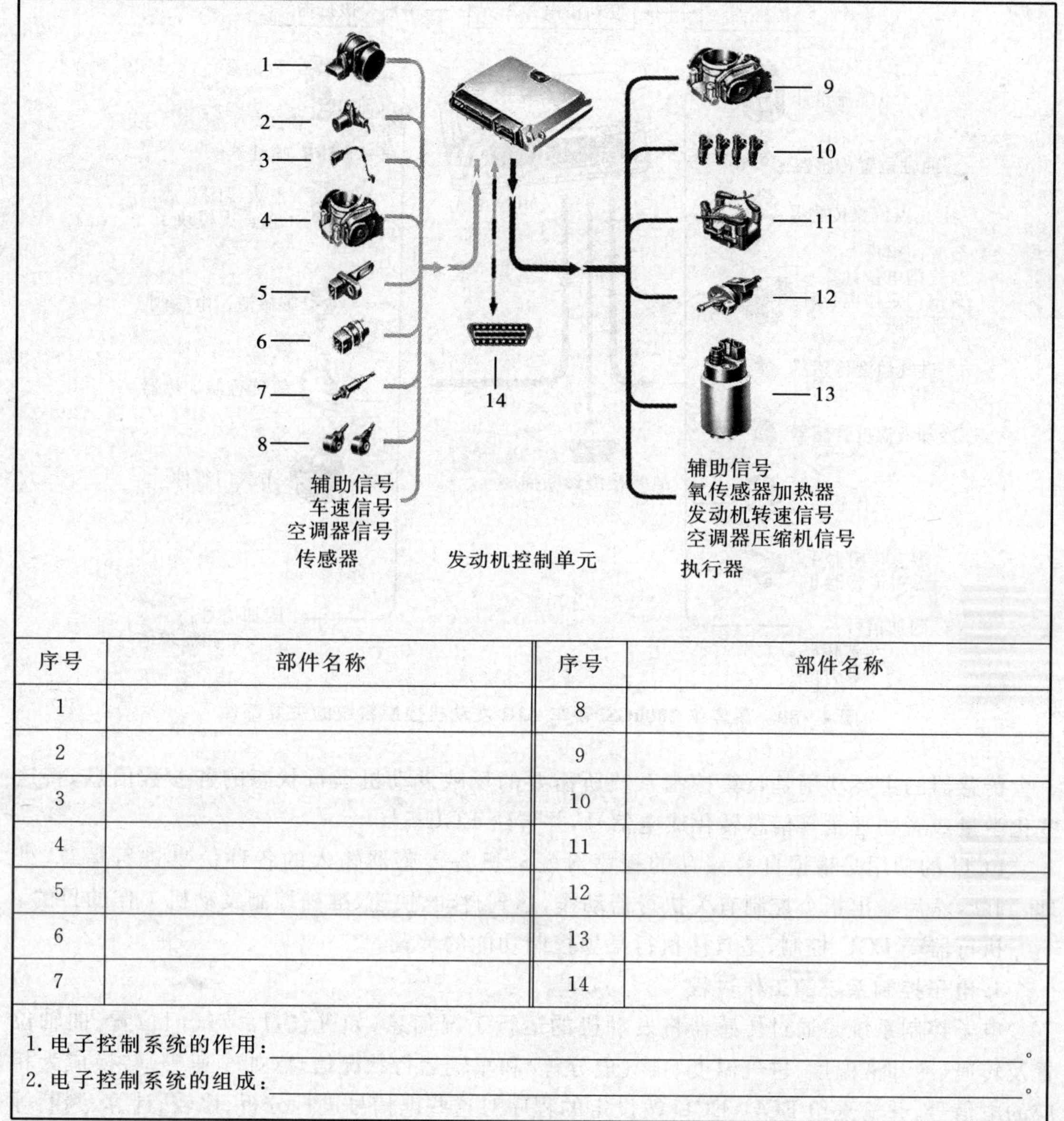

序号	部件名称	序号	部件名称
1		8	
2		9	
3		10	
4		11	
5		12	
6		13	
7		14	

1. 电子控制系统的作用：________________。
2. 电子控制系统的组成：________________。

(一)电子控制系统的功用、组成及工作过程

1. 电子控制系统的功用

电子控制系统的功用是根据发动机的运行工况和车辆运行状况，确定并执行发动机的最佳控制方案(控制最佳空燃比和最佳点火提前角)，保证发动机的动力性、经济性和排放性能在各种工况下都处于最佳的工作状态，同时还提供故障自诊断功能。

2. 电子控制系统的组成及主要部件的功用

电子控制系统一般由传感器、电控单元(ECU)和执行器组成，是一个以单片机为中心而组成的微型计算机控制系统，其中，电子控制器 ECU 是控制系统的核心部件。图 4-89 所示为桑塔纳 2000GSi 轿车 AJR 发动机控制系统的主要部件。

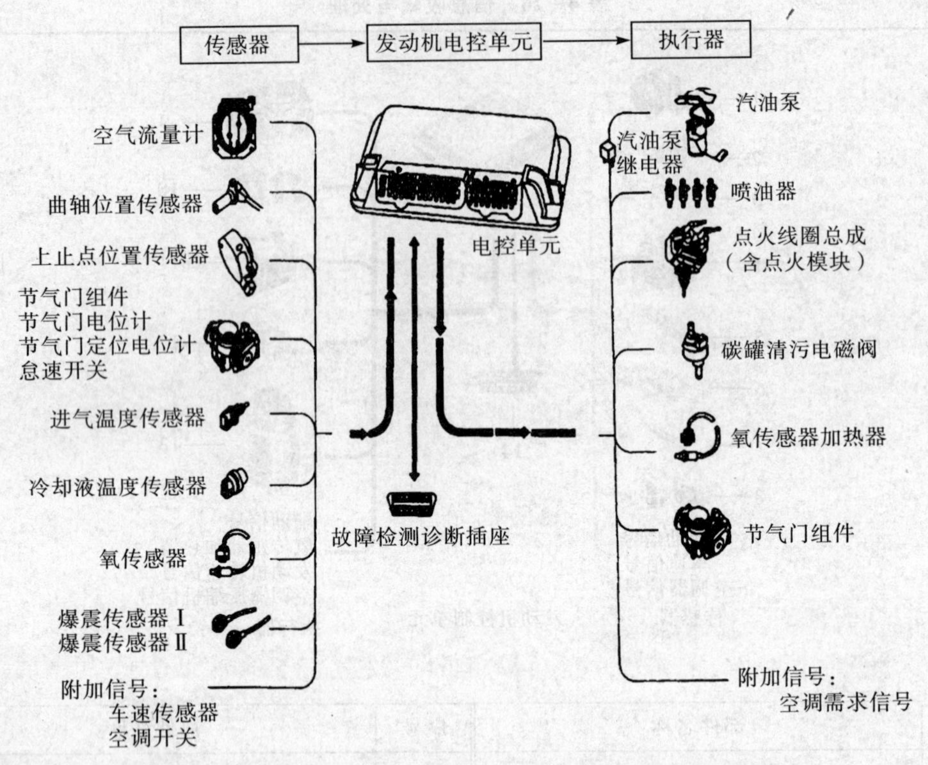

图 4－89　桑塔纳 2000GSi 轿车 AJR 发动机控制系统的主要部件

传感器的主要功用是收集控制系统所需要的反映发动机运行状态的各参数信息，将这些化学量或者物理量等信息转化成电信号，并传给 ECU。

ECU 的功用是根据自身储存的程序对发动机各传感器输入的各种信息进行运算、处理、判断，然后输出指令控制有关执行器动作，达到自动、快速、准确控制发动机工作的目的。

执行器受 ECU 控制，是具体执行某项控制功能的装置。

3. 电子控制系统的工作过程

电子控制系统是通过传感器将发动机的运行工况信息（如进气量、节气门位置、曲轴位置及转速、冷却液温度、进气温度、排气成分等）和车辆运行状况信息（如车速等）转换成为相应的电信号，并输送给 ECU，ECU 按设定的程序对这些电信号进行分析、比较、计算、判断等实时处理后，得出最佳控制方案并向各有关执行元件发出控制指令，以控制最佳的空燃比和点火时刻，使得发动机在各种工况下都处于最佳工作状态。同时，ECU 还要进行怠速自动控制、点火提前角控制、排放控制及故障自诊断等。

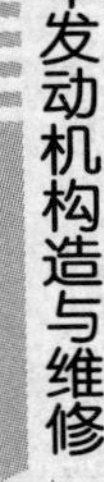

（二）电子控制系统的主要部件

1. 电控单元

1）电控单元的功用

电控单元是电子控制单元（ECU，又称电脑、微机）的简称，它是发动机的综合控制装置，也是发动机控制系统的核心。ECU 的功能随车型而异，但都必须有如下基本功能：

（1）接收各种传感器和其他装置输入的信息，给传感器提供 2 V、5 V、9 V 或 12 V 参考电压，并将输入的信息转换成微机所能接收的数字信号。

(2) 储存该车型的特征参数和运算中所需的有关数据信息。

(3) 确定计算输出指令所需的程序,并根据输入信号和相关程序计算输出指令数值。

(4) 将输入信号和输出指令信号与标准值进行比较,确定并储存故障信息。

(5) 向执行元件输出指令,或根据指令输出自身已储存的信息(如故障信息等)。

(6) 自我修正功能(学习功能)。

发动机控制系统中,ECU 不仅用来控制燃油喷射系统,同时还应具有点火提前角控制、怠速控制、排放控制、进气控制、增压控制、自诊断、失效保护和备用控制系统控制等多种控制功能。

2) 电控单元的组成

ECU 主要由输入回路、A/D 转换器、微型计算机和输出回路组成,其组成框图如图 4-90所示,外形如图 4-91 所示。它们一起制作在一个金属盒内,固定在车内不易受到碰撞的部位,如仪表台下面或座椅下面等,具体安装位置依车而异。

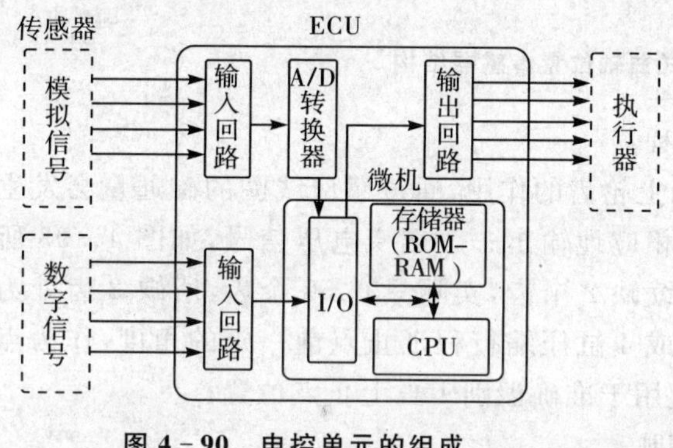

图 4-90 电控单元的组成

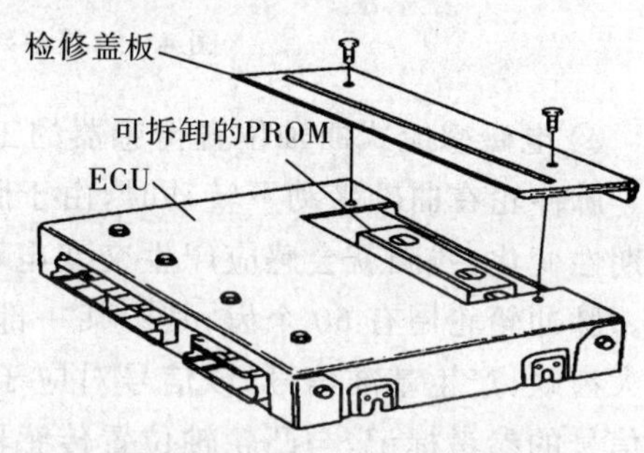

图 4-91 电控单元的外形

3) 电控单元的工作过程

发动机工作过程中,各个传感器产生的数字信号通过输入回路及 I/O 接口直接进入微机,模拟信号经 A/D 转换器转换成数字信号后,经 I/O 接口进入微机,输入信号经 CPU 并结合微机存储器中储存的信息进行分析、比较和计算后,做出判断并发出输出指令信号,经 I/O 接口(有些信号还需经 D/A 转换器转换成模拟信号),最后经输出回路控制执行器动作。

2. 传感器

1) 曲轴/凸轮轴位置传感器

曲轴/凸轮轴位置传感器是电控燃油喷射系统中最重要的传感器之一。根据其工作原理的不同可分为电磁感应式、霍尔效应式和光电式 3 种。桑塔纳 2000GSi 轿车 AJR 发动机曲轴位置传感器采用的是电磁感应式,凸轮轴位置传感器采用的是霍尔效应式。

(1) 曲轴位置传感器的安装位置及功用

曲轴位置传感器常见的安装位置有曲轴的前端、飞轮附近、分电器内部以及凸轮轴上。

曲轴位置传感器的功用主要是检测发动机运转过程中曲轴的转角(即转速)以及活塞的位置(曲轴位置),并将这些信号转换成电信号,输送给 ECU 作为主控信号。

(2) 电磁感应式曲轴位置传感器

① 电磁感应式曲轴位置传感器的结构:

图 4－92 所示为桑塔纳 2000GSi 轿车 AJR 发动机安装的电磁感应式曲轴位置传感器。其安装在发动机气缸体的左侧靠近飞轮处，传感器的脉冲轮安装在曲轴与飞轮之间，并与曲轴一起转动，用于检测发动机转速，主要由脉冲轮、磁感应线圈和永久磁铁组成。

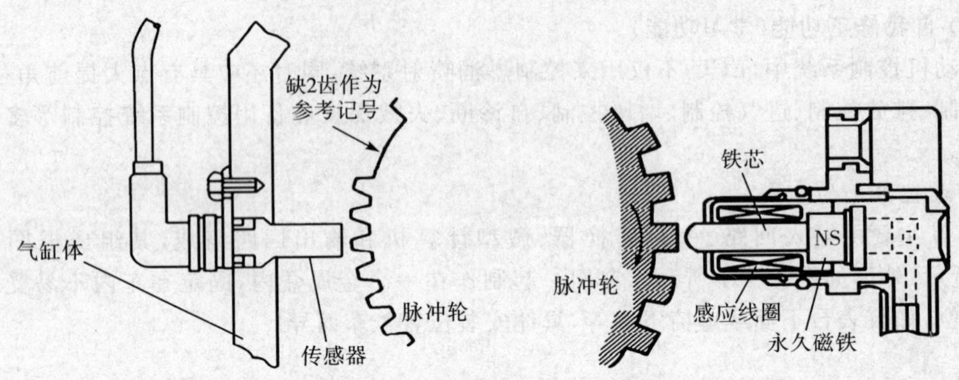

图 4－92　电磁感应式曲轴位置传感器结构

② 电磁感应式曲轴位置传感器的工作过程：

脉冲轮在曲轴带动下转动时，由于脉冲轮上轮齿的作用，通过感应线圈的磁通量会发生周期性变化，线圈就会感应产生交变电动势，相应地输出一个交变电压信号，如图 4－93 所示。脉冲轮轮周有 60 个齿，其中某一部位连续缺 2 个齿，实际只有 58 个齿，所缺 2 齿处为一大齿缺，产生基准信号，该信号对应于 1 缸或 4 缸压缩行程上止点前一定的角度，作为点火信号的参考标记，与凸轮轴位置传感器一起用于准确识别 1 缸上止点位置。

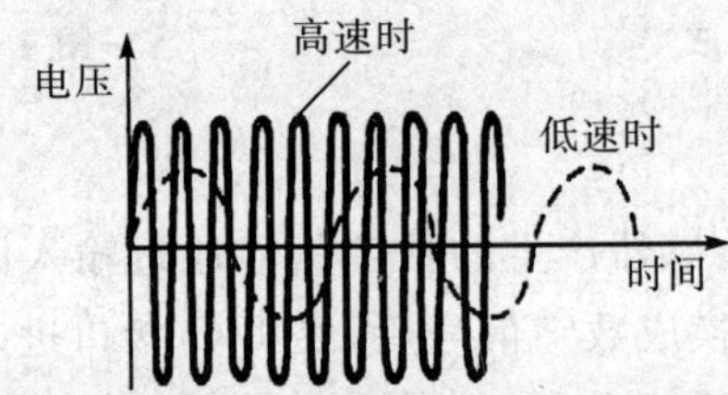

图 4－93　电磁感应式曲轴位置传感器输出电压信号

由于脉冲轮上有 58 个齿，因此脉冲轮每转一圈（曲轴转一圈），感应线圈就会产生 58 个交变电压信号输入 ECU。ECU 每接收到 58 个信号，就可以知道发动机曲轴旋转了一圈。ECU 根据单位时间内接收到的曲轴位置传感器脉冲信号的数量，便能计算出发动机曲轴的转速。缺 2 齿的大齿缺在脉冲轮旋转过程中产生一个宽脉冲信号（为基准信号），ECU 控制喷油时间和点火时间就是以该信号为基准进行控制的。脉冲轮有 58 个齿，转过缺 2 齿的大齿缺就相当于曲轴旋转 15°转角，转过每个轮齿和一个齿缺就相当于曲轴转过 6°转角（一个轮齿或一个齿缺为 3°转角），这样 ECU 便能精确计算出曲轴的转角。检测曲轴转角的目的是便于控制喷油提前角和点火提前角。

③ 电磁感应式曲轴位置传感器的检测：

曲轴位置传感器出现故障时，电控单元检测不到曲轴位置和发动机转速信号，将无法确定喷油和点火正时，发动机将立即熄火并无法起动。ECU 能够检测到故障信息，利用故障诊断仪通过故障诊断插座可以读取故障的有关信息。

a) 检测电阻。

关闭点火开关，拔下曲轴位置传感器导线连接器。如图 4－94 所示，用万用表电阻挡检测传感器插座 2、3 端子间的电阻，其阻值应为 480～1000 Ω；检测传感器屏蔽线端子 1 与 2、3 之间的电阻，其阻值应为无穷大。各阻值如与上述不符，则应更换传感器。

还要检测传感器与 ECU 之间的线束有无断路或短路故障。曲轴位置传感器电路连接如图 4－95 所示，分别检测传感器线束插头与 ECU 线束插头上端子 1 与接地、2 与 63、3 与 56 之间的电阻，阻值应不超过 0.5 Ω，如阻值不符，则需对线路进行修理或更换。

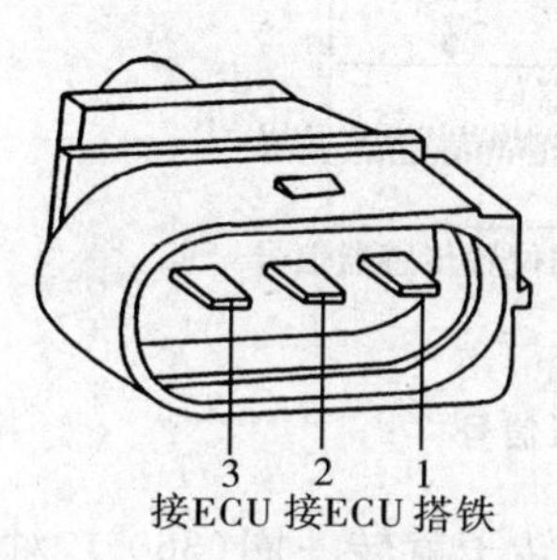

图 4－94　曲轴位置传感器插座

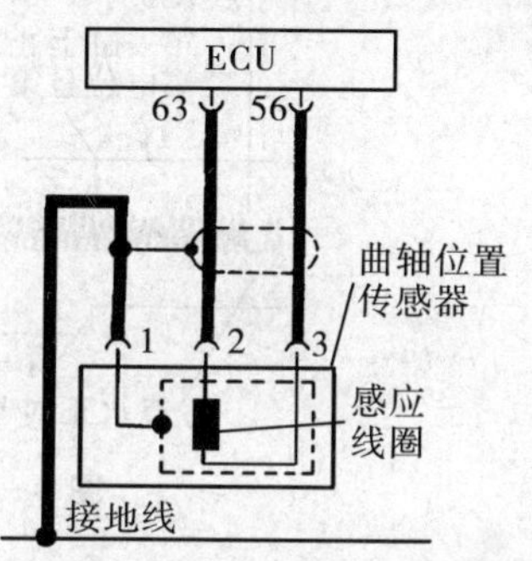

图 4－95　曲轴位置传感器电路连接图

b) 检测信号电压。

关闭点火开关，将万用表(交流电压挡)或示波器连接在曲轴位置传感器导线连接器背面插座 2、3 端子上。起动发动机，应有交流电压信号产生，其波形如图 4－96 所示。

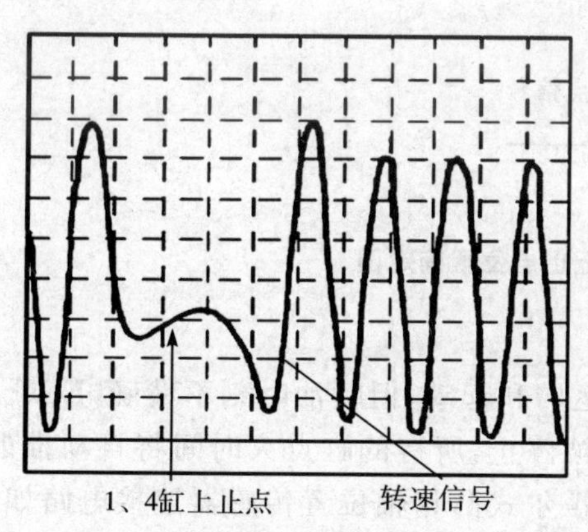

图 4－96　曲轴位置传感器输出电压信号波形

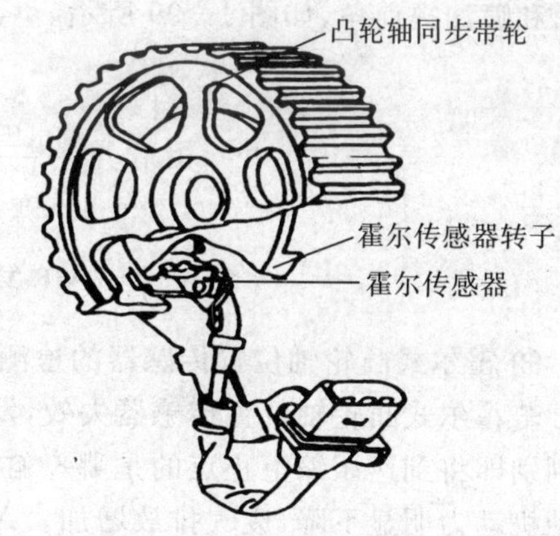

图 4－97　AJR 发动机霍尔式凸轮轴位置传感器

(3) 霍尔式凸轮轴位置传感器

① 霍尔式凸轮轴位置传感器的结构、安装位置及功用：

图 4－97 所示为 AJR 发动机霍尔式凸轮轴位置传感器。凸轮轴位置传感器安装在气缸盖前端凸轮轴的同步带轮之后，用于检测第一缸压缩上止点位置，确定喷油正时。霍尔式凸轮轴位置传感器由霍尔传感器和霍尔传感器转子(1 个带有 180°缺口的转子)组成。

② 霍尔式凸轮轴位置传感器的工作过程：

由霍尔效应的工作原理和 AJR 发动机霍尔式凸轮轴位置传感器的结构可知，当霍尔传感器转子的隔板进入间隙时，霍尔传感器中的磁力线被旁路，霍尔元件上没有磁力线穿过而不产生电压，集成电路输出级三极管截止，传感器输出的信号电压为高电平（12 V）；当霍尔传感器转子的隔板离开间隙时，磁力线穿过霍尔元件，产生约为 2 V 的霍尔电压，集成电路输出级三极管导通，传感器输出的信号电压为低电平（0.1 V）。传感器输出电压信号如图 4－98所示。

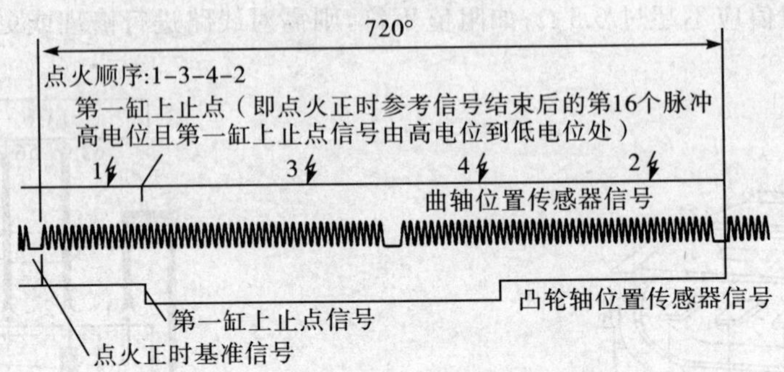

图 4－98　凸轮轴位置传感器输出电压信号

发动机曲轴每转 2 圈（720°），霍尔式凸轮轴位置传感器转子就转一圈（360°），对应产生一个高电平信号和一个低电平信号，其中低电平信号对应于第一缸压缩上止点前一定的角度。发动机工作时，霍尔式凸轮轴位置传感器和磁感应式曲轴位置传感器产生的信号电压不断输入 ECU，当 ECU 接收到磁感应式曲轴位置传感器的基准信号和霍尔式凸轮轴位置传感器的低电平信号时，可判断出第一缸活塞处于压缩行程、第四缸活塞处于排气行程，便可进行顺序喷射控制和各缸点火时刻控制，并根据曲轴位置传感器的脉冲信号控制点火提前角和喷油提前角，如图 4－99 所示。

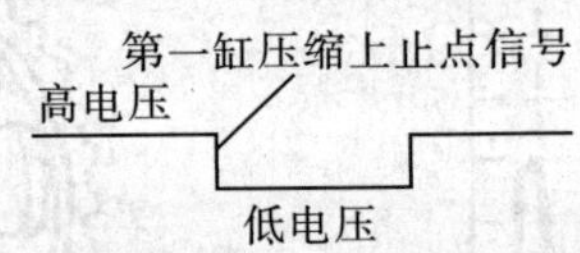

图 4－99　AJR 发动机第一缸上止点位置确定图

③ 霍尔式凸轮轴位置传感器的检测。

若霍尔式凸轮轴位置传感器失效，发动机仍能运转和起动，但喷油时刻不精确，ECU 不能判别即将到达压缩上止点的是哪一缸，爆震系统被停止，所有的缸点火时间将自动推迟，发动机动力明显下降，废气排放增加。AJR 发动机霍尔式凸轮轴位置传感器连接电路如图 4－100 所示。

a）电源电压检测：

关闭点火开关，拔下凸轮轴位置传感器（简称传感器）导线连接器。打开点火开关，用万用表电压挡检测导线连接器 1 与 3 端子间的电压，测得的电压应接近 5 V，2 与 3 端子间的电压应接近蓄电池电压（11.5 V 以上）。若不符，则应检查连接导线或 ECU。

b）输出脉冲信号检测：

不拔传感器导线连接器，用发光二极管检测灯（或示波器）从传感器导线连接器背面连接端子 2 和 3，如图 4－101 所示。

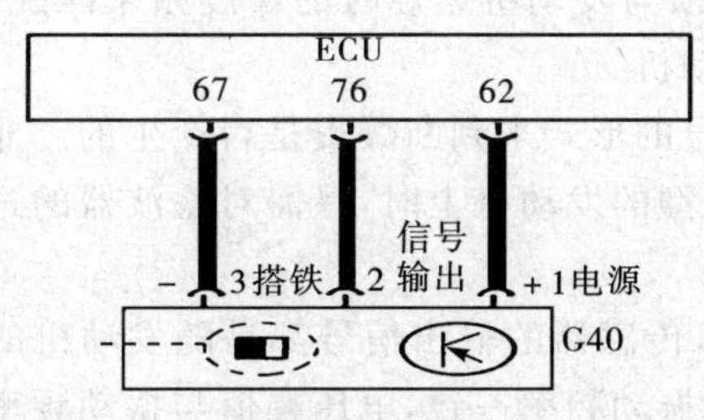

图 4-100 AJR发动机霍尔式凸轮轴位置传感器连接电路

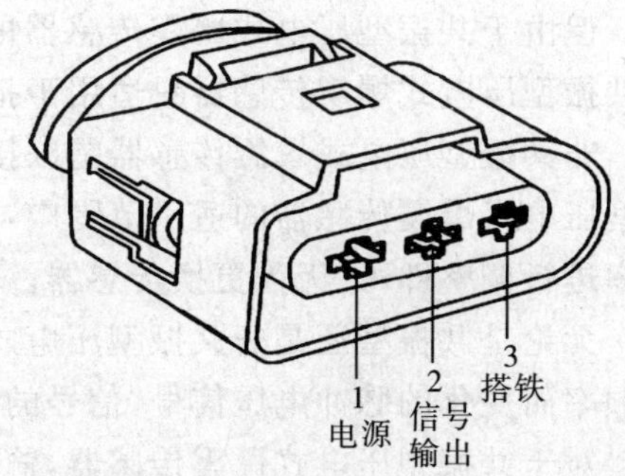

图 4-101 凸轮轴位置传感器导线连接器

打开点火开关,起动发动机几秒钟,发动机每转 2 圈,发光二极管检测灯应亮一下。如果检测灯不亮,则应检测电源电压。如果电源电压符合标准,则应更换传感器。

2) 爆震传感器

爆震是指可燃混合气在气缸内异常燃烧,导致气缸压力急剧上升而引起的发动机气缸体产生剧烈振动的现象。爆震产生的原因主要有点火时间过早、发动机或燃烧室内温度过高、燃烧室内积碳过多和燃油质量差等。在电子控制系统中,采用点火时刻闭环控制就能很有效地抑制发动机产生爆震。

检测发动机爆震的方法有:一是检测发动机燃烧室的压力变化;二是检测发动机气缸体的振动频率;三是检测混合气燃烧的噪音。

采用检测发动机气缸体的振动频率作为判断发动机爆震的依据,虽然此方法不是直接接触燃烧室气体,但气缸体的振动直接、快速地反映了缸内气体的压力变化情况,因此测量精度高,传感器安装又方便,所以在汽车上广泛采用。

(1) 爆震传感器的功用与安装位置

爆震传感器的功用是把发动机爆震时传到气缸体上的机械振动转换成电压信号输入ECU,作为点火提前角反馈控制信号。爆震传感器一般安装在气缸体的侧面或气缸盖上火花塞处(每缸 1 个),其安装位置如图 4-102 所示。

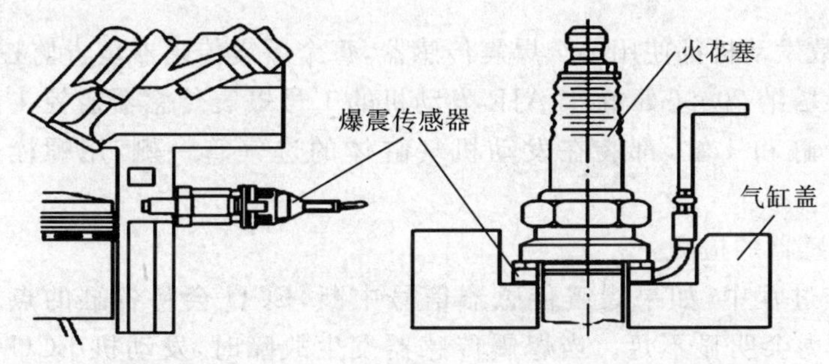

(a) 安装在发动机气缸体的侧面　(b) 安装在火花塞处

图 4-102 爆震传感器安装位置

(2) 爆震传感器的类型

爆震传感器按结构组成的不同分为压电式和磁电式两种。压电式爆震传感器按检测发动机气缸体振动频率的方式不同又可分为共振型和非共振型两种。

共振型压电式爆震传感器输出的信号电压高，不需要专门的滤波器，信号处理比较方便。但由于共振型压电式爆震传感器的共振频率必须与发动机燃烧时的爆震频率匹配，因此共振型压电式爆震传感器只适用于指定型号的发动机。

非共振型压电式爆震传感器是以接收加速度信号的形式来判断爆震是否产生的。非共振型压电式爆震传感器的适用范围广，当用在不同类型的发动机上时，只需对滤波器的过滤频率进行调整即可，无需更换传感器。

无论是共振型还是非共振型压电式爆震传感器，传感器的输出信号都是随发动机的振动频率而变化的脉冲电压信号，信号的频率与发动机振动频率一致，电压幅值与振动频率有关。对于共振型压电式爆震传感器，输出的信号电压在发动机发生爆震时最大，而对于非共振型压电式爆震传感器，输出的信号电压在发动机爆震时无明显增加，只能通过滤波器检查传感器输出信号中有无爆震频率段来判断是否发生了爆震。

非共振型压电式爆震传感器的结构如图 4-103 所示。其内部有 1 个压电元件，惯性配重将振动引起的加速度转换成作用于压电元件上的压力，压电元件将爆震引起的发动机气缸体振动加速度转换成电信号输入 ECU，ECU 把爆震传感器传来的信号进行滤波处理并判定有无爆震及爆震的强度，从而调整点火时间。

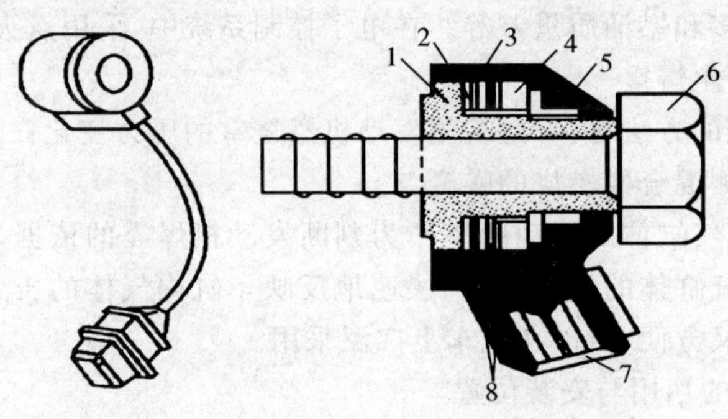

(a) 传感器外形　　(b) 内部结构

图 4-103　非共振型压电式爆震传感器的结构

1—套筒底座；2—绝缘垫圈；3—压电元件；4—惯性配重；
5—塑料壳体；6—固定螺栓；7—接线插座；8—电极

目前，大多数发动机都使用 2 个爆震传感器，每个爆震传感器负责监控相邻几个缸的工作情况。例如桑塔纳 2000GSi 轿车 AJR 发动机的 1 号爆震传感器监控 1 缸和 2 缸，2 号爆震传感器监控 3 缸和 4 缸，都装在发动机气缸体的进气管一侧，用螺栓固定安装在气缸体上。

(3) 爆震传感器的检测

发动机工作过程中，如果爆震传感器信号中断，ECU 会将各缸的点火提前角推迟约 15°，发动机的动力会明显不足。当爆震传感器发生故障时，发动机 ECU 能检测到故障信息，利用解码仪通过诊断插座可以读取此故障的有关信息。

① 检测插座端子电阻：

a) 关闭点火开关，拔下爆震传感器导线连接器。

b) 如图 4-104 所示，用万用表检测爆震传感器插座端子，其中任何 2 个端子都不应有短路现象，否则应更换爆震传感器。

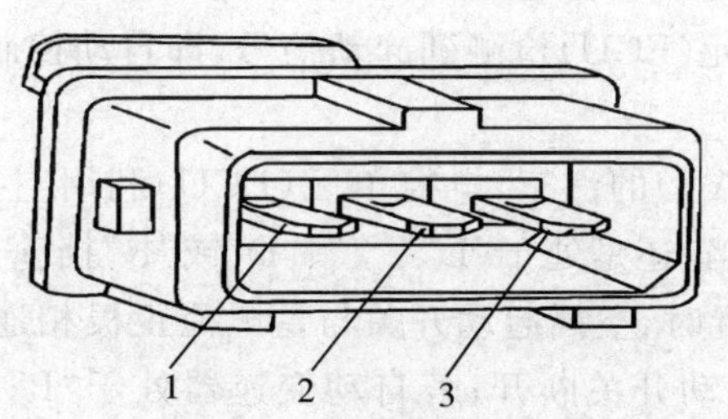

图 4-104　爆震传感器插座

1—信号端子;2—搭铁端子;3—屏蔽端子

② 检测输出信号。

桑塔纳 2000GSi 轿车 AJR 发动机爆震传感器电路连接如图 4-105 所示。

a) 拔下爆震传感器导线连接器,起动发动机。

b) 在不同的转速下,用示波器检测爆震传感器插座端子 1 与 2 间的输出信号,应有脉冲波形输出,如图 4-106 所示。

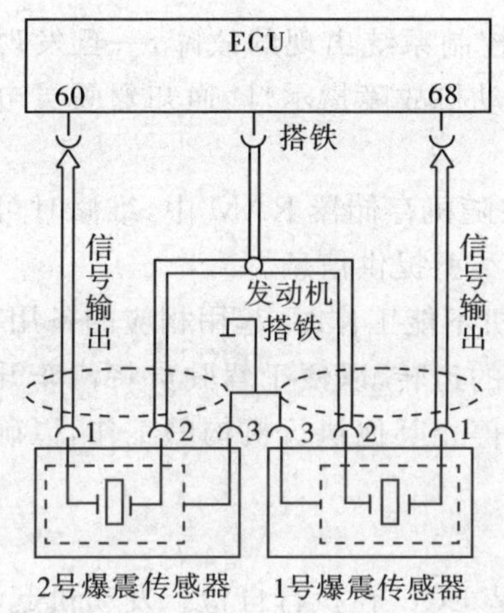

图 4-105　AJR 发动机爆震传感器电路连接

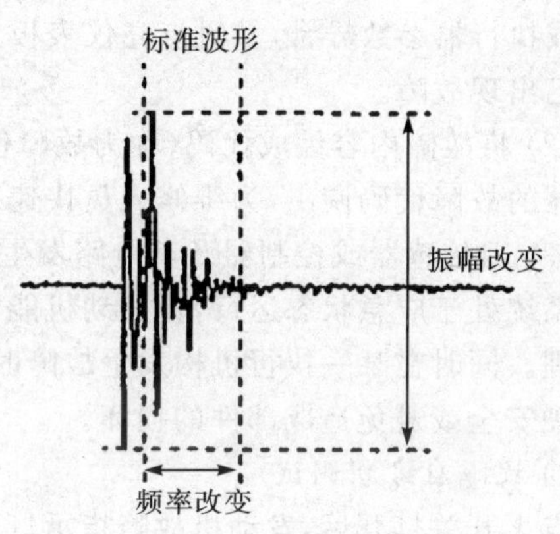

图 4-106　传感器脉冲波形输出

c) 如果无脉冲波形输出或输出的脉冲波形不随发动机运行工况的变化而变化,则应更换爆震传感器。

一般来说,发动机爆震频率在 6～9 kHz 之间,振动强度较大,信号电压较高;发动机转速越高,信号电压幅值越大。因为发动机爆震是在活塞运行到压缩行程上止点前后产生的,此时气缸体振动强度最大,所以爆震传感器在活塞运行到压缩行程上止点前后产生的输出电压较高。

③ 用万用表检测爆震传感器线束电阻:

爆震传感器线束电阻如过大(应小于 0.5 Ω),应对线路进行维修或更换。

(三)开关信号

在电子控制系统中,信号输入装置除了各种传感器外,还有许多开关信号。

1. 起动信号

起动信号(STA)用来判断发动机是否处于起动状态。在起动时,进气管内混合气流速慢、温度低、燃油雾化不良，为了改善起动性能，在发动机起动时必须增加喷油量，加浓混合气。起动开关接通，电控单元（ECU）检测到起动信号，即自动控制增加喷油量。

2. 空挡起动开关信号

对于装有自动变速器（AT）的汽车，电控单元（ECU）利用空挡起动开关信号来判定、识别变速器是处于“P”或“N”挡，还是处于“L”、“2”、“D”或“R”挡。

当点火开关在“ST”位置时，空挡起动开关与蓄电池正极相连。若自动变速器处于“L”、“2”、“D”或“R”挡时，空挡起动开关断开；若自动变速器处于“P”或“N”挡时，空挡起动开关闭合，发动机才能起动。

3. 空调开关（A/C）信号

空调开关（A/C）信号用来检测空调压缩机是否工作。空调开关（A/C）与空调压缩机电磁离合器的电源接在一起，空调压缩机工作时，向电控单元（ECU）输送高电平信号，ECU 根据 A/C 信号控制发动机怠速时的点火提前角、怠速转速和断油转速，修正怠速时的喷油量。

（四）其他辅助控制系统

1. 故障自诊断系统

1）故障自诊断系统的功能

（1）监测控制系统工作情况，及时地检测出电子控制系统出现的故障，一旦发现某个传感器或执行器参数异常，及时点亮仪表板上专设的发动机故障指示灯，通知驾驶员电子控制系统已出现故障。

（2）将故障内容编成代码（称为故障代码）存储在随机存储器 RAM 中，维修时可将存入存储器的故障代码调出，为维修人员快速诊断出故障类型提供信息。

（3）因传感器或控制器及其电路发生故障，发动机不能工作时，起用相应的备用功能，使控制系统处于应急状态运行，让发动机能够维持基本的运转，以便于驾驶员将汽车开到修理厂修理。同时在某一执行机构发生故障时，系统及时停止其他执行机构的工作，以确保汽车的行驶安全或避免造成部件的损坏。

2）故障自诊断测试

点火开关打开后，发动机故障指示灯会点亮，这是 ECU 在执行自检。发动机起动后，故障指示灯应熄灭，如常亮则表示发动机控制系统有故障存在。自诊断系统通过故障指示灯来提示驾驶员或维修人员，汽车电控系统存在故障应立即修理。至于故障的类型和部位，则需通过启动自诊断系统读取故障代码，然后查出该代码的含义，或者用解码器直接读取出故障码和故障内容之后才能具体判断。

3）OBD－Ⅱ

OBD－Ⅱ是第二代随车电脑自诊断系统“ON BORAD DIAGNOSTICS-Ⅱ”的缩写，中文意思是自我诊断。它是由美国汽车工程学会（SAE）制定的，经由美国环境保护机构（EPA）及美国加州资源协会（CARB）登记的一套汽车标准。

从 1996 年起，全球所有的汽车制造厂商都全面采用 OBD－Ⅱ标准，该标准要求各汽车厂家提供统一的诊断模式，统一的诊断座，统一的诊断代码，只要一台诊断仪器就可检测诊断所有车种。

一般来讲，OBD－Ⅱ系统有三方面的要求：一是仪表中有警示车主的指示灯，给车主提示车辆的控制系统存在故障；二是系统有记忆和传送有关排放的故障代码；三是能对 EGR 阀、燃油系统和其他有关废气排放系统进行测试维护。

(1) OBD—Ⅱ随车诊断系统的特点

① 汽车按标准装用统一的 16 端子诊断座，并将诊断座统一安装在驾驶室仪表盘下方。OBD—Ⅱ诊断座如图 4-107 所示。

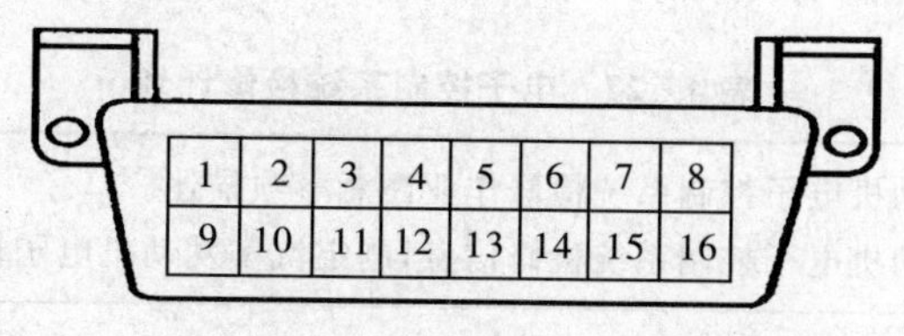

图 4-107　OBD—Ⅱ诊断座

② 解码器和车辆之间采用标准的通信规则。欧洲统一标准——7 号和 15 号端子；美国统一标准——2 号和 10 号端子。

③ 采用相同的故障码代号及统一的故障码意义。故障码由 1 个英文字母和 4 个数字组成。

④ 具有行车记录功能，能记录车辆行驶过程的有关数据资料，能记忆和重新显示故障代码，可利用仪器方便、快捷地调取或清除故障码。

⑤ 能监控排放控制系统。

2. 失效保护系统

失效保护系统的组成主要是 ECU 内的部分软件，所以也可称之为失效保护功能，其作用是在电控系统工作时，微电脑检测到某些传感器、执行器及其控制电路出现故障（失效）时，给 ECU 提供设定的标准信号来替代故障信号，以保持控制系统继续工作，确保发动机仍能继续运转。此外，当个别重要的信号传感器或其电路发生故障，有可能危及发动机安全运转时，失效保护系统则会使 ECU 立即采取强制性措施，切断燃油喷射，使发动机停止运转，确保车辆安全。

3. 应急备用系统

应急备用系统的功能由 ECU 内的备用 IC（集成电路）来完成，也可称之为应急备用功能。当 ECU 内的微处理器或少数重要的传感器出现故障而导致车辆无法行驶时，该系统使 ECU 把燃油喷射和点火正时控制在设定的水平上，作为一种备用功能使汽车能维持基本行驶，以便把汽车开到最近的维修站或适宜的地方，所以又称为回家系统。

（五）发动机控制系统故障诊断注意事项

(1) 拆卸电控系统各电线插接件时，首先应关闭点火开关。如果更换或需要断开蓄电池时，应考虑音响及防盗密码和存储于 ECU 内的所有故障代码将会全部消失，给发动机故障排除带来困难，因此应先记住密码和读取故障代码。

(2) 拆装控制电脑时，除务必将点火开关关闭外，不要用敲击方式拆装，以免造成接脚或电路板损坏。

(3) 控制电脑应避免掉落，并且不能放在高温或磁性环境中。

(4) 在检测燃油系统时，经常会有跨接燃油泵继电器的工作，不可将电源接到继电器的电脑控制端。

(5) 在测试点火系统时，不应将高压线或点火线圈直接搭铁试火，应接一个火花塞试火。

(6) 在测试过程中应使用高阻抗仪表，不允许用测试灯测试任何微机及其相连的电气装置，以防微机和传感器受损。

三、制定电子控制系统检修计划

制定电子控制系统检修计划如表 4－27 所示。

表 4－27　电子控制系统检修计划

<table>
<tr><td colspan="3">1. 查阅资料，学习汽车发动机电子控制系统检修作业注意事项描述。
2. 查阅维修手册，熟悉发动机电子控制系统检修信息，制定汽车发动机电子控制系统检修计划。</td></tr>
<tr><td rowspan="2">1. 车辆发动机类型信息描述</td><td>车辆描述：</td><td></td></tr>
<tr><td colspan="2">发动机类型信息描述：</td></tr>
<tr><td>2. 汽车发动机电子控制系统检修作业注意事项描述</td><td colspan="2">1. 要严格按照规则使用工量具。
2. 修理后的数据一定要符合原厂标准。
3. 检修时要注意保护好零部件。</td></tr>
<tr><td>3. 电子控制系统结构信息描述</td><td colspan="2">1　2　3　4　5　6　7　8　9　10　11　12　13　14
辅助信号
车速信号
空调器信号
传感器
发动机控制单元
辅助信号
氧传感器加热器
发动机转速信号
空调器压缩机信号
执行器

1. ________　2. ________　3. ________
4. ________　5. ________　6. ________
7. ________　8. ________　9. ________
10. ________　11. ________　12. ________
13. ________　14. ________</td></tr>
<tr><td>4. 电子控制系统结构检修描述</td><td colspan="2"></td></tr>
<tr><td>5. 电子控制系统检修计划</td><td colspan="2">1. 检修工量具的准备。
2. 检修项目的确定。
3. 检修作业安全事项的学习。</td></tr>
</table>

四、实施检修作业

汽车发动机电子控制系统检修作业具体实施如表 4－28 所示。

表 4－28　电子控制系统检修作业

<table>
<tr><td colspan="4">1. 学习汽车发动机电子控制系统检修作业安全事项。
2. 会正确对汽车发动机电子控制系统进行检修作业。</td></tr>
<tr><td>1. 汽车发动机电子控制系统检修计划描述</td><td colspan="3"></td></tr>
<tr><td>2. 汽车发动机电子控制系统检修作业安全事项学习</td><td colspan="3">1. 注意人身和机件的安全，不了解的先了解后再动手。
2. 未经许可，不准扳动机件和乱动电器按钮开关。
3. 注意防火。
4. 认真接受实习前的安全知识教育。</td></tr>
<tr><td colspan="4">3. 汽车发动机电子控制系统检修作业</td></tr>
<tr><td>检查项目</td><td>作业要领</td><td>技术标准</td><td>检查记录</td></tr>
<tr><td>检修工具设备的选用</td><td>1. 故障诊断仪。
2. 万用表。
3. 常用拆装工具。</td><td></td><td>1. 选用的故障诊断仪品牌及型号为：
____
2. 选用的拆装工具为：
________</td></tr>
<tr><td>电磁感应式曲轴位置传感器</td><td>1. 电阻检查。
2. 断路或短路检查。</td><td>1. 2、3 端子间的电阻应为 480～1000 Ω；1 与 2、3 之间的电阻应为无穷大。
2. 1 与接地、2 与 63、3 与 56 之间的电阻应不超过 0.5 Ω。</td><td>1. 2、3 端子间的电阻为：________；1 与 2、3 之间的电阻为：________
2. 1 与接地、2 与 63、3 与 56 之间的电阻为：
________</td></tr>
<tr><td>凸轮轴位置传感器</td><td>1. 电源电压检测。
2. 输出脉冲信号检测。</td><td>1. 1 与 3 端子间的电压应接近 5 V，2 与 3 端子间的电压应接近蓄电池电压。
2. 用发光二极管检测灯连接端子 2 和 3，起动发动机，二极管检测灯应亮。</td><td>1. 1 与 3 端子间的电压为：________；2 与 3 端子间的电压为：________
2. 二极管检测灯是否亮：
________</td></tr>
</table>

续表

检查项目	作业要领	技术标准	检查记录
爆震传感器	1. 检测插座端子电阻。 2. 检测输出信号。 3. 检测爆震传感器线束电阻。	1. 用万用表检测爆震传感器插座端子，其中任何2个端子都不应有短路现象。 2. 用示波器检测爆震传感器插座端子1与2间的输出信号，应有脉冲波形输出。 3. 爆震传感器线束电阻应小于0.5 Ω。	1. 是否有短路现象：________ 2. 是否有脉冲波形输出：________ 3. 爆震传感器线束电阻为：________
4. 检修作业完成后的收获与感想			

五、检验评估

任务五的检验评估如表4－29所示。

表4－29 检验评估

<table>
<tr><td colspan="2">评价指标</td><td colspan="4">检验说明</td><td>检验记录</td></tr>
<tr><td colspan="2">维护检查项目</td><td colspan="4">1. 检查工具、检测仪器及设备是否正常
2. 检查零部件的损坏情况</td><td></td></tr>
<tr><td colspan="2">汽车发动机电子控制系统检修过程情况</td><td colspan="5"></td></tr>
<tr><td>评价内容</td><td colspan="2">检验指标</td><td>权重</td><td>自评</td><td>互评</td><td>总评</td></tr>
<tr><td rowspan="3">检查任务完成情况</td><td colspan="2">1. 完成任务过程情况</td><td rowspan="3">4</td><td rowspan="3"></td><td rowspan="3"></td><td rowspan="3"></td></tr>
<tr><td colspan="2">2. 任务完成质量</td></tr>
<tr><td colspan="2">3. 在小组完成任务过程中所起作用</td></tr>
<tr><td rowspan="3">专业知识和专业技能</td><td colspan="2">1. 能说出发动机电子控制系统的组成、类型和作用</td><td rowspan="3">8</td><td rowspan="3"></td><td rowspan="3"></td><td rowspan="3"></td></tr>
<tr><td colspan="2">2. 能说出发动机电子控制系统各主要部件的工作原理</td></tr>
<tr><td colspan="2">3. 能正确地选择和使用维修工量具对各主要部件进行检修</td></tr>
<tr><td rowspan="3">职业素养</td><td colspan="2">1. 学习态度：积极主动参与学习</td><td rowspan="3">3</td><td rowspan="3"></td><td rowspan="3"></td><td rowspan="3"></td></tr>
<tr><td colspan="2">2. 团队合作：与小组成员一起分工合作，不影响学习进度</td></tr>
<tr><td colspan="2">3. 现场管理：服从工位安排，执行实训室“5S”管理规定</td></tr>
<tr><td>综合评价与建议</td><td colspan="6"></td></tr>
</table>

任务六　电控汽油喷射系统故障诊断

任务描述

一辆桑塔纳 2000 型汽车已经行驶了 6 万公里，出现怠速不稳，急加速时冒黑烟等现象，进厂进行维修。针对维修接待和车间确认意见，需对电控汽油喷射系统进行检修。

任务目标

1. 能描述电控汽油喷射系统的结构及工作原理。

2. 能正确地选择和使用维修工量具对电控汽油喷射系统进行诊断检修。

一、维修接待

按照表 4 - 30 完成待修车辆的维修接待，并准确填写接车问诊表。

表 4 - 30　维修接待与接车问诊表

1. 通过询问客户了解发动机发生故障情况，填写接车问诊表。 2. 车间检测初步确认需对电控汽油喷射系统进行检修，必要时更换故障零部件。
接车问诊表 车牌号：＿＿＿＿＿＿　车架号：＿＿＿＿＿＿　行驶里程：＿＿＿＿＿＿(km) 用户名：＿＿＿＿＿＿　电　话：＿＿＿＿＿＿　来店时间：＿＿＿＿＿＿
用户陈述及故障发生时的状况：一辆桑塔纳 2000 型汽车已经行驶了 6 万公里，出现怠速不稳，急加速时冒黑烟等现象。 故障发生状况提示：行驶速度、发动机状态、发生时间、部位、天气、路面状况、声音描述。
接车员检测确认建议：需对电控汽油喷射系统进行综合修理。
车间检测确认结果及主要故障零部件：需对电控汽油喷射系统进行综合修理，必要时更换故障零部件。 车间检查确认者：＿＿＿＿＿＿

<table>
<tr>
<td rowspan="2">外观确认：(请在有缺陷部位做标识)</td>
<td>功能确认：(工作正常√　不正常×)
□音响系统　□门锁(防盗器)　□全车灯光
□工具　□后视镜　□天窗　□座椅
□点烟器　□玻璃升降器　□玻璃</td>
</tr>
<tr>
<td>物品确认：(有√　无×)
F　E
□贵重物品提示
□工具　□备胎　□灭火器
□其他(　　　　)
旧件是否交还用户
□是　□否
用户是否需要洗车
□是　□否</td>
</tr>
<tr>
<td colspan="2">· 检测费说明：本次检测的故障如用户在本店维修，检测费包含在修理费用内；如用户不在本店维修，请支付检测费。本次检测费：￥________元。
· 贵重物品：在将车辆交给我店检查修理前，已提示将车内贵重物品自行收起并保存好，如有遗失恕不负责。
接车员：________________　　用户确认：________________</td>
</tr>
</table>

二、信息收集与处理

按表 4 - 31 完成任务六的信息收集与处理。

表 4 - 31　信息收集与处理

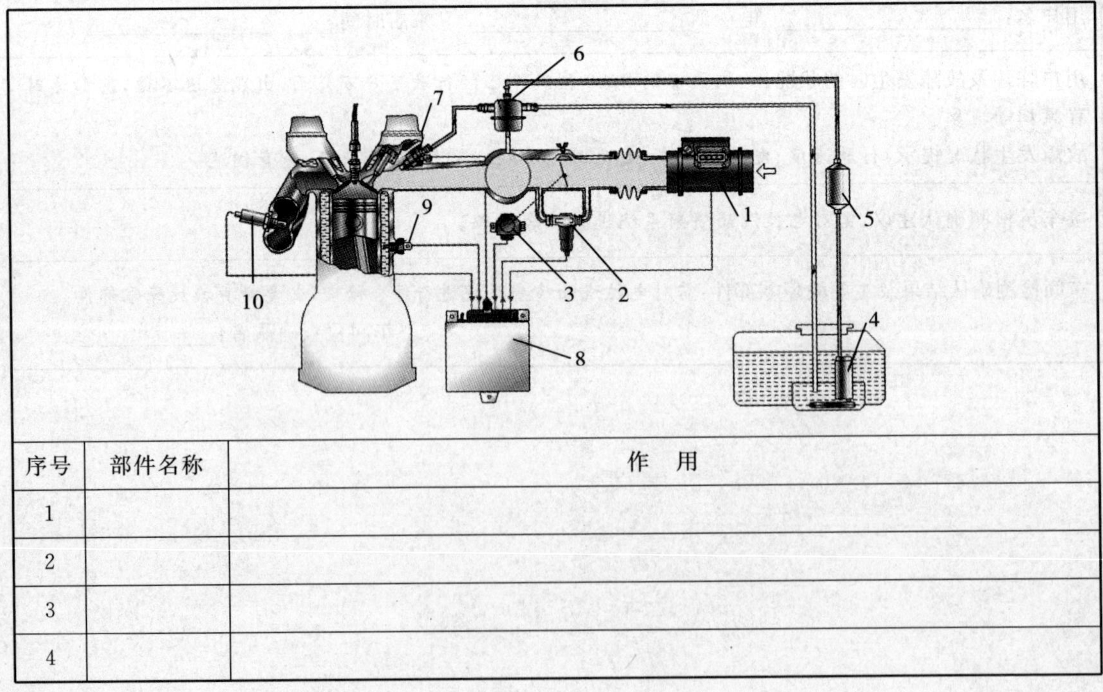

序号	部件名称	作　用
1		
2		
3		
4		

续表

序号	部件名称	作用
5		
6		
7		
8		
9		
10		
1. 空气供给系统的组成：________________。 2. 燃油供给系统的组成：________________。 3. 排气系统的组成：________________。 4. 电子控制系统的组成：________________。		

(一)发动机不能起动

1. 故障现象

曲轴转动正常，有起动转速，但发动机长时间不能起动。

2. 故障主要原因及处理方法

电子控制系统引起发动机不能起动的基本原因是无高压火、点火正时严重失准或不喷油。引起无高压火的故障部位一般为火花塞、点火放大器与点火线圈、曲轴位置(或凸轮轴位置)传感器、ECU以及上述元件的线路；引起点火正时严重失准的故障部位一般为曲轴位置(或凸轮轴位置)传感器及电路；引起不喷油的故障原因一般为喷油器及其电路、汽油泵及其电路、汽油压力调节器故障或点火信号丧失等。处理的方法一般为更换相应元器件。

3. 故障诊断流程

发动机不能起动故障诊断流程如图 4－108 所示。

4. 解释说明

点火放大器与点火线圈在很多车型上是合在一起的，故应一起检查。在电子控制系统都正常的情况下，故障往往发生在机械部分，如气缸压力过低、分电器装配错位等都将造成发动机无法起动。

(二)发动机怠速不良

1. 故障现象

发动机经过初始状态调整获得了准确的怠速后，在实际运转中，经常产生怠速偏低、抖动、游车或熄火现象，发动机低温、空调运转与转向助力的时候都有提速现象，但都不是很稳定，有时在其他工况下还伴有动力不足的现象。

2. 故障主要原因及处理方法

怠速不良往往由发动机在怠速时所发出的动力较小，难以克服发动机自身运转与附件运转的摩擦阻力而引起。引起发动机怠速动力故障的原因有个别缸不工作或工作不良、怠速进气量较少或怠速时混合气浓度不正常等。引起上述情况的故障部位有火花塞、高压线、汽油泵、油压调节器、汽油滤清器、喷油器、怠速空气调节器、空气流量计(或进气管绝对压力传感器)、氧传感器、节气门位置传感器等。处理的方法一般是清洗、调整和更换元器件。

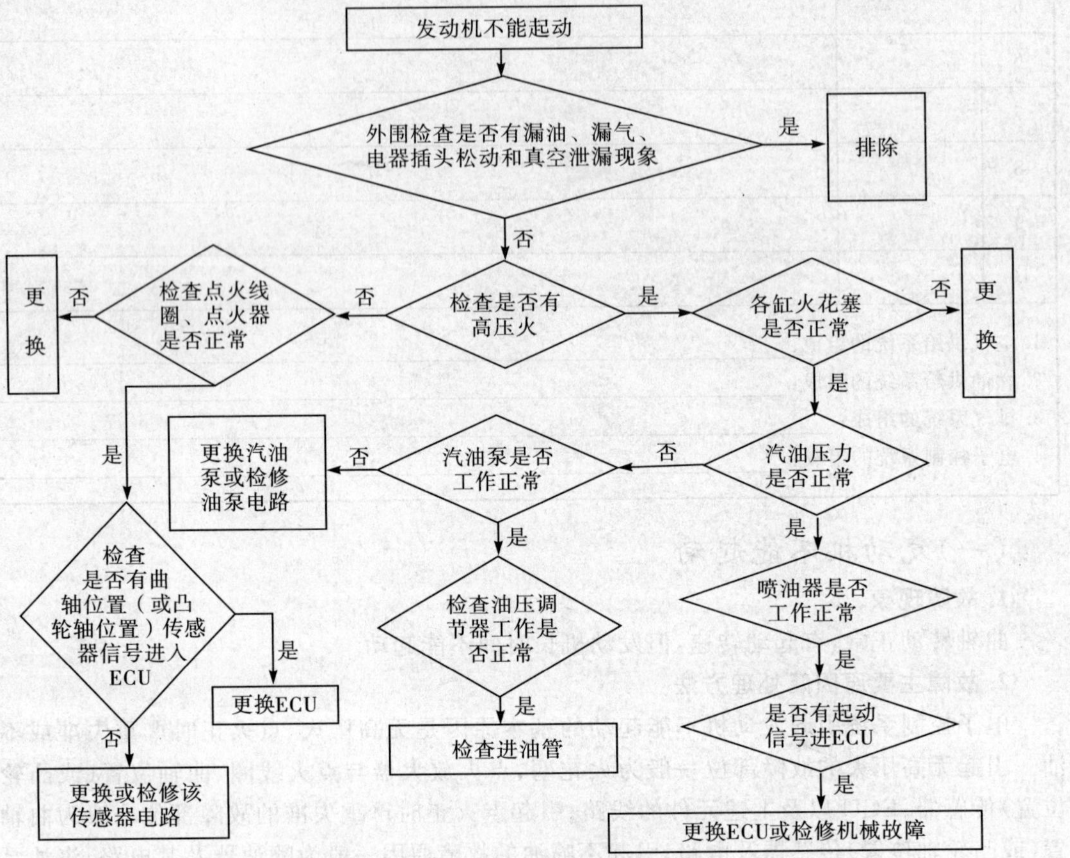

发动机不能起动

外围检查是否有漏油、漏气、电器插头松动和真空泄漏现象

是

排除

否

检查是否有高压火

否

检查点火线圈、点火器是否正常

否

更换

是

检查是否有曲轴位置(或凸轮轴位置)传感器信号进入ECU

是

更换ECU

否

更换或检修该传感器电路

是

各缸火花塞是否正常

否

更换

是

汽油压力是否正常

否

汽油泵是否工作正常

否

更换汽油泵或检修油泵电路

是

检查油压调节器工作是否正常

是

检查进油管

是

喷油器是否工作正常

是

是否有起动信号进ECU

是

更换ECU或检修机械故障

图 4－108　发动机不能起动故障诊断流程

3. 故障诊断流程

发动机怠速不良故障诊断流程如图 4－109 所示。

(三)发动机动力不足

1. 故障现象

车辆加速时速度增加缓慢,有踩空油门的感觉。

2. 故障主要原因及处理方法

电子控制系统引起发动机动力不足的基本原因有高压火弱、点火正时失准或喷油量少等。引起高压火弱的故障部位一般是火花塞、高压线、点火器、点火线圈和 ECU 等;引起点火正时失准的故障部位一般是分电器、爆震传感器和 ECU 等;引起喷油量少的故障部位一般是喷油器、空气流量计(或进气管绝对压力传感器)、节气门位置传感器、汽油泵、汽油滤清器、油压调节器和 ECU 等。一般采取更换元器件的方法来处理。

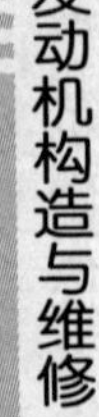

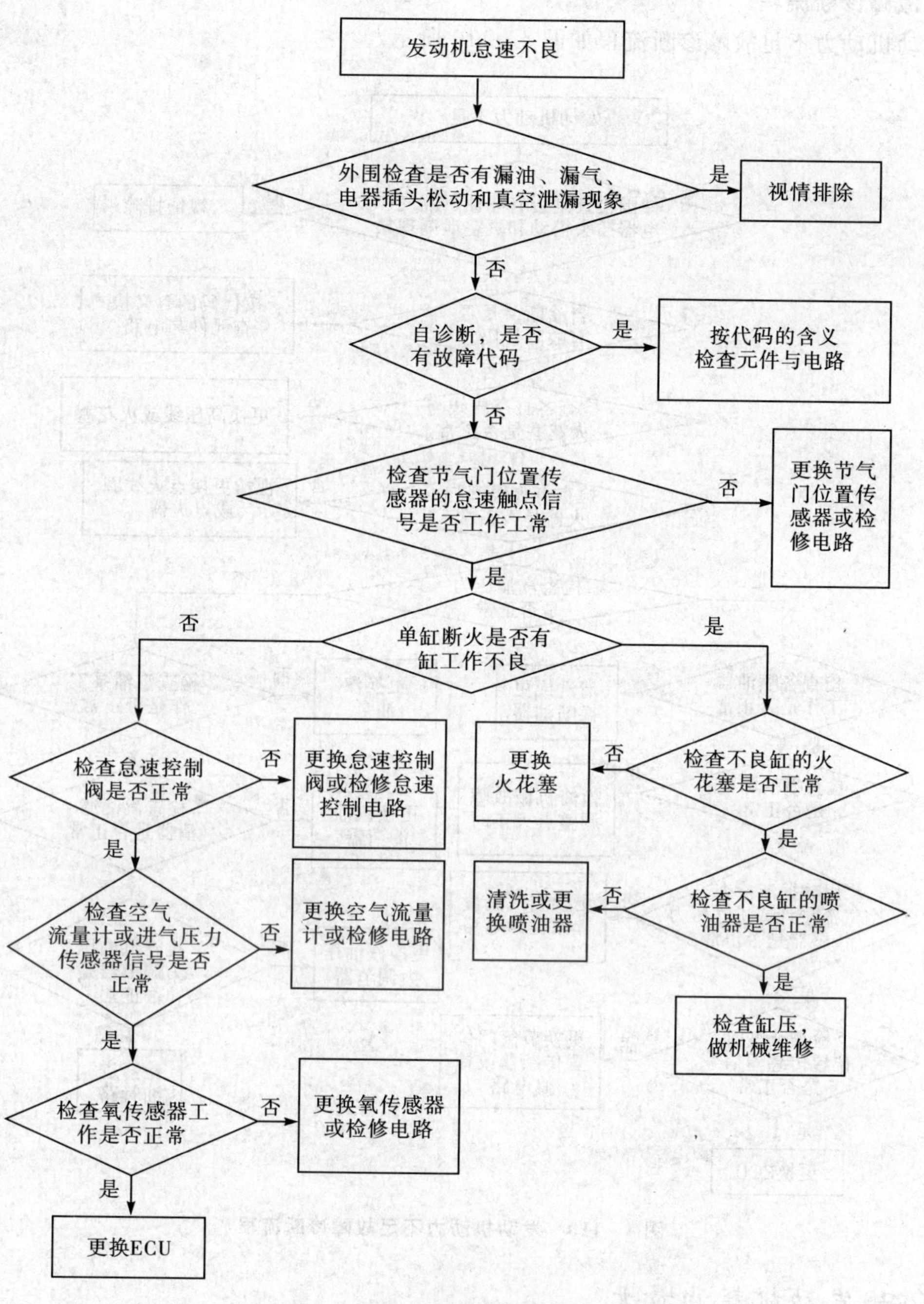

图 4－109　发动机怠速不良故障诊断流程

3. 故障诊断流程

发动机动力不足故障诊断流程如图 4－110 所示。

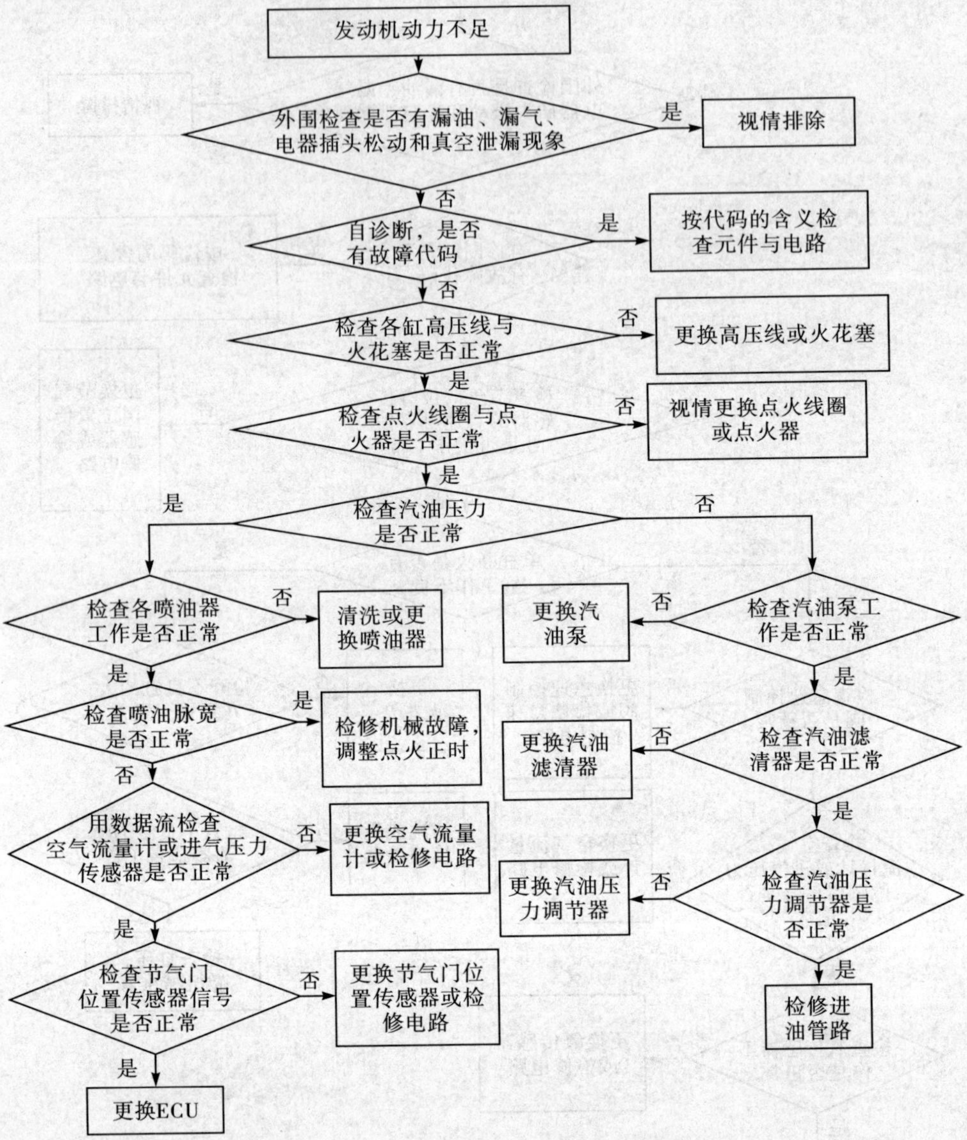

- 发动机动力不足
- 外围检查是否有漏油、漏气、电器插头松动和真空泄漏现象
  - 是 → 视情排除
  - 否 → 自诊断，是否有故障代码
    - 是 → 按代码的含义检查元件与电路
    - 否 → 检查各缸高压线与火花塞是否正常
      - 否 → 更换高压线或火花塞
      - 是 → 检查点火线圈与点火器是否正常
        - 否 → 视情更换点火线圈或点火器
        - 是 → 检查汽油压力是否正常
          - 是 → 检查各喷油器工作是否正常
            - 否 → 清洗或更换喷油器
            - 是 → 检查喷油脉宽是否正常
              - 是 → 检修机械故障，调整点火正时
              - 否 → 用数据流检查空气流量计或进气压力传感器是否正常
                - 否 → 更换空气流量计或检修电路
                - 是 → 检查节气门位置传感器信号是否正常
                  - 否 → 更换节气门位置传感器或检修电路
                  - 是 → 更换ECU
          - 否 → 检查汽油泵工作是否正常
            - 否 → 更换汽油泵
            - 是 → 检查汽油滤清器是否正常
              - 否 → 更换汽油滤清器
              - 是 → 检查汽油压力调节器是否正常
                - 否 → 更换汽油压力调节器
                - 是 → 检修进油管路

图 4－110　发动机动力不足故障诊断流程

（四）发动机耗油量大

1. 故障现象

发动机耗油明显偏高，有时伴有发动机性能不良和冒黑烟等现象。

2. 故障主要原因及处理方法

电子控制系统引起发动机耗油量大的基本原因多数情况是由于火花塞点火弱、缺火和喷油量不足或过多造成。点火弱与缺火一般由火花塞、高压线、点火器与点火线圈等引起；喷油量不足或过多一般由汽油泵、汽油滤清器、油压调节器、空气流量计（或进气管绝对压力传感器）、发动机冷却液温度传感器和 ECU 等引起。处理的方法一般是清洗或更换相应元

器件。

3. 故障诊断流程

发动机耗油量大故障诊断流程如图 4 - 111 所示。

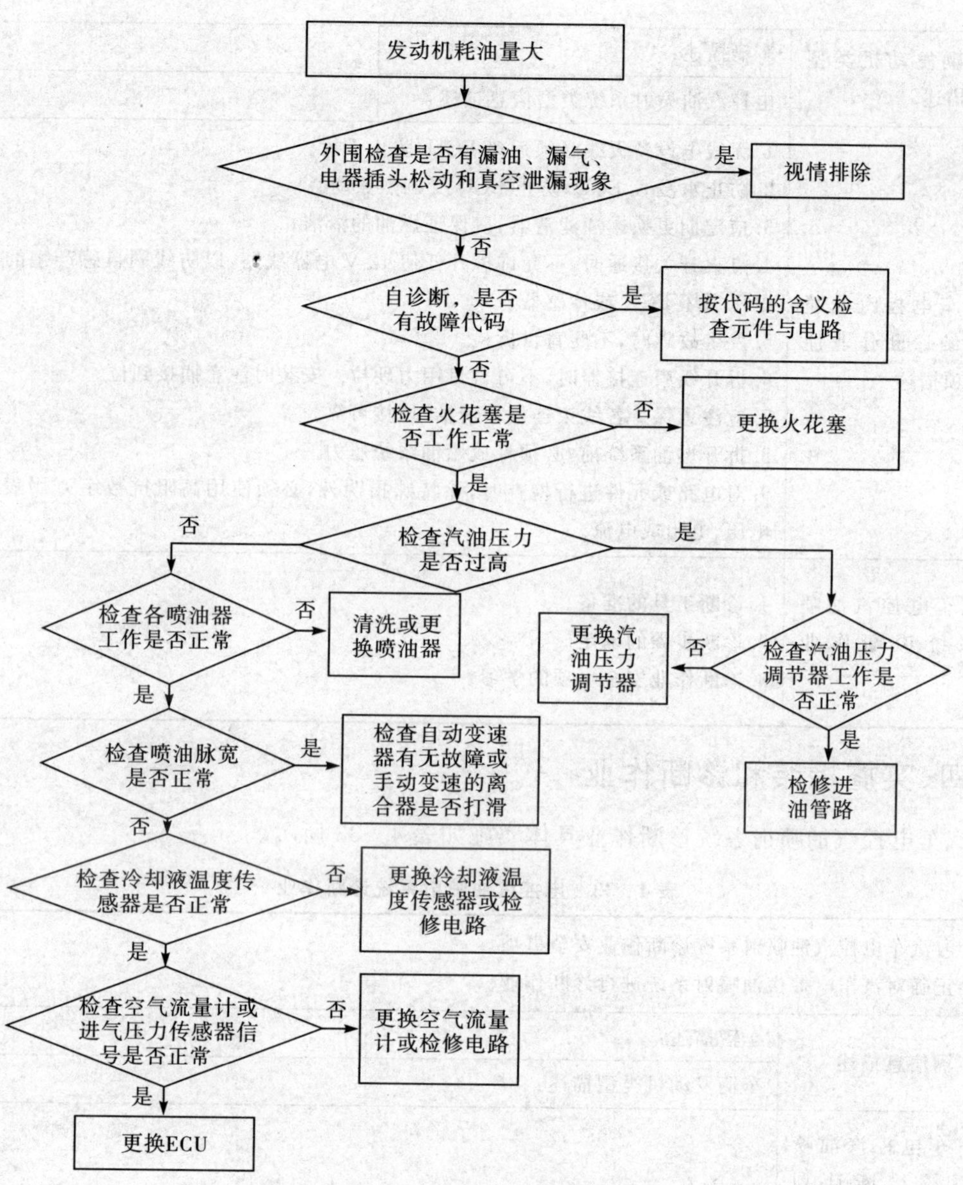

图 4 - 111　发动机耗油量大故障诊断流程

三、制定拆装和诊断计划

制定电控汽油喷射系统诊断计划如表 4 - 32 所示。

表 4－32　电控汽油喷射系统诊断计划

<table>
<tr><td colspan="3">1. 查阅资料，学习电控汽油喷射系统的故障诊断方法。
2. 查阅维修手册，熟悉电控汽油喷射系统诊断作业注意事项，制定汽车电控汽油喷射系统诊断计划。</td></tr>
<tr><td rowspan="2">1. 车辆发动机类型信息描述</td><td>车辆描述：</td><td></td></tr>
<tr><td>电控汽油喷射系统类型信息描述：</td><td></td></tr>
<tr><td>2. 汽车电控汽油喷射系统诊断作业注意事项描述</td><td colspan="2">1. 无线电设备天线必须远离 ECU，防止干扰。
2. 防止水浸入 ECU，防止 ECU 受剧烈振动。
3. 应定期更换燃油滤清器，以保证燃油的清洁。
4. 点火开关接通时，不允许拆开任何 12 V 电器线路，以防线圈自感产生的瞬时电压损坏 ECU 或传感器。
5. 发生故障时，不要盲目拆检。
6. 拆开线束连接器时，不可盲目用力硬拉。安装时注意插接到位。
7. 应注意保持各线束连接器清洁、连接可靠。
8. 拆开燃油系统前，必须释放燃油系统压力。
9. 对电路或元件进行检查时，除特殊指明外，必须使用高阻抗数字万用表检查电压、电阻或电流。</td></tr>
<tr><td>3. 汽车电控汽油喷射系统诊断作业计划</td><td colspan="2">1. 诊断工具的准备。
2. 诊断步骤的确定。
3. 诊断作业安全事项的学习。</td></tr>
</table>

四、实施拆装和诊断作业

汽车电控汽油喷射系统诊断作业具体实施如表 4－33 所示。

表 4－33　电控汽油喷射系统诊断作业

<table>
<tr><td colspan="3">1. 学习汽车电控汽油喷射系统诊断作业安全事项。
2. 会正确对汽车电控汽油喷射系统进行诊断作业。</td></tr>
<tr><td rowspan="2">1. 车辆信息描述</td><td>车辆描述：</td><td></td></tr>
<tr><td>车辆发动机类型描述：</td><td></td></tr>
<tr><td>2. 汽车电控汽油喷射系统诊断计划描述</td><td colspan="2"></td></tr>
<tr><td>3. 汽车电控汽油喷射系统诊断作业安全事项学习</td><td colspan="2">1. 注意人身和机件的安全，不了解的先了解后再动手，特别是注意在车底下工作时的人身安全。
2. 注意防火。
3. 认真接受实习前的安全知识教育。</td></tr>
<tr><td colspan="3">4. 汽车电控汽油喷射系统诊断作业</td></tr>
</table>

续表

检查项目	作业要领	检查记录
工具选用	1. 故障诊断仪。 2. 万用表。 3. 常用拆装工具。	1. 选用的故障诊断仪品牌及型号为： ______ 2. 选用的拆装工具为： ______
诊断步骤	1. 发动机不能起动。 2. 发动机怠速不良。 3. 发动机动力不足。 4. 发动机耗油量大。	1. 发动机不能起动的诊断步骤为： ______ 2. 发动机怠速不良的诊断步骤为： ______ 3. 发动机动力不足的诊断步骤为： ______ 4. 发动机耗油量大的诊断步骤为： ______
故障分析	1. 发动机不能起动。 2. 发动机怠速不良。 3. 发动机动力不足。 4. 发动机耗油量大。	1. 发动机不能起动的故障部位为： ______ 2. 发动机怠速不良的故障部位为： ______ 3. 发动机动力不足的故障部位为： ______ 4. 发动机耗油量大的故障部位为： ______
5. 诊断作业完成后的收获与感想		

五、检验评估

任务六的检验评估如表 4-34 所示。

表 4 - 34　检验评估

评价指标	检验说明	检验记录
诊断项目	1. 诊断工具及设备 2. 电控汽油喷射系统故障诊断	
汽车电控汽油喷射系统诊断过程情况		

评价内容	检验指标	权重	自评	互评	总评
检查任务完成情况	1. 完成任务过程情况	4			
	2. 任务完成质量				
	3. 在小组完成任务过程中所起作用				
专业知识和专业技能	1. 能正确选择和使用工具进行电控汽油喷射系统的诊断	8			
	2. 会读取和消除故障码、分析数据流、检测各传感器				
	3. 掌握电控汽油喷射系统故障诊断与排除方法				
职业素养	1. 学习态度：积极主动参与学习	3			
	2. 团队合作：与小组成员一起分工合作				
	3. 现场管理：服从工位安排，执行实训室管理规定				
综合评价与建议					

项目思考

1. 发动机电控系统由哪几部分组成？各有什么作用？
2. 发动机电子控制单元(ECU)由哪几部分组成？各有什么作用？
3. 简述发动机电控系统的工作过程。
4. 汽油机电控燃油喷射系统有哪几种类型？它们的组成及工作原理如何？
5. 汽油机电控燃油喷射系统一般由几个子系统组成？各子系统由哪些部件组成？
6. 喷油正时有几种类型？各有什么特点？
7. 简述喷油量的控制过程。
8. 简述电动燃油泵的结构与原理，如何检查燃油系统的油压？
9. 简述燃油压力调节器的结构与工作原理。
10. 简述喷油器的结构与工作原理及检修方法。
11. 常用的怠速控制阀有哪些类型？它们是如何工作的？
12. 简述节气门位置传感器的结构与工作原理。

13. 简述进气温度、水温传感器的结构与工作原理，如何检修？
14. 点火提前角有哪些影响因素？
15. 简述爆震传感器的结构与工作原理。
16. 如何检测曲轴位置传感器、爆震传感器等零部件？
17. 简述三元催化转换器的结构与工作原理。
18. 简述氧传感器的结构与工作原理。
19. 简述废气再循环(EGR)系统的结构与工作原理。
20. 简述进气惯性增压控制系统(ACIS)的结构与工作原理。
21. OBD－Ⅱ的特点是什么？

柴油机燃料供给系统检修

项目描述

一辆奥迪 A6 汽车发动机启动困难，起动机和发动机均有正常起动转速，但不着火；有时经过多次长时间的起动才可着火。进厂经检测后需检查发动机燃料供给系统。

如何对柴油机燃料供给系统进行检修？

项目目标

1. 能认识柴油机燃料供给系统的结构。
2. 能正确地选择和使用维修工量具拆检输油泵、喷油器。
3. 能正确地选择和使用维修工量具拆检喷油泵。
4. 能正确地选择和使用维修工具、仪器清洗喷油器。
5. 能进行柴油机燃料供给系统的调整、维护和故障诊断与排除。

任务一　柴油机燃料供给系统认识

任务描述

一辆奥迪 A6 汽车发动机起动困难，起动机和发动机均有正常起动转速，但不着火；有时经过多次长时间的起动才可着火，进厂进行维修。针对维修接待和车间确认意见，需对燃油供给系统进行检修。

任务目标

1. 能理解和掌握燃料供给系统的作用、类型及组成部分。
2. 能正确地描述供油线路。

一、维修接待

按照表 5－1 完成待修车辆的维修接待，并准确填写接车问诊表。

表 5－1　维修接待与接车问诊表

1. 通过询问客户了解发动机发生故障情况，填写接车问诊表。
2. 车间检测初步确认需对燃料供给系统进行检修及更换其主要故障零部件。

接车问诊表

车牌号：________　车架号：________　行驶里程：________(km)

用户名：________　电　话：________　来店时间：________

用户陈述及故障发生时的状况：一辆奥迪 A6 汽车发动机起动困难，起动机和发动机均有正常起动转速，但不着火；有时经过多次长时间的起动才可着火。

故障发生状况提示：行驶速度、发动机状态、发生频度、发生时间、部位、天气、路面状况、声音描述。

接车员检测确认建议：需对发动机燃料供给系统进行综合修理。

车间检测确认结果及主要故障零部件：需对发动机燃料供给系统进行综合修理，必要时更换故障零部件。

车间检查确认者：________

外观确认：(请在有缺陷部位做标识)

功能确认：(工作正常√　不正常×)

□音响系统　□门锁(防盗器)　□全车灯光

□工具　□后视镜　□天窗　□座椅

□点烟器　□玻璃升降器　□玻璃

物品确认：(有√　无×)

F　E

□贵重物品提示

□工具　□备胎　□灭火器

□其他(　　　　)

旧件是否交还用户

□是　□否

用户是否需要洗车

□是　□否

· 检测费说明：本次检测的故障如用户在本店维修，检测费包含在修理费用内；如用户不在本店维修，请支付检测费。本次检测费：￥________元。

· 贵重物品：在将车辆交给我店检查修理前，已提示将车内贵重物品自行收起并保存好，如有遗失恕不负责。

接车员：________　用户确认：________

二、信息收集与处理

按表 5－2 完成任务一的信息收集与处理。

表 5－2　信息收集与处理

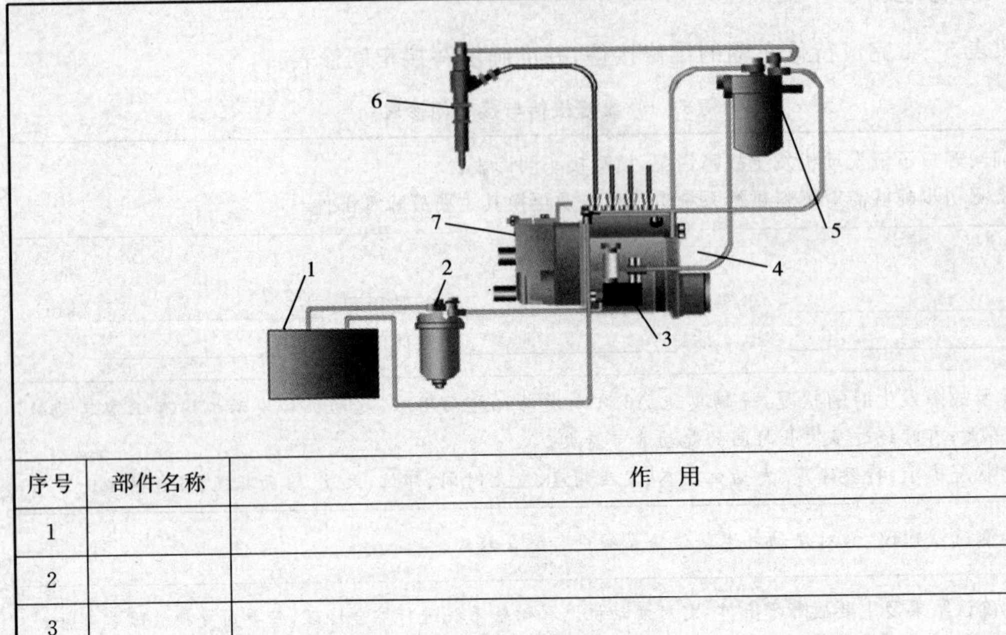

序号	部件名称	作　用
1		
2		
3		
4		
5		
6		
7		

1. 柴油机燃料供给系统的作用：＿＿＿＿＿＿＿＿＿＿＿＿＿＿＿＿＿＿＿＿。
2. 柴油机燃料供给系统的组成：＿＿＿＿＿＿＿＿＿＿＿＿＿＿＿＿＿＿＿＿。

(一)柴油机燃料供给系统的功用与分类

1. 柴油机燃料供给系统的功用

(1) 贮存、过滤和输送燃料，保证汽车最大持续里程。

(2) 根据柴油机的不同工况，以一定的压力及喷油质量将燃油定时、定量地喷入燃烧室，迅速形成良好的混合气并燃烧。

(3) 根据柴油机的负荷变化，调节供油量并稳定柴油机转速。

(4) 将燃烧后的废气从气缸中导出并排入大气中。

2. 柴油机燃料供给系统的分类

如表 5－3 所示。

表 5-3　柴油机燃料供给系统的分类

分类	类　型	说　明	图　示
燃油喷射控制方式	普通柴油机燃料供给系统	由喷油泵、喷油器、调速器、柴油箱、输油泵、油水分离器、柴油滤清器、喷油提前器及高、低压油管等辅助装置等组成。根据发动机负荷的变化，由喷油泵向喷油器提供定时、定量、定压的柴油，油量的调节是由机械式调速器完成的，供油提前角是由机械式提前角调节机构完成的。典型的柴油机如扬柴 YZ485 系列，应用于皮卡、轻中型货车上，满足欧二标准	
	电子控制柴油喷射系统	在高压油泵、压力传感器和电子控制单元(ECU)组成的闭环系统中，将喷射压力的产生和喷射过程彼此完全分开的一种供油方式。它是由高压油泵将高压燃油输送到公共供油管(Rail)，通过公共供油管内的油压实现精确控制，使高压油管压力(Pressure)大小与发动机的转速无关，可以大幅度减小柴油机供油压力随发动机转速变化的程度。例如长城 GW2.8TC－2 共轨柴油机、奥迪 3.0I－V6－TDI 共轨柴油机	

(二)柴油机的燃烧室与可燃混合气的燃烧过程

1. 燃烧室

当活塞到达上止点时，气缸盖和活塞顶组成的密闭空间称为燃烧室。燃烧室的分类如表 5-4 所示。

表 5－4　燃烧室的分类

分类	类　型	说　明	图　示
按结构的不同	分隔式燃烧室	涡流室式燃烧室：它的副燃烧室是球形或圆柱形的涡流室，其容积约占燃烧室总容积的 50%～80%，涡流室有切向通道与主燃烧室相通。在压缩行程中，气缸内的空气被活塞推挤，经过通道进入涡流室，形成强烈的有组织的高速旋转运动（几百转/分），柴油喷入涡流室中，在空气涡流的作用下，形成较浓的混合气。部分混合气在涡流室中着火燃烧，已燃与未燃的混合气高速（经通道）喷入主燃烧室，借助活塞顶部的双涡流凹坑，产生第二次涡流，促使进一步混合和燃烧。 要求：顺气流方向喷射，由于涡流运动促进了混合气的形成与燃烧，可采用较大孔径的轴针式喷油器，喷射压力也较低（12～14 MPa）。 优点：工作柔和，空气利用率较高，喷射压力低。 缺点：热损失大，经济性差，起动困难。	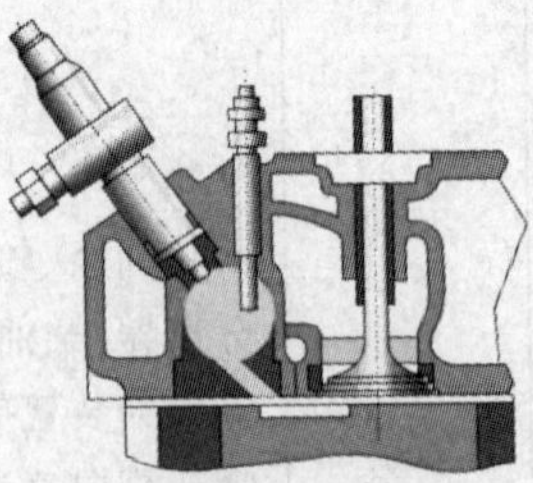 涡流室式燃烧室 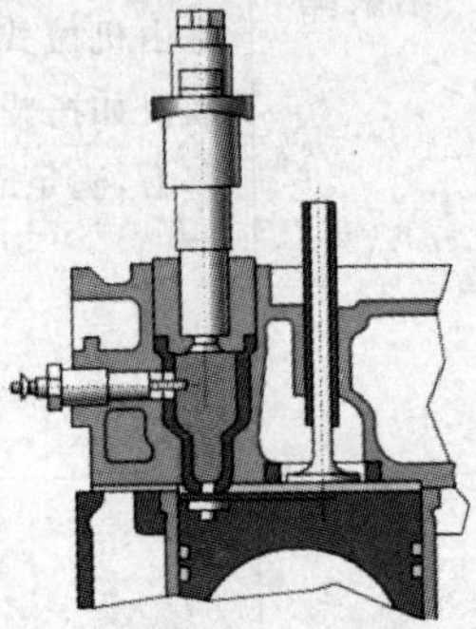 预燃室式燃烧室
	统一式（直喷）燃烧室	缸盖底面是平的，活塞顶部下凹（ω型、浅盆型、球型、U型）。 (1) ω型燃烧室：柴油直接喷射在活塞顶的浅凹坑内，要求喷射压力高，一般为 17～22 MPa，要求雾化质量高，因此采用多孔喷嘴，孔数一般为 6～12 个。 优点：形状简单，结构紧凑，燃烧室与水套接触面积小，散热少，可减少热损失，热效率高，经济性较好。 缺点：工作粗暴，喷射压力高，制造困难，喷孔易堵。 (2) 球型燃烧室：空气由缸盖螺旋形进气道以切线方向进入气缸，绕气缸轴线做高速螺旋转动，并一直延续到压缩行程。喷油器沿气流运动的切线方向喷入柴油，使绝大部分柴油直接喷射在燃烧室壁面上形成油膜。小部分柴油雾珠散布在压缩空气中，并迅速蒸发燃烧，形成火源。油膜一方面受灼热的燃烧室壁面的加温，同时又受已燃柴油的高温辐射，使柴油逐层蒸发，与涡流空气边混合边燃烧。 优点：工作柔和，噪音小。 缺点：起动困难，螺旋形进气道结构复杂，制造困难。	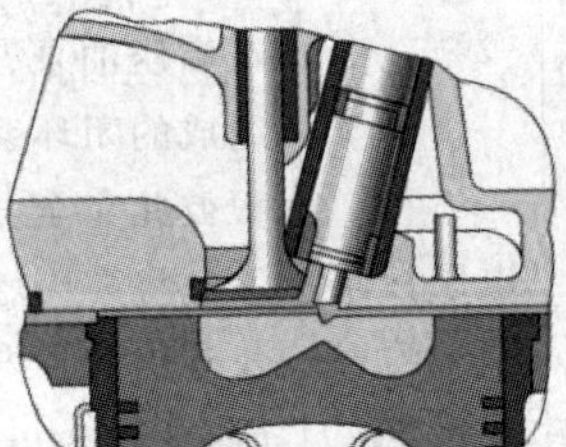 ω型燃烧室 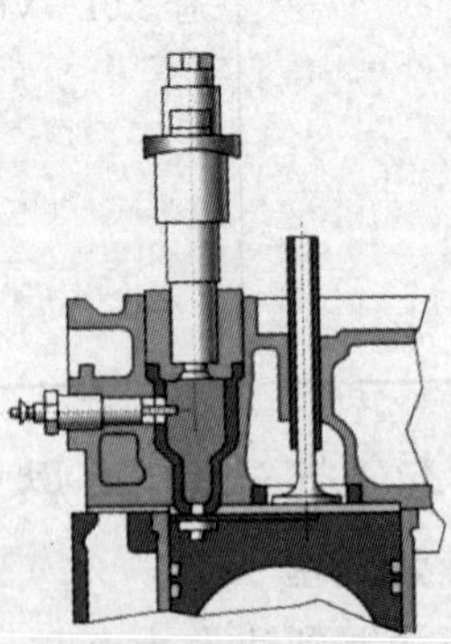 球型燃烧室

2. 可燃混合气的形成与燃烧过程

1) 可燃混合气形成特点

由于柴油的蒸发性和流动性都比汽油差,因此柴油机不能像汽油机那样在气缸外部形成可燃混合气。柴油机的混合气只能在气缸内部形成,即在接近压缩行程终点时,通过喷油器把柴油喷入气缸内。柴油油滴在炽热的空气中受热、蒸发、扩散,并与空气混合形成可燃混合气,最终自行着火燃烧。其主要特点如下:

(1) 柴油黏度大,不易挥发,必须以雾状喷入。

(2) 混合气不均匀,燃烧室内过量空气系数变化很大。

(3) 混合气在燃烧室内形成,所以混合空间小,而且时间短,只占15°~35°曲轴转角。

(4) 可燃混合气的形成和燃烧过程是同时、连续重叠的,即边喷射边混合边燃烧,成分不断变化。

2) 可燃混合气的燃烧过程

可燃混合气的形成与燃烧大体分为下面4个时期(如图5-1所示):

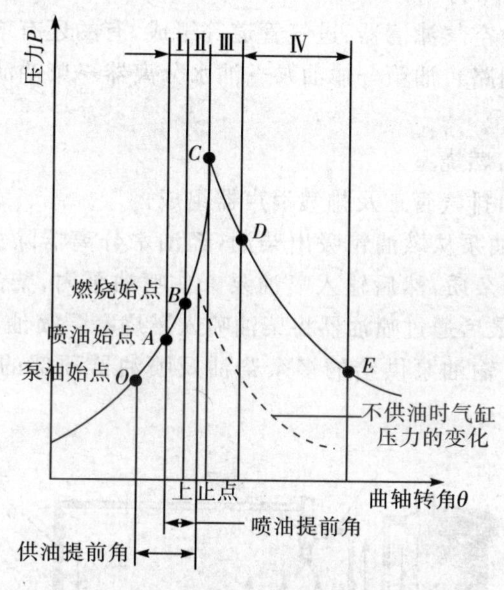

图 5-1 柴油机的燃烧过程

Ⅰ—备燃期;Ⅱ—速燃期;Ⅲ—缓燃期;Ⅳ—后燃期

(1) 备燃期:从喷油开始→开始着火燃烧为止

喷入气缸中的雾状柴油并不能马上着火燃烧,气缸中的气体温度,虽然已高于柴油的自燃点,但柴油的温度不能马上升高到自燃点,要经过一段物理和化学的准备过程。也就是说,柴油在高温空气的影响下,吸收热量,温度升高,逐层蒸发而形成油气,向四周扩散并与空气均匀混合(物理变化)。随着柴油温度升高,少量的柴油分子首先分解,并与空气中的氧分子进行化学反应,具备着火条件而着火,形成火源中心,为燃烧做好准备。这一时期很短,一般仅为0.0007~0.003 s。

(2) 速燃期:从燃烧开始→气缸内出现最高压力时为止

火源中心已经形成,已准备好了的混合气迅速燃烧。在这一阶段由于喷入的柴油几乎同时着火燃烧,而且是在活塞接近上止点、气缸工作容积很小的情况下进行燃烧的,因此气

缸内的压力 P 迅速增加，温度升高很快。

(3) 缓燃期：从出现最高压力时开始→出现最高温度时为止

这一阶段喷油器继续喷油，由于燃烧室内的温度和压力都很高，柴油的物理和化学准备时间很短，几乎是边喷射边燃烧。但因为气缸中氧气减少，废气增多，燃烧速度逐渐减慢，气缸容积增大。所以气缸内压力略有下降，温度达到最高值，通常喷油器已结束喷油。

(4) 后燃期：缓燃期以后的燃烧

这一时期虽然不喷油，但仍有少部分柴油没有燃烧完，随着活塞下行继续燃烧。后燃期没有明显的界限，有时甚至延长到排气冲程还在燃烧。后燃期放出的热量不能充分利用来做功，很大一部分热量将通过缸壁散至冷却水中，或随废气排出，使发动机过热，排气温度升高，造成发动机动力性下降，经济性下降。因此，要尽可能地缩短后燃期。

(三)普通柴油机燃料供给系统的组成和主要零部件的结构

1. 普通柴油机燃料供给系统的油路与组成

如图 5-2 所示，柴油机燃料供给系统由空气供给装置、燃油供给装置、混合气形成装置、废气排出装置四部分组成。

(1) 空气供给装置：由空气滤清器、进气管道等组成，有的还有增压器。

(2) 燃油供给装置(油路)：油箱→输油泵→油水分离器→柴油滤清器→喷油泵(调速器)→喷油器。

(3) 混合气形成装置：燃烧室。

(4) 废气排出装置：由排气管道及排气消声器组成。

当柴油机工作时，输油泵从燃油箱吸出柴油，经油水分离器除去柴油中的水分，再经柴油滤清器滤除去柴油中的杂质，然后输入喷油泵。在喷油泵内，柴油经过增压和计量之后，经高压油管供入喷油器，最后通过喷油器将柴油喷入燃烧室。喷油泵前端装有喷油提前器，后端与调速器组成一体。输油泵供给的多余柴油及喷油器顶部的回油均经回油管返回燃油箱。

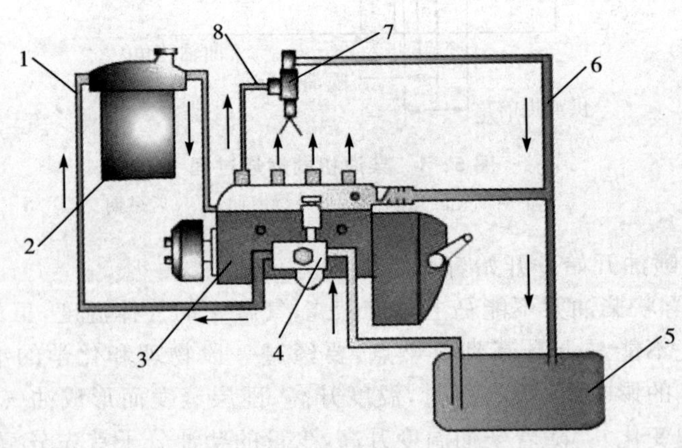

图 5-2　柴油机燃料供给系统

1—低压油管；2—柴油滤清器；3—喷油泵；4—输油泵；5—柴油箱；6—回油管；7—喷油器；8—高压油管

2. 输油泵

1）作用

如图 5－3 所示的位置为输油泵，输油泵的作用是使柴油产生一定的压力，用以克服滤清器及管路的阻力，并以足够的数量（一般为全负荷最大喷油量的 3～4 倍）向喷油泵输送柴油。

图 5－3　输油泵的位置

2）工作原理

如图 5－4 所示为输油泵的结构图。

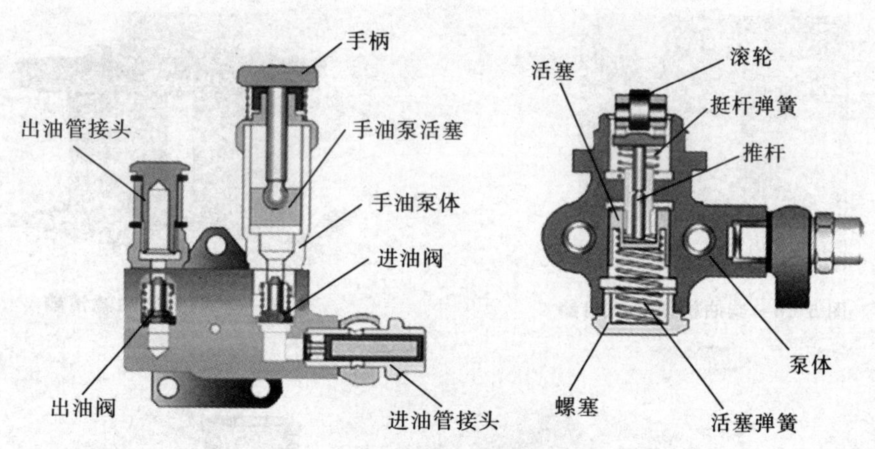

图 5－4　输油泵结构图

如图 5－5 所示为其工作过程示意图。工作过程可描述为：

喷油泵凸轮轴转动时→轴上的偏心轮与活塞弹簧配合→活塞做往复运动。

当偏心轮的凸起部将滚轮、顶杆和活塞推动下移时→进油阀关闭、出油阀开启→柴油自内室经出油阀流入外室。

当偏心轮越过最大升程后→活塞被弹簧推动上移→进油阀开启，柴油被吸入内室。与此同时，活塞上方的外室容积减小，油压增高，出油阀关闭→外室中的柴油被压出→经输油泵出油口流往柴油滤清器。

当输油泵的供油量大于喷油泵的需要量，或柴油滤清器阻力过大时，油路和输油泵外室的油压升高。若此油压与弹簧的压力平衡，则活塞停在某一位置，不能回到下止点，即活塞的有效行程减小，从而减少了输油量，并限制油压的进一步提高，实现了输油量和供油压力的自动调节。

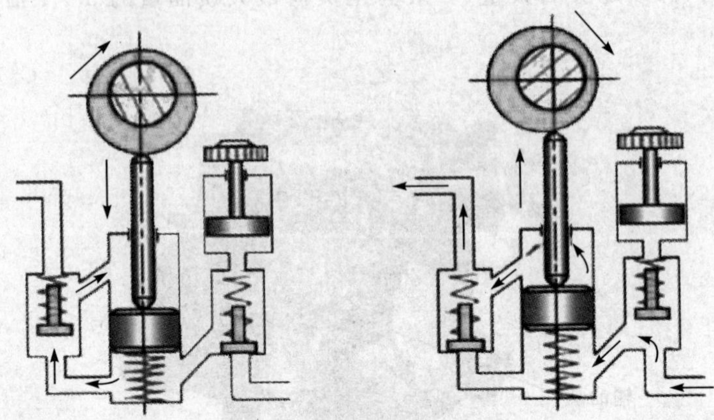

图 5－5　输油泵工作示意图

3. 柴油滤清器

柴油的滤清一般都是过滤式的，与汽油的滤清相似。柴油过滤器有单级滤清(图 5－6)，还有两级滤清(图 5－7)。两级式的有粗滤器和细滤器之分。如图 5－8 所示的滤芯的材料有纸质、毛毡、金属丝及绸布等，其中以纸质滤芯应用最广。

图 5－6　柴油机单级滤清器

图 5－7　两级柴油滤清器

图 5－8　柴油滤清器的滤芯

4. 喷油泵

1）功用

(1) 提高油压(定压)：将喷油压力提高到 10～20 MPa。

(2) 控制喷油时间(定时)：按规定的时间喷油和停止喷油。

(3) 控制喷油量(定量)：根据柴油机的工作情况，改变喷油量，以调节柴油机的转速和功率。

2）喷油泵的分类

喷油泵的分类如表 5 - 5 所示。

表 5 - 5　喷油泵的分类

类型	特　点	图　示
柱塞式喷油泵	(1) 性能良好，工作可靠，应用广泛。 (2) 依靠直列式柱塞的上下往复运动将低压油转变成高压油，柱塞数目与发动机缸数相同。 (3) 喷油泵安装在发动机机体一侧，由柴油机曲轴通过齿轮驱动，齿轮轴和喷油泵的凸轮轴用联轴节连接，调速器装在喷油泵的后端。	
转子式喷油泵	(1) 零件少、体积小、重量轻、故障少。 (2) 精密偶件加工精度高，依靠一套柱塞做往复旋转运动将低压油转变成高压油，供油均匀性好。 (3) 在轿车、轻中型货车上应用。	

5. 柱塞式喷油泵的结构

柱塞式喷油泵由泵体、分泵、油量调节机构、传动机构组成，如图 5 - 9 所示。

图 5 - 9　直列柱塞式喷油泵的结构

1) 泵体

泵体分为上体和下体两部分，由铝合金或灰铸铁铸成。分泵、油量调节机构及传动部分都装在泵体上。上体上有纵向油道，即低压油腔。在下体内加入柴油机机油，以保证传动机构的润滑。

2) 分泵

如图 5－10 所示，分泵由柱塞副(柱塞、柱塞套筒)、回位弹簧、弹簧座、出油阀、出油阀座、出油阀弹簧、出油阀压紧螺帽等零件组成。

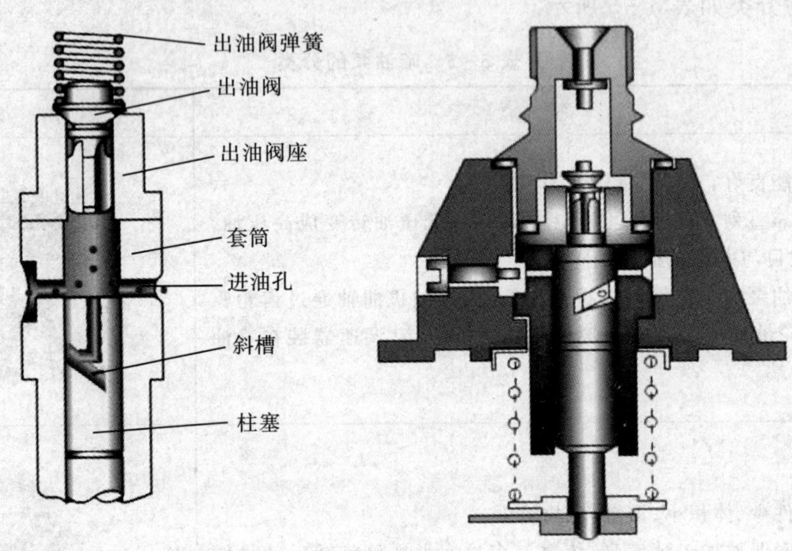

图 5－10　分泵的组成

(1) 柱塞副

柱塞副的结构如图 5－11 所示。

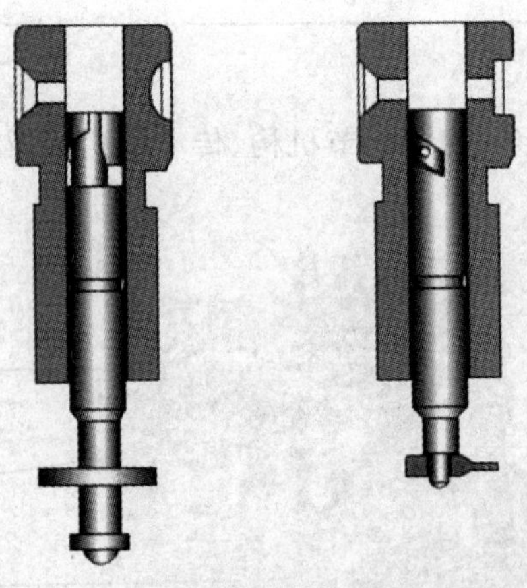

图 5－11　常用柱塞副

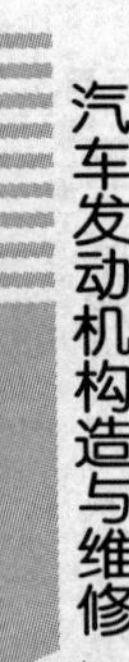

柱塞为一光滑的圆柱体，在其上部铣有斜槽，斜槽中钻有径向孔与柱塞的轴向孔相通，使槽和柱塞上端的泵油室相通。柱塞的下部置有安装弹簧座的圆柱体和十字凸块(或压入调节臂)，以便使柱塞能往复运动，调节供油量。

柱塞套筒为光滑的圆柱形长孔，套筒上部开有一个进油和回油用的小孔，或开有两个径向孔，两孔中一孔进油一孔回油，它们与壳体上的低压进油室相通。

柱塞套筒装在壳体座孔内，并用定位螺钉和定位孔来固定，以防止柱塞套筒转动。

柱塞和柱塞套筒是一对精密的偶件，不能互换。柱塞副用耐磨性高的优质合金钢(轴承钢)制成，并进行热处理和时效处理。

工作过程如图 5－12 所示：

① 进油：当柱塞自上止点下移时，内腔容积增大，低压油自径向孔流入高压油腔。如图 5－12(a)所示。

② 压油：当柱塞自下止点上移时，到柱塞上部的圆柱面将两个径向油孔完全封闭，柱塞继续上升→柱塞上部泵腔的燃油压力立即增高→克服出油阀弹簧的弹力→出油阀开始上升。如图 5－12(b)所示。

③ 柱塞继续上移到图 5－12(c)所示位置→斜槽同油孔接通→泵腔内的燃油流向低压油腔→泵腔内油压剧降→出油阀立即回位→喷油泵供油停止→柱塞继续上行至上止点但不再泵油。

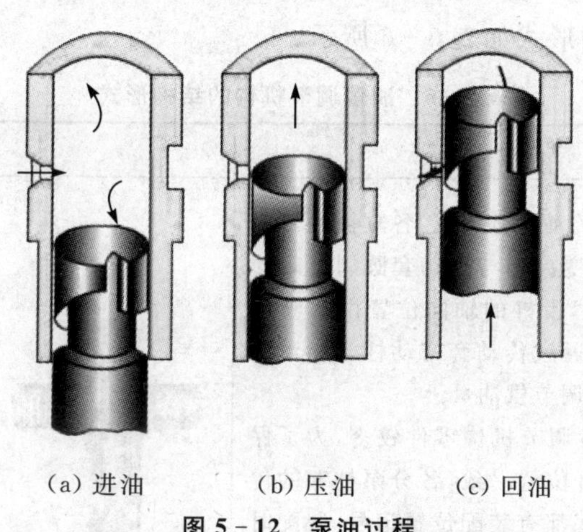

(a) 进油　　(b) 压油　　(c) 回油

图 5－12　泵油过程

(2) 出油阀

出油阀能够防止喷油前滴油，提高喷射速度；防止喷油后滴油，提高关闭速度；防止燃油倒流，使高压油管内保持一定的残余压力。

出油阀和阀座是精密偶件，采用优质合金钢制造，其导孔、上下端面及底座经过精密的加工和研磨，配对以后不能互换。如图 5－13 所示。

出油阀的圆锥部是阀的轴向密封锥面，阀的锥部通过在导孔中滑动起导向作用。尾部加工有切槽，形成十字形断面，以便使燃油通过。出油阀中部的圆柱面叫减压带，它与密封锥面间形成了一个减压容积。

阀座的下端面和柱塞套筒的上端面经过精密加工严密贴合，它是通过压紧螺帽以规定的扭紧力矩来压紧的。压紧螺帽与阀座之间有一定厚度的铜制高压密封垫圈。出油阀压紧螺帽和壳体上端面间还有低压密封垫圈。

在出油阀压紧螺帽内腔装有带槽的减容器，以减小内腔空间的容积，促进喷停迅速，限制出油阀的最大升程。

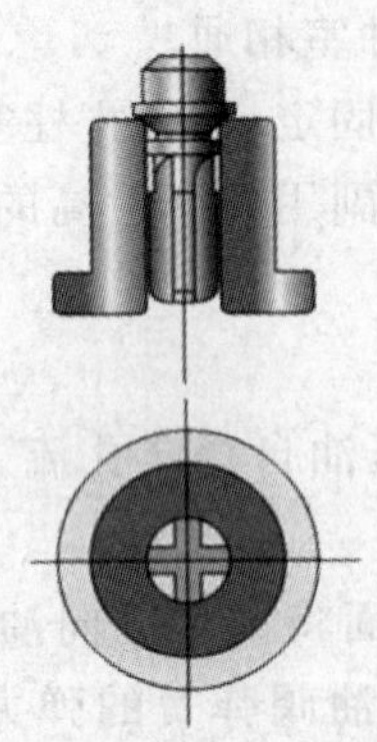

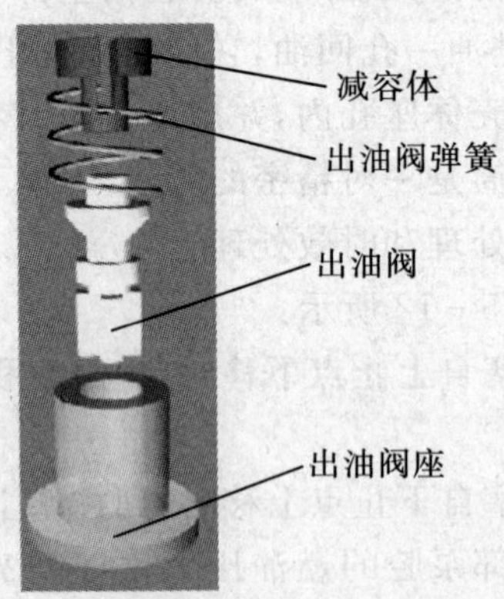

图 5-13　出油阀

3) 油量调节机构

油量调节机构的作用是根据柴油机的转速和负荷变化相应地转动柱塞,改变供油有效行程,保证各缸供油量均匀一致。

油量调节机构的结构形式如表 5-6 所示。

表 5-6　油量调节机构的结构形式

类型	特　点	图　示
齿杆式油量调节机构	(1) 由齿杆、齿扇和传动套等组成,各缸供油均匀性的调整,是通过改变齿扇与传动套圆周方向的相对位置来实现的。齿杆的轴向位置由驾驶员或调速器控制,齿扇通过传动套带动柱塞相对于柱塞套筒转动,便可调节供油量。 (2) 由于齿杆式油量调节机构零件较多,为了保证各分泵柱塞和齿杆位置一致,各分泵柱塞的传动套、齿扇、齿杆柱塞都有装配位置记号,装配时记号对齐。	
拨叉式油量调节机构	通过改变拨叉在供油拉杆上的位置对各缸供油量进行调整。传递的方式依次为:拉杆移动→拨叉移动→调节臂转动→柱塞转动。	

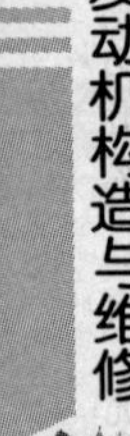

4) 分泵驱动机构

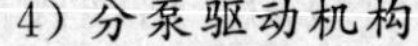

(1) 作用

推动柱塞往复运动,完成进油、压油、回油过程,保证供油正时。

(2) 组成

如图 5－14 所示，分泵驱动机构由凸轮轴、滚轮体组成。

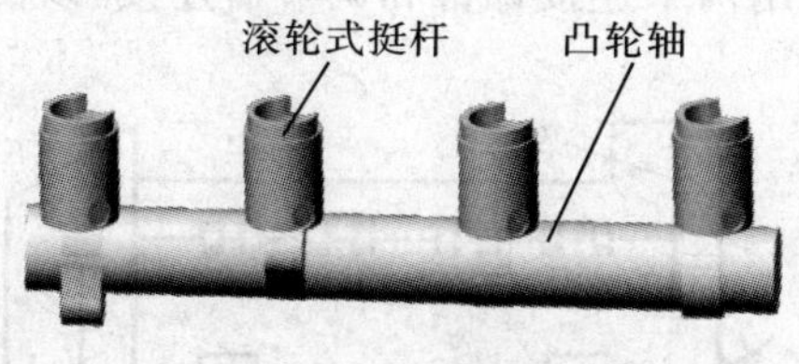

图 5－14　柱塞泵的驱动机构

凸轮轴传送推力使柱塞运动，产生高压油；同时保证各分泵按柴油机的工作顺序和一定的规律供油。

凸轮轴上的凸轮数目与缸数相同，排列顺序与柴油机的工作顺序相同。四冲程柴油机曲轴转两周，喷油泵的凸轮轴转一周，各分泵都供一次油。曲轴与凸轮轴之间多加入中间传动齿轮，喷油泵凸轮轴的旋转方向与曲轴相同。相邻工作的两缸凸轮间的夹角叫供油间隔角，角度的大小同配气机构凸轮轴同名凸轮的排列，四缸柴油机为 90°，六缸柴油机为 60°。凸轮轴的构造如图 5－15 所示。

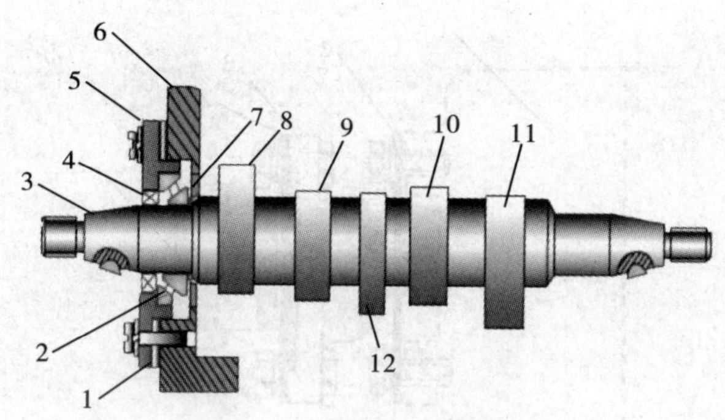

图 5－15　凸轮轴的构造

1—密封调整垫；2—锥形滚柱轴承；3—连接锥面；4—油封；5—前端盖；
6—壳体；7—调整垫；8、9、10、11—凸轮；12—输油泵偏心轮

6. 喷油泵的驱动与供油正时

1）喷油泵的驱动

喷油泵是由柴油机曲轴前端的正时齿轮通过一组齿轮来驱动的，如图 5－16 所示。喷油泵驱动齿轮和中间齿轮上都刻有正时记号。

有的喷油泵直接利用其前端壳体上的凸缘盘固定在驱动齿轮后面的箱体上，固定螺栓处是弧形槽连接，可利用壳体相对于凸轮轴的转动来调节供油提前角的大小。

2）联轴器

(1) 作用

补偿喷油泵安装时凸轮轴和驱动轴的同轴度偏差；用少量的角位移调节供油提前角，以获得最佳的喷油提前角。

(2) 构造

传统的联轴器多采用胶木盘交叉连接，现已被挠性片式联轴器所代替，如图 5－17 所示。其挠性作用是通过两组圆形弹性钢片来实现的，靠其挠性可使驱动轴与凸轮轴在少量

同轴度偏差的情况下无声传动。两组圆形弹性钢片有所不同，钢片的内孔与主动连接叉紧固连接，外孔是两个弧形孔，用两个连接螺钉和调节器连接，以便调节供油提前角的大小。

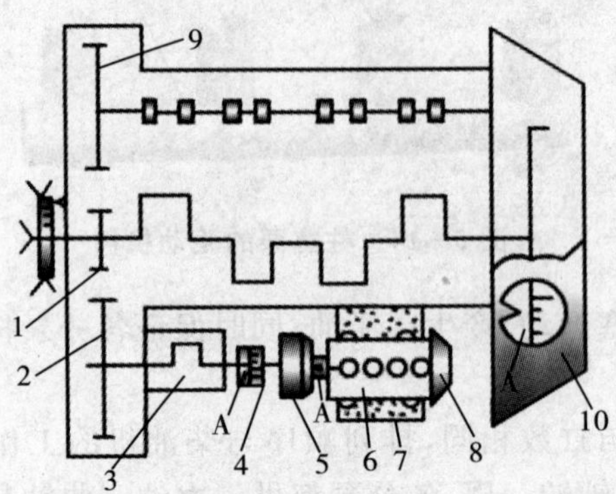

图 5-16　喷油泵的驱动与供油正时

1—曲轴正时齿轮；2—喷油泵驱动齿轮；3—空气压缩机曲轴；4—联轴器；5—供油提前角自动调节器；6—喷油泵；7—托板；8—调速器；9—配气机构驱动齿轮；10—飞轮上的喷油正时标记；A—各处标记位置

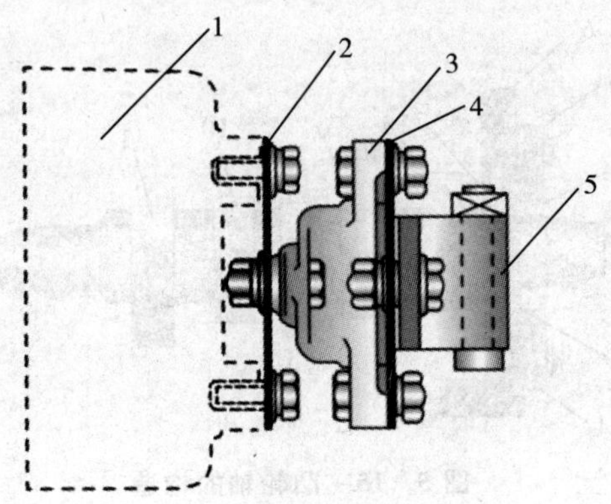

图 5-17　挠性片式联轴器

1—供油提前角自动调节器；2、4—弹簧钢片；3—连接叉；5—喷油泵凸轮轴

3）供油提前角调节装置

（1）供油提前角调节的必要性

供油提前角过大时，燃油是在气缸内空气温度较低的情况下喷入，混合气形成条件差，燃烧前集油过多，会引起柴油机工作粗暴、怠速不稳和起动困难；供油提前角过小时，将使燃料产生过后燃烧，燃烧的最高温度和压力下降，燃烧不完全和功率下降，甚至排气冒黑烟，柴油机过热，导致动力性和经济性降低。

最佳的供油提前角不是一个常数，而应随柴油机负荷（供油量）和转速变化，即随转速的增大而加大。

车用柴油机根据其常用的某个供油量和转速范围来确定一个供油提前初始角，其初始角的获得，可通过联轴器或转动喷油泵的壳体来进行微量的变化。因柴油机转速变化范围较大，还必须使供油提前角在初始角的基础上随转速而变化，因此车用柴油机多装有供油提前角自动调节器。

（2）供油提前角自动调节器的构造和工作原理

如图 5－18 所示，它装于喷油泵凸轮轴的前端，用联轴器来驱动，由主动件、从动件和离心件三部分组成。

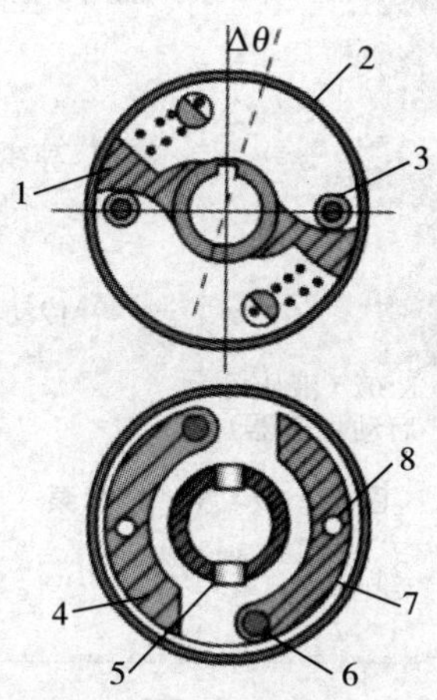

图 5－18　供油提前角自动调节器的工作原理图

1—从动盘两臂；2—从动盘；3—滚轮；4—飞块；5—凸块；6—弹簧座；7—主动盘；8—飞块销钉

当柴油机转速达设定值时，两个飞块在离心力的作用下绕其轴销向外甩开，滚轮迫使从动盘带动凸轮轴沿旋转方向转动一个角度 $\Delta\theta$，直到弹簧的张力与飞块的离心力平衡为止，这时主动盘又与从动盘同步旋转。此时，供油提前角等于初始角加上 $\Delta\theta$。

当柴油机转速再升高时，飞块进一步张开，从动盘相对于主动盘又沿旋转方向向前转动一个角度，这样，随转速的升高，提前角不断增大，直到达到最大转速。

当柴油机转速降低时，飞块收拢，从动盘便在弹簧力的作用下相对于主动盘后退一个角度，供油提前角便相应减小。

7. 分配泵的结构

分配泵按其结构形式可分为转子式分配泵和单柱塞式分配泵（VE 泵）。与直列式柱塞喷油泵相比，VE 型分配泵具有许多优点：体积小，零件少，质量轻，故障少，容易维修；精密偶件加工精度高，供油均匀性好；高速适应性好，直列式柱塞喷油泵最高转速为 2000 r/min，而 VE 分配泵可达到 3000 r/min；VE 分配泵在柴油机上的安装位置灵活，水平、垂直安装均可。

VE 分配泵将低压燃油转变成高压燃油供给各缸的喷油器，根据柴油机的工作顺序和不同的工况控制喷油量和喷油正时。VE 分配泵由四部分构成，如图 5－19 所示，即吸油部分、传动和泵油部分、喷油正时控制部分、喷油量控制部分。

工作过程如图 5－20 所示：打开点火开关使燃油切断电磁阀通电开启，这样泵体和柱塞之间的燃油通道畅通；当输油泵旋转时，燃油从燃油箱中被抽吸上来，通过水沉淀器及燃油滤清器在调节阀调定的压力下进入泵体。

如图示柱塞向左移动时，从泵体中将燃油吸入压力室，并且燃油在柱塞向右移动时被压缩并分配到各个出油阀。燃油通过出油阀后，再通过高压油管进入喷油嘴，并被喷入气缸。

同时，喷油泵的内部是靠燃油来润滑和冷却的。一部分燃油从溢流螺丝回到燃油箱，来控制泵体燃油温度的上升。

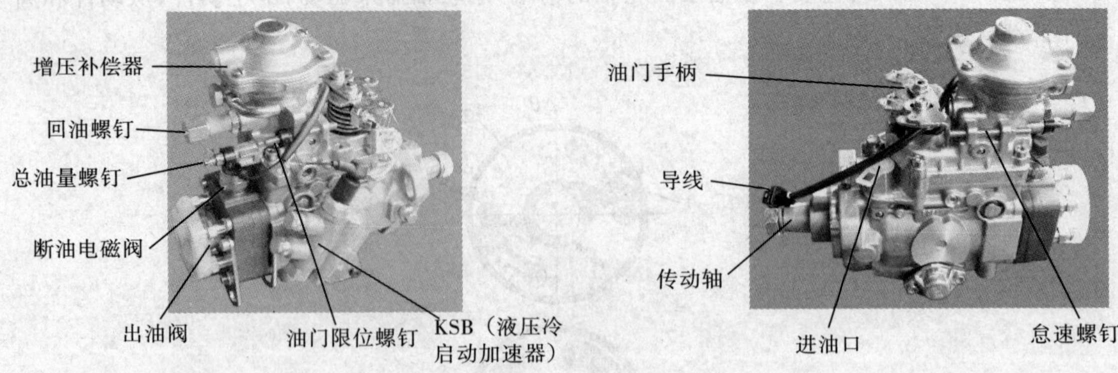

图 5－19　VE 分配泵

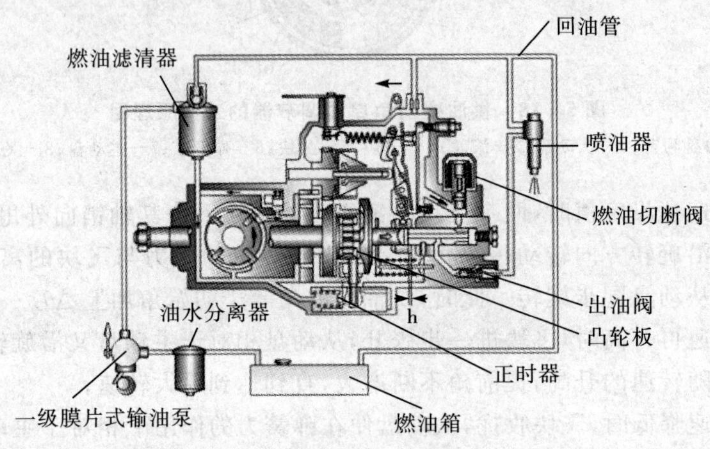

图 5－20　VE 分配泵油路

1）吸油部分

吸油部分如图 5－21 所示，由输油泵和调节阀组成。

叶轮式输油泵由 4 个叶片、1 个转子组成。转子由驱动轴驱动，叶片在离心力的作用下贴着压力室内表面。由于转子中心与压力室中心有偏心，叶片之间的燃油被压缩后送入泵内。

调节阀依照输油泵转速来调节输油泵流出的压力，从而操作正时器对燃油喷射正时进行控制。

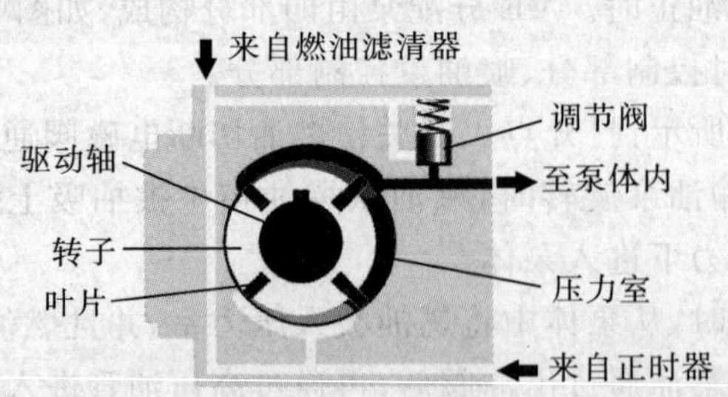

图 5－21　VE 分配泵的输油泵

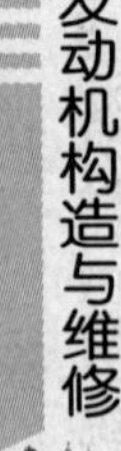

2）传动和泵油部分

其组成如图 5－22 所示。

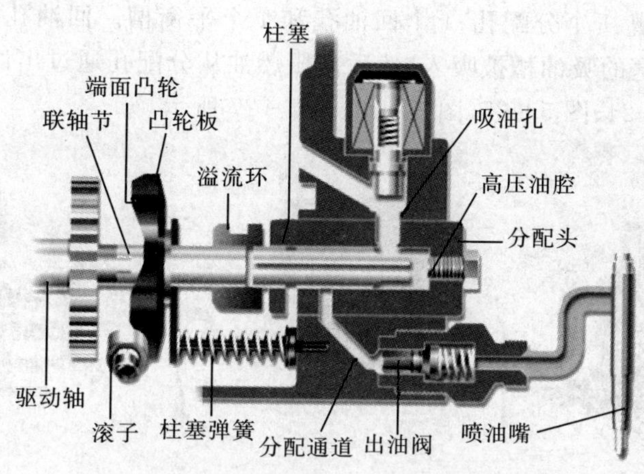

图 5－22　VE 分配泵的传动与泵油部分结构

输油泵、凸轮板和柱塞由驱动轴驱动并且以发动机曲轴一半的转速旋转。

两个柱塞弹簧将柱塞及凸轮板顶在滚子上。

如图 5－23 所示，凸轮板的板面有与气缸相同数量的端面凸轮（4 缸发动机有 4 个端面凸轮）。凸轮板依靠固定的滚子推动柱塞向内或向外旋转。因此，柱塞随着端面凸轮的运动而运动，并且柱塞的往复运动与端面凸轮的旋转同步。端面凸轮旋转一圈，柱塞就完成 4 次完整的往复运动。

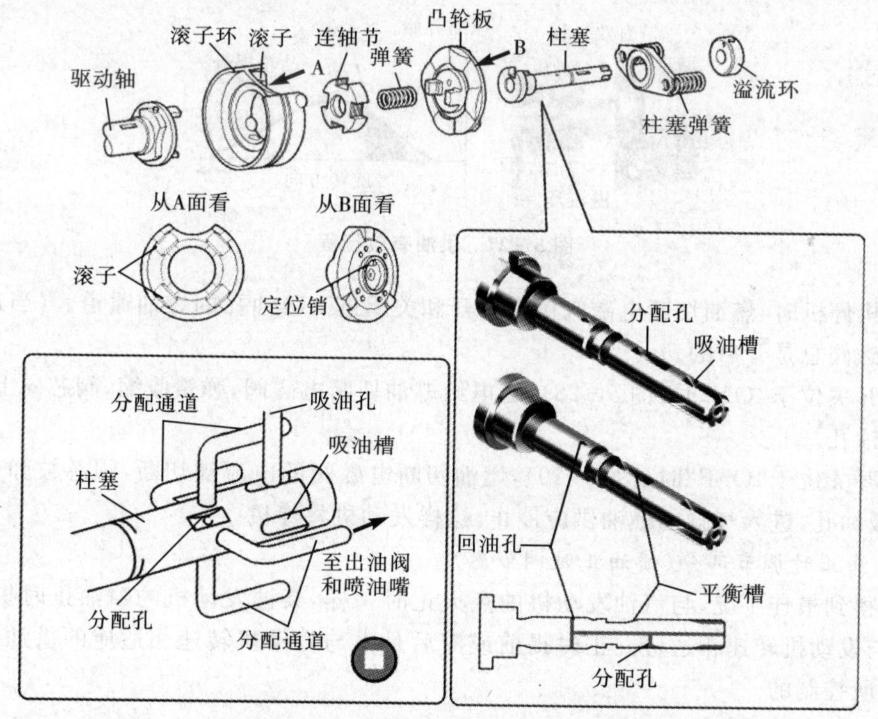

图 5－23　VE 分配泵的传动部分与柱塞

每 1/4 圈喷射一次燃油进入气缸，同时柱塞完成一次往复运动（相对于 4 缸发动机而言）。

柱塞有 4 个吸油槽、1 个分配孔、1 个回油孔和 1 个平衡槽。回油孔和分配孔与柱塞中心孔相通。燃油从柱塞的吸油槽被吸入，然后高压燃油从分配孔通过出油阀进入喷油嘴。

工作过程如图 5－24、图 5－25、图 5－26、图 5－27 所示。

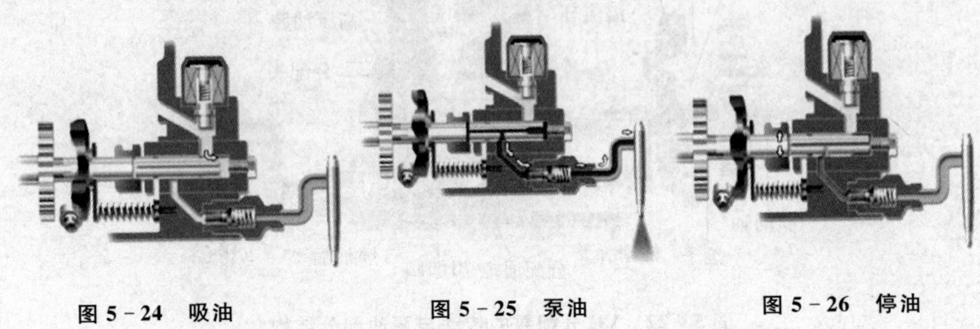

图 5－24　吸油　　图 5－25　泵油　　图 5－26　停油

减少

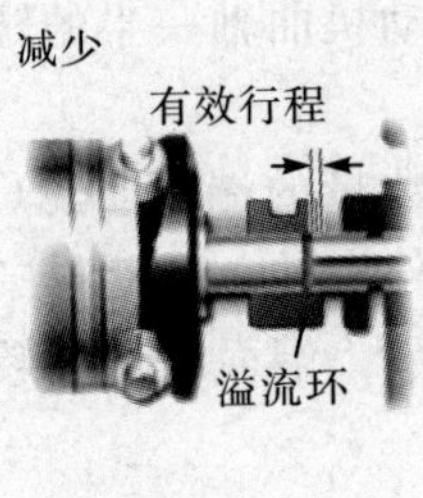

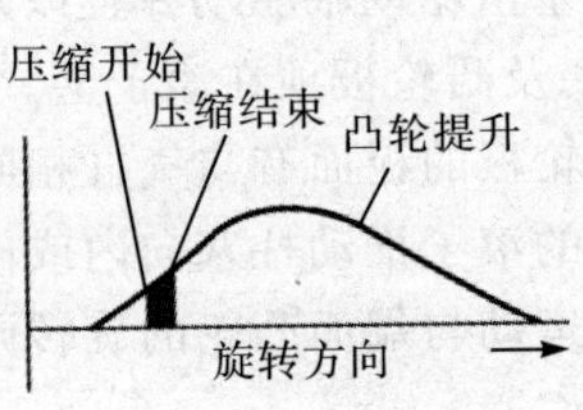

增加

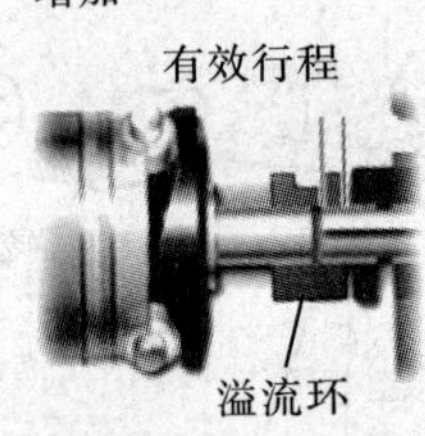

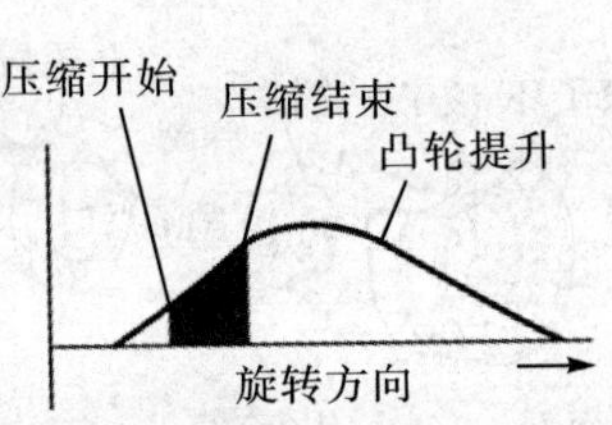

图 5－27　供油有效行程

发动机停机时，燃油切断电磁阀用来打开和关闭进入吸油孔的燃油通道。（当通电时燃油切断电磁阀总是开启的。）

点火开关位于“ON”时（图 5－28），通电给燃油切断电磁阀，弹簧收缩，阀芯向上运动，燃油进入吸油孔。

点火开关位于“OFF”时（图 5－29），燃油切断电磁阀的电流被切断，阀芯被弹簧向下推出，关闭吸油孔，进入气缸的燃油供应停止，这样发动机将停机。

3）喷油正时调节部分（喷油正时调节器）

为了得到最佳工况，与汽油发动机的点火正时一样，柴油发动机的喷油正时提前（或滞后）必须与发动机转速相适应。正时提前或滞后是由与发动机转速相适应的供油提前角自动调整器所控制的。

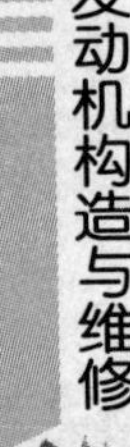

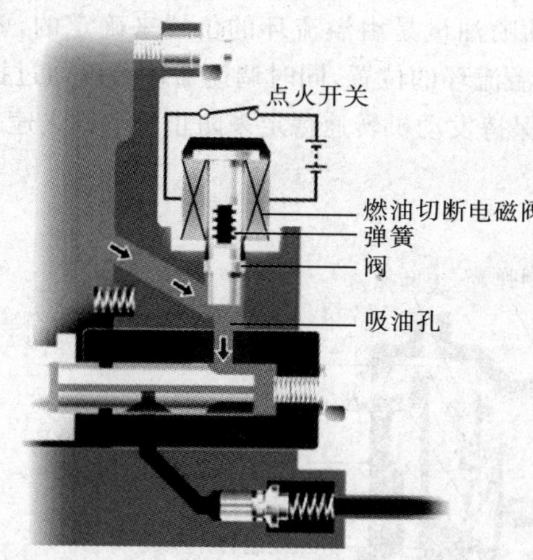

图 5－28　燃油切断电磁阀通电

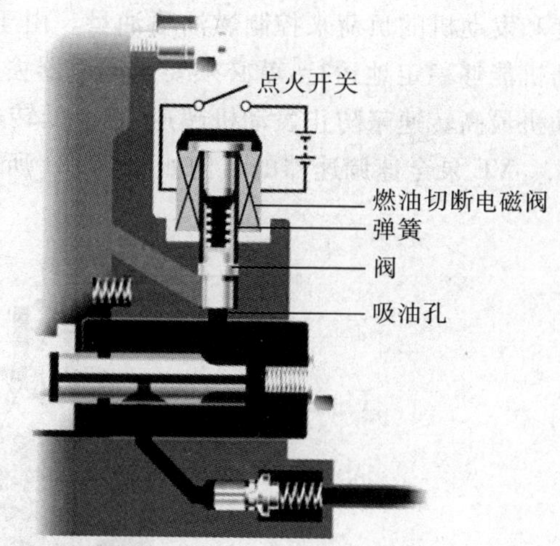

图 5－29　燃油切断电磁阀断电

如图 5－30 所示，喷油正时是通过改变与端面凸轮接触的滚子的位置来控制的。当喷油泵不工作时，滚子在最大滞后点上。当喷油泵旋转和转速增加时，正时器活塞克服正时器弹簧的张力向左移动，泵体内的燃油压力也开始上升，并且与正时器活塞相连的滑销可以把正时器活塞的横向运动转化成滚子环的旋转运动。当滚子环的旋转方向与驱动轴的转向相反时，喷油正时提前。当滚子环的旋转方向与驱动轴的转向相同时，喷油正时滞后。

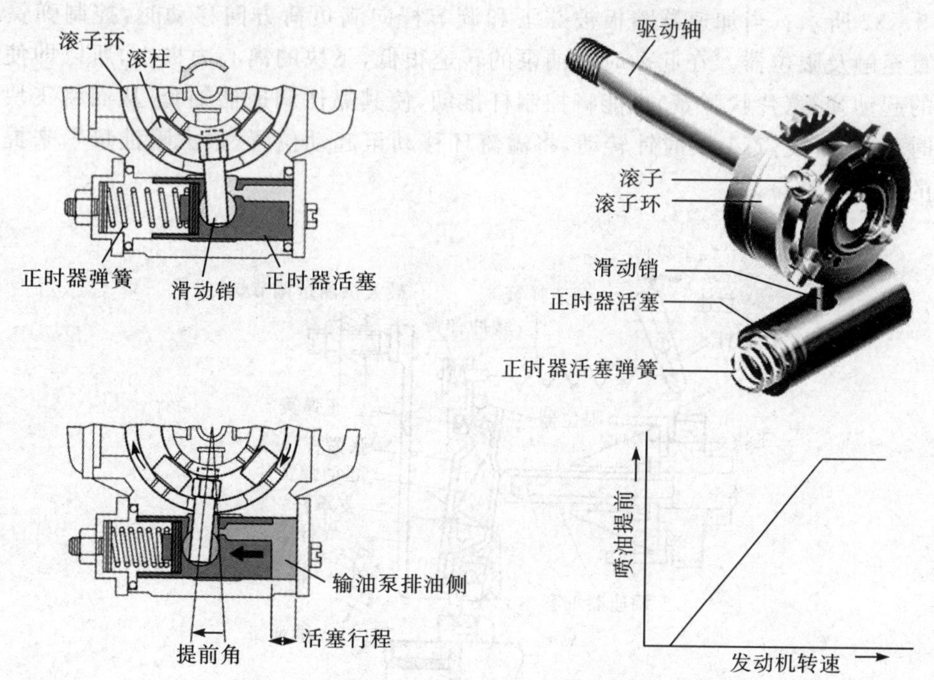

图 5－30　喷油正时调节器

4）喷油量控制部分

柴油发动机的输出功率是由燃油喷油量所控制的，同时也需要依据加速器踏板踩下的程度和发动机的负荷来控制燃油喷油量。由于燃油喷油量是由溢流环的位置来确定的，要使发动机能够稳定地运行，就必须要用调速器去控制溢流环的位置，同时调速器还可以通过控制发动机最高转速来防止发动机超速，和在低转速时保持发动机转速稳定来防止发动机失速。

VE泵全速调速器的结构如图5－31所示。

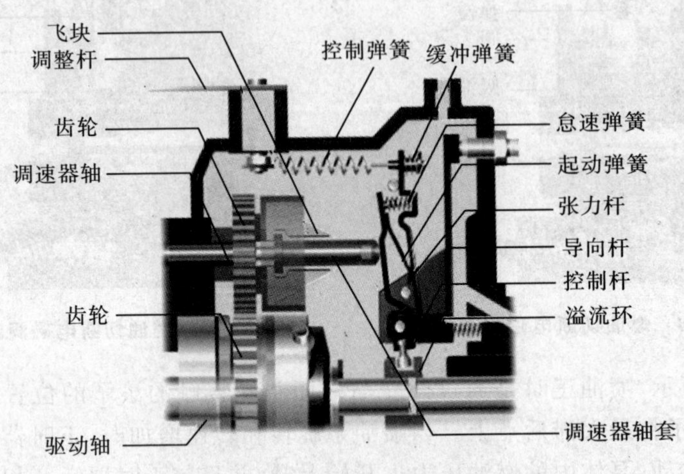

图5－31 VE泵全速调速器

工作过程如下：

（1）起动

如图5－32所示。当加速器踏板被踩下和调节杆向满负荷方向移动时，控制弹簧将拉动张力杆直至触及限位器。在起动时喷油泵的转速很低，飞块的离心力极小，所以即使具有少量张力的起动弹簧（片状弹簧）也能将控制杆推动，使其靠住调速器轴套，从而将飞块完全闭合。此时，控制杆支点A反时针转动，将溢流环移动至起动位置（最大喷油量），来提供起动时所需的燃油喷油量。

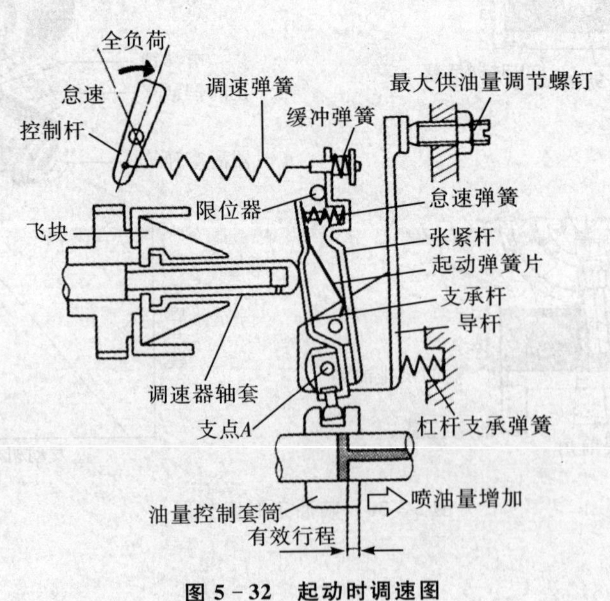

图5－32 起动时调速图

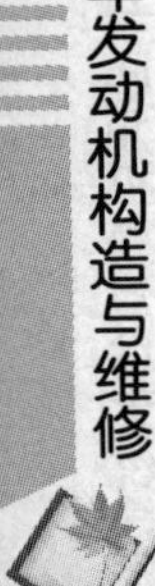

（2）怠速

如图 5－33 所示。发动机已起动，且加速器踏板释放后，调节杆回至怠速位置。由于此时控制弹簧的张力实际上为零，所以即使转速很低，飞块也能向外扩张。其结果是调速器轴套压缩怠速弹簧。此时，控制杆绕支点 A 顺时针转动，将溢流环移动至怠速位置。在此方式下，当飞块的离心力和怠速弹簧的张力达到平衡时，就可以实现平稳的怠速运行。

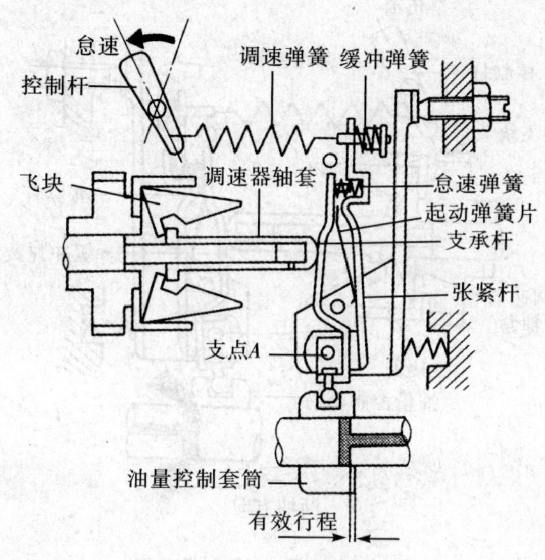

图 5－33　怠速时调速图

（3）全负荷

如图 5－34 所示。当加速器踏板踩到底时，调节杆移动至满负荷位置，使张力杆和限位器相接触，与起动时相同。在此情况下，控制弹簧具有很大的张力，起动弹簧被完全压缩，不起作用。这和起动时不同，飞块上受到很大的离心力，调速器轴套将控制杆推往右方。然后控制杆绕支点 A 顺时针转动，直至支点 B 与张力杆接触，从而将溢流环移动至满负荷位置。

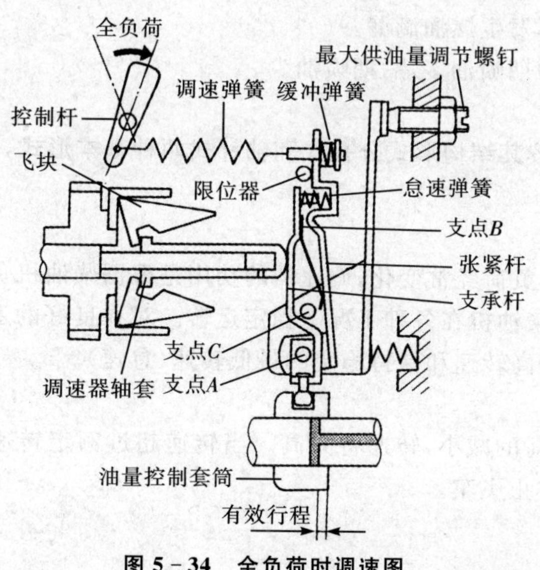

图 5－34　全负荷时调速图

因此，此时的喷油量要少于起动时。

(4) 最高转速

如图 5－35 所示。在调速杠杆处于高速位置时，如果负荷突然减小，则转速迅速升高，此时飞锤离心力迅速增大，调速套筒右移，推动起动和张力杠杆以 A 点为轴顺时针转动，油量调节套筒左移，供油量减少，从而防止柴油机飞车。

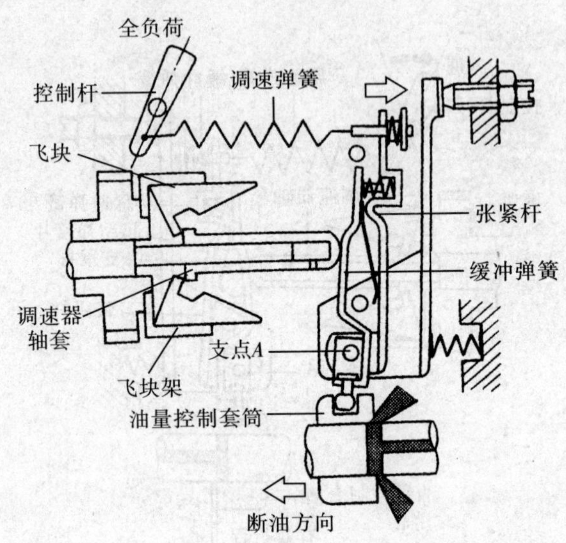

图 5－35　最高转速调速图

8. 喷油器

1) 喷油器的功用和要求

使柴油雾化并能按燃烧室的类型合理分布。要求喷油器喷油时：

(1) 应具有一定的喷射压力和射程、合适的喷雾锥角和雾化质量。

(2) 喷停要迅速，不发生燃油滴漏。

(3) 开始喷油少，中期喷油多，后期喷油少。

2) 喷油器的分类

采用闭式喷油嘴，按其结构形式分孔式和轴针式两种基本形式，如表 5－7 所示。

9. 柱塞泵调速器

1) 调速器的作用

车用柴油机工作时负荷经常变化，调速器的功用是根据柴油机负荷的变化，自动调节喷油泵的供油量，以保证柴油机在各种工况下稳定运转。对在良好的道路上行驶的汽车来说，多用于限制柴油机的最高转速和保持稳定的最低转速(怠速)。

(1) 限制最高转速

全负荷时，由于负荷的减小，转速将升高。当转速超过额定转速时，调速器开始自动减油，使扭矩迅速减小，防止飞车。

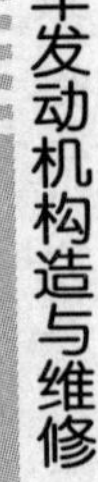

表 5－7　喷油器的分类

类型	特　点	图　示
孔式喷油器	应用：直接喷射燃烧室，孔数 1～8 个，孔径 0.2～0.8 mm。 特点： (1) 喷孔的位置和方向与燃烧室形状相适应，以保证油雾直接喷射在燃烧室壁上。 (2) 喷射压力较高。 (3) 喷油头细长，喷孔小，加工精度高。 工作过程： (1) 喷油：油泵泵油→环形高压油腔进油→承压锥面承受油压推针阀上行→密封锥面离座→喷油孔喷油。针阀最大升程：针阀关闭时其凸肩与针阀体下端面的距离大小决定喷油量多少，一般为 0.4～0.5 mm。 (2) 停喷：油泵停止泵油→高压油腔油压下降→调压弹簧伸张→挺杆推针阀下行→密封锥面落座→喷孔关闭→不喷油。 (3) 回油：少量高压油经针阀偶件间间隙挤上，经回油管流回柴油箱或柴油滤清器，润滑、冷却针阀偶件并防背压增加。 (4) 调压：旋动调压螺钉或增减垫片，改变调压弹簧对针阀的压紧力，即可改变喷油压力。 注意：喷油嘴（针阀和阀体）采用耐热强度好的优质轴承钢制成，为不可互换的高压精密偶件，配合间隙为 0.001～0.003 mm。	调压螺钉 回油管 锁紧螺帽 调压弹簧 喷油器体 进油管接头 缝隙滤芯 顶杆 油道 针阀 螺套 针阀体 精密偶件
轴针式喷油器	应用：分隔式燃烧室，单孔式，喷孔直径 1～3 mm。 特点： (1) 其轴针制成圆柱形或倒锥形，喷雾形状分别为空心柱形和扩散的锥形。 (2) 轴针式有两个可变断面，圆柱形轴针的通过断面是先大后小，喷油特性是先少后多。 (3) 倒锥形轴针的通过断面是先小后大又变小，喷油特性是先少后多又变少，能较好地满足喷油的前期少、中期多、后期少的特性要求。	

(2) 稳定怠速

柴油机怠速时由于各种原因会引起动力的变化，使怠速升高或降低。转速降低调速器自动加油，扭矩增加；转速升高调速器自动减油，扭矩减小，使怠速保持稳定。

2) 调速器的种类

按作用原理可分为机械离心式调速器（车用柴油机）、真空膜片式调速器（少数小功率柴油机）和复合调速器（机械离心式和真空膜片式合为一体）。

按调节范围可分为两速式调速器和全速式调速器。

（1）两速式调速器

能保持柴油机平稳的怠速，防止游车或熄火；又能限制柴油机不超过某一最大转速，从而防止了超速（飞车）；至于中间转速，则利用人工调节供油量。多用于车用柴油机。

（2）全速式调速器

不但能保持柴油机最低稳定转速和限制最大转速，并能根据负荷的大小保持和调节任一选定的转速。多用于工况多变和突变的柴油机，如矿用车、越野车、自卸车等。

3）RQ 型两级调速器

RQ 型两级调速器为机械离心式调速器，结构如图 5－36 所示。

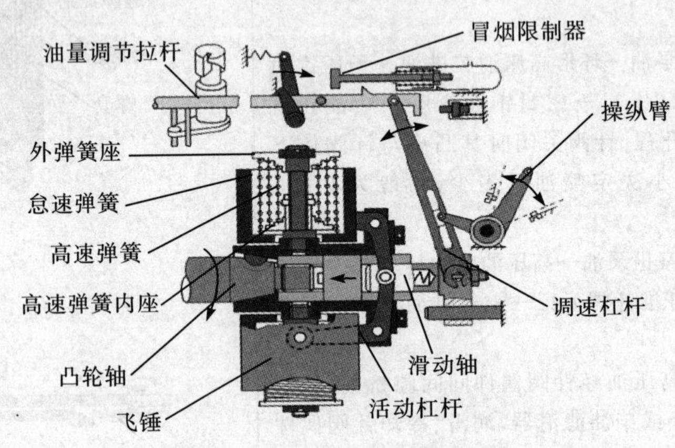

图 5－36　RQ 型两级调速器

调节过程：

（1）稳定怠速

如图 5－37 所示，怠速时，飞锤在凸轮轴后端轴和高速弹簧座之间移动，高速弹簧不起作用。怠速转速升高，飞锤外张，油量调节拉杆后移，减油。怠速转速降低，飞锤收拢，油量调节拉杆前移，加油。

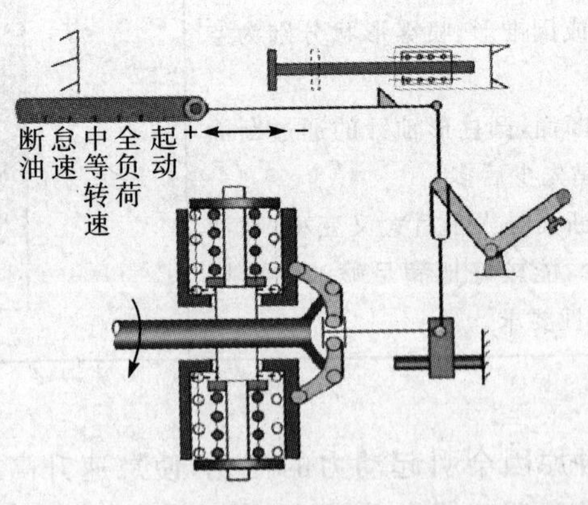

图 5－37　稳定怠速图

（2）限制超速

如图 5－38 所示，当转速超过最高额定转速时，飞锤继续外张，同时压缩高速弹簧和怠速弹簧，油量调节拉杆向减油的方向移动，使转速降低。

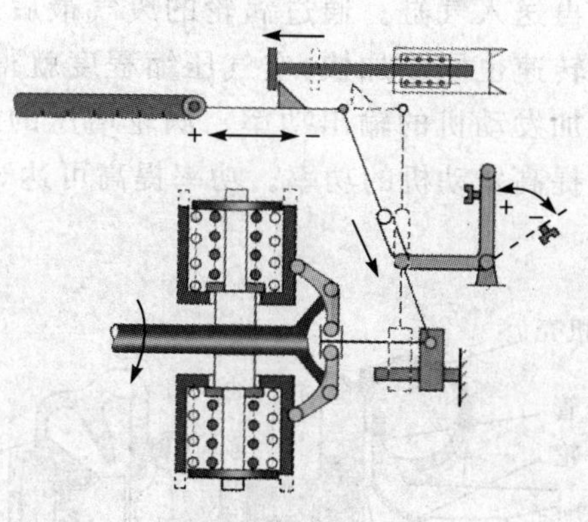

图 5－38　限制超速

10. 废气涡轮增压器

所谓增压，是在增压器中压缩进入发动机进气管前的充气量，增加其密度，使进入气缸的实际进气量比自然吸气发动机的进气量多，达到增加发动机功率、改善燃料经济性和排放性能的目的。在增压发动机中，充气量将受到两次压缩，一次是在增压器中，一次是在气缸中。

发动机的增压方法有机械增压、气波增压、废气涡轮增压和复合增压。废气涡轮增压（简称为涡轮增压）最早在柴油机上得到应用，目前仍是发动机增压的主要方式。

废气涡轮增压系统的工作原理如图 5－39 所示。涡轮机和压气机这一套系统称为增压器。涡轮增压器实际上就是一个空气压缩机，它利用发动机排出的废气作为动力来推动涡轮室内的涡轮（位于排气道内），涡轮又带动同轴的叶轮（位于进气道内），叶轮压缩由空气滤

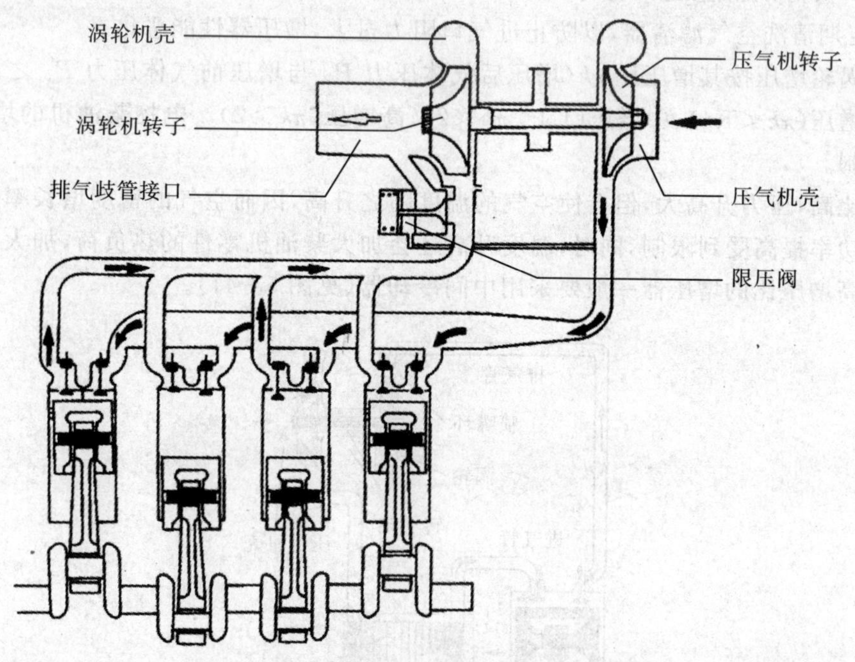

图 5－39　废气涡轮增压系统的工作原理图

清器管道送来的新鲜空气，再送入气缸。通过涡轮的废气最后排入大气。当发动机转速加快时，废气排出速度与涡轮转速也同步加快，空气压缩程度就得以加大，发动机的进气量就相应地得到增加，就可以增加发动机的输出功率。涡轮增压的最大优点是它可在不增加发动机排量的基础上，大幅度提高发动机的功率。功率提高可达30%～100%甚至更多。具体结构如图5-40所示。

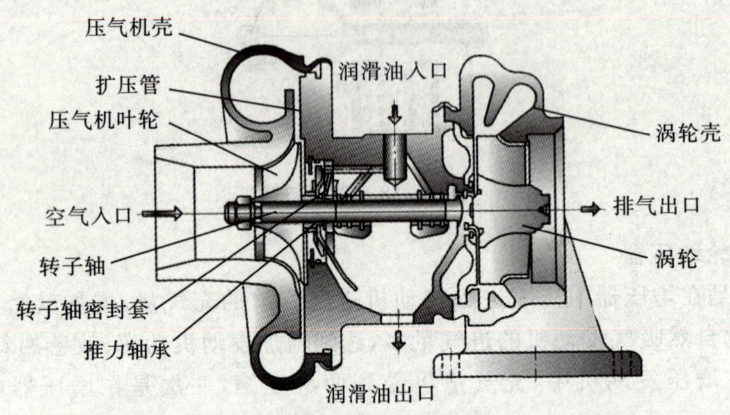

图5-40　废气涡轮增压器

使用中注意：

(1) 增压器的全浮动轴承对润滑油的要求很高，应按照规定使用“增压柴油机机油”或“柴Ⅲ系列机油”。

(2) 为确保高速下全浮动轴承的润滑，起动后应怠速运转几分钟；若欲使发动机不工作，要逐渐减少负荷，最后怠速几分钟再停机。

(3) 定期清洗空气滤清器，以防止进气口阻力过大，增压器性能恶化。

废气涡轮增压按其增压比πk(增压后气体压力P_k与增压前气体压力P_o之比)的大小可分为低增压($\pi k<1.4$)、中增压($1.4<\pi k<2$)、高增压($\pi k>2$)。电控柴油机的增压比受电控单元控制。

增压比高，压力升高大，但会使空气的温度随之升高，因而空气的密度增长率受到影响，使发动机功率提高受到限制，同时，温度升高还会加大柴油机零件的热负荷，加大排气污染。因此，中、高增压比的增压器一般要采用中间冷却器(见图5-41)。

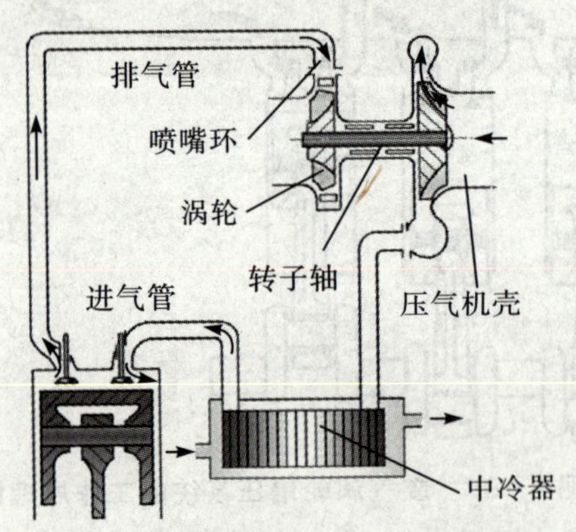

图5-41　带中冷器的废气涡轮增压系统

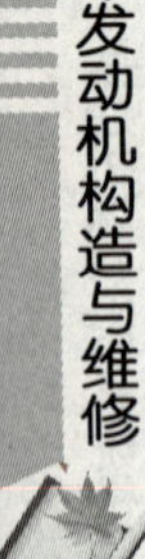

中间冷却器的结构与水冷却系统的散热器相似，安装在散热器的前方，热空气在其管道内通过，利用风扇和迎面风进行冷却。

（四）共轨技术电控柴油机的结构

由于柴油机电控燃油喷射系统具有改善低温起动性、降低氮氧化合物和烟度的排放、提高发动机运转稳定性、提高发动机的动力性和经济性、可控制涡轮增压等优点，为适应当今日益严格的排放法规的要求，电控柴油机的装车率会更加普遍。

柴油机电控燃油系统的主要类型有电控直列泵、电控分配泵、电控单体泵和电控共轨燃油系统。

柴油共轨系统已开发了 3 代，如表 5－8 所示。

表 5－8　共轨技术柴油机的分类

类型	特　点	示　例
第一代	共轨高压泵总是保持在最高压力，导致能量的浪费和很高的燃油温度	
第二代	可根据发动机需求而改变输出压力，并具有预喷射和后喷射功能。预喷射降低了发动机噪声：在主喷射之前百万分之一秒内，少量的燃油被喷进气缸压燃，预加热燃烧室。预热后的气缸使主喷射后的压燃更加容易，缸内的压力和温度不再是突然地增加，有利于降低燃烧噪声。在膨胀过程中进行后喷射，产生二次燃烧，将缸内温度增加 200～250 ℃，降低了排气中的碳氢化合物	陆风欧Ⅲ VM 共轨柴油机 南京依维柯共轨柴油机
第三代	压电式（Piezo）共轨系统，压电执行器代替了电磁阀，于是得到了更加精确的喷射控制。没有了回油管，在结构上更简单。压力可在 200～2000 bar 范围弹性调节（1 bar＝100 kPa＝0.1 MPa）。最小喷射量可控制在 0.5 ml，减小了烟度和 NO_x 的排放	奥迪 A6 L3.0I－V6－TDI

1. 电控柴油机的功能

如表 5－9 所示。

表 5－9　电控柴油机的功能

序号	功　能	说　明
1	燃油喷射控制	供（喷）油量控制、供（喷）油正时控制、供（喷）油速率控制和喷油压力控制等
2	怠速控制	怠速转速控制和怠速时各缸均匀性的控制
3	进气控制	进气节流控制、可变进气涡流控制和可变配气正时控制

续表

序号	功 能	说 明
4	增压控制	由ECU根据柴油机转速信号、负荷信号、增压压力信号等，通过控制废气旁通阀的开度或废气喷射器的喷射角度、增压器涡轮废气进口截面大小等措施，实现对废气涡轮增压器工作状态和增压压力的控制，以改善柴油机的扭矩特性，提高加速性能，降低排放和噪声
5	启动控制	供(喷)油量控制、供(喷)油正时控制和预热装置控制，其中供(喷)油量控制和供(喷)油正时控制与其他工况相同
6	排放控制	废气再循环(EGR)控制
7	巡航控制	ECU可根据车速信号等自动维持汽车以一定车速行驶
8	故障自诊断和失效保护	柴油机电控系统出现故障时，自诊断系统将点亮仪表盘上的“故障指示灯”，提醒驾驶员注意，并储存故障码，检修时可通过一定的操作程序调取故障码等信息；同时失效保护系统启动相应保护程序，使柴油机能够继续保持运转或强制熄火
9	柴油机与自动变速器的综合控制	在装有电控自动变速器的柴油车上，将柴油机控制ECU和自动变速器控制ECU合为一体，实现柴油机与自动变速器的综合控制，以改善汽车的变速性能

2. 共轨技术柴油机的组成

以博世共轨柴油机为例，共轨技术柴油机燃料供给系统由空气供给系统、燃油供给系统、电子控制系统组成。

1）空气供给系统

如图5-42所示，在进气总管上有节气门调节器，进气歧管上安装有涡旋翻板，可进行无级调节，这样就可以使得进气状况按照当前的发动机转速和负荷与排放、油耗、扭矩/功率相适应。涡旋翻板调节器上有电位计，它向发动机控制单元报告涡旋翻板的位置。

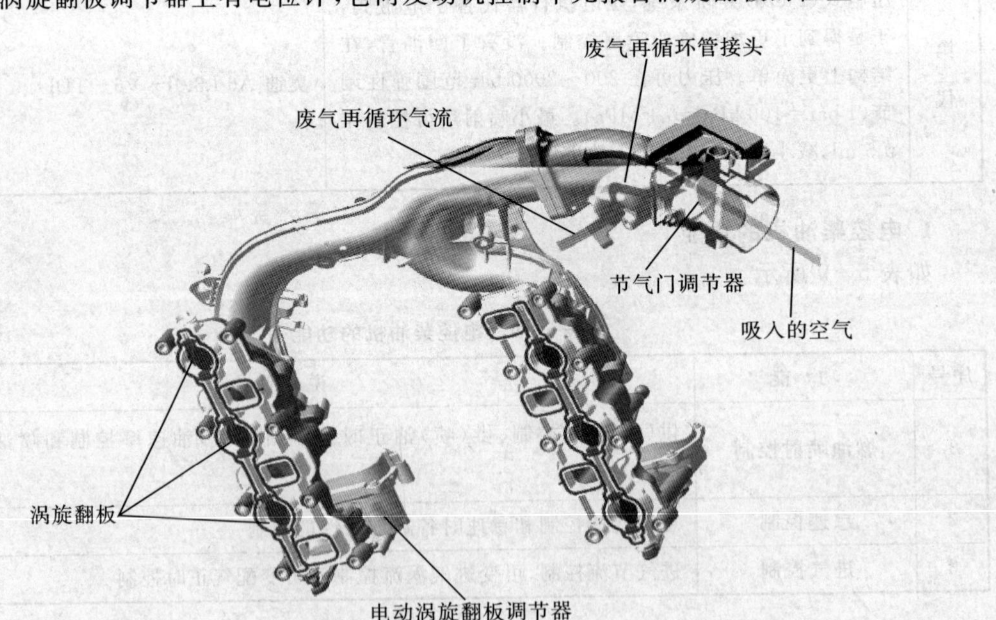

图5-42 空气供给系统

汽车发动机构造与维修

带有涡旋翻板调节器的进气歧管，为了使扭矩输出和燃烧状况达到最佳状态，在负荷较低时关闭涡旋通道以增强涡旋运动，如图 5－43 所示，空气只能通过切向进气道进入气缸，在低负荷/转速时形成高的涡旋运动，在燃烧室内产生好的燃烧效果同时也产生较少的废气。

在负荷较高时打开涡旋通道有助于气缸更好地充气。通过涡旋翻板持续的角度变化使气缸内的气流涡旋和燃烧过程能够精确匹配，减少尾气排放。如图 5－44 所示。

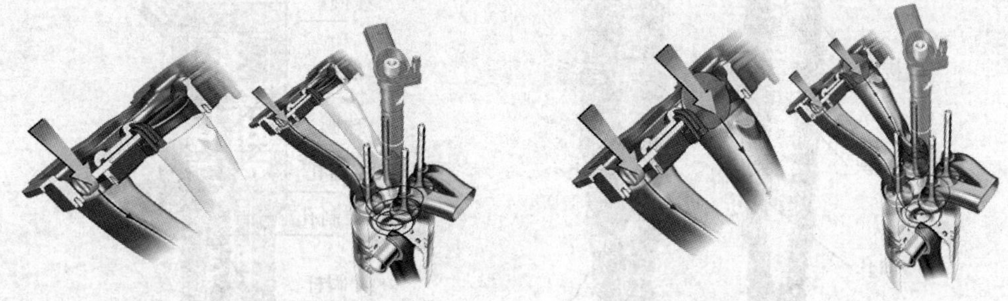

图 5－43　涡旋翻板关闭　　**图 5－44　涡旋翻板打开**

在发动机起动时，涡旋翻板节流阀被打开，且在怠速时才关闭。

如果更换了涡旋翻板调节器，那么必须进行涡旋翻板调节器与涡旋翻板的适配；如果是两辆车之间的互换，那么涡旋翻板也必须更换。

2）燃油供给系统

如图 5－45 所示，共轨喷油系统由低压油路和高压油路组成。低压油路包括低压管路、前滤清器、电动燃油泵、燃油滤清器、燃油回油管、温控起动电磁阀和温控起动预热塞。高压油路包括高压燃油泵、高压燃油管路、燃油轨和喷油器。

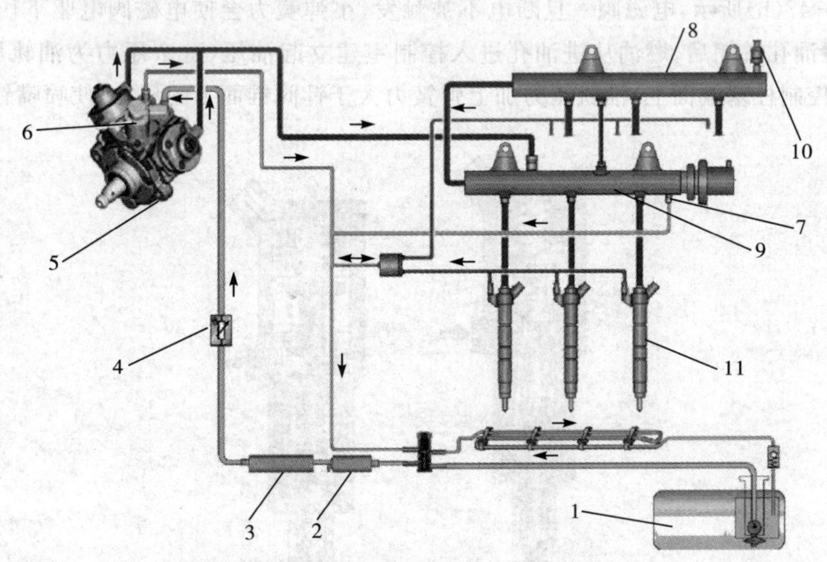

图 5－45　燃油供给系统的组成

1－油箱；2－油水分离器；3－燃油滤清器；4－油温传感器；5－高压燃油泵；
6－燃油计量阀；7－压力调节阀；8－右侧油轨；9－左侧油轨；10－压力传感器；11－喷油器

(1) 共轨喷油器(喷油阀)

结构如图 5-46 所示。当喷油器电磁阀未通电时,小弹簧将电驱的球阀压向释放控制孔上,在控制腔内形成共轨高压;同样,喷嘴腔内也形成共轨高压,共轨压力对控制柱塞端面的压力和喷嘴弹簧的压力与高压燃油作用在针阀锥面上的开启力相平衡,使针阀保持关闭状态。

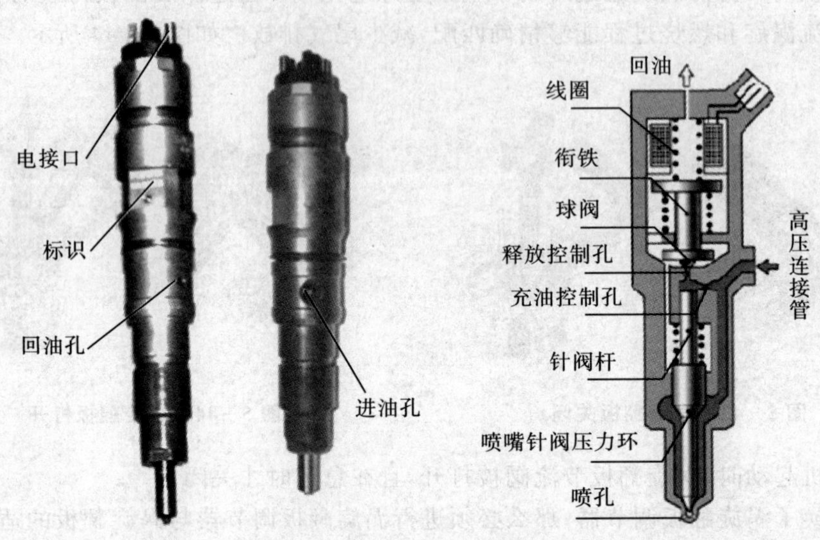

图 5-46　共轨喷油器结构

如图 5-47(a)所示,当电磁阀被触发时,电驱将泄油口打开,燃油从阀控制室中流到上方的空腔中(从空腔通过回油管道返回油箱),使控制室压力降低;控制室压力降低,减少了作用在控制柱塞上的力,这时喷嘴针阀被打开,喷油器开始喷油。

如图 5-47(b)所示,电磁阀一旦断电不被触发,小弹簧力会使电磁阀电驱下压,球阀将泄油孔关闭;泄油孔关闭后,燃油从进油孔进入控制室建立起油压(这个压力为油轨压力),这个高压作用在控制柱塞端面上,油轨压力加上弹簧力大于针阀锥面上的压力,使喷嘴针阀关闭。

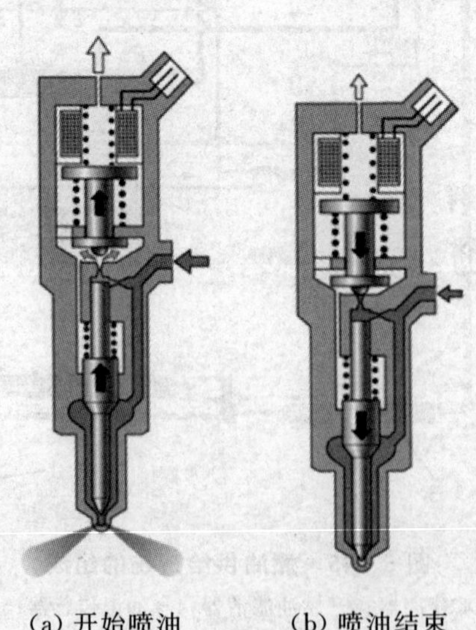

(a) 开始喷油　　(b) 喷油结束

图 5-47　共轨喷油器工作图

(2) 齿轮输油泵与高压燃油泵

如图 5－48 所示为齿轮输油泵，由齿形皮带通过高压泵的贯穿偏心轴来驱动，将油箱中的燃油（用油箱内的泵）输送到高压泵中。

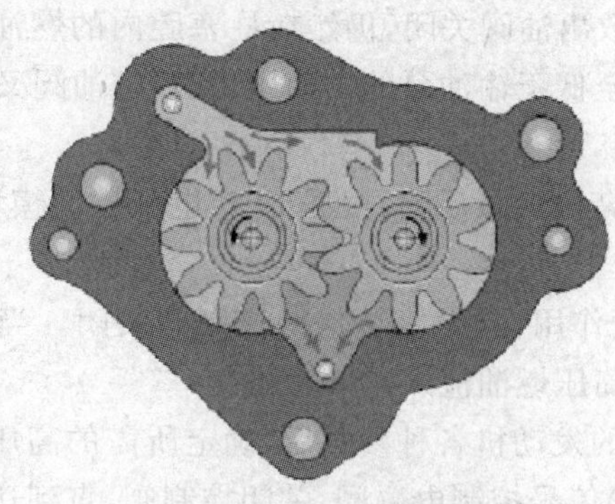

图 5－48　齿轮泵

如图 5－49 所示为高压油泵。高压油泵是高压回路和低压回路的分界面，在所有工况下，它主要负责在车辆的整个使用寿命中供给足够的高压燃油，同时还必须保证为使发动机迅速起动所需要的额外的供油量和压力要求。

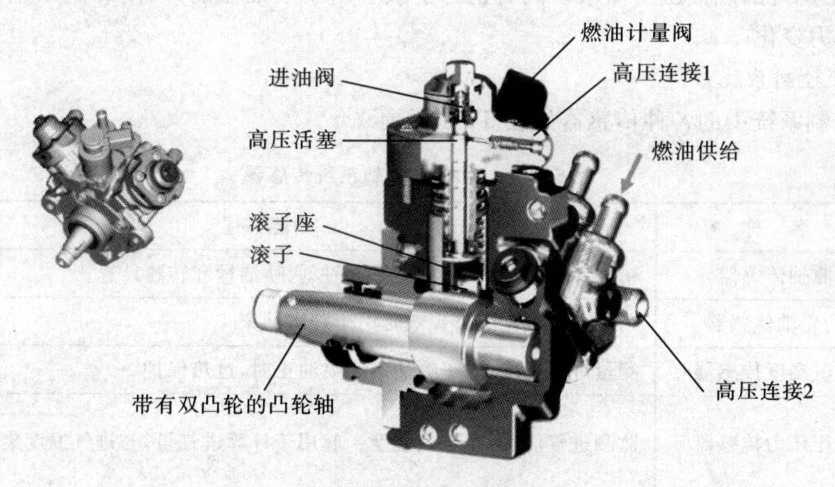

图 5－49　高压燃油泵

高压油泵不断地产生共轨所需的系统压力，燃油并不是在每个单一的喷射过程都必须被压缩（相对于传统的系统燃油）。

高压油泵安装在与传统柴油机分配泵相同的位置上。它是通过带轮法兰、带轮、齿带由发动机驱动，其最高转速不超过 3000 r/min。高压泵借低压油路过来的燃油润滑。高压油泵上安装有用来进行压力控制的电磁阀。燃油被三个成辐射状安装互隔 120°的泵油柱塞压缩，高压泵每转一圈，有三次供油，峰值驱动扭矩较低，油泵驱动系统保持较稳定的负荷。16 N・m 的扭矩大概是驱动一个同等分配泵所需扭矩的 1/9，共轨系统相比传统的喷射系统在泵的驱动方面具有较少的负荷。所需的动力是随着共轨压力和泵的速度（供油量）成比例上升的。

凸轮轴使三个泵的柱塞按照凸轮的外形上下运动。

当供油油压超过安全阀的开启压力(0.5～1.5 bar),高压泵的柱塞正向下运动时(吸油行程),输油泵使燃油经高压泵进油阀进入柱塞腔。在高压泵柱塞越过下止点后,进油阀关闭。这样,柱塞腔内的燃油被密封,它将以高于供油压力的油压被压缩,油压的升高一旦达到共轨的油压,出油阀被打开,被压缩的燃油就进入了高压循环。柱塞继续供给燃油,直至到达上止点(供油行程),压力减小,导致出油阀关闭,仍然在柱塞腔内的燃油压力也下降,柱塞又向下运动。只要柱塞腔内的压力降至低于输油泵的供油压力时,进油阀又开启,吸油过程又开始。

(3) 燃油压力调节器

燃油压力调节器安装在高压油泵后面,根据 EDC 电子控制模块的控制信号调节燃油共轨中的燃油压力。

当电磁阀未通电时,弹簧作用在活塞上,保持控制阀关闭。当燃油压力升高至 250 bar 以上时,压缩弹簧打开控制阀,高压燃油流入回油管路。

当控制模块处理接收到的发动机各种参数后,确定所需的高压喷射压力,然后向燃油压力调节器发出 PWM(脉宽调制)信号控制电磁阀,关闭控制阀,直到达到期望的压力值。

控制模块借助于安装在燃油轨上的燃油压力传感器监测被调节的燃油压力,并根据需要改变信号的强度以达到要求的结果。

(4) 燃油轨

安装在气缸盖的侧面。燃油轨内腔的体积较小,主要是为保证在起动及怠速时快速提升压力,以满足此时的燃油压力需求。同时也为了减小由于喷油器的开、闭和高压燃油泵的工作所引起的压力变化。

3) 电子控制系统

电子控制系统中的各种传感器如表 5－10 所示。

表 5－10　BOSCH 共轨系统传感器

序号	名　称	功能描述
1	曲轴传感器	精确计算曲轴位置,用于喷油时刻、喷油量和转速计算
2	凸轮轴传感器	判缸和曲轴传感器失效时用于跛脚回家
3	进气温度传感器	测量进气温度,修正喷油量和喷油正时,过热保护
	增压压力传感器	监测进气压力,和进气温度一起用于计算进气量,与进气温度集成在一起
4	冷却水温度传感器	测量冷却水温度,用于冷起动、目标怠速计算等,同时还用于修正喷油提前角、过热保护等
5	共轨压力传感器	测量共轨管中的燃油压力,保证油压控制稳定
6	油门位置传感器	将驾驶员的意图送给控制器 ECU
7	车速传感器	提供车速信号给 ECU,用于整车驱动控制,由整车提供
8	大气压力传感器	用于不同海拔高度校正喷油控制参数,集成在 ECU 中

三、制定分解计划

制定柴油机燃料供给系统分解计划如表 5－11 所示。

表 5－11　柴油机燃料供给系统分解计划

<table>
<tr><td colspan="3">1. 查阅资料，学习柴油机燃料供给系统的结构信息和分解作业注意事项。
2. 查阅维修手册，熟悉柴油机燃料供给系统分解步骤，制定柴油机燃料供给系统分解计划。</td></tr>
<tr><td rowspan="2">1. 车辆发动机类型信息描述</td><td>车辆描述：</td><td>轻卡</td></tr>
<tr><td>发动机类型信息描述：</td><td>康明斯发动机</td></tr>
<tr><td>2. 柴油机燃料供给系统作业注意事项描述</td><td colspan="2">1. 熟悉柴油机燃料供给系统的结构组成。
2. 熟悉喷油泵的驱动方式。
3. 拆卸前要泄油压。
4. 拆卸后的零部件放置在清洁的工作台上。
5. 零件的摆放应整齐有序，边拆卸、边检查、边做好记号并放好。
6. 正确使用工具。</td></tr>
<tr><td>3. 柴油机燃料供给系统结构信息描述</td><td colspan="2"> 1 2 3 4 5 6 7 8
1. ________ 2. ________ 3. ________
4. ________ 5. ________ 6. ________
7. ________ 8. ________</td></tr>
<tr><td>4. 柴油机燃料供给系统分解描述</td><td colspan="2"></td></tr>
<tr><td>5. 柴油机燃料供给系统分解计划</td><td colspan="2">1. 分解工具的准备。
2. 分解步骤的确定。
3. 分解作业安全事项的学习。</td></tr>
</table>

四、实施分解作业

柴油机燃料供给系统分解作业具体实施如表 5－12 所示。

表 5-12　柴油机燃料供给系统分解作业

<table>
<tr><td colspan="4">1. 学习柴油机燃料供给系统分解作业安全事项。
2. 会正确对柴油机燃料供给系统进行分解作业。</td></tr>
<tr><td rowspan="2">1. 车辆信息描述</td><td colspan="2">车辆描述：</td><td>轻卡</td></tr>
<tr><td colspan="2">车辆发动机类型描述：</td><td>康明斯发动机</td></tr>
<tr><td>2. 柴油机燃料供给系统分解计划描述</td><td colspan="3"></td></tr>
<tr><td>3. 柴油机燃料供给系统分解作业安全事项学习</td><td colspan="3">1. 注意人身和机件的安全，不了解的先了解后再动手，特别是注意在车底下工作时的人身安全。
2. 注意机、工、量具的正确使用。实训前检查工具车物品是否齐全，机具、量具是否完好，发现问题(包括实训前、实训中、实训后)及时汇报，实训结束后填写设备使用单。
3. 严格按技术规范、操作工艺要求进行拆装。首先考虑使用专用工具，再考虑使用通用工具进行拆装。对于配合表面，严禁敲打。
4. 在拆装机件时，应弄清是否是可拆部位，不能强行拆卸，拆下的零件应按一定顺序放置。
5. 需调整的部位，应按出厂技术数据或技术规程规定的数据进行调整。
6. 注意防火。
7. 认真接受实习前的安全知识教育。</td></tr>
<tr><td colspan="4">4. 汽车柴油机燃料供给系统分解作业</td></tr>
<tr><td>作业项目</td><td>作业要领</td><td>技术标准</td><td>检查记录</td></tr>
<tr><td>分解工具设备的选用</td><td>1. 扭力扳手。
2. 开口扳手。
3. 活动扳手。
4. 套筒扳手。</td><td>1. 扭力扳手常用有 294 N·m、490 N·m 两种。
2. 开口扳手开口的中心平面和本体中心平面成 15°角，这样既能适应人手的操作方向，又可降低对操作空间的要求。
3. 活动扳手常用有 150 mm、300 mm 两种。
4. 常用套筒扳手的规格是 10～32 mm。</td><td>1. 选用的扭力扳手为：
____
2. 选用的开口扳手为：
____
3. 选用的活动扳手为：
____
4. 选用的套筒扳手为：
________</td></tr>
<tr><td>分解步骤</td><td colspan="2">1. 拆下低压油管及回油管。
2. 拆下滤清器。
3. 拆下高压油管。
4. 拆下喷油器。
5. 拆下喷油泵。
(1) 做好喷油泵驱动装置装配记号；
(2) 拆下联轴器连接螺栓；
(3) 拧松喷油泵固定螺栓；
(4) 取下喷油泵。
6. 拆下输油泵。</td><td>1. 零件上的记号：
____
____
____
2. 各个螺丝的状况：
________、
________、
________、
________、
________等</td></tr>
<tr><td>5. 分解作业完成后的收获与感想</td><td colspan="3"></td></tr>
</table>

五、检验评估

任务一的检验评估如表 5－13 所示。

表 5－13　检验评估

<table>
<tr><td>评价指标</td><td colspan="2">检验说明</td><td colspan="4">检验记录</td></tr>
<tr><td>维护检查项目</td><td colspan="2">1. 拆解工具设备
2. 检查低压油路有无泄漏情况
3. 检查高压油路有无泄漏情况</td><td colspan="4"></td></tr>
<tr><td>柴油机燃料供给系统分解过程情况</td><td colspan="6"></td></tr>
<tr><td>评价内容</td><td colspan="2">检验指标</td><td>权重</td><td>自评</td><td>互评</td><td>总评</td></tr>
<tr><td rowspan="3">检查任务完成情况</td><td colspan="2">1. 完成任务过程情况</td><td rowspan="3">4</td><td rowspan="3"></td><td rowspan="3"></td><td rowspan="10"></td></tr>
<tr><td colspan="2">2. 任务完成质量</td></tr>
<tr><td colspan="2">3. 在小组完成任务过程中所起作用</td></tr>
<tr><td rowspan="4">专业知识和专业技能</td><td colspan="2">1. 能说出柴油机燃料供给系统的作用</td><td rowspan="4">8</td><td rowspan="4"></td><td rowspan="4"></td></tr>
<tr><td colspan="2">2. 能描述柴油机燃料供给系统的组成</td></tr>
<tr><td colspan="2">3. 能描述柴油机燃料供给系统的工作过程</td></tr>
<tr><td colspan="2">4. 能正确地选择和使用工具分解柴油机燃料供给系统</td></tr>
<tr><td rowspan="3">职业素养</td><td colspan="2">1. 学习态度：积极主动参与学习</td><td rowspan="3">3</td><td rowspan="3"></td><td rowspan="3"></td></tr>
<tr><td colspan="2">2. 团队合作：与小组成员一起分工合作，不影响学习进度</td></tr>
<tr><td colspan="2">3. 现场管理：服从工位安排，执行实训室“5S”管理规定</td></tr>
<tr><td>综合评价与建议</td><td colspan="6"></td></tr>
</table>

任务二　柴油机燃料供给系统拆检

任务描述

一辆长城哈弗 CUV 汽车，行驶里程 2600 km，搭载 GW2.8TC 型增压共轨柴油机，能顺利起动，怠速平稳，加速有力。但是，怠速运转时排烟为灰白色；均匀加速，排气管冒黑烟；突然加速，黑烟滚滚。

任务目标

1. 能正确使用柴油，对柴油机燃料供给系统进行维护。
2. 能准确判断柴油机燃料供给系统的故障部位。

一、维修接待

按照表 5－14 完成待修车辆的维修接待，并准确填写接车问诊表。

表 5－14　维修接待与接车问诊表

1. 通过询问客户了解发动机发生故障情况，填写接车问诊表。
2. 车间检测初步确认需对燃料供给系统进行检修，必要时更换故障零部件。

接车问诊表

车牌号：__________　车架号：__________　行驶里程：__________(km)
用户名：__________　电　话：__________　来店时间：__________

用户陈述及故障发生时的状况：一辆长城哈弗 CUV 汽车，行驶里程 2600 km，搭载 GW2.8TC 型增压共轨柴油机，能顺利起动，怠速平稳，加速有力。但是，怠速运转时排烟为灰白色；均匀加速，排气管冒黑烟；突然加速，黑烟滚滚。
故障发生状况提示：行驶速度、发动机状态、发生频度、发生时间、部位、天气、路面状况、声音描述。

接车员检测确认建议：需对发动机燃料供给系统进行综合修理。

车间检测确认结果及主要故障零部件：需对发动机燃料供给系统进行综合检修，必要时更换故障零部件。
车间检查确认者：__________

外观确认：(请在有缺陷部位做标识)

功能确认：(工作正常√　不正常×)
□音响系统　□门锁(防盗器)　□全车灯光
□工具　□后视镜　□天窗　□座椅
□点烟器　□玻璃升降器　□玻璃

物品确认：(有√　无×)
F　E
□贵重物品提示
□工具　□备胎　□灭火器
□其他(　　　　)
旧件是否交还用户
□是　□否
用户是否需要洗车
□是　□否

· 检测费说明：本次检测的故障如用户在本店维修，检测费包含在修理费用内；如用户不在本店维修，请支付检测费。本次检测费：¥______元。
· 贵重物品：在将车辆交给我店检查修理前，已提示将车内贵重物品自行收起并保存好，如有遗失恕不负责。

接车员：__________　用户确认：__________

二、信息收集与处理

按表 5-15 完成任务二的信息收集与处理。

表 5-15　信息收集与处理

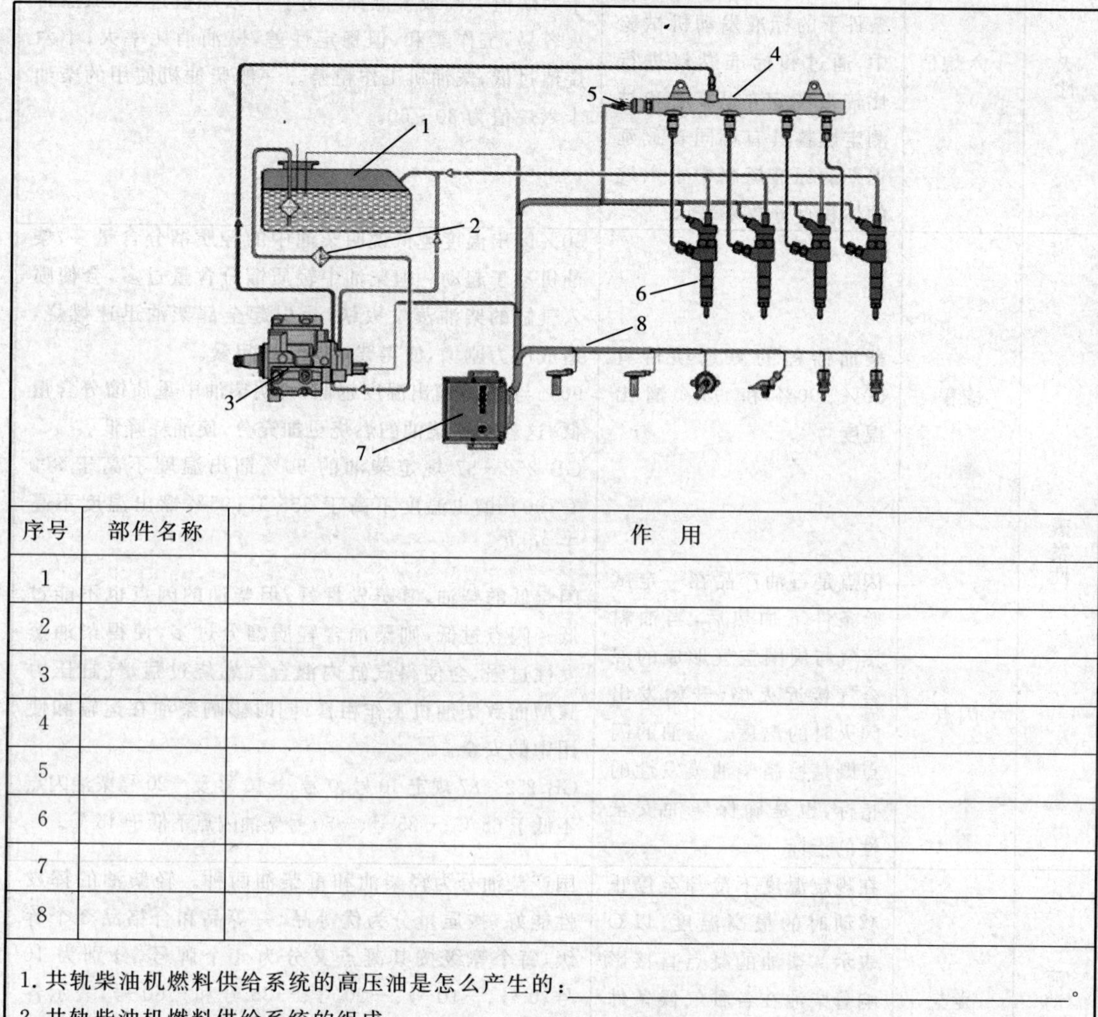

序号	部件名称	作　用
1		
2		
3		
4		
5		
6		
7		
8		

1. 共轨柴油机燃料供给系统的高压油是怎么产生的：________。

2. 共轨柴油机燃料供给系统的组成：________。

（一）柴油的性能、牌号与选用

1. 柴油的性能

柴油是石油经过提炼加工而成的，其主要特点是自燃点低，密度大，稳定性强，使用安全，成本低，但其挥发性差，在环境温度较低时，柴油机起动困难。轻柴油用于高速柴油机，重柴油用于中、低速柴油机。柴油的性质对柴油机的功率、经济性和可靠性都有很大影响。主要性能如表 5-16 所示。

项目 五 柴油机燃料供给系统检修

表 5-16　柴油的主要性能与牌号

性　能	指　标	说　明	影　响
发火性	十六烷值	十六烷值是代表柴油在柴油发动机中发火性能的一个约定量值。它是在规定条件下的标准发动机试验中，通过和标准燃料进行比较来测定的，采用和被测定燃料具有相同着火延迟期的标准燃料中十六烷的体积百分数来表示	十六烷值太高或太低都不好。十六烷值过高，虽然着火容易，工作柔和，但稳定性差，燃油消耗率大；十六烷值过低，柴油机工作粗暴。一般柴油机使用的柴油十六烷值为 30～60。
蒸发性	馏程	柴油馏程的测定项目有 50%、90% 和 95% 馏出温度	50%馏出温度越低说明柴油中的轻质馏分含量多，柴油机易于起动。但柴油中轻质馏分含量过多，会使喷入气缸的柴油蒸发太快，易引起全部柴油迅速燃烧，造成压力剧增，使得柴油机工作粗暴。 90%与 95%馏出温度越低，说明柴油中重质馏分含量低，这就使得柴油的燃烧更加充分，使油耗降低。 GB 252—87 规定柴油的 50%馏出温度不高于 300 ℃；90%馏出温度不高于 355 ℃；95%馏出温度不高于 365℃。
	闪点	闪点是石油产品在一定试验条件下加热后，当油料蒸气与周围空气形成的混合气接近火焰，开始发出闪火时的温度。柴油的闪点既是控制柴油蒸发性的指标，也是确保柴油安全性的指标	闪点低的柴油，其蒸发性好，但柴油的闪点也不能过低。闪点过低，则柴油含轻质馏分过多，使得柴油蒸发性过强，会使得气缸内混合气燃烧过猛，气缸压力骤增而致柴油机工作粗暴；同时影响柴油在运输和使用中的安全。 GB 252—87 规定 10 号、0 号、-10 号及-20 号柴油闪点不低于 65 ℃；-35 号、-50 号柴油闪点不低于 45 ℃。
流动性	凝点	在规定温度下冷却至停止移动时的最高温度，以℃表示。柴油的凝点直接影响着柴油在各种气候条件下的使用特性，我国轻柴油就是按其凝点的不同来划分牌号的	国产柴油分为轻柴油和重柴油两种。轻柴油的挥发性能好，按质量分为优等品、一等品和合格品 3 个等级，每个等级按其凝点又分为 6 个牌号，分别为 10 号、0 号、-10 号、-20 号、-35 号和-50 号，表示各自的凝点温度；重柴油挥发性差，密度和黏度较大，杂质多，按黏度大小分为 10 号、20 号、30 号 3 个等级，号数越大，其黏度越大。
黏度	黏度	黏度是液体流动时内摩擦力的量度	柴油黏度对柴油机工作的影响主要有： (1)影响供油量。如柴油黏度过小，有效供油量减少；反之，黏度过大，则会使有效供油量超过标准，虽然提高了功率，但会造成燃烧不完全，排气冒黑烟及造成油耗上升。 (2)影响供油系统精密偶件的润滑。柱塞偶件、针阀与针阀体等精密配合的运动偶件，主要靠柴油润滑，柴油黏度若过小，则会使上述偶件相对运动阻力增大，磨损加剧。

2. 柴油的选用

柴油机的构造、性能、工作状态和环境温度是选用柴油的依据。对于全负荷转速高于960r/min的柴油机，选用轻柴油，如汽车、工程机械等，对照当地风险率为10%的最低气温选择柴油牌号，如表5-17所示。重柴油的选用如表5-18所示。

表5-17 轻柴油的选用

轻柴油牌号	适用于地区、季节的最低气温
10号	适合于有预热设备的高速柴油机使用
0号	适合于风险率为10%的最低气温在4℃以上的地区使用
-10号	适合于风险率为10%的最低气温在-5℃以上的地区使用
-20号	适合于风险率为10%的最低气温在-14～-5℃的地区使用
-35号	适合于风险率为10%的最低气温在-29～-14℃的地区使用
-50号	适合于风险率为10%的最低气温在-44～-29℃的地区使用

表5-18 重柴油的选用

重柴油的牌号	选用原则
10号	额定转速在500～1000 r/min的中速柴油机
20号	额定转速在300～700 r/min的中速柴油机
30号	额定转速在300 r/min以下的低速柴油机

(二)柴油机燃料供给系统的维护

1. 普通柴油机燃料供给系统的维护

普通柴油机燃料供给系统的维护如表5-19所示。

表5-19 普通柴油机燃料供给系统的维护

项目	作业内容	图示
油箱的维护	不必从车上拆下油箱，清洗时，可用压缩空气吹洗。	
柴油滤清器的维护	(1) 排除沉淀物： 首先关闭油箱开关，松开滤清器上的放气螺钉，然后拧下滤清器底部放污螺塞，放出沉淀物后，将螺塞装复并拧紧；然后打开油箱开关，用手油泵泵油排气，待气泡排除干净后拧紧放气螺钉。 (2) 拆洗滤清器： 车用燃油滤清器一般是两级滤清式。拆开清洗时，若是纸质滤芯应予以更换；若是毛毡及绸布的滤芯，应先在干净汽油中浸洗，然后将毛毡及绸布套分别在汽油中清洗，最后用压缩空气吹干毛毡再组合装配。总成装复时应注意衬垫平整，防止漏油。	

续表

项目	作业内容	图示
喷油器的维护	(1) 喷油器的检查与清洗： 检查喷油嘴有无积碳。	
	(2) 喷油器喷油压力的检查： 一般在试验台上进行。 也可就车检查，用一根三通管：一个接头装在喷油泵的任一分泵上，另一接头装上新的标准喷油器，第三个接头安装被测喷油器。 用起动机带动柴油机转动，观察两个喷油器是否同时喷油，若是同一时刻喷油，说明被测喷油器的喷油压力符合要求。 根据喷油开始的迟早（喷油压力过大或过小），通过喷油器调压螺钉进行调整。油压低拧入油压调节螺钉，反之拧出油压调节螺钉。有些无调节螺钉则分解喷油器，更换调整垫片。	 
	(3) 喷油器密闭性检查： 将喷油器的压力保持在低于喷油压力 1～2 MPa，10 秒钟后，检查喷油器下方不应有滴漏现象。	
	(4) 喷油器喷雾质量检查： 喷出的油束应细小均匀，不偏斜；雾化良好，可听到断续清脆的声音。喷油一次后看压力表指示压力下降是否超过 10%～15%，若下降过多则表明喷雾质量差。	

续表

项目	作业内容	图示
喷油泵的维护	(1) 供油量均匀性的检查与调整。 ① 拆下喷油泵在试验台上检查调整。	
	② 拆去供油齿条盖帽,安装齿条位移测量仪,并在齿条上的记号与泵体平齐位置将百分表调零。	 
	③ 将供油齿条调整到相应位置,转速调整到规定转速,测量各缸供油量及不均匀度。若不在规定范围,松开控制齿条加紧螺钉,用工具向左或向右转动控制套筒。	
	(2) 喷油泵供油提前角的检查与调整。 ① 拆下喷油泵第一缸高压油管,逆时针转动曲轴,观察喷油泵出油阀接头油面,油面刚刚上升时立即停止转动曲轴。 ② 查看皮带轮端或飞轮壳观察孔上的止针所指角度是否为上止点前14°(CA6110),必要时重复检查。 ③ 若不符合规定,逆时针旋转曲轴到第一缸压缩上止点前规定的角度(飞轮上有刻度线),然后松开联轴节上的固定螺栓,按喷油泵的旋转方向转动喷油泵传动端,将喷油泵壳体上的刻线与联轴节上的刻线对正,再拧紧固定螺栓。	

续表

项目	作业内容	图　示
排气	(1) 低压油管和燃油滤清器排气： 拧松固定于进油管接头上的放气螺钉，扳动输油泵手摇臂，放出空气直至放气螺钉处排出的柴油内不含气泡为止，然后以 8 N·m 的力矩拧紧放气螺钉。 (2) 排出高压油管内的空气： 旋松喷油嘴上的高压油管螺母，起动发动机，让管内空气排出，再拧紧螺母，逐个放出各高压油管内的空气，直到发动机转速稳定为止。 注意：发动机排空气不得在热机状态下进行，以免燃油喷到炽热的排气管上引起火灾。	

2. 输油泵的拆装

1）输油泵的分解

(1) 抽出推杆。若是滚轮输油泵，则应取下销子，卸下滚轮，再取出推杆。

(2) 将输油泵夹在有护口的虎钳上，用合适的扳手拆下手油泵和出油管接头，并取出进油阀及进油阀弹簧和出油阀及出油阀弹簧。

(3) 旋下螺塞，从输油泵体内取出活塞弹簧及活塞；卸下进油管接头及滤网芯子。

(4) 有必要时可分解手油泵。

2）输油泵的装配

顺序可按分解时的反向进行。

(1) 首先把泵体夹在虎钳上，将活塞及活塞弹簧装入泵体相应配合的腔内，旋上螺塞并拧紧。

(2) 装上进、出油止回阀及弹簧，旋上手油泵总成及出油管接头。安放止回阀弹簧时，必须准确地嵌在弹簧槽中。

(3) 装上带有滤油网芯子的进油管接头。

在装配过程中，勿漏装垫圈。装配好以后要求活塞和推杆等运动零件在整个行程过程中应活动良好，不许有阻滞和卡死现象，抽压手油泵应轻便灵活。

3. 喷油泵的拆装

1）喷油泵总成的拆卸

喷油泵具有精密零件，拆卸装配要求技术高，工艺性强，并需用专用设备进行调整试验，所以不允许随意拆卸。只有确认喷油泵有故障，不经拆卸不能修复喷油泵时，才能进行拆卸。

喷油泵拆卸注意事项：

(1) 拆卸时，应选用合适的工具，特别注意专用工具的使用。

(2) 拆卸时应细心操作，不得碰伤精密零件，更不许互相调换，应成对地存放在清洁柴油中。

(3) 凡需要在虎钳上拆卸时，夹紧部位不得在配合面或安装面上，必要时需用紫铜皮衬垫。

(4) 拆卸前应注意喷油泵各部分原来的技术状态，与其他零件的连接方式，并检查其运动状态，观察是否灵活，检查有无缺件或损坏件。

(5) 对于具有位置要求的零件，要注意装配记号或自做记号，以利于装配。

(6) 拆卸中应严格按照拆卸步骤及顺序进行，不允许任意拆卸。

(7) 保持零件、工具及环境的清洁，并注意安全。

喷油泵从柴油机上拆下来以后，首先应将外表清洗干净，旋出泵体上溢油螺钉和调速器壳体下部放油螺钉，放出内部的机油，便可进行喷油泵的拆卸。由于 A、B 型喷油泵结构相似，Ⅰ、Ⅱ、Ⅲ号喷油泵结构相近，仅以 B 型泵与Ⅱ号泵为例进行拆装。

喷油泵总成的拆卸步骤为：

(1) 拆下喷油泵侧盖板及输油泵，并将喷油泵正置于虎钳上夹紧。

(2) 拆下调速器后壳体上方的检视盖板，放松操纵手柄，摘取调速弹簧。

(3) 旋出调速杠杆轴两端的螺塞，捅出杠杆轴，旋出转速表接头，抽出转速表传动轴。

(4) 拆下连接调速器后壳体的四个螺钉及前壳体上固定扇形齿板的螺钉，取下调速器后壳体。

(5) 拆下调速杠杆支承块上的固定螺母及垫圈，取出调速杠杆。

(6) 拧出飞铁托架的四个固定螺钉，取出托架及伸缩轴。

(7) 拆掉齿杆连接块上的开口销，捅出圆柱销即可拿下拉杆螺钉部件。

(8) 用专用工具拆下转速表传动螺套，拿出缓冲弹簧、弹簧帽及弹簧垫圈。拆卸时，不应使油泵凸轮轴随之转动。

(9) 用专用工具拉出调速齿轮部件。

(10) 依次用起子或叉形板撬起柱塞弹簧，取出各弹簧下座，如图 5-50 所示。在撬柱塞弹簧前转动凸轮轴，使被撬弹簧的滚轮体处于下止点。

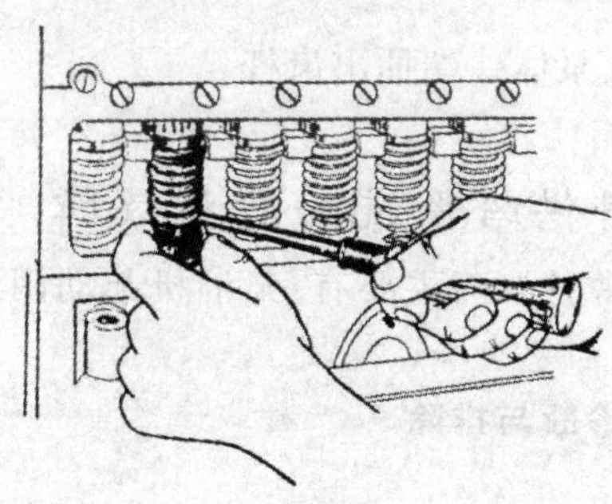

图 5-50　弹簧下座的拆卸

(11) 用千分表触头抵在凸轮轴一端，测量凸轮轴的轴向移动量，作为装配时加减调整垫片的依据。

(12) 放松虎钳，将喷油泵倒置并紧固在虎钳上。

(13) 拆卸泵体底面中部紧固凸轮轴托瓦的螺钉(四缸机无此螺钉)。

(14) 拆卸凸轮轴上联轴器的紧固螺母及垫圈，卸下联轴器。

(15) 拆卸凸轮轴靠联轴器方向的轴承盖板上的四个紧固螺钉，并用两把小起子对称均匀撬动，拆下轴承盖板。

(16) 用手将凸轮轴及其托瓦一起从泵体取出。若取出过程遇到阻碍，可前后稍加旋动就能顺利取出。

(17) 拆卸紧固调速器前壳体的螺钉，然后用木锤或软质轻金属锤四周均匀敲振调速器前壳体，直至将其从泵体上取下。

(18) 依次取出各缸滚轮体部件，为方便起见，可先将泵体底部堵塞拧下（也可不拧堵塞）。

(19) 取出各分泵的柱塞弹簧、柱塞、油量控制套筒和齿圈，取出的柱塞应按缸号顺号整齐摆放在盛有清洁柴油的小洗盆里。

(20) 放松虎钳，将泵体重新正置紧固在虎钳上。

(21) 用扭力扳手拆卸各分泵出油阀紧座，拿出出油阀弹簧，并用专用工具取出出油阀偶件，如图 5-51 所示，出油阀偶件应成对地放入盛有清洁柴油的洗盆里，最好按缸号顺序摆放。

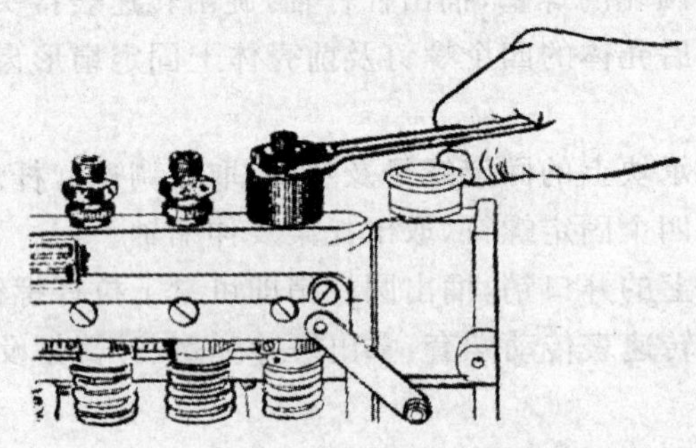

图 5-51　出油阀偶件的拆卸

(22) 旋出柱塞套定位螺钉，依次取出各柱塞套，并与先前取出的柱塞配对放置，切记勿错配。

(23) 拧出齿杆定位螺钉，从泵体一端抽出齿杆。

装配过程与上述拆卸过程相反。

(三)普通柴油机燃料供给系统的典型故障

柴油发动机燃料供给系统常见故障主要有：柴油机起动困难、柴油机怠速不稳、柴油机飞车。

1. 柴油机起动困难故障的诊断与排除

1) 故障现象

(1) 起动机工作正常，发动机无起动迹象，排气管无烟排出。

(2) 起动机工作正常，发动机有起动迹象，排气管冒白烟，但不能发动。

2) 故障原因

第一种现象的实质是柴油没有进入气缸，应从燃料的输送方面查找故障的原因；第二种现象的实质是柴油已经进入气缸，但未能正常组织燃烧，应从供油时刻、燃油雾化、压缩终了时的气缸压力和温度等方面查找故障的原因。造成发动机不能起动的具体原因如下：

(1) 属于低压油路方面的原因

① 油箱内无油或存油不足。

② 油箱开关未打开或油箱盖空气孔堵塞。

③ 油箱至喷油泵间管路堵塞。

④ 油箱至输油泵间管路中有漏气部位，使油路中进入空气。

⑤ 柴油滤清器或输油泵滤网堵塞。

⑥ 喷油泵溢流阀不密封。

⑦ 油路中渗进了水或使用的柴油牌号不对。

(2) 属于高压油路方面的原因

① 喷油泵柱塞偶件磨损过甚，造成内泄漏大，使供油量达不到起动时的需要。

② 喷油泵油量调节机构卡滞，使柱塞不能转动或转动量过小。

③ 出油阀密封不良，造成不供油或供油不足。

④ 喷油器针阀积碳或烧结而不能开启。

⑤ 喷油器针阀开启压力调整过高。

⑥ 喷油器喷孔堵塞。

3) 故障诊断与排除方法

发动机无起动迹象，排气管无烟排出，此故障主要是由于柴油机供给系统不工作，不能向燃烧室喷油所致。在诊断故障时，应首先判断故障是出在柴油供给系统的低压油路还是高压油路。为此，可先将喷油泵上的放气螺塞旋松，用手油泵泵油。若放气螺孔不流油或流出泡沫柴油则表明低压油路故障。若放气螺孔处流油正常且无气泡出现，但各缸喷油器无油喷出，则说明故障在高压油路。应按下列程序进行诊断与排除：

(1) 低压供油部分

① 检查油箱开关是否打开，柴油机熄火拉钮是否退回，油箱内的油面是否过低，油箱盖空气孔是否堵塞，视情况予以补充或修理。

② 旋松喷油泵上的放气螺塞，用手油泵泵油。若从放气螺塞孔流出的燃油中夹有气泡，则说明油路中有空气窜入，应查明原因，是否由于油箱内油量不足、油管接头松动、柴油滤清器衬垫密封不严或油管破裂而引起。此外，还应注意油箱内的上油管的焊接处是否有裂缝或漏孔。

③ 通过手油泵泵油，若觉得来油不畅，则说明低压油路中有堵塞或破损，应检查柴油滤清器和管路是否堵塞。

④ 检查输油泵的工作情况。检查时，用手油泵泵油，若无正常的泵油阻力，并泵油多次也泵不出油，则说明手油泵活塞磨损过甚，输油泵出油阀黏滞或不密封、弹簧折断，应予拆检修理。

⑤ 拉出手油泵手柄，若感到有明显吸力，放开手柄又会自动回位，则说明输油泵至油箱的油路堵塞，应卸下柴油滤清器及输油泵进油管进行清洗，使其畅通。若在拉手柄时感到无吸力，但在压手柄时感到阻力很大，则说明输油泵至喷油泵之间的油路堵塞。手油泵盖密封不严，也会引起输油泵泵油不良。

(2) 高压供油部分

① 检查油门拉杆是否脱落。

② 检查各高压油管有无因破裂或接头松动而漏油。

③ 拆下油泵侧盖，检查供油调节拉杆是否移动灵活，柱塞弹簧是否折断而卡住或柱塞卡在上行位置；拨叉式油量调节机构的调节叉或齿条式调节机构的扇形小齿轮固定螺栓是否松动，调节臂有无脱出。

④ 发动机转动时，用手触试各缸高压油管。若有喷油脉动，说明故障不在喷油泵而在喷

油器。若无喷油脉动或脉动甚弱，说明故障在喷油器。如图 5-52 所示。

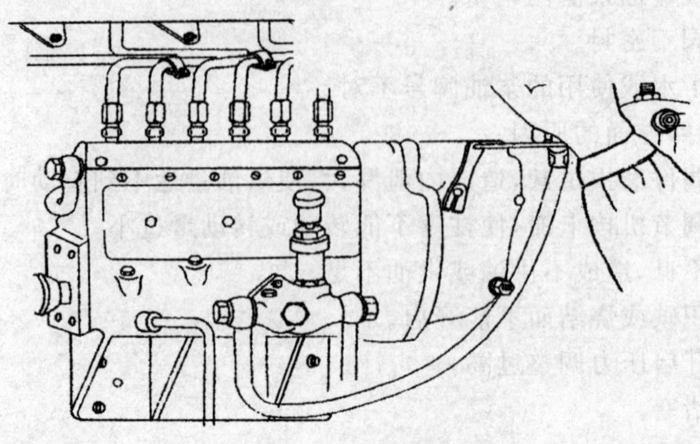

图 5-52　检查高压油管

⑤ 若油泵有故障，拆下喷油泵的高压油管，用手油泵泵油。在泵油时，若出油阀处有油溢出，则说明出油阀磨损或密封不良、出油阀弹簧折断或密封面有污物。

⑥ 若出油阀无油溢出，则应检查高压油路中有无空气。可将调节拉杆放在最大供油量位置上，用螺丝刀撬动喷油泵柱塞弹簧座（见图 5-53），做泵油动作，使柴油从出油阀中喷出，直到不夹有气泡时为止。旋紧高压油管，再撬动喷油泵柱塞弹簧座几次，使喷油器喷出柴油，听到有清脆的泵油声音为止，故障即可排除。

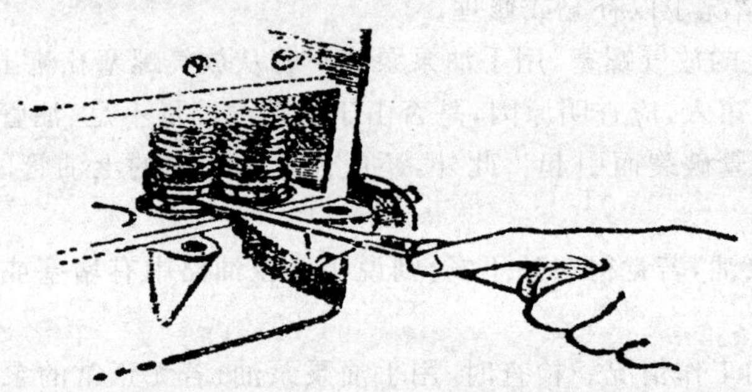

图 5-53　撬动喷油泵柱塞弹簧座

若喷油器有故障，可将喷油器从缸盖上拆下，在缸外将喷油器接到高压油管上，用螺丝刀撬动喷油泵柱塞弹簧座，做泵油动作。若喷油质量不良，则应拆检喷油器，查看弹簧弹力是否正常、喷孔有无堵塞、针阀有无卡滞等。

发动机起动困难，排气管冒白烟应做如下检查：

(1) 气缸内进水

如果排出白烟，用手接近排气管消声器出口处，发现手上留有水珠，说明有水进入燃烧室。

(2) 燃油燃烧不良

① 检查起动预热装置是否损坏；检查进气通道是否堵塞。

② 检查和调整喷油正时。

③ 检查喷油器喷油雾化是否不良。

④ 检查气缸压力是否过低。

⑤ 检查喷油泵供油是否过多或过少。

柴油机起动困难的诊断框图如图 5-54 所示。

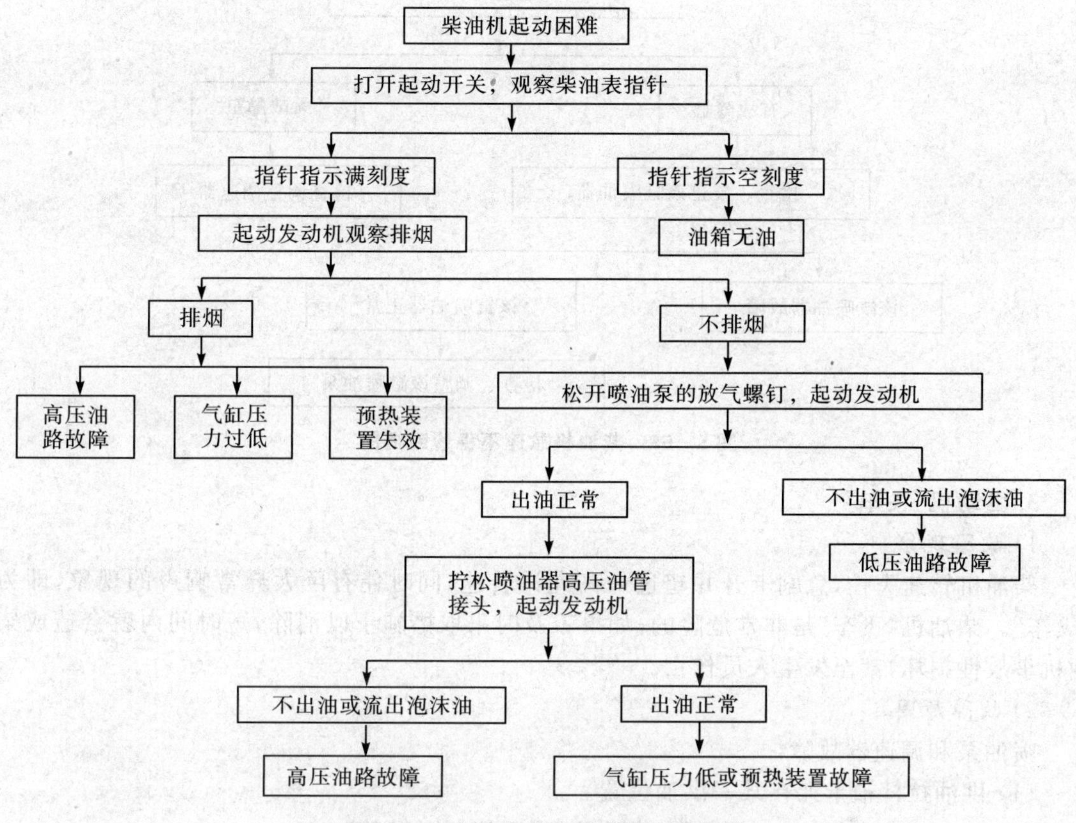

图 5-54 柴油机起动困难的诊断框图

2. 怠速不稳

1) 故障现象

发动机怠速时，转速不稳定，发动机抖动。怠速时易熄火或怠速过高。

2) 故障原因

(1) 各缸供油量不均匀：喷油泵柱塞磨损，出油阀不密封；喷油器针阀磨损，关闭不严，卡滞，喷孔堵；输油泵工作失常；燃油中有水、气。

(2) 各缸供油间隔角不准确。

(3) 各缸喷油压力不均匀，喷油雾化不良。

(4) 调速器失灵，怠速调整不当。

3) 故障诊断与排除方法

(1) 采用单缸断油法，检查有无故障缸。若有，检查故障缸的喷油器、喷油泵、气缸压力。

(2) 如果没有故障缸，进行怠速调整，检查并调整调速器。

(3) 检查柴油中是否有水、有气。

柴油机怠速不稳诊断框图如图 5-55 所示。

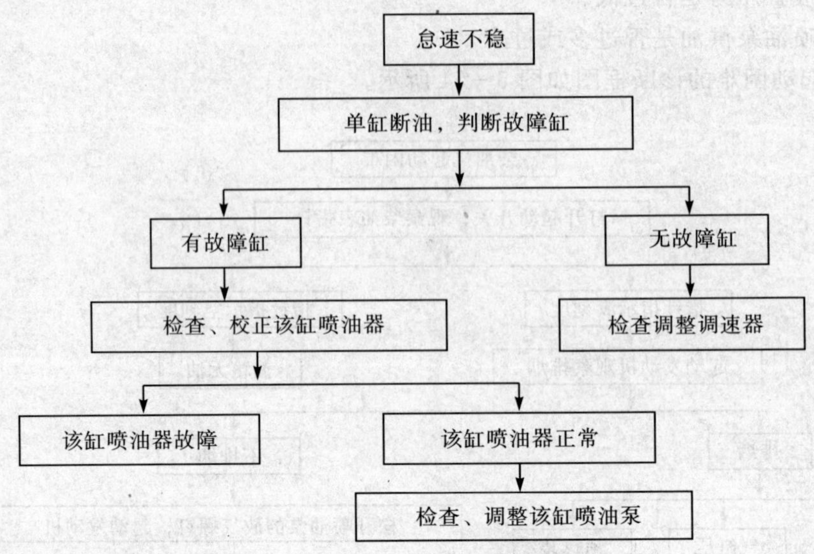

图 5-55　柴油机怠速不稳诊断框图

3. 发动机“飞车”

1) 故障现象

柴油机转速失控，急剧上升并超过最高允许转速，同时伴有巨大异常响声的现象，即为“飞车”。柴油机“飞车”是非常危险的，如果不及时采取措施予以消除，短时间内就会造成柴油机事故性损坏，甚至发生人员伤亡。

2) 故障原因

喷油泵和调速器故障：

(1) 供油拉杆被卡死在某一供油位置。

(2) 某缸的柱塞与柱塞套卡死在供油位置，不能相对转动。

(3) 供油拉杆与调速杠杆之间的联系中断。

(4) 飞球式调速器的飞球组合件锈死。

(5) 调速弹簧折断。

(6) 调速器总成从凸轮轴上脱落，调速器失效。

(7) 柱塞的油量调整齿圈固定螺栓松动，使柱塞失去控制。

(8) 调速器内的机油数量太多、太稠或过脏，飞块难以甩开。

3) 故障诊断与排除方法

分解检查喷油泵和调速器。

4) 发生“飞车”时应采取的措施

发生“飞车”时，应立即采取紧急熄火的措施。紧急熄火的方法有以下几种：

(1) 抬起加速踏板，有熄火拉钮的发动机应拉出熄火拉钮，有减压杆的发动机应提起减压杆，有排气制动阀的发动机则踩下(或按下)排气制动阀开关，迫使发动机熄火。

(2) 挂高速挡，踩下制动踏板，慢抬离合器，或同时将车驶向路旁砂石堆等故障物，强制柴油机熄火。

(3) 堵塞进气口，切断进气。

(4) 松开全部高压油路，切断供油。

以上几种紧急熄火法应根据具体条件灵活运用，以使发动机尽快熄火为原则。如果在车上发生“飞车”，应采用前两种办法熄火；如果发动机还没有装车时发生“飞车”，则应采用后两种方法熄火。

柴油机“飞车”的诊断框图如图5－56所示。

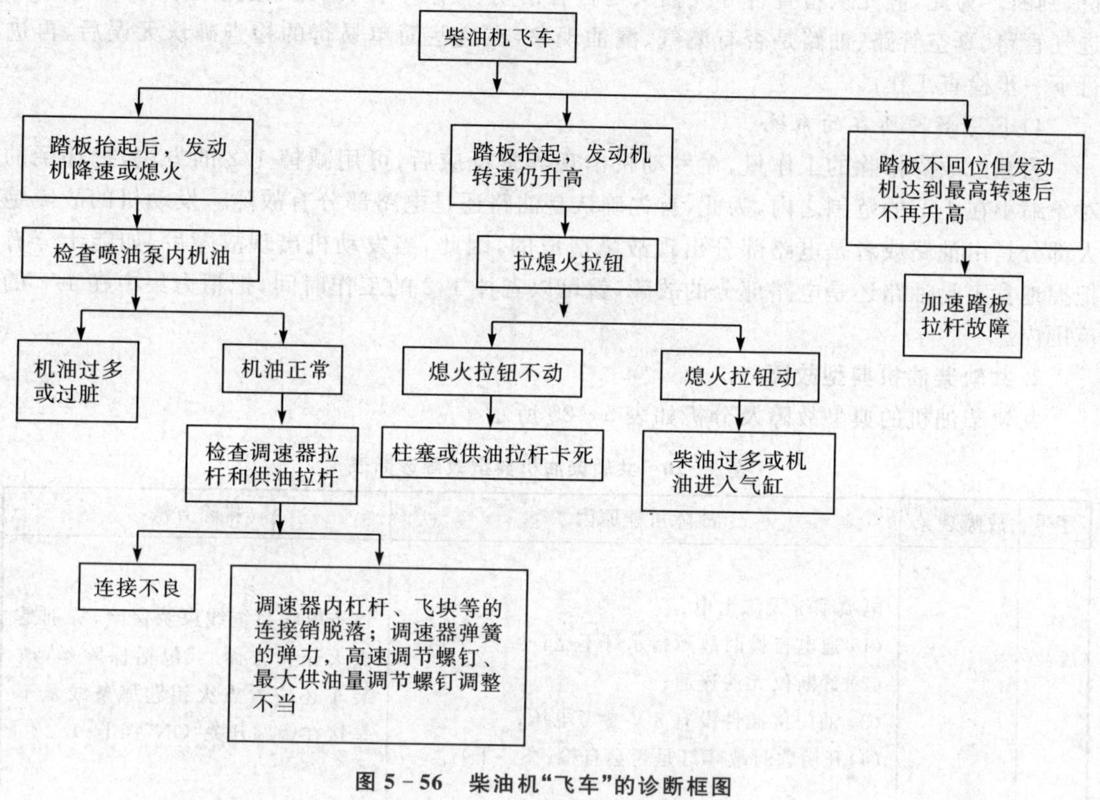

图5－56　柴油机“飞车”的诊断框图

（四）共轨柴油机燃料供给系统的典型故障

1. 电控柴油机燃料供给系统故障诊断的一般步骤

1）确定是否存在故障

在电控发动机故障中，有些故障的现象比较明显，有些却并不大明显。对于现象明显的故障一般不需要进行专门的试验或测试就可以确定发动机故障所在。例如，发动机无法运转、汽车行驶无力等故障现象。而对另外一些故障，其故障现象不大明显，必须通过专门的试验甚至是测试方法方可确定，如燃油消耗量大、排气污染超标等故障现象。

2）进行故障性质的确定

当电控发动机存在故障时，首先观察发动机电控系统自诊断故障指示灯的状况。若此灯在发动机运转过程中点亮，则说明电控发动机存在有自诊断系统能够监测到的故障，故障一般与电控系统有关，此时可通过一定方法调取ECU内存储的故障代码，根据故障代码查找故障原因。

如果发动机确实存在故障，而仪表板上的发动机故障指示灯在发动机运转时未点亮，则说明发动机故障为电控单元自诊断系统不能辨识的故障，此时应按传统发动机那样，根据故障现象，做出初步诊断结果，并分析可能出现的故障原因，按照由外向内、由简到繁的原则进行深入诊断。切记此种情况下，不能随意对电控系统乱拆乱卸。只有在确定故障在电控系统时，才首先检查电控系统，否则均应先查其他部分。

3）直观检查

为了减少排除故障的工作量，应按先简后繁、由表及里、先易后难的程序进行检查、分析、判断。为此，应先从检查各导线插头是否有松动、接触不良、断路、短路入手，然后观察各进气管路、真空管路、油路是否有漏气、漏油现象，在这些简单易行的检查确认无误后，再进行下一步检查工作。

4）区分故障所在的系统

为减少故障排除的工作量，在发动机出现异常反应后，可用减掉 1/2 的方法，把怀疑的对象缩小在 1/2 的范围之内，为此，首先确认是油路还是电路部分有故障。发动机的故障绝大部分是由油路或者是电路部分出现故障造成的，因此，当发动机出现故障后，如能十分有把握地肯定是油路还是电路部分的故障，就可以省掉 1/2 的工作时间，把精力集中在 1/2 的范围内。

2. 共轨柴油机典型故障

共轨柴油机的典型故障及分析如表 5-20 所示。

表 5-20　共轨柴油机典型故障诊断表

序号	故障现象	故障可能原因	排除方法
1	无法起动 难以起动 运行熄火	电喷系统无法上电： (1) 通电自检时故障指示灯不亮； (2) 诊断仪无法连通； (3) 油门接插件没有 5 V 参考电压； (4)开钥匙时故障灯是否会自检(亮一下)。	检查电喷系统线束及保险，特别是点火开关方面。(包括保险丝，改装车还应看点火钥匙那条线是不是接在钥匙开关“ON”挡上。)
		蓄电池电压不足： (1) 万用表或诊断仪显示电压偏低； (2) 专用工具测电瓶在起动的时候的电压降； (3) 起动机拖转无力； (4) 大灯昏暗； (5) 打马达时，马达声音是否运转有力。	更换蓄电池或充电，跟别的车并电瓶。
		无法建立工作时序： (1) 诊断仪显示同步信号故障； (2) 示波器显示曲轴/凸轮轴工作相位错误； (3) 线路是否连接完好； (4) 曲轴位置传感器上是否有异物或者划痕。	检查曲轴/凸轮轴信号传感器是否完好无损； 检查其接插件和导线是否完好无损。

续表

序号	故障现象	故障可能原因	排除方法
1	无法起动 难以起动 运行熄火	预热不足： (1) 高寒工况下，没有等到冷起动指示灯熄灭就起动； (2) 万用表或诊断仪显示预热过程蓄电池电压变动不正常。	检查预热线路是否接线良好； 检查预热塞电阻水平是否正常； 检查蓄电池电容量是否足够。
		ECU 软/硬件或高压系统故障： (1) 诊断仪显示模数转换模块故障； (2) 存在轨压过低的故障。	确认后，更换 ECU 或通知专业人员轨压过低。
		喷油器不喷油： (1) 怠速抖动较大； (2) 高压油管无脉动； (3) 诊断仪显示怠速油量增高； (4) 诊断仪显示喷油驱动线路故障。	检查喷油驱动线路(含接插件)是否损坏/开路/短路； 检查高压油管是否泄漏； 检查喷油器是否损坏/积碳。
1	无法起动 难以起动 运行熄火	高压泵供油能力不足： 诊断仪显示轨压偏小。	检查高压油泵是否能够提供足够的油轨压力； 检查燃油计量阀是否损坏； 检查低压油路是否供油畅通、喷油器是否卡死、高压油管是否破裂等。
		轨压持续超高： 诊断仪显示轨压持续 2 s 高于 1600 bar。	检查燃油计量阀是否损坏； 检查燃油压力泄放阀是否卡滞。
		轨压传感器损坏： 艰难起动后存在敲缸、冒白烟等现象。	拔掉轨压传感器能顺利起动。
		机械组件故障参照机械维修经验： (1) 油路不畅/油路有气、输油泵进口压力不足； (2) 起动电机损坏； (3) 阻力过大，缺机油或者未置空挡； (4) 进/排气门调整错误等。	检查燃油/机油路； 检查进/排气路； 检查滤清器是否阻塞等。

续表

序号	故障现象	故障可能原因	排除方法
2	跛行回家模式(故障指示灯亮)	仅靠曲轴信号运行: (1) 诊断仪显示凸轮信号丢失; (2) 对起动时间的影响不明显。	检查凸轮轴传感器信号线路; 检查凸轮轴传感器是否损坏。
		仅靠凸轮信号运行: (1) 诊断仪显示曲轴信号丢失; (2) 起动时间较长(例如 4 s 左右),或者难以起动。	检查曲轴传感器信号线路; 检查曲轴传感器是否损坏。
3	油门失效,且发动机无怠速(转速维持在 1100 rpm 左右)	油门故障: (1) 怠速升高至 1100 rpm,油门失效; (2) 诊断仪显示第一/二路油门信号故障; (3) 诊断仪显示两路油门信号不一致; (4) 诊断仪显示油门卡滞。	检查油门线路(含接插件)是否损坏/开路/短路; 检查油门电阻特性; 油门踏板是否进水。
4	热保护引起功率/扭矩不足,转速不受限	水温度过高导致热保护; 进气温度过高导致热保护; 燃油温度传感器/驱动线路故障; 进气温度传感器/驱动线路故障; 水温传感器/驱动线路故障。	检查发动机冷却系统; 检查发动机供油系统; 检查发动机气路; 检查水温传感器本身或信号线路是否损坏; 检查气温传感器本身或信号线路是否损坏。
5	电控系统进入失效模式后导致功率/扭矩不足	轨压传感器损坏或线路故障; 燃油计量阀驱动故障,阀损坏或线路故障; 诊断仪显示油门无法达到全开等; 高原修正导致; 油轨压力传感器信号飘移; 高压油泵闭环控制类故障; 增压压力传感器损坏或线路故障。	对于轨压传感器/燃油计量阀故障: (1) 诊断仪显示轨压位于 700～760 bar 左右,随转速升高而升高,则可能燃油计量阀/驱动线路损坏; (2) 诊断仪显示轨压固定于 777 bar,可能为轨压传感器或线路损坏; (3) 发动机最高转速被限制在 1600～1700 rpm 左右; (4) 回油管温度明显升高; (5) 油轨压力信号漂移,检查物理特性,更换; (6) 高压油泵闭环控制类故障,首先检查高压油路是否异常,否则更换高压泵。

续表

序号	故障现象	故障可能原因	排除方法
6	机械系统原因导致功率/扭矩不足	进排气路阻塞,冒烟限制起作用; 增压后管路泄漏,冒烟限制起作用; 增压器损坏(例如旁通阀常开); 进排气门调整错误; 油路阻塞/泄漏; 低压油路有空气或压力不足; 机械阻力过大; 喷油器雾化不良、卡滞等; 其他机械原因。	检查高压/低压燃油管路; 检查进排气系统; 检查喷油器; 参照机械维修经验进行。
7	运行不稳怠速不稳	信号同步间歇错误: 诊断仪显示同步信号出现偶发故障。	检查曲轴/凸轮轴信号线路; 检查曲轴/凸轮轴传感器间隙; 检查曲轴/凸轮轴信号盘。
		喷油器驱动故障: 诊断仪显示喷油器驱动线路出现偶发故障(开路/短路等)。	检查喷油器驱动线路。
		油门信号波动: (1) 诊断仪显示松开油门后仍有开度信号; (2) 诊断仪显示固定油门位置后油门信号波动。	检查油门信号线路是否进水或磨损导致油门开度信号飘移; 更换油门。
		机械方面故障: (1) 进气管路/进排气门泄漏; (2) 低压油路阻塞/油路进气; (3) 缺机油等导致阻力过大; (4) 喷油器积碳、磨损等。	参照机械维修经验进行。
8	冒黑烟	喷油器雾化不良、滴油等: (1) 诊断仪显示怠速油量增大; (2) 诊断仪显示怠速转速波动。	根据机械经验进行判断,例如断缸法等; 确认后拆检。
		油轨压力信号飘移(实际值>检测值): 诊断仪显示相关故障码。	更换轨压传感器。
		机械方面故障,例如气门漏气,进排气门调整错误等; 诊断仪显示压缩测试结果不好。	参照机械维修经验进行。

续表

序号	故障现象	故障可能原因	排除方法
9	加速性能差	前述各种电喷系统故障原因导致扭矩受到限制； 诊断仪显示相关故障码。	按故障代码提示进行维修。
		负载过大： (1) 各种附件的损坏导致阻力增大； (2) 缺机油/机油变质/组件磨损严重； (3) 排气制动系统故障导致排气受阻。	检查风扇等附件的转动是否受阻； 检查机油情况； 检查排气制动。
		喷油器机械故障： 积碳/针阀卡滞/喷油器体开裂/安装不当导致变形。	拆检并更换喷油器。
		进气管路泄漏； 油路进气。	拧紧松脱管路； 排除油路中空气。
		油门信号错误： 诊断仪显示油门踩到底时开度达不到100%。	检查线路； 更换油门。

三、制定分解计划

制定喷油泵的分解计划如表5-21所示。

表5-21 喷油泵分解计划

1. 查阅资料，学习A型喷油泵的结构信息和分解作业注意事项。 2. 查阅维修手册，熟悉A型喷油泵分解步骤，制定A型喷油泵分解计划。		
1. 车辆发动机类型信息描述	车辆描述：	轻卡
	发动机类型信息描述：	康明斯发动机A型泵
2. 柴油机喷油泵分解作业注意事项描述	1. 熟悉喷油泵的结构组成和驱动方式。 2. 喷油泵拆卸后的零部件应按原装配关系放置在清洁的工作台上。 3. 精密偶件要放在单独器皿内，用滤清过的轻柴油清洗，存放。 4. 零件清洗后用压缩空气吹干，柱塞偶件表面上刻有配偶编号及标记，不得错乱。 5. 零件的摆放应整齐有序，边拆卸、边检查、边做好记号并放好。 6. 正确使用机具、工具。	

续表

3. 喷油泵结构信息描述	1 2 3 4 5 6 7 8 9 10 11 12 13 14 15 16 17 18 19 20 21 1. ______ 2. ______ 3. ______ 4. ______ 5. ______ 6. ______ 7. ______ 8. ______ 9. ______ 10. ______ 11. ______ 12. ______ 13. ______ 14. ______ 15. ______ 16. ______ 17. ______ 18. ______ 19. ______ 20. ______ 21. ______
4. 喷油泵分解描述	
5. 喷油泵分解计划	1. 分解工具的准备。 2. 分解步骤的确定。 3. 分解作业安全事项的学习。

四、实施分解作业

柴油机喷油泵分解作业具体实施如表 5-22 所示。

表 5-22　柴油机喷油泵分解作业

<table>
<tr><td colspan="4">1. 学习柴油机喷油泵分解作业安全事项。
2. 会正确对柴油机喷油泵进行分解作业。</td></tr>
<tr><td rowspan="2">1. 车辆信息描述</td><td colspan="2">车辆描述：</td><td>轻卡</td></tr>
<tr><td colspan="2">车辆发动机类型描述：</td><td>康明斯发动机 A 型泵</td></tr>
<tr><td>2. 柴油机喷油泵分解计划描述</td><td colspan="3"></td></tr>
<tr><td>3. 柴油机喷油泵分解作业安全事项学习</td><td colspan="3">1. 注意人身和机件的安全，不了解的先了解后再动手，特别是注意在车底下工作时的人身安全。
2. 注意机、工、量具的正确使用。实训前检查工具车物品是否齐全，机具、量具是否完好，发现问题(包括实训前、实训中、实训后)及时汇报。实训结束后填写设备使用单。
3. 严格按技术规范、操作工艺要求进行拆装。首先考虑使用专用工具，再考虑使用通用工具进行拆装。对于配合表面，严禁敲打。
4. 在拆装机件时，应弄清是否为可拆部位，不能强行拆卸，拆下的零件应按一定顺序放置。
5. 需调整的部位，应按出厂技术数据或技术规程规定的数据进行调整。
6. 注意防火。
7. 认真接受实习前的安全知识教育。</td></tr>
<tr><td colspan="4">4. 柴油机喷油泵分解作业</td></tr>
<tr><td>作业项目</td><td>作业要领</td><td>技术标准</td><td>检查记录</td></tr>
<tr><td>分解工具设备的选用</td><td>1. 扭力扳手。
2. 开口扳手。
3. 活动扳手。
4. 套筒扳手。
5. 滚轮挺柱体拆装工具。
6. 柱塞拆装工具。
7. 出油阀座拉器。</td><td>1. 扭力扳手常用有294 N·m、490 N·m两种。
2. 开口扳手开口的中心平面和本体中心平面成15°角，这样既能适应人手的操作方向，又可降低对操作空间的要求。
3. 活动扳手常用有 150 mm、300 mm 两种。
4. 常用套筒扳手的规格是 10～32 mm。</td><td>1. 选用的扭力扳手为：______
2. 选用的开口扳手为：______
3. 选用的活动扳手为：______
4. 选用的套筒扳手为：______</td></tr>
</table>

续表

作业项目	作业要领	技术标准	检查记录
分解步骤	1.堵住低压油路进出油口和高压油管接头。清洗泵体，放尽机油，固定在拆装台架上。 2.拆下输油泵总成，检查窗盖板、油尺及泵体底部螺塞。 3.转动凸轮轴，使1缸的滚轮挺柱上升到最高位置。滚轮挺柱体托板插在滚轮挺柱体的正时螺钉与正时螺母之间，使滚轮与凸轮轴的凸轮脱离接触。 4.拆下调速器后盖固定螺钉，将调速器后盖稍向后移并后倾适当的角度，然后拨开连接杆上的锁夹，使调节齿杆与连接杆脱离。再用尖嘴钳取下起动弹簧，取下后盖总成。 5.用专用工具拆下调速器飞锤支座固定螺母，用拉力器拆下飞锤支座总成。 6.拆下凸轮轴前轴承盖的固定螺栓，取下前轴承盖，拆下凸轮轴的中间支承，用木锤或铜棒从调速器一端敲击凸轮轴，将其连同轴承一起从泵体前端取出。若轴承损坏需更换，分别从凸轮轴和轴承座内取下轴承内外圈。 7.将泵体检视窗一侧朝上放置。用滚轮挺柱体拆装工具从泵体下部的螺塞孔插入泵体内，使其前端的弹簧夹夹住滚轮，用力推动滚轮总成，进一步压缩柱塞弹簧，然后抽出此缸的滚轮挺柱体托板或销钉，逐渐放松柱塞弹簧，取出滚柱总成。 8.将柱塞拆装工具从泵体底面的螺塞孔伸入泵体内，使柱塞拆装工具头部夹住柱塞尾部的凸起，用力拔出柱塞，按顺序放置在专用的支架上，取下各缸柱塞弹簧和弹簧座，按顺序摆好。 9.拆下出油阀接头，依次取出减容器、出油阀弹簧、出油阀，用出油阀座拉器拉出出油阀座。所有零件都按顺序摆放。 10.用手指托起柱塞套，将其从泵体上方取出，柱塞套与原柱塞配对按顺序摆放，不得错乱。 11.从检视窗内取出调节齿圈、油量控制套筒，拧下泵体背后的齿杆定位螺钉，拉出供油调节齿杆。 注意：单独更换柱塞偶件是喷油泵维修中常见的情况。为简化操作过程，避免拆卸调速器、凸轮轴，可按下列方法和步骤分解： (1) 转动凸轮轴，使某缸滚轮挺柱到下止点，然后用螺丝刀撬起柱塞弹簧，使之与弹簧座脱离，用尖嘴钳从侧面取下弹簧座。 (2) 拆下高压油管接头，依次取出减容器、出油阀弹簧、出油阀偶件，然后用铁丝做成的钩子将柱塞和柱塞套一起从泵体上方的座孔内取出。 (3) 根据需要，可从检视窗取出柱塞弹簧、油量控制套筒、滚轮挺柱等零件。		1.凸轮轴的轴向间隙： ________ 2.凸轮轴轴承磨损情况： ________ 3.供油齿杆总行程： ________ 4.零件上的记号： ________ ________ ________ 5.柱塞与柱塞套的配合间隙： ________ 6.各个螺丝的状况： ________、 ________、 ________、 ________、 ________、 ________等

续表

5.分解作业完成后的收获与感想	

五、检验评估

任务二的检验评估如表5－23所示。

表5－23 检验评估

<table>
<tr><td>评价指标</td><td colspan="5">检验说明</td><td>检验记录</td></tr>
<tr><td>维护检查项目</td><td colspan="5">1.拆解工具设备
2.检查柱塞泵凸轮轴的轴向间隙
3.检查柱塞泵凸轮轴轴承的磨损情况
4.检查柱塞与柱塞套的配合间隙</td><td></td></tr>
<tr><td>柴油机喷油泵分解过程情况</td><td colspan="6"></td></tr>
<tr><td>评价内容</td><td colspan="2">检验指标</td><td>权重</td><td>自评</td><td>互评</td><td>总评</td></tr>
<tr><td rowspan="3">检查任务完成情况</td><td colspan="2">1.完成任务过程情况</td><td rowspan="3">4</td><td rowspan="3"></td><td rowspan="3"></td><td rowspan="10"></td></tr>
<tr><td colspan="2">2.任务完成质量</td></tr>
<tr><td colspan="2">3.在小组完成任务过程中所起作用</td></tr>
<tr><td rowspan="4">专业知识和专业技能</td><td colspan="2">1.能说出喷油泵的作用</td><td rowspan="4">8</td><td rowspan="4"></td><td rowspan="4"></td></tr>
<tr><td colspan="2">2.能描述喷油泵的组成</td></tr>
<tr><td colspan="2">3.能描述喷油泵的工作过程</td></tr>
<tr><td colspan="2">4.能正确地选择和使用工具分解喷油泵</td></tr>
<tr><td rowspan="3">职业素养</td><td colspan="2">1.学习态度:积极主动参与学习</td><td rowspan="3">3</td><td rowspan="3"></td><td rowspan="3"></td></tr>
<tr><td colspan="2">2.团队合作:与小组成员一起分工合作,不影响学习进度</td></tr>
<tr><td colspan="2">3.现场管理:服从工位安排,执行实训室“5S”管理规定</td></tr>
<tr><td>综合评价与建议</td><td colspan="6"></td></tr>
</table>

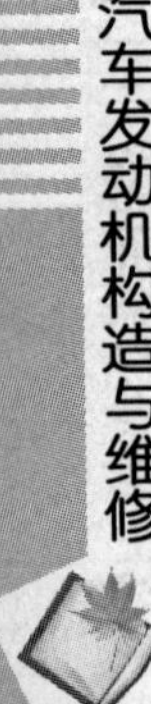

项目思考

1. 简述柴油机燃料供给系统的分类。
2. 简述普通柴油机燃料供给系统的工作过程。
3. 简述高压共轨柴油机燃料供给系统的工作过程。
4. 柱塞泵与转子泵有什么不同?
5. 简述柱塞泵的拆装过程。
6. 柴油机调速器起什么作用? 有哪些分类?
7. 废气涡轮增压系统有什么作用? 简述废气涡轮增压系统的工作过程。
8. 简述柴油机燃料供给系统的维护项目。
9. 如何诊断与排除柴油机不能起动的故障?
10. 如何诊断与排除柴油机怠速不稳的故障?

润滑系的检修

项目描述

一辆上海帕萨特 B5 1.8T 轿车，行驶里程 15 万 km，最近出现发动机热车行驶时机油灯报警并发出蜂鸣声，有时在怠速状态下也会出现。

项目目标

1. 能说出润滑系的结构。
2. 能正确地选择和使用维修工量具拆检润滑系组件。
3. 能进行润滑系的总体拆装、调整和故障诊断与排除。

任务一　认识润滑系

任务描述

一辆上海帕萨特 B5 1.8T 轿车，最近发动机热车行驶时机油灯报警并发出蜂鸣声，有时在怠速状态下也会出现，进厂进行维修。针对维修接待和车间确认意见，首先要熟悉润滑系结构。

任务目标

1. 能阐述润滑系的功用、组成与原理。
2. 能正确描述发动机润滑系的润滑方式与润滑油路。

一、维修接待

按照表 6－1 完成待修车辆的维修接待，并准确填写接车问诊表。

表 6-1 维修接待与接车问诊表

1. 通过询问客户了解润滑系发生故障情况，填写接车问诊表。
2. 车间检测初步确认需对润滑系进行检修及更换其主要故障零部件。

接车问诊表

车牌号：________ 车架号：________ 行驶里程：________(km)
用户名：________ 电　话：________ 来店时间：________

用户陈述及故障发生时的状况：一辆上海帕萨特 B5 1.8T 轿车，行驶里程 15 万 km，最近出现发动机热车行驶时机油灯报警并发出蜂鸣声，有时在怠速状态下也会出现故障。
故障发生状况提示：行驶状况、机油压力、发生频度、发生时间、发生状况等。

接车员检测确认建议：需对发动机润滑系进行综合修理。

车间检测确认结果及主要故障零部件：需对发动机润滑系进行综合修理，必要时更换故障零部件。

车间检查确认者：________

外观确认：(请在有缺陷部位做标识)

功能确认：(工作正常√　不正常×)
□音响系统　□门锁(防盗器)　□全车灯光
□工具　□后视镜　□天窗　□座椅
□点烟器　□玻璃升降器　□玻璃

物品确认：(有√　无×)
F
E
□贵重物品提示
□工具　□备胎　□灭火器
□其他(　　　　)
旧件是否交还用户
□是　□否
用户是否需要洗车
□是　□否

· 检测费说明：本次检测的故障如用户在本店维修，检测费包含在修理费用内；如用户不在本店维修，请支付检测费。本次检测费：￥________元。
· 贵重物品：在将车辆交给我店检查修理前，已提示将车内贵重物品自行收起并保存好，如有遗失恕不负责。

接车员：________　用户确认：________

二、信息收集与处理

按表 6-2 完成任务一的信息收集与处理。

表 6－2　信息收集与处理

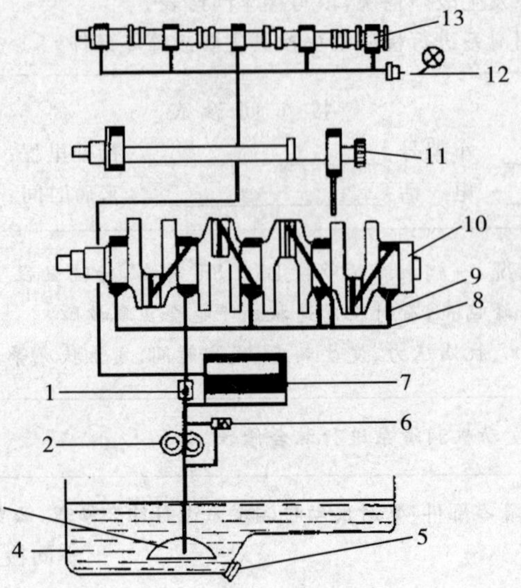

序号	部件名称	作　用
1		
2		
3		
4		
5		
6		
7		
8		
9		
10		
11		
12		
13		
润滑系的作用：________________________________。		

（一）润滑系的功用与润滑方式

发动机工作时，相对运动的零件表面（如曲轴与轴承、活塞与气缸壁、正时齿轮副等）之间必然会产生摩擦，摩擦使零件表面迅速磨损，而且由于摩擦产生的大量热能可能导致零件表面烧蚀，致使发动机无法正常运转，同时零件表面之间的摩擦还会增大发动机内部的功率消耗。因此，为保证发动机正常工作，必须对相对运动的零件表面加以润滑。发动机的润滑是由润滑系来实现的。

1. 润滑系的功用

润滑系的功用就是在发动机工作时连续不断地把数量足够的洁净润滑油输送到全部传动件的摩擦表面，并在摩擦表面之间形成油膜，实现液体摩擦，从而减小摩擦阻力，降低功率损耗，减轻机件磨损，以达到提高发动机工作可靠性和耐久性的目的。润滑系的具体功用可归纳为以下七个方面：

(1) 润滑功用：润滑运动零件表面，实现液体摩擦，减小零件的摩擦阻力和磨损，降低发动机的摩擦功率损失。

(2) 清洗功用：油在润滑系内不断循环，清洗摩擦表面，带走磨屑和其他异物。

(3) 冷却功用：机油在润滑系内循环带走零件摩擦产生的热量，起到冷却作用，使零件温度不致过高。

(4) 密封功用：在运动零件之间形成油膜，提高它们的密封性，有利于防止漏气或漏油。

(5) 防锈蚀功用：在零件表面形成油膜，对零件表面起保护作用，防止零件与水分、空气及燃气接触而发生氧化和锈蚀。

(6) 液压功用：润滑油可用作液压油，起液压作用，如液压挺柱。

(7) 减震缓冲功用：在运动零件表面形成油膜，利用润滑油膜的不可压缩性，缓解配合件之间的冲击并减小振动，起减震缓冲作用。

2. 润滑方式

1) 压力润滑

利用机油泵，将具有一定压力的润滑油源源不断地送往摩擦表面的间隙中。主要应用于负荷大、运动速度高的零件。例如，在曲轴主轴承，连杆轴承及凸轮轴轴承、摇臂等处形成油膜以保证润滑。

2) 飞溅润滑

利用发动机工作时运动零件飞溅起来的油滴或油雾来润滑摩擦表面的润滑方式称为飞溅润滑。主要应用于裸露在外面承受载荷较轻的零件(例如气缸壁)，相对滑动速度较小的零件(例如活塞销以及配气机构的凸轮表面、挺柱等)。

3) 定期润滑(不属于润滑系)

对于负荷较小的发动机辅助装置则只需定期、定量加注润滑脂进行润滑。主要应用于辅助机件，例如水泵、发电机轴承与汽车底盘等。定期润滑不属于润滑系的工作范畴。近年来在发动机上采用含有耐磨润滑材料(如尼龙、二硫化钼等)的轴承来代替加注润滑脂的轴承。

一般的汽车发动机都同时采用两种以上的润滑方式，称为复合式润滑。

(二)润滑系的组成

润滑系一般由机油泵、油底壳、润滑油道、润滑油管、机油滤清器、阀类、机油散热器、机油压力表、温度表、机油标尺等组成，如图 6-1 所示。

1. 机油泵

保证润滑油在润滑系内循环流动，并在发动机任何转速下都能以足够高的压力向润滑部位输送足够数量的润滑油。

2. 油底壳

存储润滑油的容器，一般位于曲轴箱下。

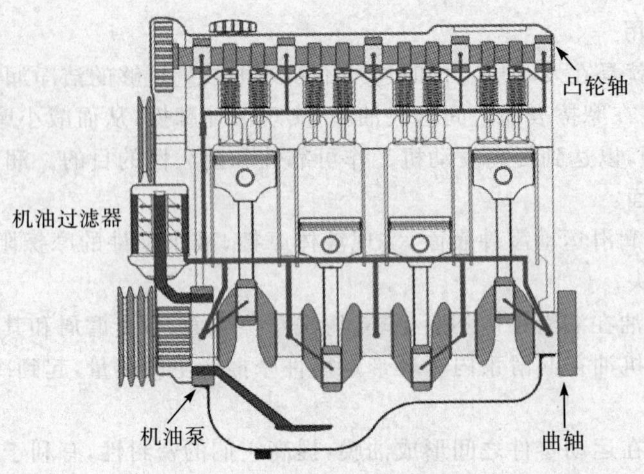

图 6-1 润滑系的组成结构图

3. 机油滤清器

它由集滤器、粗滤器和细滤器组成，用来滤除润滑油中的金属磨屑、机械杂质和润滑油氧化物。这些杂质若随同润滑油进入润滑油路，必将加速发动机零件的磨损，甚至可能堵塞油管或油道，使发动机润滑无法进行。

4. 主油道

直接在缸体与缸盖上铸出，向各润滑部位输出润滑油。

5. 机油冷却器

在热负荷较高的发动机上装备有机油冷却器，用来降低润滑油的温度，一般发动机是采用让汽车行驶中的迎面空气流吹拂油底壳的方式来冷却润滑油的。由于润滑油在循环过程中吸收零件摩擦所产生的热量会引起温度升高，润滑油温度过高则其黏度下降，在摩擦表面不易形成油膜，此外还会加速润滑油老化变质，缩短润滑油使用期，因此应对润滑油进行适当冷却，以保持油温在正常范围之内，即 70～90 ℃。

6. 阀类

在发动机的润滑油路中，设有各种阀，如限压阀、旁通阀、进油限压阀等，以确保润滑系正常工作。

1）限压阀

装在机油泵端盖上，也可以单独设置。限制润滑系内的最高油压，防止因压力过高而造成密封垫圈发生泄漏现象。当油压超过正常工作范围时，机油压力便克服弹簧张力使球阀打开，部分机油在泵内泄回进油端而不输出，保持润滑油路内油压正常。正常的油压应为 150～600 kPa。

2）旁通阀

一般装在粗滤器上。若粗滤器的滤芯被杂质堵塞时，机油便顶开旁通阀直接进入主油道，以保证发动机各部件有足够的润滑油。旁通阀与限压阀的结构基本相同，只是其安装位置、控制压力、溢流方向不同，通常旁通阀弹簧刚度要比限压阀弹簧刚度小得多。

3）进油限压阀

一般装在细滤器上。当润滑油路中油压低于 100 kPa 时，进油限压阀不开启，机油细滤

器停止工作，以保证主油道内的油压足够。

4) 机油冷却器开关

装在细滤器上。当气温高于 293 K(20 ℃)时，驾驶员控制打开此开关，使部分机油流经机油散热器冷却，以保持机油的温度。

5) 机油冷却器安全阀

装在细滤器上。当油压高于 400 kPa 时，机油冷却器安全阀开启，使部分机油经此阀泄入油底壳，以防止冷却器损坏。

7. 润滑油压力表和机油压力过低警告灯

用来指示机油压力，便于驾驶员能随时掌握润滑系的工作状况。当主油道内的油压低于 100 kPa 时，警告灯发亮，应立即停车检查。

8. 油尺

用来检查油底壳内油量和油面高低。它是一片金属杆，下端制成扁平状，并有刻线。机油油面必须处于油尺上下刻线之间。

(三)润滑系中各主要部件的构造

1. 机油泵

用于提高机油压力，保证机油在润滑系统内不断循环。目前发动机润滑系中广泛采用的是齿轮式机油泵和转子式机油泵两种。

1) 齿轮式机油泵

(1) 外啮合式齿轮泵的构造

齿轮式机油泵主要由主动轴、主动齿轮、从动轴、从动齿轮、壳体等组成。外啮合式齿轮泵的结构如图 6-2 所示。

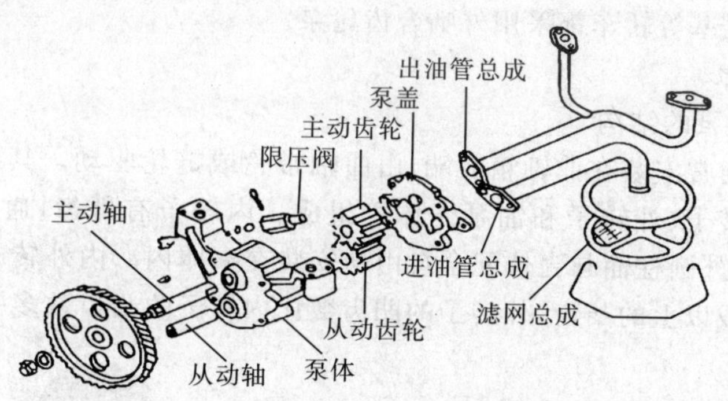

图 6-2　外啮合齿轮结构图

(2) 工作原理

齿轮式机油泵的工作原理如图 6-3 所示。

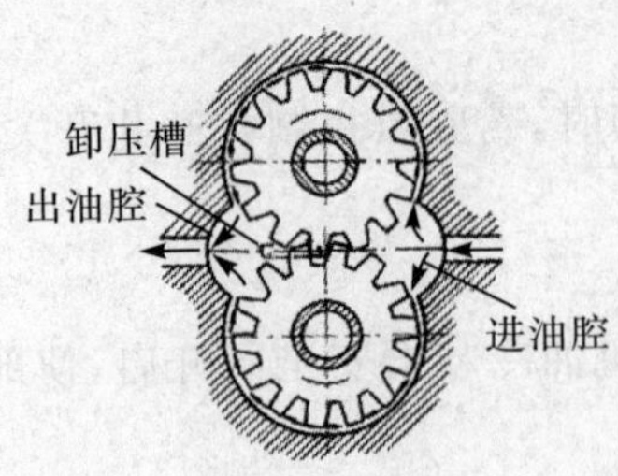

(a)

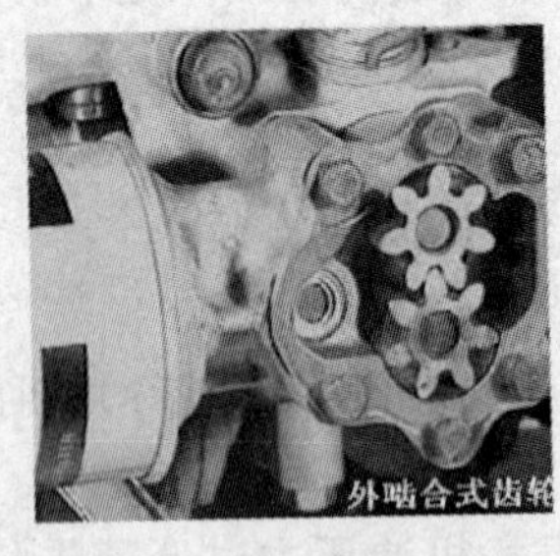

(b)

图 6-3 外啮合齿轮工作原理图

① 吸油:齿轮的端面由机油泵盖封闭,泵体、泵盖和齿轮的各个齿槽组成工作腔。发动机工作时,当主动齿轮(半圆键)带动从动齿轮按图中所示箭头方向旋转时,进油腔的容积由于轮齿逐渐脱离啮合而增大,腔内产生一定的真空,机油从进油口吸入进油腔。

② 压油:机油泵齿轮旋转时把齿间所存的机油带到出油腔内,此处的容积由于轮齿逐渐进入啮合而减小,压力升高,机油经出油口压入润滑油道。

只要发动机连续运转,润滑油就不断地被机油泵输送到各润滑部位,且输出的油量与发动机的转速成正比。

(3) 外啮合齿轮式机油泵的安装位置及驱动方式

齿轮式机油泵的安装位置一般在曲轴箱内,通常由曲轴或凸轮轴经中间传动机构驱动。

(4) 外啮合齿轮式机油泵的特点

外啮合齿轮式机油泵的优点是结构简单,制造较容易,效率高,功率损失小,工作可靠,使用寿命长;缺点是需要中间传动机构,体积大,制造成本较高,供油不均匀等。国产普通桑塔纳、捷达、奥迪切诺基等轿车都采用外啮合齿轮泵。

2) 转子式机油泵

(1) 转子式机油泵的结构

转子式机油泵通常安装在曲轴箱前端,由曲轴带轮或链轮驱动。其结构原理如图 6-4 所示。它主要由内转子、外转子和油泵壳体等组成。内转子有外齿,通过键固定于主动轴上。外转子有内齿,外圆柱面与壳体配合自由地安装在泵体内。内外转子有一定的偏心距,内转子一般有四个或以上的凸齿,外转子的凹齿数比内转子的凸齿数多一个,外转子在内转

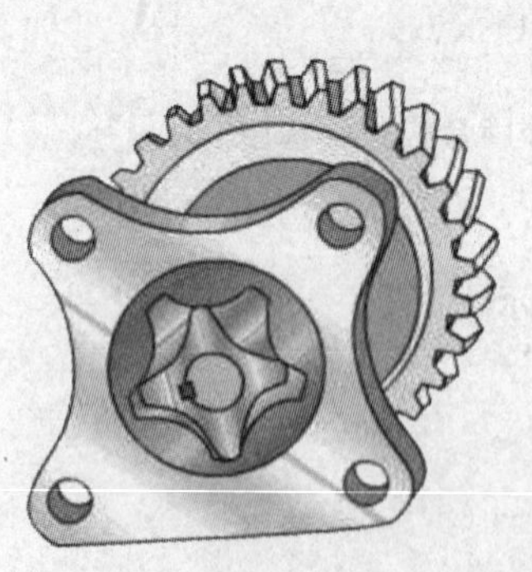

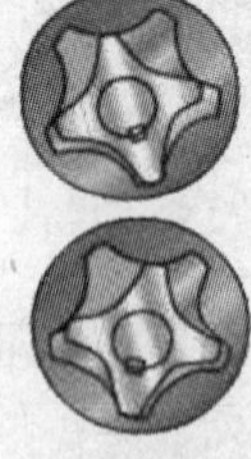

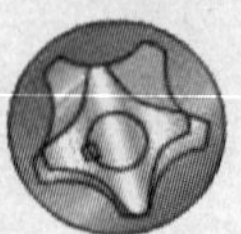

图 6-4 转子式机油泵结构原理图

子的带动下转动，内、外转子的齿形轮廓为次摆线。壳体上设有进油口和出油口。

(2) 转子式机油泵的工作原理

机油泵传动轴通过半圆键带动内转子转动，内转子通过与外转子啮合，同方向带动外转子转动(外转子与机油泵体内孔间隙配合)。在内外转子的转动过程中，转子每个齿的齿形齿廓线上总能互相成点接触。因此，在内外转子之间形成了四个互相封闭的工作腔。由于外转子总是慢于内转子且内外转子中心偏置，这四个工作腔容积随着转子的转动发生了变化，容积增大的区域形成了一定真空，进油口设在这里；容积减小的区域压力提高，出油口设在这里。每个工作腔总是在最小时与壳体上的进油孔接通，随后容积逐渐变大，形成真空，把机油吸进工作腔。当该容积旋转到与泵体上的出油孔接通且与进油孔断开时，容积逐渐变小，工作腔内压力升高，将腔内机油从出油孔压出。直至容积变为最小，又重新与进油孔接通开始进油为止。如此往复循环，不断吸油、压油，将机油压送到各配合面。

(3) 转子式机油泵的特点

转子式机油泵的优点是结构紧凑，供油量大而且油压均匀，噪声小，吸油真空度较高。而且，当机油泵安装在曲轴箱外或安装位置较高时，采用转子式机油泵比较合适。其缺点是内、外转子的啮合表面滑动阻力较大，发动机功率消耗增多，而且由于转速较高，容易产生气泡，影响正常供油。

2. 机油滤清器

发动机工作时，金属磨屑和大气中的尘埃以及燃料燃烧不完全所产生的碳粒会渗入机油中，机油本身也因受热氧化而产生胶状沉淀物。机油中含有这些杂质，如果把这样的脏机油直接送到运动零件表面，机油中的机械杂质就会成为磨料，加速零件的磨损，并且引起油道堵塞及活塞环、气门等零件胶结。因此必须在润滑系中设有机油滤清器，使循环流动的机油在送往运动零件表面之前得到净化处理，保证摩擦表面的良好润滑，延长其使用寿命。

机油在流到运动零件摩擦表面之前，所经过的滤清器滤芯愈细，滤清次数愈多，将使机油阻力愈大，为此在润滑系中一般装有几个不同滤清能力的滤清器——集滤器、粗滤器和细滤器，分别串联或并联在主油道中，这样既能使机油得到较好的滤清，而又不至于造成很大的流动阻力。现代汽车上多将粗滤器和细滤器制成整体，定期更换。

1) 集滤器

(1) 功用

集滤器是用金属丝编造的滤网，是润滑系的进口，装在机油泵之前，用来滤除润滑油中粗大的杂质，防止其进入机油泵。

(2) 类型

目前汽车发动机所用的集滤器有浮式集滤器和固定式集滤器两种，如图 6-5 所示。

在国产桑塔纳、捷达、奥迪等轿车及依维柯轻型车上，均采用深入油面以下的固定式集滤器。与浮式集滤器相比，固定式集滤器虽然吸入润滑油的清洁度稍差，但结构简单，并可防止油面上的泡沫被吸入润滑系，所以应用广泛。

2) 粗滤器

(1) 功用

用来过滤润滑油中颗粒较大(直径 0.04 mm 以上)的杂质。它对机油的流动阻力较小，通常串联于机油泵与主油道之间，属于全流式滤清器。

(2) 类型

粗滤器根据滤芯的不同,有多种不同的结构形式。传统的粗滤器多采用金属片缝隙式和绕线式。现在发动机多采用纸质式或锯末式。

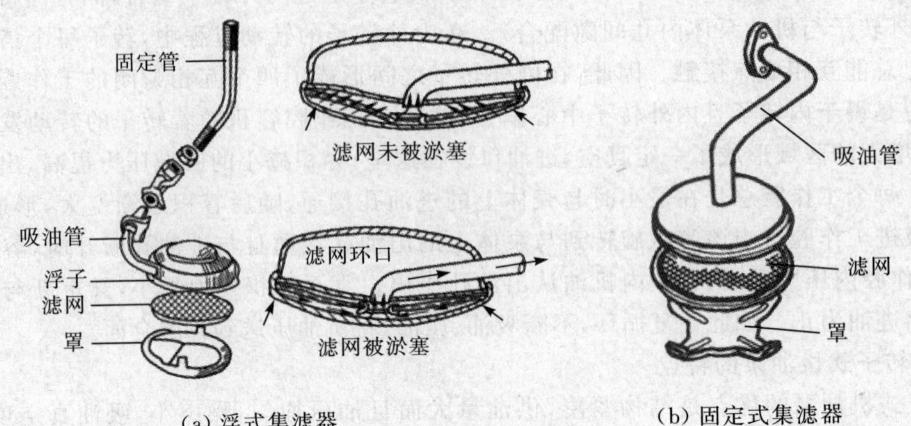

(a) 浮式集滤器　　(b) 固定式集滤器

图 6-5　集滤器结构图

3) 细滤器

(1) 功用

用来清除微小杂质(直径 0.001 mm 以上)、胶质、水分。大多为分流式,全流式需装旁通阀。

(2) 类型

按过滤方式不同分为过滤式和离心式两种。过滤式细滤器与粗滤器结构基本相同,只是滤芯能过滤掉更细小颗粒的杂质。过滤式机油细滤器存在着滤清能力与通过能力的矛盾,为此,汽车发动机多采用离心式机油细滤器。细滤器过滤能力强,流动阻力大,与主油道并联安装。

4) 复合式机油滤清器

桑塔纳 2000 型等轿车发动机为了简化结构,方便更换,采用细滤芯与粗滤芯串联,且在同一壳体内的复合式滤清器,其结构如图 6-6 所示。

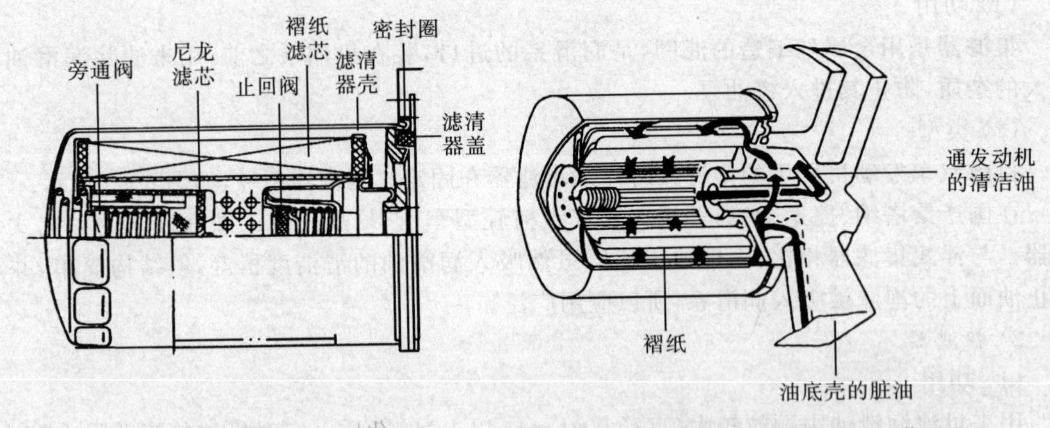

(a) 桑塔纳发动机机油滤清器结构图　　(b) 复合式滤清器的工作过程

图 6-6　桑塔纳发动机滤清器

机油滤清器的工作过程：从油底壳来的脏机油从端盖周边的油孔进入滤清器内，经褶纸和尼龙滤芯过滤后进入滤清器中心油腔。当机油压力大于止回阀的弹簧弹力时，推开止回阀，过滤后的机油流向端盖油道后进入发动机主油道。

褶纸粗滤芯由棉花、毛绒、人造纤维等不同类型的材料制成，能吸附不同类型和不同直径的杂质。细滤芯则由尼龙制成。复合式滤清器的工作流程如图 6－10(b)所示。

为了安全起见，滤清器有一个旁通阀，当滤芯被堵塞机油压力增大时，旁通阀打开，机油绕过滤芯直达中心油腔，可防止发动机缺油。发动机停止工作，机油泵停止泵油，滤清器中心油腔的压力下降，止回阀在弹簧的作用下关闭，以维持发动机内有足够的机油，利于下次起动。

3. 机油冷却器

热负荷较大的发动机，如大功率柴油机、大排量汽油机等，除利用油底壳对机油进行散热外，还设有专门的机油冷却装置，以便对润滑油进行强制性冷却，使润滑油保持在最有利的温度范围内工作。

机油冷却器有风冷式和水冷式两种形式。机油冷却器和冷却水散热器结构基本相同，但它采用横流式结构，布置在冷却水散热器前面。机油散热器油路与主油道并联，利用风扇风力使机油冷却。

1) 风冷式机油冷却器

风冷式冷却器很像一个小型散热器，一般安装在发动机冷却系散热器的前面，利用汽车行驶时的迎面风和冷却风扇的风力使机油冷却，如图 6－7 所示。

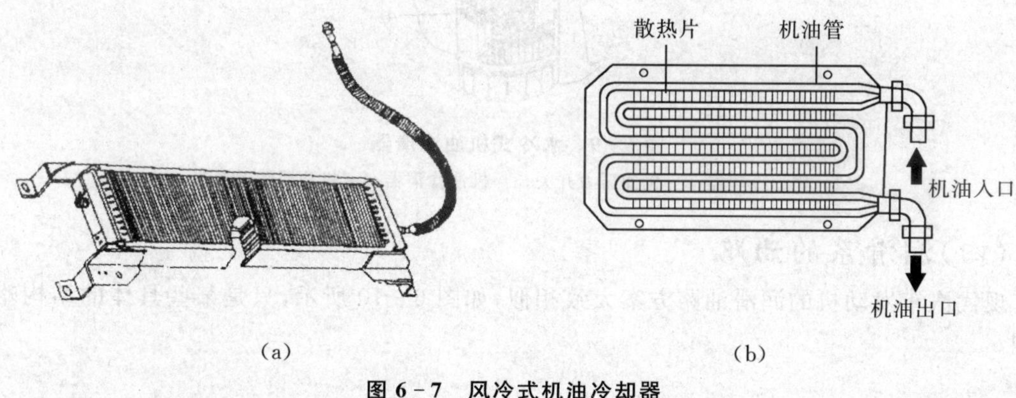

图 6－7　风冷式机油冷却器

2) 水冷式机油冷却器

水冷式机油冷却器(机油散热器)装在发动机冷却水路中，当油温较高时靠冷却液降温，而起动期间油温较低时，则从冷却液吸热迅速提高机油温度。水冷式机油冷却器外形尺寸小，布置方便，且不会使润滑油冷却过度，润滑油温度稳定，因而在轿车上应用较广。如图 6－8所示为一种常见的水冷式机油冷却器，冷却器串接于机油泵与主油道之间，利用发动机冷却液流经散热片间缝隙带走机油热量，冷却后的机油再流入主油道。

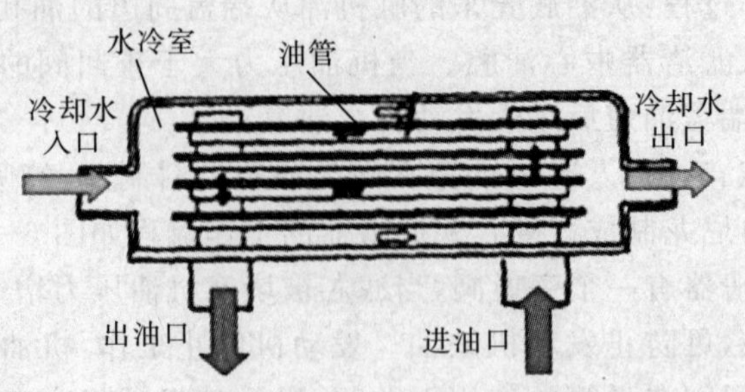

图 6－8　水冷式机油冷却器

如图 6－9 所示为布置在机油滤清器上的水冷式机油冷却器的实例。润滑油经滤清器滤清之后直接进入冷却器，在冷却器芯内流动，从散热器出水管引来的冷却液在冷却器芯外流过。两种流体在冷却器内进行热交换，使高温润滑油得以冷却降温。

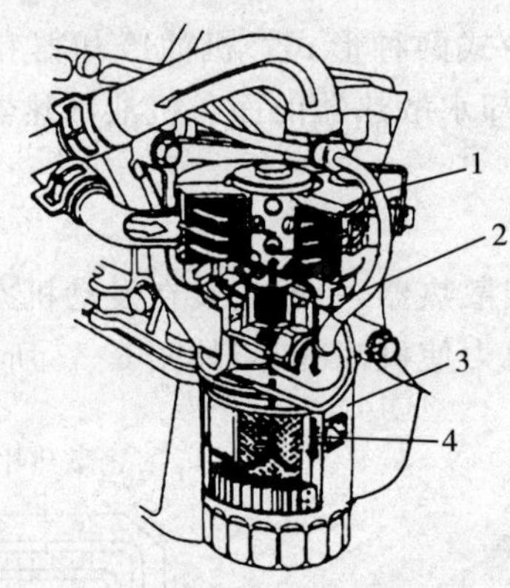

图 6－9　水冷式机油滤清器

1—机油冷却器；2—机油压力开关；3—机油滤清器；4—机油滤清器滤芯

(四)润滑系的油路

现代汽车发动机的润滑油路方案大致相似，如图 6－10 所示，只是某些具体的结构略有差别。

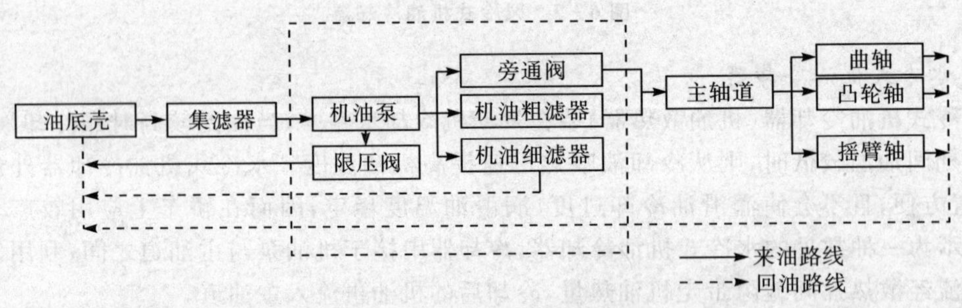

图 6－10　润滑系的油路示意图

桑塔纳轿车 JV 型发动机润滑油路：机油泵位于曲轴箱内，由曲轴通过链轮驱动；机油集滤器安装于机油泵进油口；机油滤清器串联安装于机油泵出口与主油道之间。在此系统中，

曲轴的主轴颈、曲柄销、凸轮轴颈及中间轴(分电器和机油泵的传动轴)颈均采用压力润滑,其余部分则用飞溅润滑或润滑脂润滑。

当发动机工作时,润滑油从油底壳经集滤器被机油泵送入机油滤清器。如果油压太高,则润滑油经机油泵上的安全阀返回机油泵入口。全部润滑油经滤清器滤清之后进入发动机主油道。滤清器盖上设有旁通阀,当滤清器堵塞时,润滑油不经过滤清器滤清,而从旁通阀直接进入主油道。润滑油经主油道进入五条分油道分别润滑五个主轴承。然后,润滑油经曲轴上的斜油道,从主轴承流向连杆轴承润滑曲柄销。主油道中的部分润滑油经分油道供入中间轴的后轴承。中间轴的前轴承由机油滤清器出油口的一条油道供油润滑。主油道的另一条分油道直通凸轮轴轴承润滑油道,此油道也有五个分油道,分别向五个凸轮轴承供油。在凸轮轴轴承润滑油的后端,也就是整个压力润滑油路的终端,装有最低润滑油压力报警开关。当发动机起动之后,润滑油压力较低,最低油压报警开关闭合,油压指示灯亮。当润滑油压力超过 31 kPa 时,最低油压报警开关断开,指示灯熄灭。另外,在机油滤清器上也装有润滑压力开关。当发动机转速超过 2150 r/min 时,润滑油压力若低于 180 kPa,这时开关触点闭合,报警灯亮,同时蜂鸣器也鸣响报警。桑塔纳轿车发动机润滑系的循环路线如图 6-11 所示。

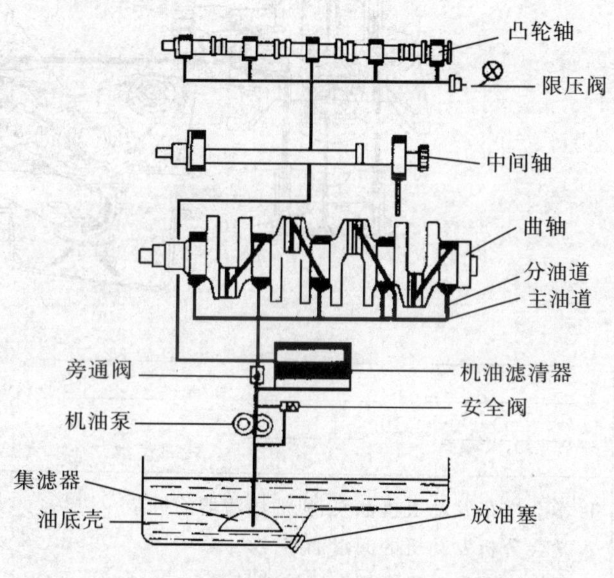

图 6-11　桑塔纳轿车发动机润滑系油路

三、制定发动机润滑系组件检修计划

制定发动机润滑系组件检修计划如表 6-3 所示。

表 6－3　发动机润滑系组件检修计划

1. 查阅资料，学习车辆发动机润滑系信息描述。 2. 查阅维修手册，熟悉汽车发动机润滑系的组成及各部件的结构，制定汽车发动机润滑系拆装计划。		
1. 车辆发动机类型信息描述	车辆描述：	
	发动机类型信息描述：	
2. 汽车发动机润滑系拆装作业注意事项描述	1. 机油泵齿轮的侧隙 0.05 mm。 2. 机油泵齿轮与泵体的端隙 0.05～0.10 mm。 3. 机油泵主动轴与泵体孔的径向间隙 0.03 mm、0.075 mm。	
3. 发动机润滑系组件信息描述	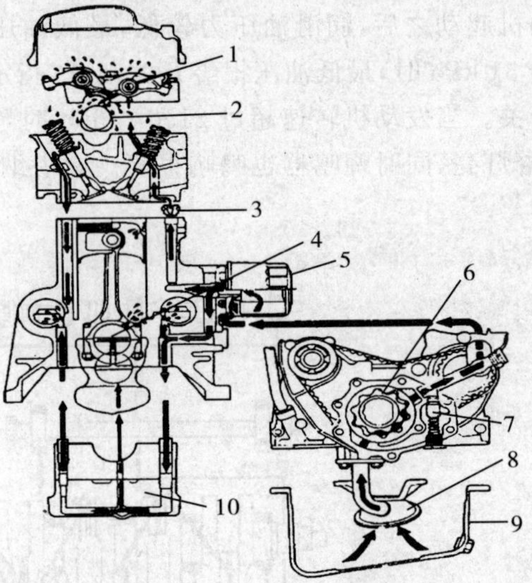 1. ________　2. ________　3. ________　4. ________ 5. ________　6. ________　7. ________　8. ________ 9. ________　10. ________	
4. 发动机润滑系拆装目的及要求	1. 学会汽车发动机机油泵、机油滤清器的拆装。 2. 学会分析发动机的润滑油路。 3. 了解汽车发动机常用润滑油牌号。	
5. 汽车发动机润滑系拆装计划	1. 汽车发动机润滑系主要部件的拆装。 2. 润滑油路分析。 3. 汽车发动机常用润滑油识别。	

四、实施拆装作业

汽车发动机润滑系拆装作业具体实施如表 6－4 所示。

表 6-4　发动机润滑系拆装作业

<table>
<tr><td colspan="4">1. 学习汽车发动机润滑系拆装作业安全事项。
2. 会正确对汽车发动机润滑系组件进行拆装。</td></tr>
<tr><td rowspan="2">1. 车辆信息描述</td><td colspan="2">车辆描述：</td><td></td></tr>
<tr><td colspan="2">车辆发动机类型描述：</td><td></td></tr>
<tr><td>2. 汽车发动机润滑系拆装工具</td><td colspan="3">1. 汽车发动机常用拆装工具 1 套，专用拆装工具 1 套。
2. 零部件存放台、盆各 1 个。
3. 机油壶、润滑油、棉纱等。
4. 发动机拆装实训录像片及相关的教学挂图等。</td></tr>
<tr><td>3. 汽车发动机润滑系拆装作业安全事项学习</td><td colspan="3">1. 注意人身和机件的安全，不了解的先了解后再动手，特别是注意在车底下工作时的人身安全。
2. 注意拆装顺序，保持场地整洁及零部件、工量具清洁。</td></tr>
<tr><td colspan="4">4. 汽车发动机润滑系拆装作业</td></tr>
<tr><td>作业项目</td><td>作业要领</td><td>技术标准</td><td>检查记录</td></tr>
<tr><td>润滑系油路分析</td><td>油底壳—机油集滤器—机油泵（限压阀）—机油滤清器（旁通阀）—中间轴前轴承—止回阀—缸盖油道—液力挺柱—凸轮轴轴承—主油道—曲轴主轴承—连杆轴承—中间轴后轴承。</td><td>采用了传统的飞溅和压力润滑相结合的方式。
压力报警开关、机油高压不足传感器装在机油滤清器座上，机油低压不足传感器装在气缸盖油道的后端。</td><td>画出润滑系油路简图：</td></tr>
<tr><td>润滑系总体拆装</td><td>1. 放尽油底壳的机油。
2. 拆卸滤清器、油底壳。
3. 旋松分电器轴向限位卡板的紧固螺栓，拆去卡板，拔出分电器。
4. 拆下机油泵总成紧固螺栓，将总成一起拆卸下来。
5. 拆卸机油泵与集滤器、连接管（吸油管组）。</td><td>1. 观察机油泵、滤清器、机油散热器、限压阀、旁通阀等的安装位置及相互间连接关系。
2. 按正确顺序分别将润滑系各零部件从发动机机体上分解下来。</td><td>记录润滑系统的解体顺序并认真观察各组成的外观结构：</td></tr>
<tr><td>机油泵的拆装</td><td>1. 拆卸机油泵盖组，检查泵盖上的限压阀组。
2. 分解机油泵主、从动齿轮，再分解齿轮和轴。
3. 清洗、检查、测量所有零件。</td><td>机油泵的安装顺序基本上与拆卸及分解顺序相反，但应注意以下两点：
(1) 换所有的垫片。
(2) 按规定力矩拧紧螺栓。</td><td>认真观察机油泵各零部件的结构及零部件之间的关系：</td></tr>
</table>

续表

作业项目	作业要领	技术标准	检查记录
机油粗滤器的拆装	1. 松开紧固螺母，分解底座和外壳推杆总成。 2. 取出密封垫圈、滤芯压紧弹簧垫圈和弹簧。 3. 松开阀座，取出旁通阀弹簧和钢球，仔细观察旁通阀的工作情况。 4. 清洗。	按拆卸时相反的顺序装复粗滤器。注意不要损坏各密封圈。	认真观察粗滤器各零部件的结构及零部件之间的关系：
离心式机油细滤器的拆装	1. 松开外罩上盖形螺母，取下密封垫圈、外罩、推力弹簧和推力片。 2. 将转子转动到喷嘴对准挡油盘缺口时，取出转子总成。 3. 松开转子罩上紧固螺母，分解转子总成，仔细观察转子的工作情况。 4. 松开进油阀座，拆卸阀座垫圈、进油阀弹簧、进油阀柱塞。 5. 清洗。	1. 转子总成装配时必须把转子罩和转子座两箭头记号对准，密封橡胶垫应装好，锁紧螺母不能旋得过紧。 2. 装上推弹簧下面的推力片时，应将光面对着转子。 3. 装复外罩时，应把底座密封圈槽内的泥沙清除干净。	认真观察粗滤器各零部件的结构及零部件之间的关系：
机油、滤清器的检查选用	1. 机油油面高度检查。 2. 放尽油底壳的机油。 3. 拆卸滤清器。 4. 安装放油螺塞，更换安装滤清器。 5. 添加新机油。 6. 检查机油油面。	1. 选用车辆制造厂推荐的机油等级。 2. 检查机油油面高度应处于上限。	检查机油液面高度和选用机油的注意事项：
5. 拆装作业完成后的收获与感想			

五、检验评估

任务一的检验评估如表 6－5 所示。

表 6-5　检验评估

<table>
<tr><td>评价指标</td><td colspan="2">检验说明</td><td colspan="3">检验记录</td></tr>
<tr><td>维护检查项目</td><td colspan="2">1. 检修工具设备
2. 检查油底壳是否漏油
3. 检查零部件的损坏情况</td><td colspan="3"></td></tr>
<tr><td>汽车发动机润滑系拆装过程情况</td><td colspan="5"></td></tr>
<tr><td>评价内容</td><td>检验指标</td><td>权重</td><td>自评</td><td>互评</td><td>总评</td></tr>
<tr><td rowspan="3">检查任务完成情况</td><td>1. 完成任务过程情况</td><td rowspan="3">4</td><td rowspan="3"></td><td rowspan="3"></td><td rowspan="9"></td></tr>
<tr><td>2. 任务完成质量</td></tr>
<tr><td>3. 在小组完成任务过程中所起作用</td></tr>
<tr><td rowspan="3">专业知识和专业技能</td><td>1. 能说出发动机润滑系组件的结构组成</td><td rowspan="3">8</td><td rowspan="3"></td><td rowspan="3"></td></tr>
<tr><td>2. 能描述发动机润滑系各组件的工作原理</td></tr>
<tr><td>3. 能正确地选择和使用维修工量具</td></tr>
<tr><td rowspan="3">职业素养</td><td>1. 学习态度：积极主动参与学习</td><td rowspan="3">3</td><td rowspan="3"></td><td rowspan="3"></td></tr>
<tr><td>2. 团队合作：与小组成员一起分工合作，不影响学习进度</td></tr>
<tr><td>3. 现场管理：服从工位安排，执行实训室“5S”管理规定</td></tr>
<tr><td>综合评价与建议</td><td colspan="5"></td></tr>
</table>

任务二　润滑系的检修

任务描述

一辆上海大众桑塔纳轿车，已行驶 1 万公里，起动前后仪表板上所有的警告灯显示都正常，但当转速升至约 2000 r/min 时，机油警告灯就开始闪烁报警。

任务目标

1. 发动机润滑系的日常维护检查主要是检查机油的数量、机油的品质，还要随时关注机油压力是否过高或过低。

2. 发动机润滑系常见故障的诊断。

一、维修接待

按照表 6-6 完成待修车辆的维修接待，并准确填写接车问诊表。

表 6-6　维修接待与接车问诊表

1. 通过询问客户了解发动机发生故障情况，填写接车问诊表。
2. 车间检测初步确认需对发动机润滑系进行检修，必要时更换故障零部件。

接车问诊表

车牌号：________ 车架号：________ 行驶里程：________(km)

用户名：________ 电　话：________ 来店时间：________

用户陈述及故障发生时的状况：一辆上海大众桑塔纳轿车，已行驶 1 万公里，起动前后仪表板上所有的警告灯显示都正常，但当转速升至约 2000 r/min 时，机油警告灯就开始闪烁报警。

故障发生状况提示：行驶状况、机油状况、机油压力等。

接车员检测确认建议：需对发动机润滑系进行检修并对发动机进行维护。

车间检测确认结果及主要故障零部件：需对发动机润滑系进行维护，必要时更换故障零部件。

车间检查确认者：________

外观确认：(请在有缺陷部位做标识)

功能确认：(工作正常√　不正常×)

□音响系统　□门锁(防盗器)　□全车灯光

□工具　□后视镜　□天窗　□座椅

□点烟器　□玻璃升降器　□玻璃

物品确认：(有√　无×)

□贵重物品提示

□工具　□备胎　□灭火器

□其他(　　　　)

旧件是否交还用户

□是　□否

用户是否需要洗车

□是　□否

· 检测费说明：本次检测的故障如用户在本店维修，检测费包含在修理费用内；如用户不在本店维修，请支付检测费。本次检测费：¥________元。

· 贵重物品：在将车辆交给我店检查修理前，已提示将车内贵重物品自行收起并保存好，如有遗失恕不负责。

接车员：________　用户确认：________

二、信息收集与处理

按表 6-7 完成任务二的信息收集与处理。

表 6-7 信息收集与处理

<table>
<tr><td colspan="3">润滑系维护内容</td></tr>
<tr><td>序号</td><td>维护项目</td><td>维护内容</td></tr>
<tr><td>1</td><td></td><td></td></tr>
<tr><td>2</td><td></td><td></td></tr>
<tr><td>3</td><td></td><td></td></tr>
<tr><td>4</td><td></td><td></td></tr>
<tr><td>5</td><td></td><td></td></tr>
<tr><td colspan="3">润滑系常见故障</td></tr>
<tr><td>序号</td><td>常见故障</td><td>故障现象</td></tr>
<tr><td>1</td><td></td><td></td></tr>
<tr><td>2</td><td></td><td></td></tr>
<tr><td>3</td><td></td><td></td></tr>
<tr><td>4</td><td></td><td></td></tr>
<tr><td colspan="3">润滑油选用标准：</td></tr>
</table>

(一)润滑油相关知识

1. 润滑剂的种类及选用

汽车发动机润滑系所用的润滑剂包括润滑油(简称机油)和润滑脂两种。

国际上广泛采用美国 SAE 黏度分类法和 API 使用分类法，而且它们已被国际标准化组织(ISO)确认。

我国发动机润滑油按使用性能分成若干质量等级，每个质量级又按机油黏度大小分成若干黏度等级。

1) 质量等级

我国的润滑油分类法参照采用 ISO 分类方法。GB/T 7631.3—1995 规定，按润滑油的性能和使用场合分为：

汽油机油：SC、SD、SE、SF、SG 和 SH 等六个级别。

柴油机油：CC、CD、CD－Ⅱ、CE、CF－4 等五个级别。

二冲程汽油机油：ERA、ERB、ERC 和 ERD 等四个级别。

质量等级越靠后，其使用性能越优良。除上述分类外，国家标准还规定了汽油发动机与柴油发动机上均可通用的机油质量等级，这类机油称为通用油，具体规格有 SD/CC、SE/CC、SF/CD 等。例如，SD/CC 级，意思是指该级别机油的质量等级相当于汽油机机油的 SD 级和柴油机机油的 CC 级。

2) 黏度等级

GB/T 14906－1994《内燃机油黏度分类》确定了发动机机油的黏度等级。它是参照美国 SAE 黏度分类法制定的。我国发动机机油分为 0W、5W、10W、15W、20W、25W、20、30、40、50、60 共 11 个黏度等级，等级越往后，适应的气温越高，其中带字母 W 的代表冬季用油，其余为夏季用油。此外，为增宽机油对季节和气温的适应范围，还规定了冬、夏两季均可使用的多级油。我国目前该等级机油有 5W/20、5W/30、5W/40、10W/40、15W/40、20W/40 等。

3）牌号

发动机油的牌号由质量等级和黏度等级两部分组成。每一种使用级别又有若干种单一黏度等级和多黏度等级的润滑油牌号。例如，CC 级润滑油有三个单一黏度等级和六个多黏度等级的润滑油牌号，它们分别是 30、40、50 号及 5W/40、10W/30、15W/40、20W/40。例如 SC30 表示质量等级为 SC 级、黏度等级为 30 的汽油发动机油；SE/CC30 表示汽油发动机和柴油发动机上通用的机油，质量等级符合 SE 级汽油发动机油和 CC 级柴油发动机油，黏度等级为 30。我国润滑油使用分类与 API 使用分类的对应关系见表 6－8。

表 6－8　我国润滑油使用分类与 API 使用分类的对应关系

我国的分类	API 分类	我国的分类	API 分类
SC≠SC		SF＝SF	
SD≠SD		CC＝CC	
SE＝SE		CD＝CD	

2. 发动机润滑油的选用

选用发动机油，首先根据车辆使用说明书或发动机的工作条件确定发动机油的质量等级；其次，根据车辆使用地区的气温情况选择合适的机油黏度等级。

1）质量等级的选用

发动机油质量等级的选用必须严格按照汽车使用说明书的规定。在无车辆使用说明书的情况下，可根据发动机工作条件的苛刻程度，选用合适质量等级的润滑油。具体方法参照如下：

（1）汽油发动机油质量等级的选用：汽油发动机工作条件的苛刻程度与发动机进、排气系统中有无附加装置及其类型有关。因此，可按附加装置选用机油质量等级，如装有 PCV 装置的汽车可选用 SD 级，解放 CA1091 型汽车、红旗轿车等就要求使用该级别润滑油；装有 EGR 装置的汽车可选用 SE 级润滑油；装有废气催化转换装置的汽车可选用 SF 级润滑油；采用电喷燃油系统的汽车要求使用 SF 级以上的润滑油，如桑塔纳 2000 型轿车等。

（2）柴油发动机油质量等级的选用：柴油发动机工作条件的苛刻程度可用柴油发动机强化系数来表示。强化系数越高，表示润滑油工作条件越苛刻，要求选用的机油质量等级越高。强化系数小于 50 的柴油发动机应选用 CC 级，如黄河 JN1171 型柴油发动机等；强化系数大于 50 的柴油发动机应选用 CD 级以上的机油，如南京依维柯等。

2）黏度等级的选用

黏度等级的选用是根据车辆使用地区和季节气温来选择的，我国机油黏度等级与适用温度范围如表 6－9 所示。由于单级油不可能同时满足低温及高温的要求，因此只能根据当地季节气温适当选用；而多级油的优越性是它的黏温性能好，适用温度范围宽，特别是在严寒地区、短途运输、低温启动较多时，其优越性更为明显，故应尽量选用多级油。

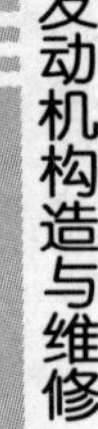

表 6-9 发动机机油黏度等级与适用范围

SAE 黏度级别	适用气温
5W/30	−30～30 ℃
10W/30	−25～30 ℃
15W/30	−20～30 ℃
15W/40	−20～40 ℃以上
20/20 W	−15～20 ℃
30	−10～30 ℃
40	−5～40 ℃以上

3. 润滑油的使用注意事项

(1) 如果不是通用油，则汽油发动机油不能用于柴油发动机上。同样，柴油发动机油也不能用于汽油发动机上。不同牌号的机油不得混用。

(2) 质量等级较高的机油可替代质量等级较低的机油，反之则不能。

(3) 经常检查机油的液面高度。检查时应使发动机处于水平位置，发动机停转几分钟后再进行，机油标尺上的油痕应在"max"与"min"之间。

(4) 注意车辆使用地区的气温变化，及时换用温度等级适宜的机油。在满足使用要求的前提下，机油的黏度应尽可能选择小一些。

(5) 适时(定期或按质)换油。可按车辆使用说明书或该车型规定的换油里程要求换油。

(6) 严防水分、杂质等污染润滑油。

4. 润滑剂的使用特性及添加剂

1) 合成润滑油

合成润滑油是利用化学合成方法制成的润滑剂。其主要特点是有良好的黏度—温度特性，可以满足大温差的使用要求；有优良的热氧化安定性，可长期使用不需更换。使用合成润滑油，发动机的燃油经济性会稍有改善，并可降低发动机的冷起动转速。目前，合成润滑油的价格比从石油提炼出来的润滑油贵。但是，随着生产规模的扩大和制造工艺的改进，合成润滑油的价格将会越来越便宜。未来将是合成润滑油的时代。

2) 润滑脂

润滑脂是将稠化剂掺入液体润滑剂中所制成的一种稳定的固体或半固体产品，其中可以加入旨在改善润滑脂某种特性的添加剂。润滑脂在常温下可附着于垂直表面而不流淌，并能在敞开或密封不良的摩擦部位工作，具有其他润滑剂所不能代替的特点。因此，在汽车的许多部位都使用润滑脂润滑。

(二) 润滑系的维护

1. 润滑系维护的作用

润滑系统中流动的介质是润滑油，润滑油由基础油和添加剂组成。根据它在系统中的作用，应有以下一些重要功能，即润滑、抗磨、抗氧化、密封、降噪和降温等。而随着汽车工业的发展，现代高温化发动机对润滑油的功能要求越来越高。同时我们经常会发现，汽车在使用一段时间后，润滑系统中会沉积大量的油泥，影响润滑系统的正常工作，甚至出现严重的机械故障。下面是润滑系常见的问题：

1) 沉积物的形成

发动机工作过程中，其内部会形成积碳、漆膜、油泥、胶质、污垢等沉积物。沉积物的形成有两个阶段：

一是新的发动机，当磨合期刚刚结束时，在磨合阶段会有许多金属碎屑被磨下来，有的沉积在油底壳内，有的悬浮于机油当中，分散于润滑系统的各个角落，如果进入摩擦副，必然会对摩擦表面造成严重的磨损。

二是机油本身的性能，随着使用时间的延长，不断地氧化、变质，同时，由于吸入空气所带来的沙土、灰尘，燃烧后形成的碳物质，润滑油氧化后生成的胶状物，以及由燃烧室漏出的废气和没有燃烧完全的气体结合在一起，形成油泥等沉积物。

2) 沉积物的危害

(1) 导致润滑不良，造成磨损，甚至出现磨损故障。

随着机油的循环，在所有与机油接触的表面和孔道内，沉积物集聚并粘附其上，使机油孔道变窄甚至堵塞，使润滑系统不能正常发挥作用，导致润滑不良，造成磨损，甚至出现磨损故障。

(2) 出现烧机油、冒蓝烟、动力下降的现象。

沉积物会将活塞环粘住失去弹性，造成气缸的密封性变差，活塞向下运动时，不能将气缸壁上的润滑油刮回到油底壳中，使机油留在燃烧室燃烧，出现烧机油、冒蓝烟、动力下降的现象。

(3) 配气机构工作噪音增大。

现今中高级轿车在配气机构中普遍装用液力挺柱，以降低工作噪音。但如果润滑油孔道变窄或堵塞，则液力挺柱对气门间隙的自动补偿作用就丧失了，配气机构的工作噪音就必然增大。

(4) 缩短新机油的使用寿命。

这些沉积物一方面会污染新机油，使新机油混入杂质，另一方面，沉积物中的胶质会加速新机油的氧化。因此，沉积物会缩短新机油的使用寿命。

2. 润滑系维护的方法

对发动机的维护，最重要的是对润滑系统的维护。润滑系统工作正常与否，以及润滑油品质的好坏，直接关系到发动机各部、机件的磨损和使用寿命，直接影响着发动机各种性能的发挥，甚至决定着发动机能否正常动转。因此，必须认真做好润滑系的日常检查和定期维护。

发动机润滑系的日常检查主要是每天出车前检查机油的数量、机油的品质，如果机油油面下降，油质改变较快，就及时找出原因，予以排除。还要随时关注机油压力，机油压力过高或过低，预示发动机曲柄连杆机构、润滑系机油泵等技术状况不良。

润滑系定期维护包括：

(1) 定期检查发动机曲轴箱通风系统的技术状况。如果曲轴箱通风不良，会加速机油变质，机件的腐蚀与磨损加重，还会因曲轴箱内压力升高而加重油封、衬垫等处的漏油。

(2) 定期清洁或更换机油滤清器。机油滤清器滤芯脏污会影响滤清效果，还会影响润滑表面机油的供应，使机件的磨损加剧。

(3) 定期更换机油。机油经过长时间工作后，其品质发生巨大变化，逐渐丧失其润滑和保护功能，如不能定期更换，必然导致发动机寿命的急剧降低，增加维修费用。

(4) 定期清洗润滑系统。定期更换机油，仅能将悬浮在机油中的杂质脏物放出，不能将附着在机件表面的氧化产物——漆膜和油底中积存的油泥全部放出。润滑系中残存的这些杂质污物会污染新机油，并使新机油变质速度加快。因此，当润滑系很脏或行驶 2 万～3 万 km 时，一定要清洗润滑系统。清洗润滑系时，最好选用优质专用润滑系统强力清洗剂，例如美国威力狮发动机润滑系快速高效清洗剂，既可快速彻底清除润滑系内的油泥脏物、零件表面的漆膜和积碳，还能在清洗过程中，减轻或避免发动机件产生过大的磨损。

(三)润滑系的检修

1. 机油质量和机油黏度的检查

1) 机油黏度

机油的黏度是评价机油品质的主要指标，它随温度的变化而变化，温度高则黏度小，温度低则黏度大。夏季气温高，要用黏度大的机油，否则将因机油过稀而不能使发动机得到可靠的润滑。冬季气温低，要用黏度低的机油，否则将因机油黏度过大而流动性差，不能送到摩擦副的间隙中。特别是严寒地区，要选择合适的机油保障汽车良好的冷起动性能。机油黏度应满足低温起动和高温润滑的性能。

2) 机油质量

机油的黏度级别只代表机油的黏度特性，并不代表机油的质量。在检查机油数量的同时，还需注意观察机油是否变质。如果机油呈褐黑色或墨黑色，致使机油尺上的标记模糊不清，或油中具有乳白色泡沫以及机油变稀、变稠等，均需及时更换。

3) 机油选择

根据环境温度，选择适合当时环境的黏度级别的机油。机油黏度级别采用 SAE 分类法，分为冬用、夏用、冬夏通用机油。如："15W"中"W"表示冬用，冬用机油数值愈小，表示其低温流动性越好；相应的，"20"后无"W"表示夏用机油，它的数值越大，表明机油高温下的最低黏度越好；"5W/20"表示为冬夏通用机油，有"W"的数值愈小，无"W"的数值愈大，表明其黏度特性愈好，适用的环境温度范围愈宽。一汽大众特约服务站所选用的机油是 5W/30，其换油里程为 7500 km。

2. 油面高度的检查

检查润滑油油面高度时，首先必须将车辆停放在水平路面上，让发动机走热后停机 3 min，待机油全部流回到油底壳后再检查。拔出机油尺，擦净后再插进油底壳机油面，机油尺上的最大与最小标记间的油量差为 0.75 L。夏季若长期在高速公路上运行，机油油面应保持在最大标记处。若发现机油量不足，应及时加注。

注意：如果发现机油明显变稀或有乳白色泡沫，说明发动机缸体有裂纹或气缸垫损坏；若机油中有许多金属磨屑，说明发动机的零件磨损异常。出现这些情况时应立即送往修理厂，请专业维修人员检修。

3. 机油泵的检修

(1) 检查齿轮啮合间隙：检查时，将机油泵盖拆下，用厚薄规在互成 120°角三个位置处测量机油泵主、从动齿轮的啮合间隙，如图 6－12 所示。新机油泵齿轮啮合间隙为0.05 mm，磨损极限值为 0.20 mm。

(2) 检查机油泵主从动齿轮与机油泵盖接合面的间隙：主从动齿轮与机油泵盖接合面间隙的检查方法如图 6－13 所示，正常间隙应为 0.05 mm，磨损极限值为 0.15 mm。

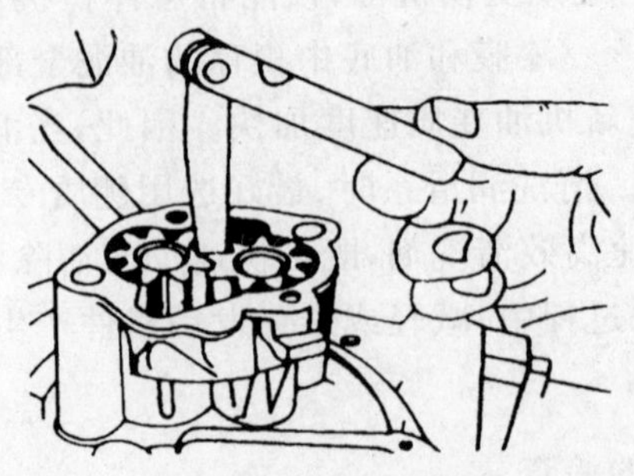

图 6-12　检查机油泵齿轮啮合间隙

(3) 检查机油泵主动轴的弯曲度：将机油泵主动轴支承在 V 形架上，用百分表检查弯曲度。如果弯曲度超过 0.03 mm，则应对其进行校正或更换。

(4) 检查主动齿轮轴与机油泵壳配合间隙：主动齿轮轴与机油泵壳配合间隙应为 0.03～0.075 mm，磨损极限值为 0.20 mm。如超出，则应对轴孔进行修复。

(5) 检查机油泵盖：机油泵盖如有磨损、翘曲和凹陷超过 0.05 mm，应以车、研磨等方法进行修复。

图 6-13　检查机油泵主从动齿轮端面间隙

(6) 检查限压阀：检查限压阀弹簧有无损伤、弹力是否减弱，必要时予以更换；检查限压阀配合是否良好、油道是否堵塞、滑动表面有无损伤，必要时更换限压阀。

4. 机油压力开关的检查

检查油压开关功能（如图 6-14 所示）的步骤如下：

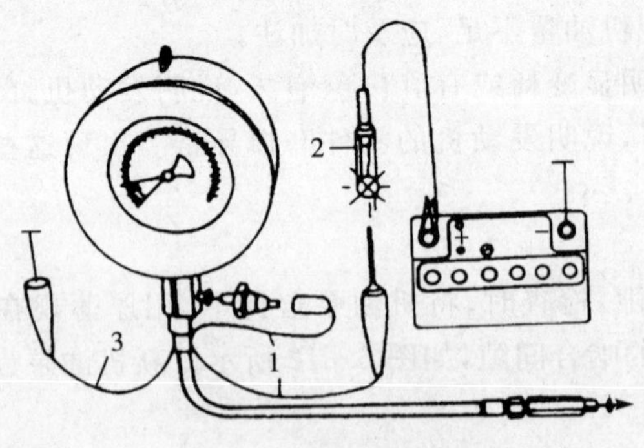

图 6-14　检查油压开关

1—电线（蓝色）；2—试灯；3—电线（棕色）

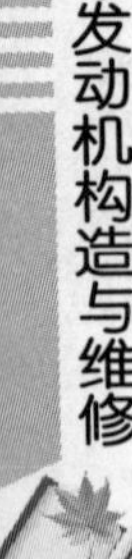

(1) 拆下一个油压开关，旋进测试器，插上电线1(蓝色)。

(2) 将测试器代替油压开关，旋进气缸盖机油滤清器盖。

(3) 将测试灯2夹住电线1和蓄电池正极。

(4) 电线3(棕色)接搭铁线(—)，此时0.031 MPa油压开关应使测试灯发亮，而0.18 MPa油压开关则相反。

(5) 起动发动机，逐渐提高转速。0.031 MPa油压开关，在0.015～0.045 MPa时使测试灯必须熄灭，否则需要更换油压开关；0.18MPa油压开关，在0.16～0.20 MPa时使测试灯必须熄灭，否则需要更换油压开关。

(6) 继续提高转速，在2000 r/min和油温80 ℃时，机油压力至少达到0.2 MPa。

(四)润滑系常见故障及诊断

由于润滑油在发动机内高温高压的恶劣条件下工作，其品质和数量一段时间后都会发生变化。若不及时地保养，极易产生故障。润滑系的故障一般表现为机油变质，机油消耗异常，机油压力过高，机油压力过低，机油泄漏几种现象。

1. 机油变质

1) 故障现象

(1) 机油颜色不透明，发黑，用手指捻搓，失去油黏性感，有杂质感。

(2) 机油含水分，机油乳化，乳浊状并有泡沫。

2) 故障原因

(1) 机油使用时间太长，机油因持续在高温和氧化作用下形成氧化聚合物，致使机油逐渐老化变质。

(2) 活塞环漏气。

(3) 发动机缸体或缸垫漏水，机油变质。

(4) 曲轴箱通风不良，机油中混杂废气中的燃油，促使机油变质。

(5) 润滑油路堵塞，机油滤清器过脏、堵塞，而失去滤清作用。

3) 故障诊断及排除

(1) 用机油尺取几滴机油滴在中性纸上，若发黑则说明机油变质。

(2) 用手捻搓，有滑腻感，而失去油性感和黏性感，说明内混有燃油。

(3) 若取出的机油为乳浊状且有泡沫，说明机油中进水。

(4) 机油过脏，更换机油及机油滤清器。

(5) 若活塞漏气严重，应拆检活塞、活塞环。

(6) 若曲轴箱通风不良，应疏通曲轴箱通气孔。

(7) 若机体有裂纹渗漏，造成冷却水渗漏入油底壳，应修复或更换气缸体。

(8) 若润滑油路堵塞，应及时清洗疏通油道。

2. 机油消耗异常

1) 故障现象

(1) 尾气冒蓝烟。

(2) 机油消耗量超过规定值1.0 L/1000 km。

(3) 积碳增多。

2) 故障原因

(1) 机油加注量太多，机油压力过高。

(2) 活塞与气缸磨损间隙过大，泄漏增加。

(3) 曲轴箱通风系统堵塞，曲轴箱内气体压力过高，使机油从油封或接合面漏出。

(4) 活塞环磨损、卡死、错装等使机油窜入燃烧室，致使排气管冒蓝烟。

(5) 油封或油底壳接合面漏油。

(6) 发动机长期高速运转，发动机过热，机油黏度小。

3) 故障诊断及排除

(1) 机油加入量过多，牌号不对时，应按规定牌号、规定量更换机油。

(2) 检查油封或油底壳结合面是否漏油，若漏油，应更换油封或衬垫排除漏油故障。

(3) 检查活塞与气缸磨损间隙，若间隙过大，应更换磨损件或修复。

(4) 若活塞环上下面装反，应重新装配，注意活塞环上"TOP"标记应对着活塞顶部。

(5) 若活塞环胶结卡死，应拆检修复。

(6) 检查发动机曲轴箱通风系统，若通气孔堵塞，应清洗、疏通通气孔。

(7) 使发动机正常运行，尽量避免发动机长期高速运转。

3. 机油压力过高

1) 故障现象

(1) 当发动机转速超过 2000 r/min 时，油压警报指示灯亮，伴有蜂鸣声。

(2) 接通点火开关，机油压力表指示 196 kPa，起动发动机后压力增加到 490 kPa 以上。

(3) 发动机在运转中机油压力突然升高。

2) 故障原因

(1) 机油压力传感器或压力表失效。

(2) 限压阀卡死，气缸体主油道堵塞，旁通阀堵塞。

(3) 机油黏度过大。

3) 故障诊断及排除

发动机机油压力过高，应立即熄火停车检查。

(1) 检修或更换机油压力表或传感器。

(2) 检查机油黏度是否过大，应正确选用机油。

(3) 限压阀弹簧压力过大或卡死，应更换弹簧。

(4) 机油滤清器中的旁通阀可保证在机油滤清器堵塞时，还有未经过滤的油到达润滑位置。若旁通阀弹簧过硬，应更换成合格弹簧。

(5) 若机油滤清器堵塞，应清洗或更换。更换时外壳与滤芯一起更换。

(6) 若曲轴轴承、连杆轴承间隙过小，应重新调整装配间隙。

4. 机油压力过低

1) 现象

(1) 发动机转速低于 2000 r/min 时，机油压力警报灯亮。

(2) 发动机起动后机油压力很快降低，运转过程中机油压力始终低。

(3) 油底壳油面增加，机油被稀释，机油黏度变小，带有汽油味或水泡，机油过少或牌号不对。

2) 故障原因

(1) 机油油面过低，机油变质或使用牌号不对。

(2) 机油压力表或传感器失效。

(3) 机油泵、机油集滤器、机油滤清器、旁通阀、限压阀工作不正常。

(4) 油管接头松动或油道泄漏严重。

(5) 发动机曲轴箱中的曲轴轴承、连杆轴承、凸轮轴承间隙过大。

3) 故障诊断及排除

(1) 检查油面高度是否过低，若过低应添加机油。

(2) 检修或更换机油压力表或传感器。

(3) 检查机油黏度，判断机油是否稀释，若被稀释，应按规定牌号更换机油，加注至规定刻度。

(4) 检查油管是否松动或损坏，如松动或损坏，应修复或更换零件。

(5) 限压阀卡死或弹簧磨损，应更换弹簧。

(6) 机油集滤器、机油滤清器堵塞，应清洗或更换。

(7) 机油泵及传动零件磨损，应更换。

(8) 测量轴瓦间隙是否符合要求，若不符合要求应更换。

三、制定维护计划

制定发动机润滑系维护计划如表 6－10 所示。

表 6－10　发动机润滑系维护计划

1. 查阅资料，学习润滑系维护作业注意事项描述。 2. 查阅维修手册，熟悉润滑系维护信息，制定汽车发动机润滑系维护计划。		
1. 车辆发动机类型信息描述	车辆描述：	
	发动机类型信息描述：	
2. 润滑系维护作业注意事项描述	1. 正确使用工量具。 2. 出厂时，发动机已加好机油，再添加时必须使用同一牌号的机油。	
3. 发动机润滑系维护内容及目的	1. 正确熟练装配机油泵、滤清器等。 2. 正确运用不分解总成判断机油泵工作性能的方法及检测机油压力开关工作性能。 3. 正确进行机油油量的检查，机油滤清器和机油的更换。	
4. 发动机润滑系维护步骤信息描述	1. 机油油量的检查。 2. 机油滤清器的更换与维护。 3. 机油泵的检验与维护： (1) 机油泵的检验。 (2) 机油泵总成工作性能的检验。	
5. 考核要求	1. 能够熟练装配机油泵，并能正确进行检测。 2. 能够熟练运用不分解总成判断机油泵工作性能的方法进行判断。 3. 能够正确检测与判断机油压力开关是否工作良好。 4. 能够正确进行机油滤清器及机油的更换。	

四、实施维护作业

汽车发动机润滑系维护作业具体实施如表 6－11 所示。

表 6－11　发动机润滑系维护作业

<table>
<tr><td colspan="4">1. 学习汽车发动机润滑系维护作业安全事项。
2. 会正确对汽车发动机润滑系进行维护。</td></tr>
<tr><td rowspan="2">1. 车辆信息描述</td><td colspan="2">车辆描述：</td><td></td></tr>
<tr><td colspan="2">车辆发动机类型描述：</td><td></td></tr>
<tr><td>2. 汽车发动机润滑系拆装工具</td><td colspan="3">机油压力检测仪、外径千分尺、厚薄规、直角尺、游标卡尺、开口扳手(10～12、14～17 规格各 1)、机油与汽油各 1 L、干净棉纱少许、导线数根、洗件盆。</td></tr>
<tr><td>3. 汽车发动机润滑系拆装作业安全事项学习</td><td colspan="3">1. 注意人身和机件的安全，不了解的先了解后再动手，特别是注意在车底下工作时的人身安全。
2. 注意保持场地整洁及零部件、工量具清洁。</td></tr>
<tr><td colspan="4">4. 汽车发动机润滑系拆装作业</td></tr>
<tr><td>作业项目</td><td>作业要领</td><td>技术标准</td><td>检查记录</td></tr>
<tr><td>机油量的检查</td><td>将车停在水平地面上，使发动机预热至机油温度不低于 60 ℃，熄火，使发动机停转 3 min，抽出油尺擦净，再插复原位，拔出油尺观察油位。</td><td>油面应在最高与最低刻线之间。当夏季长途行驶时应使油面接近最高标记。若靠近或低于最低标记，则应酌情补充符合规定的机油。</td><td>机油液面是否正常：________</td></tr>
<tr><td>机油滤清器的更换</td><td>1. 趁热车放出发动机机油。
2. 用专用工具拆卸机油滤清器。
3. 安装新滤清器。</td><td>1. 更换时，注意清洗滤清器安装表面。
2. 安装新滤清器时，应在密封垫上涂上干净机油。</td><td>更换滤清器型号：________</td></tr>
<tr><td>机油滤清器的维护</td><td>1. 熟悉结构，正确拆装。在拆卸过程中，要对某些零件进行检查，以确定能否继续使用。
2. 彻底清洗零部件。将滤清器内壁的油泥用油洗净，而后再用干净布擦净或用压缩空气吹净。</td><td>1. 对正装配记号后再组装。
2. 装配时要保证滤清器的密封性。
3. 装机后要进行性能检查。</td><td>滤清器拆装过程和检查过程：________
________</td></tr>
</table>

续表

作业项目	作业要领	技术标准	检查记录
机油泵的检验	1. 将机油泵各结合面、油孔、油道清洗干净，用压缩空气吹通所有油道、油孔。 2. 检验检查油泵齿轮侧隙，取三点测量平均值。 3. 检查机油泵体端面与齿轮端面的间隙。 4. 检查机油泵主动轴外径与泵体承孔配合间隙。 5. 装合后，用手转动机油泵轴，应转动灵活无阻滞现象。	1. 三点测量平均值：标准值为0.05 mm，使用极限0.20 mm。 2. 端面与齿轮端面的间隙：标准值为0.05～0.10 mm，使用极限0.15 mm。 3. 主动轴外径与泵体承孔配合间隙：标准值为0.03～0.075 mm，使用极限0.20 mm。	1. 三点测量平均值： ______ 2. 端面与齿轮端面的间隙： ______ 3. 主动轴外径与泵体承孔配合间隙： ______
机油泵总成工作性能的试验	1. 总成试验法：将润滑油注入机油泵内，用拇指堵住油孔，转动机油泵轴，应有机油泵出并有压力感。 2. 就车试验法：在发动机温度正常的条件下，检查怠速和高速时机油压力。	1. 若为带集滤器的机油泵，将集滤器侵入机油液面以下，转动机油泵轴，出油口应有机油被泵出。 2. 怠速时，机油压力不应低于30 kPa；高速运转时，机油压力不应大于200 kPa。	1. 怠速时，机油压力： ______ 2. 高速运转时，机油压力： ______
5. 拆装作业完成后的收获与感想			

五、检验评估

任务二的检验评估如表6-12所示。

表 6－12　检验评估

<table>
<tr><td colspan="2">评价指标</td><td colspan="2">检验说明</td><td colspan="4">检验记录</td></tr>
<tr><td colspan="2">维护检查项目</td><td colspan="2">1. 拆解工具设备
2. 检查加注机油后各部分有无泄漏
3. 检查零部件的损坏情况</td><td colspan="4"></td></tr>
<tr><td colspan="2">汽车发动机润滑系维护过程情况</td><td colspan="2"></td><td colspan="4"></td></tr>
<tr><td>评价内容</td><td colspan="3">检验指标</td><td>权重</td><td>自评</td><td>互评</td><td>总评</td></tr>
<tr><td rowspan="3">检查任务完成情况</td><td colspan="3">1. 完成任务过程情况</td><td rowspan="3">4</td><td rowspan="3"></td><td rowspan="3"></td><td rowspan="10"></td></tr>
<tr><td colspan="3">2. 任务完成质量</td></tr>
<tr><td colspan="3">3. 在小组完成任务过程中所起作用</td></tr>
<tr><td rowspan="4">专业知识和专业技能</td><td colspan="3">1. 能够熟练装配机油泵，并能正确进行检测</td><td rowspan="4">8</td><td rowspan="4"></td><td rowspan="4"></td></tr>
<tr><td colspan="3">2. 能够熟练运用不分解总成判断机油泵工作性能的方法进行判断</td></tr>
<tr><td colspan="3">3. 能够正确进行机油滤清器及机油的更换</td></tr>
<tr><td colspan="3">4. 能够正确检测与判断机油压力开关是否工作良好</td></tr>
<tr><td rowspan="3">职业素养</td><td colspan="3">1. 学习态度：积极主动参与学习</td><td rowspan="3">3</td><td rowspan="3"></td><td rowspan="3"></td></tr>
<tr><td colspan="3">2. 团队合作：与小组成员一起分工合作，不影响学习进度</td></tr>
<tr><td colspan="3">3. 现场管理：服从工位安排，执行实训室“5S”管理规定</td></tr>
<tr><td>综合评价与建议</td><td colspan="7"></td></tr>
</table>

项目思考

1. 简要叙述润滑系的功用及基本组成。
2. 一般润滑油路中有哪几种机油滤清器？它们应该串联还是并联？为什么？
3. 简要叙述齿轮式机油泵、转子式机油泵的结构和工作原理。
4. 画图说明桑塔纳 2000 型轿车发动机润滑系统的循环路线。
5. 机油泵磨损损坏主要检测项目有哪些？
6. 如何更换发动机机油？
7. 润滑系中的限压阀与旁通阀各起什么作用？
8. 简述桑塔纳轿车发动机机油滤清器的结构和工作过程。
9. 发动机工作时，机油压力过高或过低的原因有哪些？如何诊断排除？

冷却系的检修

项目描述

一辆上海大众桑塔纳 2000 乘用车，怠速一切正常，加大油门使发动机转速升到 2500 r/min左右也未见异常。但在行驶过程中，只要车速升至 100 km/h，不到半分钟的时间，冷却液温度立即升高，冷却液温度报警灯开始闪烁。

项目目标

1. 认识冷却系的结构。
2. 能正确地选择和使用维修工量具拆检冷却系组件。
3. 能进行冷却系的总体拆装、调整和故障诊断与排除。

任务一　认识冷却系

任务描述

一辆上海大众桑塔纳 2000 乘用车，怠速一切正常，加大油门使发动机转速升到 2500 r/min左右也未见异常。但在行驶过程中，只要车速升至 100 km/h，不到半分钟的时间，冷却液温度立即升高，冷却液温度报警灯开始闪烁。

任务目标

1. 能阐述冷却系的功用、组成与原理。
2. 能正确描述发动机冷却系的冷却方式与冷却路线。

一、维修接待

按照表 7 - 1 完成待修车辆的维修接待，并准确填写接车问诊表。

表 7-1　维修接待与接车问诊表

<table>
<tr><td colspan="2">1. 通过询问客户了解发动机发生故障情况，填写接车问诊表。
2. 车间检测初步确认需对冷却系统进行检修及更换其主要故障零部件。</td></tr>
<tr><td colspan="2">接 车 问 诊 表
车牌号：________　车架号：________　行驶里程：________(km)
用户名：________　电　话：________　来店时间：________</td></tr>
<tr><td colspan="2">用户陈述及故障发生时的状况：一辆上海大众桑塔纳 2000 乘用车，在行驶过程中，只要车速升至 100 km/h，不到半分钟的时间，冷却液温度立即升高，冷却液温度报警灯开始闪烁。
故障发生状况提示：行驶状况、发生频度、发生时间、发生状况等。</td></tr>
<tr><td colspan="2">接车员检测确认建议：需对发动机冷却系进行综合修理。</td></tr>
<tr><td colspan="2">车间检测确认结果及主要故障零部件：需对发动机冷却系进行综合修理，必要时更换故障零部件。
车间检查确认者：________</td></tr>
<tr><td rowspan="2">外观确认：(请在有缺陷部位做标识)</td><td>功能确认：(工作正常√　不正常×)
□音响系统　□门锁(防盗器)　□全车灯光
□工具　□后视镜　□天窗　□座椅
□点烟器　□玻璃升降器　□玻璃</td></tr>
<tr><td>物品确认：(有√　无×)
F　E
□贵重物品提示
□工具　□备胎　□灭火器
□其他(　　　　)
旧件是否交还用户
□是　□否
用户是否需要洗车
□是　□否</td></tr>
<tr><td colspan="2">· 检测费说明：本次检测的故障如用户在本店维修，检测费包含在修理费用内；如用户不在本店维修，请支付检测费。本次检测费：¥________元。
· 贵重物品：在将车辆交给我店检查修理前，已提示将车内贵重物品自行收起并保存好，如有遗失恕不负责。
接车员：________　用户确认：________</td></tr>
</table>

二、信息收集与处理

按表 7-2 完成任务一的信息收集与处理。

表 7－2　信息收集与处理

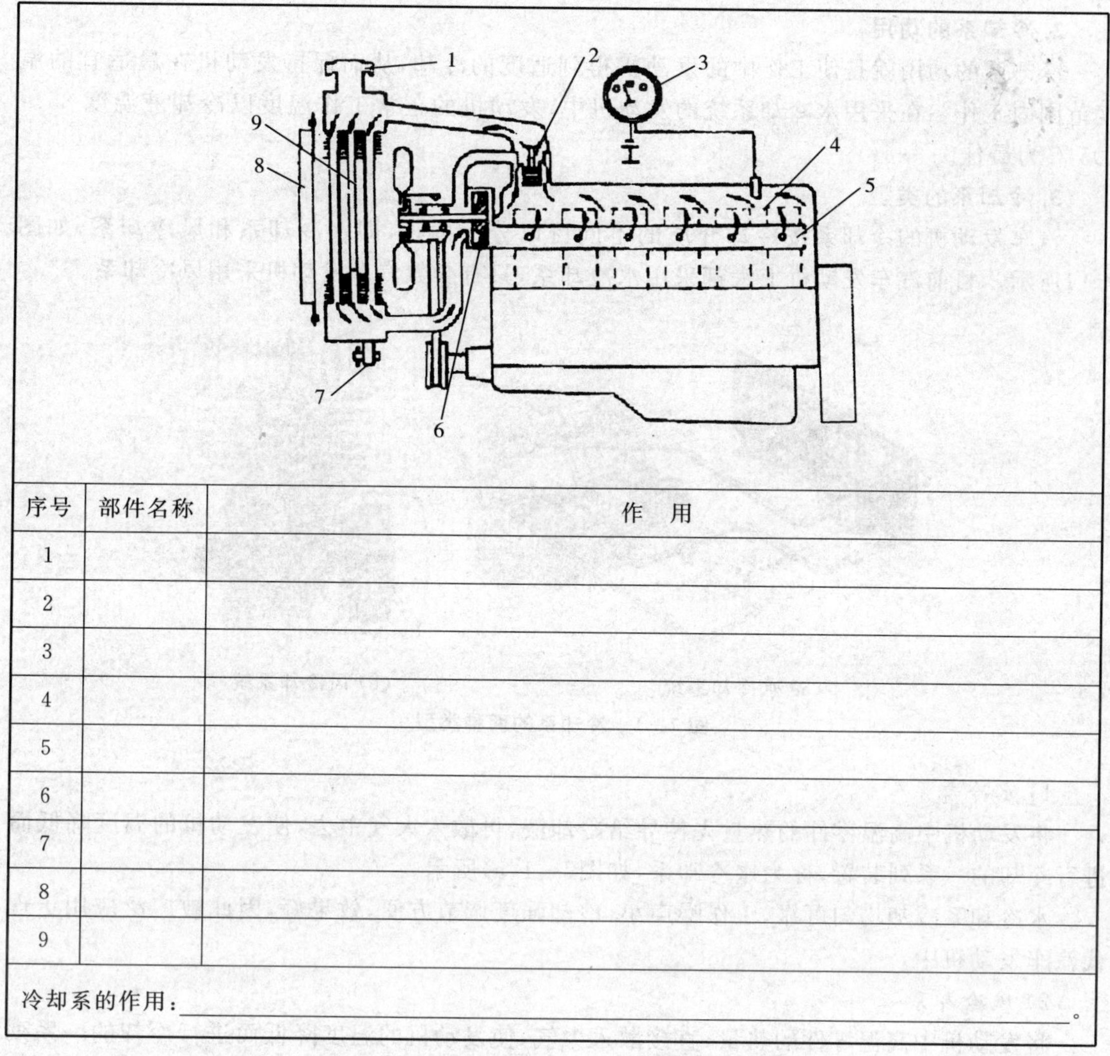

序号	部件名称	作　用
1		
2		
3		
4		
5		
6		
7		
8		
9		
冷却系的作用：____。		

(一)冷却系的作用与分类

在发动机工作时，可燃混合气燃烧的最高温度可达 2500 ℃以上。活塞、气缸、气缸盖和气门等直接与高温可燃混合气接触的零部件会强烈受热，这将导致发动机工作温度过高(过热)，从而引起充气系数下降和燃烧不正常(会产生爆震)；若不及时冷却，则其中运动机件将可能因受热膨胀而破坏正常间隙，还会使汽油润滑油燃损或变质，造成润滑能力下降，使零部件急剧磨损，甚至还会出现卡死、损坏等现象。因此，为保证发动机正常工作，使其具有较高的经济性、动力性、耐久性和可靠性，必须采用合理的冷却方法。现代汽车发动机上采取的各种冷却措施就是使发动机在工作中得到适度的冷却，从而保持发动机在最适宜的温度范围内工作，只有这样才能保证发动机长期正常运转。

1. 冷却系的工作原理

发动机的冷却系为强制冷却系，即通过水泵的作用，提高冷却液的压力，强制冷却液在发动机水套和散热器中循环流动，水套直接布置在气缸的周围，利用冷却液吸收水套周围的热量，冷却液再流到散热器内，将热量传给散热片使之被流经散热器的空气带走，经过冷却后的冷却液再进入水套。如此不断循环进行散热，保持发动机的最佳工作温度。

2. 冷却系的功用

冷却系的功用就是使工作中的发动机得到适度的冷却，从而保持发动机在最适宜的温度范围内工作。在采用水冷却系统的发动机中，发动机的正常工作温度以冷却液温度85～105 ℃为最佳。

3. 冷却系的类型

汽车发动机的冷却系按冷却介质的不同可以分为两种，即水冷却系和风冷却系，如图7－1所示。目前汽车发动机上大都采用水冷却系，只有少数汽车发动机采用风冷却系。

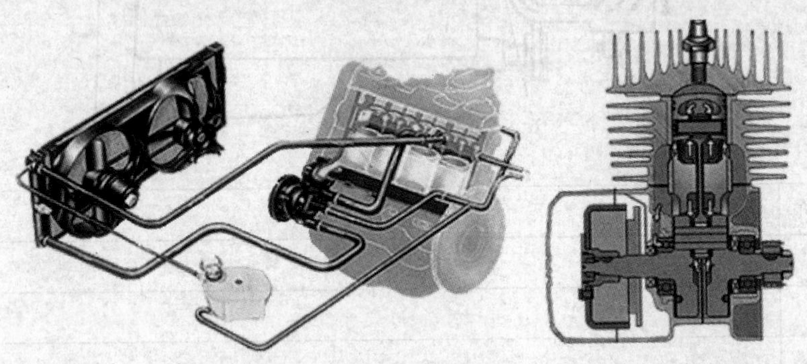

(a) 水冷却系统　　(b) 风冷却系统

图7－1　冷却系的两种类型

1) *水冷却系*

将发动机中高温零件的热量先传导给冷却液，再散入大气中去，使发动机的温度降低而进行冷却的一系列装置，称为水冷却系，如图7－1(a)所示。

水冷却系冷却均匀可靠，工作噪声小，冷却强度调节方便，效果好，因此被广泛应用于现代汽车发动机中。

2) *风冷却系*

将发动机中高温零件的热量，直接散入大气，使发动机的温度降低而进行冷却的一系列装置称为风冷却系，如图7－1(b)所示。

发动机最热的部分是气缸盖，为了加强冷却，现代风冷却系发动机气缸盖都用导热性能良好的铝合金铸造，而且为了增大散热面积，在气缸体和气缸盖上制有许多散热片。

风冷却系结构简单，使用和维修方便，但冷却强度不易控制和调节，功率消耗大，噪声大，由于发动机与空气之间温差较大，故风冷却系的散热能力对气温变化不敏感，在现代汽车发动机上较少采用。

(二)水冷却系的主要零件及作用

1. 组成

水冷却系一般由散热器、水泵、水管、水套、节温器、百叶窗、膨胀水箱、冷却液温度表和风扇等组成，如图7－2所示为桑塔纳发动机的冷却系。

冷却系的主要部件有水泵、散热器、膨胀水箱(或补偿水箱)、发动机水套、风扇、水管等。

冷却液温度调节装置有节温器、温控开关、风扇离合器等。

冷却液温度监控报警装置有冷却液温度传感器、报警灯等。

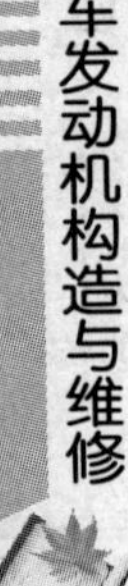

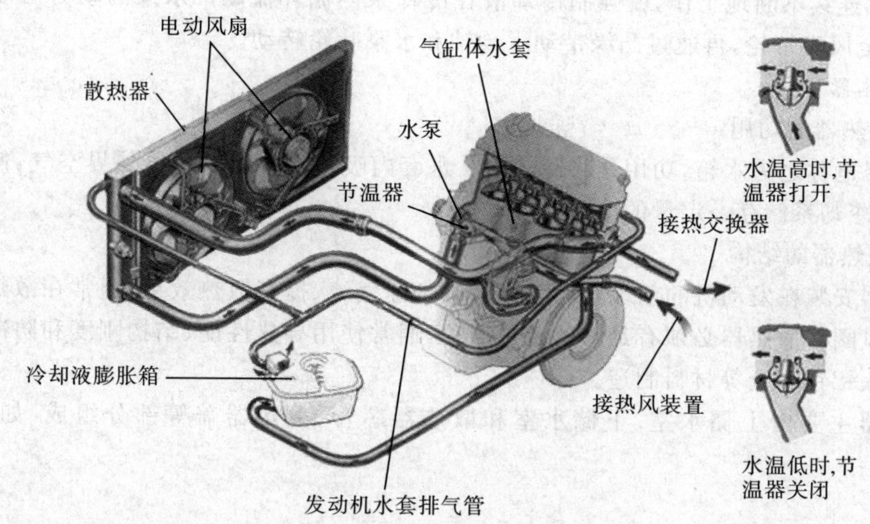

图 7-2　桑塔纳发动机的冷却系

2. 主要部件的结构、原理

1) 发动机水套

(1) 水套的功用

水套就是在水冷发动机的气缸盖和气缸体中铸造出来的贮水和连通的夹层空间,使水得以接近受热零件,并可在其中循环流动。

(2) 水套的组成

水套主要由分水管和喷水管组成。

2) 水泵

(1) 水泵的功用

水泵的作用是对冷却液加压,强制冷却液在冷却系中循环流动。常见的水泵安装在发动机前端,由发动机曲轴通过三角皮带驱动。目前,汽车发动机上广泛采用离心式水泵,其结构简单、体积小、出水量大、维修方便,同时当水泵因故障而停止工作时,不妨碍冷却液在冷却系统内热对流而自然循环,在汽车发动机上得到了广泛的应用。

(2) 水泵的构造

水泵安装在发动机前端,现代汽车发动机均采用离心式水泵。这种水泵结构简单、体积小、出水量大、维修方便,获得广泛应用。离心式水泵主要由壳体、叶轮转子、水泵轴、轴承、水封等组成。

(3) 离心式水泵的工作原理

如图 7-3 所示,当水泵工作时,叶轮旋转,进水腔 A 体积增大,产生真空,在真空吸力的作用下,冷却液由散热器经进水管进入水泵,然后被叶轮带到出水腔 B,由于这时出水腔 B 的体积是不断缩小的,所以压力增加,这样冷却液就通过出水管被压入发动机缸体水

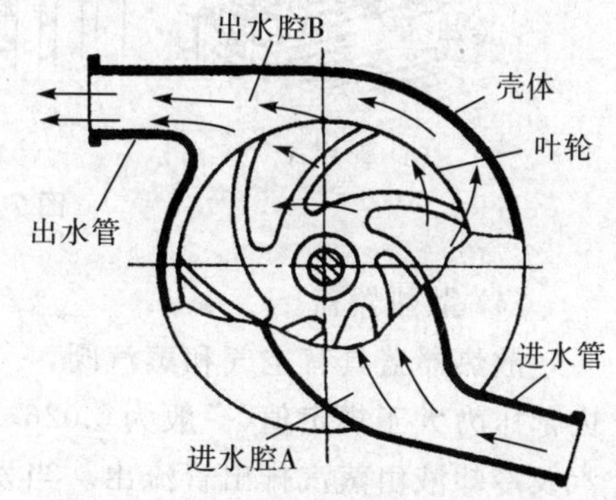

图 7-3　离心式水泵工作原理图

套中。如此连续不断地工作，就强制冷却液在冷却系内循环流动。水泵的动力由曲轴带轮经V带传至风扇带轮，再通过凸缘带动水泵轴和水泵叶轮转动。

3）散热器

（1）散热器的功用

散热器也称之为水箱，功用是将冷却液从水套内吸收的热量传递给外界空气，使冷却液降温，并为冷却系储存一定量的冷却液。

（2）散热器的结构

散热器安装在发动机的前端，为集中风向、加速气流、提高散热效果，通常在散热器的后部加装护风圈。散热器必须有足够的散热面积，通常使用导热性能、结构刚度和防冻性能较好的铜、铝、铝锰合金等材料制造。

散热器主要由上储水室、下储水室和散热器芯管、散热器盖等部分组成，如图7－4所示。

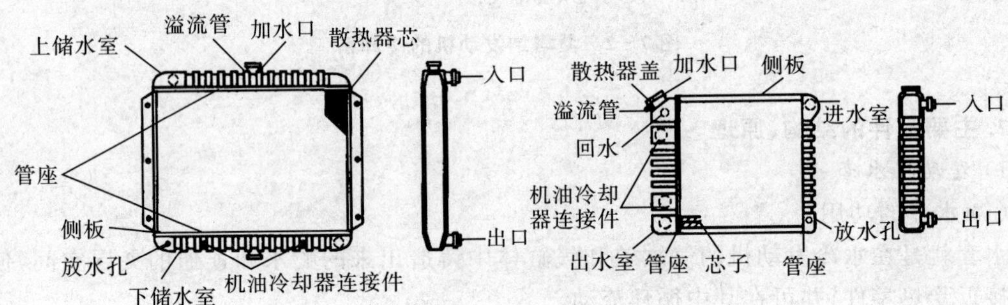

图7－4 散热器的组成

（3）散热器芯

散热器芯结构形式主要有管片式、管带式和板式三种，如图7－5所示。

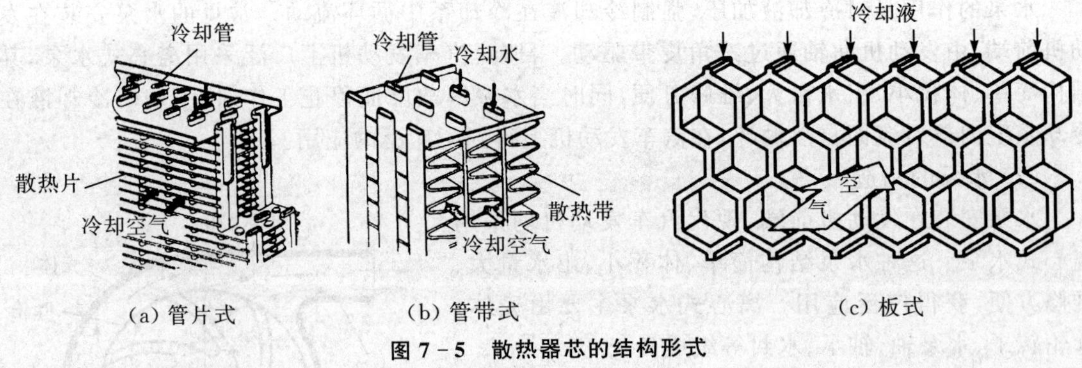

（a）管片式 （b）管带式 （c）板式

图7－5 散热器芯的结构形式

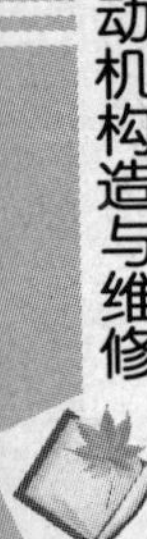

（4）散热器盖

散热器盖具有空气和蒸汽阀，一般情况下，两阀借弹簧关闭。如图7－6所示，当散热器内部压力大于规定值（一般为0.026～0.037 MPa，某些轿车可达0.1 MPa）时，蒸汽阀打开，蒸汽及冷却液由蒸汽排出管流出。当发动机停止工作，冷却液温度降低，体积收缩后，散热器内的压力低于大气压力（冷却系中产生的真空度值一般为0.01～0.02 MPa），空气阀打开，使空气或储存箱中的冷却液流入散热器内，以防止散热器或水管塌陷，并保持冷却液的量。

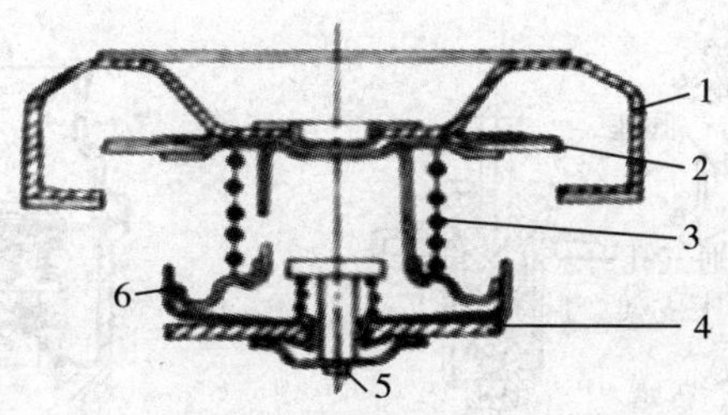

（a）散热盖结构

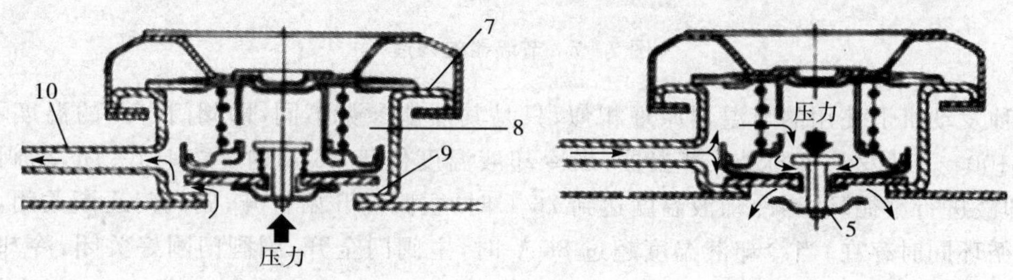

（b）蒸汽阀开启　　（c）空气阀开启

图 7-6　散热器盖结构与工作原理(空气阀和蒸汽阀)

1—散热器盖；2—上密封衬垫；3—压力阀弹簧；4—下密封衬垫；5—空气阀；6—蒸汽阀；
7—加冷却液口上密封面；8—加冷却液口；9—加冷却液口下密封面；10—溢流管

4）节温器

（1）节温器的功用和类型

节温器安装在冷却液循环的通路中，其功用是根据发动机负荷大小及冷却液温度高低来改变冷却液的流动路线及流量，自动调节冷却系的冷却强度，使冷却液温度保持在最适宜的范围内。

节温器按结构可分为蜡式、双金属式和折叠式。

目前汽车发动机上广泛采用蜡式节温器，它具有对水压影响不敏感、工作性能稳定、水流阻力小、结构坚固和使用寿命长等优点。

（2）节温器的构造

蜡式节温器安装在缸盖出水口处，其结构如图 7-7 所示。中心杆的上端固定于支架，下端插入胶管的中心孔内。胶管与外壳之间的环形内腔装有石蜡。节温器外壳上端装有主阀门，下端套装有副阀门，弹簧位于主阀门与支架下底之间。

（3）节温器的工作原理

低温时，石蜡呈固态，弹簧将主阀门压在阀座上，而副阀门开启，冷却液进行小循环。这样，发动机开始工作时，冷却液快速升温，能很快暖机，在短时间内达到发动机正常工作温度。

当温度升高时，节温器外壳中的石蜡由固态变为液态，体积增大，在外壳容积不能增大的情况下，石蜡挤压胶管，胶管收缩而对中心杆锥状端头产生推力，因中心杆固定在支架上不能移动，只能使外壳压缩弹簧向下移动并带动阀门下行。这时，主阀门打开，副阀门关闭，冷却液经主阀门流入散热器，进行大循环。

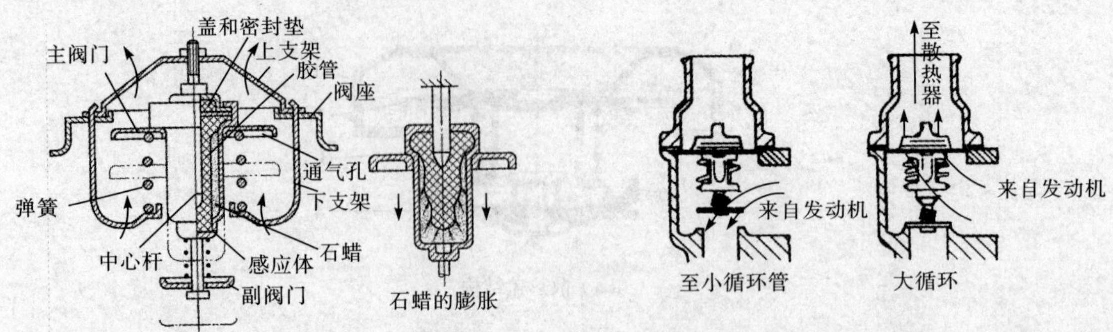

图 7－7　节温器的构造

各种发动机上使用的节温器原理相似，只是其性能参数不同，即阀门打开的温度不同。如 EQ6100－1 型发动机的蜡式节温器，当冷却液温度低于 76 ℃时，主阀门关闭，副阀门打开，冷却液进行小循环；当冷却液温度达到 76 ℃时，主阀门开始打开，副阀门逐渐关闭，冷却液大小循环同时存在；当冷却液温度超过 86 ℃时，主阀门全开，副阀门刚好关闭，冷却液进行大循环。桑塔纳 2000 型发动机的蜡式节温器，当冷却液温度低于 85 ℃时，进行小循环；当冷却液温度高于 85 ℃时，部分冷却液进行大循环；当冷却液温度达到 105 ℃时，全部冷却液参加大循环。

5）风扇

(1) 风扇的功用

风扇安装在发动机与散热器之间，其功用是将空气吸进散热器并吹向发动机外壳，加快降低散热器中水的温度，同时使发动机外壳及附件得到适当冷却。

冷却风扇的扇风量主要与风扇的直径、转速、叶片形状、叶片安装角及叶片数目有关。目前，风扇的形式很多，如图 7－8 所示，但汽车用的水冷发动机上大多数采用螺旋桨式风扇，其叶片多用薄钢板冲压制成，横断面多为弧形，也可以用塑料或铝合金翼形断面。后者虽然制造工艺较复杂，但效率较高，功率消耗较少，在轿车和轻型汽车上得到了广泛的应用。为了减轻振动噪声，叶片间夹角不等，叶片数目通常为 4～6 片。叶片与风扇旋转平面之间安装成一定的倾斜角度(一般为 30°～45°偏扭角)，偏扭角可为定值，也可制成变偏扭角。因风扇旋转时叶和叶尖的气流速度外大内小，为了提高风扇的效率，叶片从叶根到叶尖偏扭角逐渐减小。有些汽车发动机风扇的冲压叶片端部呈弯曲状，以增加扇风量，如图 7－8(a)所示。

(2) 风扇的类型

冷却风扇有机械驱动冷却风扇和电机驱动冷却风扇两种。

一些汽车发动机采用各种自动风扇离合器控制风扇的扇风量，以改变冷却强度。这种方法是根据发动机的温度自动控制风扇转速，以达到改变通过散热器的空气流量的目的。这不仅能减少发动机功率损耗，节约燃料，还能降低发动机噪声，提高发动机使用寿命。目前，常见的风扇离合器有硅油式、机械式和电磁式三种类型，其中以硅油式应用最多。

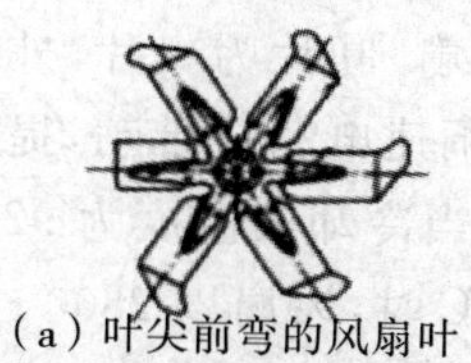

（a）叶尖前弯的风扇叶　（b）尖窄根宽的风扇叶　（c）整体尼龙压铸的风扇　（d）有凸起的辅助叶片导流风扇

（e）不等间隔的风扇叶

（f）不等曲率弧度的风扇叶

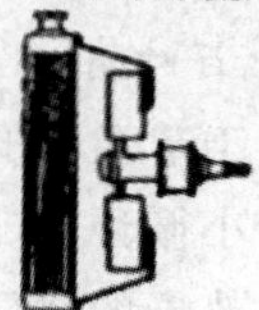

（g）风扇罩

图 7-8　风扇形式

硅油式风扇离合器如图 7-9 所示，它安装在风扇与水泵之间，由主动部分、从动部分和控制部分组成。主动轴与水泵轴通过螺栓连成一体，主动板连接在主动轴的前端，从动板与前盖、壳体连成一体，风扇固定在壳体上。前盖与从动板之间的空间构成储油室，内部充满了黏度很大的硅油。主动板与壳体之间的空间为离合器工作室。从动板上有进油孔，常温下被阀片关闭，高黏度硅油不能进入工作室，离合器处于分离状态。主动板、主动轴与水泵轴一起转动，使风扇随壳体在主动轴上空转打滑，冷却系的冷却强度相对较低。

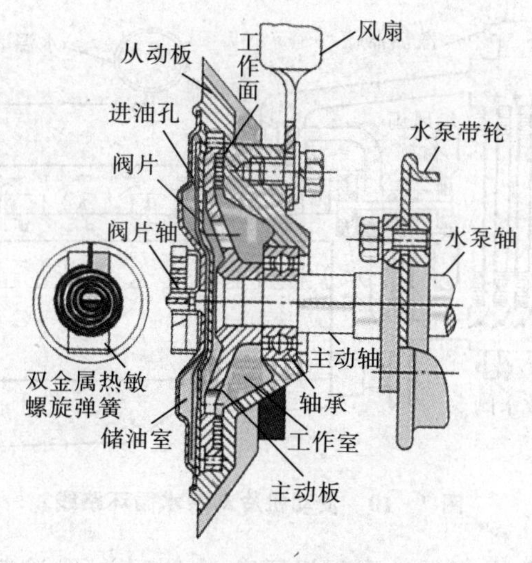

图 7-9　硅油式风扇离合器

当流经散热器的空气温度升高时，即冷却液温度升高时，双金属感温器受热变形，迫使阀片轴相对于从动板转动，从而带动阀片转动，打开进油孔，于是硅油进入工作室，由于主动板与从动板之间工作面的缝隙中进入了黏度很大的硅油，主动板利用硅油的黏性即可带动从动板和风扇转动，这时离合器处于接合状态，风扇转速升高。

从动板外缘有一个回油孔，硅油可在其离心力作用下，经回油孔从工作室返回储油室，从而使硅油在工作室与储油室之间循环流动，防止工作室中硅油温度过高而影响其黏度。

若流过散热器的空气温度下降，双金属感温器恢复原状，阀片关闭进油孔，在离心力作用下，硅油经回油孔从工作室返回储油室，离合器又回到分离状态，风扇转速降低。

桑塔纳 2000GSi 轿车 AJR 发动机采用温控热敏开关控制的风扇，叶片为 9 片，外缘设计成一个圆环，将这 9 片叶片连在一起，两个冷却风扇分别由两个调速电动机带动，提高了风扇系统工作的可靠性。当冷却液温度为 84～91 ℃时，风扇停转；当冷却液温度为 92～97 ℃时，风扇以 2300 r/min 的低转速运转；当冷却液温度为 98～105 ℃时，风扇以 2800 r/min 的高转速运转。

6）百叶窗

由于节温器的存在，在冬季冷车起动后的热车过程中，或在严寒冷却液温度较低时，水只进行小循环，水在散热器内有冻结的危险。为此，需在散热器前安装挡风装置，用来调节流过散热器的空气流量，以调节冷却液的冷却强度，使发动机保持在狭窄的正常温度范围内。并保持机罩内的正常温度不低于 20 ℃，以改善燃油的汽化条件，减少排气的污染。

百叶窗由许多片活动挡板组成，安装在散热器前面，有垂直安装的，也有水平安装的。百叶窗的开度通过一套操纵机构由驾驶员控制，有些汽车采用调温器来自动控制百叶窗开度。

（三）冷却系水循环

为了保证发动机在不同负荷、不同转速和气候条件下能够保持正常的工作温度，发动机冷却系的冷却液的循环方式及路线是随着发动机工作温度的变化而改变的，由装在缸盖出水管或水泵进水管上的节温器进行控制。如图 7－10 所示。

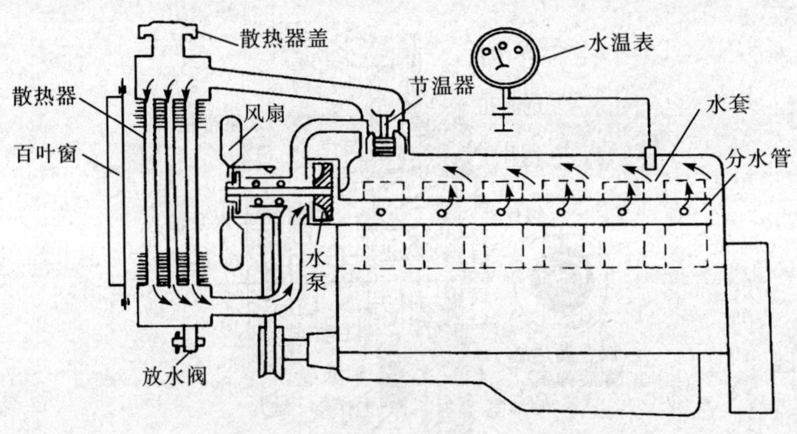

图 7－10　发动机冷却系水循环路线

当发动机温度较低时，节温器的副阀门开启，主阀门关闭，冷却液从水泵流出，经分水管→水套→出水口→水泵，进行的是小循环。其目的是使发动机温度迅速升高到正常工作温度。当温度达到 80 ℃以上时，节温器的副阀门关闭，主阀门开启，冷却液从水泵流出，经分水管→水套→出水口→上水管→散热器→下水管→水泵，进行大循环。在这一过程中，由于冷却液流经水套周围时，吸收了气缸和燃烧室的热量，并经散热器将热量散发到空气当中去了，从而达到了保持发动机正常工作温度的目的。水冷却系有大循环和小循环两种循环方式，如图 7－11 所示。

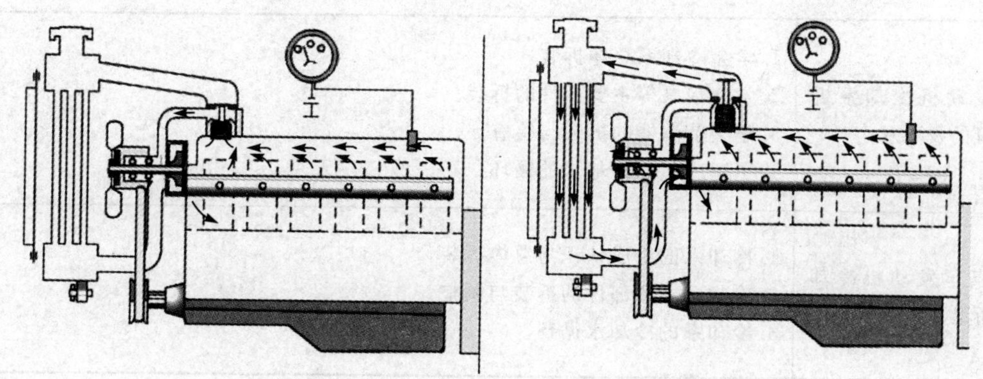

(a) 小循环　　　　(b) 大循环

图 7－11　发动机冷却系的两种循环方式

三、制定拆装计划

制定发动机冷却系拆装计划如表 7－3 所示。

表 7－3　发动机冷却系拆装计划

<table>
<tr><td colspan="3">1. 查阅资料，学习冷却系拆装作业注意事项描述。
2. 查阅维修手册，熟悉冷却系组成信息，制定汽车发动机冷却系拆装计划。</td></tr>
<tr><td rowspan="2">1. 车辆发动机类型信息描述</td><td>车辆描述：</td><td></td></tr>
<tr><td>发动机类型信息描述：</td><td></td></tr>
<tr><td>2. 汽车发动机冷却系拆装作业注意事项描述</td><td colspan="2">1. 放出冷却液时要小心，冷却液有毒。
2. 注意拆装顺序。
3. 拆装时要注意人身安全。</td></tr>
<tr><td>3. 发动机冷却系组件信息描述</td><td colspan="2"> 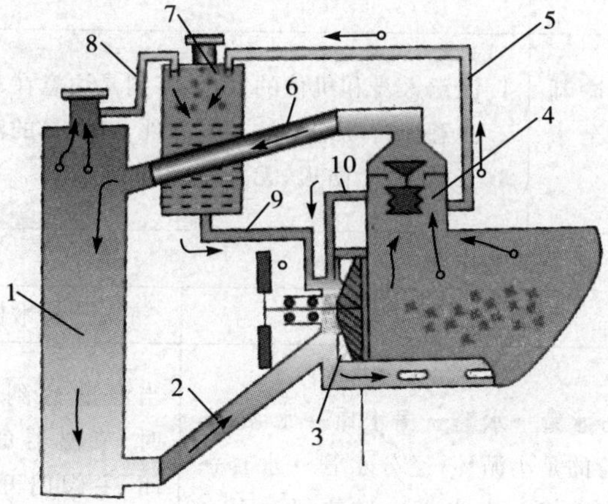1. ________　2. ________　3. ________
4. ________　5. ________　6. ________
7. ________　8. ________　9. ________
10. ________</td></tr>
</table>

4. 发动机冷却系拆装目的及要求	1. 学会冷却系总体拆装。 2. 学会水泵等主要部件的拆装。 3. 学会节温器的拆装与检查。 4. 了解冷却系冷却水的循环。
5. 汽车发动机冷却系拆装计划	1. 冷却系的组成认识与总体拆装。 2. 冷却系主要部件的拆装与调整。 3. 冷却系的冷却水循环。

四、实施拆装作业

汽车发动机冷却系拆装作业具体实施如表 7-4 所示。

表 7-4　发动机冷却系拆装作业

<table>
<tr><td colspan="4">1. 学习汽车发动机冷却系拆装作业安全事项。
2. 会正确对汽车发动机冷却系进行拆装。</td></tr>
<tr><td rowspan="2">1. 车辆信息描述</td><td colspan="2">车辆描述：</td><td></td></tr>
<tr><td colspan="2">车辆发动机类型描述：</td><td></td></tr>
<tr><td>2. 汽车发动机冷却系拆装工具</td><td colspan="3">1. 发动机拆装架 1 台。
2. 汽车发动机常用拆装工具 1 套，专用拆装工具 1 套及相关量具。
3. 零部件存放台、盆各 1 个。
4. 解剖的汽车发动机工作原理示教台 1 台(可以运转演示)。
5. 发动机拆装实训录像片及相关的教学挂图等。</td></tr>
<tr><td>3. 汽车发动机冷却系拆装作业安全事项学习</td><td colspan="3">1. 注意人身和机件的安全，特别是注意在车底下工作时的人身安全。
2. 注意保持场地整洁及零部件、工量具的清洁。
3. 安全用电，防火，无人身、设备事故。</td></tr>
<tr><td colspan="4">4. 汽车发动机冷却系拆装作业</td></tr>
<tr><td>作业项目</td><td>作业要领</td><td>技术标准</td><td>检查记录</td></tr>
<tr><td>冷却水循环路径分析</td><td>分水管→水套→出水口→水泵，进行的是小循环；经分水管→水套→出水口→上水管→散热器→下水管→水泵，进行的是大循环。</td><td>当温度达到 80 ℃以上时，节温器的副阀门关闭，主阀门开启，冷却液从水泵流出，由小循环变成大循环。</td><td>节温器开启的温度：
__________</td></tr>
</table>

作业项目	作业要领	技术标准	检查记录
冷却系总体拆装	1. 冷却液的排放与补充。 2. 散热器总成的拆卸。 3. 水泵总成的拆卸。 4. 节温器的检查。 5. V形带张紧度的检查。	1. 观察水泵、散热器等的安装位置及相互间连接关系。 2. 按正确顺序分别将各零部件从发动机机体上分解下来。	记录冷却系统的解体顺序并认真观察各组成的外观结构：
冷却液的排放与补充	将仪表板的暖风开关拨至右端，将暖风控制阀全开；拧下冷却液膨胀水箱盖松开水管的卡箍，拉出冷却液软管，放出冷却液，用容器收集，以便今后使用。	1. 冷却液有毒，操作时小心。 2. 冷态操作。 3. 一般应根据环境温度来选择冷却液，并添加至规定数量，符合要求为止。	记录放水过程和检查过程：
散热器总成的拆卸和分解	1. 从散热器上拆下冷却液上、入水管，与膨胀水箱的连接管，最后取下散热器总成。 2. 散热器总成的分解：旋下螺栓，取下风扇及风扇罩；旋松螺母，从风扇罩上取下风扇及电机；从散热器上旋下风扇电机热敏开关及O形圈。	1. 检查散热器管路，看有无硬化、裂纹、膨胀变形或流动不畅的迹象。 2. 接口处大部分采用弹簧式管卡，如果要更换，应采用原来式样的弹簧卡。	记录拆解过程：
水泵总成的拆卸和分解	1. 从水泵上取下水循环管、热交换器回水管、冷却液下水管。取下水泵传动皮带，拆下水泵总成。 2. 水泵总成的分解：取下水泵皮带轮；旋下螺栓，取下水泵和衬垫，取下节温器盖、节温器O形圈和节温器。	1. 水泵轴与轴承的配合，一般为 −0.010～+0.012 mm。 2. 水泵轴承与轴承孔的配合，一般为 −0.02～+0.02 mm。 3. 水泵叶轮装合后，一般应高出泵轴 0.1～0.5 mm。 4. 水泵装合后，叶轮外缘与泵壳内腔之间的间隙一般为 1 mm。	1. 水泵轴与轴承的配合： ______ 2. 水泵轴承与轴承孔的配合： ______ 3. 水泵叶轮装合后： ______ 4. 叶轮外缘与泵壳内腔之间的间隙： ______
节温器的拆卸	1. 从发动机出水管上将节温器盖的两个固定螺钉松开，将节温器盖取下来。 2. 将节温器从发动机出水管安装孔中取出来。	1. 节温器的密封垫应使用新件。 2. 安装完成，在冷却系统加满冷却水后，应起动发动机检查冷却系统是否有渗漏现象。	记录节温器拆卸过程：
5. 拆装作业完成后的收获与感想			

五、检验评估

任务一的检验评估如表 7－5 所示。

表 7－5　检验评估

评价指标	检验说明	检验记录
维护检查项目	1. 检查工具设备 2. 检查各管路是否有漏水情况 3. 检查零部件的损坏情况	
汽车发动机冷却系拆装过程情况		

评价内容	检验指标	权重	自评	互评	总评
检查任务完成情况	1. 完成任务过程情况 2. 任务完成质量 3. 在小组完成任务过程中所起作用	4			
专业知识和专业技能	1. 能说出发动冷却系组件的结构组成 2. 能描述发动机冷却系各组件的工作原理 3. 能正确地选择和使用维修工量具	8			
职业素养	1. 学习态度：积极主动参与学习 2. 团队合作：与小组成员一起分工合作，不影响学习进度 3. 现场管理：服从工位安排，执行实训室“5S”管理规定	3			
综合评价与建议					

任务二　冷却系的检修

任务描述

一辆上海大众桑塔纳 2000 乘用车换水箱后水温表显示温度很高，风扇不转，水不循环，水箱一半热一半凉。

任务目标

冷却系常见故障是冷却液泄漏，发动机的温度过高、过低和发动机升温缓慢等。为了预防这些问题的出现我们应该注重冷却系的维护与保养，使发动机在正常的温度范围工作，延长发动机的使用寿命。

一、维修接待

按照表 7－6 完成待修车辆的维修接待，并准确填写接车问诊表。

表 7－6　维修接待与接车问诊表

1. 通过询问客户了解发动机发生故障情况，填写接车问诊表。
2. 车间检测初步确认需对冷却系进行检修及更换其主要故障零部件。

接车问诊表

车牌号：＿＿＿＿＿＿　车架号：＿＿＿＿＿＿　行驶里程：＿＿＿＿＿＿(km)

用户名：＿＿＿＿＿＿　电　话：＿＿＿＿＿＿　来店时间：＿＿＿＿＿＿

用户陈述及故障发生时的状况：一辆上海大众桑塔纳 2000 乘用车换水箱后水温表显示温度很高，风扇不转，水不循环，水箱一半热一半凉。

故障发生状况提示：行驶状况、发生频度、发生时间、发生状况等。

接车员检测确认建议：需对发动机冷却系进行检修并对发动机进行维护。

车间检测确认结果及主要故障零部件：需对发动机冷却系进行维护，必要时更换故障零部件。

车间检查确认者：＿＿＿＿＿＿

外观确认：(请在有缺陷部位做标识)

功能确认：(工作正常√　不正常×)

□音响系统　□门锁(防盗器)　□全车灯光
□工具　□后视镜　□天窗　□座椅
□点烟器　□玻璃升降器　□玻璃

物品确认：(有√　无×)

F　E

□贵重物品提示
□工具　□备胎　□灭火器
□其他(　　　)

旧件是否交还用户
□是　□否

用户是否需要洗车
□是　□否

· 检测费说明：本次检测的故障如用户在本店维修，检测费包含在修理费用内；如用户不在本店维修，请支付检测费。本次检测费：¥＿＿＿＿元。

· 贵重物品：在将车辆交给我店检查修理前，已提示将车内贵重物品自行收起并保存好，如有遗失恕不负责。

接车员：＿＿＿＿＿＿　　用户确认：＿＿＿＿＿＿

二、信息收集与处理

按表 7－7 完成任务二的信息收集与处理。

表 7－7 信息收集与处理

冷却系维护内容		
序号	维护项目	维护内容
1		
2		
3		
冷却系常见故障		
序号	常见故障	故障现象
1		
2		
3		
冷却液选用标准：		

(一)冷却液的相关知识

冷却液是发动机冷却系中重要的工作介质，汽车常用的冷却液有水冷却液和加有防冻剂的防冻冷却液。

1. 水冷却液

水冷却液是指直接用水作发动机的冷却液。它的特点是简单、方便，但易结冰、结垢、沸点低。

水在 0 ℃时会结冰，如果发动机水冷却系中的冷却液结冰，将会使冷却液终止循环而影响发动机正常工作，甚至可能会使气缸体、气缸盖和散热器等因为水结冰时体积膨胀而胀裂；冷却水最好选用软水，即含矿物质少的水(如雨水、雪水、自来水等)，否则易在水套内产生水垢，使气缸体和气缸盖的导热性能变差，造成发动机过热；水的沸点低，容易蒸发，需经常添加。

2. 防冻冷却液

防冻冷却液是一种含有特殊添加剂的冷却液，起冷却、防冻、防锈、防积水垢和提高冷却液沸点等作用，现代汽车发动机普遍采用防冻冷却液。

1) 防冻冷却液的种类

防冻冷却液主要由冷冻剂和水按一定比例混合而成。按冷冻剂种类的不同，防冻冷却液分为酒精型、甘油型、乙二醇型 3 种。目前使用较多的为乙二醇型防冻冷却液。

乙二醇是一种无色黏稠液体，能与水以一定比例混合，沸点 197.4 ℃，冰点－11.5 ℃，与水混合后还可使防冻冷却液的冰点显著降低(最低可达－68 ℃)。

乙二醇型防冻冷却液是用乙二醇作为冷冻剂，与水、防腐剂、染色剂等多种添加剂配制而成。用不同比例的乙二醇和水混合可配制不同冰点的防冻冷却液。这类防冻冷却液沸点

高、冰点低、冷却效率高，但有毒性、对金属有腐蚀作用，故使用中应注意安全。

专用防冻冷却液(长效冷却液)一般呈红色或绿色。两者几乎都有相同的成分。

2) 乙二醇型防冻冷却液的牌号

乙二醇型防冻冷却液分为防冻冷却液和防冻浓缩液两大类。防冻冷却液按其冰点不同，分为−25、−30、−35、−40、−45、−50共6个牌号，可直接加入车中使用。防冻浓缩液是为了便于储运而做了浓缩处理的防冻冷却液，使用时应根据产品说明书规定的比例，用蒸馏水或去离子水稀释。

3) 乙二醇型防冻冷却液的选用

乙二醇型防冻冷却液的牌号是按冰点来划分的，选用时应根据车辆使用地区冬季的最低气温来选择合适的牌号。为防意外，选用的防冻冷却液冰点应比最低气温低10 ℃左右。

4) 乙二醇型防冻冷却液使用注意事项

(1) 车辆首次使用乙二醇型防冻冷却液时，应将散热器中原有的水放尽，最好能用散热器清洗剂将其中的水垢和沉淀物清除，其加入量一般为散热器容量的95%。

(2) 用防冻浓缩液配制时，不能使用河水、井水、自来水等。

(3) 防冻冷却液和添加剂均为有毒物质，使用中应注意安全。

(4) 定期检查冷却液液面高度，并适时补充冷却液。乙二醇型防冻冷却液使用一段时间后，会因蒸发而使液面下降，此时可补充软水使其保持原有量，在补充数次后，考虑到添加剂的损耗，应补充同型号的冷却液。补充冷却液时，应在发动机关闭后处于冷却状态时进行，否则热水喷出会伤人。

(5) 根据行驶里程或时间长短来更换发动机冷却液，因为难以通过目视来判断它的变质程度，更换周期一般为每40000 km或1～2年更换一次。

(6) 不同牌号的防冻冷却液不可混合使用。

(二) 冷却系的维护

通过前面的内容我们了解了发动机冷却系的组成、主要部件的作用。下面介绍发动机冷却系的保养及保养时的注意事项。

1. 三个主要部件的维护方法

1) 冷却液作用及更换方法

桑塔纳轿车冷却液型号N052774AO是由40%冷却添加剂G11和60%的水混合而成。防冻液最低温度为−25 ℃，它具有防冻、防腐蚀、防止水垢形成和提高水沸点的功能。该车正常的水温在90～105 ℃，而不是传统的80～90 ℃。如果不使用这种冷却液，则会不断地“开锅”，因为电动风扇在93～98 ℃时才接通；尤其使用劣质防冻液，虽然能够降低温度，但容易引起缸体、气缸盖、散热器的腐蚀。

更换冷却液时，将仪表板的暖风开关拨至右端使暖风控制阀全开，拆下冷却液膨胀箱盖，松开水泵口软管夹箍，拉出冷却液软管，放出冷却液后再将软管夹箍拧紧。在膨胀箱中加入冷却液，直到液面高度与最高标志齐平为止。拧紧膨胀箱盖。起动发动机，直到风扇运转，将发动机熄火，检查冷却液高度，必要时补充。膨胀箱内冷却液不能注满，加注1/2即可，一般使用2年左右更换一次。

2) 风扇的维护方法

桑塔纳轿车冷却系和空调冷凝器共同的风扇是直流永磁电动机风扇，由装在散热器上的温度控制开关来控制，当散热器中冷却液温度低于91 ℃时风扇停转。如果低于88 ℃时风扇仍转，则是不正常的；而温度高于 98 ℃时仍不转也是不正常的。当温度高于 105 ℃时，温控开关高温部分接通，电源接通电动机便高速运转；当温度达到 120 ℃时，冷却水温度过高，报警指示灯闪亮，为风扇有故障或冷却液不足。如电动机风扇不转，先检查和更换熔断丝，或检修温控开关，必要时再查看电风扇有无损坏。

3）维护时清除冷却系水垢的方法

发动机水箱生锈、结垢是最常见的问题。锈迹和水垢会限制冷却液在冷却系统中的流动，降低散热的作用，导致发动机过热，甚至造成发动机的损坏。冷却液氧化还会形成酸性物质，腐蚀水箱中的金属部件，造成水箱破损、渗漏。定期使用水箱强力高效清洗剂清洗水箱，除去其中的锈迹和水垢，不但能保证发动机正常工作，而且可延长水箱和发动机的整体寿命。

可采用 2% 苛性钠水溶液加入冷却系统，使汽车行驶一天后全部放出，再用清水冲洗；然后再加入同样苛性钠溶液，使用一天后放净，最后用清水冲净即可。

2. 项目实施

1）检查散热器、膨胀箱、箱盖压力阀及水管

(1) 冷却系各部无变形、破损及渗漏。

(2) 散热器盖、膨胀箱盖结合表面良好、密封，箱盖压力阀清洁，不堵塞，能正常开启。

2）冷却液的检查和更换

(1) 检查冷却液品质及液面高度

检查储液罐的冷却液液面高度在储液罐上、下标线之间（一般在“max”和“min”之间），则冷却液量为合适。如果低于“min”线，则应补充冷却液。

(2) 补充冷却液

应待发动机冷却后，用抹布裹着散热器盖将其打开，添加冷却液至规定位置。（一定要等待发动机冷却后再打开加水盖，以防烫伤或引起缸体、缸盖变形。）

(3) 视情更换冷却液

如果冷却液变得污浊或充满水垢，应将冷却液全部放掉并清洗冷却系。

(4) 排放冷却液

① 旋开冷却液储液罐盖。注意旋开盖子时，在盖子上盖一块抹布，以防有蒸汽喷出。

② 在发动机下放置一个干净的收集盘。

③ 松开夹箍，拔下散热器的下水管，放出冷却液。

(5) 加注冷却液

① 冷却液品种要符合本地气候条件。

② 加注冷却液至冷却液储液罐最高点标志处。

③ 旋紧储液罐盖子。

④ 使发动机运转 5～7 min。

⑤ 检查冷却液液面，必要时加注冷却液到最高点标志处。

⑥ 按时更换冷却液。普通冷却液应每 6 个月更换 1 次，长效防锈防冻液一般两年更换 1 次。

3）水泵的维护（以桑塔纳轿车为例）

(1) 水泵的解体与清洗

① 清除水泵表面脏污，将水泵固定在台虎钳上。

② 拧松并拆下带轮紧固螺栓，拆卸带轮。

③ 用专用拉具拆卸水泵轴凸缘。

④ 拧松并拆卸水泵前壳体的紧固螺栓，将前泵壳段整体卸下，并拆下衬垫。

⑤ 用拉具拆卸水泵叶轮。

⑥ 从水泵叶轮上拆下锁环和水封总成。

⑦ 压出水泵轴和轴承(如果水泵轴和轴承经检测需要更换，则先将水泵加热到 75～85 ℃)。

⑧ 拆卸油封及有关衬垫，从壳体上拆下浮动座。

⑨ 换位夹紧，拆卸进水管紧固螺栓，拆卸进水管。

⑩ 拆卸密封圈、节温器。

⑪ 将拆卸的零件放入清洗剂中清洗。

(2) 水泵常见故障

水泵常见的损伤有壳体的渗漏、破裂，水泵轴的弯曲、磨损，水泵叶轮叶片的破裂，水封垫圈的磨损，水泵轴与轴承的磨损，轴承与轴承座孔的磨损。

① 水泵壳体：如果水泵壳体破裂，可在裂纹两端各钻直径为 2.5 mm 的孔，沿裂纹开 V 形口，采用铸铁焊条乙炔焊时，须在焊前对壳体件预热，也可以用铸铁焊条采用电焊。

② 轴承座孔：轴承座孔经常由于压入、压出轴承使座孔产生磨损。修理时，往往采用镶入衬套的方法进行修复。

③ 水泵叶轮：水泵叶轮片破裂，通常用堆焊法进行修复。

④ 水泵轴：水泵轴一般用中碳钢制造，轴颈工作时经常发生磨损，一般用镀铬、镀铁法进行修复；水泵轴弯曲时应进行校正。

(3) 水泵的装配与试验

① 安装密封圈和节温器并以 10 N·m 的力矩拧紧。

② 安装进水管，拧紧进水管螺栓。

③ 安装油封及有关衬垫和浮动座。

④ 安装水泵轴和轴承。

⑤ 安装水封和锁环。

⑥ 安装水泵叶轮。

⑦ 安装衬垫及前泵壳体，用 20 N·m 的力矩拧紧螺栓。

⑧ 压入水泵轴凸缘。

⑨ 安装水泵带轮，用 20 N·m 力矩拧紧螺栓。

⑩ 水泵装合后，水泵下方的泄水孔应畅通，并加注规定牌号的润滑脂。

⑪ 水泵装合后应进行检验。用手转动 V 带轮，泵轴应无阻滞现象，叶轮与泵壳应无碰击感觉。

⑫ 在水泵试验台上进行试验，当水泵轴以 1000 r/min 的速度运转时，每分钟的排水量不应低于规定的数值，在 10 min 的试验中不应出现有金属摩擦声和漏水现象。水泵的最高转速为 6000 r/min，进口压力为 0.10 MPa，出口压力为 0.16 MPa。

4) 节温器的维护(以捷达轿车为例)

(1) 节温器应工作灵敏、准确，在一定的温度下开启。

(2) 水温表指示正确。

(3) 节温器的检测：

① 从发动机上拆下节温器。

② 将节温器放在一个充满水的容器内加热，用温度表监测温度（如图 7－12 所示）。

③ 水温约 87 ℃时，节温器阀门必须开启。

④ 水温约 120 ℃时，节温器阀门应完全打开，阀门最低行程为 7 mm。

(4) 节温器的更换：蜡式节温器安全寿命一般为 50000 km。因其安全寿命较短，而且失效后无法修复，因此要求按照其安全寿命定期更换。

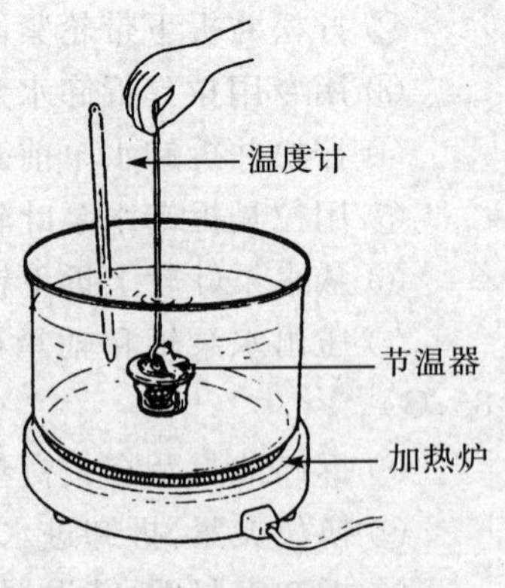

图 7－12　节温器的检查

5) 冷却风扇的维护

(1) 冷却风扇运转平稳，高、低挡转速有明显变化，无异响。

(2) 热敏开关工作灵敏、准确，高、低速挡开启温度准确。

(3) 硅油风扇离合器工作正常。

(4) 风扇的检修：

① 风扇叶片的检修。

② 电动风扇热敏开关的检查。

以桑塔纳发动机为例检查电动风扇热敏开关。将电动风扇热敏开关放入加热的水中，用万用表测量第一挡，当水温达到 93～98 ℃时应能导通，当水温到 88～93 ℃时，应断开。而第二挡 105 ℃时应能导通，93～98 ℃时应断开。否则，应更换电动风扇热敏开关。

③ 风扇离合器的检修。

在汽车二级维护时，应对电动风扇离合器的电磁风扇离合器进行就车检查。

检查时，先把点火开关旋到“ON”挡，并使风扇离合器脱离温控器的控制，观察风扇应转动平衡，工作电流应符合原设计规定的范围。

硅油风扇离合器在日常维护时，应进行就车冷态检查。

当汽车停放约 12 h 后，在发动机起动前用手指拨动风扇叶片应感到有明显的转动阻力。发动机起动后，运转 1～2 min 后熄火，此时拨转风扇叶片若感到转动阻力明显减小，可以认为硅油风扇离合器工作正常。

二级维护时，应就车检查风扇离合器的接合、分离状况。

6) 散热器的维护

(1) 散热器水垢的清洗

散热器的清洗，一般采用化学方法清洗，原理是利用酸或碱类物质与水垢发生化学反应，生成可溶于水的物质，而将水垢清洗除去。

清洗时，一般采用循环法，即先用酸性溶液洗涤，再用碱性溶液冲洗中和，清洗时除垢剂以一定的压力（一般为 10 kPa）在气缸体水套或散热器内循环。一般经过 3～5 min 后即可清洗完毕。如果散热器内积垢严重时，应拆去上、下水室，再使用通条疏通。

(2) 拆卸散热器

① 排放冷却液。

② 松开冷却液管上的夹箍，拔下散热器的冷却液软管。

③ 拔下位于电控冷却风扇罩壳上的热敏开关插头。

④ 将电控风扇连同罩壳一起拆下。

⑤ 拆下散热器。注意:为防止损坏冷凝器及制冷剂管路,不要压迫、扭曲及弯曲制冷剂管路。

(3) 散热器的渗漏检查

可将专用的检查仪安装到散热器上,用检查仪手泵对冷却系加压到 100 kPa 左右,然后仔细观察检查仪上压力表的指示压力变化,如果 2 min 内压力下降 15 kPa,即压力指示出现明显下降时,说明冷却系存在渗漏部位,应予以排除。堵死散热器的进出口,在散热器内充入 50～100 kPa 压力的压缩空气,并将其浸泡在水中,检查有无气泡冒出。如有气泡冒出,则冒泡部位应做好记号,以便焊修。再将压力提高到 120～150 kPa,此时膨胀水箱盖上的压力阀必须打开,否则应更换。

(4) 散热器的修理

① 焊漏。

在用焊锡焊漏时,最好使用小型号的乙炔焊炬加热,并尽可能使散热器焊漏后,保留较多的散热面积。焊漏后切断的冷却管的数量不得超过管数总量的 10%,切断散热片的面积不得大于迎风总面积的 10%。

② 疏整散热片。

③ 冷却系修理竣工时,还应进行系统泄漏试验。

④ 安装散热器。安装散热器时按与拆卸的相反顺序进行。

(三)冷却系常见故障及诊断

1. 冷却液温度过高(发动机过热)

1) 故障现象

(1) 运行中的汽车,在百叶窗完全打开的情况下,冷却液温度表指针经常指在 100 ℃以上,且散热器伴随有“开锅”现象。

(2) 燃烧室内出现“炽热点”,发动机熄火困难。

(3) 汽油机易发生爆燃或早燃,柴油机易发生早燃使工作粗暴。

2) 故障原因及处理方法

(1) 冷却液不足。按规定补充冷却液。

(2) 风扇带松弛、沾油打滑或断裂。调整带的松紧度或更换带。

(3) 混合气过稀。调整混合气浓度。

(4) 水套和分水管积垢或堵塞。清理水套和分水管。

(5) 水泵工作性能不良。检修或更换水泵。

(6) 点火时间不当。调整点火提前角。

(7) 燃烧室内积碳过多。清洗燃烧室。

(8) 风扇离合器接合时间过晚或打滑。检修或更换风扇离合器。

(9) 散热器的进水管或出水管凹瘪。检修或更换散热器水管。

(10) 节温器主阀门不能打开或打开时间过迟。检修或更换节温器。

(11) 散热器内部水垢堵塞或外部过脏。清洗散热器。

(12) 百叶窗不能完全打开。检修百叶窗及控制机构。

(13) 电动风扇性能不良。检修或更换电动风扇。

(14) 温控开关或冷却液温度传感器和控制器失效。检修或更换温控开关、冷却液温度传感器或控制器。

2. 冷却液温度过低(发动机过冷)

1) 故障现象

冬季运行的汽车,在百叶窗完全关闭,冷却液温度表和冷却液温度传感器技术状况完好的情况下,发动机达不到正常的工作温度;发动机动力不足,油耗增加。出现这些现象,可判定发动机有冷却液温度过低的故障发生。

2) 故障原因及处理方法

(1) 百叶窗关闭不严。检修百叶窗及控制机构。

(2) 风扇离合器接合过早。检修或更换风扇离合器。

(3) 温控开关闭合太早。检修或更换温控开关。

3. 冷却液消耗过多

1) 故障现象

冷却液消耗过多是指冷却液比正常情况下消耗过快的现象。

(1) 静止一段时间后发动机上有冷却水滴落在地面上。

(2) 冷却水日消耗量较大。

(3) 有时发现油底壳内有水。

2) 故障原因及处理方法

其主要原因有冷却系内部渗漏、冷却系外部渗漏和散热器盖开启压力过低。

通过目测检查外部有没有漏水的痕迹,确定有无外部渗漏。通过检查机油是否发白(乳化)或在发动机冷却液温度正常时排气是否冒白烟确定内部是否渗漏,当发现机油池内有水时,如气缸衬垫完好,缸盖螺栓也未松动,则为湿式缸套下端封水不佳或密封条损坏。如发现水泵壳体下部的泄水孔处漏水,说明水封损坏。此外还可用专用手动压力测试器进行就车检测。

三、制定检修计划

制定发动机冷却系检修计划如表 7-8 所示。

表 7-8　发动机冷却系检修计划

<table>
<tr><td colspan="3">1. 查阅资料,学习冷却系检修作业注意事项描述。
2. 查阅维修手册,熟悉冷却系检修信息,制定汽车发动机冷却系检修计划。</td></tr>
<tr><td rowspan="2">1. 车辆发动机类型信息描述</td><td>车辆描述:</td><td rowspan="2"></td></tr>
<tr><td>发动机类型信息描述:</td></tr>
<tr><td>2. 冷却系检修作业注意事项描述</td><td colspan="2">1. 节温器开启温度 85 ℃,开启行程 7 mm。
2. 风扇电机热敏开关开启温度 93～98 ℃,关闭温度 88～93 ℃。
3. 散热器盖开启压力 120～150 kPa。
4. 热交换器开关在 5 ℃以下电阻为 0 欧姆,在 55 ℃以上电阻为无穷大。</td></tr>
</table>

续表

3. 发动机冷却系检修内容及目的	1. 熟悉冷却系的组成及其各主要机件构造。 2. 能够对冷却系主要零件进行检修。
4. 发动机冷却系检修步骤信息描述	1. 冷却液的排放与加注。 2. 散热器的清洗与检修。 3. 节温器与感温塞的检修。 4. 水泵的检修。 5. 风扇的检修。 6. V形带张紧度的检查。
5. 考核要求	1. 熟练掌握冷却液的排放与加注。 2. 熟练掌握散热器、节温器、水泵和风扇的检修。 3. 熟练掌握V形带张紧度的检查。

四、实施维护作业

汽车发动机冷却系检修作业具体实施如表7－9所示。

表7－9　发动机冷却系检修作业

1. 学习汽车发动机冷却系检修作业安全事项。 2. 会正确对汽车发动机冷却系进行维护。			
1. 车辆信息描述	车辆描述：		
	车辆发动机类型描述：		
2. 汽车发动机冷却系检修工具	1. 桑塔纳2000发动机。 2. 专用拉器、压器，水温器，加热装置及常用工量具若干。		
3. 汽车发动机冷却系检修作业安全事项学习	1. 注意人身和机件的安全，不了解的先了解后再动手，特别是注意在车底下工作时的人身安全。 2. 注意保持场地整洁及零部件、工量具的清洁。		
4. 汽车发动机冷却系检修作业			
作业项目	作业要领	技术标准	检查记录
冷却液的排放与加注	1. 打开膨胀水箱盖时将喷出炽热蒸汽，因此应用布包住盖子，慢慢开启。 2. 发动机以正常温度工作时，液位必须处于“max”标记处；发动机处于冷态时，液位应在“min”和“max”两标记之间。	1. 冷却液放液螺塞拧紧力矩：30 N·m。 2. 起动发动机，以2000 r/min的转速运转约3 min。	1. 放液螺塞拧紧力矩：________ 2. 发动机以正常温度工作时，液位处于________；发动机处于冷态时，液位在________

项目七　冷却系的检修

续表

作业项目	作业要领	技术标准	检查记录
散热器的清洗与检修	1. 在洗涤池内清洗散热器。 2. 散热器渗漏的检查。	1. 苛性钠 10%～15%水溶液容器内，加热保持在 85 ℃左右，使散热器在其内浸煮半小时左右。 2. 对散热器施以 150 kPa 左右的压力试验 1 min，检查冷却液的渗漏情况。	1. 加热温度： ________ 2. 压力试验压力： ________
节温器与感温塞的检修	1. 拆卸节温器。 2. 检查阀门开启时的温度和完全开启时的温度以及阀门的升程。 3. 水温感温塞的检测。	1. 水温约 87 ℃时，节温器阀门必须开启。 2. 完全打开，阀门最低行程为 7 mm。 3. 发动机大修后的节温器，应使用新的密封垫。 4. 水温加热到 70 ℃时，测量水温感温塞的电阻。标准值：104±13.5 Ω。	1. 阀门开启温度： ________ 2. 阀门行程： ________ 3. 水温感温塞电阻： ________
水泵的检修	起动发动机，查看水泵溢水孔是否有渗漏。若渗漏，查听有无异常响声，查看带轮与水泵轴配合是否松旷。如有上述异常现象，则应分解检查。	更换水封总成后，应进行简易漏水试验：堵住水泵进、出水口，将水注满叶轮室，转动泵轴，各处应不漏水。	记录检修过程：
风扇的检修	1. 电动风扇热敏开关的检查。 2. 风扇离合器的检修。 (1) 在汽车二级维护时，应对电磁风扇离合器进行就车检查。 (2) 硅油风扇离合器在日常维护时，应进行就车冷态检查。	1. 热敏开关用万用表测量第一挡，当水温达到 93～98 ℃时应能导通，当水温降到 88～93 ℃时，应断开。而第二挡 105 ℃时应导通；93～98 ℃时应断开。 2. 当汽车停放约 12 h 后，拨动风扇叶片应感到有明显的转动阻力。发动机起动后，运转 1～2 min 后熄火，拨转风扇叶片若感到转动阻力明显减小，可以认为硅油风扇离合器工作正常。	热敏开关用万用表测量第一挡，当水温达到________时导通，当水温降到________时断开。第二挡________时导通，________时断开

作业项目	作业要领	技术标准	检查记录
V形带张紧度的检查	因为交流发动机及水泵是用三角带传动的，使用一段时间后，由于皮带磨损或其他原因，皮带的张紧程度会变松，影响传动效率，降低传动件的使用寿命。	一般在水泵皮带中间处用拇指按压，其挠度为10 mm，否则应予以调整。	挠度：________
5. 检修作业完成后的收获与感想			

五、检验评估

任务二的检验评估如表7－10所示。

表7－10　检验评估

<table>
<tr><td>评价指标</td><td colspan="2">检验说明</td><td colspan="4">检验记录</td></tr>
<tr><td>维护检查项目</td><td colspan="2">1. 检修工具设备
2. 检查加注冷却液后有无泄漏
3. 检查零部件的损坏情况</td><td colspan="4"></td></tr>
<tr><td>汽车发动机冷却系检修过程情况</td><td colspan="6"></td></tr>
<tr><td>评价内容</td><td colspan="2">检验指标</td><td>权重</td><td>自评</td><td>互评</td><td>总评</td></tr>
<tr><td rowspan="3">检查任务完成情况</td><td colspan="2">1. 完成任务过程情况</td><td rowspan="3">4</td><td rowspan="3"></td><td rowspan="3"></td><td rowspan="3"></td></tr>
<tr><td colspan="2">2. 任务完成质量</td></tr>
<tr><td colspan="2">3. 在小组完成任务过程中所起作用</td></tr>
<tr><td rowspan="4">专业知识和专业技能</td><td colspan="2">1. 能够熟练装配冷却系各部件并能正确进行检测</td><td rowspan="4">8</td><td rowspan="4"></td><td rowspan="4"></td><td rowspan="4"></td></tr>
<tr><td colspan="2">2. 能够熟练掌握就车检查水泵工作性能的方法</td></tr>
<tr><td colspan="2">3. 能够正确进行冷却液的排放与加注</td></tr>
<tr><td colspan="2">4. 能够正确检测与判断风扇热敏开关是否工作良好</td></tr>
<tr><td rowspan="3">职业素养</td><td colspan="2">1. 学习态度：积极主动参与学习</td><td rowspan="3">3</td><td rowspan="3"></td><td rowspan="3"></td><td rowspan="3"></td></tr>
<tr><td colspan="2">2. 团队合作：与小组成员一起分工合作，不影响学习进度</td></tr>
<tr><td colspan="2">3. 现场管理：服从工位安排，执行实训室“5S”管理规定</td></tr>
<tr><td>综合评价与建议</td><td colspan="6"></td></tr>
</table>

项目思考

1. 发动机为什么要冷却？最佳水温范围一般是多少？
2. 水冷却系一般由哪些机件组成？
3. 拆掉节温器对发动机有哪些影响？
4. 水冷却系中为什么要装节温器？什么叫大循环？什么叫小循环？
5. 冷却系中水温过高或水温过低有哪些原因？
6. 试述硅油风扇离合器的工作原理。
7. 离心式水泵在拆装过程中应注意哪些事项？
8. 如何检测节温器的工作状况是否良好？

发动机总装与调试

项目描述

一辆桑塔纳 2000 汽车，已行驶 20 万公里，最近在行车过程中出现排气管总是冒黑烟、动力不足、油耗增加等现象，进厂维修。经修理工检测后为气缸压力不足导致，要求对发动机进行大修作业。

项目目标

1. 收集汽车发动机大修操作规范相关信息，制定发动机大修操作计划。
2. 能正确熟练地清洗发动机零部件并归类摆放。
3. 掌握发动机装配工艺及规程。
4. 掌握发动机装配过程检验和发动机装配竣工检验的项目、方法、技术要求。

任务一　发动机零件清洗及归类摆放

任务描述

一辆桑塔纳 2000 轿车在行车过程中，出现排气管冒黑烟、动力不足、油耗增加等现象，进厂维修。针对维修接待和车间确认意见，必须进行发动机大修，对发动机零件清洗及归类后再进行装配。

任务目标

1. 能熟练清洗发动机零部件并归类摆放。
2. 会使用发动机零件清洗机清洗发动机零件。

一、维修接待

按照表 8-1 完成待修车辆的维修接待，并准确填写接车问诊表。

表 8-1　维修接待与接车问诊表

1. 通过询问客户了解发动机发生故障情况，填写接车问诊表。
2. 车间检测初步确认需将发动机总成吊卸，对发动机进行拆检。

接车问诊表

车牌号：________　车架号：________　行驶里程：________(km)

用户名：________　电　话：________　来店时间：________

用户陈述及故障发生时的状况：一辆桑塔纳 2000 汽车，在行车过程中出现排气管总是冒黑烟、动力不足、油耗增加等现象。

故障发生状况提示：行驶速度、发动机状态、发生频度、发生时间、部位、天气、路面状况、声音描述。

接车员检测确认建议：需对发动机进行大修。

车间检测确认结果及主要故障零部件：需对发动机进行大修，清洗和更换故障零部件。

车间检查确认者：________

外观确认：(请在有缺陷部位做标识)

功能确认：(工作正常√　不正常×)

□音响系统　□门锁(防盗器)　□全车灯光
□工具　□后视镜　□天窗　□座椅
□点烟器　□玻璃升降器　□玻璃

物品确认：(有√　无×)

F　E

□贵重物品提示
□工具　□备胎　□灭火器
□其他(　　　)
旧件是否交还用户
□是　□否
用户是否需要洗车
□是　□否

· 检测费说明：本次检测的故障如用户在本店维修，检测费包含在修理费用内；如用户不在本店维修，请支付检测费。本次检测费：¥________元。

· 贵重物品：在将车辆交给我店检查修理前，已提示将车内贵重物品自行收起并保存好，如有遗失恕不负责。

接车员：________　　用户确认：________

二、信息收集与处理

按表 8-2 完成任务一的信息收集与处理。

表 8-2　信息收集与处理

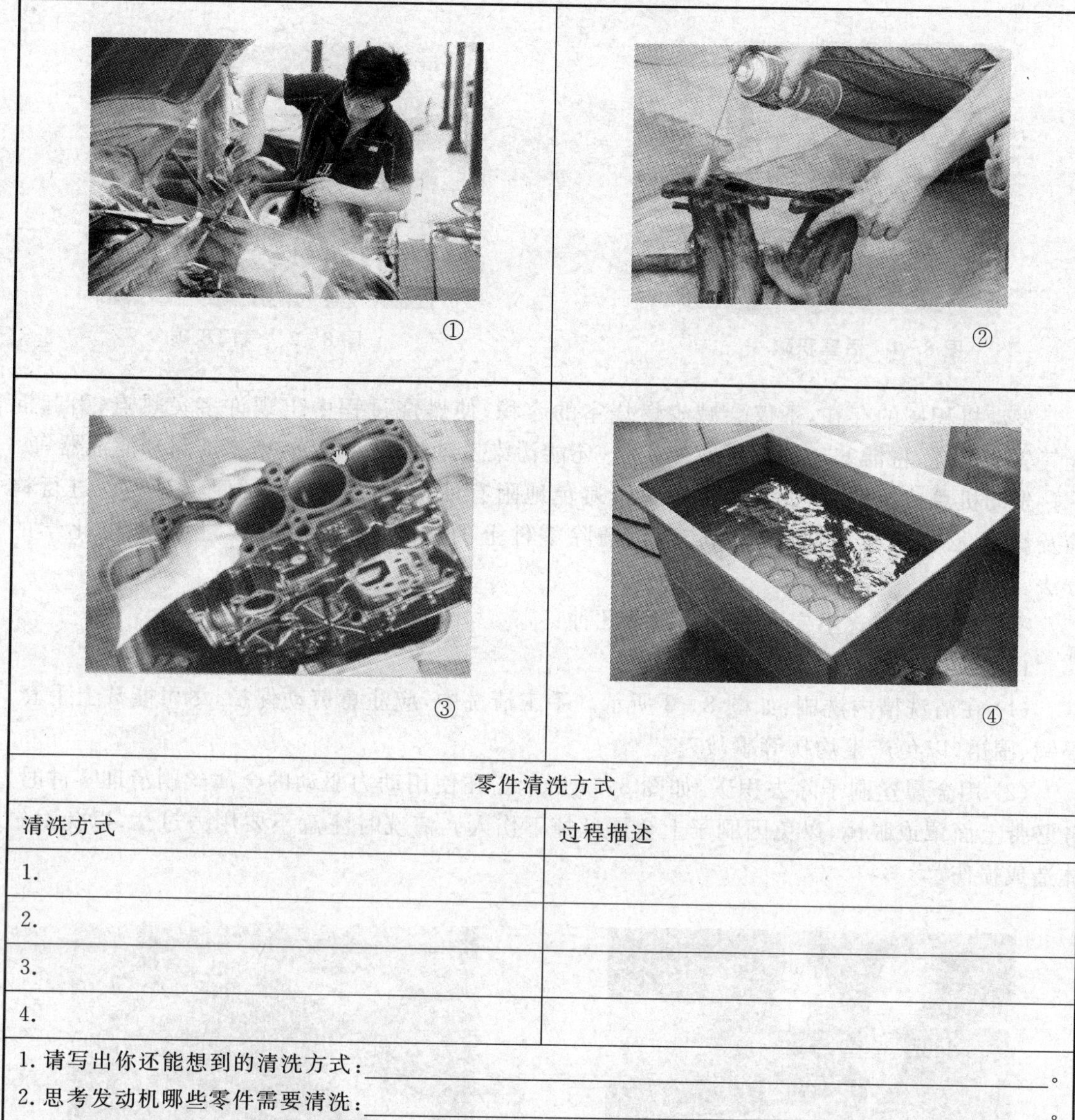

①　②　③　④

零件清洗方式	
清洗方式	过程描述
1.	
2.	
3.	
4.	

1. 请写出你还能想到的清洗方式：________________。
2. 思考发动机哪些零件需要清洗：________________。
3. 清洗过程需要注意的事项：________________。

(一)零件的清洗方式

燃料在贮存、运输过程中，容易发生氧化反应，生成胶状物质。这些胶状物质按汽油的溶解性可分为可溶胶质和不可溶胶质。不可溶胶质又称为沉积物，它和燃料一起加入汽车油箱后，就会粘附在燃料滤清器上，堵塞过滤介质，使供油量减少，使输油量不足，燃料雾化不良，致使可燃混合气变稀，发动机动力性和经济性下降。

可溶胶质进入燃烧室和燃油一起燃烧后就会在进气门、活塞顶部、活塞环槽、燃烧室、火花塞等部位形成许多坚硬的积碳，造成气门关闭不严，发动机性能下降，如加速不良、怠速不稳、失速、抖动、爆震等一系列故障。

发动机工作时，燃料或窜入燃烧室的润滑油不可能百分之百燃烧，未燃烧的部分油料在高温和氧的催化作用下形成盐酸和树脂状的胶质，粘附在零件表面上，再经过高温作用进一步浓缩成沥青质和油焦质等复杂的混合物，即所谓积碳，如图 8－1、图 8－2 所示。

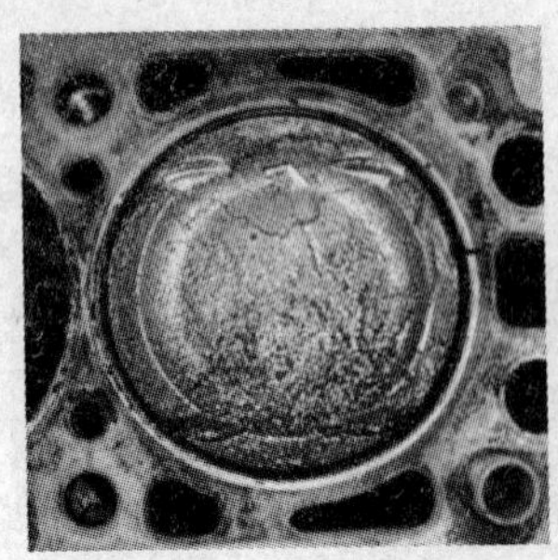

图 8－1　活塞积碳

图 8－2　气门积碳

发动机积碳的存在，不仅会减少燃烧室的容积，使燃烧过程中出现许多炙热点，引起混合气先期燃烧，将活塞环粘在活塞环槽中，还能污染发动机润滑系统，堵塞油路和滤油器等。

发动机总成拆散后，拆下的零件不可避免地附有油污和积碳。为了便于对零件进行检验及修理，必须进行清洁及去油作业。清除零件上的积碳，可以用机械、化学和电化学的方法。

零件的清洗方式主要可以分为以下几种：

1. 人工清洗方法

(1) 在清洗槽内洗刷：如图 8－3 所示。手工清洗中，应注意劳动保护，尽可能戴上手套、眼镜、围裙，以免产生灼伤等事故。

(2) 用金属丝刷子除去积碳：如图 8－4 所示。在使用动力驱动的金属丝刷清理零件时，务必带上面罩或眼镜，以免因刷子上金属丝掉下伤人。清洗时注意不要用力过猛，以免对缸体造成损伤。

图 8－3　清洗气缸体

图 8－4　缸体积碳的清除

(3) 气门导管清洗：清洗气门导管时要求特别仔细，任何积碳或胶质沉积物的残留都将影响气门研磨工作的正确进行。气门导管通常用手电钻和尺寸合适的尼龙刷或者弹性刮刀加以清理。同时喷丙酮、香蕉水或化油器清洗剂，这样有助于溶解沉积物。清洗完毕，可用灯光照射导管的一端，从另一端俯视导管孔，来检查气门导管的清洗质量。

(4) 气门清洗：气门顶部和倒角区表面上的沉积物，可用装在动力磨头上的轮形金属丝刷除去，但应注意气门与气门座圈接触面以及气门杆不能用金属丝刷子去刷，任何微小的擦伤，都将导致零件毁坏。气门清除积碳的另一种方法是在积碳清洗剂中浸泡，到软化后，用水冲去。许多修理厂使用玻璃珠球喷丸清理气门，也较有效。

(5) 活塞清洗：现代化车间在清理活塞时采用玻璃珠球喷射法，这种方法快速而彻底，但要注意保护活塞环槽边角，同时经喷丸处理后，应在清洗液中清洗玻璃珠球上的残留物。

(6) 油道清洗：如图 8-5 所示。全部油道都需用手刷和清洗剂洗净，然后用高压空气吹净、吹通。油道包括连杆轴承润滑油道、曲轴上的油孔、发动机缸体主油孔、摇臂和摇臂轴的润滑孔、推杆和连杆出油孔。其堵塞盖可拆除的，都应卸下，彻底清理。

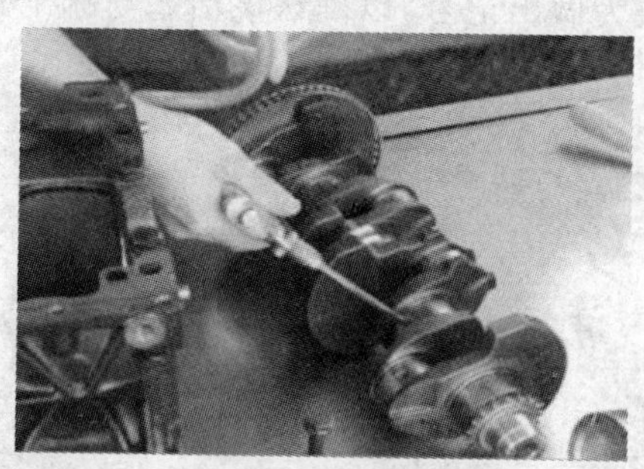

图 8-5　油道的清洗

2. 超声波清洗

超声波清洗主要用于清洗精密的重要零件。

3. 高压喷射

清洗发动机零件通常采用箱式或立柜式高温高压清洗机。

4. 冷浸泡

化油器清洗剂和积碳清洗剂是最常用的冷浸泡化学剂，它们能有效地从零件上清除胶质、油漆、积碳、油泥和其他沉积物。

5. 玻璃珠球清理

玻璃珠球清理也称玻璃珠球喷丸处理。

清除零件上的油污、胶质、积碳、水垢等，是为了便于零件的检验、分类、修理、装配等工作。清洗要求干净彻底，不损伤零件表面和基体，零件表面不允许残留腐蚀剂。清洗时通常根据污垢的性质、零件的材质和表面精度等选用不同的清洗方法和规范。

清洗零件的油污常用有机溶剂（汽油、柴油、煤油等）或碱溶液。有机溶剂清洗效果好，操作简便，不影响零件表面，但易燃，成本高。碱溶液有不同配方，一般均加有少量乳化剂和防锈剂，成本低。有色金属的清洗液常用易于水解的碱盐，如碳酸钠等配制。使用碱溶液清洗油污，一般采用清洗机进行清洗。

（二）正确将零件分类摆放

1. 原则

在汽车发动机拆装过程中，不要盲目地拆，一定要遵守零件的拆卸原则：

(1) 在拆装顺序上，本着“先装的后拆，后装的先拆，能同时拆就同时拆”的原则。

(2) 在拆卸范围上，本着“能不拆的就不拆，尽量避免大拆大卸”的原则。

(3) 在拆卸目的上，本着“拆是为了装”的原则。因此，拆卸零件时，要特别留意观察、记录零件的安装方向、装配记号、耗损状况并做好零件的分类存放。属同一总成的部件要放在一起，避免丢失或装配时另花时间寻找。

(4) 在拆装细节上，细小的零部件要用小盒子装在一起存放。拆下来的螺栓、螺母必须分类装好，不要等到装发动机的时候再去找螺栓、螺母，那样要浪费不少时间。

2. 规律

如何正确地将零件分类摆放？一般应遵守以下规律：

（1）总成尽量放在一起，并做好记号，如图 8－6 所示。如活塞总成，外观看起来虽然一样，但每个活塞磨损都不一样，如果调乱装错顺序，将会增加磨损。有些修理厂为了避免错乱，往往在活塞顶部用凿子人为做出记号，以确认该活塞与哪个缸配套。

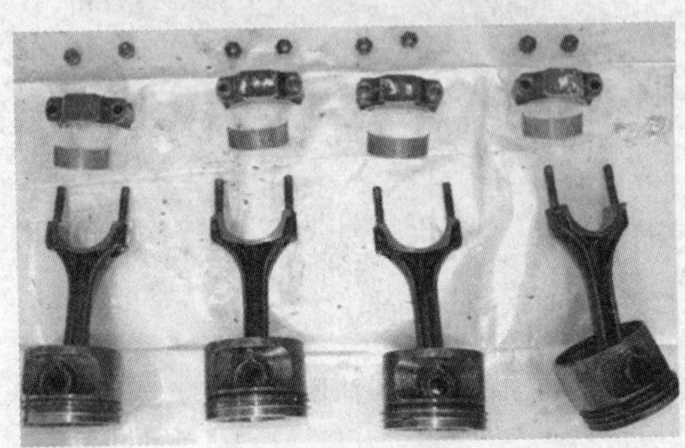

图 8－6　活塞连杆组总成的摆放

（2）进、排气门摇臂与摇臂轴应串在一起摆放，清洗时先做好记号，如图 8－7 所示。

（3）每缸的进气门和排气门要区分好，做好记号，不能错乱，如图 8－8 所示。注意：新车第一次大修时所有气门并无标记，标记都是靠人为做的，一般修理人员习惯在气门底部做记号。

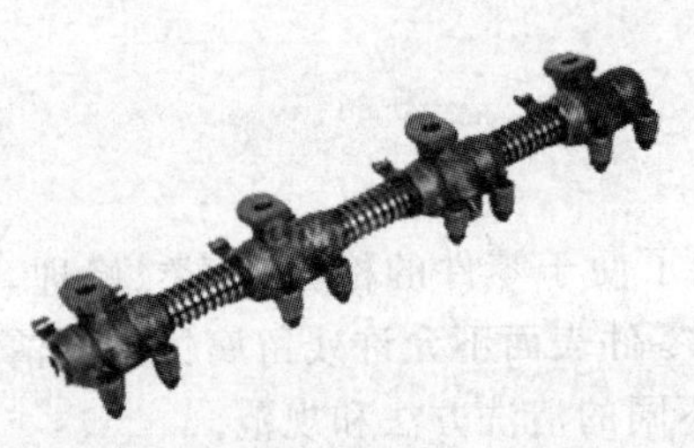

图 8－7　气门摇臂与摇臂轴的摆放

图 8－8　气门的摆放

（4）凸轮轴瓦与凸轮轴属于精密磨合部件，要做记号分类摆放，如图 8－9、图 8－10 所示。

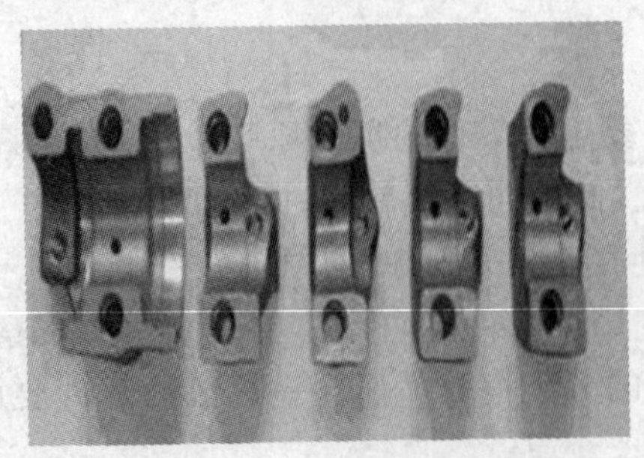

图 8－9　凸轮轴瓦的摆放

图 8－10　进、排气凸轮轴的摆放

（5）发动机拆下的螺栓要分类摆放。发动机的螺栓种类繁多，而且有很多都是专用螺栓，不能用普通螺栓代替。如缸盖螺栓、连杆瓦螺栓、曲轴瓦螺栓、凸轮轴瓦螺栓、飞轮紧固螺栓等都属于专用螺栓，不能混淆，也不能用其他螺栓代替。特别是连杆螺栓，在发动机运行中承受很大的交变冲击载荷，是发动机的重要零件之一，一旦连杆螺栓断裂，可能会导致缸体的损坏。

（三）发动机零件清洗机的技术原理、使用方法和注意事项

汽车维修时需要清洗零件，其目的一方面是为了对零件进行检验、分类，便于发现零件的损伤并及时加以修复；另一方面是为了保证维修装配质量。

超声波清洗技术是物理清洗作用与清洗介质的化学作用两者的完美结合，并能优化选择超声频段及功率密度，实现对各种零部件内外油污、积碳、胶质等污物充分、彻底的清洗。下面就超声波技术在汽车维修中的应用做一些介绍。

1. 超声波清洗

频率高于 20 kHz 的声波被称为超声波。声波的传播，亦是能量传递的一种方式。液体中存在微小的气泡（空化核），当超声波以正压和负压交替产生（其交替的频率达每秒钟数万次）的形式在液体中传播时，这些小的空化核会在负压区因负压的突然产生而迅速长大，又会在正压区因正压的突然产生而急速闭合破裂，这就是超声空化。空化作用可以把声场能量集中起来，伴随着空化泡崩溃瞬间，在液体的极小空间内将其高度集中的能量释放出来，形成异乎寻常的高温（>4000 ℃）和高压（$>5\times10^7$ Pa）。当被清洗工件浸没于清洗溶液中时，超声波以强大的空化效果作用于工件的内外表面，故其特别适合于复杂多孔、不能用硬物擦洗的光洁表面。

2. 超声波清洗机的使用方法

1）准备

在清洗槽内加入清洗液，要求达到预定水位。打开电源，电源指示灯亮。

2）不需要计时的清洗

按动超声键，超声指示灯长亮，开始超声清洗，超声功率数码管显示当前超声功率值。再次按动超声键，超声清洗结束。

3）需要计时的清洗

按动计时键，计时指示灯闪烁，开始超声清洗，清洗时间数码管显示设定时间值。按动超声键，超声指示灯长亮，开始超声清洗，超声功率数码管显示当前超声功率值。时间指示灯长亮，同时清洗时间值以 1 分钟为单位递减。当清洗时间递减为 0，蜂鸣器报警，表示清洗结束。

3. 超声波清洗机使用注意事项

（1）超声波清洗机在槽内无水状态下严禁开机，以免损坏机器。

（2）放、换清洗液时必须关断电源。

（3）禁止使用腐蚀性强和易燃的溶液作清洗液，以免腐蚀容器，发生危险。

（4）机壳必须接地良好、可靠。

（5）在正常状况下，清洗机连续工作 10～15 min 后会自动升温，如用加温方法清洗，则温度不宜超过 70 ℃，环境温度不得高于 45 ℃。

（6）严禁带电拆、装清洗机，以防触电。

三、制定零件清洗计划

制定零件清洗计划如表 8－3 所示。

表 8－3　零件清洗计划

<table>
<tr><td rowspan="2">1. 车辆发动机类型信息描述</td><td>发动机行驶总公里数描述：</td><td></td></tr>
<tr><td>发动机型号信息描述：</td><td></td></tr>
<tr><td>2. 发动机零件清洗注意事项</td><td colspan="2">1. 橡胶类零件用酒精清洗，严禁用汽油、柴油等清洗，以免发胀变质。
2. 皮质零件，如牛皮油封、皮圈等，用肥皂水清洗，清水冲净，再用干布擦干净。
3. 胶木、塑料、铝合金、摩擦片、含油轴承等不允许浸泡在容易使零件变质的溶液中。
4. 摩擦片不能接触油类，可用少许汽油擦洗，不得用碱水煮洗。
5. 清洗时要将零件分类，对于精密配合部件不能调乱，清洗前要查看是否有标记区分。</td></tr>
<tr><td>3. 清洗前对零件进行分类并确定哪些零件应进行清洗</td><td colspan="2">1. 缸体
2. 缸盖
3. 活塞
4. 曲轴
5. 其他</td></tr>
<tr><td>4. 清洗后应注意的问题</td><td colspan="2">1. 缸体
2. 缸盖
3. 活塞
4. 曲轴
5. 其他</td></tr>
<tr><td>5. 零件清洗后应达到什么要求</td><td colspan="2"></td></tr>
</table>

四、实施零件清洗作业

发动机零件清洗作业具体实施如表 8－4 所示。

表 8-4　零件清洗作业

<table>
<tr><td colspan="2">1. 查阅资料，学习清洗发动机零件的注意事项。
2. 查阅资料，应用正确的清洗方法对发动机零件进行清洗，检查零件出现的问题。</td></tr>
<tr><td>1. 汽车发动机零件清洗注意事项</td><td>1. 橡胶类零件用酒精清洗，严禁用汽油、柴油等清洗，以免发胀变质。
2. 皮质零件，如牛皮油封、皮圈等，用肥皂水清洗，清水冲净再用干布擦干净。
3. 胶木、塑料、铝合金、摩擦片、含油轴承等不允许浸泡在容易使零件变质的溶液中。
4. 摩擦片不能接触油类，可用少许汽油擦洗，不得用碱水煮洗。
5. 有些零件外表虽然一样但作用不同，清洗时不可调乱。
6. 某些细小零件清洗后可用小盒子存放，不作分类要求的可以集中存放。</td></tr>
<tr><td colspan="2">2. 清洗前对零件进行分类，并确定哪些零件应进行清洗</td></tr>
<tr><td>零　件</td><td>清洗过程描述，清洗后如何放置</td></tr>
<tr><td>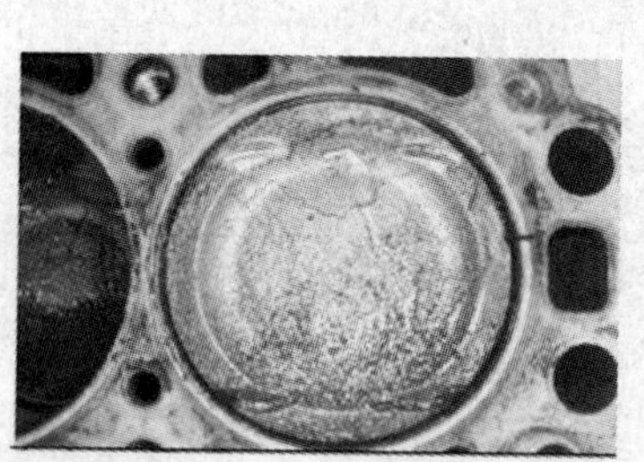</td><td></td></tr>
<tr><td></td><td></td></tr>
<tr><td></td><td></td></tr>
</table>

续表

零　件	清洗过程描述,清洗后如何放置

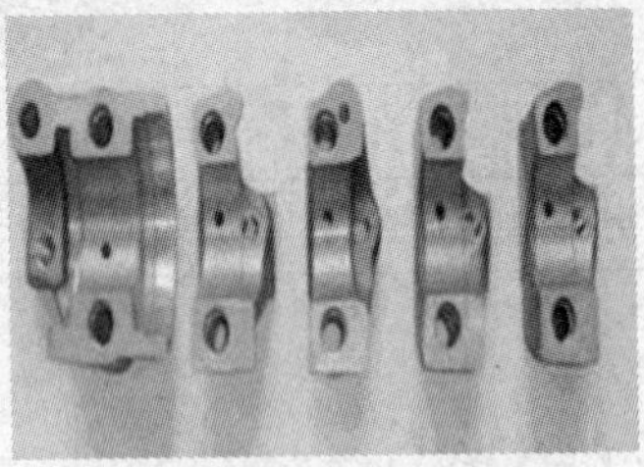	
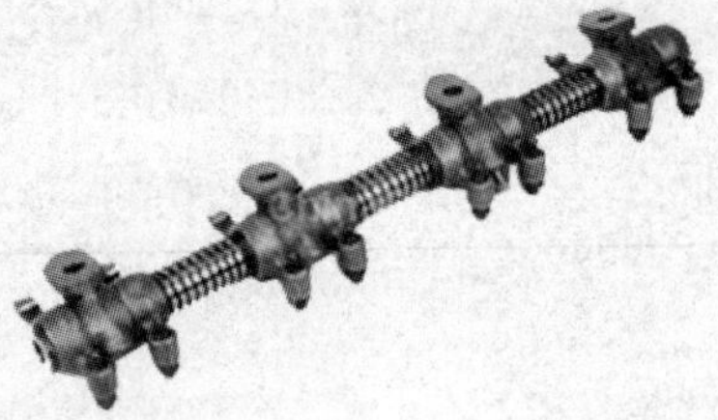	
3.零件清洗后应达到什么要求	

五、检验评估

任务一的检验评估如表 8－5 所示。

表 8－5　检验评估

评价指标	检验说明	检验记录
零件清洗检查项目	1.零件清洗质量 2.清洗后零件是否被损伤 3.清洗前、后零件数目是否齐全 4.缸体油孔是否畅通、水道是否清洗干净 5.曲轴、凸轮轴油孔是否畅通	

续表

发动机零件清洗过程记录					
评价内容	检验指标	权重	自评	互评	总评
检查任务完成情况	1. 完成任务过程情况	4			
	2. 任务完成质量				
	3. 在小组完成任务过程中所起作用				
专业知识和专业技能	1. 能描述发动机零件的名称	8			
	2. 能描述发动机零件的安装位置				
	3. 能描述发动机零件的作用				
	4. 会使用发动机零件清洗机清洗零件				
	5. 能熟练地清洗并归类摆放汽车发动机零件				
职业素养	1. 学习态度:积极主动参与学习	3			
	2. 团队合作:与小组成员一起分工合作,不影响学习进度				
	3. 现场管理:服从工位安排,执行实训室“5S”管理规定				
综合评价与建议					

任务二 发动机总成装配

任务描述

一辆桑塔纳 2000 轿车进厂修理,客户反映该车存在冒黑烟、动力不足、油耗增加等现象。针对维修接待和车间确认意见,需进行发动机大修。

任务目标

1. 能描述发动机的装配工艺及规程。
2. 会正确地使用工量具对发动机进行装配和过程检验,说出其技术要求。
3. 能正确地完成发动机装配竣工检验,说出其技术要求。

一、维修接待

按照表 8-6 完成待修车辆的维修接待，并准确填写接车问诊表。

表 8-6　维修接待与接车问诊表

<table>
<tr><td colspan="2">1. 通过询问客户了解发动机发生故障情况，填写接车问诊表。
2. 车间检测初步确认需将发动机总成吊卸，对发动机进行拆检。</td></tr>
<tr><td colspan="2">接 车 问 诊 表
车牌号：________ 车架号：________ 行驶里程：________(km)
用户名：________ 电　话：________ 来店时间：________</td></tr>
<tr><td colspan="2">用户陈述及故障发生时的状况：一辆桑塔纳 2000 轿车，在行车过程中出现排气管冒黑烟、动力不足、油耗增加等现象。
故障发生状况提示：行驶速度、发动机状态、发生频度、发生时间、部位、天气、路面状况、声音描述。</td></tr>
<tr><td colspan="2">接车员检测确认建议：需对发动机进行大修。</td></tr>
<tr><td colspan="2">车间检测确认结果及主要故障零部件：需进行发动机大修，更换故障零部件。
车间检查确认者：________</td></tr>
<tr><td rowspan="2">外观确认：(请在有缺陷部位做标识)</td><td>功能确认：(工作正常√　不正常×)
□音响系统　□门锁(防盗器)　□全车灯光
□工具　□后视镜　□天窗　□座椅
□点烟器　□玻璃升降器　□玻璃</td></tr>
<tr><td>物品确认：(有√　无×)
F　E
□贵重物品提示
□工具　□备胎　□灭火器
□其他(　　　　)
旧件是否交还用户
□是　□否
用户是否需要洗车
□是　□否</td></tr>
<tr><td colspan="2">· 检测费说明：本次检测的故障如用户在本店维修，检测费包含在修理费用内；如用户不在本店维修，请支付检测费。本次检测费：￥________元。
· 贵重物品：在将车辆交给我店检查修理前，已提示将车内贵重物品自行收起并保存好，如有遗失恕不负责。
接车员：________　用户确认：________</td></tr>
</table>

二、信息收集与处理

按照表 8-7 完成待修车辆的信息收集与处理。

表 8-7　信息收集与处理

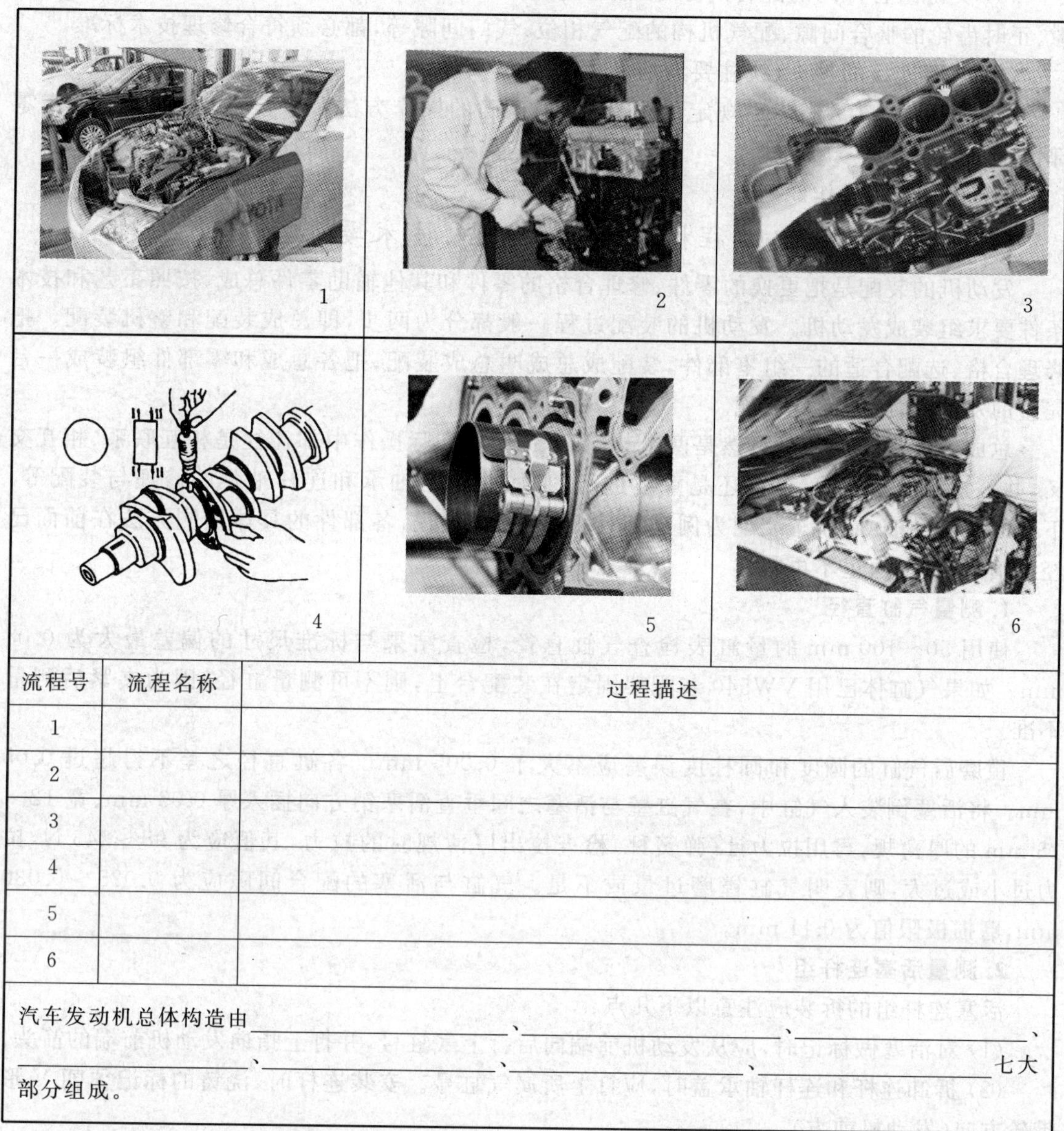

流程号	流程名称	过程描述
1		
2		
3		
4		
5		
6		

汽车发动机总体构造由______、______、______、______、______、______、______七大部分组成。

(一)发动机装配工艺及规程

发动机的结构形式很多,整机装配程序也不完全一致,有的总成、部件(如起动机、发电机、空压机和滤清器等)的装配顺序先后无关紧要。但是,发动机装配时仍必须遵循下述工艺原则:

(1) 装配时,必须将零部件、总成、工具清洗干净并清洁装配场地。

(2) 待装的总成和零部件,必须经过检查或试装确认合格。

(3) 不可互换的零部件,如连杆与连杆盖、气门与气门座等,严格按装配标记安装,不准装错。主要的、有规定要求的螺纹联接件,必须按规定力矩和顺序,分若干次拧紧。

(4) 螺纹联接件的所有配套件,如开口销、保险垫片以及垫圈等,一定要按规定装配齐全,不能丢失或漏装。各密封 O 形圈必须更换。

(5) 关键组合件间的配合间隙，如活塞与气缸、曲轴轴颈与轴瓦以及轴类零件的轴向间隙、正时齿轮的啮合间隙、配气机构的配气相位、气门间隙等，都必须符合修理技术标准。

(6) 电路连接的接头、线柱要清洁、接触可靠。

(7) 装配过程中，应使用规定的工具，采用正确的操作方法和手段，防止拆装中损伤零部件。

(8) 禁止野蛮操作。

(二)发动机装配过程检验项目、方法、技术要求

发动机的装配是把更换的零件、修理合格的零件和其他辅助零件总成，按照工艺和技术条件要求组装成发动机。发动机的装配过程一般都分为两步，即总成装配和整机装配。把修理合格、选配合适的一组零部件，装配成总成叫总成装配；把各总成和零部件组装成一台完整的发动机，叫作整机装配。

总成装配和整机装配虽然是两个装配阶段，但在实际操作中却往往是相互联系、相互交叉，并不是截然分开的，有些还是重复进行的，如曲轴主轴承和连杆轴颈的修理与装配等。下面以桑塔纳 2000 轿车装配为例介绍其检测、装配过程，各部件的具体检测方法在前面已经详细介绍过，这里不再赘述。

1. 测量气缸直径

使用 50～100 mm 的量缸表检查气缸直径，检查结果与标准尺寸的偏差最大为 0.08 mm。如果气缸体已用 VW540 装配架固定在装配台上，则不可测量缸径，因为夹紧后测量不准。

镗磨后气缸的圆度和圆柱度误差应不大于 0.005 mm。各缸直径之差不得超过 0.05 mm。将活塞倒装入气缸中，在气缸壁与活塞之间垂直活塞销方向插入厚 0.03 mm、宽 12～15 mm 的厚薄规，再用拉力计(弹簧秤)检查拉出厚薄规时的拉力，其值应为 98～245 N，拉力过小或过大，则表明气缸镗磨过量或不足。气缸与活塞的配合间隙应为 0.025～0.030 mm，磨损极限值为 0.11 mm。

2. 测量活塞连杆组

活塞连杆组的拆装应注意以下几点：

(1) 对活塞做标记时，应从发动机前端向后打上气缸号，并打上指向发动机前端的箭头。

(2) 拆卸连杆和连杆轴承盖时，应打上所属气缸号。安装连杆时，浇铸的标记须朝 V 形带轮方向(发动机前方)。

(3) 连杆螺母为 M8×1，拧紧连杆螺母时，应在接触面涂机油，用 30 N·m 力拧紧，接着再转动 180°。

(4) 装配活塞环时应使用专用工具。安装活塞环时，应使活塞环开口错开 120°，有“TOP”记号的一面朝活塞顶部。

(5) 装配活塞销时，应将活塞加热至 60 ℃，用拇指仅需较小的力就应能将涂有机油的活塞销压入活塞销座孔中；而且在垂直状态时，活塞销不能在自重作用下从销座孔中自行滑出，用手晃动活塞销时应无间隙感。拆装活塞销卡簧时需用专用工具。

3. 测量活塞环

1) 活塞环的弹力检验

活塞环的弹力是保证气缸密封性的条件之一，活塞环的弹力过大，则增加摩擦损失，气缸壁容易早期磨损；弹力过小，则活塞环和气缸内就不能起到良好的密封作用，容易使气缸

漏气窜油。因此,活塞环的弹力必须符合技术性能要求。活塞环弹性的检验可以在专用检验器上进行,各车型均有具体要求。但随着活塞环制造技术的提高和制造质量的稳定,在修理中一般不做活塞环的弹力检验。

2) 漏光检验

为了保证活塞环的密封作用,要求活塞环的外表面处处与气缸壁贴合。漏光度过大,活塞环局部接触面积小,易造成漏气和机油上窜。在选配活塞时,最好进行漏光度的检查。活塞环漏光度的简易检查方法是将活塞环平放在气缸内,在活塞环边放个灯泡,上面放一块盖板盖住活塞环的内圈,观察活塞环与缸壁之间的漏光缝隙。一般要求在活塞环开口端左右30°范围内不允许有漏光点存在,在同一个活塞环上漏光不应多于两处,其他部位每处的漏光弧长所对应的圆心角不得超过25°,同一活塞环上漏光弧长所对应的圆心角总和不得超过45°,漏光处的缝隙应不大于0.03 mm。

3) 检查活塞环侧隙

活塞环侧隙是指活塞环与环槽的间隙。用厚薄规检查活塞环侧隙,新活塞环侧隙应为0.02～0.05 mm,磨损极限值为0.15 mm。

4) 检查活塞环开口间隙(端隙)

测量时,将活塞环垂直压过气缸约15 mm处,用厚薄规检查活塞环端隙。如是新环,第一道气环开口间隙应为0.30～0.45 mm,第二道气环开口间隙应为0.25～0.40 mm,油环开口间隙应为0.25～0.50 mm,活塞环开口间隙磨损极限值为1.00 mm。

5) 检查活塞环的背隙

背隙一般为0.10～0.35 mm。背隙过小,会使活塞环在气缸中卡死,此时应更换活塞环。

在实际操作中,通常以经验法来判断活塞环的背隙和侧隙,即将活塞环装入活塞后,活塞环应能在环槽内滑动自如,无明显松旷感。

4. 测量活塞尺寸

检查活塞直径:在活塞下部离裙部底边约15 mm、与活塞销垂直方向处测量,活塞直径与标准尺寸的最大偏差量为0.04 mm。

更换活塞时,应选用同一厂牌、质量和同一组尺寸的活塞,以保持材料、性能、质量和尺寸一致,同一组活塞外径尺寸差一般不得超过0.02～0.025 mm,同一组活塞质量差应不大于2 g。活塞裙部锥形及椭圆应符合原厂规定。一般汽油机活塞裙部的圆度为0.10～0.20 mm,膨胀槽开到底的为0.05～0.075 mm。圆柱度为0.005～0.015 mm,最大不得超过0.025 mm,膨胀槽开到底的为0.015～0.03 mm。

5. 测量连杆

1) 检查连杆轴向间隙

连杆的轴向间隙磨损极限值为0.37 mm。

2) 检查连杆径向间隙

检查连杆径向间隙时,可用塑料间隙测量片对装好的发动机进行检查。

3) 检查连杆的弯曲量和扭曲量

使用连杆检验器,把活塞销试装到连杆上,再把连杆大端装到连杆检验器上,测量连杆的弯曲量和扭曲量。在100 mm长度上,连杆的弯曲变形量不得大于0.05 mm,连杆扭曲量不得大于0.15 mm,否则应进行校正。

6. 装配连杆衬套

连杆衬套的选配：发动机在大修时，在更换活塞、活塞销的同时，必须更换连杆衬套，以恢复其正常配合。

连杆衬套与连杆小头应有 0.005～0.10 mm 的过盈量，以保证衬套在工作时不走外圆。分别测量连杆小头内径和新衬套外径，其差值就是衬套的过盈量。

新衬套的压入可在台虎钳上进行。压入前，应检查连杆小头有无毛刺，以免擦伤衬套外圆。压入时，衬套倒角应朝向连杆小头倒角一侧，并将其放正，同时对正衬套的油孔和连杆小头油孔，确保润滑油畅通。

活塞销与连杆衬套的配合，在常温下应有 0.005～0.010 mm 的间隙，接触面积应在 75% 以上。配合间隙过小，可将连杆夹到内圆磨床上进行磨削，并留有研磨余量。再将活塞销插入连杆衬套内配对研磨，研磨时可加少量机油，将活塞销夹在台虎钳上，沿活塞销轴线方向扳动连杆，应无间隙感。加入机油扳动时无“气泡”产生，把连杆置于与水平面成 75°角时应能停住，轻拍连杆缓缓下降，此时配合间隙为合适。经过镗削加工的衬套，应能用大拇指把活塞销推入连杆衬套内，并无间隙感。

7. 装配曲轴飞轮组

1）检查曲轴弯曲量

用 V 形铁将曲轴两端水平支承在平台上，使百分表的测量触点垂直抵压到第三道主轴颈上。转动轴一周，百分表指针所指示的最大和最小读数差值的一半即为曲轴的直线度误差，其值应不大于 0.03 mm，否则应进行压校或更换曲轴。

2）检查曲轴的磨削量

用外径千分尺测量曲轴主轴颈和连杆轴颈的圆度和圆柱度，其标准值应为 0.01 mm，磨损极限值为 0.02 mm。超过标准要求时，可用曲轴磨床按修理尺寸法对轴颈进行修磨。

3）安装曲轴飞轮组

将清洗干净的气缸体倒置在工作台上，并用压缩空气吹净，缸体和曲轴上的油道要用压缩空气反复吹通、吹净。将主轴承按编号装入轴承座中，注意将有油槽的一片轴瓦装到主轴承座孔中，在轴瓦表面涂上少许机油。

将曲轴放入气缸体轴承座孔中。将止推片与第三道轴承盖一起安装。将轴承盖按编号装到气缸体上，按规定力矩分 2～3 次由中间向两端拧紧主轴承盖螺栓，每紧固一道主轴承盖螺栓应转动曲轴数圈。全部拧紧后，用工具扳动曲轴，曲轴应能转动，否则应查明原因并予以排除。正确安装曲轴油封。安装飞轮时应对准定位孔，交叉均匀地拧紧紧固螺栓。

4）检查曲轴轴向间隙

将曲轴撬向一端，用厚薄规检查第三道主轴承的轴向间隙（配合间隙），新的轴承轴向间隙为 0.07～0.17 mm，磨损极限值为 0.25 mm。轴向间隙超过极限值时，应更换第三道主轴承两侧的半圆止推片。

5）检查曲轴径向间隙

已装好的发动机曲轴可用塑料间隙测量片检查径向间隙。

8. 安装活塞连杆组

在活塞环、活塞裙部、连杆小头两侧及轴承上涂上适量机油，根据活塞及连杆上的安装方向标记，将活塞连杆组自缸体上部装入各气缸中，用活塞环卡箍约束活塞环，用手锤木柄

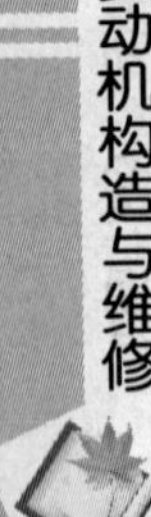

将活塞推入气缸内，使连杆大头落于曲轴连杆颈上，盖上轴承盖，用规定力矩拧紧连杆螺栓。发动机连杆螺栓先以 30 N·m 的力矩拧紧，再将螺栓拧紧 90°。

当所有活塞都装入缸体内时，应当用扳手转动曲轴数圈，查看活塞运转是否有卡滞现象。

9. 配气机构和气缸盖的装配

1）气缸盖的平面度检测

将气缸盖翻过来，把刀形样板尺放到气缸盖下表面上，用塞尺检查气缸盖的平面度，桑塔纳 2000GSi 轿车 AJR 发动机气缸盖平面度最大不得超过 0.1 mm，如超过规定值，应予以校正加工修理。修理后的气缸盖高度不得低于 133 mm。

2）气门的检测

(1) 检测气门与气门导管间隙：当气门导管与气缸盖承孔过盈量过小，或气门导管磨损严重时，会使气门杆与气门导管的配合间隙超过限度，应予以更换。

(2) 检查气门密封性：在装配气门组件前应对气门与气门座进行密封性检查，以确保发动机装配后气缸压力在标准范围内。

3）气门弹簧的检查

检查气门弹簧是否有裂痕，如有，应更换。用直尺检查气门弹簧的垂直度，外径垂直度应小于 2 mm。用游标卡尺测量气门弹簧的自由长度，在无弹簧的原厂数据时，一般可采用新旧弹簧对比或测量弹簧的自由长度减少值来判断，当其自由长度减小值超过 2 mm 时，应予更换。

4）检查凸轮轴

(1) 检查凸轮轴磨损情况：通过千分尺或专门的仪器测量凸轮的高度来检查，若凸轮的高度低于标准值 0.4 mm，或其表面有严重的擦伤、拉毛、麻点，应予以更换。

(2) 检查凸轮轴弯曲度：将凸轮轴支在车床两顶尖间或将凸轮轴两端轴颈放在 V 形铁上，转动凸轮轴一周，如百分表的摆差超过 0.10 mm，则应进行冷压校正。校正后，中间各轴颈的弯曲度应不大于 0.03 mm。

(3) 检查凸轮轴轴向间隙：将凸轮轴安装在凸轮轴轴承座上，装上第一、第五道轴承座，其轴向间隙应不大于 0.15 mm。

5）安装气门组件

用专用工具将气门油封压装在气门导管上，安装油封一定要到位，并防止油封变形或损坏，在气门杆部涂抹润滑油后，装配气门、气门弹簧座、气门弹簧，使用气门弹簧压缩器专用工具安装气门锁片，安装完要用木锤轻敲数下，以确保安装到位。

6）安装挺柱

按顺序把气门挺柱涂抹润滑油后放入承孔中。在装配前，应进行液压挺柱密闭性检查。将液压挺柱浸入润滑油中反复推压，排除内腔中的空气。

7）安装凸轮轴和油封

在凸轮轴承孔表面涂抹润滑油，将凸轮轴置于气缸盖上的承孔座中，使一缸凸轮轴朝上按轴承盖顺序和方向安装轴承盖，从中间向两侧对角交替分多次拧紧轴承盖。注意先拧紧凸轮顶起部位的轴承盖，其最终拧紧力矩为 20 N·m，在凸轮轴油封的唇口涂抹润滑油，将油封用专用工具压入到油封承孔内。

8）安装气缸盖

将发动机正置于工作台上，将缸体上表面用压缩空气吹干净，在气缸垫表面涂抹少许润滑油，将气缸垫放于气缸体上，注意有“OPEN TOP”标记的一面朝向气缸盖，转动曲轴，使1、4缸活塞处于上止点位置，确保气缸体上的气缸螺栓孔内无异物和油液，将气缸盖置于气缸体上，按规定顺序分数次拧紧气缸盖螺栓，第一次拧紧力矩为 20 N·m，第二次拧紧力矩 40 N·m，此后再拧紧 180°。

10. 安装水泵、正时齿轮及相关零部件

(1) 将水泵一端放入气缸体，固定水泵，螺栓拧紧力矩为 15 N·m。

(2) 安装正时齿带轮及相关零件。安装曲轴正时齿轮，将凸轮轴调至 1 缸做功位置，将曲轴调至 1 缸做功位置，将曲轴调至 l 缸上止点位置，如图 8－11 所示。安装正时齿带，并适当调紧张紧度。正时齿带的安装必须保证配气相位准确。

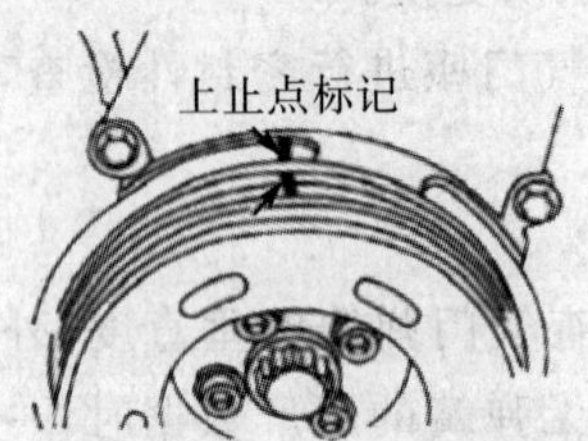

图 8－11　1 缸上止点标记

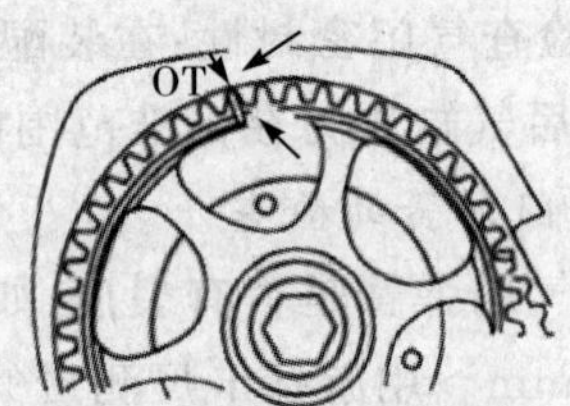

图 8－12　凸轮轴正时齿带轮与正时齿带防护罩上的标记

正时齿带的安装步骤如下：

(1) 当转动凸轮轴时必须保证液压挺柱内的空气已经排净，即当凸轮基圆位置与挺柱接触时，气门应处于完全关闭状态。

(2) 将凸轮轴正时齿带轮上的标记对准正时齿带防护罩上的标记（暂时摆放齿形皮带，后上防护罩，以供凸轮轴定位对标记，完成定位后再取下，如图 8－12 所示）。

(3) 将曲轴正时齿带轮上的标记对准上止点标记（如图 8－11 所示）。

(4) 将张紧轮安装到气缸体上，并处于合适位置暂不紧固。

(5) 将正时齿带安装到曲轴正时齿带轮和水泵齿带轮上（注意安装位置）。

(6) 将正时齿轮带安装到凸轮轴正时齿带轮和张紧轮上。

注意：正时齿带张紧度的调整与张紧轮的固定应按以下方式进行，如图 8－13 中箭头所示，定位块必须嵌入气缸盖上的缺口内。

首先将张紧轮逆时针转动到可以使用专用工具的位置，如图 8－14 所示。

松开张紧轮直到指针位于缺口下方约 10 mm 处，再旋紧张紧轮使指针和缺口重叠，将张紧轮的锁紧螺母以 15 N·m 力矩拧紧。

张紧度的检查：拇指用力压正时齿带，指针应该移向一侧；放松正时齿带，张紧轮应该回到初始位置（缺口和指针重叠）。

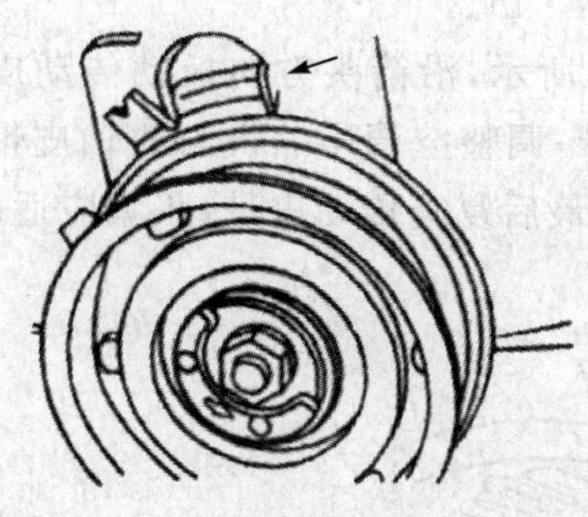

图 8－13　定位块嵌入气缸盖上的缺口内

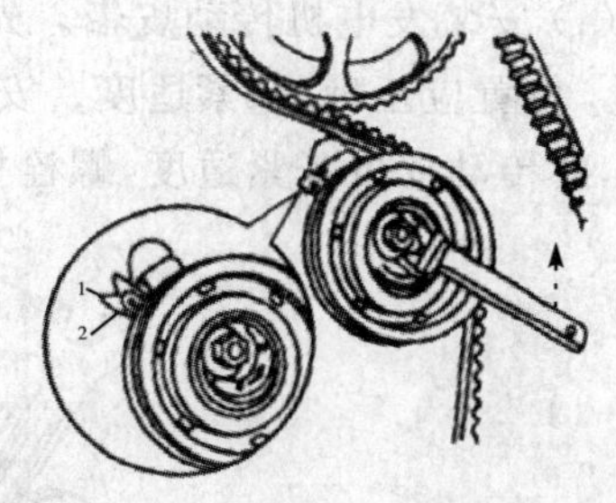

图 8－14　使用专用工具张紧正时皮带

11. 安装气缸盖罩盖与正时齿带防护罩等相关零部件

(1) 安装气缸盖机油反射罩、气缸盖罩盖、紧固压条、正时齿带后上防护罩的相关零件。均匀、适度拧紧气缸盖罩盖紧固螺母。

(2) 安装正时齿带下防护罩、中防护罩、上防护罩。安装曲轴皮带轮，紧固螺栓拧紧力矩为 40 N·m。

12. 安装机油滤清器、节温器及发电机支架等相关零部件

(1) 安装机油滤清器总成。将已装有机油压力保持阀、卸压阀、机油压力开关、滤清器支架盖的机油滤清器支架装在气缸体上(在机油滤清器支架与气缸体之间装有衬垫)。2 个机油压力开关的拧紧力矩分别为 15 N·m、25 N·m。机油滤清器支架固定螺栓的拧紧力矩为 16 N·m，此后再拧紧 90°。安装机油滤清器，在滤清器与支架之间有 O 形密封圈。使用专用工具拧紧滤清器的力矩为 208 N·m 或参照维修手册的要求。

(2) 安装节温器。节温器的感温部分应在气缸体内，安装节温器座(进水管座)，拧紧螺栓。在节温器座与气缸体平面之间装 O 形密封圈。

(3) 安装发电机支架，固定螺栓拧紧力矩为 45 N·m。

13. 安装发动机支架与进、排气歧管等相关零部件

(1) 安装发动机左、右支架，固定螺栓拧紧力矩为 40 N·m。安装发动机转速传感器、爆震传感器、发动机出水管和冷却系小循环水管。安装机油标尺下套管、火花塞。

(2) 将点火线圈组件安装到进气歧管上。摆放进气歧管垫，安装进气歧管及支架，从中间向两侧，上下对称拧紧进气温度传感器、喷油器、燃油分配管及燃油压力调节器。

(3) 安装节气门体、节气门到燃油分配管的燃油压力真空管。安装发动机出水管与出水管座的连接软管，将软管的另一端插入出水管座，将发动机出水管座安装到气缸盖后端出水口处。安装出水管座上的水温传感器和温度传感器。安装节气门座进、出水软管。

(4) 摆放排气歧管垫，安装排气歧管，从中间向两侧，上下对称拧紧固定螺母。安装隔热板。安装飞轮壳，在飞轮壳与气缸体之间有气缸体飞轮壳中间支架，固定螺栓拧紧力矩为 45 N·m。安装发动机固定螺栓拧紧力矩为 65 N·m。安装发动机到膨胀水箱之间的软管。

14. 安装发电机等相关附件

(1) 安装曲轴传动皮带惰轮。首先将惰轮的皮带轮安装到惰轮上，再将惰轮安装到发电机支架上，固定螺栓拧紧力矩为 45 N·m。安装动力转向泵，固定螺栓的拧紧力矩为25 N·m。

(2) 安装发电机，下固定螺栓拧紧力矩为 45 N·m，上固定螺栓拧紧力矩为 25 N·m。

(3) 安装空调压缩机支架,固定螺栓拧紧力矩为 35 N · m。

(4) 安装发电机传动皮带。先套上皮带,如图 8 - 15 所示,沿箭头方向扳动传动皮带张紧轮。位置应正确,张紧适度。安装空调压缩机传动皮带,调整空调压缩机与曲轴皮带盘的距离,使传动皮带张紧适度,螺栓拧紧力矩为 35 N · m。最后复查传动皮带,张紧应适度。

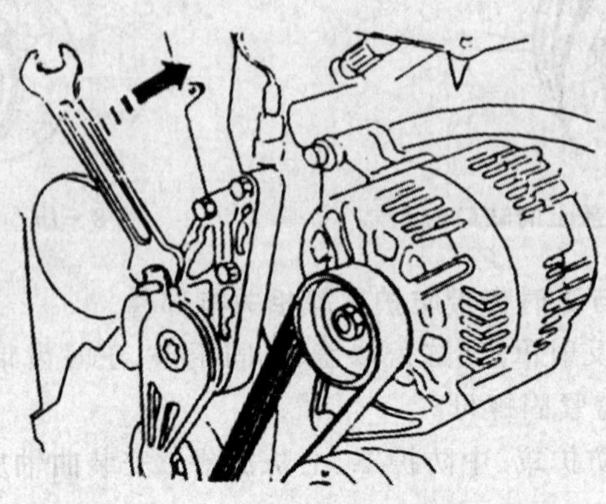

图 8 - 15 发电机传动皮带的张紧

15. 其他

(1) 安装空气质量传感器,连接空气滤清器。安装氧传感器、排气管。

(2) 安装其他相关控制装置,连接控制单元。

(3) 检查发动机装配的完整性。

(4) 完成起动的准备工作。连接相关电器设备、相关器件,加注润滑油、冷却液,连接燃油箱,接通电源。进行起动前的必要检查。

(三)发动机装配竣工检验项目、方法、技术要求

1. 发动机大修出厂前应进行磨合

发动机修理时对零件进行了更换或修复,虽然这些零件都有较高的加工、装配精度,但是零件表面仍然有微小的不平和形位误差,各配合件的实际接触面积小,如果发动机装合后立即投入使用,单位面积上的压力很大,在零件的接触面上将产生剧烈的磨损和高温,甚至产生黏着磨损,导致零件接触面烧伤或拉缸等事故。因此,发动机经大修装复后必须进行磨合,通过磨合提高零件摩擦表面的质量、耐磨性、疲劳强度和抗腐蚀性能,使零件摩擦表面做好承受负荷的准备,及时发现和消除修理和装配中的一些缺陷,最终达到延长发动机使用寿命的目的。

发动机大修后进行无负荷磨合过程应注意以下事项:

(1) 无负荷热磨合规范是按规定程序起动发动机,以 600～1000 r/min 的转速运转 1 h。

(2) 检查机油压力、发动机水温、机油温度是否正常。

(3) 检查并校正点火提前角。

(4) 检查发动机有无异响。如有异响,应立即停机检查并予以排除。

(5) 检查发动机有无漏油、漏水、漏气和漏电现象。

(6) 检查发电机充电电压是否正常。

(7) 用断缸法检查各缸工作是否良好,测听发动机内部是否有异响(对一些具有电控装

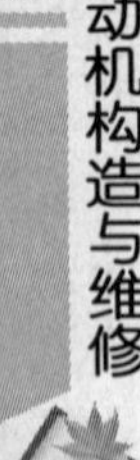

置的发动机，不要轻易断开点火高压线）。

2. 发动机大修后的竣工验收

大修后的发动机经装合调整和试验后，要进行验收。技术部门根据 GB/T 15764.2—1995《汽车修理质量检查评定标准——发动机大修》、GB/T 3799.1—2005《商用汽车发动机大修竣工出厂技术条件第一部分：汽油发动机》、GB/T 3799.2—2005《商用汽车发动机大修竣工出厂技术条件第二部分：柴油发动机》进行发动机性能测试，判定其是否符合出厂合格要求，签发合格证，给予质量保证。

发动机竣工验收的具体内容如下：

(1) 检查并加足冷却液、机油、燃油。

(2) 用检视方法检验发动机装备状况。要求装备齐全、有效，各零部件及附件应符合规定的技术条件。

(3) 起动发动机，检查其起动性能。

① 冷车起动：要求在环境温度≥−5 ℃时应起动顺利，允许连续起动≤3 次，每次起动≤5 s。

② 热车起动：要求在发动机正常工作温度下 5 s 内能起动。

(4) 检查发动机运转工况。

起动发动机运转至正常工作温度：

① 检查怠速工况。用转速表进行运转试验或发动机综合仪测量，要求发动机怠速运转稳定，转速符合原设计规定，转速波动≤50 r/min。

② 检查转速变化工况。用转速表检查发动机，改变转速时应过渡圆滑，突然加速或减速时不得有爆燃声、断火、回火、放炮等现象。

(5) 检查发动机运转时有无异响。检视或用发动机异响分析仪检查，要求发动机在正常工况下运转时不得有异常响声。

(6) 检视发动机机油压力、冷却液温度、机油温度。在发动机正常运转工况下，应符合原厂设计规定。

(7) 检查气缸压力。

① 检查压力值。用转速表测速，气缸压力表测量各缸压力，气缸压力应符合原设计规定。

② 检查各缸压力差。用转速表、气缸压力表或发动机分析仪测量，汽油机要求每缸压力与各缸平均压力差不大于各缸平均压力的 8%，柴油机不大于 10%。

(8) 检查发动机进气歧管真空度。用转速表、真空表检查，要求汽车发动机怠速时，进气歧管真空度应在 57～70 kPa。

(9) 检查发动机功率和转矩。将发动机运转到正常工作温度，用测功机或发动机综合测试仪进行测量，要求发动机最大功率、最大转矩不小于原设计规定值的 90%。

(10) 检查发动机燃料消耗率。用油耗计、测功机按有关规定测量，要求发动机最低燃料消耗不大于原设计要求。

(11) 检查发动机排放。发动机排放应符合国家规定要求。

(12) 检查润滑油质。检视或用润滑油质分析仪检查，要求发动机润滑油规格、数量、质量应符合原设计规定。

(13) 检视发动机四漏情况。用检视方法检查，要求发动机应无漏水、漏油、漏气、漏电现象。

(14) 检查柴油发动机停机装置。用检视方法检查,要求柴油发动机停机装置应灵活有效。

(15) 检查加装限速装置。用检视方法检查,要求发动机应按规定加装限速片或对限速装置做相应调整,并加铅封。

(16) 检视发动机涂漆。要求发动机外表应按规定涂漆,漆层均匀,不得有漏涂现象。

(17) 填写发动机修理竣工检验表。

3. 发动机大修出厂后的走合期磨合

重视新车的走合期。在新车走合期内(一般为3000公里),发动机内相互配合零件表面的不平部分会被磨去,逐渐形成比较光滑的工作面,改善了零件的表面质量和配合精度,以承受正常的工作负荷。所以走合期内发动机的工作情况直接关系到发动机的使用寿命。

车辆在走合期内必须注意以下事项:

(1) 严禁超负荷运行,不允许超载。一旦发动机工作不平稳,立即换入低挡。

(2) 严禁高速行驶。汽车在各挡行驶速度不得超过发动机最高转速的70%。不允许长时间高速行驶。

(3) 不要在恶劣道路上行驶,减少振动和冲击。在行驶中应减少突然加减速所引起的超负荷现象,例如紧急制动、长时间制动或使用发动机制动等。尽量选择良好路面匀速行驶,走合效果最佳。

(4) 发动机刚起动后,不允许猛踩加速踏板,待水温达到正常工作温度后,再平稳起步。起步必须用一挡。

(5) 注意发动机冷却液温度、润滑油液面高度等,发现故障要及时排除。

(6) 走合期结束后,对汽车进行一次走合保养。

三、制定总装计划

制定发动机总装计划如表8-8所示。

表8-8 发动机总装计划

<table>
<tr><td colspan="6">1. 查阅资料,学习发动机零部件检修工艺标准。
2. 查阅维修手册,熟悉发动机总装过程和检修项目,制定发动机总装计划。</td></tr>
<tr><td rowspan="3">1. 车辆信息描述</td><td rowspan="2">车辆基本信息描述</td><td>车型:</td><td>年份:</td><td colspan="2">车主姓名:</td></tr>
<tr><td colspan="2">车架号码:</td><td colspan="2">联系电话:</td></tr>
<tr><td>车辆故障描述</td><td colspan="4">一辆桑塔纳2000汽车,在行车过程中出现排气管冒黑烟、动力不足、油耗增加等现象。经维修人员检测确认需要对发动机进行大修。</td></tr>
<tr><td>2. 汽车发动机装配作业安全事项学习</td><td colspan="5">1. 注意人身和机件的安全,不了解情况的先了解后再动手。
2. 认真学习发动机装配工艺、零件检测项目过程标准。
3. 注意防火、用电安全。
4. 认真接受实习前的安全知识教育。</td></tr>
</table>

续表

3. 发动机零件检修装配流程详细步骤	主要零部件换修记录：
	气缸直径检验记录：
	活塞连杆组检验记录：
	曲轴与轴承检验记录：
	凸轮轴及轴承检验记录：
4. 发动机大修竣工检验记录	发动机外观装备及性能：
	检验内容： 发动机外观、怠速转速、运转状况、四漏检查、发动机异响、螺栓螺母、机油压力(MPa)、润滑油、气缸压力、气缸压力差、滤清器、排放污染物、电控系统有无故障码显示、发动机噪声、起动性能、额定功率(kW)、最大转矩(N·m)、发动机燃油消耗率(g/(kW·h))

四、实施总装作业

发动机总装作业具体实施如表 8-9 所示。

表 8-9　发动机总装作业

车型年份		发动机编号		车牌照号码	
车主电话		施工日期		主修人	
部件名称	续用	更换	修理	加大	
气缸体					
气缸盖					
气缸套					
进、排气歧管					
活塞					
曲轴					
曲轴轴承					
连杆轴承					
凸轮轴					
凸轮轴轴承					
气门					
气门导管					
正时皮带(齿轮)					
气缸直径检验记录(mm)					

项目八　发动机总装与调试

续表

气缸直径	1缸		2缸		3缸		4缸	
	纵	横	纵	横	纵	横	纵	横
上部								
中部								
下部								
圆度								
圆柱度								

活塞连杆组检验记录(mm)

	1缸	2缸	3缸	4缸
活塞环(间隙)				
活塞环(侧隙)				
活塞纵向直径				
活塞横向直径				
活塞质量(g)				
活塞连杆组质量(g)				
活塞与缸壁间隙				

曲轴与轴承检验记录(mm)

曲轴		1	2	3	4	5	6	7
主轴颈	圆度							
	圆柱度							
连杆轴颈	圆度							
	圆柱度							
主轴颈与轴承配合间隙								
连杆轴颈与轴承配合间隙								
曲轴端隙								

凸轮轴及轴承检验记录(mm)

凸轮轴	1	2	3	4	5	6	7
轴颈直径							
轴颈与轴承配合间隙							
凸轮升程							

过程检验员：＿＿＿＿＿＿　　＿＿＿＿年＿＿＿＿月＿＿＿＿日

总装作业完成后还需填写如表8－10所示的发动机大修竣工检验单。

表 8-10　发动机大修竣工检验单

车型年份		发动机编号		车牌照号码	
车主电话		竣工日期		主修人	

发动机外观、装备及性能	
检验内容及结果：	检查内容及结果：
发动机外观：	怠速转速(r/min)：
润滑油：	运转状况： 怠速：　中速：　高速：　加速及过度：
四漏检查 油：　水：　电：　气：	发动机异响：
螺栓螺母：	机油压力(MPa) 怠速：　高速：
额定功率(kW)：　最大转矩(N·m)：	气缸压力(MPa) 1　2　3　4　5　6　7　8 气缸压力差(MPa)
空滤器：	调速率：
发电机充电电压：	排放污染物：
电控系统有无故障码显示：	发动机噪声：
起动性能：	发动机燃油消耗率(g/kW·h)：
备注：	

竣工检验员：________　　________年________月________日

五、检验评估

任务二的检验评估如表 8-11 所示。

表 8-11 检验评估表

<table>
<tr><th>评价指标</th><th>检验说明</th><th>检验记录</th></tr>
<tr><td>发动机检查项目</td><td>1. 发动机四漏检查：冷却液、燃油、润滑油、空气
2. 发动机起动性能检查
3. 发动机水温检查
4. 检查机油压力、温度
5. 发动机异响检查
6. 气缸压力检查
7. 进气歧管真空度检查
8. 发动机排放质量检查
9. 检查发动机运转工况，包括怠速时和高速时
10. 检查发动机加速性能</td><td></td></tr>
<tr><td>发动机总装过程记录</td><td colspan="2"></td></tr>
</table>

<table>
<tr><th>评价内容</th><th>检验指标</th><th>权重</th><th>自评</th><th>互评</th><th>总评</th></tr>
<tr><td rowspan="3">检查任务完成情况</td><td>1. 完成任务过程情况</td><td rowspan="3">4</td><td rowspan="3"></td><td rowspan="3"></td><td rowspan="11"></td></tr>
<tr><td>2. 任务完成质量</td></tr>
<tr><td>3. 在小组完成任务过程中所起作用</td></tr>
<tr><td rowspan="5">专业知识和专业技能</td><td>1. 能描述发动机零件的名称和作用</td><td rowspan="5">8</td><td rowspan="5"></td><td rowspan="5"></td></tr>
<tr><td>2. 能描述发动机零件的安装位置和发动机有关技术参数</td></tr>
<tr><td>3. 能描述发动机装配工艺及规程</td></tr>
<tr><td>4. 能正确完成发动机装配过程的检验项目</td></tr>
<tr><td>5. 能够熟练地完成汽车发动机装配和竣工检验</td></tr>
<tr><td rowspan="3">职业素养</td><td>1. 学习态度：积极主动参与学习</td><td rowspan="3">3</td><td rowspan="3"></td><td rowspan="3"></td></tr>
<tr><td>2. 团队合作：与小组成员一起分工合作，不影响学习进度</td></tr>
<tr><td>3. 现场管理：服从工位安排，执行实训室“5S”管理规定</td></tr>
<tr><td>综合评价与建议</td><td colspan="5"></td></tr>
</table>

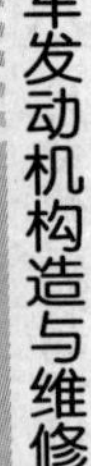

项目思考

1. 零件的清洗方式主要有哪几种？
2. 气门应如何清洗？
3. 安装液力挺柱有哪些注意事项？
4. 桑塔纳 2000 轿车发动机气缸盖应如何安装？
5. 桑塔纳 2000 轿车发动机正时皮带应如何安装？
6. 发动机大修后进行无负荷磨合过程中应注意哪些事项？
7. 发动机大修后竣工验收的具体内容有哪些？
8. 发动机大修后走合期磨合应注意哪些事项？

参考文献

[1] 王志友,李桐,等.桑塔纳轿车构造与维护[M].北京:北京理工大学出版社,1997.
[2] 黄虎.现代汽车维修[M].上海:上海交通大学出版社,2001.
[3] 陈文华.汽车发动机构造与维修[M].北京:人民交通出版社,2001.
[4] 全国汽车维修专项技能认证技术支持中心编写组.发动机机械[M].北京:教育科学出版社,2003.
[5] 杨万福.发动机原理与汽车性能[M].北京:高等教育出版社,2004.
[6] 汤定国.汽车发动机构造与维修[M].北京:人民交通出版社,2005.
[7] 李慧喜.发动机润滑系故障的诊断与检测[M].北京:中国人民出版社,2005.
[8] 张广辉.汽车故障诊断技术[M].北京:高等教育出版社,2005.
[9] 杨承明.汽车发动机构造与维修[M].杭州:浙江科学技术出版社,2006.
[10] 贺展开.汽车维修工实训教程[M].北京:机械工业出版社,2006.
[11] 张子波.汽车发动机构造与维修[M].2 版.北京:高等教育出版社,2006.
[12] 陈家瑞,马天飞.汽车构造[M].北京:人民交通出版社,2007.
[13] 仇雅莉,钱锦武.汽车发动机构造与维修[M].北京:机械工业出版社,2008.
[14] 孙长录.汽车发动机构造与维修[M].天津:天津科学技术出版社,2009.
[15] 刘艳莉.汽车构造与使用[M].北京:人民邮电出版社,2009.
[16] 关文达.汽车构造[M].北京:机械工业出版社,2010.
[17] 王治平.汽车发动机构造与维修[M].南京:江苏科学技术出版社,2010.
[18] 欧华春,崔华安.汽车传统发动机实训教程[M].重庆:重庆大学出版社,2010.
[19] 宋作军,王玉华.汽车发动机电控系统检修[M].北京:清华大学出版社,2010.
[20] 母忠林.柴油机维修典型案例[M].北京:化学工业出版社,2011.
[21] 谭本忠.最新电控柴油发动机维修[M].北京:化学工业出版社,2012.
[22] 李巍.奥迪维修手册[M].北京:化学工业出版社,2012.
[23] 刘炽平,符强.汽车发动机机械系统检修一体化项目教程[M].上海:上海交通大学出版社,2012.
[24] 刘锐,高寒.汽车发动机构造与维修[M].北京:人民交通出版社,2013.